U0901048

2001

中国0~6岁残疾儿童抽样调查报告

中华人民共和国卫生部

中华人民共和国公安部

中国残疾人联合会

中华人民共和国国家统计局

联合国儿童基金会

中国统计出版社
China Statistics Press

(京)新登字 041 号

图书在版编目(CIP)数据

2001 年中国 0～6 岁残疾儿童抽样调查报告／中国残疾人联合会等编，—北京：中国统计出版社，2003.12

ISBN 7-5037-3677-1

Ⅰ.2...

Ⅱ.中...

Ⅲ.残疾人：少年儿童—抽样调查—调查报告—中国—2001

Ⅳ.D669.69

中国版本图书馆 CIP 数据核字（2003）第 114142 号

2001 年中国 0～6 岁残疾儿童抽样调查报告

责任编辑／陈悟朝
装帧设计／叶华新
出版发行／中国统计出版社
通信地址／北京市西城区月坛南街 75 号 邮政编码／100826
办公地址／北京市丰台区西三环南路甲 6 号
电　　话／（010）63459084，63266600-22500（发行部）
印　　刷／北京海天网联彩色印刷有限公司
开　　本／880 × 1230 毫米 1/16
字　　数／690 千字
印　　张／28.75
印　　数／1-1000 册
版　　别／2003 年 12 月第 1 版
版　　次／2003 年 12 月北京第 1 次印刷
书　　号／ISBN 7-5037-3677-1/D·141
定　　价／精装：430.00 元　简装：390.00 元

《2001年中国0～6岁残疾儿童抽样调查报告》

编　委　会

《2001年中国0～6岁残疾儿童抽样调查报告》

撰 写 人 员

薄绍晔　　中国残疾人联合会

张习坦　　军事医学科学院

乌正赉　　中国协和医科大学

刘　民　　北京大学公共卫生学院

张致祥　　北京大学第一医院

杨晓玲　　北京大学精神卫生研究所

纪树荣　　中国康复研究中心

颜　华　　天津医科大学总医院

隋秀丽　　天津医科大学附属三院

纳　新　　中国残疾人联合会

郭韶华　　中国残疾人联合会

序

邓朴方

儿童是人类的未来。给予儿童必需的保护、照顾和良好的教育，为他们一生的发展奠定重要基础，是全社会的责任。残疾儿童是儿童中的弱势群体，充分保障残疾儿童的生存、发展、受保护和参与权利，是我国政府的一贯政策。

1987年我国进行的首次全国范围的残疾人抽样调查，极大地推动了我国残疾人工作。随着我国国民经济和社会整体水平的提高以及残疾人事业的不断发展，政府越来越重视提高人口素质、减少残疾以及改善残疾人群生存生活质量等问题，先后出台了《残疾人保障法》、《母婴保健法》、《残疾人教育条例》等一系列法律法规，并将其列入优先解决的重要工作，残疾儿童的状况也得到了进一步改善，基本状况发生了很大变化。

及时、准确地掌握残疾儿童的基本情况，是做好现阶段残疾儿童各项工作的基础。为了更好地为残疾儿童提供康复、教育服务，2001年，卫生部、公安部、中国残联和国家统计局在联合国儿童基金会的支持下，组织了中国首次0～6岁残疾儿童抽样调查，掌握了残疾儿童的现患率、发现率、致残原因、康复现状及需求，为残疾儿童工作的长远发展奠定了基础。通过这次调查，使我们了解了中国0～6岁残疾儿童的基本状况，为国家合理配置资源、制订残疾儿童相关政策以及为残疾儿童进行康复服务提供了科学依据，有利于进一步解决残疾儿童康复、教育等方面的问题，并为我国实行优生优育，开展残疾预防，提高人口素质提供了重要参考数据。同时，也能帮助我们发现目前残疾儿童工作中存在的问题，了解残疾儿童及其家庭的需求，以采取行之有效的措施，不断提高工作质量，拓宽服务内容，有针对性地关心帮助残疾儿童，满足日益增长的残疾儿童的康复需求。

本次调查得到了承担调查任务的各级政府及相关部门的通力合作，得到了各级基层组织和广大群众的密切配合，通过千余名调查人员和专家的艰苦工作、辛勤劳动，调查工作取得圆满成功。借此机会，我对参与本次调查工作的全体同志表示感谢和诚挚的敬意。

调查是手段，解决残疾儿童的问题才是目的。相信各级政府、有关部门、全社会一定会一如既往，继续重视、关心、支持残疾儿童工作，在解决残疾儿童问题上发挥更大的作用，为他们健康成长、融入社会营造良好环境。

2003年11月

前言

中国自1987年全国残疾人抽样调查以来，十多年间，国家先后制定了一系列的预防残疾和改善残疾人群生存质量的法律、法规，并将残疾人工作纳入国家经济社会发展规划。通过连续实施三个残疾人事业五年计划纲要和相关残疾预防措施，残疾人状况尤其是残疾儿童的状况发生了很大的变化。为了掌握残疾儿童的现患率、发现率、致残原因、康复现状及需求，以及为国家制订残疾儿童的相关政策、对残疾儿童进行康复服务提供科学依据，卫生部、公安部、中国残联和国家统计局在联合国儿童基金会支持下，于2001年组织了中国0～6岁残疾儿童抽样调查。本次调查经过各级政府及相关部门的通力合作，在千余名调查人员的辛勤工作及各级基层组织和广大群众的密切配合下，圆满完成了调查的各项工作。

本次调查是中国首次全国性的针对0～6岁儿童进行的听力、视力、智力、肢体、精神等五类残疾的抽样调查，调查中各专业筛查和诊断均采用了当前国际公认的标准与工具，调查结果人口学特征与2000年第五次中国人口普查数据相近，能够代表全国0～6岁儿童的整体情况。

为体现本次调查数据的权威性，提高调查各项数据的利用率，满足社会各界的需要，卫生部、公安部、中国残联、国家统计局与联合国儿童基金会现联合出版《2001年中国0～6岁残疾儿童抽样调查报告》中文版及英文版。

本次抽样调查得到了联合国儿童基金会的资助，特别感谢Edwin Judd先生、Christian Voumard博士、Mark Hereward先生、王思平女士、Andrew Claypole先生、袁敏女士的支持与帮助。

本报告专业性强，涉及面广，难免出现不足之处，请国内外专家学者批评指正。

编　者

2003年11月

目 录

2001年中国0～6岁残疾儿童抽样调查报告

第一部分　总报告 …… 1

第二部分　专业报告 …… 39

听力专业报告 …… 39

视力专业报告 …… 53

智力专业报告 …… 65

肢体专业报告 …… 79

精神专业报告 …… 93

第三部分　分省报告 …… 105

天津市报告 …… 105

吉林省报告 …… 139

河南省报告 …… 173

江苏省报告 …… 207

贵州省报告 …… 241

甘肃省报告 …… 275

第四部分　附 表 …… 311

附　录

附录1　2001年中国0～6岁残疾儿童抽样调查评审意见 …………………………… 416

附录2　2001年中国0～6岁残疾儿童抽样调查方案 ……………………………… 417

附录3　2001年中国0～6岁残疾儿童抽样调查实施计划 ………………………… 421

附录4　2001年中国0～6岁残疾儿童抽样调查现场调查工作计划 ……………… 425

附录5　2001年中国0～6岁残疾儿童抽样调查表格及填表说明 ………………… 427

1．调查底册 ………………………………………………………………………… 428

2．残疾儿童筛查表及填表说明 …………………………………………………… 429

3．残疾儿童诊断表及填表说明 …………………………………………………… 433

附录6　残疾标准 ………………………………………………………………………… 437

附录7　2001年中国0～6岁残疾儿童抽样调查领导小组名单 …………………… 443

附录8　2001年中国0～6岁残疾儿童抽样调查主要专家及专业人员名单 ……… 444

附录9　2001年中国0～6岁残疾儿童抽样调查主要工作人员名单 ……………… 446

总 报 告

第一部分 总 报 告

前　言

残疾，是人类发展进程中不可避免要付出的一种社会代价。我国政府历来关心残疾人，十多年来，国家先后制定了一系列的预防残疾和改善残疾人群生存质量的法律、法规，并将残疾人工作纳入国家经济社会发展规划。通过连续实施三个残疾人事业五年计划纲要和相关残疾预防措施，残疾人状况尤其是残疾儿童的状况发生了很大的变化。然而，我国自1987年全国残疾人抽样调查以来，在近15年的时间里，没有进行过全国范围残疾儿童的专项调查，对现有残疾儿童的状况缺乏了解。为了了解中国残疾儿童的现状，掌握残疾儿童的现患率、发现率、致残原因、康复现状及需求，以及为国家制定残疾儿童的相关政策、对残疾儿童进行康复服务提供科学依据，卫生部、公安部、中国残联和国家统计局在联合国儿童基金会资助下，于2001年组织了中国首次0～6岁残疾儿童抽样调查。本次调查经过各级政府及相关部门的通力合作，在全体工作人员的辛勤工作及各级基层组织和广大人民群众的密切配合下，完成了调查的各项工作。现将结果报告如下：

调查对象与方法

一、调查对象

本次调查的对象为中国2001年6月1日以前出生的0～6岁儿童。

二、抽样方法

本次调查采用多阶段分层、不等比例、整群随机抽样方法进行抽样。抽样步骤如下：

（一）省（市）的抽取

根据国家统计局颁布的1999年各省国民经济生产总值排序，分成三层，结合地域分布随机抽取了经济发达的天津市、江苏省，经济中等发达的吉林省、河南省，经济欠发达的贵州省、甘肃省。

（二）市（县）的抽取

每省（市）随机抽取一个地级市和一个县。

（三）街道（乡、镇）的抽取

根据各市（县）统计局颁布的1999年各街道（乡、镇）国民经济生产总值排序，分成三层，每个市（县）按经济发展水平随机抽取经济发达、中等发达和欠发达的街道（乡、镇）各一个。

（四）调查对象的抽取

经济发达和欠发达的街道各抽取12个整群（125名儿童为一整群），中等的街道抽取16个整群；经济发达和欠发达的乡（镇）各抽取6个整群（250名儿童为一整群），中等的抽取8个整群。据此，每一个市抽取40个整群，每一个县抽取20个整群，每一个省（市）抽取60个整群，全国共抽取360个整群，总样本量应为60000人。

残疾标准和残疾筛查、诊断方法

（一）残疾标准

本次调查采用1987年国务院批准的《残疾标准》。

（二）残疾筛查和诊断方法

1．听力残疾

（1）筛查方法：行为测听法。

（2）诊断方法：脑干诱发电位检测法。

2．视力残疾

（1）筛查方法：行为测视法、国际标准视力表。

（2）诊断方法：临床标准诊断方法、国际标准视力表。

3．智力残疾

（1）筛查方法：丹佛发育筛选测验－中文修订版（Denver Developmental Screening Test，DDST）

（2）诊断方法：盖塞尔发展测验－中文修订版（Gesell Developmental Test）

4．肢体残疾

（1）筛查方法：行为筛查法（重点为儿童肢体形态、运动功能及发育异常）。

（2）诊断方法：临床标准诊断方法。

5．精神残疾

（1）筛查方法：克氏儿童行为量表。

（2）诊断方法：儿童孤独症评定量表（Childhood Autism Rating Scale，CARS）、儿童孤独症及相关发育障碍心理教育评定量表－中文修订版（Revised Chinese Version of Psycho～Educational Profile For Autistic and Developmentally Disabled Children，PEP）。

四、调查人员

调查人员由全国、省（市）0～6岁残疾儿童抽样调查专家组、现场调查人员、资料分析人员以及各级卫生、公安、残联等有关部门行政管理人员、被调查地区现场服务人员组成。

全国、省（市）0～6岁残疾儿童抽样调查专家组由全国、省（市）相关领域中具有丰富临床及流行病学调查经验的专家组成，现场调查人员由调查市县耳鼻喉科、眼科、儿科、骨科、精神科等相关专业人员组成。

五、现场调查及工作流程

（一）现场调查

对所抽取的调查对象在街道(乡、镇)卫生机构进行集中调查，对未到场的调查对象由调查员入户调查。所有被调查儿童均进行五类残疾筛查，筛查阳性儿童再进行专业诊断。

（二）现场工作流程

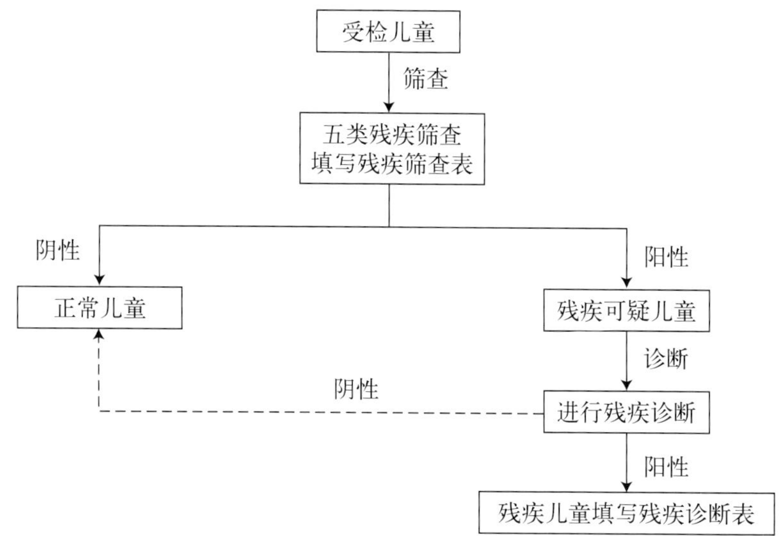

六、质量控制

（一）组织措施

卫生部、公安部、中国残联联合下发了一系列文件，成立了中国0～6岁残疾儿童抽样调查领导小组，制定工作计划和方案，召开了全国0～6岁残疾儿童抽样调查动员会，部署调查工作。各省、市、县也相应成立了由卫生、公安、残联及有关部门参加的抽样调查领导小组，负责本地区抽样调查组织领导工作，按照中国0～6岁残疾儿童抽样调查领导小组下达的任务和要求，抽取调查地区，并组织落实，成立了由技术人员和管理人员组成的调查队，实施现场调查。被调查的街道(乡、镇)、居（村）委会指定专人负责，在调查人员调查前逐户落实被调查儿童，做好被调查儿童家长的宣传动员工作，确保调查按计划进行。

（二）预试验

为检验本次调查方案的科学性和可行性，现场调查前，全国0～6岁残疾儿童抽样调查专家组在江苏省南京市玄武区进行了预试验。根据预试验的结果对调查方案、现场工作流程及调查表格进行了修改，为全面开展现场调查奠定了基础。

（三）现场调查人员及培训

本次调查筛查人员由经过培训的具有医师以上职称的专业人员组成；诊断人员均为经过中央级培训的具有主治医师以上职称的专业人员。

对调查人员采取中央、地方两级培训。

1．中央培训

2001年5月，在天津举办了中央培训班，全国0～6岁残疾儿童抽样调查专家组对各省参加本次抽样调查的技术骨干进行筛查和诊断方法培训，并进行了考核，设计要求各种表格填写和残疾筛查及诊断技术的一致性均应大于等于95.00%，实际测验结果在95.90%～100.00%之间。

2．地方培训

各省（市）进行了二级培训，对参加现场调查的筛查人员进行筛查表格填写和筛查方法的培训，并进行了考核，设计要求筛查表格填写和残疾筛查技术的一致性均应大于等于95.00%，实际测验结果在96.60%～99.30%之间。

（四）督导与抽查

全国0～6岁残疾儿童抽样调查专家组深入调查现场进行督导，并对各省上报的筛查表和诊断表逐一审核，确保调查质量。

按照设计要求，各省（市）专家组在每个市（县）的样本中随机抽取5%进行重新调查，各项指标均达到设计标准。

（五）资料的分析处理

本次调查全部数据均采用计算机分析处理。调查收集的所有表格均由专人进行数据的录入、查错和清理工作，使用Epi info 2002建立数据库，并进行相应的统计分析处理。

结 果

一、基本情况

（一）调查地区人口数和调查儿童家庭人口情况

本次共调查了天津、江苏、吉林、河南、贵州和甘肃六省（市），调查地区总人口1760.9万，共调查家庭58628户，调查家庭人口数为210715人，调查家庭的子女数为73590人，平均每户子女数1.26人。调查0～6岁儿童60124人，调查儿童占调查家庭子女数的81.70%。调查家庭中残疾户814户，残疾户占调查户的1.39%。各省总人口和调查儿童家庭情况见表1，各市县、城乡及不同经济状况地区总人口和调查儿童家庭情况见附表1～3。

表1 各省总人口和调查儿童家庭情况

地 区	调查地区总人口（万）	调查家庭户数	调查家庭人口数	家庭子女数	平均家庭子女数	调查儿童数	调查儿童占家庭子女数比例 %	残疾户数	残疾户所占比例 %
天 津	74.5	9843	34055	12351	1.25	10001	80.97	106	1.08
吉 林	369.4	9962	33485	11133	1.12	10006	89.88	175	1.76
河 南	333.0	9622	34500	13539	1.41	10044	74.19	182	1.89
江 苏	401.2	9953	37962	10375	1.04	9998	96.37	85	0.85
贵 州	398.6	9524	34846	13932	1.46	10073	72.30	146	1.53
甘 肃	184.2	9724	35867	12260	1.26	10002	81.58	120	1.23
合 计	1760.9	58628	210715	73590	1.26	60124	81.70	814	1.39

（二）0～6岁儿童性别构成

本次调查的0～6岁儿童60124人中，男性32444人，女性27680人，男女性别比为117.21∶100。各省、市县、城乡及不同经济状况地区0～6岁儿童性别构成见附表4～7。图1显示了0～6岁儿童的性别构成情况。

图1 0～6岁儿童性别构成

（三）0～6岁儿童年龄构成

本次调查的0～6岁儿童60124人中，0岁组6944人，占11.55%；1岁组8869人，占14.75%；2岁组8537人，占14.20%；3岁组8759人，占14.57%；4岁组9261人，占15.40%；5岁组10019人，占16.66%；6岁组7735人，占12.87%。各省、市县、城乡及不同经济状况地区0～6岁儿童年龄构成见附表8～11。图2显示了0～6岁儿童的年龄构成情况。

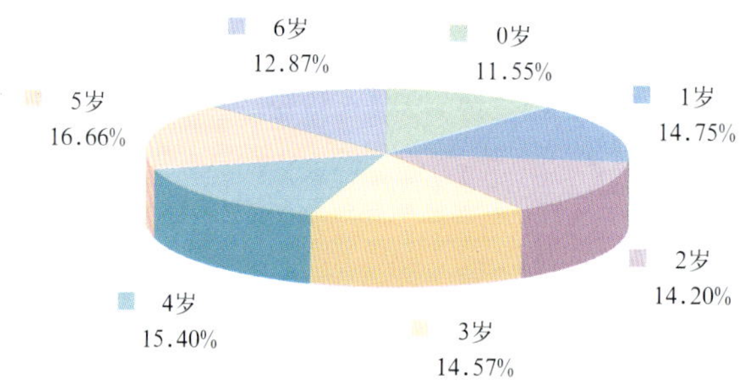

图2 0～6岁儿童年龄构成

（四）0～6岁儿童民族构成

本次调查的0～6岁儿童60124人中，汉族58550人，占97.38%；少数民族1574人，占2.62%。各省、市县、城乡及不同经济状况地区0～6岁儿童民族构成见附表12～15。图3显示了0～6岁儿童的民族构成情况。

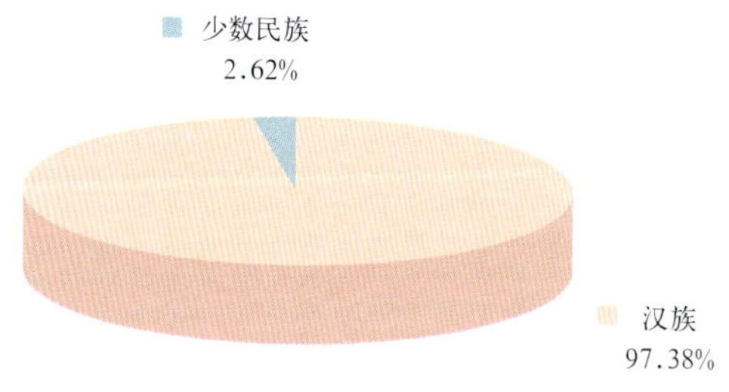

图3 0～6岁儿童民族构成

（五）3～6岁儿童学前教育状况

本次调查的3～6岁儿童35774人中，25016人接受了学前教育，3～6岁儿童接受学前教育率为69.93%。其中，3岁、4岁、5岁和6岁儿童接受学前教育率分别为47.36%、65.38%、78.70%和89.57%。各省、市县、城乡及不同经济状况地区3～6岁儿童学前教育状况见附表16～19。

图4显示了3～6岁儿童接受学前教育率，从中可以看出，在3～6岁儿童中，随着年龄的增高，接

受学前教育率随之提高。

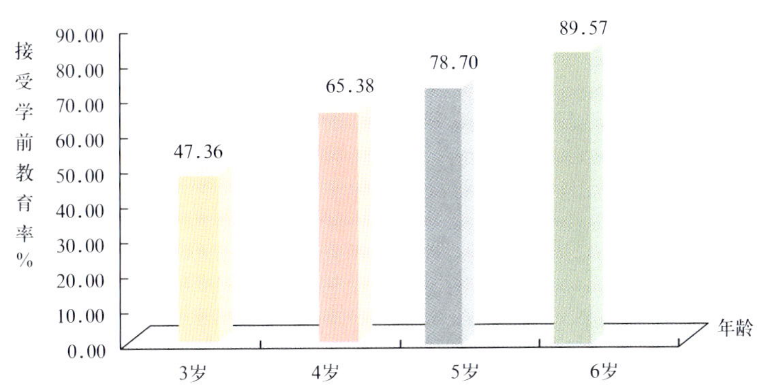

图4 3～6岁儿童接受学前教育率

（六）0～6岁儿童父母职业状况

本次调查的0～6岁儿童60124人中，回答父亲职业的有效问卷59988份，父亲职业为专业技术人员、机关干部、办事人员、商业人员、服务人员、农林牧渔、工人、军人、其他和不在业的儿童分别为2735人、1656人、4422人、1697人、573人、22059人、20224人、464人、5415人和743人，其构成比分别为4.56%、2.76%、7.37%、2.83%、0.96%、36.77%、33.71%、0.77%、9.03%和1.24%。各省、市县、城乡及不同经济状况地区0～6岁儿童父亲职业状况见附表20～23。

本次调查的0～6岁儿童60124人中，回答母亲职业的有效问卷60017份，母亲职业为专业技术人员、机关干部、办事人员、商业人员、服务人员、农林牧渔、工人、军人、其他和不在业的儿童分别为3673人、1079人、3449人、2014人、741人、23054人、17503人、47人、5729人和2728人，其构成比分别为6.12%、1.80%、5.75%、3.36%、1.23%、38.41%、29.16%、0.08%、9.55%和4.55%。各省、市县、城乡及不同经济状况地区0～6岁儿童母亲职业状况见附表24～27。

图5和图6分别显示了父母不同职业0～6岁儿童的构成情况。

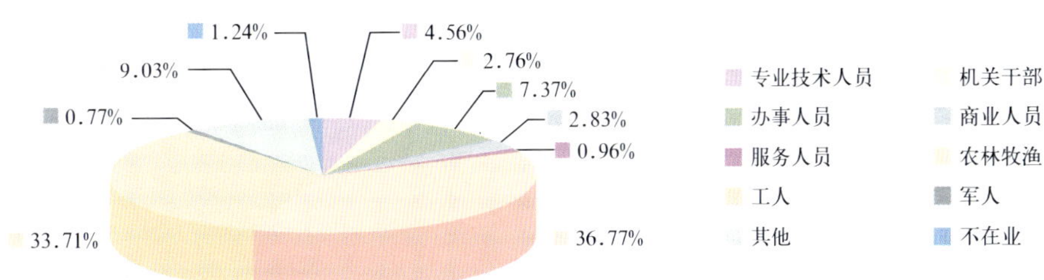

图5 父亲不同职业0～6岁儿童构成

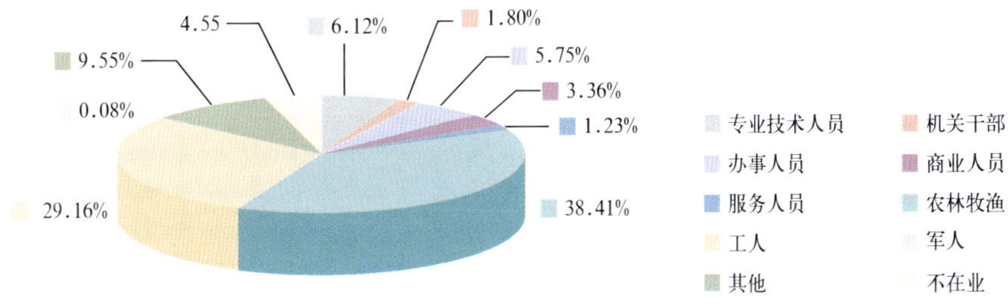

图6 母亲不同职业0～6岁儿童构成

（七）0～6岁儿童父母文化程度状况

本次调查的0～6岁儿童60124人中，回答父亲文化程度的有效问卷60005份，父亲文化程度为大学大专、高中中专、初中、小学和文盲/半文盲的儿童分别为9710人、18335人、25757人、5837人和366人，其构成比分别为16.18%、30.56%、42.92%、9.73%和0.61%。各省、市县、城乡及不同经济状况地区0～6岁儿童父亲文化程度状况见附表28～31。

本次调查的0～6岁儿童60124人中，回答母亲文化程度的有效问卷60035份，母亲文化程度为大学大专、高中中专、初中、小学和文盲/半文盲的儿童分别为7466人、16730人、26294人、8200人和1345人，其构成比分别为12.44%、27.87%、43.80%、13.66%和2.24%。各省、市县、城乡及不同经济状况地区0～6岁儿童母亲文化程度状况见附表32～35。

图7和图8分别显示了父母不同文化程度0～6岁儿童的构成情况。图中可见，父母文化程度为初中和高中的0～6岁儿童所占比例为高，大学大专和小学文化程度的次之，文盲/半文盲比例最低。

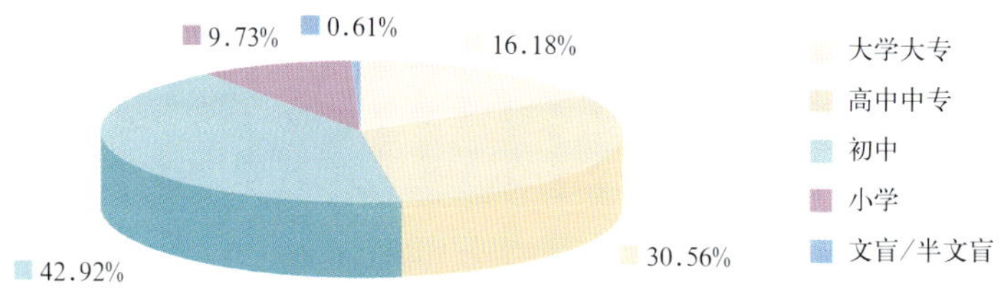

图7　父亲不同文化程度0～6岁儿童构成

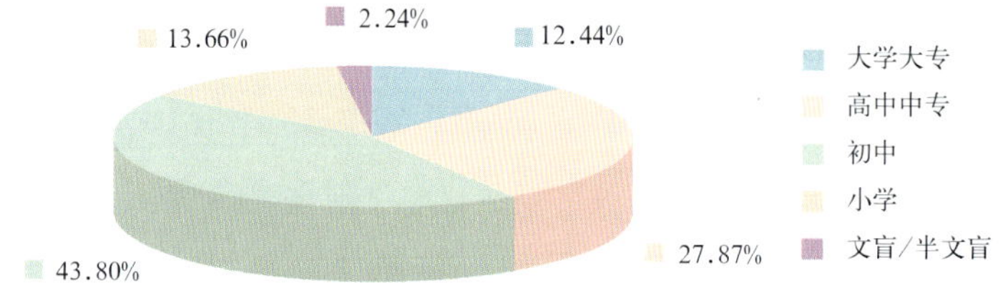

图8　母亲不同文化程度0～6岁儿童构成

（八）0～6岁儿童父母婚姻状况

本次共调查了60124名儿童的父母婚姻状况，其中父母为初婚的儿童58875名，占97.92%；再婚的701名，占1.17%；离婚和丧偶分别为330名和161名，分别占0.55%和0.27%；其他婚姻状况的57名，占0.09%。各省、市县、城乡及不同经济状况地区0～6岁儿童父母婚姻状况见附表36～39。

图9显示了父母不同婚姻状况0～6岁儿童的构成情况。图中可见，0～6岁儿童的父母婚姻状况以初婚为主。

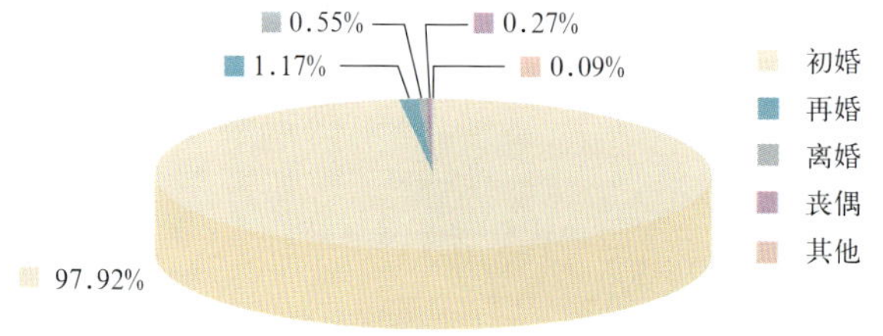

图9　父母不同婚姻状况0～6岁儿童构成

（九）0～6岁儿童父母近亲婚配状况

本次共调查了60124名儿童的父母近亲婚配情况，其中60075名儿童父母为非近亲婚配，占99.92%；49名为近亲婚配，占0.08%。各省、市县、城乡及不同经济状况地区0～6岁儿童父母近亲婚配状况见附表40～43。

图10显示了父母近亲婚配状况0～6岁儿童的构成情况。图中可见，0～6岁儿童的父母以非近亲婚配为主。

图10 父母近亲婚配状况0～6岁儿童构成

（十）0～6岁儿童抚养状况

本次共调查了60124名儿童的抚养状况，其中由父母共同抚养的儿童58656人，占97.56%；由父亲或母亲单独抚养的450人，占0.75%；由祖（外）父母抚养的944人，占1.57%；由其他亲属抚养的35人，占0.06%；由国家集体和其他人员抚养的分别有4人和35人，占0.01%和0.06%。各省、市县、城乡及不同经济状况地区0～6岁儿童抚养状况见附表44～47。

图11显示了0～6岁儿童抚养状况的构成情况。图中可见，0～6岁儿童以父母共同抚养为主。

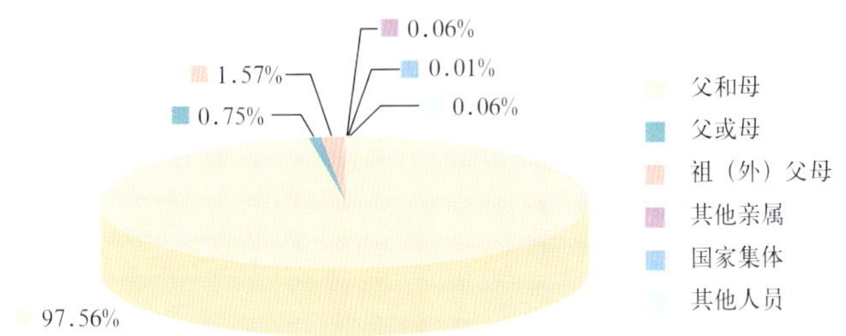

图11 0～6岁儿童抚养状况构成

（十一）0～6岁儿童家庭人口状况

本次共调查了60124名儿童家庭人口状况，其中家庭人口为2人、3人、4人、5人、6人和7人及以上的儿童分别为295人、37938人、11287人、7198人、2316人和1090人，其构成比分别为0.49%、63.10%、18.77%、11.97%、3.85%和1.81%。各省、市县、城乡及不同经济状况地区0～6岁儿童家庭人口状况见附表48～51。

图12显示了0～6岁儿童家庭人口状况的构成情况，图中可见，0～6岁儿童的家庭人口以3人为主。

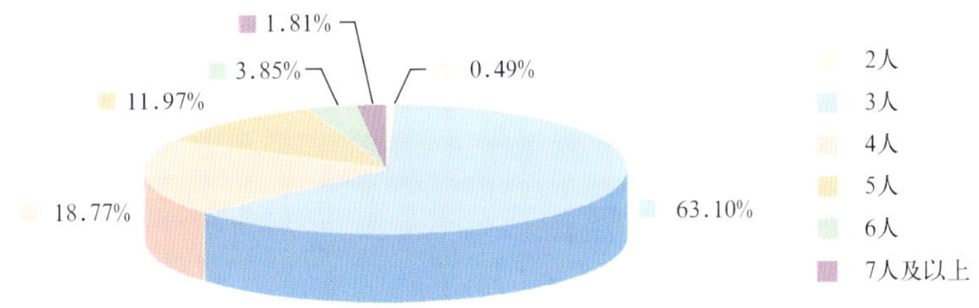

图12 0～6岁儿童家庭人口状况构成

（十二）0~6岁儿童家庭子女状况

本次共调查了60124名儿童家庭的子女状况，其中家庭子女为1名、2名、3名、4名、5名和6名及以上的儿童分别为48240人、10527人、1157人、180人、17人和3人，其构成比分别为80.23%、17.51%、1.92%、0.30%、0.03%和0.005%。各省、市县、城乡及不同经济状况地区0~6岁儿童家庭子女状况见附表52~55。

图13显示了0~6岁儿童家庭子女状况的构成情况，图中可见，0~6岁儿童家庭的子女以1名为主。

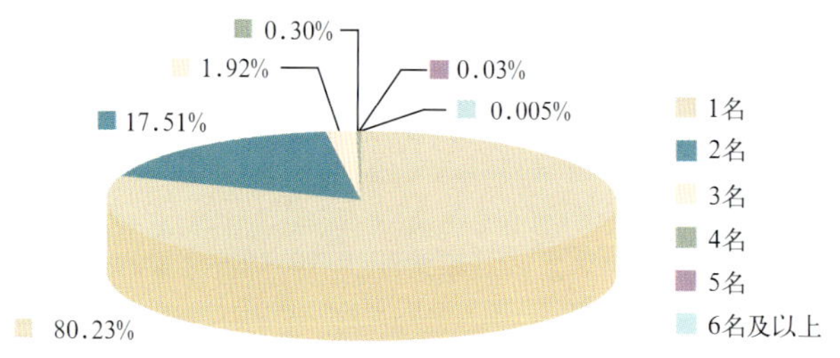

图13 0~6岁儿童家庭子女状况

（十三）0~6岁儿童家庭年人均收入状况

本次共调查了60124名儿童家庭的年人均收入状况，家庭年人均收入<500、500~、1000~、2000~、3000~、4000~、5000~、6000~、7000~、8000~、9000~及10000元以上的儿童分别为619人、3233人、12926人、9675人、8626人、7358、4922人、4836人、2022人、2632人、643人和2632人，其构成比分别为1.03%、5.38%、21.50%、16.09%、14.35%、12.24%、8.19%、8.04%、3.36%、4.38%、1.07%和4.38%。各省、市县、城乡及不同经济状况地区0~6岁儿童家庭年人均收入状况见附表56~59。

图14显示了0~6岁儿童家庭年人均收入状况，从中可见，0~6岁儿童家庭年人均收入以1000元~4000元为主。

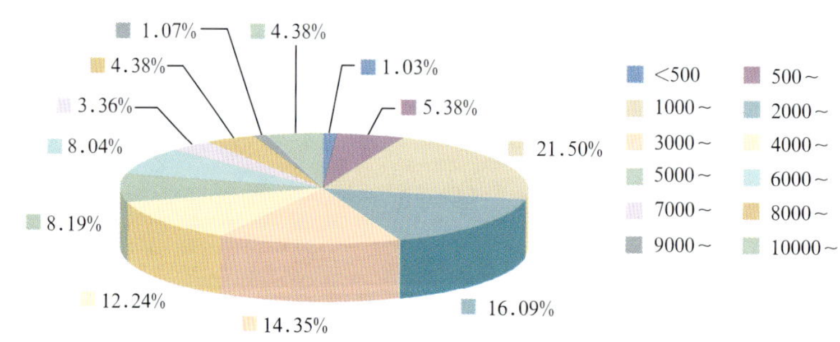

图14 0~6岁儿童家庭年人均收入状况构成

二、0~6岁残疾儿童流行特征

（一）0~6岁残疾儿童筛查及现患情况

1．筛查阳性率、现患率及发现率

本次共调查0~6岁儿童60124人，筛查出可疑残疾1847人，筛查阳性率3.07%；确诊残疾儿童819人，残疾现患率为1.362%；儿童残疾年平均发现率为1.946‰。

2．五类残疾筛查阳性率、现患率及发现率

0~6岁五类残疾儿童筛查阳性率、现患率及年平均发现率见表2。图15显示了0~6岁五类残疾儿童现患率，图16显示了0～6岁五类残疾儿童年平均发现率。各省、市县、城乡及不同经济状况地区0～6岁五类残疾儿童筛查及现患情况见附表60～63。

表2　0～6岁五类残疾儿童筛查阳性率、现患率及年平均发现率

残疾种类	筛查阳性人数	筛查阳性率%	确诊人数	现患率%	年平均发现率‰
听力	209	0.35	93	0.155	0.221
视力	307	0.51	64	0.106	0.152
智力	1008	1.68	560	0.931	1.331
肢体	397	0.66	255	0.424	0.606
精神	140	0.23	61	0.101	0.145
合计*	2061**	3.43**	1033**	1.718**	2.454**

* 调查总人数 =60124　** 含综合残疾

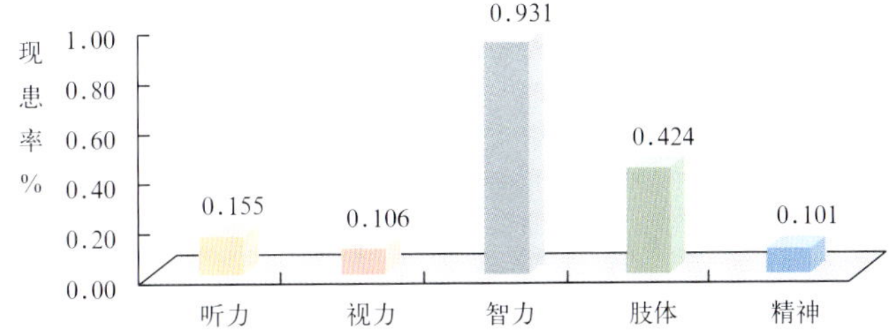

图15　0～6岁五类残疾儿童现患率

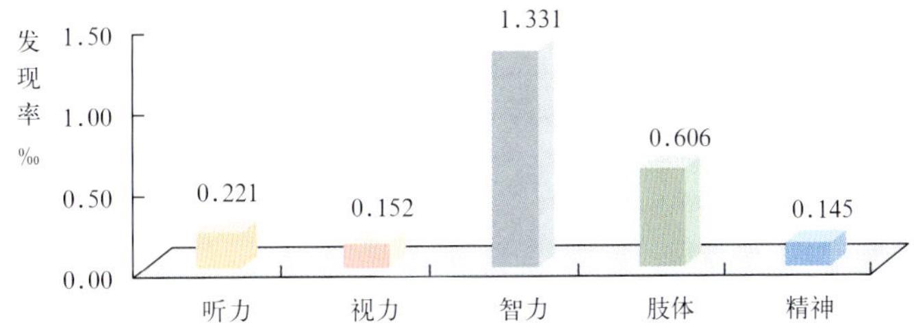

图16　0～6岁五类残疾儿童年平均发现率

3．综合残疾现患情况

本次调查共确诊综合残疾儿童190人，综合残疾现患率为0.316%。其中城市84人，农村106人，综合残疾现患率分别为0.279%和0.353%。

（二）五类残疾构成及残疾严重程度

1．五类残疾构成

本次调查共确诊残疾儿童819人，儿童残疾1033人次（含综合残疾）。其中，听力残疾93人，占儿童残疾的9.00%；视力残疾64人，占儿童残疾的6.20%；智力残疾560人，占儿童残疾的54.21%；肢体残疾255人，占儿童残疾的24.69%；精神残疾61人，占儿童残疾的5.91%。各省0～6岁五类残疾儿童构成情况见表3。各市县、城乡及不同经济状况地区0～6岁五类残疾儿童构成见附表64～66。

表3 各省0～6岁五类残疾儿童构成

地 区	听力残疾		视力残疾		智力残疾		肢体残疾		精神残疾		合 计	
	人数	构成%	人数	构成%	人数	构成%	人数	构成%	人数	构成%	人数	构成%
天 津	7	4.96	7	4.96	89	63.12	30	21.28	8	5.67	141	100.00
吉 林	28	12.79	14	6.39	131	59.82	38	17.35	8	3.65	219	100.00
河 南	26	11.98	10	4.61	110	50.69	57	26.27	14	6.45	217	100.00
江 苏	4	3.81	4	3.81	61	58.10	27	25.71	9	8.57	105	100.00
贵 州	14	7.73	10	5.52	96	53.04	53	29.28	8	4.42	181	100.00
甘 肃	14	8.24	19	11.18	73	42.94	50	29.41	14	8.24	170	100.00
合 计	93	9.00	64	6.20	560	54.21	255	24.69	61	5.91	1033*	100.00

*含综合残疾

图17显示了0～6岁五类残疾儿童构成情况。从中可见，智力残疾所占比例最高，肢体残疾次之，听力残疾占第三位，视力残疾和精神残疾分别为第四位和第五位。

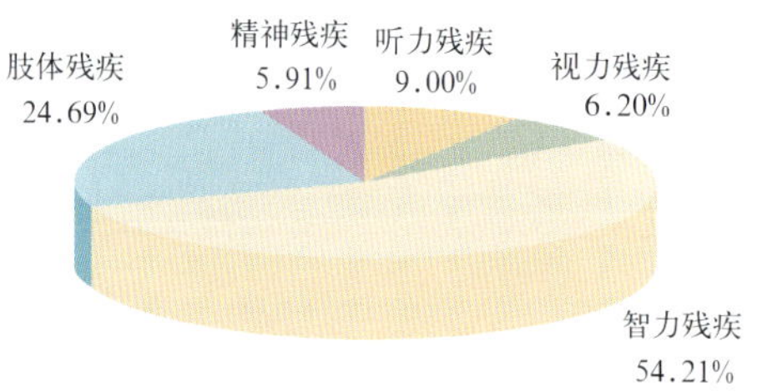

图17 0～6岁五类残疾儿童残疾构成

2．单一残疾和综合残疾构成

本次调查共确诊残疾儿童819人，其中单一残疾儿童629人，占76.80%；综合残疾儿童190人，占23.20%。各省0～6岁残疾儿童单一残疾和综合残疾构成情况见表4。各市县、城乡及不同经济状况地区0～6岁残疾儿童单一残疾和综合残疾构成见附表67～69。

表4 各省0～6岁残疾儿童单一残疾和综合残疾构成

地 区	单一残疾		综合残疾		合 计	
	人数	构成%	人数	构成%	人数	构成%
天 津	77	71.96	30	28.04	107	100.00
吉 林	133	76.00	42	24.00	175	100.00
河 南	149	81.42	34	18.58	183	100.00
江 苏	69	80.23	17	19.77	86	100.00
贵 州	115	78.77	31	21.23	146	100.00
甘 肃	86	70.49	36	29.51	122	100.00
合 计	629	76.80	190	23.20	819	100.00

图18显示了0～6岁残疾儿童单一残疾和综合残疾的构成情况。

图18 0～6岁残疾儿童单一残疾与综合残疾构成

表5显示了0～6岁残疾儿童综合残疾构成情况。

表5　0～6岁残疾儿童综合残疾构成

地区	双重残疾		三重残疾		四重残疾		合计	
	人数	构成%	人数	构成%	人数	构成%	人数	构成%
城市	76	90.48	8	9.52	0	0.00	84	100.00
农村	91	85.85	12	11.32	3	2.83	106	100.00
合计	167	87.89	20	10.53	3	1.58	190	100.00

3. 残疾严重程度构成

本次调查确诊的儿童残疾1033人次中，极重度（包括一级聋、一级盲、一级智力残疾、一级肢体残疾）99人次，占9.58%；重度（包括二级聋、二级盲、二级智力残疾、二级肢体残疾、重度精神残疾）176人次，占17.04%；中度（包括一级重听、一级低视力、三级智力残疾、三级肢体残疾、中度精神残疾）252人次，占24.40%；轻度（包括二级重听、二级低视力、四级智力残疾、四级肢体残疾、轻度精神残疾）506人次，占48.98%。表6显示了0～6岁五类残疾儿童残疾严重程度构成情况。

表6　0～6岁五类残疾儿童残疾严重程度构成

残疾种类	极重度		重度		中度		轻度		合计	
	人数	构成%	人数	构成%	人数	构成%	人数	构成%	人数	构成%
听力残疾	19	20.43	35	37.63	17	18.28	22	23.66	93	100.00
视力残疾	13	20.31	7	10.94	10	15.63	34	53.13	64	100.00
智力残疾	43	7.68	67	11.96	143	25.54	307	54.82	560	100.00
肢体残疾	24	9.41	56	21.96	65	25.49	110	43.14	255	100.00
精神残疾	－	－	11	18.03	17	27.87	33	54.10	61	100.00
合计	99*	9.58	176*	17.04	252*	24.39	506*	48.98	1033*	100.00

* 含综合残疾

图19显示了0～6岁残疾儿童残疾严重程度构成情况。从中可见，轻度残疾所占比例最大，中度残疾次之，重度残疾和极重度残疾所占比例最小。

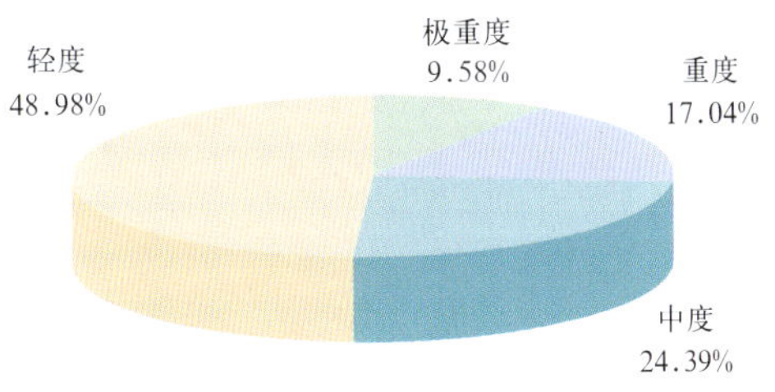

图19 0～6岁残疾儿童残疾严重程度构成

（三）残疾儿童的分布特征

1．地区分布

（1）各省分布情况

本次调查确诊残疾儿童819人，表7显示了各省0～6岁残疾儿童分布情况。各市县0～6岁残疾儿童分布情况见附表70。

表7　各省0～6岁残疾儿童分布情况

地　区	调查儿童数	残疾儿童数	现患率%	构成%
天　津	10001	107	1.070	13.06
吉　林	10006	175	1.749	21.37
河　南	10044	183	1.822	22.34
江　苏	9998	86	0.860	10.50
贵　州	10073	146	1.449	17.83
甘　肃	10002	122	1.220	14.90
合　计	60124	819	1.362	100.00

图20显示了各省0～6岁残疾儿童现患率。

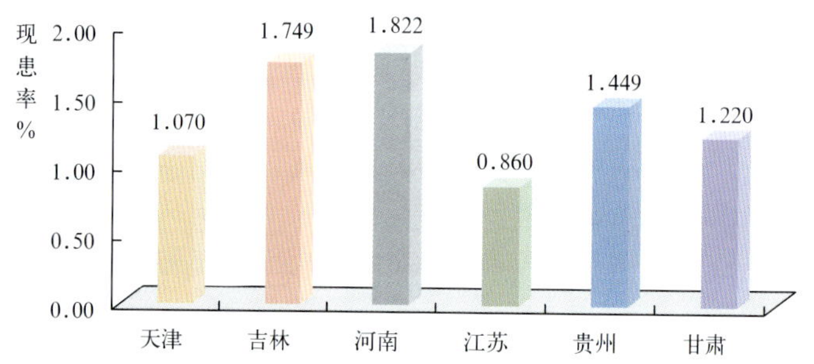

图20　各省0～6岁残疾儿童现患率

（2）不同经济状况地区分布情况

本次调查确诊残疾儿童819人，不同经济状况地区残疾儿童分布情况见表8。

表8　不同经济状况地区0～6岁残疾儿童分布情况

地　区	调查儿童数	残疾儿童数	现患率%	构成%
发达地区	19999	193	0.965	23.57
中等发达地区	20050	358	1.786	43.71
欠发达地区	20075	268	1.335	32.72
合　计	60124	819	1.362	100.00

图21显示了不同经济状况地区0～6岁残疾儿童现患率。

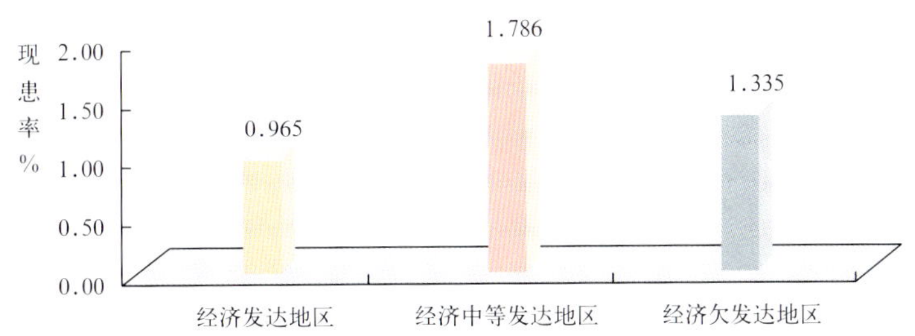

图21 不同经济状况地区0～6岁残疾儿童现患率

(3) 城乡分布情况

本次调查确诊残疾儿童819人，城乡残疾儿童分布情况见表9。

表9 城乡0～6岁残疾儿童分布情况

地 区	调查儿童数	残疾儿童数	现患率%	构成%
城 市	30102	400	1.329	48.84
农 村	30022	419	1.396	51.16
合 计	60124	819	1.362	100.00

图22显示了城乡0～6岁残疾儿童现患率。

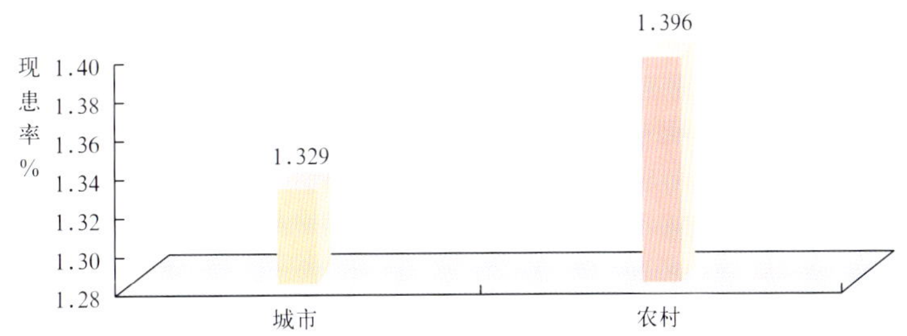

图22 城乡0～6岁残疾儿童现患率

2. 性别分布

本次调查确诊的819名残疾儿童中，男性472人，占57.63%，现患率为1.455%；女性347人，占42.37%，现患率为1.254%。表10显示了0～6岁残疾儿童性别分布情况。各省、市县、城乡及不同经济状况地区0～6岁残疾儿童性别分布见附表71～74。

表10 0～6岁残疾儿童性别分布

地 区	调查儿童数	残疾儿童数	现患率%	构成%
男 性	32444	472	1.455	57.63
女 性	27680	347	1.254	42.37
合 计	60124	819	1.362	100.00

图23显示了不同性别0～6岁残疾儿童现患率。

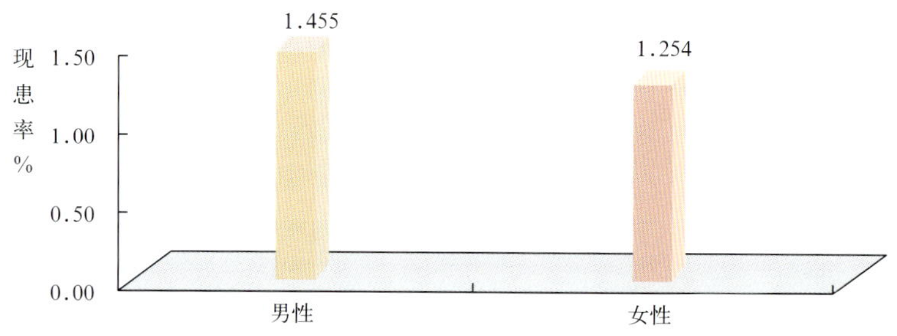

图23 不同性别0～6岁残疾儿童现患率

3．年龄分布

本次调查确诊819名残疾儿童，表11显示了0～6岁残疾儿童年龄分布情况。各省、市县、城乡及不同经济状况地区0～6岁残疾儿童不同年龄现患率见附表75～78。

表11　0～6岁残疾儿童年龄分布

年龄（岁）	调查儿童数	残疾儿童数	现患率%	构成%
0	6944	52	0.749	6.35
1	8869	92	1.037	11.23
2	8537	108	1.265	13.19
3	8759	108	1.233	13.19
4	9261	146	1.577	17.83
5	10019	172	1.717	21.00
6	7735	141	1.823	17.22
合计	60124	819	1.362	100.00

图24显示了不同年龄0～6岁残疾儿童现患率，从中可见，0～6岁残疾儿童不同年龄残疾现患率有随年龄增加而增高的趋势。

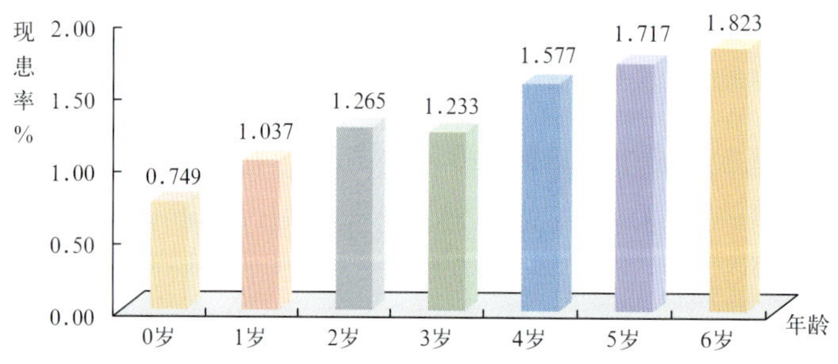

图24 不同年龄残疾儿童现患率

4．民族分布

本次调查确诊819名残疾儿童，表12显示了0～6岁残疾儿童汉族和少数民族分布情况。图25显示了汉族和少数民族0～6岁残疾儿童现患率。各省、市县、城乡及不同经济状况地区0～6岁残疾儿童汉族和少数民族现患率见附表79～82。

表 12　0～6 岁残疾儿童民族分布

民　族	调查儿童数	残疾儿童数	现患率 %	构成 %
汉　族	58550	790	1.349	96.46
少数民族	1574	29	1.842	3.54
合　计	60124	819	1.362	100.00

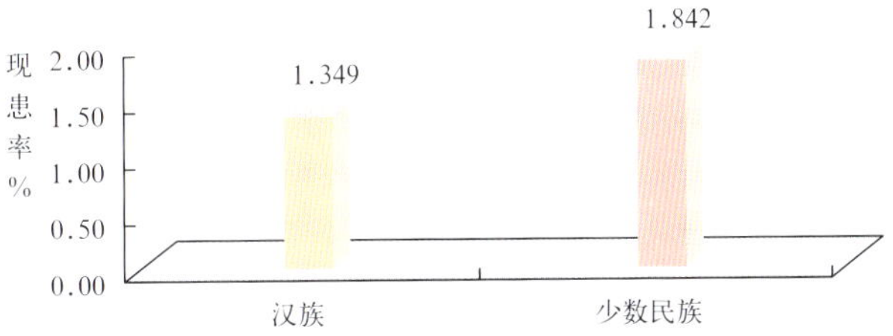

图25　汉族与少数民族0～6岁残疾儿童现患率

5．3～6 岁残疾儿童学前教育分布

本次调查确诊 3～6 岁残疾儿童 567 名，表 13 显示了 3～6 岁残疾儿童学前教育分布情况。各省、市县、城乡及不同经济状况地区 3～6 岁残疾儿童学前教育状况见附表 83～86。

表 13　3～6 岁残疾儿童学前教育分布

年　龄	残疾儿童数	接受学前教育残疾儿童数	接受学前教育率 %	构成 %
3 岁	108	32	29.63	12.85
4 岁	146	56	38.36	22.49
5 岁	172	80	46.51	32.13
6 岁	141	81	57.45	32.53
总　计	567	249	43.92	100.00

图 26 显示了 3～6 岁残疾儿童接受学前教育率，从中可以看出，在 3～6 岁的残疾儿童中，随着年龄的增高，接受学前教育率随之提高。

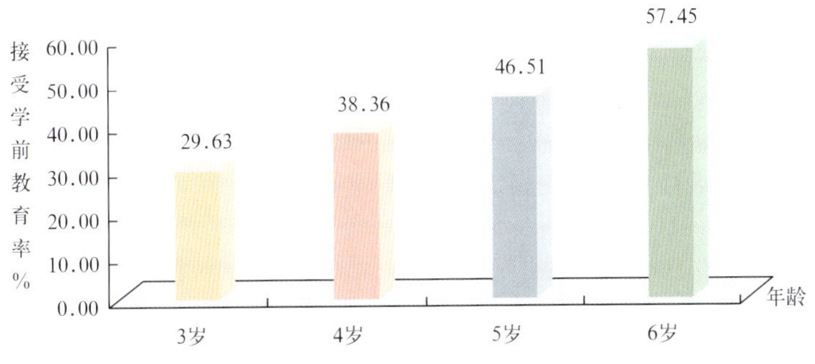

图26　3～6岁残疾儿童接受学前教育率

6．父母职业分布

本次调查的 819 名残疾儿童中，回答父亲职业的有效问卷 813 份，回答母亲职业的有效问卷 812 份。表 14 显示了 0～6 岁残疾儿童父母职业分布情况。各省、市县、城乡及不同经济状况地区 0～6 岁残疾儿童父亲职业状况见附表 87～90，母亲职业状况见附表 91～94。

表14　0～6岁残疾儿童父母职业分布

职　业	父亲				母亲			
	调查儿童数	残疾儿童数	现患率 %	构成 %	调查儿童数	残疾儿童数	现患率 %	构成 %
专业技术人员	2735	18	0.658	2.21	3673	25	0.681	3.08
机关干部	1656	13	0.785	1.60	1079	13	1.205	1.60
办事人员	4422	34	0.769	4.18	3449	22	0.638	2.71
商业人员	1697	21	1.237	2.58	2014	20	0.993	2.46
服务人员	573	11	1.920	1.35	741	2	0.270	0.25
农林牧渔	22059	349	1.582	42.93	23054	370	1.605	45.57
工　人	20224	265	1.310	32.60	17503	225	1.285	27.71
军　人	464	3	0.647	0.37	47	0	0.000	0.00
其　他	5415	85	1.570	10.46	5729	90	1.571	11.08
不在业	743	14	1.884	1.72	2728	45	1.650	5.54
合　计	59988	813	1.355	100.00	60017	812	1.353	100.00

图27显示了父母不同职业0～6岁残疾儿童现患率。从中可见，残疾儿童父母职业不同，残疾儿童现患率不同。

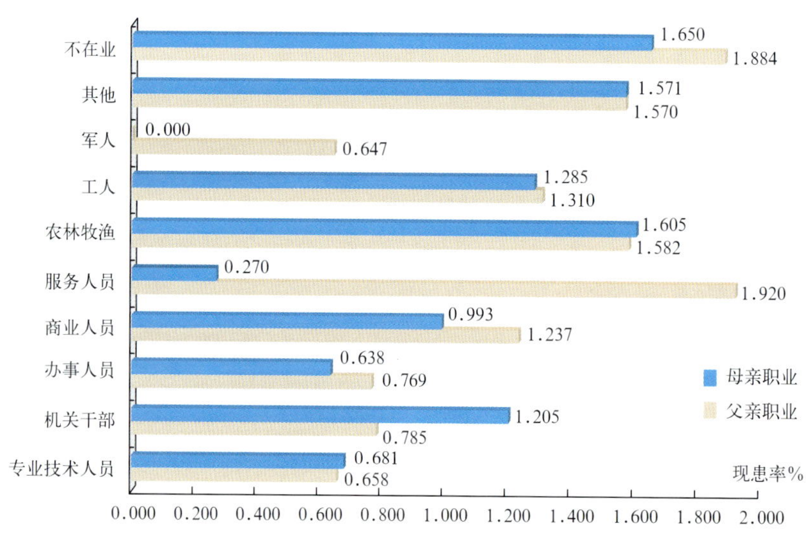

图27　父母不同职业0～6岁残疾儿童现患率

7．父母文化程度分布

本次调查确诊的819名残疾儿童中，回答父亲文化程度的有效问卷813份，回答母亲文化程度的有效问卷812份。表15显示了0～6岁残疾儿童父母文化程度分布情况。各省、市县、城乡及不同经济状况地区0～6岁残疾儿童父亲文化程度状况见附表95～98，母亲文化程度状况见附表99～102。

表 15　0～6 岁残疾儿童父母文化程度分布

文化程度	父亲				母亲			
	调查儿童数	残疾儿童数	现患率 %	构成 %	调查儿童数	残疾儿童数	现患率 %	构成 %
大学大专	9710	70	0.721	8.61	7466	52	0.696	6.40
高中中专	18335	201	1.096	24.72	16730	168	1.004	20.69
初　　中	25757	394	1.530	48.46	26294	363	1.381	44.70
小　　学	5837	136	2.330	16.73	8200	181	2.207	22.29
文盲／半文盲	366	12	3.279	1.48	1345	48	3.569	5.91
合　　计	60005	813	1.355	100.00	60035	812	1.353	100.00

图 28 显示了父母不同文化程度 0～6 岁残疾儿童现患率。从中可以看出，父母文化程度越高，残疾儿童现患率越低。

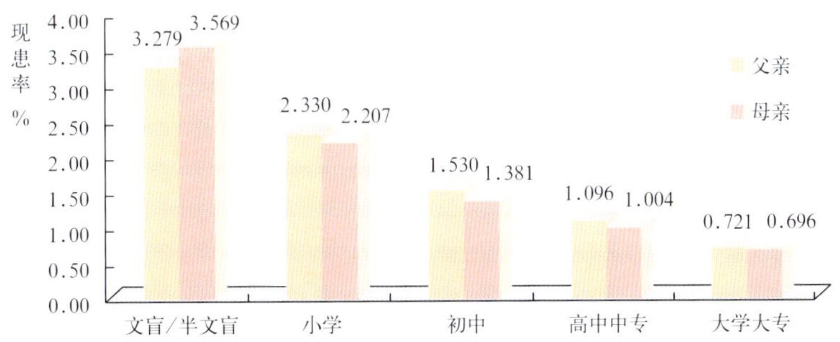

图28　父母不同文化程度0～6岁残疾儿童现患率

8．父母婚姻状况

本次调查确诊 819 名残疾儿童，表 16 显示了父母不同婚姻状况 0～6 岁残疾儿童现患率。各省、市县、城乡及不同经济状况地区父母不同婚姻状况 0～6 岁残疾儿童现患率见附表 103～106。

表 16　0～6 岁残疾儿童父母婚姻状况

父母婚姻状况	调查儿童数	残疾儿童数	现患率 %	构成 %
初　婚	58875	774	1.315	94.51
再　婚	701	20	2.853	2.44
离　婚	330	13	3.939	1.59
丧　偶	161	7	4.348	0.85
其　他	57	5	8.772	0.61
合　计	60124	819	1.362	100.00

图 29 显示了父母不同婚姻状况 0～6 岁残疾儿童现患率。

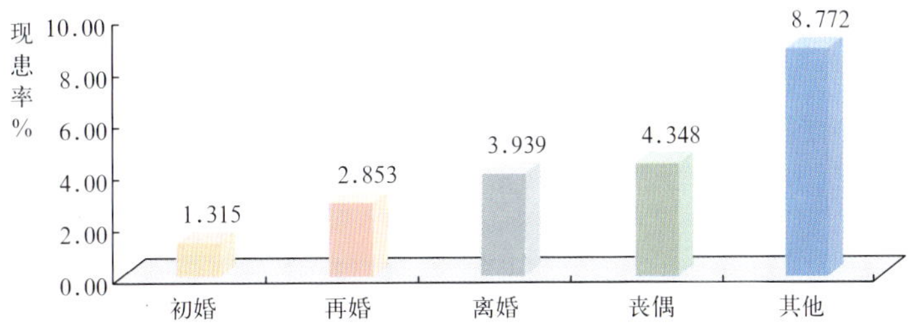

图29　父母不同婚姻状况0～6岁残疾儿童现患率

9．父母近亲婚配状况

本次调查确诊819名残疾儿童，表17显示了父母近亲婚配状况。各省、市县、城乡及不同经济状况地区0～6岁残疾儿童父母近亲婚配状况见附表107～110。

图30显示了父母近亲婚配状况0～6岁残疾儿童现患率，从中可见，父母近亲婚配的残疾儿童现患率高。

表17　0～6岁残疾儿童父母近亲婚配状况

近亲婚配状况	调查儿童数	残疾儿童数	现患率％	构成％
非近亲婚配	60075	817	1.360	99.76
近亲婚配	49	2	4.081	0.24
合　计	60124	819	1.362	100.00

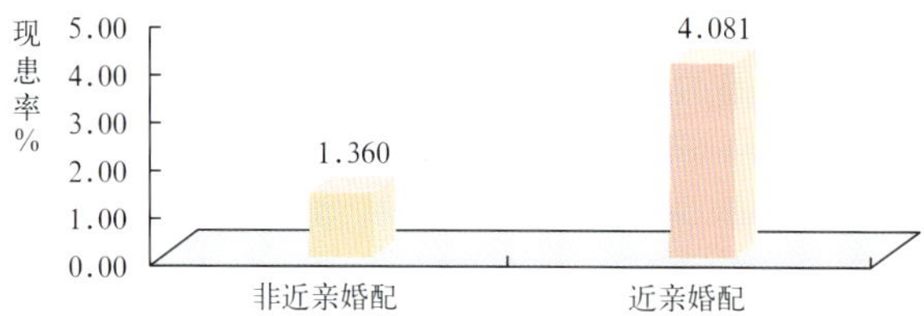

图30 父母近亲婚配状况0～6岁残疾儿童现患率

10．抚养状况

本次调查确诊819名残疾儿童，表18显示了0～6岁残疾儿童抚养状况。各省、市县、城乡及不同经济状况地区0～6岁残疾儿童抚养状况见附表111～114。

图31显示了不同抚养状况0～6岁残疾儿童现患率。

表18　0～6岁残疾儿童抚养状况

抚养状况	调查儿童数	残疾儿童数	现患率％	构成％
父和母	58656	782	1.333	95.48
父或母	450	18	4.000	2.20
祖（外）父母	944	18	1.907	2.20
其他亲属	35	0	0.000	0.00
国家集体	4	0	0.000	0.00
其他人员	35	1	2.857	0.12
合　计	60124	819	1.362	100.00

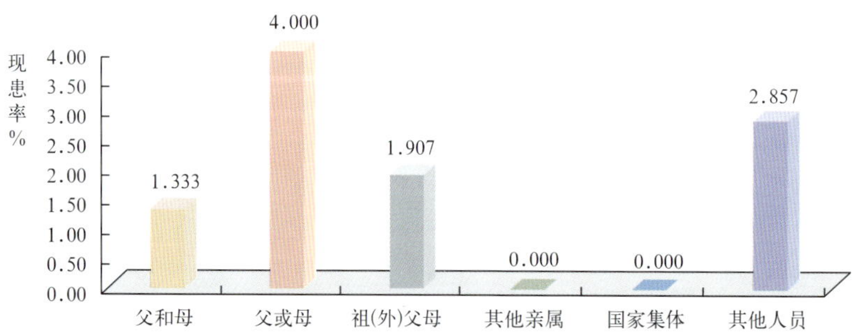

图31 不同抚养状况0～6岁残疾儿童现患率

11．家庭人口状况

本次调查确诊819名残疾儿童，表19显示了0～6岁残疾儿童家庭人口状况。各省、市县、城乡及不同经济状况地区0～6岁残疾儿童家庭人口状况见附表115～118。

表19　0～6岁残疾儿童家庭人口状况

家庭人口数	调查儿童数	残疾儿童数	现患率%	构成%
2人	295	12	4.068	1.47
3人	37938	499	1.315	60.93
4人	11287	185	1.639	22.59
5人	7198	77	1.070	9.40
6人	2316	30	1.295	3.66
7人及以上	1090	16	1.468	1.95
合　计	60124	819	1.362	100.00

图32显示了不同家庭人口数0～6岁残疾儿童现患率。

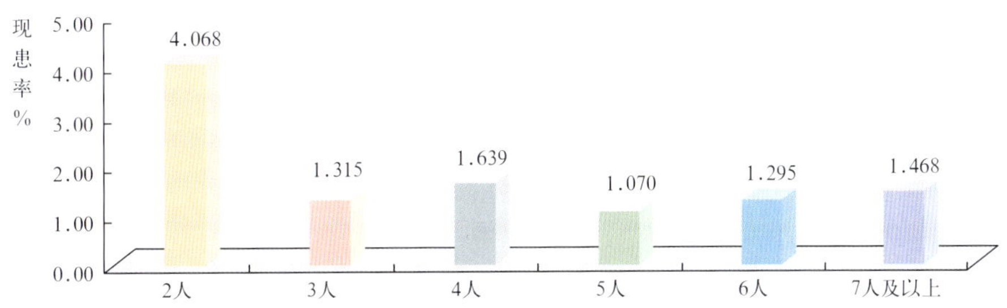

图32　不同家庭人口数0～6岁残疾儿童现患率

12．家庭子女状况

本次调查确诊819名残疾儿童，表20显示了0～6岁残疾儿童家庭子女状况。各省、市县、城乡及不同经济状况地区0～6岁残疾儿童家庭子女状况见附表119～122。

表20　0～6岁残疾儿童家庭子女状况

家庭子女数	调查儿童数	残疾儿童数	现患率%	构成%
1人	48240	609	1.262	74.36
2人	10527	187	1.776	22.83
3人	1157	18	1.556	2.20
4人	180	3	1.667	0.37
5人	17	2	11.765	0.24
6人及以上	3	0	0.000	0.00
合　计	60124	819	1.362	100.00

图33显示了不同家庭子女数0～6岁残疾儿童现患率。

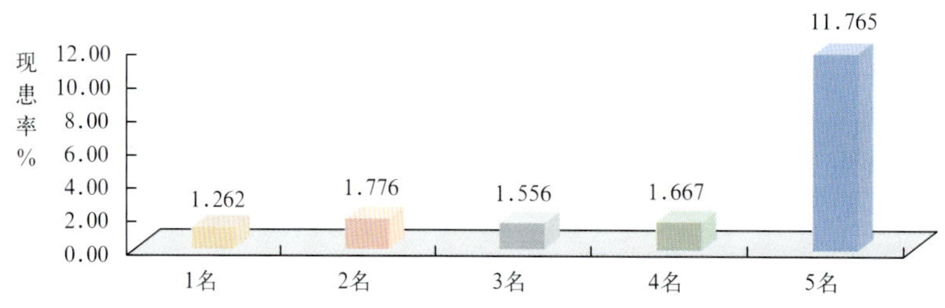

图33 不同家庭子女数0～6岁残疾儿童现患率

13．家庭年人均收入状况

本次调查的 819 名残疾儿童中，回答家庭年人均收入的有效问卷 819 份。表 21 显示了 0～6 岁残疾儿童家庭年人均收入状况。各省、市县、城乡及不同经济状况地区 0～6 岁残疾儿童家庭年人均收入状况见附表 123～126。

图 34 显示了不同家庭年人均收入 0～6 岁残疾儿童现患率。从中可见，随着家庭年人均收入的增高，残疾儿童现患率有下降的趋势。

表 21 0～6 岁残疾儿童家庭年人均收入状况

年人均收入(元)	调查儿童数	残疾儿童数	现患率 %	构成 %
<500	619	32	5.170	3.91
500～	3233	164	5.073	20.02
1000～	12926	194	1.501	23.69
2000～	9675	139	1.437	16.97
3000～	8626	128	1.484	15.63
4000～	7358	66	0.897	8.06
5000～	4922	37	0.752	4.52
6000～	4836	22	0.455	2.69
7000～	2022	17	0.841	2.08
8000～	2632	8	0.304	0.98
9000～	643	6	0.933	0.73
10000～	2632	6	0.228	0.73
合　计	60124	819	1.362	100.00

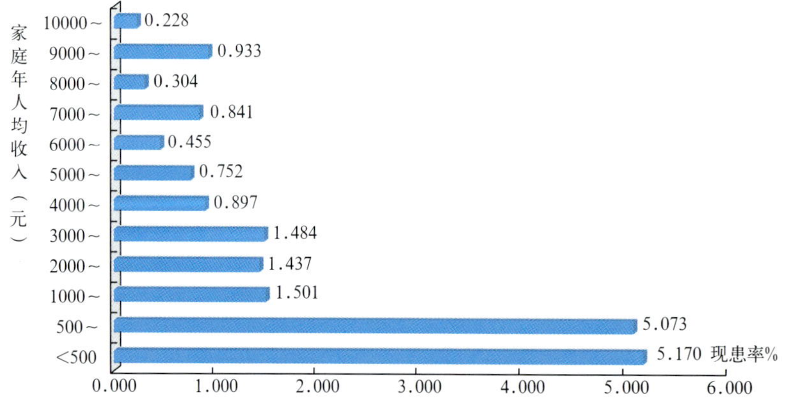

图34 不同家庭年人均收入0～6岁残疾儿童现患率

（四）五类残疾致残原因

本次调查确诊残疾儿童819人，儿童残疾1033人次（含综合残疾），致残原因中不详的占有一定比例。除不详原因外，五类残疾儿童前五位致残原因及构成见表22。

表22　0～6岁五类残疾儿童前五位致残原因及构成

残疾类别	第一位	第二位	第三位	第四位	第五位	前五位致残原因所占百分比
听力残疾	后天耳毒药物（17.20%）*	孕期感染／耳毒药物（15.05%）	高烧疾病（13.98%）	产时产伤窒息（8.60%）	其他原因（6.45%）	61.28%
视力残疾	弱视（29.69%）	视网膜视神经病变（15.63%）	先天性白内障（14.06%）	其他原因（10.94%）	先天性青光眼（6.25%）	76.57%
智力残疾	产时窒息（12.50%）	早　产（8.57%）	宫内窒息（6.43%）	社会文化落后（5.54%）	伴发精神病（5.18%）	38.22%
肢体残疾	脑瘫（36.86%）	其他原因（26.27%）	先天性骨关节病（16.47%）	小儿截肢（3.53%）	周围神经损伤（2.35%）	85.48%
精神残疾	孤独症（60.66%）	不典型孤独症（18.03%）	脑器质性疾病（16.39%）	癫痫（4.92%）	—	100.00%

* 占该类残疾所有原因的百分比

（五）康复现状与需求

1．康复现状

本次调查共确诊残疾儿童819人，儿童残疾1033人次（含综合残疾），其中没有得到康复的340人次，占32.91%；在医院治疗的69人次，占6.68%；在特殊机构康复的28人次，占2.71%；在家庭康复的548人次，占53.05%；在普通机构康复的29人次，占2.81%；在其他机构康复的19人次，占1.84%。表23显示了0～6岁残疾儿童康复形式的现状。

表23　0～6岁残疾儿童康复形式现状

残疾种类	医院治疗		特殊机构		家庭康复		普通机构		其他机构		没有进行康复		合　计	
	人数	构成％	人数	构成％	人数	构成％	人数	构成％	人数	构成％	人数	构成％	人数	构成％
听力残疾	3	3.23	15	16.13	53	56.99	6	6.45	2	2.15	14	15.05	93	100.00
视力残疾	9	14.06	0	0.00	9	14.06	0	0.00	0	0.00	46	71.88	64	100.00
智力残疾	9	1.61	10	1.79	322	57.50	15	2.68	3	0.54	201	35.89	560	100.00
肢体残疾	46	18.04	3	1.18	152	59.61	2	0.78	4	1.57	48	18.82	255	100.00
精神残疾	2	3.28	0	0.00	12	19.67	6	9.84	10	16.39	31	50.82	61	100.00
合　计	69*	6.68	28*	2.71	548*	53.05	29*	2.81	19*	1.84	340*	32.91	1033*	100.00

* 含综合残疾

本次调查还对听力、视力、肢体残疾儿童康复器具现状进行了调查，结果见表24。

表24　0～6岁听力、视力和肢体残疾儿童康复器具现状

残疾种类	人数	助听器	助视器	导盲器	假肢	自助器	矫形器	轮椅	拐杖	其他	合计	率％
听力残疾	93	34	–	–	–	–	–	–	–	10	44	47.31
视力残疾	64	–	6	–	–	–	–	–	–	3	9	14.06
肢体残疾	255	–	–	–	1	3	15	7	–	73	99	38.82
合　计	412*	34	6	–	1	3	15	7	–	86*	152*	36.89

* 含综合残疾

2．0～6 岁残疾儿童康复需求

本次调查共确诊残疾儿童 819 人，儿童残疾 1033 人次（含综合残疾），其中需要在医院治疗的 212 人次，占 20.52%；需要在特殊机构康复的 278 人次，占 26.91%；需要在家庭康复的 444 人次，占 42.98%；需要在普通机构康复的 93 人次，占 9.00%；需要在其他机构康复的 6 人次，占 0.58%。表 25 显示了 0～6 岁残疾儿童康复形式的需求。

表 25　0～6 岁残疾儿童康复形式需求

残疾种类	医院治疗		特殊机构		家庭康复		普通机构		其　他		合　计	
	人数	构成 %	人数	构成 %	人数	构成 %	人数	构成 %	人数	构成 %	人数	构成 %
听力残疾	8	8.60	58	62.37	23	24.73	4	4.30	0	0.00	93	100.00
视力残疾	41	64.06	3	4.69	18	28.13	0	0.00	2	3.13	64	100.00
智力残疾	37	6.61	142	25.36	292	52.14	89	15.89	0	0.00	560	100.00
肢体残疾	120	47.06	58	22.75	73	28.63	0	0.00	4	1.57	255	100.00
精神残疾	6	9.84	17	27.87	38	62.30	0	0.00	0	0.00	61	100.00
合　计	212*	20.52	278*	26.91	444*	42.98	93*	9.00	6*	0.58	1033*	100.00

* 含综合残疾

本次调查还对听力、视力、肢体残疾儿童康复器具需求进行了调查，结果见表 26。

表 26　0～6 岁听力、视力和肢体残疾儿童康复器具需求

残疾种类	人数	助听器	助视器	导盲器	假肢	自助器	矫形器	轮椅	拐杖	其他	合计	率 %
听力残疾	93	65	–	–	–	–	–	–	–	28	93	100.00
视力残疾	64	–	23	8	–	–	–	–	–	33	64	100.00
肢体残疾	255	–	–	–	4	29	37	8	8	169	255	100.00
合　计	412*	65	23	8	4	29	37	8	8	230*	412*	100.00

* 含综合残疾

3．康复现状与需求比较

将康复现状与需求进行比较发现，残疾儿童康复现状与需求之间存在着很大的差异。图 35 显示了残疾儿童康复形式现状与需求之间的差异，图 36 显示了残疾儿童康复器具现状与需求之间的差异，从中可以看出，残疾儿童在特殊机构康复的现状与需求之间的差异最大，视力残疾康复器具的现状与需求之间的差距最大。

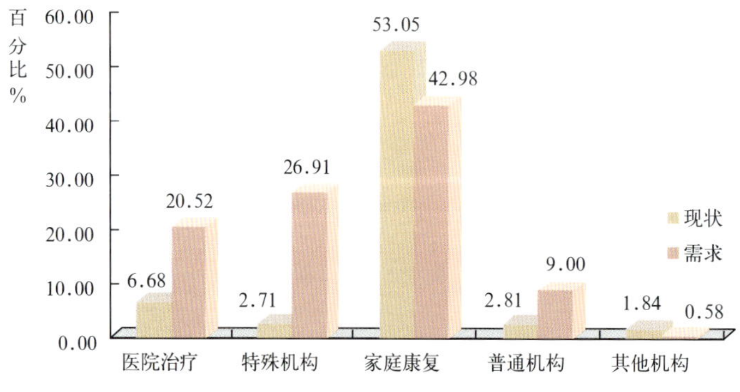

图35　0～6岁残疾儿童康复形式现状与需求

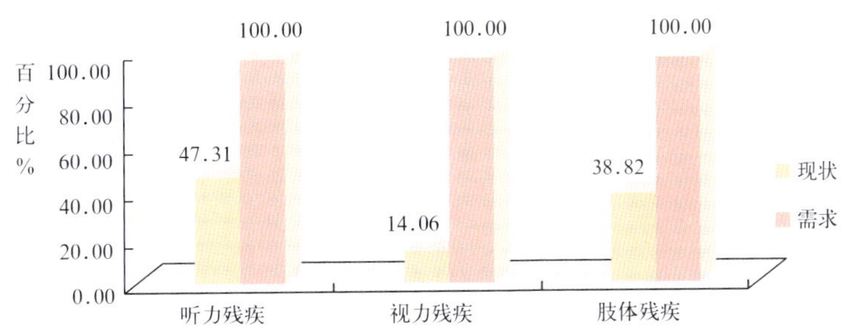

图36 0～6岁残疾儿童康复器具现状与需求

三、0～6岁残疾儿童一般危险因素分析

（一）单因素分析

将0～6岁儿童按是否残疾与居住地、性别、年龄、民族、是否接受学前教育、是否独生子女、父母是否近亲婚配、父母职业、父母文化程度、父母婚姻状况、家庭年人均收入以及儿童抚养状况等变量进行单因素分析，结果见表27～42。

表27 不同省份与儿童残疾的关系

地 区	调查儿童数	残疾儿童		正常儿童	
		人数	率 %	人数	率 %
天 津	10001	107	1.07	9894	98.93
吉 林	10006	175	1.75	9831	98.25
河 南	10044	183	1.82	9861	98.18
江 苏	9998	86	0.86	9912	98.14
贵 州	10073	146	1.45	9927	98.55
甘 肃	10002	122	1.22	9880	98.78
合 计	60124	819	1.36	59305	98.64

$\chi^2=54.332$ P=0.000

表27可见，不同省份0～6岁儿童发生残疾的概率不同，经卡方检验差异具有统计学高度显著性（$P\leqslant0.01$）。

表28 城乡与儿童残疾的关系

地 区	调查儿童数	残疾儿童		正常儿童	
		人数	率 %	人数	率 %
城 市	30102	400	1.33	29702	98.67
农 村	30022	419	1.40	29603	98.60
合 计	60124	819	1.36	59305	98.64

$\chi^2=306.60$ P=0.000

表28可见，农村0～6岁残疾儿童比城市检出的多，经卡方检验差异具有统计学高度显著性（$P\leqslant0.01$）。

表29 不同经济状况地区与儿童残疾的关系

地　区	调查儿童数	残疾儿童		正常儿童	
		人数	率%	人数	率%
发达地区	19999	193	0.97	19806	99.03
中等发达地区	20050	358	1.79	19692	98.21
欠发达地区	20075	268	1.33	19807	98.67
合　计	60124	819	1.36	59305	98.64

χ^2=50.330　P=0.000

表29可见，不同经济状况地区0~6岁儿童发生残疾概率不同，经卡方检验差异具有统计学高度显著性（P≤0.01）。

表30　儿童性别与儿童残疾的关系

性别	调查儿童数	残疾儿童		正常儿童	
		人数	率%	人数	率%
男性	32444	472	1.45	31972	98.55
女性	27680	347	1.25	27333	98.75
合计	60124	819	1.36	59305	98.64

χ^2=4.504　P=0.034

表30可见，男性0~6岁残疾儿童比女性检出的多，经卡方检验差异具有统计学显著性（P≤0.05）。

表31 儿童年龄与儿童残疾的关系

年龄（岁）	调查儿童数	残疾儿童		正常儿童	
		人数	率%	人数	率%
0	6944	52	0.75	6892	99.25
1	8869	92	1.04	8777	98.96
2	8537	108	1.27	8429	98.73
3	8759	108	1.23	8651	98.77
4	9261	146	1.58	9115	98.42
5	10019	172	1.72	9847	98.28
6	7735	141	1.82	7594	98.18
合计	60124	819	1.36	59305	98.64

χ^2=56.595　P=0.000

表31可见，不同年龄的儿童残疾现患率不同，0岁组最低，6岁组最高。残疾现患率有随年龄增加而增高的趋势，经趋势卡方检验差异具有统计学高度显著性（P≤0.01）。

表32　民族与儿童残疾的关系

民　族	调查儿童数	残疾儿童		正常儿童	
		人数	率%	人数	率%
汉　族	58550	790	1.35	57760	98.65
少数民族	1574	29	1.84	1545	98.16
合　计	60124	819	1.36	59305	98.64

χ^2=2.775　P=0.093

表32可见，少数民族0~6岁残疾儿童比汉族检出的多，但经卡方检验差异不具统计学显著

性（P ≥ 0.05）。

表 33 学前教育与儿童残疾的关系

接受学前教育	调查儿童数	残疾儿童		正常儿童	
		人数	率 %	人数	率 %
有	25016	249	1.00	24767	99.00
无	10758	318	2.96	10440	97.04
合计	35774	567	1.58	35207	98.42

χ^2=199.460 P=0.000

表 33 可见，没有接受学前教育的 0～6 岁残疾儿童比接受学前教育的检出的多，经卡方检验差异具有统计学高度显著性（P ≤ 0.01）。

表 34 父亲职业与儿童残疾的关系

职 业	调查儿童数	残疾儿童		正常儿童	
		人数	率 %	人数	率 %
专业技术人员	2735	18	0.66	2717	99.34
机关干部	1656	13	0.79	1643	99.21
办事人员	4422	34	0.77	4388	99.23
商业人员	1697	21	1.24	1676	98.76
服务人员	573	11	1.92	562	98.08
农林牧渔	22059	349	1.58	21710	98.42
工 人	20224	265	1.31	19959	98.69
军 人	464	3	0.65	461	99.35
其 他	5415	85	1.57	5330	98.43
不在业	743	14	1.88	729	98.12
合 计	59988	813	1.36	59175	98.64

χ^2=42.409 P=0.000

表 34 可见，父亲从事不同职业的 0～6 岁儿童发生残疾的概率不同，父亲职业为服务人员和不在业的 0～6 岁残疾儿童检出的多，父亲职业是军人和专业技术人员的检出的少。经卡方检验差异具有统计学高度显著性（P ≤ 0.01）。

表35 母亲职业与儿童残疾的关系

职业	调查儿童数	残疾儿童		正常儿童	
		人数	率%	人数	率%
专业技术人员	3673	25	0.68	3648	99.32
机关干部	1079	13	1.20	1066	98.80
办事人员	3449	22	0.64	3427	99.36
商业人员	2014	20	0.99	1994	99.01
服务人员	741	2	0.27	739	99.73
农林牧渔	23054	370	1.60	22684	98.40
工　人	17503	225	1.29	17278	98.71
军　人	47	0	0.00	47	100.00
其　他	5729	90	1.57	5639	98.43
不在业	2728	45	1.65	2683	98.35
合　计	60017	812	1.35	59205	98.65

χ^2=45.607　P=0.000

表35可见，母亲从事不同职业的0~6岁儿童发生残疾的概率不同，母亲职业是农林牧渔、其他和不在业的0~6岁残疾儿童检出的多，母亲职业是军人和服务人员的检出的少。经卡方检验差异具有统计学高度显著性（P≤0.01）。

表36 父亲文化程度与儿童残疾的关系

文化程度	调查儿童数	残疾儿童		正常儿童	
		人数	率%	人数	率%
大学大专	9710	70	0.72	9640	99.28
高中中专	18335	201	1.10	18134	98.90
初　中	25757	394	1.53	25363	98.47
小　学	5837	136	2.33	5701	97.67
文盲/半文盲	366	12	3.28	354	96.72
合　计	60005	813	1.35	59192	98.65

χ^2=85.257　P=0.000

表36可见，父亲文化程度不同的0~6岁儿童发生残疾的概率不同，父亲文化程度是文盲／半文盲的0~6岁残疾儿童检出的最多，父亲文化程度是大学大专的检出的最少。儿童发生残疾的概率有随父亲文化程度的增高而降低的趋势，经趋势卡方检验差异具有统计学高度显著性（P≤0.01）。

表37 母亲文化程度与儿童残疾的关系

文化程度	调查儿童数	残疾儿童		正常儿童	
		人数	率%	人数	率%
大学大专	7466	52	0.70	7414	99.30
高中中专	16730	168	1.00	16562	99.00
初　中	26294	363	1.38	25931	98.62
小　学	8200	181	2.21	8019	97.79
文盲/半文盲	1345	48	3.57	1297	96.43
合　计	60035	812	1.35	59223	98.65

χ^2=117.097　P=0.000

表37可见，母亲文化程度不同的0～6岁儿童发生残疾的概率不同，母亲文化程度是文盲／半文盲的0～6岁残疾儿童检出的最多，母亲文化程度是大学大专的检出的最少。儿童发生残疾的概率有随母亲文化程度的增高而降低的趋势，经趋势卡方检验差异具有统计学高度显著性（P ≤ 0.01）。

表38 父母婚姻状况与儿童残疾的关系

婚姻状况	调查儿童数	残疾儿童		正常儿童	
		人数	率 %	人数	率 %
初 婚	58875	774	1.31	58101	98.69
再 婚	701	20	2.85	681	97.15
离 婚	330	13	3.94	317	96.06
丧 偶	161	7	4.35	154	95.65
其 他	57	5	8.77	52	91.23
合 计	60124	819	1.36	59305	98.64

χ^2=62.873 P=0.000

表38可见，父母婚姻状况不同0～6岁儿童发生残疾的概率不同，父母婚姻状况是其他的0～6岁残疾儿童检出的最多，父母婚姻状况是初婚的检出的最少。经卡方检验差异具有统计学高度显著性（P ≤ 0.01）。

表39 父母近亲婚配与儿童残疾的关系

近亲婚配	调查儿童数	残疾儿童		正常儿童	
		人数	率 %	人数	率 %
是	49	2	4.08	47	95.92
否	60075	817	1.36	59258	98.64
合计	60124	819	1.36	59305	98.64

χ^2=2.699 P=0.144

表39可见，父母近亲婚配的0～6岁残疾儿童比父母非近亲婚配的检出的多，但经卡方检验差异不具有统计学显著性（P ≥ 0.05）。

表40 儿童抚养情况与儿童残疾的关系

抚养状况	调查儿童数	残疾儿童		正常儿童	
		人数	率 %	人数	率 %
父和母	58656	782	1.33	57874	98.67
父或母	450	18	4.00	432	96.00
祖父母	944	18	1.91	926	98.09
其他亲属	35	0	0.00	35	100.00
国家集体	4	0	0.00	4	100.00
其 他	35	1	2.86	34	97.14
合 计	60124	819	1.36	59305	98.64

χ^2=26.874 P=0.000

表40可见，抚养状况不同的0～6岁儿童发生残疾的概率不同，父或母抚养的0～6岁残疾儿童检出的最多，其他亲属和国家抚养的检出的最少，经卡方检验差异具有统计学高度显著性（P ≤ 0.01）。

表 41 独生子女与儿童残疾的关系

独生子女	调查儿童数	残疾儿童		正常儿童	
		人数	率 %	人数	率 %
是	48240	609	1.26	47631	98.74
否	11884	210	1.77	11674	98.23
合计	60124	819	1.36	59305	98.64

χ^2=16.601　P=0.000

表41可见，非独生子女0～6岁残疾儿童比独生子女检出的多，经卡方检验差异具有统计学高度显著性（P ≤ 0.01）。

表 42 家庭年人均收入与儿童残疾的关系

年人均收入（元）	调查儿童数	残疾儿童		正常儿童	
		人数	率 %	人数	率 %
<500	619	32	5.17	587	94.83
500～	3233	164	5.07	3069	94.93
1000～	12926	194	1.50	12732	98.50
2000～	9675	139	1.44	9536	98.56
3000～	8626	128	1.48	8498	98.52
4000～	7358	66	0.90	7292	99.10
5000～	4922	37	0.75	4885	99.25
6000～	4836	22	0.45	4814	99.55
7000～	2022	17	0.84	2005	99.16
8000～	2632	8	0.30	2624	99.70
9000～	643	6	0.93	637	99.07
10000～	2632	6	0.23	2626	99.77
合　计	60124	819	1.36	59305	98.64

χ^2=211.35　P=0.000

表42可见，家庭年人均收入不同0～6岁儿童发生残疾的概率不同，家庭年人均收入在1000元以下的0～6岁残疾儿童检出的最多，家庭年人均收入在10000元以上的检出的最少。儿童发生残疾的概率有随家庭年人均收入的增高而降低的趋势，经趋势卡方检验差异具有统计学高度显著性（P ≤ 0.01）。

（二）多因素分析

将单因素分析中有意义的变量并结合专业知识选定变量进行多因素分析。以残疾作为因变量，将所选变量引入Logistic线性回归模型，按α =0.05，β =0.1标准进行分析，所选因素的量化情况见表43，残疾危险因素的多因素分析结果见表44。

表43 多因素分析所选因素量化情况

变量名称	变量分级
性　别	男 1，女 0
民　族	汉族 1，其他民族 0
年　龄	0，1，2，3，…
学前教育	有 1，无 0
父亲职业	机关干部（FOCU1=1，FOCU2=0，FOCU3=0，FOCU4=0）；工人（FOCU1=0，FOCU2=1，FOCU3=0，FOCU4=0）；农林牧渔（FOCU1=0，FOCU2=0，FOCU3=1，FOCU4=0）；军人（FOCU1=0，FOCU2=0，FOCU3=0，FOCU4=1）；其他（FOCU1=0，FOCU2=0，FOCU3=0，FOCU4=0）
母亲职业	机关干部（MOCU1=1，MOCU2=0，MOCU3=0，MOCU4=0）；工人（MOCU1=0，MOCU2=1，MOCU3=0，MOCU4=0）；农林牧渔（MOCU1=0，MOCU2=0，MOCU3=1，MOCU4=0）；军人（MOCU1=0，MOCU2=0，MOCU3=0，MOCU4=1）；其他（MOCU1=0，MOCU2=0，MOCU3=0，MOCU4=0）
婚姻状况	初婚（MAR1=0，MAR2=0，MAR3=0，MAR4=0）；再婚（MAR1=0，MAR2=0，MAR3=0，MAR4=1,）；丧偶（MAR1=0，MAR2=1，MAR3=1，MAR4=0）；离婚（MAR1=0，MAR2=1，MAR3=0，MAR4=0）；其他（MAR1=1，MAR2=0，MAR3=0，MAR4=0）
文化程度	文盲／半文盲 0，小学 1，初中 2，高中中专 3，大学大专 4
近亲婚配	非近亲 0，近亲 1
抚养情况	父母（FED1=0，FED2=0，FED3=0，FED4=0 FED5=0）；父或母（FED1=0，FED2=0，FED3=0，FED4=0 FED5=1）；祖父母（FED1=0，FED2=0，FED3=0，FED4=1，FED5=0）；亲属（FED1=0，FED2=0，FED3=1，FED4=0，FED5=0）；国家（FED1=0，FED2=1，FED3=0，FED4=0，FED5=0）；其他（FED1=1，FED2=0，FED3=0，FED4=0，FED5=0）

表44　0～6 岁残疾儿童危险因素的多因素 Logistic 回归分析

变　量	回归系数	标准误	P 值	OR	OR 95.0% 可信限	
					下限	上限
截　距	－3.108	0.351	0.000	0.045		
学前教育	－1.602	0.107	0.000	0.202	0.164	0.249
再　婚	1.363	0.671	0.042	3.907	1.049	14.544
父亲务农	－0.683	0.257	0.008	0.505	0.306	0.835
年　龄	0.359	0.044	0.000	1.433	1.315	1.560
性　别	0.183	0.086	0.033	1.201	1.015	1.422

表44 可见，0～6 岁儿童残疾的危险因素是没有接受过学前教育、父母再婚、儿童年龄大、男性儿童等。父亲职业是农林牧渔的 0～6 岁残疾儿童比父亲职业是其他的检出的少。

讨　论

一、本次调查样本的代表性

（一）抽样方法

本次调查是在全国范围内首次进行的0～6岁残疾儿童抽样调查，也是建国以来对残疾人群的第二次全国性的抽样调查。本次调查的抽样方法是：多阶段分层、不等比例、整群随机抽样。调查地区是按经济状况和地域不同，随机抽取了天津、江苏、吉林、河南、甘肃、贵州6个省（市），再从每个省（市）中随机抽取一个地级市、一个县。每省抽取0～6岁儿童10000名，总样本量为60000名。

（二）质量控制

本次调查前，在卫生部、公安部、中国残联和国家统计局领导下成立了专家组，对调查方案进行反复论证，多次修改。调查方案确定之后，在江苏省南京市玄武区进行了预试验，对方案的科学性和可行性进行了检验。

现场调查前，举办了中央和地方两级培训班，对参与调查的筛查和诊断人员进行了培训、考核，考核结果均达到了各项设计要求。现场调查中，规范了现场工作流程，对资料的收集、整理、录入实行了严格的自查、互查、抽查与核查等质量管理措施，各项指标均达到设计要求，保证了本次调查结果的真实可靠。

（三）抽样地区0～6岁儿童的人口学状况

本次调查随机抽取了6个地级市和6个县，以6个地级市所抽取街道居住的0～6岁儿童为城市儿童样本，以6个县所抽取乡镇居住的0～6岁儿童为农村儿童的样本。调查结果发现，0～6岁儿童的男女性别比为117.21∶100，其中城市为111.69∶100,农村为123.05∶100，与2000年第五次全国人口普查所得结果相近（119.19∶100，其中城市116.10∶100,农村120.64∶100 ）。从本次调查对象的年龄构成来看,0岁、1岁、2岁、3岁、4岁、5岁和6岁儿童所占比例分别为11.55%、14.75%、14.20%、14.57%、15.40%、16.66%和12.87%，与2000年第五次全国人口普查结果相近。

综上所述，本次抽样调查抽样方法科学，质量控制严格准确，调查结果真实可靠，人口学特征与2000年第五次全国人口普查结果相近。因此，可以认为，本次调查所抽取的0～6岁儿童能够代表全国0～6岁儿童的整体情况。

二、全国0～6岁残疾儿童状况

（一）0～6岁残疾儿童现患率及发现率

本次调查的0～6岁儿童残疾现患率为1.362%，根据2000年第五次中国人口普查人口数推算，中国约有0～6岁残疾儿童139.5万。

本次调查的0～6岁儿童年平均残疾发现率为1.946‰，根据2000年第五次中国人口普查人口数推算，中国每年新增 0～6 岁残疾儿童约 19.9 万。

本次调查的 0～6 岁儿童残疾现患率与 1987 年全国残疾人抽样调查的 1.708% 相比较，下降了 0.346 个百分点。这说明近 15 年来，我国残疾预防工作取得了显著成效。主要原因是：一，我国政府将残疾预防纳入国民经济社会发展规划，相继出台了一系列法律法规，如《中华人民共和国残疾人保障法》、《中华人民共和国母婴保健法》等，用法律法规的形式在全国范围内广泛采取了婚前保健、孕产期保健、新生儿保健、出生缺陷监测、新生儿疾病筛查等措施，有效控制了致残疾病，减少和预防了残疾的发生。二，实施了扩大计划免疫规划、提高计划免疫覆盖率，基本消灭了脊髓灰质炎，有效控制了新生儿破伤风、麻疹、乙脑、流脑等急性传染病，降低了因上述传染病所致的残疾；推广全民食用合格碘盐和为特需人群补碘等措施，大幅度减少了因缺碘导致的智力残疾和听力残疾。三，医学技术的不断进步和新药物的使用，使许多患病儿童得到及时、有效的治疗，减少了残疾的发生；同时，对药品的规范使用，降低了因滥用、误用药物导致的残疾。四，我国国民经济、科学、文化和教育的迅速发展，城乡人民物质和文化生活水平普遍提高，医疗卫生条件日益改善，公众残疾预防意识不断提高，有效地控制了残疾发生。

世界各国儿童残疾现患率存在较大差别。1987 年西班牙儿童残疾现患率为 1.4%，1989 年英国 0～4 岁儿童残疾现患率为 2.1%，1990 年加拿大儿童残疾现患率为 3.4%。这种差别除了儿童残疾本身所具有的地区分布差异以外，还可能与各国对各类残疾的定义、筛查方法、诊断标准存有差异有关。

（二）0～6 岁五类残疾儿童现患率及发现率

本次调查的 0～6 岁儿童听力、视力、智力、肢体、精神及综合残疾现患率分别为 0.155%、0.106%、0.931%、0.424%、0.101% 和 0.316%，根据 2000 年第五次中国人口普查人口数推算，中国约有 0～6 岁听力残疾儿童 15.8 万、视力残疾儿童 10.9 万、智力残疾儿童 95.4 万、肢体残疾儿童 43.4 万、精神残疾儿童 10.4 万，综合残疾儿童 32.4 万。

本次调查的 0～6 岁儿童听力、视力、智力、肢体、精神及综合残疾年平均发现率分别为 0.221‰、0.152‰、1.331‰、0.606‰、0.145‰、0.451‰，据此推算，中国每年约新增 0～6 岁听力残疾儿童 2.3 万、视力残疾儿童 1.6 万、智力残疾儿童 13.6 万、肢体残疾儿童 6.2 万、精神残疾儿童 1.5 万，综合残疾儿童 4.6 万。

本次调查的 0～6 岁儿童残疾现患率与 1987 年全国残疾人抽样调查结果相比，听力残疾和智力残疾的现患率有所下降，分别从 1987 年的 0.183% 和 1.211% 下降到 2001 年的 0.155% 和 0.931%；视力残疾、肢体残疾和精神残疾的现患率有不同程度的上升，分别从 0.045%、0.128% 和 0.002% 上升至 0.106%、0.424% 和 0.101%。精神残疾现患率上升的原因是本次精神残疾调查采用了世界上先进的孤独症筛查和诊断量表，提高了筛查的敏感性和诊断可靠性；肢体残疾现患率上升可能与脑瘫儿童增多有关。视力残疾现患率上升的原因需要进一步探讨。综合残疾的现患率有所增加，从 1987 年的 0.229% 上升至 2001 年的 0.316%，这可能与许多孤独症儿童、脑瘫儿童多伴有智力残疾有关。

本次调查结果显示，在五类残疾中，智力残疾所占比例最高，其他依次为肢体残疾、听力残疾、视力残疾和精神残疾。与 1987 年的智力残疾、听力残疾、肢体残疾、视力残疾、精神残疾排序相比，听力残疾由第二位下降为第三位，肢体残疾由第三位上升为第二位。

（三）0～6岁残疾儿童的分布特征

本次调查发现，我国0～6岁儿童的残疾现患率从性别分布来看，男性高于女性（男性1.455%，女性1.254%）；不同省份、城乡之间以及不同经济状况地区男性儿童残疾现患率均高于女性，且差异具有统计学显著性。这可能与男性儿童易受损伤有关。

从年龄分布来看，0～6岁残疾儿童现患率有随年龄增加而增高的趋势，0岁组最低（0.749%），6岁组最高（1.823%），这除了与残疾病程长有关外，还可能与某些残疾随着儿童年龄增大后才逐渐被发现有关，也可能与年龄增大损伤的风险增多或目前使用的筛查和诊断量表对年龄较小的儿童不够敏感有关。

从地区分布来看，0～6岁残疾儿童的现患率也存在差异，经济发达地区的0～6岁儿童现患率最低，为0.965%；经济中等发达地区最高，为1.786%，经济欠发达地区居中，为1.335%。总的来说，经济发达地区儿童残疾的现患率低于经济欠发达地区，这表明残疾的发生与经济发展、医疗卫生条件有关。经济中等发达地区残疾儿童现患率高，这可能与经济欠发达地区残疾儿童死亡率较高，而本次调查仅调查存活残疾儿童有关。此外，环境污染、药物滥用也可能是经济中等发达地区残疾儿童现患率高的原因，其他原因有待进一步研究。

（四）0～6岁残疾儿童的致残原因

由于当前医学发展水平所限，许多残疾儿童致残原因尚不能明确，本次调查中，致残原因不祥的占有一定比例。对0～6岁残疾儿童已知致残原因分析如下：

听力残疾前五位致残原因依次是：后天耳毒药物、孕期感染／耳毒药物、高烧疾病、产时产伤窒息和其他原因，这五种原因占听力致残原因的61.28%。该结果与1987年前五位致残原因（其他原因、药物中毒、高烧疾病、家族遗传／近亲结婚和发育畸形）相比，发生了很大变化，这可能是因为近15年来，人们对近亲婚配所造成的危害有了进一步的认识，在一定程度上减少了由于近亲婚配所致的听力残疾；同时采取了孕产期保健、优生优育等措施，发育畸形所致的听力残疾有所减少。虽然后天耳毒药物仍然是听力残疾的主要致残原因之一，但与1987年相比，致残数量有了明显下降，这主要与社会对耳毒药物危害性的认识有了很大提高、耳毒药物的限制使用等有关。

视力残疾前五位致残原因依次是：弱视、视网膜视神经病变、先天性白内障、其他原因和先天性青光眼。这些原因占视力致残原因的76.57%。该结果与1987年前五位致残原因（先天遗传、角膜病、其他原因、视神经病变和屈光不正／弱视）相比，发生了很大变化。这可能与我国防盲治盲知识的普及和眼保健水平的提高有关。

智力残疾前五位致残原因依次是：产时窒息、早产、宫内窒息、社会文化落后、伴发精神病，这些原因占智力致残原因的38.22%。该结果与1987年前五位致残原因（遗传性疾病、营养不良、其他原因、发育畸形和产伤／颅内出血／窒息）相比，发生了很大变化。这可能与实行全民食用碘盐和为特需人群补碘有关。值得注意是，围产期窒息导致的脑损伤所致的智力残疾比例相对地上升。

肢体残疾前五位致残原因依次是：脑瘫、其他原因、先天性骨关节病、小儿截肢和周围神经损伤，这些原因占肢体致残原因的85.48%。。该结果与1987年前五位致残原因（其他原因、发育畸形、小儿麻痹、其他外伤和家族遗传／近亲结婚）相比，发生了很大变化。产前筛查、儿童计划免疫、优生优育等措施使发育畸形、小儿麻痹和家族遗传／近亲婚配所致的残疾减少。由围产期脑损伤引起的脑瘫所致的肢体残疾上升到第一位的原因有待探讨。

精神残疾前四位致残原因依次是：孤独症、不典型孤独症、脑器质性疾病和癫痫。该结果与1987年致残原因（癫痫、精神分裂症、儿童期精神病、颅脑损伤、脑变性疾病、其他脑器质性疾病）相比，发生了很大变化，这是因为本次调查采用了新的孤独症筛查和诊断方法，筛查方法和诊断方法的灵敏度提高，使更多的患有孤独症的儿童得到发现。另外，随着社会生活环境变化和独生子女的增加，患有孤独症的儿童数量也确有增加的趋势。

（五）相关危险因素分析

本次调查对儿童残疾的一般危险因素进行了分析，结果发现残疾儿童现患率高低与儿童的居住地、性别、年龄、接受学前教育、是否独生子女家庭、父母职业、父母文化程度、父母婚姻状况、抚养状况、家庭年人均收入有关。农村地区、父母文化程度低、家庭年人均收入低的儿童残疾现患率高，这可能是由于经济文化落后、医疗资源不足、缺少孕产期保健、残疾预防知识造成。残疾儿童接受学前教育的比例明显低于正常儿童，这可能是由于一方面为残疾儿童提供学前特殊教育的机构严重匮乏，另一方面普通学前教育机构缺少接纳残疾儿童的师资力量和相应设施。

多因素分析表明，儿童性别、年龄、父亲职业、父母婚姻状况、是否接受学前教育等对儿童残疾的现患率有明显影响。在控制了其他因素后，男性儿童的残疾现患率高于女性儿童；年龄越大的儿童，残疾现患率越高；再婚家庭的儿童残疾现患率比其他婚姻状况的家庭高；父亲职业为农民的儿童比父亲职业为其他的儿童残疾现患率低。

研究提示，发展经济、改善医疗卫生条件、提高人口素质能够降低残疾发现率，同时应广泛开展残疾的早期预防，加强残疾儿童的学前教育。

（六）0～6岁残疾儿童康复现状与需求

本次调查显示，残疾儿童康复现状有了较大改观。67.09%的残疾儿童接受了各种形式的康复；听力、视力和肢体残疾儿童中，36.89%有康复器具，而1987年全国残疾人抽样调查结果仅为3.52%。这主要是由于自1987年进行全国残疾人抽样调查以来，残疾人特别是残疾儿童的状况得到党和政府的高度重视，将残疾人康复工作纳入国家发展规划，连续实施三个残疾人事业五年计划纲要，开展了白内障复明、儿麻后遗症矫治、聋儿听力语言训练、特需人群补碘、精神病防治康复、残疾人用品用具供应、社区康复等一系列康复工作。残疾儿童康复业务领域不断拓展，服务项目逐步增加，康复机构从无到有，专业队伍由小到大，工作体系、业务格局、运行机制日臻完善，服务能力有所提高；此外康复和康复医学研究取得了长足的发展，康复的观念得到了社会的广泛认同，康复知识得以普及，残疾儿童家长康复意识普遍提高，使广大残疾儿童得到不同程度的康复。

本次调查显示，不同种类残疾儿童康复现状也有差异。听力和肢体残疾儿童接受康复训练的已占80%以上，智力残疾儿童接受康复训练的达到64%以上，而视力和精神残疾儿童接受康复训练的仅为28%和49%左右。这是由于1988年以来，国家连续实施了三个残疾人事业五年计划纲要，开展聋儿听力语言训练、儿麻后遗症矫治及社区肢体残疾和智力残疾康复训练，使听力、肢体和智力残疾儿童得到不同形式的康复服务。视力和精神残疾儿童的康复现状不容乐观，这可能与残疾儿童家长缺乏相应的康复训练知识和意识，以及专业技术资源不足有关。

虽然残疾儿童的康复现状有了明显的改善，但是康复形式、康复器具与残疾儿童的需求仍存在较大差距。从康复形式需求来看，仍以家庭康复为主，但对特殊机构、医院治疗、普通机构的需求明显上升。一方面，这是由于近年来大力推广社区康复，使残疾儿童能够在家庭得到康复训练；另一方面，随着残疾儿童对康复效果、质量要求的提高，对特殊机构、医院等机构提供专业化康复服务及技术指导的需求越来越大。此外，不同种类的残疾儿童对康复形式的需求有较大差异，听力残疾儿童对特殊机构的需求较大，视力和肢体残疾儿童对医院治疗有很大需求，智力残疾儿童对家庭康复、特殊机构及普通机构都有较大需求，精神残疾儿童对家庭和特殊机构有较大需求。从康复器具需求来看，所有听力、视力和肢体残疾儿童都有康复器具需求，其现状与需求之间存在较大差异，其中视力残疾儿童康复器具现状与需求之间差异最大，听力残疾儿童康复器具现状与需求之间差异相对较小，这可能与广泛开展聋儿语训，听力残疾儿童家长对康复器具的认识不断提高有关。

政策建议

一、制定相关政策，完善法律法规。

各级政府要高度重视残疾儿童工作，将其纳入国民经济和社会发展总体规划，完善和落实有利于残疾儿童生存、保护和发展的相关法律法规和政策，保障残疾儿童权利。根据目前残疾儿童的状况和特点，协调有关部门，建立工作机制，有计划地开展残疾儿童工作。

二、积极开展残疾预防和早期干预

贯彻落实《中华人民共和国母婴保健法》和《中华人民共和国残疾人保障法》，实施残疾预防措施，提高出生人口素质、减少出生缺陷和残疾。

全面开展妇女生殖保健服务，加强对孕产妇产前、产时和产后保健服务。开展高危孕产妇的筛查，提高孕产妇住院分娩率；加强孕期指导，严格控制孕期用药；提倡婚前医学检查、产前筛查和诊断；提高产科专业人员素质，改善产科条件，减少出生缺陷和残疾胎儿的出生。

加强儿童计划免疫，扩大接种覆盖率。积极防治儿童多发病和常见病，重视做好儿童眼、听力保健等工作，早期发现和治疗引发残疾的疾病。

预防缺碘、氟中毒等环境因素致残，加强致残药物、安全生产、劳动保护和交通安全的管理，预防和减少出生缺陷和残疾的发生。

利用卫生服务网络，完善新生儿筛查制度，对出生缺陷儿童进行早期治疗和干预，降低出生缺陷儿童残疾率，避免残疾程度加重；建立高危儿童跟踪服务系统，对可能出现残疾的新生儿进行跟踪服务；建立残疾儿童发现制度，针对残疾儿童的不同需求及早采取康复措施。

三、完善康复服务机制，提高服务水平

加强医疗、康复、教育等相关部门及机构的合作，明确各部门职责，完善残疾儿童康复服务机制。以专业机构为骨干、社区为基础、家庭为依托，充分利用医疗机构、残疾儿童康复机构、普通幼儿园、家庭等现有资源的作用，健全服务网络和转介制度，为残疾儿童提供医疗、教育、训练等多种服务。大力推广社区及家庭康复，同时逐步提高医院治疗、特殊机构和普通机构的服务能力，使残疾儿童人人享有康复服务。广泛开展残疾儿童家长及康复专业人员培训，普及康复知识，提高康复服务水平。

四、普及残疾儿童学前教育

应根据残疾儿童的残疾类别和接受能力，采取普通教育方式或特殊教育方式，保证残疾儿童享有学前教育的权利。充分发挥普通学前教育机构在残疾儿童学前教育中的作用。残疾儿童的学前教育，可通过以下几种方式实施：特殊幼儿园、普通幼儿园、普通小学附设学前班、特殊学校附设学前班、各类残疾儿童康复中心、福利院、家庭早期教育。残疾儿童的教育应当与保育、康复结合实施。残疾儿童家长、接纳残疾儿童的普通幼儿园教师，应进行残疾儿童特殊教育、康复训练等知识的普及、培训。

五、加强农村、边远地区残疾儿童工作

相对于城市和经济发达地区，广大农村、中西部及边远地区残疾儿童工作无论从工作基础、资源利用、服务水平上，都存在较大差距。政府应加大对这些地区的支持力度，从政策、资金上予以倾斜。进一步完善农村医疗保障制度、健全卫生保健网络，提高医疗、保健水平，确保孕产妇、儿童享有基本医疗卫生和保健服务。同时开展社区和家庭康复，推广适合农村地区使用的经济、实用、简便的康复训练法和训练器具，逐步满足农村及边远地区残疾儿童的康复需求。

参考文献

1. 国务院人口普查办公室、国家统计局人口和社会科技统计司.中国2000年人口普查资料.北京:中国统计出版社,2002年.

2. 国家统计局.中国统计年鉴.北京:中国统计出版社,2002年.

3. 国家统计局.1992年中国儿童情况抽样调查——国家级最终报告.北京:中国统计出版社,1993年.

4. 中国残疾人抽样调查办公室.中国1987年残疾人抽样调查资料,1989年.

5. 郭建模主编.残疾人工作基本知识读本.北京:华夏出版社,2002年.

6. 国务院残疾人工作协调委员会秘书处.中国残疾人事业"八五"计划纲要与配套实施方案.北京:华夏出版社,1992年.

7. 国务院残疾人工作协调委员会秘书处.中国残疾人事业"九五"计划纲要与配套实施方案.北京:华夏出版社,1996年.

8. 国务院残疾人工作协调委员会秘书处.中国残疾人事业"十五"计划纲要与配套实施方案,2001年.

9. 卓大宏.中国残疾预防学.北京:华夏出版社,1998年.

听力专业报告

前　言

1987年全国残疾人抽样调查以后，聋儿听力语言训练作为抢救性康复工程，被纳入中国残疾人事业计划纲要，在全国范围内广泛开展。随着工作的不断深入和听力残疾预防知识的普及，听力残疾儿童的状况发生了巨大的变化。为了了解我国听力残疾儿童现状，掌握其现患率、发生率、致残原因、康复现状及需求、卫生部、公安部、中国残联和国家统计局于2001年组织了中国0～6岁残疾儿童抽样调查。现将听力残疾儿童调查结果报告如下：

调查对象与方法

一、调查对象

本次调查的对象为中国2001年6月1日以前出生的0～6岁儿童。

二、抽样方法

参见总报告。

三、听力残疾标准和筛查、诊断方法

（一）残疾标准

本次调查采用1987年国务院批准的《残疾标准》。

（二）筛查和诊断方法

1．筛查方法：行为测听法。

2．诊断方法：脑干诱发电位检测法。

四、调查人员

参见总报告。

五、现场调查及工作流程

参见总报告。

六、质量控制

参见总报告。

结 果

一、基本情况

参见总报告。

二、0～6岁听力残疾儿童流行特征

（一）筛查阳性率、现患率及发现率

本次共调查0～6岁儿童60124人，筛查出可疑听力残疾209人，筛查阳性率为0.35%；确诊听力残疾93人，听力残疾现患率为0.155%；0～6岁儿童听力残疾年平均发现率为0.221‰。

（二）残疾严重程度构成

本次调查确诊的93名听力残疾儿童中，一级聋（极重度）19人，占听力残疾儿童的20.43%；二级聋（重度）35人，占37.63%；一级重听（中度）17人，占18.28%；二级重听（轻度）22人，占23.66%。各省、市县、城乡及不同经济状况地区0～6岁听力残疾儿童残疾严重程度构成见附表127～130。

图1显示了0～6岁听力残疾儿童残疾严重程度构成情况。从中可见，以二级聋（重度）、二级重听（轻度）所占比例较大，一级重听（中度）所占比例最小。

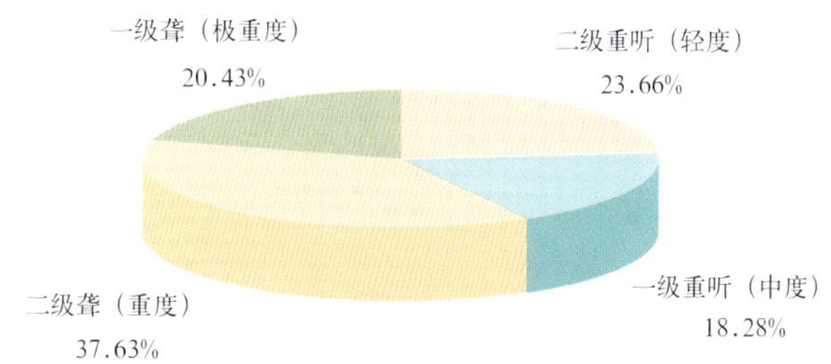

图1 0～6岁听力残疾儿童残疾严重程度构成

（三）分布特征

1．地区分布

（1）各省分布

本次调查确诊的93名听力残疾儿童中，天津7人，现患率为0.07%；吉林28人，现患率为0.28%；河南26人，现患率为0.26%；江苏4人，现患率为0.04%；贵州14人，现患率为0.14%；甘肃14人，现患率为0.14%。各省0～6岁听力残疾儿童现患率见图2。

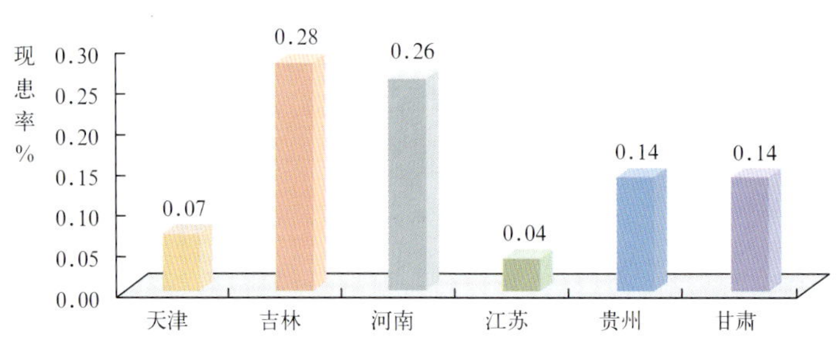

图2 各省0～6岁听力残疾儿童现患率

（2）不同经济状况地区分布

本次调查确诊93名听力残疾儿童，其中经济发达地区11人，现患率为0.06%；经济中等发达地区54人，现患率为0.27%；经济欠发达地区28人，现患率为0.14%。不同经济状况地区0～6岁听力残疾儿童现患率见图3。

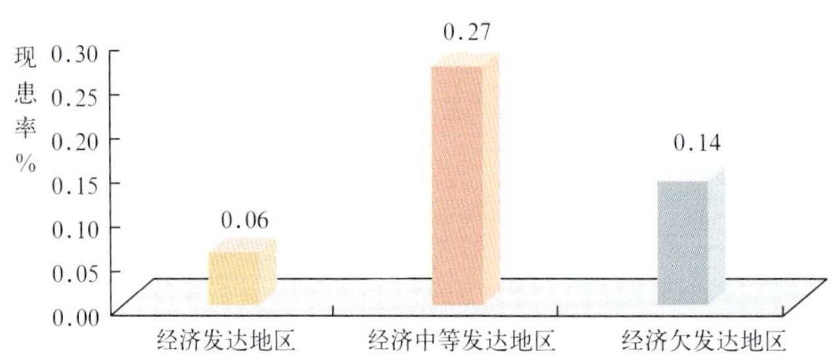

图3 不同经济状况地区0～6岁听力残疾儿童现患率

（3）城乡分布

本次调查确诊93名听力残疾儿童，其中城市59人，现患率为0.20%；农村34人，现患率为0.11%。城乡0～6岁听力残疾儿童现患率见图4。

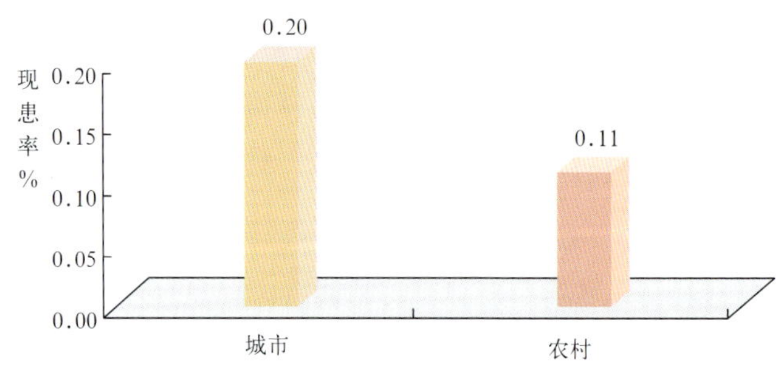

图4 城乡0～6岁听力残疾儿童现患率

2．性别分布

本次调查确诊的93名听力残疾儿童中，男性44人，现患率为0.14%；女性49人，现患率为0.18%。0～6岁听力残疾儿童性别现患率见图5。

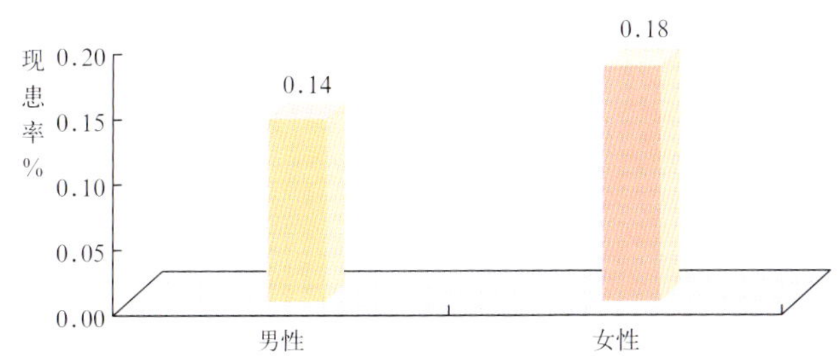

图5 0～6岁听力残疾儿童性别现患率

3．年龄分布

在本次调查确诊的93名听力残疾儿童中，0岁6人，现患率为0.09%；1岁4人，现患率为0.05%；2岁12人，现患率为0.14%；3岁7人，现患率为0.08%；4岁、5岁、6岁分别为22人、23人和19人，现患率为0.24%、0.23%和0.25%。图6显示了不同年龄听力残疾儿童现患率。

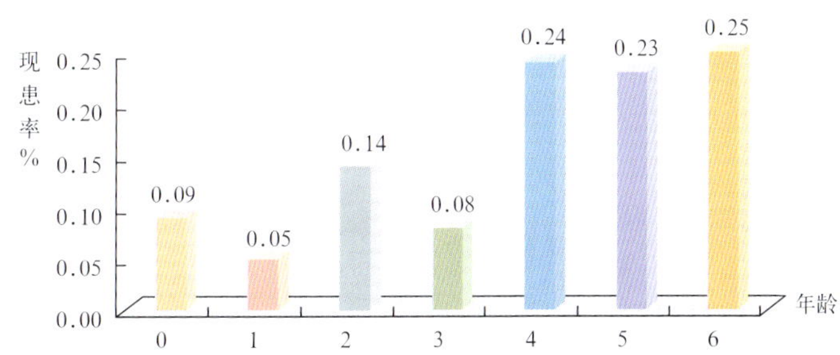

图6 不同年龄听力残疾儿童现患率

4．3～6岁听力残疾儿童学前教育状况

本次调查确诊3～6岁听力残疾儿童71名，35名接受了学前教育，接受学前教育率为49.30%。其中，3岁、4岁、5岁和6岁接受学前教育的人数分别为2人、13人、9人、11人，接受学前教育率为28.57%、59.05%、39.13%和57.89%。

图7显示了3～6岁听力残疾儿童接受学前教育状况。

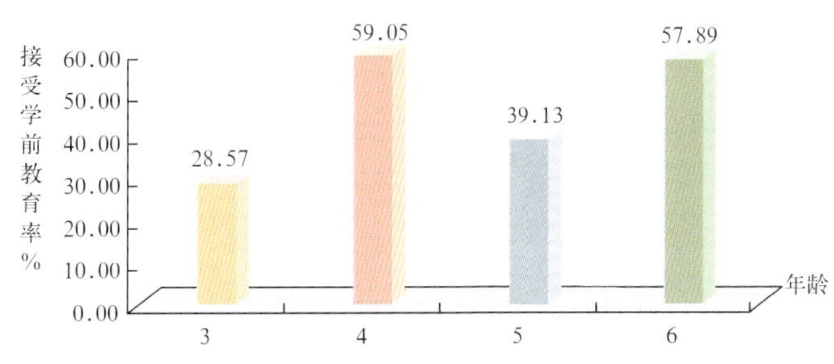

图7 3～6岁听力残疾儿童接受学前教育率

5．父母文化程度分布

本次调查确诊的93名听力残疾儿童中，回答父亲文化程度的有效问卷93份。其中父亲文化程度为大学大专、高中中专、初中、小学和文盲／半文盲的听力残疾儿童分别为7人、44人、28人、13人和1人，听力残疾儿童现患率为0.07%、0.24%、0.11%、0.24%和0.28%。

本次调查确诊的93名听力残疾儿童中，回答母亲文化程度的有效问卷92份。其中母亲文化程度为大学大专、高中中专、初中、小学和文盲／半文盲的听力残疾儿童分别为6人、39人、26人、17人和4人，听力残疾儿童现患率为0.08%、0.24%、0.10%、0.22%和0.32%。

图8显示了父母不同文化程度0～6岁听力残疾儿童现患率，从中可以看出，父母文化程度为大学大专的听力残疾儿童现患率最低，父母文化程度为文盲／半文盲的听力残疾儿童现患率最高。

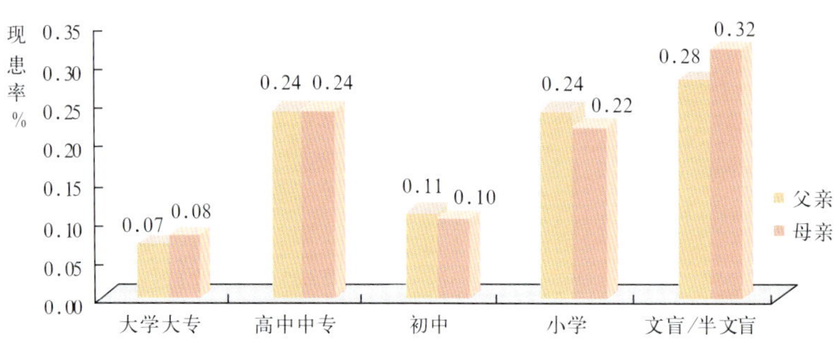

图8 父母不同文化程度0～6岁听力残疾儿童现患率

6．父母职业分布

本次调查确诊的93名听力残疾儿童中，回答父亲职业的有效问卷93份。父亲职业为专业技术人员、机关干部、办事人员、商业人员、农林牧渔、工人、其他和不在业的听力残疾儿童分别为1人、4人、3人、3人、29人、47人、4人和2人，听力残疾儿童现患率为0.04%、0.24%、0.07%、0.18%、0.14%、0.23%、0.08%和0.27%。

本次调查确诊的93名听力残疾儿童中，回答母亲职业的有效问卷92份。母亲职业为专业技术人员、机关干部、办事人员、商业人员、农林牧渔、工人、其他和不在业的儿童分别为3人、3人、1人、2人、31人、40人、6人和6人，听力残疾儿童现患率为0.08%、0.28%、0.03%、0.10%、0.14%、0.23%、0.11%和0.22%。

图9显示了父母不同职业0～6岁听力残疾儿童现患率，从中可见，父母职业为机关干部、工人、不在业的儿童听力残疾现患率高，父母职业为办事人员、专业技术人员的儿童听力残疾现患率低。

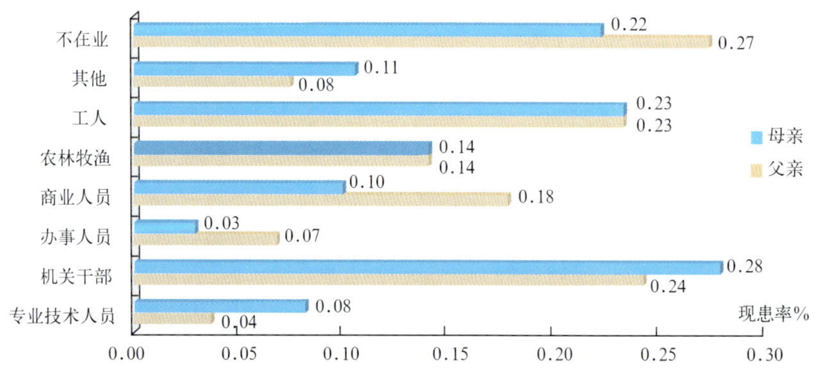

图9 父母不同职业0～6岁听力残疾儿童现患率

7．家庭年人均收入状况

本次调查确诊的93名听力残疾儿童中，回答家庭年人均收入状况的有效问卷93份。家庭年人均收入低于500、500～、1000～、2000～、3000～、4000～、5000～、6000～、7000～、8000～、9000～及10000元以上的听力残疾儿童分别为2人、9人、17人、10人、31人、17人、2人、3人、1人、0人、0人、1人，听力残疾儿童现患率分别为0.32%、0.28%、0.13%、0.10%、0.36%、0.23%、0.04%、0.06%、0.05%、0.00%、0.00%和0.04%。

图10显示了不同家庭年人均收入0～6岁听力残疾儿童现患率。

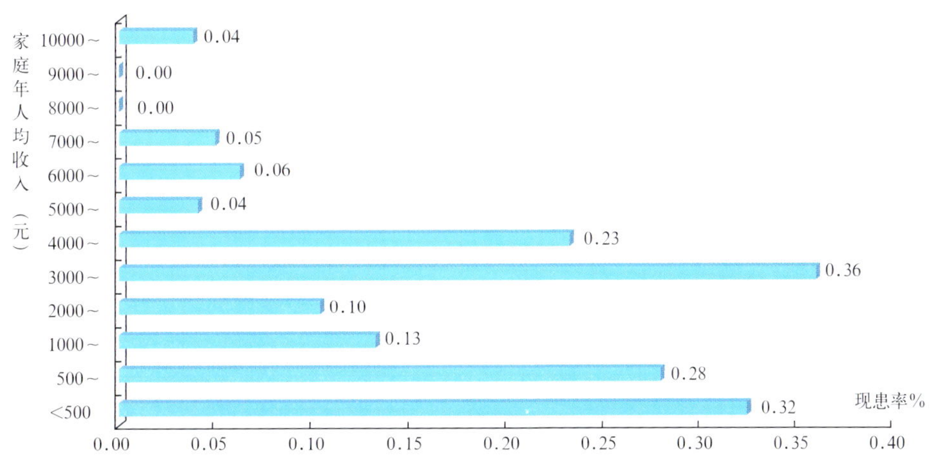

图10 不同家庭年人均收入0～6岁听力残疾儿童现患率

（四）致残原因

本次调查确诊0～6岁听力残疾儿童93人，其致残原因见表1。各省、市县、城乡及不同经济状况地区0～6岁听力残疾儿童致残原因构成见附表131～134。

表1　0～6岁听力残疾儿童致残原因

顺　位	致残原因	人　数	构成%
第一位	不　详	30	32.26
第二位	后天耳毒药物	16	17.20
第三位	孕期感染／耳毒药物	14	15.05
第四位	高烧疾病	13	13.98
第五位	产时产伤窒息	8	8.60
第六位	其　他	6	6.45
第七位	家族遗传	5	5.38
第八位	耳发育畸形	1	1.08
	合　计	93	100.00

（五）康复现状与需求

1．康复现状

本次调查确诊的93名听力残疾儿童中，接受医院治疗的3人，占3.23%；在特殊机构康复的15人，占16.13%；在家庭康复的53人，占56.99%；在普通机构康复的6人，占6.45%；用其他方式康复的2人，占2.15%；没有进行康复的14人，占15.05%。

93 名听力残疾儿童中，使用助听器的 34 人，占 36.56%；使用其他器具的 10 人，占 10.75%；没有使用器具的 49 人，占 52.69%。各省、市县、城乡及不同经济状况地区 0～6 岁听力残疾儿童康复现状见附表 135～138。

图 11 显示了 0～6 岁听力残疾儿童康复现状。从中可见，家庭康复是听力残疾儿童的主要康复形式，在特殊机构康复的占有一定比例。

2．康复需求

在 93 名听力残疾儿童中，需要接受医院治疗的 8 人，占 8.60%；需要在特殊机构康复的 58 人，占 62.37%；需要在家庭中康复的 23 人，占 24.73%；需要在普通机构康复的 4 人，占 4.30%。

93 名听力残疾儿童中，需要使用助听器的 65 人，占 69.89%，需要使用其他器具的 28 人，占 30.11%。各省、市县、城乡及不同经济状况地区 0～6 岁听力残疾儿童康复需求见附表 139～142。

图 11 显示了 0～6 岁听力残疾儿童的康复需求，从中可见，多数听力残疾儿童需要到特殊机构进行康复，家庭康复需求也占有较大比例，而在普通机构康复需求最低。

3．康复现状与需求的比较

将康复现状与需求进行比较发现，0～6 听力残疾儿童康复现状与需求之间存在着很大的差距。图 11 显示了听力残疾儿童康复形式现状与需求之间的差距，从中可以看出，特殊机构、家庭康复现状与需求之间差距最大。图 12 显示了听力残疾儿童康复器具现状与需求之间的差距。

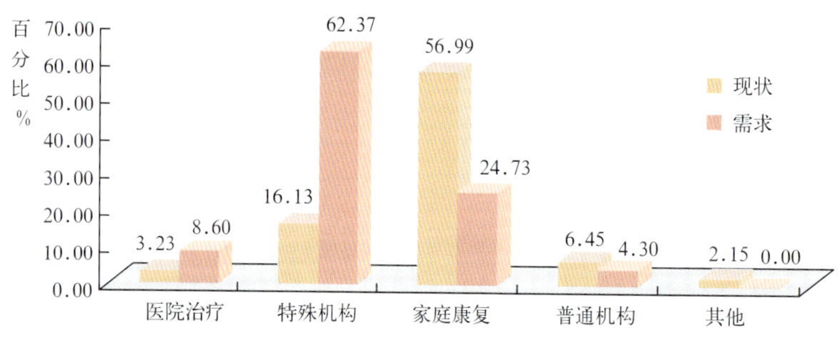

图11 0～6岁听力残疾儿童康复形式现状与需求

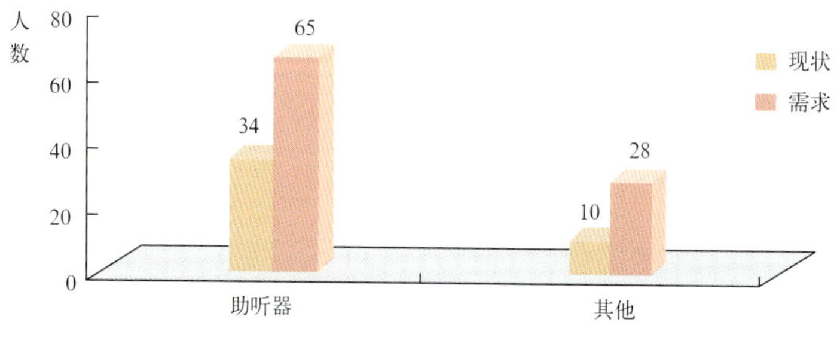

图12 0～6岁听力残疾儿童康复器具现状与需求

三、0～6岁儿童听力残疾一般危险因素

（一）单因素分析

0～6 岁儿童按是否听力残疾与居住地、性别、年龄、民族、学前教育、是否是独生子女、父母是否

近亲婚配、父母职业、父母文化程度、父母婚姻状况、家庭年人均收入以及儿童抚养状况等变量进行单因素分析，结果见表2。

表2可见，居住地、是否接受学前教育、儿童年龄、父母职业、父母文化程度以及家庭年人均收入对0～6岁儿童听力残疾有影响。

表2　0～6岁听力残疾儿童一般危险因素的单因素分析

因　素	分　组	x^2	P	OR	95% 可信区间	
					下限	上限
居住地	城市1，农村2	7.293	0.007**	0.560	0.336	0.858
性　别	男1，女2	1.939	0.164	1.337	0.887	2.014
民　族	汉1，其他2	1.081	0.299	0.409	0.057	2.934
学前教育	有1，无2	15.568	0.000**	2.462	1.550	3.910
近亲婚配状况	非近亲1，近亲2	0.150	0.698	0.998	0.998	0.999
是否独生子女	是1，否2	0.329	0.566	0.854	0.498	1.465
年　龄	0～6岁	25.381	0.000**	—	—	—
父亲职业	10组[1]	20.449	0.015*	—	—	—
母亲职业	10组[1]	19.978	0.018*	—	—	—
父亲文化程度	5组[2]	17.622	0.001**	—	—	—
母亲文化程度	5组[2]	16.960	0.002**	—	—	—
父母婚姻状况	5组[3]	5.485	0.241	—	—	—
家庭年人均收入	6组[4]	52.099	0.000**	—	—	—
抚养状况	6组[5]	3.234	0.664	—	—	—

*P < 0.05　　** P < 0.01

注：[1]职业：0= 不在业，1= 专业技术人员，2= 机关干部，3= 办事人员，4= 商业人员，5= 服务人员，6= 农林牧渔，7= 工人，8= 军人，9= 其他

[2]文化程度：1= 大学大专，2= 高中中专，3= 初中，4= 小学，5= 文盲 / 半文盲

[3]婚姻状况：1= 初婚，2= 再婚，3= 丧偶，4= 离婚，5= 其他

[4]家庭年人均收入：1= < 1000元，2=1000元～，3=3000元～，4=5000元～，5=7000元～，6=9000元～

[5]抚养状况：1= 父和母，2= 父或母，3= 祖父母，4= 其他亲属，5= 国家集体，6= 其他

（二）多因素分析

结合专业知识选定以下变量进行多因素分析。以听力残疾作为因变量，将所选变量引入Logistic线性回归模型，按α =0.05，β =0.1标准进行分析，结果见表3。

表3可见，年龄、是否接受学前教育、父亲职业、父母婚姻状况等对0～6岁儿童听力残疾有影响。

表3　0～6岁听力残疾儿童一般危险因素的多因素Logistic回归分析

变　量	回归系数	标准误	P值	OR	OR95.0% 可信限	
					下限	上限
截　距	−8.904	1.599	0.000	0.000		
父亲工人	2.690	1.060	0.011	14.724	1.842	117.687
再　婚	2.637	1.204	0.028	13.977	1.321	147.925
父亲机关干部	2.560	1.143	0.025	12.941	1.378	121.520
学前教育	−1.855	0.292	0.000	0.156	0.088	0.277
年　龄	0.481	0.122	0.000	1.617	1.274	2.053

讨　论

一、本次抽样调查的代表性

参见总报告。

二、中国0～6岁听力残疾儿童状况

（一）0～6岁听力残疾儿童现患率及发现率

本次调查的0～6岁儿童听力残疾现患率为0.155%，根据2000年第五次中国人口普查人口数推算，中国约有0～6岁听力残疾儿童15.8万。

本次调查的0～6岁儿童听力残疾年平均发现率为0.221‰，据此推算，中国每年新增0～6岁听力残疾儿童约2.3万。

本次调查的0～6岁儿童听力残疾现患率与1987年全国残疾人抽样调查的0.183%相比，下降了0.028%，这是由于中国加强了孕产期保健，规范致聋药品使用，以及新药物的应用，减少了因孕产期保健不当，滥用、误用药物导致的听力残疾的发生。

（二）0～6岁听力残疾儿童的分布特征

本次调查发现，中国0～6岁儿童的听力残疾现患率从性别分布来看，女性略高于男性（男性0.14%，女性0.18%）。

从年龄分布来看，0～6岁听力残疾儿童现患率有随年龄增加而增高的趋势，1岁组最低（0.05%），6岁组最高（0.25%）。这可能与听力残疾随着儿童年龄增加后才逐渐被发现和由于后天因素造成听力残疾的风险增多，以及目前使用的筛查方法对年龄小的儿童不够敏感有关。

从地区分布来看，经济发达地区0～6岁听力残疾儿童现患率最低（0.06%），经济中等发达地区最高（0.27%），城市儿童听力残疾现患率（0.20%）高于农村（0.11%），这可能与环境、污染、药物使用不当有关，其他原因有待进一步研究。

（三）0～6岁听力残疾儿童的致残原因

本次调查发现，0～6岁听力残疾儿童的致残原因除不明原因外，前五位原因依次是：后天耳毒药物、孕期感染／耳毒药物、高烧疾病、产时产伤窒息和其他原因，这五类致残原因占听力致残原因的61.28%。该结果与1987年前五位致残原因（其他原因、药物中毒、高烧疾病、家族遗传／近亲结婚和发育畸形）相比，发生了很大变化，这可能是因为近15年来，人们对近亲婚配所造成的危害有了进一步的认识，在一定程度上减少了由于近亲婚配所致的听力残疾；同时采取了孕产期保健、优生优育等措施，发育畸形所致的听力残疾有所减少。虽然后天耳毒药物仍然是听力残疾的主要致残原因之一，但与1987年相比，致残数量有了明显下降，这主要与社会对耳毒药物危害性的认识有了很大提高、耳毒药物的限制使用等有关。

此外在本次调查中，听力残疾儿童中有32.26%致残原因不明，这可能是由于听力残疾致残原因比较复杂所致。如果进行更详细的病史及家庭系谱调查和听力、前庭功能及影像学检查，这一比例可能会下降。

（四）相关危险因素分析

本次调查对儿童听力残疾的一般危险因素进行了分析，结果发现听力残疾儿童现患率高低与居住地、儿童年龄、接受学前教育、父母职业和文化程度、父母婚姻状况、家庭年人均收入有关。

（五）0～6岁听力残疾儿童康复现状与需求

从本次抽样调查结果来看，大多数0～6岁听力残疾儿童得到治疗与康复，仅有15.05%的儿童未进行任何形式的康复，在目前康复形式中主要以家庭康复为主（56.99%）。所有听力残疾儿童都有康复需求，在康复形式中，对特殊机构康复的需求最为迫切，占62.37%。这说明自1988年开展聋儿语言训练以来，聋儿康复工作取得了显著成效，特别是家庭康复的推广，有力地促进了听力残疾儿童康复工作的开展；同时对特殊机构的需求也在一定程度上反映了人们对听力残疾儿童康复的质量、效果提出了更高的要求。

本次调查显示，有47.31%的听力残疾儿童配有助听器或其他器具。在需求中，所有听力残疾儿童对器具都有需要，说明人们对助听器等康复器具在听力残疾儿童康复中的作用有了更深刻的认识，康复器具的现状与需求之间存在着较大差距。

政策建议

一、加强听力残疾预防

应加强听力残疾预防工作，开展遗传性疾病的产前诊断，普及孕产妇保健知识和科学育儿知识，提高孕产妇的自我保健意识，加强对高危孕产妇的监测，完善妇幼保健网络，提高妇幼保健工作人员的素质，避免孕期疾病、药物及围产期造成的听力残疾儿童的发生。

本次调查显示，后天耳毒药物、孕期感染/耳毒药物是0～6岁听力残疾儿童致残的主要原因。今后应采取严格措施，规范对耳毒性药品的管理、使用，加强对使用这些药物的监测，同时开发、研究新药物，减少因耳毒药物导致的听力残疾。

二、开展新生儿听力筛查，实行早期干预

学前期是儿童身心发育非常迅速的时期。研究表明，1～5岁是儿童学习语言最快的阶段，4岁以前也是智力发展最快的时期，因此人们将学前期视为关键期。对听力残疾儿童来说，学前期更为关键，在这一时期尽早进行康复、教育训练，对其一生的发展都有极其重要的意义。许多国家规定对婴幼儿必须进行听力检测，发现有听觉障碍的儿童随即治疗康复，配戴助听器，进行听觉和语言训练。

如有完善的监测机制，有些听力残疾在出生后就能够被发现，本次调查发现，大多数听力残疾儿童都是随着年龄增大，才逐渐被发现，在一定程度上延缓了语言训练的最佳时期。如果能够及早发现，及早施加康复措施，许多听力残疾儿童的康复效果会更好，这样既减轻了患儿的痛苦，又减少了家庭和国

家的负担，有着极大的经济和社会效益。因此，应加强听力残疾儿童筛查工作，将听力筛查纳入新生儿筛查和儿童保健门诊的查体内容，建立必要的医疗监护网及听力残疾儿童登记报告制度，以确保早期发现，早期实施干预措施，提高听力残疾儿童的康复效果。

三、提供质优价廉的康复器具

本次调查发现，所有听力残疾儿童对康复器具都有需求，其中大多数残疾儿童需要助听器，一部分需要其他康复器具。助听器是听力残疾儿童进行听力语言训练必备的条件，也是听觉言语康复的基础。在本次调查中，城市听力残疾儿童配戴助听器的占 54.24%，农村使用配戴助听器的占 35.29%。

国家应制定相应优惠政策，采取相关措施，加强对听力残疾儿童康复设备、器材的研究开发，鼓励厂家生产技术先进、质量优良、价格低廉的助听学语设备，降低助听器等设备的价格，提高听力残疾儿童助听器等康复器具的使用率。

四、采取多种形式普及学前教育

实施听力残疾儿童学前教育，是引导他们通向充分参与社会生活、平等享受社会文明的桥梁。应采取多种教育形式，提高听力残疾儿童接受学前教育率。目前中国一些聋校办有学前班，一些聋儿康复研究机构设有聋儿幼儿园，接收了部分听力残疾儿童接受学前教育。同时，普通幼儿园应吸收听力残疾儿童在普通班随班就读，或附设听力残疾儿童的特殊班，保证更多的听力残疾儿童能接受学前教育，提高其社会适应能力。普通幼儿园要根据听力残疾儿童的特点提供必要的教学用具，采取适宜的方法和多种方式进行听力语言的训练。同时，加强师资培训，提高聋儿语训水平，为聋儿接受普通教育创造条件。

在学前教育中，要综合运用多种语言形式进行教学。单纯用手语形式或单纯用口语形式教学，常常收不到预期的效果。单纯用手语教学，会因手语本身的局限性而难以讲清楚某些抽象的理论知识，同时对听力残疾儿童掌握语言十分不利；单纯用口语教学，中度、重度听力残疾儿童难以全部接受、理解教授内容。因此，应提倡口语、书面语、手语等多种形式并用，帮助听力残疾儿童更好的理解和掌握有声语言。

导致听力残疾的病变多为不可逆性，药物治疗效果差，因此听力残疾的预防和早期干预格外重要。要进行广泛的科普知识宣传，使全社会普遍提高防聋意识，严格控制儿童耳毒药物的使用，避免近亲结婚，优生优育。同时，加大对听力残疾康复工作的投入，建立完善的听力残疾儿童康复机构，加强对康复指导人员和残疾儿童家长的培训，普及康复知识，全面开展社区家庭康复，提高康复效果，帮助听力残疾儿童回归社会。

参考文献

1. 国务院人口普查办公室、国家统计局人口和社会科技统计司.中国2000年人口普查资料.北京:中国统计出版社,2002年.

2. 国家统计局.中国统计年鉴.北京:中国统计出版社,2002年.

3. 国家统计局.1992年中国儿童情况抽样调查——国家级最终报告.北京:中国统计出版社,1993年.

4. 中国残疾人抽样调查办公室.中国1987年残疾人抽样调查资料,1989年.

5. 郭建模主编.残疾人工作基本知识读本.北京:华夏出版社,2002年.

6. 国务院残疾人工作协调委员会秘书处.中国残疾人事业“八五”计划纲要与配套实施方案.北京:华夏出版社,1992年.

7. 国务院残疾人工作协调委员会秘书处.中国残疾人事业“九五”计划纲要与配套实施方案.北京:华夏出版社,1996年.

8. 国务院残疾人工作协调委员会秘书处.中国残疾人事业“十五”计划纲要与配套实施方案,2001年.

9. 卓大宏.中国残疾预防学.北京:华夏出版社,1998年.

中国0～6岁残疾儿童抽样调查报告

视力专业报告

前　言

视力残疾者在中国残疾人群中占有一定比例。中国自1987年全国残疾人抽样调查以来，在近15年的时间里，没有进行过全国范围视力残疾儿童的调查，对目前视力残疾儿童的状况缺乏了解。为了了解中国视力残疾儿童现状，掌握其现患率、发生率、致残原因、康复现状及需求，卫生部、公安部、中国残联和国家统计局于2001年组织了中国0～6岁残疾儿童抽样调查。现将视力残疾儿童调查结果报告如下：

调查对象与方法

一、调查对象

本次调查的对象为中国2001年6月1日以前出生的0～6岁儿童。

二、抽样方法

参见总报告。

三、视力残疾标准和筛查、诊断方法

（一）残疾标准

本次调查采用1987年国务院批准的《残疾标准》。

（二）筛查和诊断方法

1．筛查方法：行为测视法、国际标准视力表。

2．诊断方法：临床标准诊断方法、国际标准视力表。

四、调查人员

参见总报告。

五、现场调查及工作流程

参见总报告。

六、质量控制

参见总报告。

结 果

一、基本情况

参见总报告。

二、0～6岁视力残疾儿童流行特征

（一）筛查阳性率、现患率及发现率

本次共调查0～6岁儿童60124人，筛查出可疑视力残疾307人，筛查阳性率为0.51%； 确诊视力残疾64人，视力残疾现患率为0.106%；0～6岁儿童视力残疾平均年发现率为0.152‰。

（二）残疾严重程度构成

本次调查确诊的64名视力残疾儿童中，二级低视力（轻度）34人，占视力残疾儿童的53.13%；一级低视力（中度）10人，占15.63%；二级盲（重度）7人，占10.94%；一级盲（极重度）13人，占20.31%。各省、市县、城乡及不同经济状况地区0～6岁视力残疾儿童残疾严重程度构成见附表143～146。

图1显示了0～6岁视力残疾儿童残疾严重程度构成情况。从中可见，视力残疾以二级低视力（轻度）、一级低视力（中度）为主，占68.76%。

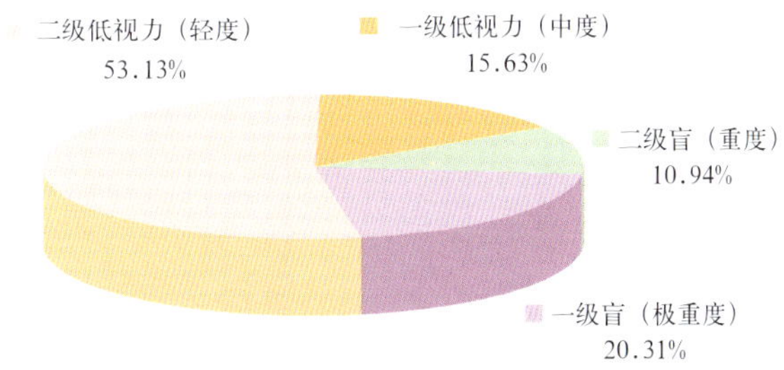

图1 0～6岁视力残疾儿童残疾严重程度构成

（三）分布特征

1．地区分布

（1）各省分布

本次调查确诊的64名视力残疾儿童中，天津7人，现患率为0.07%；吉林14人，现患率为0.14%；河南10人，现患率为0.10%；江苏4人，现患率为0.04%；贵州10人，现患率为0.10%；甘肃19人，现患率为0.19%。各省0～6岁视力残疾儿童现患率见图2。

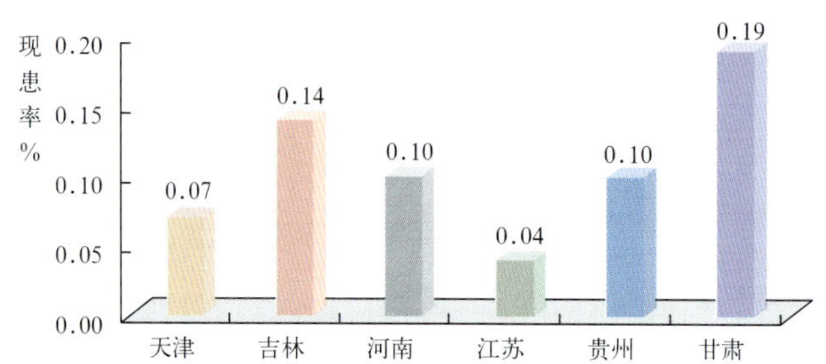

图2 各省0～6岁视力残疾儿童现患率

（2）不同经济状况地区分布

本次调查确诊64名视力残疾儿童，其中经济发达地区11人，现患率为0.06%；经济中等发达地区24人，现患率为0.12%；经济欠发达地区29人，现患率为0.14%。不同经济状况地区0～6岁视力残疾儿童现患率见图3。

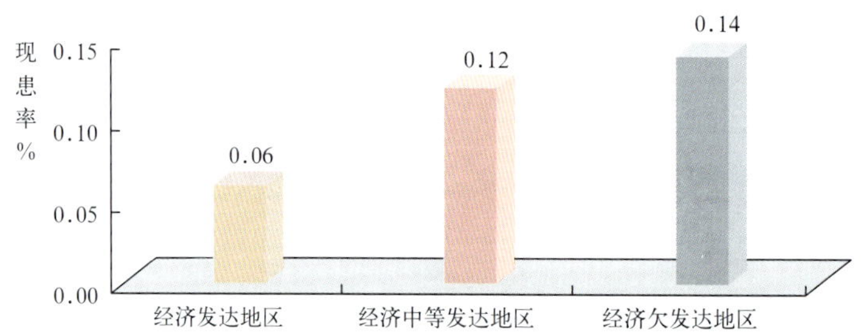

图3 不同经济状况地区0～6岁视力残疾儿童现患率

（3）城乡分布

本次调查确诊64名视力残疾儿童，其中城市36人，现患率为0.12%；农村28人，现患率为0.09%。城乡0～6岁视力残疾儿童现患率见图4。

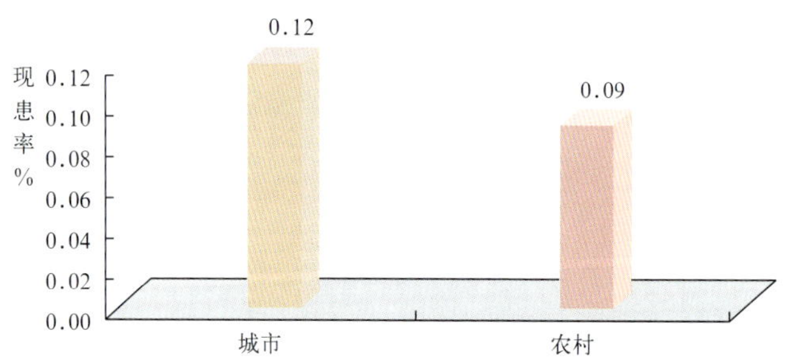

图4 城乡0～6岁视力残疾儿童现患率

2．性别分布

本次调查确诊的64名视力残疾儿童中，男性31人，现患率为0.10%；女性33人，现患率为0.12%。0～6岁视力残疾儿童性别现患率见图5。

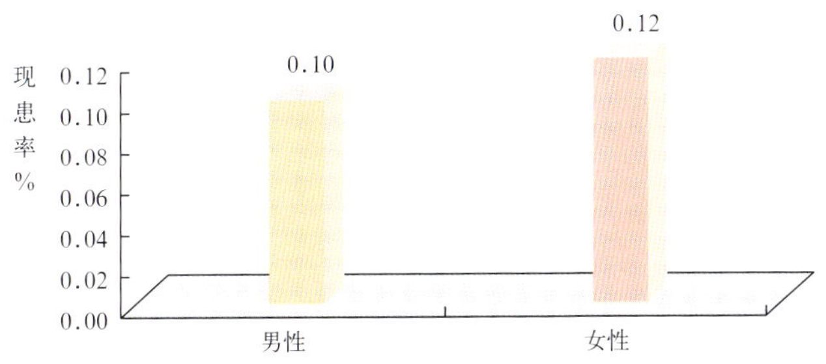

图5 0～6岁视力残疾儿童性别现患率

3．年龄分布

在本次调查确诊的64名视力残疾儿童中，0岁5人，现患率为0.07%；1岁9人，现患率为0.10%；2岁4人，现患率为0.05%；3岁8人，现患率为0.09%；4岁、5岁、6岁分别为8人、15人和15人，现患率为0.09%、0.15%和0.19%。图6显示了不同年龄视力残疾儿童现患率。

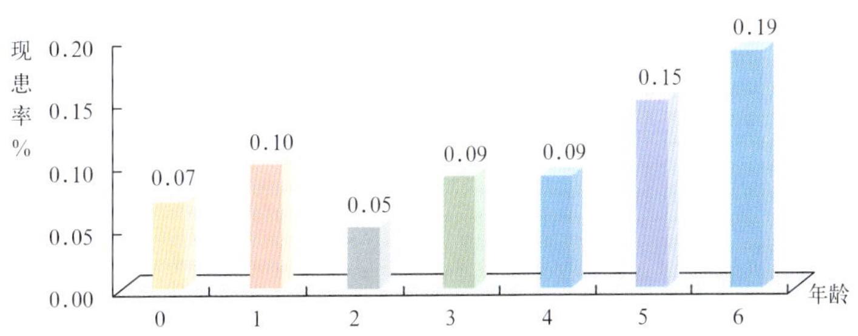

图6 不同年龄视力残疾儿童现患率

4．3～6岁视力残疾儿童学前教育状况

本次调查确诊3～6岁视力残疾儿童46名，21名接受了学前教育，接受学前教育率为45.65%。其中，3岁、4岁、5岁和6岁接受学前教育的人数分别为4人、1人、9人、7人，接受学前教育率为50.00%、12.50%、60.00%和46.67%。

图7显示了3～6岁视力残疾儿童接受学前教育状况。

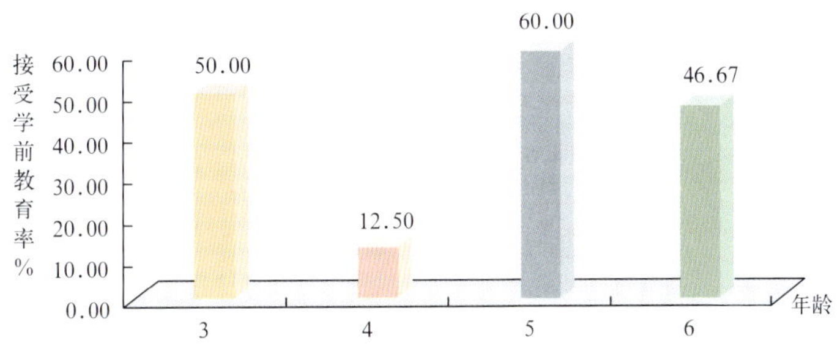

图7 3～6岁视力残疾儿童接受学前教育率

5．父母文化程度状况

本次调查确诊的64名视力残疾儿童中，回答父亲文化程度的有效问卷64份。其中父亲文化程度为大学大专、高中中专、初中、小学和文盲/半文盲的视力残疾儿童分别为0人、17人、37人、10人和0人，视力残疾儿童的现患率为0.00%、0.09%、0.14%、0.17%和0.00%。

本次调查确诊的64名视力残疾儿童中，回答母亲文化程度的有效问卷63份。其中母亲文化程度为大学大专、高中中专、初中、小学和文盲／半文盲的视力残疾儿童分别为1人、13人、30人、14人和5人，视力残疾儿童的现患率为0.01%、0.08%、0.11%、0.17%和0.37%。

图8显示了父母不同文化程度0～6岁视力残疾儿童现患率，从中可以看出，父母文化程度越高，视力残疾儿童现患率越低。

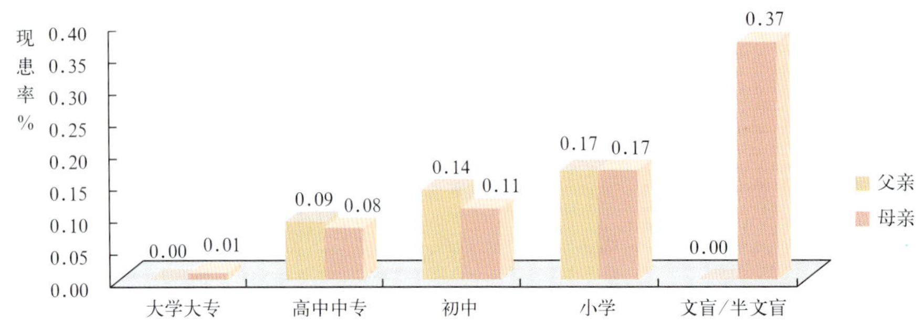

图8 父母不同文化程度0～6岁视力残疾儿童现患率

6．父母职业分布

本次调查确诊的64名视力残疾儿童中，回答父亲职业的有效问卷63份。父亲职业为专业技术人员、办事人员、商业人员、农林牧渔、工人、其他和不在业的视力残疾儿童分别为0人、3人、2人、24人、25人、3人和6人，视力残疾儿童现患率为0.00%、0.07%、0.12%、0.11%、0.12%、0.06%和0.81%。

本次调查确诊的64名视力残疾儿童中，回答母亲职业的有效问卷63份。母亲职业为专业技术人员、办事人员、商业人员、农林牧渔、工人、其他和不在业的视力残疾儿童分别为2人、0人、1人、24人、23人、3人和10人，视力残疾儿童现患率为0.05%、0.00%、0.05%、0.10%、0.13%、0.05%和0.37%。

图9显示了父母不同职业0～6岁视力残疾儿童现患率，从中可见，父母不在业的儿童视力残疾现患率高。

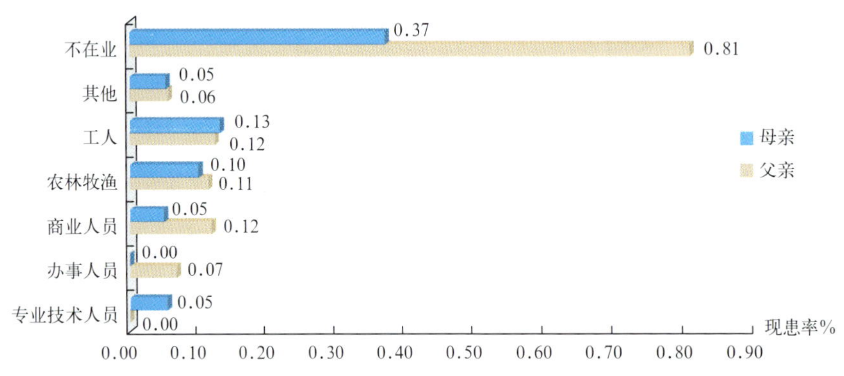

图9 父母不同职业0～6岁视力残疾儿童现患率

7．家庭年人均收入状况

本次调查确诊的64名视力残疾儿童中，回答家庭年人均收入状况的有效问卷64份。家庭年人均收入为500～、1000～、2000～、3000～、4000～、5000～、6000～及10000元以上的视力残疾儿童分别为10人、20人、11人、15人、3人、3人、1人和1人，视力残疾儿童现患率分别为0.31%、0.15%、0.11%、0.17%、0.04%、0.06%、0.02%和0.04%。

图10显示了不同家庭年人均收入0～6岁视力残疾儿童现患率。

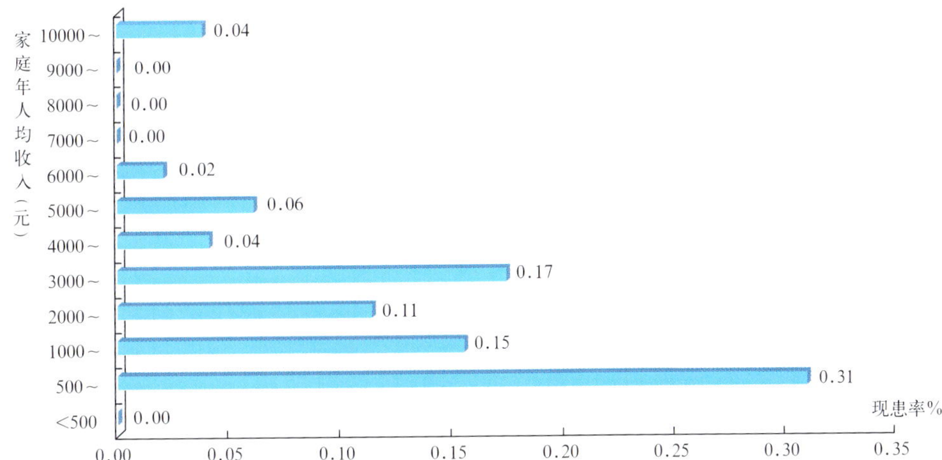

图10 不同家庭年人均收入0～6岁视力残疾儿童现患率

（四）致残原因

本次调查确诊0～6岁视力残疾儿童64人，其致残原因见表1。各省、市县、城乡及不同经济状况地区0～6岁视力残疾儿童致残原因构成见附表147～150。

表1 0～6岁视力残疾儿童致残原因

顺 位	致残原因	人 数	构成%
第一位	弱 视	19	29.69
第二位	视网膜视神经病变	10	15.63
第二位	不 详	10	15.63
第四位	先天性白内障	9	14.06
第五位	其 他	7	10.94
第六位	先天性青光眼	4	6.25
第七位	眼内肿瘤	3	4.69
第八位	虹膜／脉络膜缺损	2	3.13
	合 计	64	100.00

（五）康复现状与需求

1．康复现状

本次调查确诊的64名视力残疾儿童中，接受医院治疗的9人，占14.06%；在家庭康复的9人，占14.06%；没有康复的46人，占71.88%。64名视力残疾儿童中，使用助视器的6人，占9.38%；使用其他器具的3人，占4.69%；没有使用器具的55人，占85.94%。各省、市县、城乡及不同经济状况地区0～6岁视力残疾儿童康复现状见附表151～154。

2．康复需求

本次调查确诊的64名视力残疾儿童都有康复需求。其中需要接受医院治疗的41人，占64.06%；需要在特殊机构康复的3人，占4.69%；需要在家庭康复的18人，占28.13%；需要在其他机构康复的2人，占3.13%。在64名视力残疾儿童中，需要使用助视器的23人，占35.94%；需要导盲器的8人，占12.50%；需要其他器具的33人，占51.56%。各省、市县、城乡及不同经济状况地区0～6岁视力残疾儿童康复需求见附表 155～158。

3．康复现状与需求比较

将康复现状与需求进行比较发现，视力残疾儿童康复现状与需求之间存在着很大的差距。图 11 显示了视力残疾儿童康复形式现状与需求之间的差距，从中可以看出，医院治疗的现状与需求之间的差距最大。图 12 显示了视力残疾儿童康复器具现状与需求之间的差距，从中可见，助视器、导盲器和其他器具现状与需求之间差距都很大。

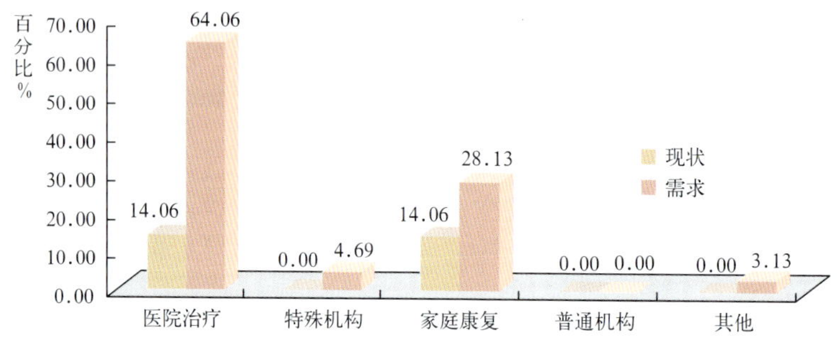

图11 0～6岁视力残疾儿童康复形式现状与需求

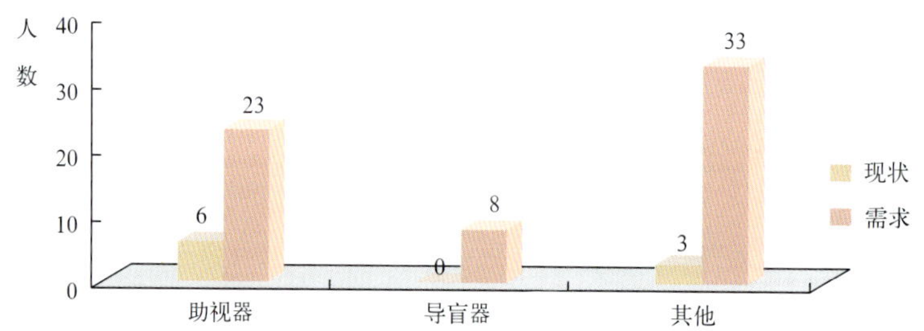

图12 0～6岁视力残疾儿童康复器具现状与需求

三、0～6岁儿童视力残疾一般危险因素

（一）单因素分析

0～6 岁儿童按是否视力残疾与居住地、性别、年龄、民族、学前教育、是否是独生子女、父母是否近亲婚配、父母职业、父母文化程度、父母婚姻状况、家庭年人均收入以及儿童抚养状况等变量进行单因素分析，结果见表 2。

表 2 可见，儿童年龄、家庭年人均收入、是否接受学前教育、父母是否近亲婚配、是否是独生子女等对 0～6 岁儿童视力残疾有影响。

表2 0~6岁视力残疾儿童一般危险因素的单因素分析

因　素	分　组	x^2	P	OR	95% 可信区间	
					下限	上限
居住地	城市 1，农村 2	1.263	0.261	0.752	0.456	1.239
性　别	男 1，女 2	1.023	0.312	1.290	0.787	2.116
民　族	汉 1，其他 2	0.306	0.580	0.599	0.083	4.326
学前教育	有 1，无 2	12.897	0.000**	2.771	1.551	4.953
近亲婚配状况	非近亲 1，近亲 2	10.890	0.001**	41.850	9.943	176.140
是否独生子女	是 1，否 2	11.140	0.001**	2.336	1.398	3.903
年　龄	0~6 岁	12.476	0.052*	—	—	—
父亲职业	10 组[1]	28.078	0.001	—	—	—
母亲职业	10 组[1]	28.588	0.001	—	—	—
父亲文化程度	5 组[2]	27.093	0.000	—	—	—
母亲文化程度	5 组[2]	20.043	0.000	—	—	—
父母婚姻状况	5 组[3]	1.238	0.872	—	—	—
家庭年人均收入	6 组[4]	28.046	0.002**	—	—	—
抚养状况	6 组[5]	1.897	0.863	—	—	—

* P < 0.05　** P < 0.01

注：[1]职业：0= 不在业，1= 专业技术人员，2= 机关干部，3= 办事人员，4= 商业人员，5= 服务人员，6= 农林牧渔，7= 工人，8= 军人，9= 其他

[2]文化程度：1= 大学大专，2= 高中中专，3= 初中，4= 小学，5= 文盲 / 半文盲

[3]婚姻状况：1= 初婚，2= 再婚，3= 丧偶，4= 离婚，5= 其他

[4]家庭年人均收入：1=<1000 元，2=1000 元~，3=3000 元~，4=5000 元~，5=7000 元~，6=9000 元~

[5]抚养状况：1= 父和母，2= 父或母，3= 祖父母，4= 其他亲属，5= 国家集体，6= 其他

（二）多因素分析

结合专业知识选定变量进行多因素分析。以视力残疾作为因变量，将所选变量引入 Logistic 线性回归模型，按 $\alpha=0.05$，$\beta=0.1$ 标准进行分析，结果见表3。

表3 0~6岁视力残疾儿童一般危险因素的多因素 Logistic 回归分析

变　量	回归系数	标准误	P 值	OR	OR95.0% 可信限	
					下限	上限
截　距	−5.313	1.392	0.000	0.001		
近亲婚配	2.847	1.069	0.008	17.243	2.123	140.075
学前教育	−1.591	0.377	0.000	0.204	0.097	0.426
年　龄	0.527	0.158	0.001	1.694	1.242	2.311

表3可见，年龄、是否接受学前教育、父母是否近亲婚配等对0~6岁儿童视力残疾有影响。

讨 论

一、本次抽样调查的代表性

参见总报告。

二、中国0～6岁视力残疾儿童状况

（一）0～6岁视力残疾儿童现患率及发现率

本次调查的0～6岁儿童视力残疾现患率为0.106%，根据2000年第五次中国人口普查人口数推算，中国约有0～6岁视力残疾儿童10.9万。

本次调查的0～6岁儿童视力残疾年平均发现率为0.152‰，据此推算，中国每年新增0～6岁视力残疾儿童约1.6万。

本次调查0～6岁儿童视力残疾现患率与1987年全国残疾人抽样调查的0.045%的相比，上升了0.061%。视力残疾现患率上升的原因需要进一步探讨。

（二）0～6岁视力残疾儿童的分布特征

本次调查发现，中国0～6岁儿童的视力残疾现患率从性别分布来看，男性与女性基本一致（男性0.10%，女性0.12%）。

从年龄分布来看，0～6岁视力残疾儿童现患率有随年龄增加而增高的趋势，2岁组最低（0.05%），6岁组最高（0.19%）。这可能是因为随着年龄增大，儿童逐渐开始接受文化知识的学习，如果其眼部有残疾，视力受影响，最容易被父母发现；也有些先天性眼病随着儿童年龄增长会逐渐加重而被发现；也可能由于目前使用的筛查和诊断方法对年龄小的儿童不够敏感所致。

从地区分布来看，0～6岁视力残疾儿童的现患率也存在差异，经济发达地区0～6岁视力残疾儿童现患率最低，为0.06%，经济欠发达地区最高，为0.14%。这表明残疾的发生与经济发展、医疗卫生条件有关。但城市现患率比农村地区高，其原因有待进一步研究。

（三）0～6岁视力残疾儿童的致残原因

本次调查发现，0～6岁视力残疾儿童的致残原因除不明原因外，前五位原因依次是：弱视、视网膜视神经病变、先天性白内障、其他原因和先天性青光眼。该结果与1987年前五位致残原因（先天遗传、角膜病、其他原因、视神经病变、和屈光不正／弱视）相比，发生了一定的变化。这可能与我国防盲治盲知识的普及和眼保健水平的提高有关。

（四）相关危险因素分析

本次调查对儿童视力残疾的一般危险因素进行了分析，结果发现残疾儿童现患率高低与儿童的年龄、父母是否近亲婚配和家庭年人均收入有关。父母近亲婚配、年龄大、家庭年人均收入低的儿童残疾现患率高。父母近亲婚配的儿童发生先天性白内障等眼病的概率较高。家庭年人均收入低的儿童由于经济条件所限，加之缺乏防盲治盲知识和眼保健常识，儿童患眼病后没有及时发现，或者发现却没有得到及时有效的治疗，而导致视力残疾。如能早发现、及早实施眼科手术治疗，大多数患青光眼的儿童可避免发生视力残疾。

（五）0～6岁视力残疾儿童康复现状与需求

从本次抽样调查结果来看，多数0～6岁视力残疾儿童没有得到治疗与康复，医院和家庭康复治疗的总比例仅为28.12%。而所有视力残疾儿童都有康复需求，现状与需求之间存在巨大差距。在康复形式中，对医院治疗的需求所占比例最大，说明大多数视力残疾儿童可以通过医院治疗恢复、补偿视功能，如先天性白内障、先天性青光眼、眼内肿瘤等。

本次调查显示，仅有14.06%视力残疾儿童有康复器具。而所有的视力残疾儿童都有器具需求，其中64.06%的儿童需要盲杖或其他器具；有35.94%的残疾儿童需要助视器，这说明有相当多的低视力残疾儿童需要通过助视器改善其视功能。

政策建议

一、开展残疾预防，早发现早治疗

加强儿童视力残疾的预防、筛查等方面的工作，加强孕妇孕早期及围产期保健，同时加强眼科遗传性和先天性疾病的基础性研究。将视力残疾筛查纳入新生儿筛查内容，充分利用三级医疗卫生保健网，结合妇幼保健工作，进行学龄前儿童视力的普查，及时发现视力残疾儿童，尽早治疗、康复，可以减轻大多数视力残疾的程度，并使部分视力残疾恢复正常。

本次调查显示，0～6岁残疾儿童中，先天性眼病导致视力残疾占有一定比例。有些先天性眼病是可以预防的，关键在于避免近亲婚配、加强孕产期保健等。如先天性白内障与父母近亲婚配、母亲怀孕早期营养不良或代谢失调、病毒感染或服药有关。还有一些眼病可以通过早期治疗，使视力得到提高，摆脱残疾。如先天性白内障、先天性青光眼、晶状体脱位、角膜病变等，均可以通过早期手术治疗，从而得到痊愈。因此，早发现、早治疗对于患有眼病的儿童极为重要，如能早发现、早治疗，许多儿童可避免视力残疾。

二、推进视力残疾儿童康复工作

本次调查显示，0～6岁视力残疾儿童中，低视力在视力残疾儿童中占有很大比例。今后，应大力推进低视力残疾儿童的康复工作。在医院眼科开设低视力门诊，为低视力残疾儿童提供检查诊断、助视器验配、训练指导及随访等服务。低视力康复的主要措施是配合使用助视器和进行康复训练，应开展低视力残疾儿童家长培训，在家庭对低视力儿童进行视功能训练和助视器使用训练，同时研制、开发适合儿童使用的助视器。“八五”、“九五”期间，各省、市依托医院设立了一批低视力康复部，形成了一定的工作基础。应充分发挥这些低视力康复部的作用，切实为视力残疾儿童提供有效服务。

加强盲童定向与行走训练，进行系统的日常生活技能培训，提高其生活适应能力。

三、普及防盲治盲知识，提高眼保健水平

中国农村尤其是边远、贫困地区，知识和信息传播途径和手段相对落后，广大群众缺乏防盲治盲意识和眼保健常识。本次调查发现，一些儿童由于父母缺乏知识，眼保健不当，错过最佳治疗时机，导致残疾发生或残疾程度加重。今后，应广泛宣传普及眼保健及防盲治盲知识，使广大儿童家长了解白内障、角膜病、青光眼等主要眼病的致盲原因、危害及预防和治疗方法，提高防盲意识；对儿童家长进行眼病“早发现、早诊断、早治疗”教育，避免致盲。在学前教育中加强用眼卫生教育，提高学龄前儿童眼保健意识及水平。

四、加强视力残疾儿童学前教育

本次调查发现，视力残疾儿童中超过半数没有接受学前教育。目前中国视力残疾儿童学前教育的主要形式包括特殊学校的学前班、附设在普通幼儿园的盲童班或低视力班、随班就读以及在家接受教育辅导等。对于视力残疾儿童，目前国外主张接受普通教育，但要配备经过专门训练的教师指导。中国也针对视力残疾儿童开展了随班就读，在有条件的幼儿园中也应当吸收适龄视力残疾儿童随班就读，使他们逐渐消除自卑心理，培养社会适应能力。本次调查发现在视力残疾儿童中接受学前教育的比例要低于视力正常的儿童，因此，应推广视力残疾儿童在普通教育机构接受学前教育，同时加强学前特殊教育机构的建设，使更多的视力残疾儿童接受学前教育。此外，要加强对没有条件进入教育机构接受学前教育的视力残疾儿童进行上门教育辅导，培训其家长辅导自己的孩子，为视力残疾儿童将来入学打下良好基础。

中国视力残疾儿童工作，虽然比1987年有了很大的发展，但是在康复机构设置、技术服务、设备和器具等方面，与视力残疾儿童的实际需求相比，仍然存在较大差距。今后，应采取有效措施，加强视力残疾儿童工作，为残疾儿童享有复明、康复和接受教育创造条件。

参考文献

1. 国务院人口普查办公室、国家统计局人口和社会科技统计司.中国2000年人口普查资料.北京：中国统计出版社，2002年.

2. 国家统计局.中国统计年鉴.北京：中国统计出版社，2002年.

3. 国家统计局.1992年中国儿童情况抽样调查——国家级最终报告.北京：中国统计出版社，1993年.

4. 中国残疾人抽样调查办公室.中国1987年残疾人抽样调查资料，1989年.

5. 郭建模主编.残疾人工作基本知识读本.北京：华夏出版社，2002年.

6. 国务院残疾人工作协调委员会秘书处.中国残疾人事业“八五”计划纲要与配套实施方案.北京：华夏出版社，1992年.

7. 国务院残疾人工作协调委员会秘书处.中国残疾人事业“九五”计划纲要与配套实施方案.北京：华夏出版社，1996年.

8. 国务院残疾人工作协调委员会秘书处.中国残疾人事业“十五”计划纲要与配套实施方案，2001年.

9. 卓大宏.中国残疾预防学.北京：华夏出版社，1998年.

智力专业报告

前　言

0～6岁是儿童智力发展的关键时期，早发现、早诊断、早干预对智力残疾儿童至关重要。为了了解中国智力残疾儿童现状，掌握其现患率、发现率、致残原因、康复现状及需求，卫生部、公安部、中国残联和国家统计局于2001年组织了中国0～6岁残疾儿童抽样调查。现将智力残疾儿童调查结果报告如下：

调查对象与方法

一、调查对象

本次调查的对象为中国2001年6月1日以前出生的0～6岁儿童。

二、抽样方法

参见总报告。

三、智力残疾标准和筛查、诊断方法

（一）残疾标准

本次调查采用1987年国务院批准的《残疾标准》。

（二）筛查和诊断方法

1．筛查方法：丹佛发育筛选测验－中文修订版（Denver Developmental Screening Test，DDST）

2．诊断方法：盖塞尔发展测验－中文修订版（Gesell Developmental Test）

四、调查人员

参见总报告。

五、现场调查及工作流程

参见总报告。

六、质量控制

参见总报告。

结　果

一、基本情况

参见总报告。

二、0～6岁智力残疾儿童流行特征

（一）筛查阳性率、现患率及发现率

本次共调查0～6岁儿童60124人，筛查出可疑智力残疾1008人，筛查阳性率为1.68%；确诊智力残疾560人，智力残疾现患率为0.931%；0～6岁儿童智力残疾年平均发现率为1.331‰。

（二）残疾严重程度构成

本次调查确诊的560名智力残疾儿童中，四级（轻度）智力残疾307人，占智力残疾儿童的54.82%；三级（中度）智力残疾143人，占25.54%；二级（重度）智力残疾67人，占11.96%；一级（极重度）智力残疾43人，占7.68%。各省、市县、城乡及不同经济状况地区0～6岁智力残疾儿童残疾严重程度构成见附表159～162。

图1显示了0～6岁智力残疾儿童残疾严重程度构成情况。从中可见，轻度智力残疾所占比例最大，中度和重度次之，极重度所占比例最小。

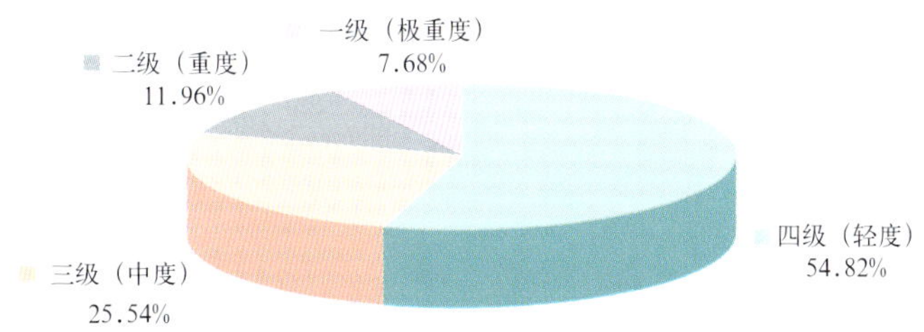

图1　0～6岁智力残疾儿童残疾严重程度构成

（三）分布特征

1．地区分布

（1）各省分布

本次调查确诊的560名智力残疾儿童中，天津89人，现患率为0.89%；吉林131人，现患率为1.31%；河南110人，现患率为1.10%；江苏61人，现患率为0.61%；贵州96人，现患率为0.95%；甘肃73人，现患率为0.73%。各省0～6岁智力残疾儿童现患率见图2。

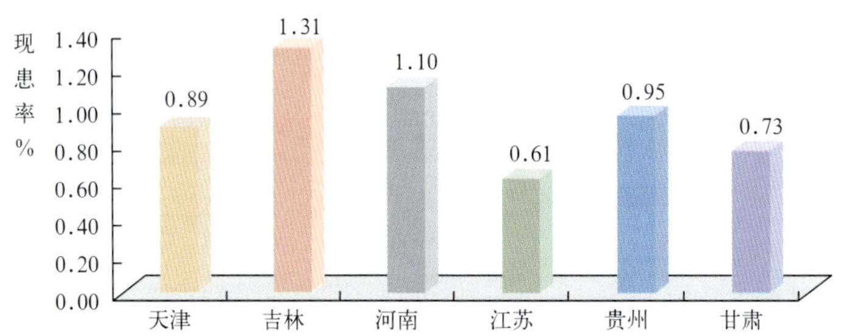

图2 各省0～6岁智力残疾儿童现患率

(2) 不同经济状况地区分布

本次调查确诊560名智力残疾儿童，其中经济发达地区150人，现患率为0.75%；经济中等发达地区241人，现患率为1.20%；经济欠发达地区169人，现患率为0.84%。不同经济状况地区0～6岁智力残疾儿童现患率见图3。

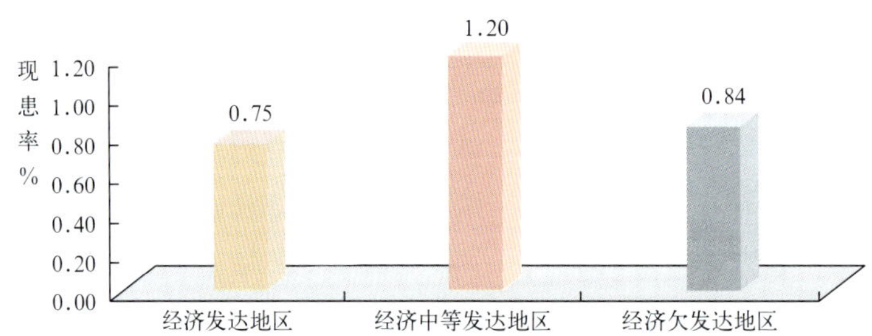

图3 不同经济状况地区0～6岁智力残疾儿童现患率

(3) 城乡分布

本次调查确诊560名智力残疾儿童，其中城市250人，现患率为0.83%；农村310人，现患率为1.03%。城乡0～6岁智力残疾儿童现患率见图4。

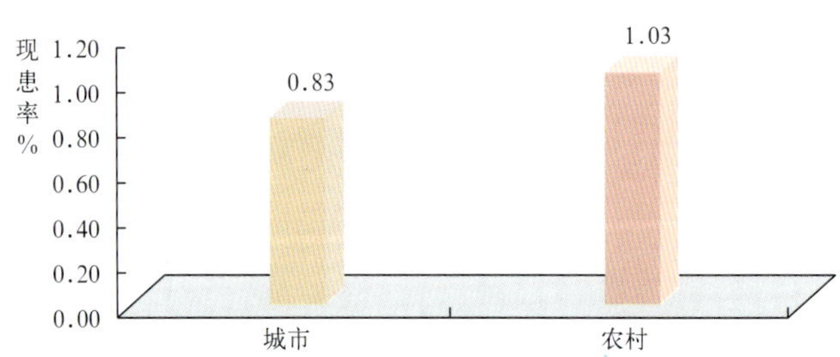

图4 城乡0～6岁智力残疾儿童现患率

2. 性别分布

本次调查确诊的560名智力残疾儿童中，男性329人，现患率为1.01%；女性231人，现患率为0.84%。0～6岁智力残疾儿童性别现患率见图5。

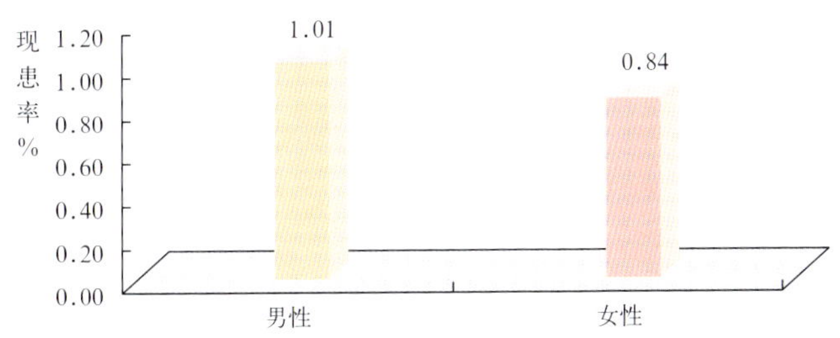

图5 0～6岁智力残疾儿童性别现患率

3．年龄分布

本次调查确诊的560名智力残疾儿童中，0岁31人，现患率为0.45%；1岁66人，现患率为0.74%；2岁79人，现患率为0.93%；3岁82人，现患率为0.94%；4岁、5岁、6岁分别为101人、110人和91人，现患率为1.09%、1.10%和1.18%。图6显示了不同年龄智力残疾儿童现患率。

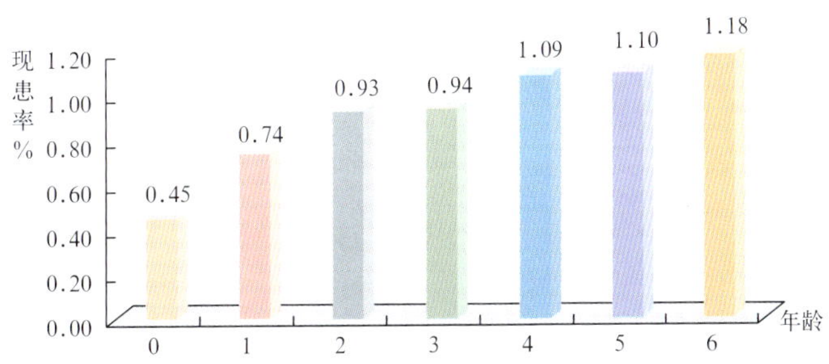

图6 不同年龄智力残疾儿童现患率

4．3～6岁智力残疾儿童学前教育状况

本次调查确诊3～6岁智力残疾儿童384名，133名接受了学前教育，接受学前教育率为34.64%。其中，3岁、4岁、5岁、6岁接受学前教育的人数分别为17人、29人、38人和49人，接受学前教育率为20.73%、28.71%、34.55%和53.85%。

图7显示了3～6岁智力残疾儿童接受学前教育状况。从中可见，随着年龄增大，3～6岁智力残疾儿童接受学前教育率呈增高趋势。

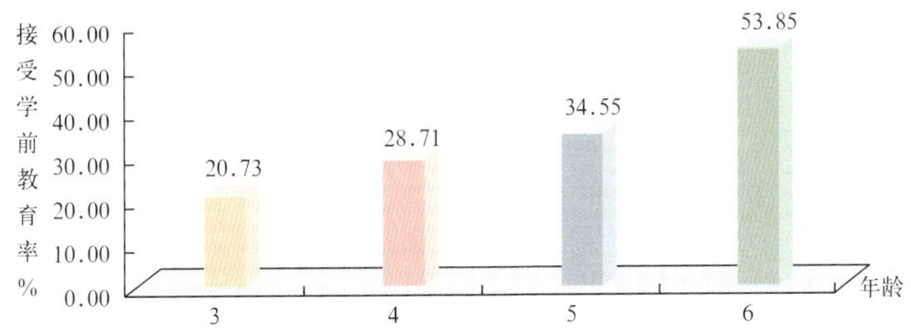

图7 3～6岁智力残疾儿童接受学前教育率

5．父母文化程度状况

本次调查确诊的560名智力残疾儿童中，回答父亲文化程度的有效问卷558份。其中父亲文化程度为大学大专、高中中专、初中、小学、文盲／半文盲的智力残疾儿童分别为48人、119人、284人、97人和10人，智力残疾儿童现患率为0.49%、0.65%、1.10%、1.66%和2.73%。

本次调查确诊的560名智力残疾儿童中，回答母亲文化程度的有效问卷557份。其中母亲文化程度为大学大专、高中中专、初中、小学、文盲／半文盲的智力残疾儿童分别为40人、94人、257人、132人和34人，智力残疾儿童现患率为0.54%、0.56%、1.00%、1.61%和2.53%。

图8显示了父母不同文化程度0~6岁智力残疾儿童现患率，从中可以看出，父母文化程度越高，儿童智力残疾现患率越低。

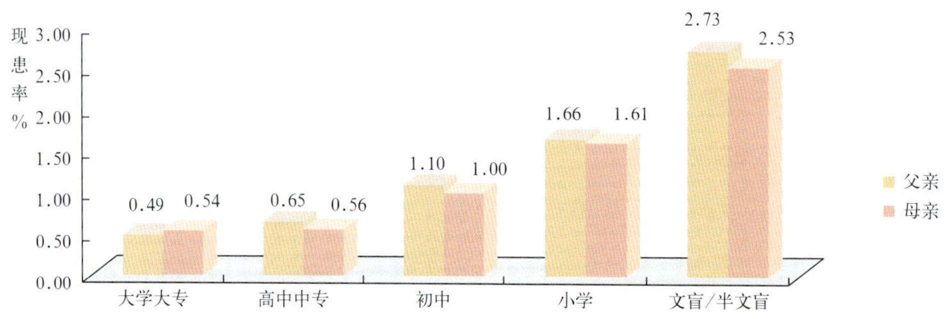

图8 父母不同文化程度0~6岁智力残疾儿童现患率

6．父母职业分布

本次调查确诊的560名智力残疾儿童中，回答父亲职业的有效问卷556份。父亲职业为专业技术人员、机关干部、办事人员、商业人员、服务人员、农林牧渔、工人、军人、其他、不在业的智力残疾儿童分别为9人、10人、24人、15人、5人、263人、155人、1人、64人和10人，智力残疾儿童现患率为0.33%、0.60%、0.54%、0.94%、0.87%、1.19%、0.77%、0.22%、1.18%和1.35%。

本次调查确诊的560名智力残疾儿童中，回答母亲职业的有效问卷556份。母亲职业为专业技术人员、机关干部、办事人员、商业人员、服务人员、农林牧渔、工人、军人、其他、不在业的智力残疾儿童分别为18人、9人、16人、18人、0人、280人、126人、0人、62人和27人，智力残疾儿童现患率为0.49%、0.83%、0.46%、0.89%、0.00%、1.21%、0.72%、0.00%、1.08%和1.00%。

图9显示了父母不同职业0~6岁智力残疾儿童现患率，从中可见，父母职业为农林牧渔、其他和不在业的儿童智力残疾现患率高。

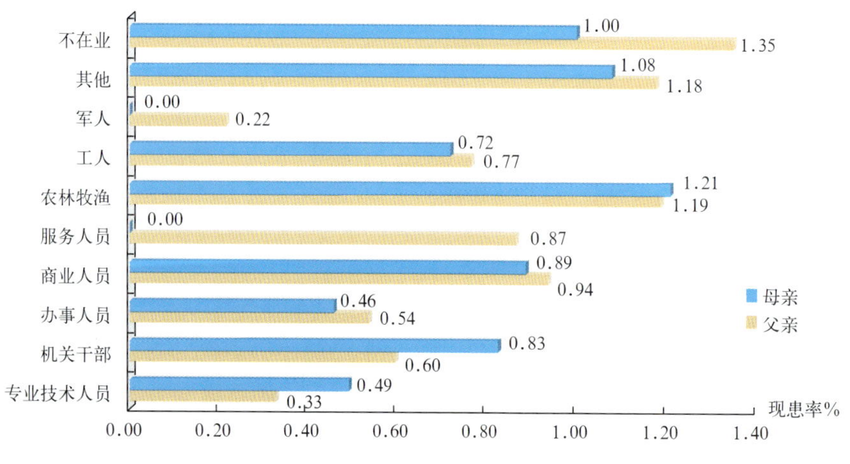

图9 父母不同职业0~6岁智力残疾儿童现患率

7．家庭年人均收入状况

本次调查确诊的560名智力残疾儿童中，回答家庭年人均收入状况的有效问卷560份。家庭年人均收入<500、500～、1000～、2000～、3000～、4000～、5000～、6000～、7000～、8000～、9000～、10000元以上的智力残疾儿童分别为10人、91人、135人、91人、84人、61人、26人、29人、8人、16人、1人和8人，智力残疾儿童现患率分别为1.62%、2.81%、1.04%、0.94%、0.97%、0.83%、0.53%、0.60%、0.40%、0.61%、0.16%和0.30%。

图10显示了不同家庭年人均收入0～6岁智力残疾儿童现患率。

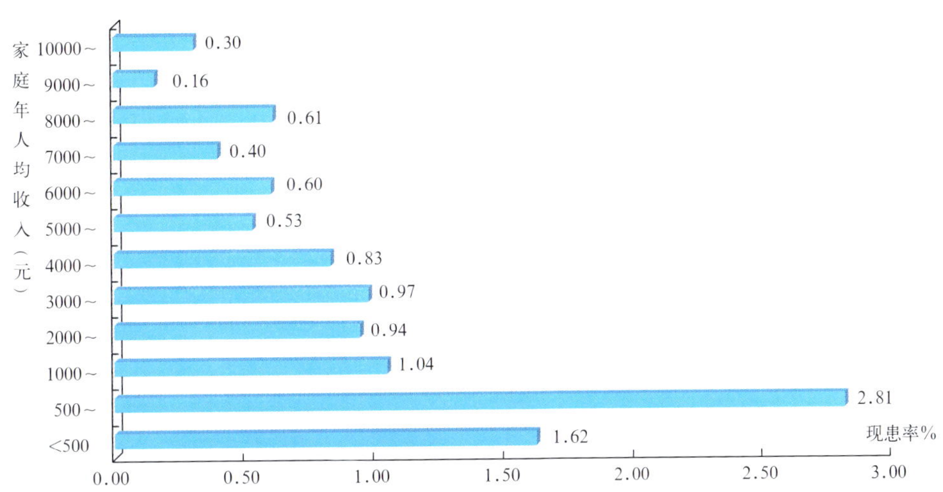

图10 不同家庭年人均收入0～6岁智力残疾儿童现患率

（四）致残原因

本次调查确诊0～6岁智力残疾儿童560名，其主要致残原因见表1。各省、市县、城乡及不同经济状况地区0～6岁智力残疾儿童致残原因构成见附表163～166。

表1　0～6岁智力残疾儿童主要致残原因

顺　位	致残原因	人 数	构成 %
第一位	不　详	164	29.29
第二位	产时窒息	70	12.50
第三位	早　产	48	8.57
第四位	宫内窒息	36	6.43
第五位	社会文化落后	31	5.54
第六位	伴发精神病	29	5.18
第七位	其他遗传病	20	3.57
第八位	感官器官剥夺	15	2.68
第八位	染色体异常	15	2.68
	合　计	446	76.44

（五）康复现状与需求

1．康复现状

本次调查确诊的560名智力残疾儿童中，接受医院治疗的9人，占1.61%；在特殊机构康复的10人，占1.79%；在家庭康复的322人，占57.50%；在普通机构康复的15人，占2.68%；其他方式康复的3人，占0.54%；没有进行康复的201人，占35.89%。各省、市县、城乡及不同经济状况地区0~6岁智力残疾儿童康复现状见附表167~170。

2．康复需求

本次调查确诊的560名智力残疾儿童都有康复需求。其中需要接受医院治疗的37人，占6.61%；需要特殊机构康复的142人，占25.36%；需要家庭康复的292人，占52.14%；需要普通机构康复的89人，占15.89%；各省、市县、城乡及不同经济状况地区0~6岁智力残疾儿童康复需求见附表171~174。

3．康复现状与需求比较

将康复形式现状与需求进行比较发现，0~6岁智力残疾儿童康复形式现状与需求之间存在着很大的差距。图11显示了智力残疾儿童康复形式现状与需求之间的差距，从中可以看出，特殊机构、普通机构现状与需求之间差距最大。

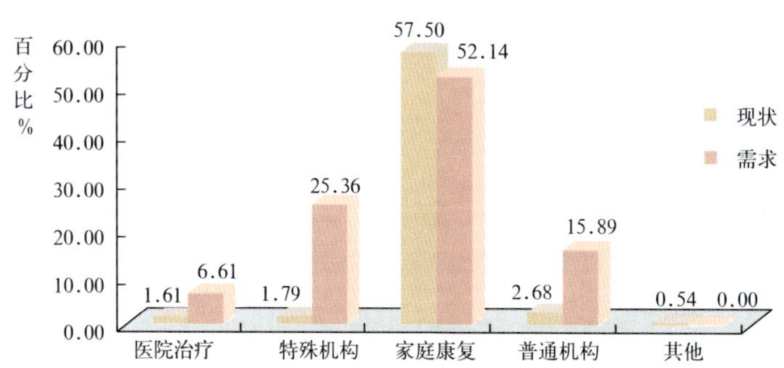

图11 0~6岁智力残疾儿童康复形式现状与需求

三、0~6岁儿童智力残疾一般危险因素

（一）单因素分析

0~6岁儿童按是否智力残疾与居住地、性别、民族、年龄、学前教育、是否是独生子女、父母是否近亲婚配、父母职业、父母文化程度、父母婚姻状况、家庭年人均收入以及儿童抚养状况等变量进行单因素分析，结果见表2。

表2可见，居住地、性别、年龄、民族、是否是独生子女、是否接受学前教育、父母职业、父母文化程度、父母婚姻状况、家庭年人均收入和儿童抚养情况对0~6岁儿童智力残疾有影响。

表2 0~6岁智力残疾儿童一般危险因素的单因素分析

因素	分组	x^2	P	OR	95% 可信区间	
					下限	上限
居住地	城市1，农村2	8.334	0.004**	1.281	1.083	1.517
性别	男1，女2	5.997	0.014**	0.809	0.682	0.959
民族	汉1，其他2	7.944	0.005**	1.775	1.184	2.659
学前教育	有1，无2	234.704	0.000**	4.572	3.695	5.657
近亲婚配状况	非近亲1，近亲2	2.914	0.088	4.594	1.113	18.958
是否独生子女	是1，否2	11.557	0.001**	1.394	1.150	1.689
年龄	0~6岁	32.269	0.000**	—	—	—
父亲职业	10组[1]	60.917	0.000**	—	—	—
母亲职业	10组[1]	70.053	0.000**	—	—	—
父亲文化程度	5组[2]	91.376	0.000**	—	—	—
母亲文化程度	5组[2]	123.839	0.000**	—	—	—
父母婚姻状况	5组[3]	29.779	0.000**	—	—	—
家庭年人均收入	6组[4]	170.023	0.000**	—	—	—
抚养状况	6组[5]	12.387	0.030*	—	—	—

* P < 0.05　** P < 0.01

注：[1]职业： 0= 不在业，1= 专业技术人员，2= 机关干部，3= 办事人员，4= 商业人员，5= 服务人员，6= 农林牧渔，7= 工人，8= 军人，9= 其他

[2]文化程度：1= 大学大专，2= 高中中专，3= 初中，4= 小学，5= 文盲／半文盲

[3]婚姻状况：1= 初婚，2= 再婚，3= 丧偶，4= 离婚，5= 其他

[4]家庭年人均收入：1=<1000元，2=1000元~，3=3000元~，4=5000元~，5=7000元~，6=9000元~

[4]抚养状况：1= 父和母，2= 父或母，3= 祖父母，4= 其他亲属，5= 国家集体，6= 其他

（二）多因素分析

结合专业知识选定变量进行多因素分析。以智力残疾作为因变量，将所选变量引入Logistic线性回归模型，按α =0.05，β =0.1标准进行分析，结果见表3。

表3可见，年龄、民族、家庭人口数、是否接受学前教育、父亲职业等对0~6岁儿童智力残疾有影响。

表3 0~6岁智力残疾儿童一般危险因素的多因素Logistic回归分析

变量	回归系数	标准误	P值	OR	OR95.0% 可信限	
					下限	上限
截距	−2.892	0.433	0.000	0.055		
学前教育	−1.935	0.138	0.000	0.144	0.110	0.189
民族	−0.822	0.256	0.001	0.440	0.266	0.727
父亲农民	−0.770	0.310	0.013	0.463	0.252	0.851
年龄	0.365	0.055	0.000	1.440	1.294	1.603
家庭人口数	−0.187	0.073	0.010	0.829	0.718	0.957

讨 论

一、本次抽样调查的代表性

参见总报告

二、中国0～6岁智力残疾儿童状况

（一）0～6岁智力残疾儿童现患率及发现率

本次调查的0～6岁儿童智力残疾现患率为0.931%，本次智力残疾调查采用了世界各国广泛使用的筛查和诊断量表，方法科学，保证了本次智力残疾调查结果的可靠性，根据2000年第五次中国人口普查人口数推算，中国约有0～6岁智力残疾儿童95.4万。

本次调查的0～6岁儿童智力残疾年平均发现率为1.331‰，据此推算，中国每年新增0～6岁智力残疾约13.6万。

本次调查的0～6岁儿童智力残疾现患率与1987年全国残疾人抽样调查的1.211%相比，下降了0.280%，这是由于近年来我国重视智力残疾预防工作，在全国范围内广泛采取了婚前保健、孕产期保健、新生儿疾病筛查，推广全民食用合格碘盐和为特需人群补碘等措施，减少和预防了智力残疾的发生；同时，随着我国国民经济、科学、文化和教育的迅速发展，城乡人民物质和文化生活水平普遍提高，医疗卫生条件日益改善，残疾预防意识不断提高，智力残疾现患率呈下降趋势。

（二）0～6岁智力残疾儿童的分布特征

本次调查发现，中国0～6岁儿童的智力残疾现患率从性别分布来看，男性高于女性（男性1.01%，女性0.84%）。

从年龄分布来看，0～6岁智力残疾儿童现患率有随年龄增加而增高的趋势，0岁组最低（0.45%），6岁组最高（1.18%）。这是因为智力残疾较轻的儿童在小年龄不容易被发现，而4岁以后逐渐开始学习文化知识，智力残疾较轻的儿童由于不能成功学习才逐渐显现出来有关，也可能与目前使用的筛查和诊断量表对年龄小的儿童不够敏感有关。

从地区分布来看，0～6岁智力残疾儿童的现患率也存在差异。经济发达地区0～6岁儿童智力残疾现患率最低，为0.75%，经济中等发达地区最高，为1.20%。总体来看，经济发达地区儿童智力残疾的现患率低于经济欠发达地区，这与经济发达地区医疗卫生资源丰富，保健水平高有关；经济中等发达地区残疾儿童现患率高，可能与经济欠发达地区残疾儿童死亡率较高有关，其他原因有待进一步研究。此外，城市儿童智力残疾现患率（0.83%）低于农村(1.03%)，也说明智力残疾的发生与经济发展水平和医疗卫生条件有关，也可能与农村地区父母文化知识水平低，缺乏残疾预防知识和儿童缺乏早期教育有关。

（三）0～6岁智力残疾儿童的致残原因

由于当前医学发展水平所限，许多智力残疾病因还不能明确，原因不明的智力残疾占有相当比重。

据国外报道：重度智力残疾中约有20～30%原因不明，轻度约有40～55%原因不明。本次调查的重度智力残疾中有17.4%原因不明，轻度有39.1%原因不明，与国外研究基本一致。

除了原因不明的智力残疾以外，智力残疾的病因非常复杂，分类的方法也很多，主要为生物医学因素和社会心理文化因素。本次调查显示，属于生物医学因素的致残原因占91.4%，属于社会心理文化因素的占8.6%，与国外报导接近（生物医学因素约占90%，社会心理文化因素约占10%）。如果按病因的作用时间进行分类，可分为产前、产时和产后。本次调查致残原因中，产前因素占41.4%，产时因素占23.3%，产后因素占35.3%。

除不明原因外，智力残疾前五位致残原因依次是：产时窒息、早产、宫内窒息、社会文化落后和伴发精神病，这些原因占智力致残原因的38.22%。该结果与1987年前五位致残原因（遗传性疾病、营养不良、其他原因、发育畸形和产伤／颅内出血／窒息）相比，发生了很大变化。这可能与开展儿童保健工作，计划免疫工作的落实以及实行全民食用碘盐和为特需人群补碘有关。围产期窒息导致的脑损伤所致的智力残疾比例相对上升的原因有待进一步研究。

（四）相关危险因素分析

本次调查对儿童智力残疾的一般危险因素进行了分析，结果发现智力残疾儿童现患率高低与居住地、性别、年龄、民族、是否是独生子女、接受学前教育、儿童抚养情况、家庭年人均收入、父母职业和文化程度有关。居住在农村、家庭年人均收入低的儿童智力残疾现患率高，可能与经济发展、医疗卫生条件有关；非独生子女家庭比独生子女家庭儿童智力残疾现患率高，可能与我国现行计划生育政策有关；父母文化程度低出现智力残疾的可能性大，可能与父母掌握优生优育、孕产期保健知识的多少有关。

（五）0～6岁智力残疾儿童康复现状与需求

从本次抽样调查结果来看，64.11%的0～6岁智力残疾儿童得到了不同形式治疗与康复，其中家庭康复是主要康复形式，占所有智力残疾儿童的57.50%。

在康复需求中，所有智力残疾儿童都有康复需求，家庭康复、特殊机构康复仍是需求的主要形式，分别占52.32%和25.36%，值得注意的是，特殊机构康复的现状与需求之间的差距最大，反映家庭康复作为智力残疾儿童康复的主要形式，已得到广泛的认可，同时目前特殊机构提供的康复服务未能满足需求。

政策建议

一、加强智力残疾预防，减少智力残疾发生

近半个世纪以来，世界各国都在为降低智力残疾现患率而努力，最根本措施就是预防智力残疾的发生。提倡优生优育、产前保健、婚前检查、避免近亲结婚、遗传咨询是有效预防智力残疾的重要手段；实行围产期保健，提高产科技术，有效预防产时脑损伤造成的智力残疾；推广全民食用碘盐，对缺碘地区育龄妇女、孕妇科学补碘，减少因环境因素造成的智力残疾；普及预防接种，提高医疗技术水平，科学防治导致智力残疾的疾病，降低因疾病、外伤等后天因素致残；同时广泛开展智力残疾预防宣传教育，提高广大人民群众残疾预防意识，也是至关重要的。

二、开展早发现、早治疗、早干预是减轻残疾程度的重要措施

应充分利用医疗卫生保健网络，加强遗传病产前诊断、新生儿筛查、高危儿随访、出生缺陷监测和发育监测等工作。有些造成智力残疾的疾病通过及早采取治疗措施，是能够避免发展成为智力残疾，如苯丙酮尿症儿童若在出生时鉴别出来，并施以“食物疗法”，就可避免儿童智力残疾，许多国家 20 多年前已将此项工作纳入新生儿筛查，目前我国一些经济发达地区已经开展了此项筛查工作，并取得了一定的成效，但是筛查覆盖率很低，特别是广大中小城市和农村地区还没开展这项工作，致使许多患儿得不到早期诊断和治疗，造成不可逆转的智力残疾。

加强智力残疾儿童监测工作，早期发现智力残疾儿童，早期实施康复、教育训练，使他们身心能够得到最大限度的发展。0～6 岁是儿童智力发育的关键时期，对智力残疾儿童进行早期干预，能够减轻智力残疾的程度，减缓残疾的进程，为他们提供康复训练时间越早，康复效果就越好，就越有可能有效地补偿缺陷。应根据智力残疾儿童生理和心理特点，按照科学的方法，有计划、有步骤地开展早期康复训练活动，通过康复训练，最大限度地挖掘智力潜能，提高其社会适应能力，为未来接受特殊教育和适应社会生活创造良好的条件。同时，开展智力残疾儿童早期干预，有助于提高儿童运动、言语、思维和社会适应能力。

三、学前教育是促进智力残疾儿童心理发展的重要途径

残疾人提高自身素质、平等参与社会生活，根本在教育。智力残疾是由于各种因素造成智力功能低于平均水平，并伴有社会适应行为方面的缺陷，一般是不能通过医疗手段治愈的，要促进智力残疾儿童的发展，矫正和补偿缺陷，必须通过教育和康复。

接受学前教育是智力残疾儿童应享有的权利。政府应制定相关政策，积极发展智力残疾儿童学前教育，提高智力残疾儿童接受学前教育的水平和质量。应根据智力残疾儿童的年龄、残疾程度、地区条件等不同特点，对他们进行合理的教育安置，使他们能够在智力残疾儿童幼儿园、培智学校附设学前班、普通幼儿园、普通幼儿园附设特殊班、家庭中得到康复和教育。从本次调查结果来看，家庭康复是目前

智力残疾儿童的主要康复形式，在特殊机构、普通幼儿园接受特殊教育的儿童仅占所有智力残疾儿童的4.47%。因此，今后应充分利用现有的教育、卫生、残疾人工作网络，进一步推广智力残疾儿童家庭康复、教育，特别是在农村及边远地区，普遍开展智力残疾儿童家长培训，使家长掌握康复训练的方法和知识，普及智力残疾儿童的学前教育；制定优惠政策，鼓励建立多种形式的智力残疾儿童学前机构，使更多的中、重度智力残疾儿童得到专业化、规范化的学前教育；本次调查发现，轻度智力残疾儿童占智力残疾儿童的绝大多数，这为智力残疾儿童接受学前教育提供了可能。应顺应世界全纳性教育的发展趋势，利用现有的普通幼儿园机构接纳智力残疾儿童，同时对普通幼儿园教师进行智力残疾儿童康复训练、教育的方法和技能培训，为智力残疾儿童能够就近就便接受学前教育创造条件。

将智力残疾预防、治疗和康复教育结合起来，才能预防和减少智力残疾发生，使智力残疾造成的损害降到最低点。加强医疗、教育、康复相关部门的合作，充分利用普通幼儿教育机构、特殊教育机构、社区、家庭等现有资源，广泛开展智力残疾儿童早期康复训练和学前教育，为智力残疾儿童回归社会生活创造条件。

参考文献

1. 国务院人口普查办公室、国家统计局人口和社会科技统计司.中国2000年人口普查资料.北京:中国统计出版社,2002年.

2. 国家统计局.中国统计年鉴.北京:中国统计出版社,2002年.

3. 国家统计局.1992年中国儿童情况抽样调查——国家级最终报告.北京:中国统计出版社,1993年.

4. 中国残疾人抽样调查办公室.中国1987年残疾人抽样调查资料,1989年.

5. 郭建模主编.残疾人工作基本知识读本.北京:华夏出版社,2002年.

6. 国务院残疾人工作协调委员会秘书处.中国残疾人事业"八五"计划纲要与配套实施方案.北京:华夏出版社,1992年.

7. 国务院残疾人工作协调委员会秘书处.中国残疾人事业"九五"计划纲要与配套实施方案.北京:华夏出版社,1996年.

8. 国务院残疾人工作协调委员会秘书处.中国残疾人事业"十五"计划纲要与配套实施方案,2001年.

9. 卓大宏.中国残疾预防学.北京:华夏出版社,1998年.

肢体专业报告

前　言

1987年全国残疾人抽样调查以后，肢体残疾儿童的状况得到了政府的高度重视，有关部门制订规划，通力合作，采取措施开展儿童肢体残疾矫治和预防工作，取得了显著成效。为了了解中国肢体残疾儿童现状，掌握其现患率、发现率、致残原因、康复现状及需求，卫生部、公安部、中国残联和国家统计局于2001年组织了中国0～6岁残疾儿童抽样调查。现将肢体残疾儿童调查结果报告如下：

调查对象与方法

一、调查对象

本次调查的对象为中国2001年6月1日以前出生的0～6岁儿童。

二、抽样方法

参见总报告。

三、肢体残疾标准和筛查、诊断方法

（一）残疾标准

本次调查采用1987年国务院批准的《残疾标准》。

（二）筛查和诊断方法

1．筛查方法：行为筛查法（重点为儿童运动功能障碍及发育异常）。

2．诊断方法：临床标准诊断方法。

四、调查人员

参见总报告。

五、现场调查及工作流程

参见总报告。

六、质量控制

参见总报告。

结　果

一、基本情况

参见总报告。

二、0～6岁肢体残疾儿童流行特征

（一）筛查阳性率、现患率及发现率

本次共调查0～6岁儿童60124人，筛查出可疑肢体残疾397人，筛查阳性率为0.66%；确诊肢体残疾255人，肢体残疾现患率为0.424%；0～6岁儿童肢体残疾年平均发现率为0.606‰。

（二）残疾严重程度构成

本次调查的255名肢体残疾儿童中，四级（轻度）肢体残疾110人，占肢体残疾儿童的43.14%；三级（中度）肢体残疾65人，占25.49%；二级（重度）肢体残疾56人，占21.96%；一级（极重度）肢体残疾24人，占9.41%。各省、市县、城乡及不同经济状况地区0～6岁肢体残疾儿童残疾严重程度构成见附表175～178。

图1显示了0～6岁肢体残疾儿童残疾严重程度构成情况。从中可见轻度肢体残疾所占比例最大，中度和重度次之，极重度肢体残疾所占比例最小。

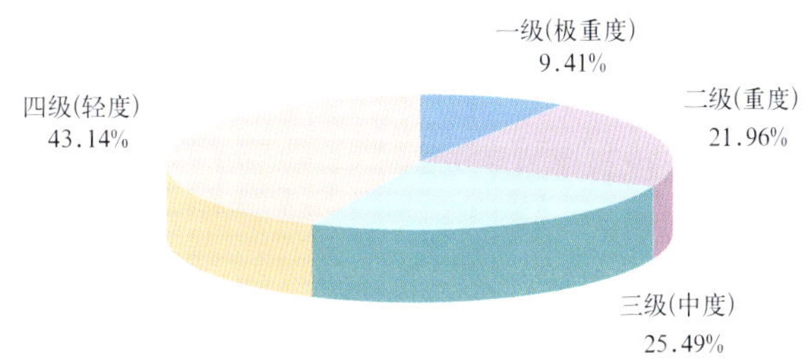

图1　0～6岁肢体残疾儿童残疾严重程度构成

（三）分布特征

1．地区分布

（1）各省分布

本次调查确诊的255名肢体残疾儿童中，天津30人，现患率为0.30%；吉林38人，现患率为0.38%；河南57人，现患率为0.57%；江苏27人，现患率为0.27%；贵州53人，现患率为0.53%；甘肃50人，现患率为0.50%。各省0～6岁肢体残疾儿童现患率见图2。

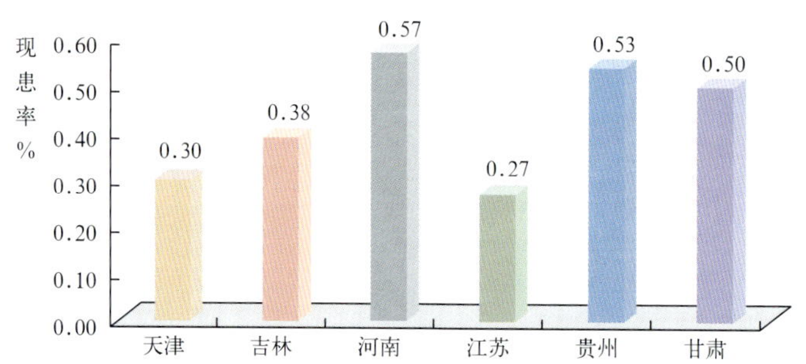

图2 各省0～6岁肢体残疾儿童现患率

（2）不同经济状况地区分布

本次调查确诊255名肢体残疾儿童，其中经济发达地区57人，现患率为0.29%；经济中等发达地区95人，现患率为0.47%；经济欠发达地区103人，现患率为0.51%。不同经济状况地区0～6岁肢体残疾儿童现患率见图3。

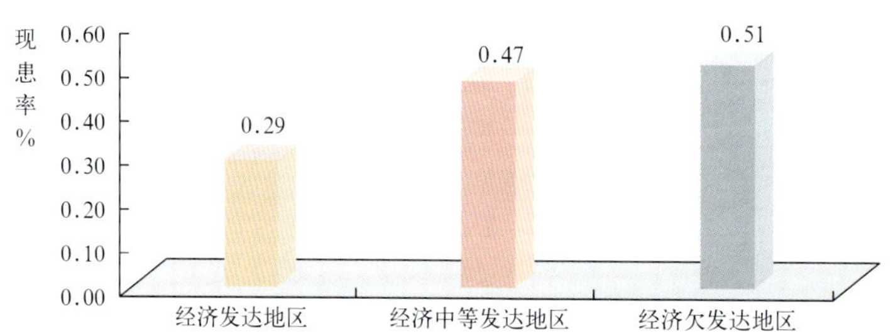

图3 不同经济状况地区0～6岁肢体残疾儿童现患率

（3）城乡分布

本次调查确诊255名肢体残疾儿童，其中城市115人，现患率为0.38%；农村140人，现患率为0.47%。城乡0～6岁肢体残疾儿童现患率见图4。

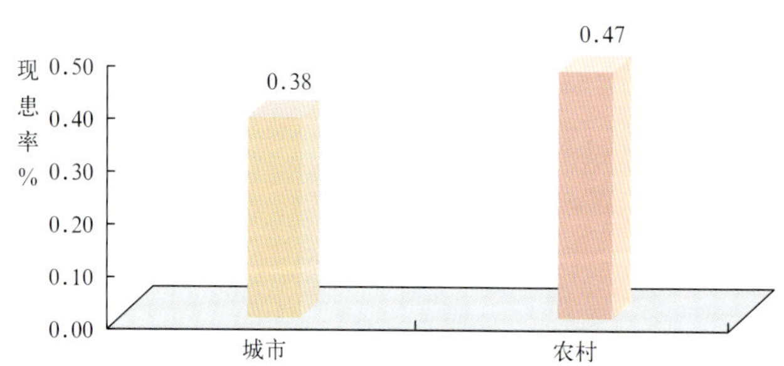

图4 城乡0～6岁肢体残疾儿童现患率

2．性别分布

本次调查确诊的255名肢体残疾儿童中，男性148人，现患率为0.46%；女性107人，现患率为0.39%。0～6岁肢体残疾儿童性别现患率见图5。

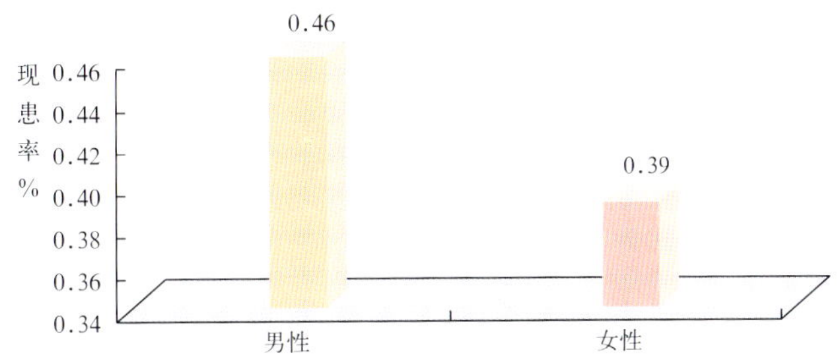

图5 0～6岁肢体残疾儿童性别现患率

3．年龄分布

本次调查确诊的255名肢体残疾儿童中，0岁21人，现患率为0.30%；1岁29人，现患率为0.33%；2岁39人，现患率为0.46%；3岁25人，现患率为0.29%；4岁、5岁、6岁分别为42人、58人和41人，现患率为0.45%、0.58%和0.53%。图6显示了不同年龄肢体残疾儿童现患率。

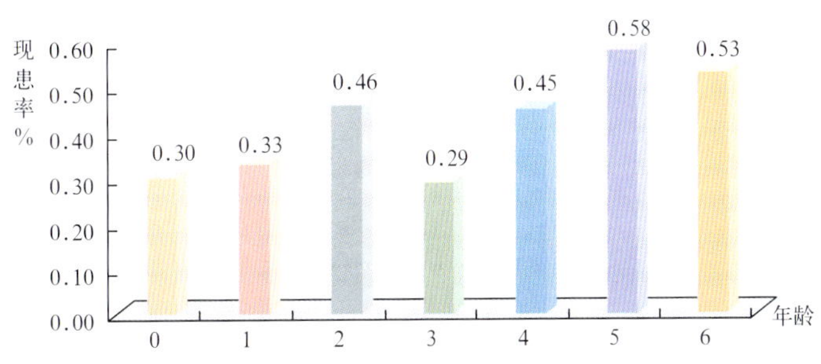

图6 不同年龄肢体残疾儿童现患率

4．3～6岁肢体残疾儿童学前教育状况

本次调查确诊3～6岁肢体残疾儿童166名，78名接受了学前教育，接受学前教育率为46.99%。其中，3岁、4岁、5岁、6岁接受学前教育的人数分别为8人、17人、31人、22人，接受学前教育率为32.00%、40.48%、53.45%和53.66%。

图7显示了3～6岁肢体残疾儿童接受学前教育状况，从中可见，随着年龄增大，3～6岁肢体残疾儿童接受学前教育率逐渐提高。

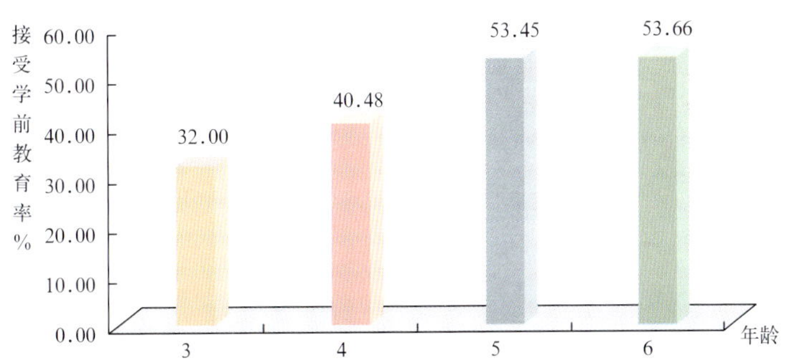

图7 3～6岁肢体残疾儿童接受学前教育率

5．父母文化程度状况

本次调查确诊的255名肢体残疾儿童中，回答父亲文化程度的有效问卷255份。其中父亲文化程度为大学大专、高中中专、初中、小学、文盲／半文盲的肢体残疾儿童分别为25人、61人、134人、31人和4人，肢体残疾儿童现患率为0.26%、0.33%、0.52%、0.53%和1.09%。

本次调查确诊的255名肢体残疾儿童中，回答母亲文化程度的有效问卷255份。其中母亲文化程度为大学大专、高中中专、初中、小学、文盲／半文盲的肢体残疾儿童分别为19人、56人、114人、50人和16人，肢体残疾儿童现患率为0.25%、0.33%、0.43%、0.61%和1.19%。

图8显示了父母不同文化程度0～6岁肢体残疾儿童现患率，从中可以看出，随着父母文化程度的提高，肢体残疾儿童现患率呈下降趋势，其中父母文化程度为大学大专的肢体残疾儿童现患率最低，父母文化程度为文盲／半文盲的肢体残疾儿童现患率最高。

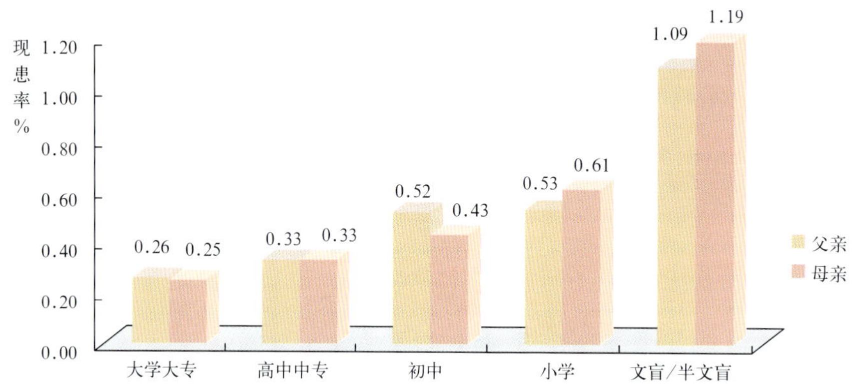

图8 父母不同文化程度0～6岁肢体残疾儿童现患率

6．父母职业分布

本次调查确诊的255名肢体残疾儿童中，回答父亲职业的有效问卷255份。父亲职业为专业技术人员、机关干部、办事人员、商业人员、服务人员、农林牧渔、工人、军人、其他、不在业的肢体残疾儿童分别为10人、3人、12人、6人、2人、110人、80人、3人、25人和4人，肢体残疾儿童现患率为0.37%、0.18%、0.27%、0.35%、0.35%、0.50%、0.40%、0.65%、0.46%和0.54%。

本次调查确诊的255名肢体残疾儿童中，回答母亲职业的有效问卷255份。母亲职业为专业技术人员、机关干部、办事人员、商业人员、服务人员、农林牧渔、工人、军人、其他、不在业的肢体残疾儿童分别为11人、2人、13人、6人、3人、118人、63人、0人、18人和21人，肢体残疾儿童现患率为0.30%、0.19%、0.38%、0.30%、0.40%、0.51%、0.36%、0.00%、0.31%和0.77%。

图9显示了父母不同职业0～6岁肢体残疾儿童现患率，从中可见，父亲职业为军人的肢体残疾儿童现患率高，职业为机关干部的肢体残疾儿童现患率低；母亲不在业的肢体残疾儿童现患率高，职业为机关干部、军人的肢体残疾儿童现患率低。

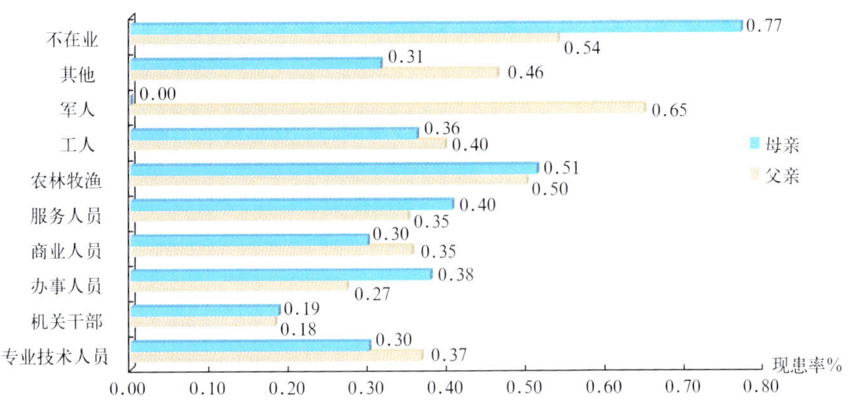

图9 父母不同职业0～6岁肢体残疾儿童现患率

7．家庭年人均收入状况

本次调查确诊的255名肢体残疾儿童中，回答家庭年人均收入状况的有效问卷255份。家庭年人均收入<500、500～、1000～、2000～、3000～、4000～、5000～、6000～、7000～、8000～、9000～及10000元以上的肢体残疾儿童分别为5人、32人、71人、37人、33人、35人、11人、14人、6人、4人、0人、7人，肢体残疾儿童现患率分别为0.81%、0.99%、0.55%、0.38%、0.38%、0.48%、0.22%、0.29%、0.30%、0.15%、0.00%和0.27%。

图10显示了不同家庭年人均收入0～6岁肢体残疾儿童现患率。

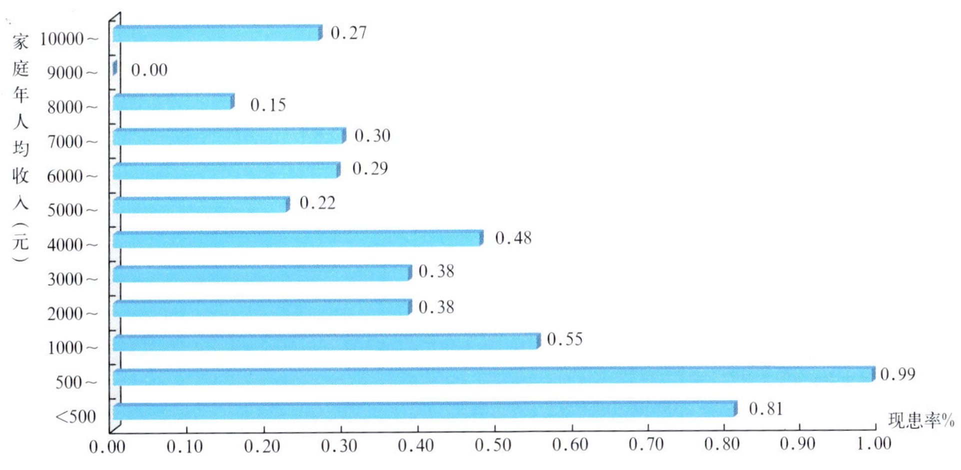

图10 不同家庭年人均收入0～6岁肢体残疾儿童现患率

（四）致残原因

本次调查确诊0～6岁肢体残疾儿童255人，其致残原因见表1。各省、市县、城乡及不同经济状况地区0～6岁肢体残疾儿童致残原因构成见附表179～182。

表1　0～6岁肢体残疾儿童致残原因

顺　位	致残原因	人 数	构成 %
第一位	脑　瘫	94	36.86
第二位	其他原因	67	26.27
第三位	先天性骨关节病	42	16.47
第四位	不　祥	27	10.59
第五位	小儿截肢	9	3.53
第六位	周围神经损伤	6	2.35
第七位	脊柱裂／脊髓损伤	5	1.96
第八位	地方病	4	1.57
第九位	小儿麻痹症	1	0.39
	合　计	255	100.00

（五）康复现状与需求

1．康复现状

本次调查确诊的255名肢体残疾儿童中，接受医院治疗的46人，占18.04%；特殊机构康复的3人，占1.18%；家庭康复的152人，占59.61%；普通机构康复的2人，占0.78%；其他方式康复的4人，占1.57%；没有进行康复的48人，占18.82 %。

255名肢体残疾儿童中，使用假肢的1人，占0.39%；使用自助器的3人，占1.18%；使用矫形器的15人，占5.88%；使用轮椅的7人，占2.75%，使用其他器具的73人，占28.63%，没有使用器具的156人，占61.18%。各省、市县、城乡及不同经济状况地区0～6岁肢体残疾儿童康复现状见附表183～186。

图11显示了0～6岁肢体残疾儿童康复现状。从中可见，家庭康复是肢体残疾儿童的主要康复形式，在普通机构和特殊机构康复的所占比例最小。

2．康复需求

本次调查确诊的255名肢体残疾儿童都有康复需求。其中需要接受医院治疗的120人，占47.06%；需要在特殊机构康复的58人，占22.75%；需要在家庭康复的73人，占28.63%；需要在其他机构康复的4人，占1.57%。

255名肢体残疾儿童中，需要使用假肢的4人，占1.57%；需要使用自助器的29人，占11.37%；需要使用矫形器的37人，占14.51%；需要使用轮椅的8人，占3.14%；需要拐杖的8人，占3.14%；需要其他器具的169人，占66.27%。各省、市县、城乡及不同经济状况地区0～6岁肢体残疾儿童康复需求见附表187～190。

图11显示了0～6岁肢体残疾儿童的康复需求，从中可见，需要到医院进行康复的所占比例最大，其次是家庭康复和特殊机构康复，而在普通机构和其他机构康复的需求所占比例最小。

3．康复现状与需求比较

将康复现状与需求进行比较发现，0～6肢体残疾儿童康复现状与需求之间存在着很大的差距。图11显示了肢体残疾儿童康复形式现状与需求之间的差距，从中可以看出，肢体残疾儿童在医院治疗和特殊机构康复的现状与需求之间差距最大。图12显示了肢体残疾儿童康复器具现状与需求之间的差距，从中可以看出，自助器、矫形器和其他器具的现状与需求之间差距较大。

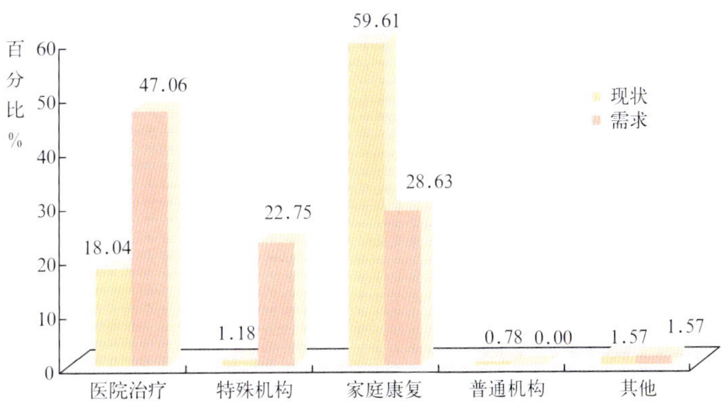

图11 0～6岁肢体残疾儿童康复形式现状与需求

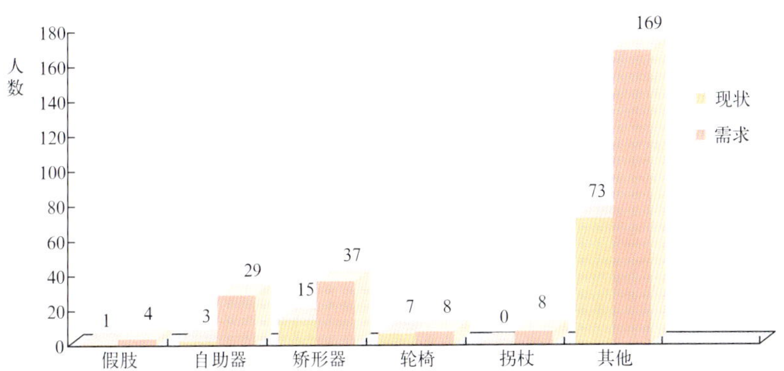

图12 0～6岁肢体残疾儿童康复器具现状与需求

三、0～6岁肢体残疾儿童一般危险因素分析

（一）单因素分析

0～6岁儿童按是否肢体残疾与居住地、性别、年龄、民族、学前教育、是否是独生子女、父母是否近亲婚配、父母职业、父母文化程度、父母婚姻状况、家庭年人均收入以及儿童抚养状况等变量进行单因素分析，结果见表2。

表2可见，肢体残疾儿童是否接受学前教育、是否是独生子女、儿童的年龄、母亲职业、父母文化程度和家庭年人均收入对儿童肢体残疾有影响。

表2 0~6 岁肢体残疾儿童一般危险因素的单因素分析

因 素	分 组	x^2	P	OR	95% 可信区间	
					下限	上限
居住地	城市 1，农村 2	2.394	0.122	1.218	0.948	1.565
性 别	男 1，女 2	2.029	0.154	0.832	0.646	1.072
民 族	汉 1，其他 2	1.951	0.162	1.566	0.830	2.954
学前教育	有 1，无 2	47.168	0.000**	2.804	2.062	3.813
近亲婚配状况	非近亲 1，近亲 2	0.406	0.524	0.996	0.995	0.996
是否独生子女	是 1，否 2	31.190	0.000**	2.086	1.602	2.715
年 龄	0~6 岁	20.316	0.002**	—	—	—
父亲职业	10 组[1]	12.212	0.202	—	—	—
母亲职业	10 组[1]	20.248	0.016*	—	—	—
父亲文化程度	5 组[2]	27.419	0.000**	—	—	—
母亲文化程度	5 组[2]	39.783	0.000**	—	—	—
父母婚姻状况	5 组[3]	6.228	0.179	—	—	—
家庭年人均收入	6 组[4]	52.485	0.000**	—	—	—
抚养状况	6 组[5]	7.582	0.181	—	—	—

* P < 0.05 ** P < 0.01

注：[1]职业： 0= 不在业，1= 专业技术人员，2= 机关干部，3= 办事人员，4= 商业人员，5= 服务人员，6= 农林牧渔，7= 工人，8= 军人，9= 其他

[2]文化程度：1= 大学大专，2= 高中中专，3= 初中，4= 小学，5= 文盲 / 半文盲

[3]婚姻状况：1= 初婚，2= 再婚，3= 丧偶，4= 离婚，5= 其他

[4]家庭年人均收入：1=<1000 元，2=1000 元～，3=3000 元～，4=5000 元～，5=7000 元～，6=9000 元～

[5]抚养状况：1= 父和母，2= 父或母，3= 祖父母，4= 其他亲属，5= 国家集体，6= 其他

（二）多因素分析

结合专业知识选定变量进行多因素分析。以肢体残疾作为因变量，将所选变量引入 Logistic 线性回归模型，按 α =0.05，β =0.1 标准进行分析，结果见表 3。

表 3 可见，民族、儿童年龄和家庭子女数、是否接受学前教育、父亲职业对儿童肢体残疾有影响。

表3 0~6 岁肢体残疾儿童一般危险因素的多因素 Logistic 回归分析

变 量	回归系数	标准误	P 值	OR	OR95.0% 可信限	
					下限	上限
截 距	-5.258	0.649	0.000	0.005		
学前教育	-1.517	0.198	0.000	0.219	0.149	0.323
父亲农民	-1.150	0.428	0.007	0.317	0.137	0.732
民 族	-.718	0.394	0.068	0.488	0.225	1.056
年 龄	0.429	0.082	0.000	1.535	1.308	1.802
家庭子女数	0.407	0.164	0.013	1.502	1.089	2.072

讨　论

一、本次抽样调查的代表性

参见总报告。

二、中国0～6岁肢体残疾儿童状况

（一）0～6岁肢体残疾儿童现患率及发现率

本次调查的0～6岁儿童肢体残疾现患率为0.424%，根据2000年第五次中国人口普查人口数推算，中国约有0～6岁肢体残疾儿童43.4万。

本次调查的0～6岁儿童肢体残疾年平均发现率为0.606‰，据此推算，中国每年新增0～6岁肢体残疾约6.2万。

本次调查的0～6岁儿童肢体残疾现患率与1987年全国残疾人抽样调查的0.128%相比，上升了0.296%，肢体残疾现患率的上升可能与脑瘫儿童增多有关，其他原因需要进一步探讨。

（二）0～6岁肢体残疾儿童的分布特征

本次调查发现，中国0～6岁儿童的肢体残疾现患率从性别分布来看，男性与女性基本一致（男性0.46%，女性0.39%）。

从年龄分布来看，0～6岁肢体残疾儿童现患率有随年龄增加而增高的趋势，3岁组最低（0.29%），5岁组最高（0.58%），这可能与随着年龄增加，暴露于残疾的可能性越大有关。

从地区分布来看，0～6岁肢体残疾儿童的现患率存在差异。经济发达地区0～6岁儿童现患率最低，为0.29%；经济欠发达地区最高，为0.51%；城市儿童肢体残疾现患率（0.38%）低于农村（0.47%）。这表明肢体残疾的发生与经济发展、医疗卫生条件有关。

（三）0～6岁肢体残疾儿童的致残原因

本次调查发现，0～6岁肢体残疾儿童的致残原因除不明原因外，前五位原因依次是：脑瘫、其他原因、先天性骨关节病、小儿截肢和周围神经损伤。而1987年前五位致残原因依次是：其他原因、发育畸形、小儿麻痹、其他外伤和家族遗传／近亲结婚，这说明导致儿童肢体残疾的疾病谱已发生了新的变化。本次调查中确诊小儿麻痹后遗症仅1人，这说明中国防治小儿麻痹症工作取得了明显效果，小儿麻痹症已基本得到控制。此外，产前筛查、儿童计划免疫、优生优育等措施使发育畸形和家族遗传／近亲结婚所致的残疾减少。由围产期脑损伤引起的脑瘫所致的肢体残疾上升到第一位的原因有待探讨。

（四）相关危险因素分析

本次调查对儿童肢体残疾的一般危险因素进行了分析，结果发现肢体残疾儿童现患率高低与儿童年龄、民族、接受学前教育、是否独生子女、家庭人口数、母亲职业和父母的文化程度有关。非独生子女的儿童肢体残疾现患率比独生子女高，这可能与我国现行的计划生育政策有关；父母的文化程度越高，儿童肢体残疾的可能性越小，这可能是由于受教育程度高的父母更注重获取优生优育方面的知识，孕产期保健意识更高，能够早期发现和治疗可能导致儿童肢体残疾的疾病；肢体残疾儿童接受学前教育的可能性低于正常儿童，这可能由于普通学前机构缺少接纳肢体残疾儿童的设施，阻碍了肢体残疾儿童接受学前教育，造成肢体残疾儿童接受学前教育比例低。民族、家庭人口数、母亲职业对肢体残疾的影响，有待进一步研究。

（五）0～6岁肢体残疾儿童康复现状与需求

从本次抽样调查结果来看，大多数（81.18%）0～6岁肢体残疾儿童得到了不同形式的治疗与康复。其中在家庭康复的最多，说明家庭康复是目前肢体残疾儿童康复的主要形式。虽然肢体残疾儿童康复工作有了较大发展，但仍需看到，所有肢体残疾儿童都有康复需求，肢体残疾儿童康复现状与需求间还存在一定差距。在康复形式中，对医院治疗的需求所占比例最大，说明大多数肢体残疾儿童可以通过医院治疗恢复、补偿肢体功能，降低残疾程度。

本次调查显示，有61.18%的肢体残疾儿童没有康复器具。在需求中，所有肢体残疾儿童都有康复器具需求，这说明肢体残疾儿童康复器具现状不容乐观，现状与需求之间存在巨大差距。

政策建议

一、加强孕产期保健，开展残疾预防

本次调查显示，加强孕产期保健、开展产前筛查能有效预防肢体残疾。在孕期保健不当，将可能导致胎儿畸形，如孕期使用激素、电磁辐射、核辐射等都是造成胎儿畸形的原因；孕妇营养不良，导致早产和低体重儿出生，是造成婴儿脑瘫的因素之一。

应普及孕产期保健知识，加强保健，建立健全出生缺陷干预体系，避免常见、重大出生缺陷和先天残疾的发生；同时，应加强对儿童的安全教育，使他们从小树立安全意识，在日常生活中注意交通安全、游戏安全，远离事故，预防肢体残疾的发生。

二、早期甄别，早期干预

通过多年的实践与探索，人们越来越明显地感觉到对肢体残疾儿童及早干预的有效性与重要性。肢体残疾儿童越早得到甄别，就能得到越及时的治疗和康复，这样不但可以预防并发症和继发性残疾的发生，还可以争取减轻残疾严重程度的机会，从而改善其学习困难，缓减其家庭所面临的压力。美国研究报告显示，根据推算，有4/5的肢体残疾儿童在6岁以前形成极严重的功能障碍，但如果早期治疗，则有半数儿童可获明显疗效或显著的改善。

应完善新生儿筛查制度，建立残疾儿童报告制度，同时对发现的肢体残疾儿童进行跟踪调查服务，及时治疗，尽早采取康复措施。

三、多形式、多手段并重，提高治疗康复效果

本次调查显示，家庭康复是目前肢体残疾儿童的主要康复形式，但需求中医院治疗所占比例最大。医院可以直接对肢体残疾儿童进行医学诊断和治疗，减轻残疾程度，改善功能，制定全面合理的康复训练计划。今后，应充分发挥医院、各级康复机构的技术力量优势，制定相应政策，降低收费标准，使更多的肢体残疾儿童享受到系统、科学、专业的康复服务。同时，应广泛开展家庭康复和社区康复，加强对家庭康复的指导，推广一些适于家庭、社区开展的实用、易行的康复训练方法，提高康复效果，使肢体残疾儿童，特别是农村、边远地区的肢体残疾儿童得到康复服务。

四、建立形式多样、结构合理的模式，普及学前教育

早期教育对人的一生有着积极意义，而对肢体残疾儿童进行早期教育可以为他们将来的生活、学习、工作奠定良好的基础。

本次调查发现，多数适龄肢体残疾儿童没有接受学前教育。在这些没有接受学前教育的适龄肢体残疾儿童中，不具备接受学前教育能力的仅占极少数，绝大多数都能在学前教育机构接受教育。因此，建立形式多样、结构合理的肢体残疾儿童学前教育模式，是当务之急。从国际发展趋势看，独立的特殊学校数量在减少，其他形式的教育在增多，一体化教育以及普通教育与特殊教育相结合的形式已成为当前主流。普通幼儿园中的设施、设备应考虑肢体残疾儿童的特点，为他们进入普通幼儿园接受学前教育创造条件；同时，在医院、康复机构为肢体残疾儿童进行学前教育，开展上门服务，为不能进入普通幼儿园的重度肢体残疾儿童提供学习条件。

总之，应加强残疾预防，减少肢体残疾的发生。同时对肢体残疾儿童实行早期干预，进行康复训练，普及学前教育。此外，还应当加大经费投入，为肢体残疾儿童实施矫治手术，做好假肢、矫形器等辅助用具的装配，使他们能够更充分参与社会生活，进一步改善生存、生活质量。

参考文献

1. 国务院人口普查办公室、国家统计局人口和社会科技统计司.中国2000年人口普查资料.北京:中国统计出版社,2002年.

2. 国家统计局.中国统计年鉴.北京:中国统计出版社,2002年.

3. 国家统计局.1992年中国儿童情况抽样调查——国家级最终报告.北京:中国统计出版社,1993年.

4. 中国残疾人抽样调查办公室.中国1987年残疾人抽样调查资料,1989年.

5. 郭建模主编.残疾人工作基本知识读本.北京:华夏出版社,2002年.

6. 国务院残疾人工作协调委员会秘书处.中国残疾人事业"八五"计划纲要与配套实施方案.北京:华夏出版社,1992年.

7. 国务院残疾人工作协调委员会秘书处.中国残疾人事业"九五"计划纲要与配套实施方案.北京:华夏出版社,1996年.

8. 国务院残疾人工作协调委员会秘书处.中国残疾人事业"十五"计划纲要与配套实施方案,2001年.

9. 卓大宏.中国残疾预防学.北京:华夏出版社,1998年.

精神专业报告

前　言

精神疾病已经成为全球性重大公共卫生问题和较为突出的社会问题。随着中国经济社会快速发展，社会竞争不断加剧，人口和家庭结构发生变化，精神卫生问题日益突出。儿童的行为问题、心理卫生问题也明显增多，越来越多地引起全社会广泛的关注，但由于中国儿童精神医学起步较晚，儿童精神疾病诊断特别是6岁以前儿童的诊断比较复杂且难度较大，因此至今尚未进行过全国范围精神残疾儿童的调查，对目前中国精神残疾儿童的状况及康复需求缺乏了解。卫生部、公安部、中国残联和国家统计局于2001年组织的中国0～6岁残疾儿童抽样调查，目的是了解中国精神残疾儿童现状，掌握其现患率、发现率、致残原因、康复现状及需求。现将精神残疾调查结果报告如下：

调查对象与方法

一、调查对象

本次调查的对象为中国2001年6月1日以前出生的0～6岁儿童。

二、抽样方法

参见总报告。

三、精神残疾标准和筛查、诊断方法

（一）残疾标准

本次调查采用中国精神疾病分类第三版修订版和美国精神疾病分类第四版作为临床诊断标准。

（二）筛查和诊断方法

经过克氏量表初筛及CARS症状诊断量表的评定得出的阳性病例，再经过临床医师依据患儿父母或抚养人报告的病史和检查，最后进行诊断和分类。

1．筛查方法

克氏孤独症行为量表：该量表共计14项有关行为表现，每项阳性评1分，大于7分为筛查阳性者，需进行诊断评定。

智力残疾筛查(DDST)阳性者亦作为精神残疾筛查阳性者，需进一步进行精神残疾诊断。

2．诊断方法

(1) 儿童孤独症评定量表（Childhood Autism Rating Scale，简称CARS）：本量表由医生使用。对克氏及DDST筛出为阳性者用本量表进行诊断性评估。本量表共有15项，按1、2、3、4四级评分。

该量表总分≥30分诊断为孤独症。

（2）儿童孤独症及相关发育障碍心理教育评定量表（中文修订版）（Revised Chinese Version of Psycho-Educational Profile For Autistic and Developmentally Disabled Children）：本量表是对那些社交及语言能力不足，又不能配合检查的儿童而设计的涉及心理、智力、行为领域功能的评定量表。因此它是最适合有孤独症行为倾向、语言发育不佳的儿童使用。

四、调查人员

参见总报告。

五、现场调查及工作流程

参见总报告。

六、质量控制

参见总报告。

结　果

一、基本情况

参见总报告。

二、0～6岁精神残疾儿童流行特征

（一）筛查阳性率、现患率及发现率

本次共调查0～6岁儿童60124人，筛查出可疑精神残疾140人，筛查阳性率为0.23%；确诊精神残疾61人，精神残疾现患率为0.101%；0～6岁儿童精神残疾年平均发现率为0.145‰。

（二）残疾严重程度构成

本次调查确诊的61名精神残疾儿童中，轻度精神残疾33人，占精神残疾儿童的54.10%；中度精神残疾17人，占27.87%；重度精神残疾11人，占18.03%。各省、市县、城乡及不同经济状况地区0～6岁精神残疾儿童残疾严重程度构成见附表191～194。

图1显示了0～6岁精神残疾儿童残疾严重程度构成情况。从中可见，轻度精神残疾所占比例最大，中度次之，重度所占比例最小。

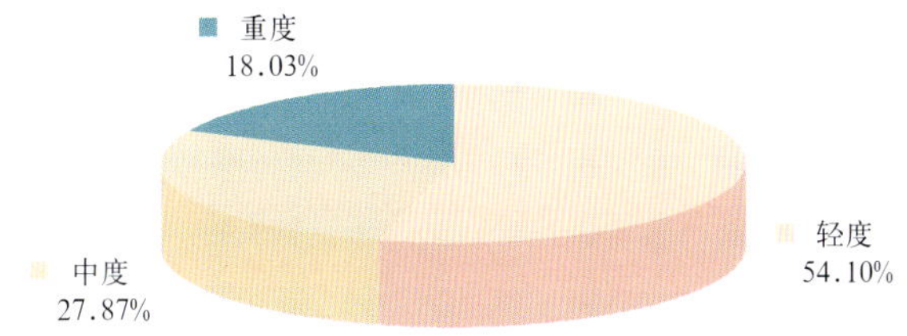

图1　0～6岁精神残疾儿童残疾严重程度构成

（三）分布特征

1．地区分布

（1）各省分布

本次调查确诊的61名精神残疾儿童中，天津8人，现患率为0.08%；吉林8人，现患率为0.08%；河南14人，现患率为0.14%；江苏9人，现患率为0.09%；贵州8人，现患率为0.08%；甘肃14人，现患率为0.14%。各省0～6岁精神残疾儿童现患率见图2。

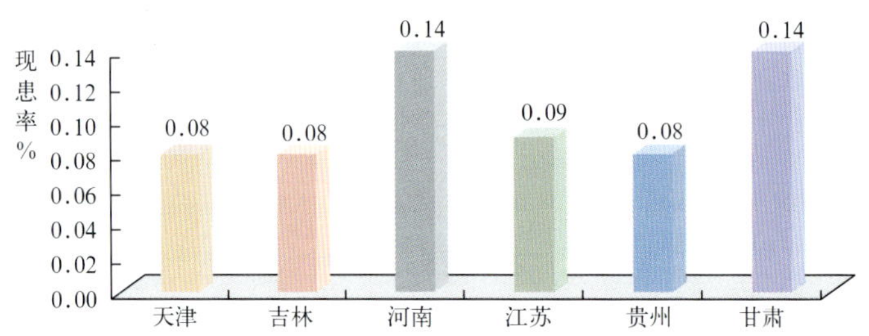

图2 各省0～6岁精神残疾儿童现患率

（2）不同经济状况地区分布

本次调查确诊61名精神残疾儿童，其中经济发达地区17人，现患率为0.09%；经济中等发达地区22人，现患率为0.11%；经济欠发达地区22人，现患率为0.11%。不同经济状况地区0～6岁精神残疾儿童现患率见图3。

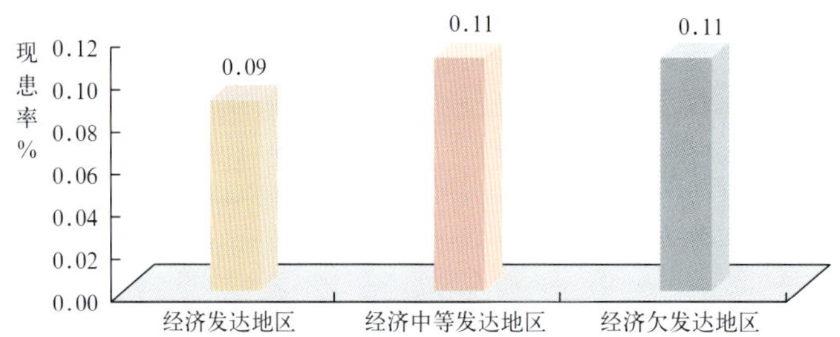

图3 不同经济状况地区0～6岁精神残疾儿童现患率

（3）城乡分布

本次调查确诊61名精神残疾儿童，其中城市31人，现患率为0.10%；农村30人，现患率为0.10%。城乡0～6岁精神残疾儿童现患率见图4。

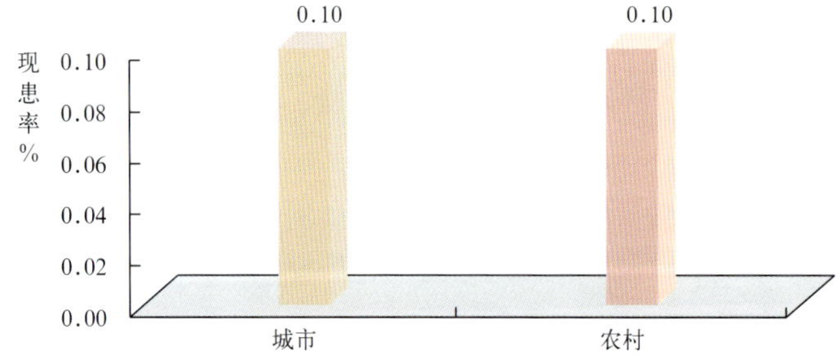

图4 城乡0～6岁精神残疾儿童现患率

2．性别分布

本次调查确诊的61名精神残疾儿童中，男性50人，现患率为0.16%；女性11人，现患率为0.04%。0～6岁精神残疾儿童性别现患率见图5。

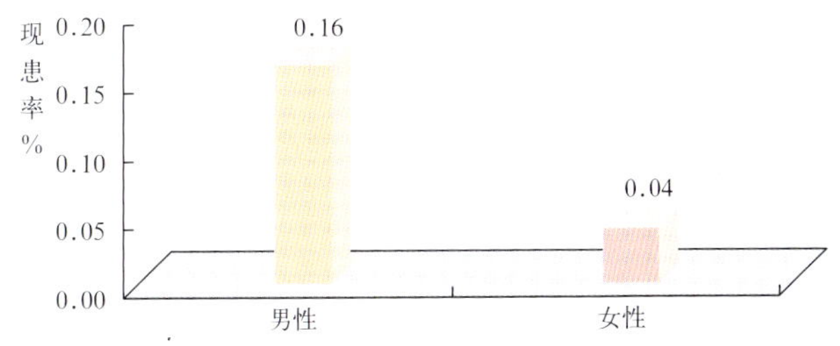

图5 0～6岁精神残疾儿童性别现患率

3. 年龄分布

在本次调查确诊的61名精神残疾儿童中，0岁1人，现患率为0.01%；1岁0人，现患率为0.00%；2岁12人，现患率为0.14%；3岁13人，现患率为0.15%；4岁、5岁、6岁分别为11人、16人和8人，现患率为0.12%、0.16%和0.10%。图6显示了不同年龄精神残疾儿童现患率。

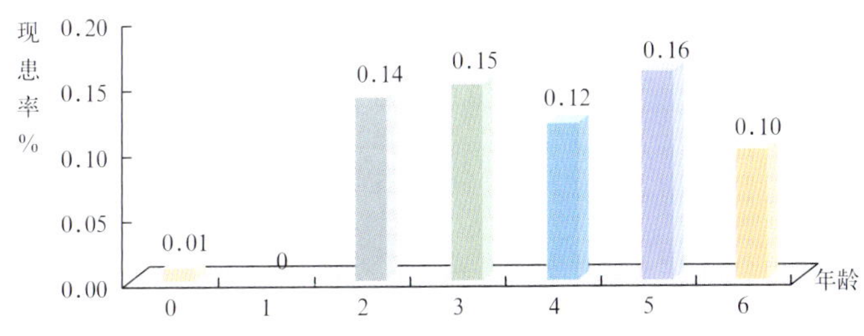

图6 不同年龄精神残疾儿童现患率

4. 3～6岁精神残疾儿童学前教育状况

本次调查确诊3～6岁精神残疾儿童48名，12名接受了学前教育，接受学前教育率为25.00%。其中，3岁、4岁、5岁、6岁接受学前教育的人数分别为4人、1人、6人、1人，接受学前教育率分别为30.77%、9.09%、37.50%和12.50%。

图7显示了3～6岁精神残疾儿童接受学前教育状况。

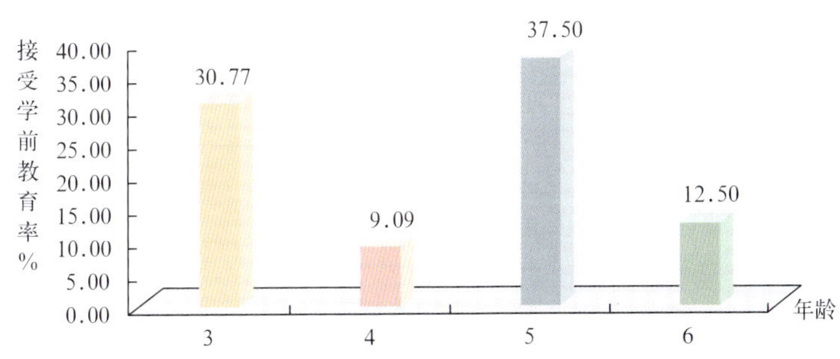

图7 3～6岁精神残疾儿童接受学前教育率

5. 父母文化程度状况

本次调查确诊的61名精神残疾儿童中，回答父亲文化程度的有效问卷60份。其中父亲文化程度为大学大专、高中中专、初中、小学、文盲／半文盲的精神残疾儿童分别为11人、14人、25人、10人和0人，精神残疾儿童现患率为0.11%、0.08%、0.10%、0.17%和0.00%。

本次调查确诊的61名精神残疾儿童中，回答母亲文化程度的有效问卷61份。其中母亲文化程度为大学大专、高中中专、初中、小学、文盲／半文盲的精神残疾儿童分别为6人、15人、25人、11人和

4人，精神残疾儿童现患率为0.08%、0.09%、0.10%、0.13%和1.30%。

图8显示了父母不同文化程度0～6岁精神残疾儿童现患率。

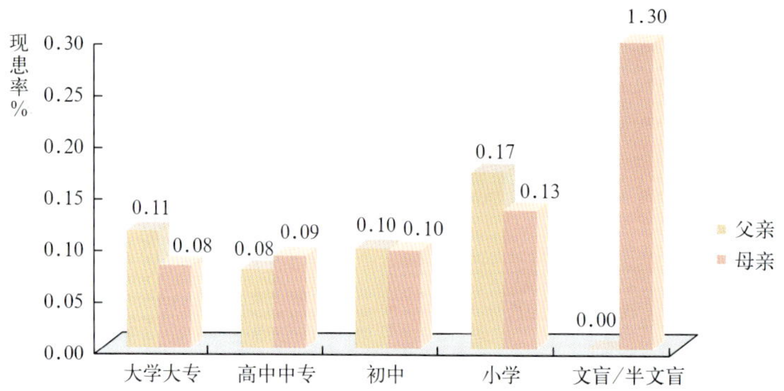

图8 父母不同文化程度0～6岁精神残疾儿童现患率

6．父母职业分布

本次调查确诊的61名精神残疾儿童中，回答父亲职业的有效问卷59份。父亲职业为专业技术人员、机关干部、办事人员、商业人员、服务人员、农林牧渔、工人、军人、其他、不在业的精神残疾儿童分别为3人、1人、2人、2人、1人、25人、18人、1人、6人和0人，精神残疾儿童现患率为0.11%、0.06%、0.05%、0.12%、0.17%、0.11%、0.09%、0.22%、0.11%和0.00%。

本次调查确诊的61名精神残疾儿童中，回答母亲职业的有效问卷60份。母亲职业为专业技术人员、机关干部、办事人员、商业人员、服务人员、农林牧渔、工人、军人、其他、不在业的精神残疾儿童分别为4人、1人、2人、2人、0人、26人、15人、0人、7人和3人，精神残疾儿童现患率为0.11%、0.09%、0.06%、0.10%、0.00%、0.11%、0.09%、0.00%、0.12%和0.11%。

图9显示了父母不同职业0～6岁精神残疾儿童现患率，从中可见，父亲职业为军人、服务人员的儿童精神残疾现患率高。

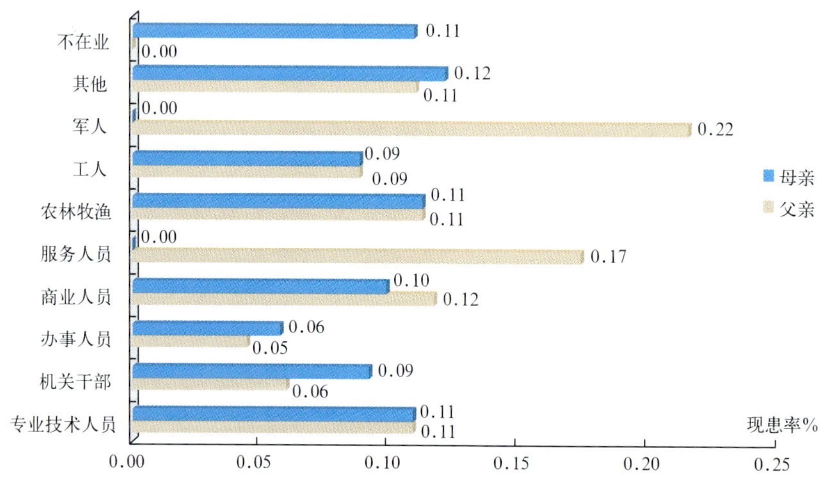

图9 父母不同职业0～6岁精神残疾儿童现患率

7．家庭年人均收入状况

本次调查确诊的61名精神残疾儿童中，回答家庭年人均收入状况的有效问卷61份。家庭年人均收入<500、500～、1000～、2000～、3000～、4000～、5000～、6000～、7000～、8000～、9000～及10000元以上的精神残疾儿童分别为6人、10人、7人、5人、8人、10人、1人、4人、3人、3人、2 人、2人，精神残疾儿童现患率分别为0.97%、0.31%、0.05%、0.05%、0.09%、0.14%、0.02%、0.08%、0.15%、0.11%、0.31%和0.08%。

图10显示了不同家庭年人均收入0～6岁精神残疾儿童现患率。

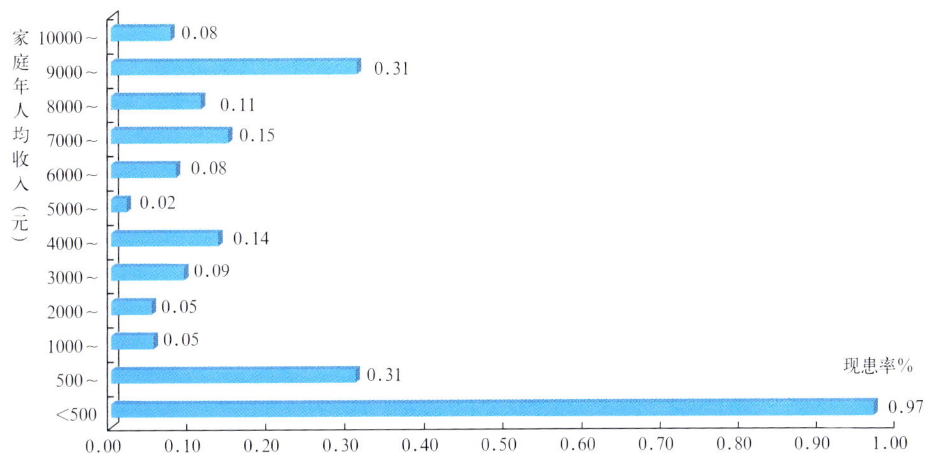

图10 不同家庭年人均收入0～6岁精神残疾儿童现患率

（四）致残原因

本次调查确诊0～6岁精神残疾儿童61人，其致残原因见表1。各省、市县、城乡及不同经济状况地区0～6岁精神残疾儿童致残原因构成见附表195～198。

表1　0～6岁精神残疾儿童致残原因

顺　位	致残原因	人 数	构成%
第一位	孤独症	37	60.66
第二位	不典型孤独症	11	18.03
第三位	脑器质性疾病	10	16.39
第四位	癫　痫	3	4.92
	合　计	61	100.00

（五）康复现状与需求

1．康复现状

本次调查确诊的61名精神残疾儿童中，接受医院治疗的2人，占3.28%；在家庭康复的12人，占19.67%；在普通机构康复的6人，占9.84%；用其他方式康复的10人，占16.39%；没有康复的31人，占50.82%。各省、市县、城乡及不同经济状况地区0～6岁精神残疾儿童康复现状见附表199～202。

图11显示了0～6岁精神残疾儿童康复现状。从中可见，家庭康复和其他形式康复是精神残疾儿童的主要康复形式，在医院治疗和特殊机构康复的所占比例较小。

2．康复需求

本次调查确诊的61名精神残疾儿童都有康复需求。其中需要接受医院治疗的6人，占9.84%；需要在特殊机构康复的17人，占27.87%；需要在家庭康复的38人，占62.30%；各省、市县、城乡及不同经济状况地区0～6岁精神残疾儿童康复需求见附表203～206。

图11显示了0～6岁精神残疾儿童的康复需求，从中可见，家庭康复的需求所占比例最大，其次是特殊机构和医院治疗，而没有在普通机构和其他机构康复的需求。

3．康复现状与需求比较

将康复现状与需求进行比较发现，精神残疾儿童康复现状与需求之间存在着很大的差距。图11显示了精神残疾儿童康复形式现状与需求之间的差距，从中可以看出，精神残疾儿童在家庭康复、特殊机构的现状与需求之间的差距最大。

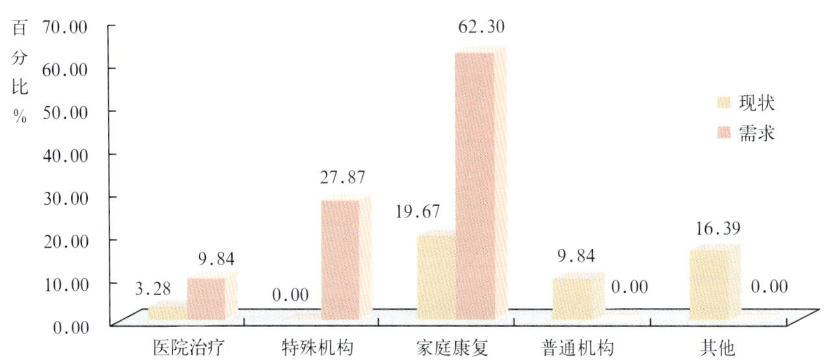

图11 0～6岁精神残疾儿童康复形式现状与需求

三、0～6岁儿童精神残疾一般危险因素

（一）单因素分析

0～6岁儿童按是否精神残疾与居住地、性别、年龄、民族、学前教育、是否是独生子女、父母是否近亲婚配、父母职业、父母文化程度、父母婚姻状况、家庭年人均收入以及儿童抚养状况等变量进行单因素分析，结果见表2。

表2可见，儿童性别、是否接受学前教育、家庭年人均收入对儿童精神残疾有影响。

表2 0～6岁精神残疾儿童一般危险因素的单因素分析

因素	分组	x^2	P	OR	95% 可信区间	
					下限	上限
居住地	城市1，农村2	0.879	0.349	0.791	0.484	1.293
性别	男1，女2	21.445	0.000**	0.243	0.127	0.465
民族	汉1，其他2	0.219	0.640	0.645	0.089	4.654
学前教育	有1，无2	46.111	0.000**	6.655	3.536	12.525
近亲婚配状况	非近亲1，近亲2	0.104	0.747	0.999	0.998	0.999
是否独生子女	是1，否2	1.589	0.208	1.418	0.822	2.446
年龄	0～6岁	6.835	0.336	—	—	—
父亲职业	10组[1]	5.979	0.742	—	—	—
母亲职业	10组[1]	5.770	0.763	—	—	—
父亲文化程度	5组[2]	5.220	0.265	—	—	—
母亲文化程度	5组[2]	3.783	0.436	—	—	—
父母婚姻状况	5组[3]	7.160	0.128	—	—	—
家庭年人均收入	6组[4]	40.101	0.000**	—	—	—
抚养状况	6组[5]	0.472	0.993	—	—	—

* P < 0.05 ** P < 0.01

注：[1]职业： 0= 不在业，1= 专业技术人员，2= 机关干部，3= 办事人员，4= 商业人员，5= 服务人员，6= 农林牧渔，7= 工人，8= 军人，9= 其他

[2]文化程度：1= 大学大专，2= 高中中专，3= 初中，4= 小学，5= 文盲 / 半文盲

[3]婚姻状况：1= 初婚，2= 再婚，3= 丧偶，4= 离婚，5= 其他

[4]家庭年人均收入：1= ＜ 1000 元，2=1000 元～，3=3000 元～，4=5000 元～，5=7000 元～，6=9000 元～

[5]抚养状况：1= 父和母，2= 父或母，3= 祖父母，4= 其他亲属，5= 国家集体，6= 其他

（二）多因素分析

结合专业知识选定变量进行多因素分析。以精神残疾作为因变量，将所选变量引入Logistic线性回归模型，按α =0.05，β =0.1标准进行分析，结果见表3。

表3可见，父母婚姻状况、性别、儿童年龄、是否接受学前教育对儿童精神残疾有影响。

表3 0～6岁精神残疾儿童一般危险因素的多因素Logistic回归分析

变量	回归系数	标准误	P值	OR	OR95.0% 可信限	
					下限	上限
截距	-7.519	1.318	0.000	0.001		
再婚	2.854	0.876	0.001	17.352	3.118	96.555
学前教育	-2.504	0.400	0.000	0.082	0.037	0.179
性别	1.314	0.372	0.000	3.720	1.794	7.717
年龄	0.311	0.148	0.036	1.365	1.021	1.824

讨 论

一、本次抽样调查的代表性

参见总报告。

二、中国0～6岁精神残疾儿童状况

（一）0～6岁精神残疾儿童现患率及发现率

本次调查的0～6岁儿童精神残疾现患率为0.101%，根据2000年第五次中国人口普查人口数推算，中国约有0～6岁精神残疾儿童10.4万。

本次调查的0～6岁儿童精神残疾年平均发现率为0.145‰，据此推算，中国每年新增0～6岁精神残疾儿童约1.5万。

本次调查的0～6岁儿童精神残疾现患率与1987年全国残疾人抽样调查的0.002%相比，上升了0.099%。精神残疾现患率上升的主要原因与本次精神残疾调查采用了世界上先进的孤独症筛查和诊断量表，提高了筛查的敏感性和诊断可靠性有关。

（二）0～6岁精神残疾儿童残疾严重程度

本次调查确诊的精神残疾儿童中，轻度占54.10%，中度占27.87%，重度占18.03%，轻度、中度、

重度之比为6：3：2。这一结果与有关心理发育障碍儿童流行病学调查中通常报道的三种程度之比相类似。

从地区上分析，轻度、中度精神残疾儿童城市（57.58%，47.06%）与农村（42.42%，52.94%）之间没有明显差别。但重度精神残疾儿童农村（63.64%）较城市（36.36%）为高，这可能与农村医疗条件差易造成患儿孕产期疾病合并症所致大脑损伤有关。

（三）0～6岁精神残疾儿童的分布特征

本次调查发现，中国0～6岁儿童的精神残疾现患率从性别分布来看，男与女之比约为5：1，男性现患率明显高于女性（男性0.16%，女性0.04%），这是疾病本身流行学特征造成的。以占本次精神残疾构成比绝大部分的儿童孤独症为例，世界上男女患病比率相关报道大约为3～4：1。

从年龄分布来看，0～6岁精神残疾儿童现患率有随年龄增加而增高的趋势，在7个年龄组中，以5岁组最高；以0岁组、1岁组和6岁组较低，这可能与精神发育障碍所致残疾在1岁内不易发现，通常在2～5岁为症状的高峰期，而到6岁以后，其功能水平、社会适应能力以及症状有所改善，容易漏筛有关。

从地区分布来看，0～6岁精神残疾儿童的现患率也存在差异，经济中等发达地区与经济欠发达地区现患率均为0.11%，略高于经济发达地区（0.09%）；城市现患率与农村现患率基本一致。

（四）0～6岁精神残疾儿童的致残原因

本次调查发现，0～6岁精神残疾儿童前四位致残原因依次是：孤独症、不典型孤独症、脑器质性疾病和癫痫。该结果与1987年致残原因（癫痫、精神分裂症、儿童期精神病、颅脑损伤、脑变性疾病、其他脑器质性疾病）相比，发生了很大变化，这主要是因为本次调查采用了新的孤独症筛查和诊断方法，筛查方法和诊断方法的灵敏度提高，使更多的患有孤独症的儿童得到发现。另外，随着社会生活环境和家庭结构的变化，患孤独症的儿童数量也有增加的趋势。

从不同地区看，致残原因也存在差异。本次调查中发现，脑器质性疾病导致精神残疾共有10例，其中9例在农村，这可能与农村地区医疗卫生水平较差和孕产期保健不当有关。

（五）相关危险因素分析

本次调查对儿童精神残疾的一般危险因素进行了分析，结果发现精神残疾儿童现患率高低与年龄、性别、家庭年人均收入、接受学前教育、父母婚姻状况有关。父母再婚、男性、年龄大的儿童精神残疾现患率高，精神残疾儿童接受学前教育的比例低于正常儿童。

（六）0～6岁精神残疾儿童康复现状与需求

从本次抽样调查结果来看，0～6岁精神残疾儿童康复现状与需求之间存在较大差距。在确诊的精神残疾儿童中，50.82%的精神残疾儿童没有得到任何形式的治疗与康复，康复形势不容乐观。

在进行康复训练的儿童中，以家庭康复形式和其他形式康复为主，占接受康复人数的73.33%；而所有精神残疾儿童都有康复需求，其中对家庭康复、特殊机构康复的需求最为迫切，这说明家庭康复这种经济、有效的康复形式普遍受到欢迎，对特殊机构康复的需求，反映了对康复效果和专业化水平提出了更高的要求。

政策建议

一、儿童精神残疾问题应引起政府、有关部门和社会的广泛关注

本次调查发现，精神残疾的医疗、教育、康复等一系列问题成为精神残疾儿童家长迫切需要，而目前为精神残疾儿童提供康复训练的机构非常少。因此，政府、有关部门和社会要高度重视儿童精神卫生问题，应制定有关政策和扶持措施，建立儿童精神残疾康复训练专业机构，鼓励社会力量以多种形式参与精神残疾儿童康复、教育等工作，加强对社会办精神残疾儿童、孤独症儿童研究所、家长俱乐部等机构进行规范与引导。

二、建立早期诊断体系，开展早期训练

由于一些精神残疾病因尚不清楚，目前诊断主要以临床现象为主，诊断难度较大，需由专业人员完成。一些家长很早就发现儿童精神异常，却往往在四处求医几年后才能确诊，错过开展早期干预的最佳时机。因此建立精神残疾儿童早期诊断体系是一个迫切的问题，应加强儿童精神病诊断技术的培训，在有条件的医院及康复中心建立专门的儿童精神障碍诊断、治疗科室，以便及早识别、及早干预。

三、立足于国情，广泛开展基层康复培训服务

对精神残疾儿童的训练是一个长期而系统的干预工程，几乎在他们成长的全部阶段都需要伴随有训练矫治，但我国目前为精神残疾儿童提供学前训练及早期干预的专业机构很少，应加强基层康复人员和精神残疾儿童家长的培训，对他们进行定期培训并提供咨询服务，使其了解有关儿童精神残疾的知识，学习和掌握训练的基本理论和操作技巧，制订训练计划，对孩子进行有计划、有系统的训练。

四、加强国际交流，开展科学研究

国外关于精神残疾儿童康复工作起步较早，取得了许多宝贵的经验，值得中国学习、借鉴，应重视与国际的合作，加强交流。同时加大经费投入，资助对儿童精神残疾的科学研究，尤其要重点加强早期识别、早期干预的科学研究，使对精神残疾儿童康复训练建立在科学的基础上。鼓励相关专业机构进行精神残疾儿童多学科、多方位、多层次的综合研究，提高我国儿童精神残疾诊断、治疗、康复水平。

国家应研究制定专门针对精神残疾儿童的相关政策，加大资金投入，提高精神残疾儿童生存和生活质量，共享社会物质文化成果。

参考文献

1．国务院人口普查办公室、国家统计局人口和社会科技统计司．中国2000年人口普查资料．北京：中国统计出版社，2002年．

2．国家统计局．中国统计年鉴．北京：中国统计出版社，2002年．

3．国家统计局．1992年中国儿童情况抽样调查——国家级最终报告．北京：中国统计出版社，1993年．

4．中国残疾人抽样调查办公室．中国1987年残疾人抽样调查资料，1989年．

5．郭建模主编．残疾人工作基本知识读本．北京：华夏出版社，2002年．

6．国务院残疾人工作协调委员会秘书处．中国残疾人事业“八五”计划纲要与配套实施方案．北京：华夏出版社，1992年．

7．国务院残疾人工作协调委员会秘书处．中国残疾人事业“九五”计划纲要与配套实施方案．北京：华夏出版社，1996年．

8．国务院残疾人工作协调委员会秘书处．中国残疾人事业“十五”计划纲要与配套实施方案，2001年．

9．卓大宏．中国残疾预防学．北京：华夏出版社，1998年．

天津市报告

前　言

中国是一个人口大国，其人口的生存质量对世界人口都会产生很大的影响。中国政府非常重视提高人口素质、减少残疾以及改善残疾人群生存质量等问题，先后出台了一系列提高人口素质、改善人群健康状况和改善残疾人群生存质量的法律、法规及其相关文件，并将其列入优先解决的重要工作内容。康复是改善残疾人群生存状态和生活质量的重要方式之一，对此中国政府非常重视并将残疾人康复工作纳入国家规划。通过三个五年实施方案和残疾预防措施的实施，残疾发生率、致残原因和康复需求尤其是残疾儿童的状况发生了很大的变化。然而，中国自 1987 年全国残疾人抽样调查以来，在近 15 年的时间里，没有进行过全国范围内残疾儿童的专项调查，对现有残疾儿童的状况及康复需求缺乏了解。为了了解中国残疾儿童的现状，掌握儿童残疾的现患率、发生率、致残原因、康复现状及需求，为国家制定残疾儿童的相关政策以及为残疾儿童进行康复服务提供科学依据，在联合国儿童基金会资助下，卫生部、公安部、中国残联和国家统计局于 2001 年组织了中国 0～6 岁残疾儿童抽样调查。此次调查随机抽取了天津市作为调查地区，经过各级政府及相关部门的通力合作，在全体工作人员的辛勤工作及各级基层组织和广大群众的密切配合下，完成了各项工作。现将研究结果报告如下：

调查对象与方法

一、调查对象

本次调查的对象为天津市 2001 年 6 月 1 日以前出生的 0～6 岁儿童。

二、抽样方法

本次调查采用多阶段分层、不等比例、整群随机抽样方法进行抽样。抽样步骤如下：

（一）市（县）的抽取

天津市随机抽取和平区作为城市样本，大港区作为农村样本。

（二）街道（乡、镇）的抽取

根据和平区和大港区统计局颁布的 1999 年各街道（乡、镇）国民经济生产总值排序，分成三层，和平区和大港区分别按经济发展水平随机抽取经济发达、中等发达和欠发达的街道（乡、镇）各一个。

（三）调查对象的抽取

经济发达和欠发达的街道各抽取 12 个整群，中等的街道抽取 16 个整群（125 名儿童为一整群）；经济发达和欠发达的乡（镇）各抽取 6 个整群，中等的抽取 8 个整群（250 名儿童为一整群）。据此，和平区抽取40个整群，大港区抽取20个整群。天津市共抽取60个整群，总样本量应为10000人。

三、残疾标准和残疾筛查、诊断方法

参见总报告。

四、调查人员

调查人员由天津市0～6岁残疾儿童抽样调查专家组、现场调查人员、资料分析人员以及各级卫生、公安、残联等有关部门行政管理人员、被调查地区现场服务人员组成。

天津市0～6岁专家组由天津市相关领域中具有丰富临床及流行病学调查经验的专家组成，现场调查人员由调查区耳鼻喉科、眼科、儿科、骨科、精神科等相关专业人员组成。

五、现场调查及工作流程

参见总报告。

六、质量控制

（一）组织措施

天津市卫生厅、公安厅、残联联合下发了《关于在和平区、大港区进行0～6岁残疾儿童抽样调查工作的通知》等文件，成立了天津市0～6岁残疾儿童抽样调查领导小组，制定工作计划和方案，召开了全市0～6岁残疾儿童抽样调查动员会，部署调查工作。和平区、大港区也相应成立了由卫生、公安、残联及有关部门参加的抽样调查领导小组，负责本地区抽样调查组织领导工作，按照中国0～6岁残疾儿童抽样调查领导小组下达的任务和要求，抽取调查地区，并组织落实，成立了由技术人员和管理人员组成的调查队，实施现场调查。被调查的街道(乡、镇)、居（村）委会指定专人负责，积极主动做好各项工作，从人力、物力上支持抽样调查工作，街道居委会主任和乡镇长在现场做好组织协调工作，确保调查按计划进行。

（二）现场调查人员及培训

本次调查筛查人员由经过培训的具有医师以上职称的专业人员组成；诊断人员均为经过中央级培训的具有主治医师以上职称的专业人员。

对调查人员采取中央、地方两级培训。

1．中央培训

天津市选派了妇幼保健、眼科、骨科、耳鼻喉科、儿童心理等专业医生参加了中央培训班，接受了中国0～6岁残疾儿童抽样调查筛查和诊断方法的培训，经一致性测验均符合要求。

2．地方培训

天津市进行了二级培训，对参加现场调查的筛查人员进行筛查表格填写和筛查方法的培训，培训结束时进行了一致性测验，测验结果均达到95%的设计要求。

（三）督导与抽查

天津市0～6岁残疾儿童抽样调查专家组深入调查现场，对和平区、大港区抽样调查工作进行了检查指导，对填写的各类抽样调查表逐一审核，并按照设计要求，市专家组在和平区、大港区的样本中随机抽取5%进行重新调查，各项指标均达到设计标准。

天津市上报的筛查表和诊断表经全国 0～6 岁残疾儿童抽样调查专家组逐一审核，符合要求。

（四）资料的分析处理

参见总报告。

结 果

一、基本情况

（一）调查地区人口数和调查儿童家庭人口情况

本次调查了天津市的和平区和大港区，调查地区总人口 74.5 万，共调查 9843 户家庭，调查家庭总人口为 34055 人，调查家庭的子女数为 12351 人，平均每户子女数 1.25 人。调查 0～6 岁儿童 10001 人，调查儿童占调查家庭子女数的 80.97%。调查残疾户 106 户，残疾户占调查户的 1.08%。天津市调查地区总人口和调查儿童家庭情况见表 1。

表 1 天津市调查地区总人口和调查家庭情况

地 区	调查地区总人口（万）	调查家庭户数	调查家庭人口数	家庭子女数	平均家庭子女数	调查儿童数	调查儿童占家庭子女数比例 %	残疾户数	残疾户所占比例 %
和平区	41.0	4910	16669	5262	1.07	5000	95.02	58	1.18
大港区	33.5	4933	17386	7089	1.44	5001	70.55	48	0.97
合 计	74.5	9843	34055	12351	1.25	10001	80.97	106	1.08

（二）0～6 岁儿童性别构成

本次调查的 0～6 岁儿童 10001 人中，男性 5437 人，女性 4564 人，男女性别比为 119.13：100。天津市 0～6 岁儿童性别构成情况见表 2。图 1 显示了 0～6 岁儿童的性别构成情况。

表 2 天津市 0～6 岁儿童性别构成

地 区	男		女		合 计		性别比
	调查儿童数	构成 %	调查儿童数	构成 %	调查儿童数	构成 %	男：女
和平区	2534	50.68	2466	49.32	5000	100.00	102.76：100
大港区	2903	58.05	2098	41.95	5001	100.00	138.37：100
合 计	5437	54.36	4564	45.64	10001	100.00	119.13：100

图1　天津市0～6岁儿童性别构成

（三）0～6岁儿童年龄构成

本次调查的0～6岁儿童10001人中，0岁组1096人，占10.96%，1岁组1560人，占15.60%，2岁组1428人，占14.28%，3岁组1455人，占14.55%，4岁组1489人，占14.89%，5岁组1679人，占16.79%，6岁组1294人，占12.94%。天津市0～6岁儿童年龄构成情况见表3。图2显示了天津市0～6岁儿童的年龄构成情况。

表3 天津市0～6岁儿童年龄构成

年龄（岁）	和平区		大港区		合　计	
	调查儿童数	构成 %	调查儿童数	构成 %	调查儿童数	构成 %
0	569	11.38	527	10.54	1096	10.96
1	825	16.50	735	14.70	1560	15.60
2	704	14.08	724	14.48	1428	14.28
3	695	13.90	760	15.20	1455	14.55
4	724	14.48	765	15.30	1489	14.89
5	872	17.44	807	16.14	1679	16.79
6	611	12.22	683	13.66	1294	12.94
合计	5000	100.00	5001	100.00	10001	100.00

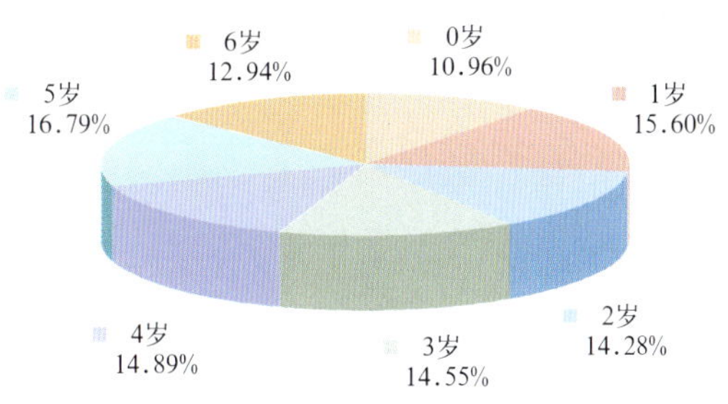

图2 天津市0～6岁儿童年龄构成

（四）3～6岁儿童学前教育情况

本次调查了3～6岁儿童5917人，其中3942人接受了学前教育，3～6岁儿童接受学前教育率为66.62%。其中，3岁、4岁、5岁和6岁儿童接受学前教育率分别为38.08%、52.76%、80.76%和94.28%。天津市3～6岁儿童接受学前教育情况见表4。

表4　天津市3～6岁儿童学前教育状况

地　区	3岁			4岁			5岁			6岁			合　计		
	调查儿童数	接受教育儿童数	接受教育率%	调查儿童数	接受教育儿童数	接受教育率%	调查儿童数	接受教育儿童数	接受教育率%	调查儿童数	接受教育儿童数	接受教育率%	调查儿童数	接受教育儿童数	接受教育率%
和平区	695	438	63.02	724	568	78.45	872	748	85.78	611	580	94.93	2902	2334	80.43
大港区	760	116	15.26	765	244	31.90	807	608	75.34	683	640	93.70	3015	1608	53.33
合　计	1455	554	38.08	1489	812	54.53	1679	1356	80.76	1294	1220	94.28	5917	3942	66.62

图3显示了天津市3～6岁儿童学前教育入学率，从中可以看出，在3～6岁的儿童中，随着年龄的增高，接受学前教育率逐年提高。

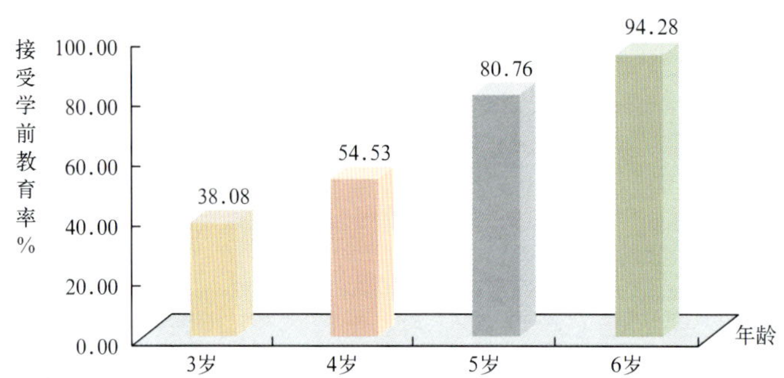

图3　天津市3～6岁儿童接受学前教育率

（五）0～6岁儿童父母职业状况

本次调查中，回答父亲职业有效问卷9984份，0～6岁儿童父亲职业构成情况见表5。

表5　天津市0～6岁儿童父亲职业构成

职　业	和平区		大港区		合　计	
	调查儿童数	构成%	调查儿童数	构成%	调查儿童数	构成%
专业技术人员	582	11.64	53	1.06	635	6.36
机关干部	131	2.62	0	0.00	131	1.31
办事人员	1486	29.73	15	0.30	1501	15.03
商业人员	201	4.02	1	0.02	202	2.02
服务人员	134	2.68	0	0.00	134	1.34
农林牧渔	2	0.04	4568	91.62	4570	45.77
工　人	1843	36.87	106	2.13	1949	19.52
军　人	158	3.16	9	0.18	167	1.67
其　他	371	7.42	58	1.16	429	4.30
不在业	90	1.80	176	3.53	266	2.66
合　计	4998	100.00	4986	100.00	9984	100.00

本次调查中，回答母亲职业有效问卷9985份，0～6岁儿童母亲职业构成情况见表6。

表6 天津市0～6岁儿童母亲职业构成

职业	和平区		大港区		合计	
	调查儿童数	构成%	调查儿童数	构成%	调查儿童数	构成%
专业技术人员	1075	21.51	46	0.92	1121	11.23
机关干部	52	1.04	0	0.00	52	0.52
办事人员	1355	27.12	10	0.20	1365	13.67
商业人员	260	5.20	1	0.02	261	2.61
服务人员	187	3.74	0	0.00	187	1.87
农林牧渔	2	0.04	4677	93.77	4679	46.86
工人	1430	28.62	44	0.88	1474	14.76
军人	28	0.56	0	0.00	28	0.28
其他	242	4.84	23	0.46	265	2.65
不在业	366	7.32	187	3.75	553	5.54
合计	4997	100.00	4988	100.00	9985	100.00

图4显示了天津市0～6岁儿童父母职业的构成情况。

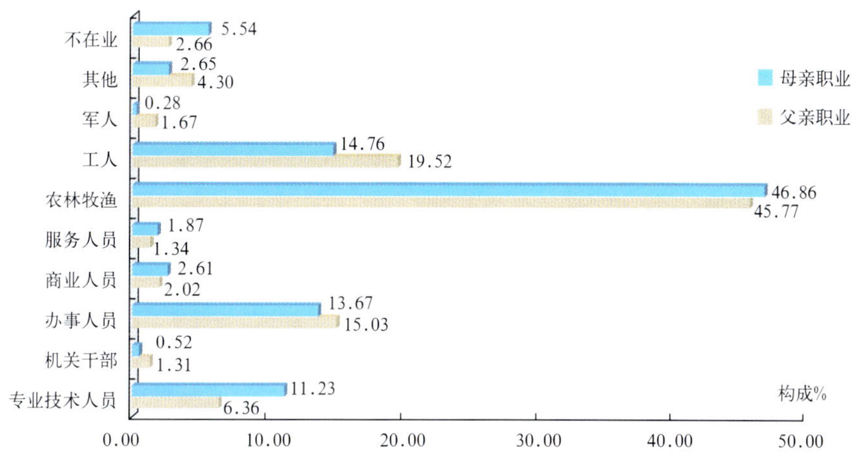

图4 天津市0～6岁儿童父母职业构成情况

（六）0～6岁儿童父母文化程度状况

本次调查中，回答父亲文化程度的有效问卷9965份，回答母亲文化程度的有效问卷9977份，0～6岁儿童父母文化程度构成情况见表7。

表 7　天津市 0～6 岁儿童父母文化程度构成

文化程度	和平区				大港区				合　计			
	父亲		母亲		父亲		母亲		父亲		母亲	
	调查儿童数	构成 %	调查儿童数	构成 %	调查儿童数	构成 %	调查儿童数	构成 %	调查儿童数	构成 %	调查儿童数	构成 %
大学大专	2004	40.27	1898	38.03	72	1.44	39	0.78	2076	20.83	1937	19.41
高中中专	2199	44.18	2336	46.80	549	11.01	382	7.66	2748	27.58	2718	27.24
初　中	720	14.47	680	13.62	3926	78.71	3832	76.86	4646	46.62	4512	45.22
小　学	54	1.08	67	1.34	411	8.24	655	13.14	465	4.67	722	7.24
文盲 / 半文盲	0	0.00	10	0.20	30	0.60	78	1.56	30	0.30	88	0.88
合　计	4977	100.00	4991	100.00	4988	100.00	4986	100.00	9965	100.00	9977	100.00

图 5 显示了 0～6 岁儿童父母文化程度的构成情况。图中可见，0～6 岁儿童的父母均以初中文化程度所占比例为高，高中文化程度和大学大专文化程度次之，小学文化程度和文盲 / 半文盲最低。

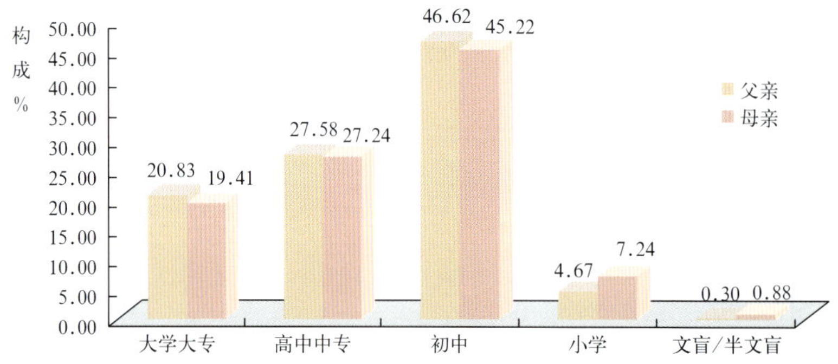

图5　天津市0～6岁儿童父母文化程度构成

（七）0～6 岁儿童家庭年人均收入状况

本次调查的 10001 名 0～6 岁儿童中，其家庭年人均收入构成情况见表 8。图 6 显示了天津市 0～6 岁儿童家庭年人均收入状况。

表 8　天津市 0～6 岁儿童家庭年人均收入状况

年人均收入(元)	和平区		大港区		合　计	
	调查儿童数	构成 %	调查儿童数	构成 %	调查儿童数	构成 %
<500	1	0.02	1	0.02	2	0.02
500～	2	0.04	3	0.06	5	0.05
1000～	17	0.34	116	2.32	133	1.33
2000～	427	8.54	1032	20.64	1459	14.59
3000～	673	13.46	1818	36.35	2491	24.91
4000～	686	13.72	1545	30.89	2231	22.31
5000～	58	1.16	375	7.50	433	4.33
6000～	875	17.50	47	0.94	922	9.22
7000～	301	6.02	19	0.38	320	3.20
8000～	807	16.14	24	0.48	831	8.31
9000～	233	4.66	1	0.02	234	2.34
10000～	920	18.40	20	0.40	940	9.40
合　计	5000	100.00	5001	100.00	10001	100.00

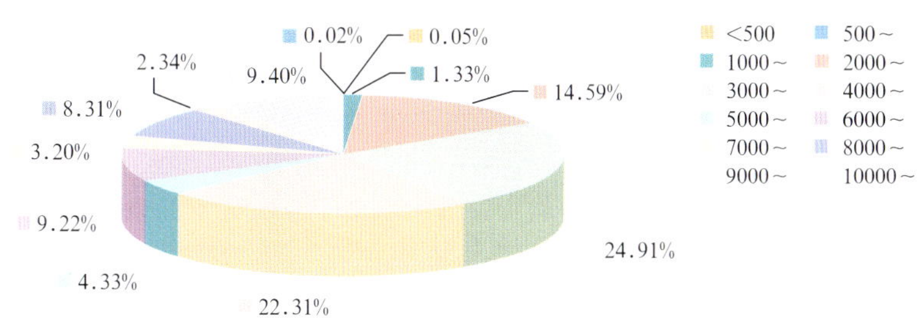

图6 天津市0～6岁儿童家庭年人均收入状况构成

二、0～6岁残疾儿童流行特征

（一）筛查及现患情况

1．筛查阳性率及现患率

本次共调查0～6岁儿童10001人，筛查出可疑残疾儿童257人，筛查阳性率为2.57%，确诊残疾儿童107人，残疾现患率为1.070%。表9显示了天津市0～6岁残疾儿童筛查阳性及现患情况。

表9 天津市0～6岁儿童残疾筛查阳性及现患情况

地区	调查儿童数	筛查情况		确诊情况	
		阳性儿童数	阳性率%	确诊儿童数	现患率%
和平区	5000	125	2.50	59	1.180
大港区	5001	132	2.64	48	0.960
合计	10001	257	2.57	107	1.070

2．五类残疾现患率

表10显示了0～6岁五类残疾儿童筛查阳性率及现患率。

表10 天津市0～6岁五类残疾儿童筛查阳性及现患情况

残疾种类	和平区				大港区				合计			
	筛查情况		确诊情况		筛查情况		确诊情况		筛查情况		确诊情况	
	阳性数	阳性率%	确诊人次	现患率%	阳性数	阳性率%	确诊人次	现患率%	阳性数	阳性率%	确诊人次	现患率%
听力残疾	14	0.28	6	0.120	3	0.06	1	0.020	17	0.17	7	0.070
视力残疾	21	0.42	4	0.080	13	0.26	3	0.060	34	0.34	7	0.070
智力残疾	85	1.70	48	0.960	98	1.96	41	0.820	183	1.83	89	0.890
肢体残疾	17	0.34	14	0.280	24	0.48	16	0.320	41	0.41	30	0.300
精神残疾	6	0.12	5	0.100	10	0.20	3	0.060	16	0.16	8	0.080
合计	143*	2.86	77*	1.540	148*	2.96	64*	1.280	291*	2.91	141*	1.410

注：* 含综合残疾，调查总儿童数10001人（和平区5000人，大港区5001人）

3．0~6岁儿童综合残疾现患情况

本次调查共确诊综合残疾儿童30人，综合残疾现患率为0.30%。表11显示了天津市综合残疾的现患率及构成情况。

表11　天津市0~6岁儿童综合残疾的现患率及构成

地　区	调查儿童数	双重残疾		三重残疾		四重残疾		合　计		现患率%
		儿童数	构成 %	儿童数	构成 %	儿童数	构成 %	儿童数	构成 %	
和平区	5000	14	87.50	2	0.13	0	0.00	16	100.00	0.32
大港区	5001	13	92.86	0	0.00	1	7.14	14	100.00	0.28
总　计	10001	27	90.00	2	6.67	1	3.33	30	100.00	0.30

（二）五类残疾构成及残疾严重程度

1．五类残疾构成

本次调查共确诊残疾儿童107人，儿童残疾141人次（含综合残疾），其中听力残疾7人，占残疾儿童的4.96%，视力残疾7人，占残疾儿童的4.96%，智力残疾89人，占残疾儿童的63.12%，肢体残疾30人，占残疾儿童的21.28%，精神残疾8人，占残疾儿童的5.67%。天津市0~6岁残疾儿童五类残疾构成见表12。

表12 天津市0~6岁残疾儿童五类残疾构成

残疾种类	和平区		大港区		合　计	
	残疾儿童数	构成 %	残疾儿童数	构成 %	残疾儿童数	构成 %
听力残疾	6	7.79	1	1.56	7	4.96
视力残疾	4	5.19	3	4.69	7	4.96
智力残疾	48	62.34	41	64.06	89	63.12
肢体残疾	14	18.18	16	25.00	30	21.28
精神残疾	5	6.49	3	4.69	8	5.67
合　计	77*	100.00	64*	100.00	141*	100.00

* 含综合残疾

图7显示了天津市0~6岁残疾儿童五类残疾构成情况。由图可见，在不同的残疾中，以智力残疾所占比例最高，肢体残疾次之，精神残疾占第三位，视力残疾和听力残疾相同，并列最后一位。

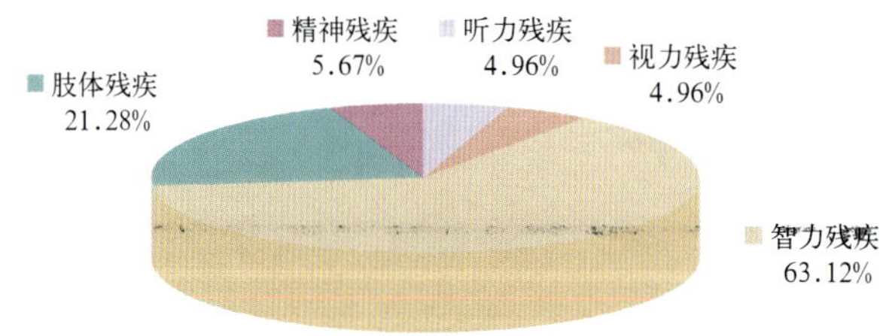

图7 天津市0~6岁残疾儿童五类残疾构成

2．0～6岁儿童综合残疾构成

本次调查确诊残疾儿童107人，其中单一残疾77人，占71.96%，综合残疾30人，占28.04%。天津市0～6岁残疾儿童单一残疾和综合残疾构成情况见表13。

表13 天津市0～6岁儿童单一残疾和综合残疾构成

地　区	单一残疾		综合残疾		合　计	
	儿童数	构成 %	儿童数	构成 %	儿童数	构成 %
和平区	43	72.88	16	27.12	59	100.00
大港区	34	70.83	14	29.17	48	100.00
合　计	77	71.96	30	28.04	107	100.00

图8显示了天津市0～6岁儿童单一残疾与综合残疾的构成情况。从中可见，在所有的残疾中，综合残疾占有一定比例。

图8 天津市0～6岁儿童单一残疾与综合残疾构成

3．残疾严重程度构成

（1）五类残疾严重程度构成

本次调查确诊的儿童残疾141人次中，极重度（包括一级聋、一级盲、一级智力残疾、一级肢体残疾）26人次，占18.44%；重度（包括二级聋、二级盲、二级智力残疾、二级肢体残疾、重度精神残疾）27人次，占19.15%；中度（包括一级重听、一级低视力、三级智力残疾、三级肢体残疾、中度精神残疾）36人次，占25.53%；轻度（包括二级重听、二级低视力、四级智力残疾、四级肢体残疾、轻度精神残疾）52人次，占36.88%。表14显示了天津市0～6岁五类残疾儿童残疾严重程度构成情况。

表14 天津市0～6岁五类残疾儿童残疾严重程度构成

残疾种类	极重度		重　度		中　度		轻　度		合　计	
	儿童数	构成 %	儿童数	构成 %	儿童数	构成 %	儿童数	构成 %	儿童数	构成 %
听力残疾	5	71.43	0	0.00	0	0.00	2	28.57	7	100.00
视力残疾	3	42.86	2	28.57	0	0.00	2	28.57	7	100.00
智力残疾	11	12.36	9	10.11	26	29.21	43	48.31	89	100.00
肢体残疾	7	23.33	15	50.00	5	16.67	3	10.00	30	100.00
精神残疾	–	–	1	12.50	5	62.50	2	25.00	8	100.00
合　计	26*	18.44	27*	19.15	36*	25.53	52*	36.88	141*	100.00

* 含综合残疾

图9显示了天津市0～6岁残疾儿童五类残疾严重程度构成情况。从中可见，轻度残疾所占比例最大，中度残疾次之，重度残疾和极重度残疾所占比例最小。

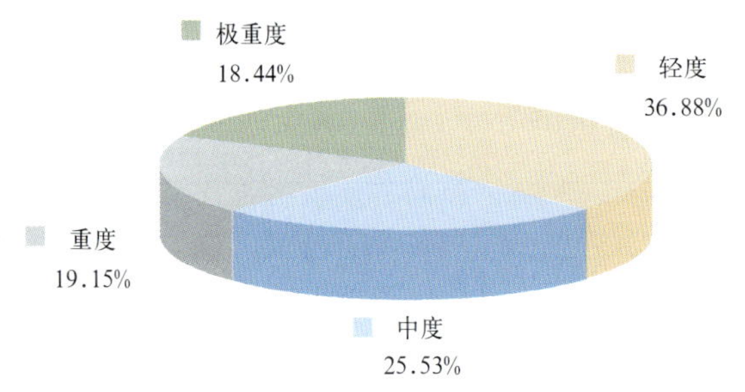

图9 天津市0～6岁五类残疾儿童残疾严重程度构成

（2）听力残疾儿童残疾严重程度构成

本次调查的7名听力残疾儿童中，二级重听（轻度）2人，占听力残疾儿童的28.57%；一级聋（极重度）5人，占71.43%，没有一级重听（中度）和二级聋（重度）的残疾儿童。天津市0～6岁听力残疾儿童残疾严重程度构成情况见表15。

表15 天津市0～6岁听力残疾儿童残疾严重程度构成

地 区	二级重听（轻度）		一级重听（中度）		二级聋（轻度）		一级聋（极重度）		合 计	
	儿童数	构成 %	儿童数	构成 %	儿童数	构成 %	儿童数	构成 %	儿童数	构成 %
和平区	2	33.33	0	0.00	0	0.00	4	66.67	6	100.00
大港区	0	0.00	0	0.00	0	0.00	1	100.00	1	100.00
合 计	2	28.57	0	0.00	0	0.00	5	71.43	7	100.00

图10显示了天津市0～6岁听力残疾儿童残疾严重程度构成情况。

图10 天津市0～6岁听力残疾儿童残疾严重程度构成

（3）视力残疾儿童残疾严重程度构成

本次调查的7名视力残疾儿童中，二级低视力（轻度）2人，占视力残疾儿童的28.57%，一级低视力（中度）0人，二级盲（重度）2人，占残疾儿童的28.57%，一级盲（极重度）3人，占残疾儿童的42.86%。天津市0～6岁视力残疾儿童残疾严重程度构成见表16。

表 16 天津市 0～6 岁视力残疾儿童残疾严重程度构成

地　区	二级低视力(轻度)		一级低视力(中度)		二级盲(重度)		一级盲(极重度)		合　计	
	儿童数	构成 %	儿童数	构成 %	儿童数	构成 %	儿童数	构成 %	儿童数	构成 %
和平区	1	25.00	0	0.00	2	50.00	1	25.00	4	100.00
大港区	1	33.33	0	0.00	0	0.00	2	66.67	3	100.00
合　计	2	28.57	0	0.00	2	28.57	3	42.86	7	100.00

图 11 显示了天津市 0～6 岁视力残疾儿童残疾严重程度构成情况。

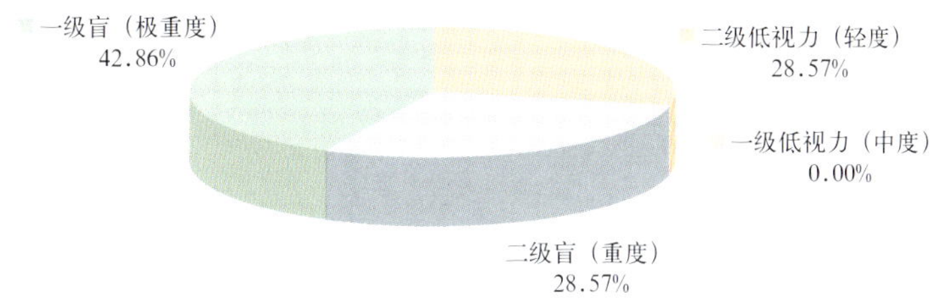

图11　天津市0～6岁视力残疾儿童残疾严重程度构成

（4）智力残疾儿童残疾严重程度构成

本次调查的 89 名智力残疾儿童中，四级智力残疾(轻度)43 人，占智力残疾儿童的 48.31%，三级智力残疾（中度）26 人，占智力残疾的 29.21%，二级智力残疾（重度）9 人，占智力残疾儿童的 10.11%，一级智力残疾（极重度）11 人，占智力残疾儿童的 12.36%。天津市 0～6 岁智力残疾儿童残疾严重程度构成见表 17。

表 17 天津市 0～6 岁智力残疾儿童残疾严重程度构成

地　区	四级(轻度)		三级（中度）		二级（重度）		一级（极重度）		合　计	
	儿童数	构成 %	儿童数	构成 %	儿童数	构成 %	儿童数	构成 %	儿童数	构成 %
和平区	25	52.08	14	29.17	3	6.25	6	12.50	48	100.00
大港区	18	43.90	12	29.27	6	14.63	5	12.20	41	100.00
合　计	43	48.31	26	29.21	9	10.11	11	12.36	89	100.00

图 12 显示了天津市 0～6 岁智力残疾儿童残疾严重程度构成情况。

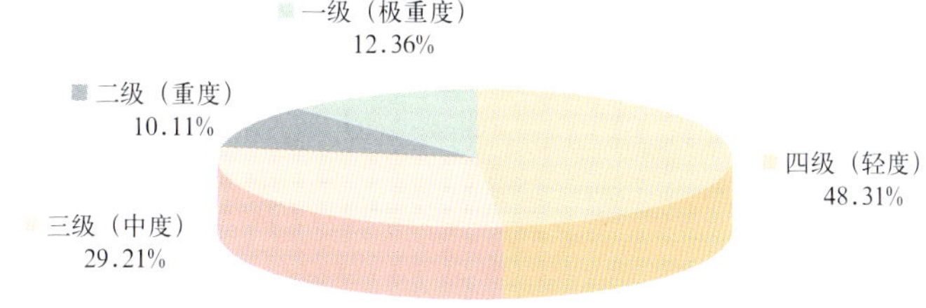

图12　天津市0～6岁智力残疾儿童残疾严重程度构成

（5）肢体残疾儿童残疾严重程度构成

本次调查的 30 名肢体残疾儿童中，四级肢体残疾（轻度）3 人，占肢体残疾儿童的 10.00%，三级肢体残疾（中度）5 人，占肢体残疾的 16.67%，二级肢体残疾（重度）15 人，占肢体残疾儿童的 50.00%，一级肢体残疾（极重度）7 人，占肢体残疾儿童的 23.33%。天津市 0～6 岁肢体残疾儿童残疾严重程度构成见表 18。

表 18 天津市 0～6 岁肢体残疾儿童残疾严重程度构成

地　区	四级（轻度）		三级（中度）		二级（重度）		一级（极重度）		合　计	
	儿童数	构成 %	儿童数	构成 %	儿童数	构成 %	儿童数	构成 %	儿童数	构成 %
和平区	3	21.43	3	21.43	7	50.00	1	7.14	14	100.00
大港区	0	0.00	2	12.50	8	50.00	6	37.50	16	100.00
合　计	3	10.00	5	16.67	15	50.00	7	23.33	30	100.00

图 13 显示了天津市 0～6 岁肢体残疾儿童残疾严重程度构成情况。

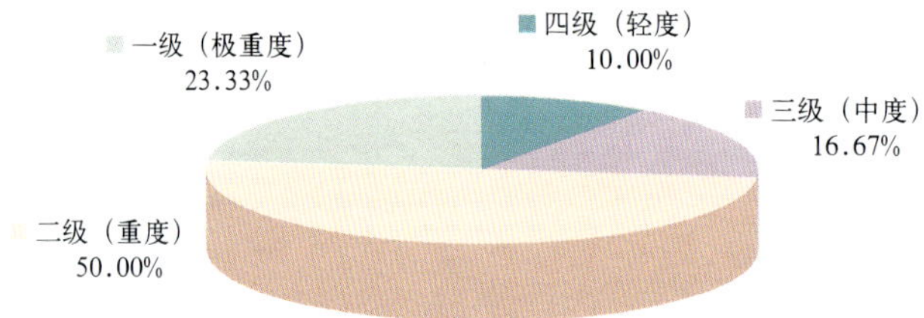

图13　天津市0～6岁肢体残疾儿童残疾严重程度构成

（6）精神残疾儿童残疾严重程度构成

本次调查的 8 名精神残疾儿童中，轻度精神残疾 2 人，占精神残疾儿童的 25.00%，中度精神残疾 5 人，占精神残疾的 62.50%，重度精神残疾 1 人，占精神残疾儿童的 12.50%。天津市 0～6 岁精神残疾儿童残疾严重程度构成见表 19。

表 19 天津市 0～6 岁精神残疾儿童残疾严重程度构成

地　区	轻　度		中　度		重　度		合　计	
	儿童数	构成 %	儿童数	构成 %	儿童数	构成 %	儿童数	构成 %
和平区	0	0.00	5	100.00	0	0.00	5	100.00
大港区	2	66.67	0	0.00	1	33.33	3	100.00
合　计	2	25.00	5	62.50	1	12.50	8	100.00

图 14 显示了天津市 0～6 岁精神残疾儿童残疾严重程度构成情况。

图14 天津市0～6岁精神残疾儿童残疾严重程度构成

（三）残疾儿童的分布特征

1．地区分布

本次共调查10001名0～6岁儿童，确诊107名残疾儿童，其中和平区59人，现患率为1.18%，占残疾儿童构成的55.14%；大港区48人，现患率为0.96%，占残疾儿童构成的44.86%。天津市0～6岁残疾儿童的分布情况见表20。

表20 天津市0～6岁残疾儿童分布情况

地　区	调查儿童数	残疾儿童数	现患率%	构成%
和平区	5000	59	1.18	55.14
大港区	5001	48	0.96	44.86
合　计	10001	107	1.07	100.00

2．性别分布

本次共确诊107名残疾儿童，其中男性残疾儿童75人，现患率为1.38%，占残疾儿童的70.09%；女性残疾儿童32人，现患率为0.70%，占残疾儿童的29.91%。天津市残疾儿童性别分布情况见表21。

表21 天津市0～6岁残疾儿童性别分布

地　区	男				女				合计			
	调查儿童数	残疾儿童数	现患率%	构成%	调查儿童数	残疾儿童数	现患率%	构成%	调查儿童数	残疾儿童数	现患率%	构成%
和平区	2534	41	1.62	69.49	2466	18	0.73	30.51	5000	59	1.18	100.00
大港区	2903	34	1.17	70.83	2098	14	0.67	29.17	5001	48	0.96	100.00
合　计	5437	75	1.38	70.09	4564	32	0.70	29.91	10001	107	1.07	100.00

3．年龄分布

在本次调查的107名残疾儿童中，0岁4人，现患率为0.36%，占3.74%；1岁13人，现患率为0.83%，占12.15%；2岁18人，现患率为1.26%，占16.82%；3岁14人，现患率为0.96%，占13.08%；4岁、5岁、6岁分别为19人、23人和16人，现患率为1.28%、1.37%和1.24%，分别占17.76%、21.50%和14.95%。天津市0～6岁残疾儿童年龄分布情况见表22。

表22 天津市0～6岁残疾儿童年龄分布情况

年龄（岁）	和平区				大港区				合计			
	调查儿童数	残疾儿童数	现患率%	构成%	调查儿童数	残疾儿童数	现患率%	构成%	调查儿童数	残疾儿童数	现患率%	构成%
0	569	2	0.35	3.39	527	2	0.38	4.17	1096	4	0.36	3.74
1	825	7	0.85	11.86	735	6	0.82	12.50	1560	13	0.83	12.15
2	704	9	1.28	15.25	724	9	1.24	18.75	1428	18	1.26	16.82
3	695	8	1.15	13.56	760	6	0.79	12.50	1455	14	0.96	13.08
4	724	13	1.80	22.03	765	6	0.78	12.50	1489	19	1.28	17.76
5	872	9	1.03	15.25	807	14	1.73	29.17	1679	23	1.37	21.50
6	611	11	1.80	18.64	683	5	0.73	10.42	1294	16	1.24	14.95
合计	5000	59	1.18	100.00	5001	48	0.96	100.00	10001	107	1.07	100.00

4．3～6岁残疾儿童学前教育分布

本次调查3～6岁残疾儿童72名，其中21名接受了学前教育，3～6岁残疾儿童接受学前教育率为29.17%。其中，3岁、4岁、5岁和6岁分别为2人、2人、10人和7人，接受学前教育率分别为14.29%、10.53%、43.48%和43.75%。天津市3～6岁残疾儿童接受学前教育情况见表23。

表23 天津市3～6岁残疾儿童接受学前教育状况

地区	3岁			4岁			5岁			6岁			合计		
	调查儿童数	接受教育儿童数	接受教育率%	调查儿童数	接受教育儿童数	接受教育率%	调查儿童数	接受教育儿童数	接受教育率%	调查儿童数	接受教育儿童数	接受教育率%	调查儿童数	接受教育儿童数	接受教育率%
和平区	8	2	25.00	13	2	15.38	9	4	44.44	11	7	63.64	41	15	36.59
大港区	6	0	0.00	6	0	0.00	14	6	42.86	5	0	0.00	31	6	19.35
合计	14	2	14.29	19	2	10.53	23	10	43.48	16	7	43.75	72	21	29.17

5．残疾儿童父母职业分布

本次调查的107名残疾儿童中，回答父亲职业和母亲职业的有效问卷均为105份。表24、25分别显示了天津市0～6岁残疾儿童父母职业分布及残疾儿童现患率。

表24 天津市0～6岁残疾儿童父亲职业分布及残疾儿童现患率

职业	和平区				大港区				合计			
	调查儿童数	残疾儿童数	现患率%	构成%	调查儿童数	残疾儿童数	现患率%	构成%	调查儿童数	残疾儿童数	现患率%	构成%
专业技术人员	582	3	0.52	5.26	53	0	0.00	0.00	635	3	0.47	2.86
机关干部	131	0	0.00	0.00	0	0	0.00	0.00	131	0	0.00	0.00
办事人员	1486	10	0.67	17.54	15	0	0.00	0.00	1501	10	0.67	9.52
商业人员	201	2	1.00	3.51	1	0	0.00	0.00	202	2	0.99	1.90
服务人员	134	2	1.49	3.51	0	0	0.00	0.00	134	2	1.49	1.90
农林牧渔	2	0	0.00	0.00	4568	47	1.03	97.92	4570	47	1.03	44.76
工人	1843	32	1.74	56.14	106	1	0.94	2.08	1949	33	1.69	31.43
军人	158	0	0.00	0.00	9	0	0.00	0.00	167	0	0.00	0.00
其他	371	5	1.35	8.77	58	0	0.00	0.00	429	5	1.17	4.76
不在业	90	3	3.33	5.26	176	0	0.00	0.00	266	3	1.13	2.86
合计	4998	57	1.14	100.00	4986	48	0.96	100.00	9984	105	1.05	100.00

表 25 天津市 0～6 岁残疾儿童母亲职业分布及残疾儿童现患率

职业	和平区				大港区				合计			
	调查儿童数	残疾儿童数	现患率 %	构成 %	调查儿童数	残疾儿童数	现患率 %	构成 %	调查儿童数	残疾儿童数	现患率 %	构成 %
专业技术人员	1075	6	0.56	10.53	46	0	0.00	0.00	1121	6	0.54	5.71
机关干部	52	0	0.00	0.00	0	0	0.00	0.00	52	0	0.00	0.00
办事人员	1355	10	0.74	17.54	10	0	0.00	0.00	1365	10	0.73	9.52
商业人员	260	3	1.15	5.26	1	0	0.00	0.00	261	3	1.15	2.86
服务人员	187	0	0.00	0.00	0	0	0.00	0.00	187	0	0.00	0.00
农林牧渔	2	0	0.00	0.00	4677	47	1.00	97.92	4679	47	1.00	44.76
工人	1430	21	1.47	36.84	44	1	2.27	2.08	1474	22	1.49	20.95
军人	28	0	0.00	0.00	0	0	0.00	0.00	28	0	0.00	0.00
其他	242	5	2.07	8.77	23	0	0.00	0.00	265	5	1.89	4.76
不在业	366	12	3.28	21.05	187	0	0.00	0.00	553	12	2.17	11.43
合计	4997	57	1.14	100.00	4988	48	0.96	100.00	9985	105	1.05	100.00

图 15 显示了天津市父母不同职业 0～6 岁残疾儿童现患率。从中可以看出，父母职业不同，残疾儿童现患率也不同，其中父亲职业为工人的残疾儿童现患率高，母亲不在业和职业为其他的残疾儿童现患率高。

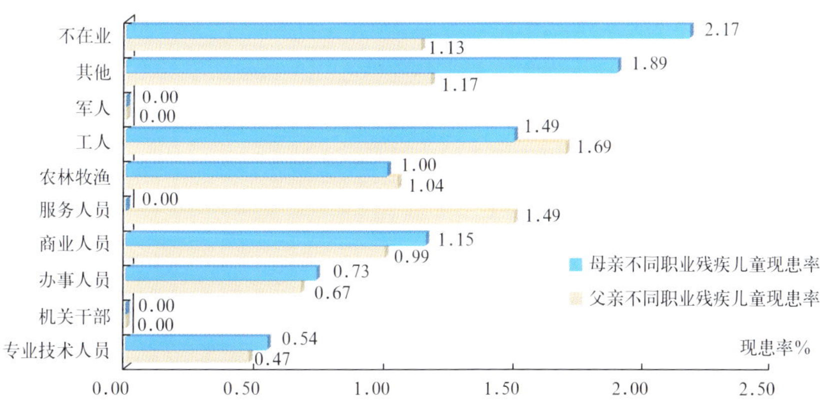

图15 天津市父母不同职业0～6岁残疾儿童现患率

6．残疾儿童父母文化程度分布

本次调查的 107 名残疾儿童中，回答父亲文化程度和母亲文化程度的有效问卷均为 105 份。表 26、27 分别显示了天津市 0～6 岁残疾儿童父母文化程度分布及残疾儿童现患率。

表26 天津市0～6岁残疾儿童父亲文化程度分布及残疾儿童现患率

文化程度	和平区				大港区				合计			
	调查儿童数	残疾儿童数	现患率%	构成%	调查儿童数	残疾儿童数	现患率%	构成%	调查儿童数	残疾儿童数	现患率%	构成%
大学大专	2004	13	0.65	22.81	72	0	0.00	0.00	2076	13	0.63	12.38
高中中专	2199	26	1.18	45.61	549	7	1.28	14.58	2748	33	1.20	31.43
初　中	720	13	1.81	22.81	3926	33	0.84	68.75	4646	46	0.99	43.81
小　学	54	5	9.26	8.77	411	7	1.70	14.58	465	12	2.58	11.43
文盲/半文盲	0	0	0.00	0.00	30	1	3.33	2.08	30	1	3.33	0.95
合　计	4977	57	1.15	100.00	4988	48	0.96	100.00	9965	105	1.05	100.00

表27　天津市0～6岁残疾儿童母亲文化程度分布及残疾儿童现患率

文化程度	和平区				大港区				合计			
	调查儿童数	残疾儿童数	现患率%	构成%	调查儿童数	残疾儿童数	现患率%	构成%	调查儿童数	残疾儿童数	现患率%	构成%
大学大专	1898	12	0.63	21.05	39	1	2.56	2.08	1937	13	0.67	12.38
高中中专	2336	23	0.98	40.35	382	2	0.52	4.17	2718	25	0.92	23.81
初　中	680	17	2.50	29.82	3832	29	0.76	60.42	4512	46	1.02	43.81
小　学	67	4	5.97	7.02	655	13	1.98	27.08	722	17	2.35	16.19
文盲/半文盲	10	1	10.00	1.75	78	3	3.85	6.25	88	4	4.55	3.81
合　计	4991	57	1.14	100.00	4986	48	0.96	100.00	9977	105	1.05	100.00

图16显示了天津市父母不同文化程度0～6岁残疾儿童现患率。从中可以看出，父母文化程度越高，残疾儿童现患率越低。

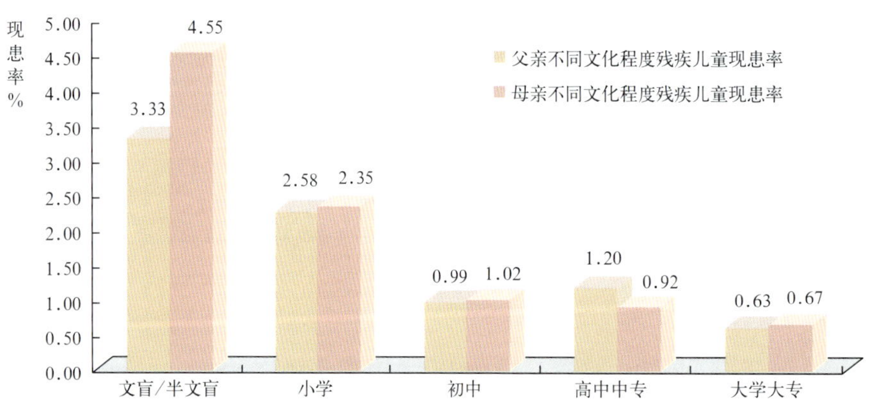

图16 天津市父母不同文化程度0～6岁残疾儿童现患率

7．残疾儿童家庭年人均收入情况

本次调查的107名残疾儿童中，回答家庭年人均收入情况的有效问卷106份。表28显示了天津市0～6岁残疾儿童家庭年人均收入状况及不同家庭年人均收入残疾儿童现患率情况。

表 28 天津市 0～6 岁残疾儿童家庭年人均收入状况及残疾儿童现患率

年人均收入(元)	和平区				大港区				合计			
	调查儿童数	残疾儿童数	现患率 %	构成 %	调查儿童数	残疾儿童数	现患率 %	构成 %	调查儿童数	残疾儿童数	现患率 %	构成 %
<500	1	0	0.00	0.00	1	0	0.00	0.00	2	0	0.00	0.00
500～	2	0	0.00	0.00	3	1	33.33	2.08	5	1	20.00	0.93
1000～	17	1	5.88	1.69	116	6	5.17	12.50	133	7	5.26	6.54
2000～	427	20	4.68	33.90	1032	16	1.55	33.33	1459	36	2.47	33.64
3000～	673	13	1.93	22.03	1818	15	0.83	31.25	2491	28	1.12	26.17
4000～	686	3	0.44	5.08	1545	10	0.65	20.83	2231	13	0.58	12.15
5000～	58	10	17.24	16.95	375	0	0.00	0.00	433	10	2.31	9.35
6000～	875	1	0.11	1.69	47	0	0.00	0.00	922	1	0.11	0.93
7000～	301	9	2.99	15.25	19	0	0.00	0.00	320	9	2.81	8.41
8000～	807	0	0.00	0.00	24	0	0.00	0.00	831	0	0.00	0.00
9000～	233	1	0.43	1.69	1	0	0.00	0.00	234	1	0.43	0.93
10000～	920	1	0.11	1.69	20	0	0.00	0.00	940	1	0.11	0.93
合 计	5000	59	1.18	100.00	5001	48	0.96	100.00	10001	107	1.07	100.00

图 17 显示了天津市不同家庭年人均收入 0～6 岁残疾儿童现患率情况。从中可以看出，残疾儿童现患率有随家庭人均收入增高而降低的趋势。

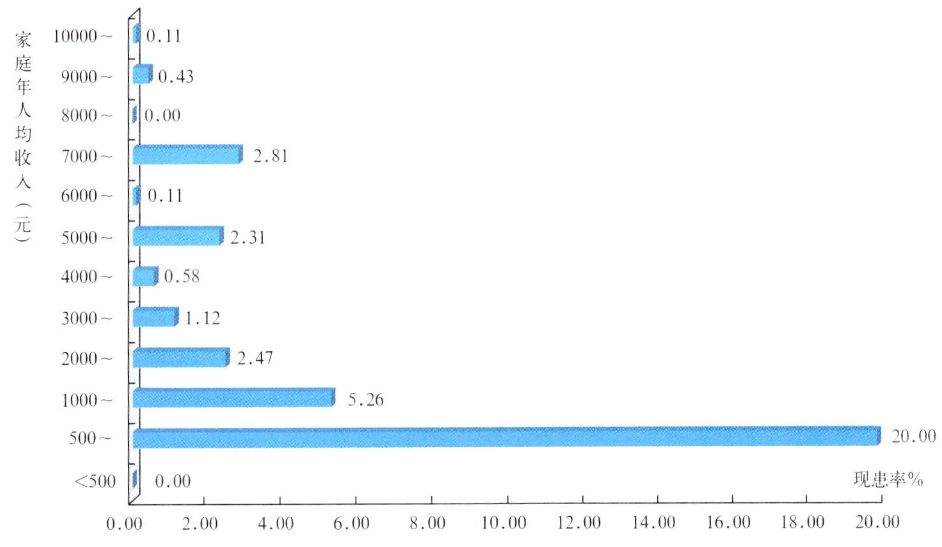

图17 天津市不同家庭年人均收入0～6岁残疾儿童现患率

（四）五类残疾致残原因

1．听力残疾致残原因

本次调查确诊听力残疾 7 人，其致残原因见表 29。

表 29 天津市 0～6 岁听力残疾儿童致残原因

顺　位	致残原因	和平区		大港区		合　计	
		儿童数	构成 %	儿童数	构成 %	儿童数	构成 %
第一位	不　详	3	50.00	0	0.00	3	42.86
第二位	家族遗传	1	16.67	0	0.00	1	14.29
第二位	后天耳毒药物	0	0.00	1	100.00	1	14.29
第二位	高烧疾病	1	16.67	0	0.00	1	14.29
第二位	其　他	1	16.67	0	0.00	1	14.29
	合　计	6	100.00	1	100.00	7	100.00

2．视力残疾致残原因

本次调查确诊视力残疾儿童 7 人，其致残原因见表 30。

表 30 天津市 0～6 岁视力残疾儿童致残原因

顺　位	致残原因	和平区		大港区		合　计	
		儿童数	构成 %	儿童数	构成 %	儿童数	构成 %
第一位	视网膜视神经病变	2	50.00	1	33.33	3	42.86
第二位	弱　视	1	25.00	1	33.33	2	28.57
第三位	先天性青光眼	1	25.00	0	0.00	1	14.29
第三位	先天性白内障	0	0.00	1	33.33	1	14.29
	合　计	4	100.00	3	100.00	7	100.00

3．智力残疾致残原因

本次调查确诊智力残疾 89 人，其主要致残原因见表 31。

表 31 天津市 0～6 岁智力残疾儿童前五位致残病因

顺　位	致残原因	和平区		大港区		合　计	
		儿童数	构成 %	儿童数	构成 %	儿童数	构成 %
第一位	不　详	18	37.50	14	34.15	32	35.96
第二位	早　产	13	27.08	4	9.76	17	19.10
第三位	产时窒息	2	4.17	9	21.95	11	12.36
第四位	宫内窒息	2	4.17	6	14.63	8	8.99
第五位	伴发精神病	5	10.42	0	0.00	5	5.62
	合　计	40	83.33	33	80.49	73	80.90

4．肢体残疾致残原因

本次调查确诊肢体残疾 30 人，其致残原因见表 32。

表 32 天津市 0～6 岁肢体残疾儿童致残原因

顺 位	致残原因	和平区		大港区		合 计	
		儿童数	构成 %	儿童数	构成 %	儿童数	构成 %
第一位	脑 瘫	9	64.29	9	56.25	18	60.00
第二位	先天性骨关节病	2	14.29	4	25.00	6	20.00
第三位	其 他	2	14.29	3	18.75	5	16.67
第四位	脊柱裂脊髓损伤	1	7.14	0	0.00	1	3.33
	合 计	14	100.00	16	100.00	30	100.00

5．精神残疾致残原因

本次调查确诊精神残疾 8 人，其致残原因见表 33。

表 33 天津市 0～6 岁精神残疾儿童致残原因

顺 位	致残原因	和平区		大港区		合 计	
		儿童数	构成 %	儿童数	构成 %	儿童数	构成 %
第一位	孤独症	5	100.00	1	33.33	6	75.00
第二位	脑器质性疾病	0	0.00	1	33.33	1	12.50
第二位	癫 痫	0	0.00	1	33.33	1	12.50
	合 计	5	100.00	3	100.00	8	100.00

（五）康复现状与需求

1．五类残疾儿童康复现状与需求

本次调查确诊残疾儿童 107 名，儿童残疾 141 人次（含综合残疾）。其中得到康复的 40 人次，占 28.37%，其康复形式现状见图 18；没有得到康复的 101 人次，占 71.63%。在康复需求调查中，发现所有残疾儿童都有康复需求，其康复形式现状与需求之间存在较大差异，其中家庭康复和特殊机构的需求与现状之间差异最大，见图 18。

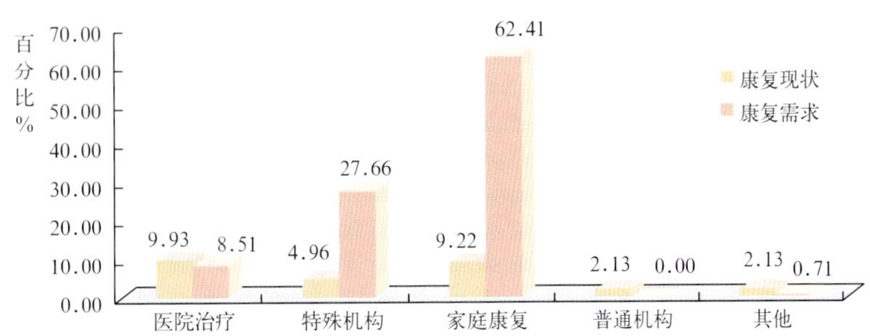

图18 天津市0～6岁残疾儿童康复形式现状与需求比较

本次调查还对听力、视力、肢体残疾儿童康复器具现状与需求进行了调查，其中有康复器具的 15 人，占 34.09%；没有康复器具的 29 人，占 65.91%。所有听力、视力、肢体残疾儿童都有康复器具需求，其现状与需求之间存在较大差异，见图 19。

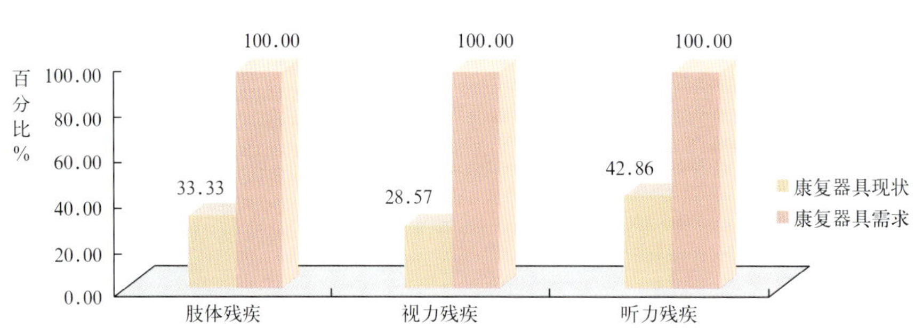

图19 天津市0～6岁残疾儿童康复器具现状与需求比较

2. 听力残疾

(1) 康复现状

本次调查确诊7名听力残疾儿童，其康复现状见表34。

表34 天津市0～6岁听力残疾儿童康复现状

项目		和平区		大港区		合计	
		儿童数	构成%	儿童数	构成%	儿童数	构成%
康复形式	特殊机构	2	33.33	0	0.00	2	28.57
	家庭康复	3	50.00	1	100.00	4	57.14
	无康复	1	16.67	0	0.00	1	14.29
康复器具	助听器	2	33.33	1	100.00	3	42.86
	无器具	4	66.67	0	0.00	4	57.14
	合计	6	100.00	1	100.00	7	100.00

(2) 康复需求

本次调查确诊7名听力残疾儿童，其康复需求见表35。

表35 天津市0～6岁听力残疾儿童康复需求

项目		和平区		大港区		合计	
		儿童数	构成%	儿童数	构成%	儿童数	构成%
康复形式	特殊机构	4	66.67	0	0.00	4	57.14
	家庭康复	2	33.33	1	100.00	3	42.86
康复器具	助听器	6	100.00	1	100.00	7	100.00
	合计	6	100.00	1	100.00	7	100.00

(3) 康复现状与需求比较

将康复现状与需求进行比较发现，听力残疾儿童康复现状与需求之间存在着一定差异，康复形式中特殊机构的需求与现状差异最大，康复器具中助听器的需求与现状之间差异最大。

3. 视力残疾

(1) 康复现状

本次调查确诊7名视力残疾儿童，其康复现状见表36。

表36 天津市0～6岁视力残疾儿童康复现状

项目		和平区		大港区		合计	
		儿童数	构成%	儿童数	构成%	儿童数	构成%
康复形式	医院治疗	0	0.00	1	33.33	1	14.29
	家庭康复	1	25.00	0	0.00	1	14.29
	无康复	3	75.00	2	66.67	5	71.43
康复器具	其他	1	25.00	1	33.33	2	28.57
	无器具	3	75.00	2	66.67	5	71.43
	合计	4	100.00	3	100.00	7	100.00

（2）康复需求

本次调查确诊7名视力残疾儿童，其康复需求见表37。

表37 天津市0～6岁视力残疾儿童康复需求

项目		和平区		大港区		合计	
		儿童数	构成%	儿童数	构成%	儿童数	构成%
康复形式	医院治疗	1	25.00	1	33.33	2	28.57
	特殊机构	1	25.00	0	0.00	1	14.29
	家庭康复	2	50.00	1	33.33	3	42.86
	其他	0	0.00	1	33.33	1	14.29
康复器具	助视器	2	50.00	0	0.00	2	28.57
	导盲器	1	25.00	0	0.00	1	14.29
	其他	1	25.00	3	100.00	4	57.14
	合计	4	100.00	3	100.00	7	100.00

（3）康复现状与需求比较

将康复现状与需求进行比较发现，视力残疾儿童康复现状与需求之间存在着较大差异，康复形式中医院治疗和家庭康复的需求与现状之间差异最大，康复器具中助视器现状与需求之间差异最大。

4．智力残疾

（1）康复现状

本次调查确诊89名智力残疾儿童，其康复现状见表38。

表38 天津市0~6岁智力残疾儿童康复现状

康复形式	和平区		大港区		合计	
	儿童数	构成%	儿童数	构成%	儿童数	构成%
医院治疗	4	8.33	2	4.88	6	6.74
特殊机构	3	6.25	0	0.00	3	3.37
普通机构	2	4.17	0	0.00	2	2.25
其　他	1	2.08	0	0.00	1	1.12
无康复	38	79.17	39	95.12	77	86.52
合　计	48	100.00	41	100.00	89	100.00

（2）康复需求

本次调查确诊89名智力残疾儿童，其康复需求见表39。

表39 天津市0~6岁智力残疾儿童康复需求

康复形式	和平区		大港区		合计	
	儿童数	构成%	儿童数	构成%	儿童数	构成%
医院治疗	2	4.17	2	4.88	4	4.49
特殊机构	15	31.25	0	0.00	15	16.85
家庭康复	31	64.58	39	95.12	70	78.65
合　计	48	100.00	41	100.00	89	100.00

（3）康复现状与需求比较

将康复现状与需求进行比较发现，智力残疾儿童康复现状与需求之间存在着很大的差异，康复形式中特殊机构和家庭康复的现状与需求之间差异最大。

5．肢体残疾

（1）康复现状

本次调查确诊30名肢体残疾儿童，其康复现状见表40。

表40 天津市0~6岁肢体残疾儿童康复现状

项目		和平区		大港区		合计	
		儿童数	构成%	儿童数	构成%	儿童数	构成%
康复形式	医院治疗	5	35.71	0	0.00	5	16.67
	特殊机构	2	14.29	0	0.00	2	6.67
	家庭康复	6	42.86	2	12.50	8	26.67
	无康复	1	7.14	14	87.50	15	50.00
康复器具	矫形器	1	7.14	2	12.50	3	10.00
	轮　椅	4	28.57	1	6.25	5	16.67
	其　他	2	14.29	0	0.00	2	6.67
	无器具	7	50.00	13	81.25	20	66.67
	合　计	14	100.00	16	100.00	30	100.00

（2）康复需求

本次调查确诊30名肢体残疾儿童，其康复需求见表41。

表41 天津市0～6岁肢体残疾儿童康复需求

项目		和平区		大港区		合计	
		儿童数	构成%	儿童数	构成%	儿童数	构成%
康复形式	医院治疗	1	7.14	1	6.25	2	6.67
	特殊机构	6	42.86	12	75.00	18	60.00
	家庭康复	6	42.86	3	18.75	9	30.00
	其　他	1	7.14	0	0.00	1	3.33
康复器具	自助器	0	0.00	12	75.00	12	40.00
	矫形器	4	28.57	4	25.00	8	26.67
	轮　椅	3	21.43	0	0.00	3	10.00
	拐　杖	2	14.29	0	0.00	2	6.67
	其　他	5	35.71	0	0.00	5	16.67
	合　计	14	100.00	16	100.00	30	100.00

（3）康复现状与需求比较

将康复现状与需求进行比较发现，肢体残疾儿童康复现状与需求之间存在着较大差异。康复形式中特殊机构现状与需求之间差异最大，康复器具中自助器、矫形器的需求与现状之间差异最大。

6．精神残疾

（1）康复现状

本次调查确诊8名精神残疾儿童，其康复现状见表42。

表42 天津市0～6岁精神残疾儿童康复现状

康复形式	和平区		大港区		合计	
	儿童数	构成%	儿童数	构成%	儿童数	构成%
医院治疗	0	0.00	2	66.67	2	25.00
普通机构	1	20.00	0	0.00	1	12.50
其　他	1	20.00	1	33.33	2	25.00
无康复	3	60.00	0	0.00	3	37.50
合　计	5	100.00	3	100.00	8	100.00

（2）康复需求

本次调查确诊8名精神残疾儿童，其康复需求见表43。

表43 天津市0～6岁精神残疾儿童康复需求

康复形式	和平区		大港区		合计	
	儿童数	构成%	儿童数	构成%	儿童数	构成%
医院治疗	3	60.00	1	33.33	4	50.00
特殊机构	1	20.00	0	0.00	1	12.50
家庭康复	1	20.00	2	66.67	3	37.50
合　计	5	100.00	3	100.00	8	100.00

（3）康复现状与需求比较

将康复现状与需求进行比较发现，精神残疾儿童康复现状与需求之间存在着很大的差异，康复形式中医院治疗、家庭康复现状与需求之间差异较大。

三、0～6岁残疾儿童残疾一般危险因素分析

（一）残疾儿童一般危险因素

将0～6岁儿童按是否残疾与居住地、性别、民族、学前教育、父母是否近亲婚配、是否是独生子女、年龄、父母职业、父母文化程度、父母婚姻状况、家庭年人均收入以及儿童抚养状况等变量进行单因素分析，结果见表44。

表44可见，性别、是否接受学前教育、母亲职业、父母文化程度和家庭年人均收入等都对儿童残疾有影响。

表44　0～6岁残疾儿童一般危险因素的单因素分析

因　素	分　组	x^2	P	OR	95% 可信区间	
					下限	上限
居住地	城市1，农村0	1.402	0.236	1.264	0.857	1.865
性　别	男1，女2	10.6121	0.001*	0.503	0.330	0.766
民　族	汉1，其他2	0.395	0.530	1.379	0.503	3.773
学前教育	有1，无2	47.629	0.000**	5.049	3.033	8.405
近亲婚配状况	非近亲1，近亲2	0.111	0.918	1.000	1.000	1.000
是否独生子女	是1，否0	1.085	0.298	0.791	0.509	1.230
年　龄	0～6岁	11.720	0.069	—	—	—
父亲职业	10组[1]	15.848	0.070	—	—	—
母亲职业	10组[1]	17.578	0.040*	—	—	—
父亲文化程度	5组[2]	14.372	0.013*	—	—	—
母亲文化程度	5组[2]	23.400	0.000**	—	—	—
父母婚姻状况	5组[3]	1.918	0.751	—	—	—
家庭年人均收入	6组[4]	12.9048	0.024*	—	—	—
抚养状况	6组[5]	2.435	0.656	—	—	—

* $P < 0.05$ ** $P < 0.01$

注：[1]职业：0= 不在业，1= 专业技术人员，2= 机关干部，3= 办事人员，4= 商业人员，5= 服务人员，6= 农林牧渔，7= 工人，8= 军人，9= 其他

[2]文化程度： 1= 大学大专， 2= 高中中专，3= 初中，4= 小学，5= 文盲 / 半文盲

[3]婚姻状况：1= 初婚， 2= 再婚，3= 丧偶，4= 离婚，5= 其他

[4]家庭年人均收入：1=<1000 元，2=1000 元～，3=3000 元～，4=5000 元～，5=7000 元～，6=9000 元～

[5]抚养状况： 1= 父和母， 2= 父或母，3= 祖父母，4= 其他亲属，5= 国家集体，6= 其他

（二）听力残疾一般危险因素

0～6岁儿童按是否听力残疾与居住地、性别、民族、学前教育、父母是否近亲婚配、是否是独生子女、年龄、父母职业、父母文化程度、父母婚姻状况、家庭年人均收入以及儿童抚养状况等变量进行单因素分析，结果见表45。

表45可见，儿童居住地、性别、民族、学前教育、父母是否近亲婚配、父母职业、父母文化程度、独生子女、年龄、父母婚姻状况、家庭年人均收入以及儿童抚养状况等对儿童听力残疾没有影响。

表45 0～6岁儿童听力残疾一般危险因素单因素分析

因　素	分　组	x^2	P	OR	95% 可信区间	
					下限	上限
居住地	城市1，农村0	3.569	0.059	6.000	0.722	49.855
性　别	男1，女2	1.877	0.171	2.979	0.578	12.364
民　族	汉1，其他2	0.204	0.651	0.972	0.968	0.975
学前教育	有1,无2	0.099	0.753	1.332	0.222	7.978
近亲婚配状况	非近亲1，近亲2	0.010	0.979	1.000	1.000	1.000
是否独生子女	是1，否2	0.230	0.631	1.670	0.201	13.881
年　龄	0～6岁	5.426	0.490	—	—	—
父亲职业	10组[1]	8.454	0.489	—	—	—
母亲职业	10组[1]	0.908	0.647	—	—	—
父亲文化程度	5组[2]	9.259	0.099	—	—	—
母亲文化程度	5组[2]	4.998	0.416	—	—	—
父母婚姻状况	5组[3]	6.885	0.142	—	—	—
家庭年人均收入	6组[4]	2.957	0.707	—	—	—
抚养状况	6组[5]	0.105	0.999	—	—	—

* P < 0.05　** P < 0.01

注：[1]职业：　0= 不在业，1= 专业技术人员，2= 机关干部，3= 办事人员，4= 商业人员，5= 服务人员，6= 农林牧渔，7= 工人，8= 军人，9= 其他

[2]文化程度：　1= 大学大专，2= 高中中专，3= 初中，4= 小学，5= 文盲 / 半文盲

[3]婚姻状况：1= 初婚，2= 再婚，3= 丧偶，4= 离婚，5= 其他

[4]家庭年人均收入：1=<1000 元，2=1000 元～，3=3000 元，4=5000 元～，5=7000 元～，6=9000 元～

[5]抚养状况：　1= 父和母，2= 父或母，3= 祖父母，4= 其他亲属，5= 国家集体，6= 其他

（三）视力残疾一般危险因素

0～6岁儿童按是否视力残疾与居住地、性别、民族、学前教育、父母是否近亲婚配、是否是独生子女、年龄、父母职业、父母文化程度、父母婚姻状况、家庭年人均收入以及儿童抚养状况等变量进行单因素分析，结果见表46。

表46可见，是否独生子女、父母文化程度和儿童抚养状况对儿童视力残疾有影响。

表46 0～6岁儿童视力残疾一般危险因素的单因素分析

因　素	分　组	x^2	P	OR	95% 可信区间	
					下限	上限
居住地	城市1，农村0	0.668	0.414	2.002	0.367	10.935
性　别	男1，女2	2.029	0.154	0.238	0.028	2.040
民　族	汉1，其他2	0.675	0.676	0.972	0.968	0.975
学前教育	有1，无2	3.119	0.077	5.997	0.623	57.689
近亲婚配状况	非近亲1，近亲2	0.001	0.980	1.000	1.000	1.000
是否独生子女	是1，否0	7.100	0.008**	0.139	0.025	0.759
年　龄	0～6岁	2.617	0.855	—	—	—
父亲职业	10组[1]	6.635	0.675	—	—	—
母亲职业	10组[1]	3.462	0.943	—	—	—
父亲文化程度	5组[2]	14.123	0.015*	—	—	—
母亲文化程度	5组[2]	22.658	0.000**	—	—	—
父母婚姻状况	5组[3]	0.159	0.997	—	—	—
家庭年人均收入	6组[4]	3.873	0.568	—	—	—
抚养状况	6组[5]	19.327	0.001**	—	—	—

* P < 0.05 ** P < 0.01

注：[1]职业：0= 不在业，1= 专业技术人员，2= 机关干部，3= 办事人员，4= 商业人员，5= 服务人员，6= 农林牧渔，7= 工人，8= 军人，9= 其他

[2]文化程度：1= 大学、大专，2= 高中、中专，3= 初中，4= 小学，5= 文盲

[3]婚姻状况：1= 初婚，2= 再婚，3= 丧偶，4= 离婚，5= 其他

[4]家庭年人均收入：1=>1000 元，2=1000 元～，3=3000 元～，4=5000 元～，5=7000 元～，6=9000 元～

[5]抚养状况：1= 父和母，2= 父或母，3= 祖父母，4= 其他亲属，5= 国家集体，6= 其他

（四）智力残疾一般危险因素

0～6岁儿童按是否智力残疾与居住地、性别、民族、学前教育、父母是否近亲婚配、是否是独生子女、年龄、父母职业、父母文化程度、父母婚姻状况、家庭年人均收入以及儿童抚养状况等变量进行单因素分析，结果见表47。

表47可见，儿童性别、是否接受学前教育、父亲职业、父母文化程度和家庭年人均收入对儿童智力残疾有影响。

表 47　0～6 岁儿童智力残疾一般危险因素的单因素分析

因　素	分　组	x^2	P	OR	95% 可信区间	
					下限	上限
居住地	城市 1，农村 0	0.760	0.383	1.209	0.789	1.851
性　别	男 1，女 2	14.078	0.000**	0.606	0.250	0.661
民　族	汉 1，其他 2	1.044	0.307	1.684	0.613	4.625
学前教育	有 1，无 2	56.904	0.000**	7.528	4.069	13.928
近亲婚配状况	非近亲 1，近亲 2	0.009	0.926	1.000	1.000	1.000
是否独生子女	是 1，否 0	1.923	0.166	0.716	0.446	1.150
年　龄	0～6 岁	12.172	0.058	—	—	—
父亲职业	10 组[1]	18.789	0.027*	—	—	—
母亲职业	10 组[1]	16.373	0.059	—	—	—
父亲文化程度	5 组[2]	11.100	0.049*	—	—	—
母亲文化程度	5 组[2]	23.718	0.000**	—	—	—
父母婚姻状况	5 组[3]	1.030	0.905	—	—	—
家庭年人均收入	6 组[4]	12.647	0.027*	—	—	—
抚养情况	6 组[5]	3.191	0.526	—	—	—

* P < 0.05 ** P < 0.01

注：[1]职业：0= 不在业，1= 专业技术人员，2= 机关干部，3= 办事人员，4= 商业人员，5= 服务人员，6= 农林牧渔，7= 工人，8= 军人，9= 其他

[2]文化程度： 1= 大学大专，2= 高中中专，3= 初中，4= 小学，5= 文盲 / 半文盲

[3]婚姻状况：1= 初婚，2= 再婚，3= 丧偶，4= 离婚，5= 其他

[4]家庭年人均收入：1=<1000 元，2=1000 元～，3=3000 元～，4=5000 元～，5=7000 元～，6=9000 元～

[4]抚养状况：1= 父和母，2= 父或母，3= 祖父母，4= 其他亲属，5= 国家集体，6= 其他

（五）肢体残疾一般危险因素

0～6 岁儿童按是否肢体残疾与居住地、性别、民族、学前教育、父母是否近亲婚配、是否是独生子女、年龄、父母职业、父母文化程度、父母婚姻状况、家庭年人均收入以及儿童抚养状况等变量进行单因素分析，结果见表 48。

表 48 可见，是否接受学前教育、是否独生子女对儿童肢体残疾有影响。

表48　0～6岁儿童肢体残疾一般危险因素的单因素分析

因　素	分　组	x^2	P	OR	95% 可信区间	
					下限	上限
居住地	城市1，农村0	1.340	0.714	0.874	0.426	1.794
性　别	男1，女2	0.997	0.323	0.689	0.327	1.449
民　族	汉1，其他2	0.028	0.868	1.184	0.161	8.724
学前教育	有1，无2	19.615	0.000**	8.041	2.685	24.003
近亲婚配状况	非近亲1，近亲2	0.003	0.986	1.000	1.000	1.000
是否独生子女	是1，否0	3.923	0.048*	0.479	0.228	1.009
年　龄	0～6岁	4.565	0.601	—	—	—
父亲职业	10组[1]	7.010	0.636	—	—	—
母亲职业	10组[1]	3.028	0.963	—	—	—
父亲文化程度	5组[2]	7.239	0.203	—	—	—
母亲文化程度	5组[2]	1.791	0.877	—	—	—
父母婚姻状况	5组[3]	0.797	0.939	—	—	—
家庭年人均收入	6组[4]	3.501	0.623	—	—	—
抚养状况	6组[5]	2.681	0.613	—	—	—

* P ＜ 0.05 ** P ＜ 0.01

注：[1]职业：0= 不在业，1= 专业技术人员，2= 机关干部，3= 办事人员，4= 商业人员，5= 服务人员，6= 农林牧渔，7= 工人，8= 军人，9= 其他

[2]文化程度： 1= 大学大专，2= 高中中专，3= 初中，4= 小学，5= 文盲 / 半文盲

[3]婚姻状况：1= 初婚，2= 再婚，3= 丧偶，4= 离婚，5= 其他

[4]家庭年人均收入：1= ＜ 1000 元，2=1000 元～，3=3000 元～，4=5000 元～，5=7000 元～，6=9000 元～

[5]抚养状况： 1= 父和母，2= 父或母，3= 祖父母，4= 其他亲属，5= 国家集体，6= 其他

（六）精神残疾一般危险因素

0～6岁儿童按是否精神残疾与居住地、性别、民族、学前教育、父母是否近亲婚配、是否是独生子女、年龄、父母职业、父母文化程度、父母婚姻状况、家庭年人均收入以及儿童抚养状况等变量进行单因素分析，结果见表49。

表49可见，儿童居住地、性别、民族、学前教育、父母是否近亲婚配、父母职业、父母文化程度、独生子女、年龄、父母婚姻状况、家庭年人均收入以及儿童抚养状况等对儿童精神残疾没有影响。

表49　0～6岁儿童精神残疾一般危险因素的单因素分析

因　素	分　组	x^2	P	OR	95% 可信区间	
					下限	上限
居住地	城市1，农村0	0.579	0.447	1.732	0.414	7.252
性　别	男1，女2	3.704	0.054	0.165	0.020	1.339
民　族	汉1，其他2	0.228	0.633	0.972	0.968	0.976
学前教育	有1，无2	4.901	0.027*	8.010	0.895	71.714
近亲婚配状况	非近亲1，近亲2	0.001	0.974	1.000	1.000	1.000
是否独生子女	是1，否0	2.078	0.149	0.794	0.785	0.803
年　龄	0～6岁	4.882	0.559	—	—	—
父亲职业	10组[1]	9.728	0.373	—	—	—
母亲职业	10组[1]	4.960	0.838	—	—	—
父亲文化程度	5组[2]	1.606	0.900	—	—	—
母亲文化程度	5组[2]	5.062	0.408	—	—	—
父母婚姻状况	5组[3]	6.730	0.151	—	—	—
家庭年人均收入	6组[4]	5.986	0.308	—	—	—
抚状情况	6组[5]	1.400	0.998	—	—	—

* P ＜ 0.05　** P ＜ 0.01

注：[1]职业：0= 不在业，1= 专业技术，2= 机关干部，3= 办事人员，4= 商业人员，5= 服务人员，6= 农林牧渔，7= 工人，8= 军人，9= 其他

[2]文化程度：1= 大学大专，2= 高中中专，3= 初中，4= 小学，5= 文盲 / 半文盲

[3]婚姻状况：1= 初婚，2= 再婚，3= 丧偶，4= 离婚，5= 其他

[4]家庭年人均收入：1=<1000 元，2=1000 元～，3=3000 元～，4=5000 元～，5=7000 元～，6=9000 元～

[5]抚养状况：1= 父和母，2= 父或母，3= 祖父母，4= 其他亲属，5= 国家集体，6= 其他

（七）综合残疾一般危险因素

0～6岁儿童按是否综合残疾与居住地、性别、民族、学前教育、父母是否近亲婚配、是否是独生子女、年龄、父母职业、父母文化程度、父母婚姻状况、家庭年人均收入以及儿童抚养状况等变量进行单因素分析，结果见表50。

表50可见，居住地、性别、是否独生子女、年龄、父母职业、父母文化程度、父母婚姻状况、家庭年人均收入和儿童抚养状况等都对儿童综合残疾有影响。

表50 0~6岁儿童综合残疾一般危险因素的单因素分析

因素	分组	x^2	P	OR	95% 可信区间	
					下限	上限
居住地	城市 1，农村 0	9.931	0.002**	0.867	0.793	0.948
性 别	男 1，女 2	6.790	0.009**	1.126	1.030	1.231
民 族	汉 1，其他 2	0.255	0.614	0.934	0.718	1.216
学前教育	有 1，无 2	2.934	0.087	0.444	0.171	1.153
近亲婚配状况	非近亲 1，近亲 2	0.363	0.547	1.000	1.000	1.000
是否独生子女	是 1，否 0	22.113	0.000**	1.284	1.157	1.426
年 龄	0~6 岁	9661.8	0.000**	—	—	—
父亲职业	10 组[1]	57.550	0.000**	—	—	—
母亲职业	10 组[1]	50.527	0.000**	—	—	—
父亲文化程度	5 组[2]	43.112	0.000**	—	—	—
母亲文化程度	5 组[2]	45.258	0.000**	—	—	—
父母婚姻状况	5 组[3]	17.288	0.020*	—	—	—
家庭年人均收入	6 组[4]	36.533	0000**	—	—	—
抚养状况	6 组[5]	17.420	0.002**	—	—	—

*P < 0.05 **P < 0.01

注：[1]职业：0= 不在业，1= 专业技术人员，2= 机关干部，3= 办事人员，4= 商业人员，5= 服务人员，6= 农林牧渔，7= 工人，8= 军人，9= 其他

[2]文化程度： 1= 大学大专，2= 高中中专，3= 初中，4= 小学，5= 文盲 / 半文盲

[3]婚姻状况：1= 初婚，2= 再婚，3= 丧偶，4= 离婚，5= 其他

[4]家庭年人均收入：1=<1000 元，2=1000 元～，3=3000 元～，4=5000 元～，5=7000 元～，6=9000 元～

[5]抚养状况： 1= 父和母，2= 父或母，3= 祖父母，4= 其他亲属，5= 国家集体，6= 其他

讨 论

一、本次调查样本的代表性

参见总报告。

二、天津市0～6岁残疾儿童状况

（一）0～6 岁残疾儿童现患率

本次共调查了10001名0～6岁儿童，经专业诊断方法的确诊，确诊残疾儿童107人，0～6岁儿童的残疾现患率为1.070%。

（二）0～6 岁五类残疾儿童残疾现患率

本次调查发现，听力残疾现患率为0.07%、视力残疾现患率为0.07%、智力残疾现患率为0.89%、肢体残疾现患率为0.30%、精神残疾现患率为0.08%，综合残疾现患率为0.30%。在五类残疾中，以智力残疾所占比例最高，肢体残疾次之，精神残疾占第三位，视力残疾和听力残疾相同，并列最后一位。

（三）0～6 岁残疾儿童的分布特征

从地区分布来看，城市 0～6 岁残疾儿童现患率为 1.18%，农村 0～6 岁残疾儿童的现患率为 0.96%，城市高于农村。

从性别分布来看，0～6 岁男性残疾儿童现患率为 1.38%，女性残疾儿童现患率为 0.70%，男性高于女性。

从年龄分布来看，儿童残疾现患率随年龄增长而增高， 0 岁组最低，5 岁组最高。这可能与某些残疾随着儿童年龄增大后才逐渐被发现有关，也可能与年龄增大暴露于损伤的风险增多或目前使用的筛查、诊断量表对年龄较小的儿童不够敏感有关。

（四）0～6 岁残疾儿童的致残原因

本次调查中，听力残疾前五位致残原因依次是不详、家族遗传、耳毒药物、高烧疾病和其他。视力残疾前四位致残原因依次是视网膜视神经病变、弱视、先天性青光眼和先天性白内障。智力残疾前五位致残原因依次是不祥、早产、产时窒息、宫内窒息和伴发精神病。肢体残疾前四位致残原因依次是脑瘫、先天性骨关节病、其他和脊柱裂脊髓损伤。精神残疾致残原因依次是孤独症、脑器质性疾病和癫痫。

（五）0～6 岁残疾儿童学前教育状况

随着年龄增大，残疾儿童接受学前教育率逐渐增高，但接受学前教育率明显低于正常儿童。相对于城市，农村残疾儿童接受学前教育状况差距明显。

（六）0～6 岁残疾儿童康复现状与需求

天津市 0～6 岁残疾儿童康复现状不容乐观，71.63% 的残疾儿童没有得到任何形式的康复，各种康复器具的使用率也很低，65.91% 的残疾儿童没有任何康复器具。

本次调查显示，不同种类的残疾儿童康复现状也有较大差异。听力残疾儿童得到康复的比例较高，这主要得益于近 15 年来我国实施了三个残疾人事业五年计划纲要，广泛开展了聋儿康复工作。但视力、智力和肢体残疾儿童的康复现状不容乐观，71.43% 的视力残疾儿童、86.52% 的智力残疾儿童与 50.00% 的肢体残疾儿童没有得到任何形式的康复。

政策建议

一、加强残疾预防工作

完善妇幼保健网络、提高妇幼保健人员素质，加强对高危孕产妇的临测，普及孕产妇保健知识和残疾预防知识，提高孕产妇自我保健意识，减少残疾发生。

二、建立残疾监测体系

加强残疾儿童筛查，建立残疾儿童随报制度。早期发现，早期干预，提高残疾儿童康复效果。将残疾儿童筛查纳入产科、新生儿检查和儿童保健系统管理工作内容。

三、加大对残疾儿童康复工作投入，建立残疾儿童康复机构

普及康复知识，全面开展社区家庭康复，建立以社区为基础的残疾儿童康复中心；建立和完善社区三支队伍（专家、专业骨干教师、儿童家长），采取针对不同程度残疾（轻、中、重）的早期教育与早期干预方式，最大可能挖掘潜在能力，补偿身心缺陷，使他们更好地适应社会。

参考文献

1. 国务院人口普查办公室、国家统计局人口和社会科技统计司.中国2000年人口普查资料.北京：中国统计出版社，2002年.

2. 国家统计局.中国统计年鉴.北京：中国统计出版社，2002年.

3. 国家统计局.1992年中国儿童情况抽样调查——国家级最终报告.北京：中国统计出版社，1993年.

4. 中国残疾人抽样调查办公室.中国1987年残疾人抽样调查资料，1989年.

5. 郭建模主编.残疾人工作基本知识读本.北京：华夏出版社，2002年.

6. 国务院残疾人工作协调委员会秘书处.中国残疾人事业"八五"计划纲要与配套实施方案.北京：华夏出版社，1992年.

7. 国务院残疾人工作协调委员会秘书处.中国残疾人事业"九五"计划纲要与配套实施方案.北京：华夏出版社，1996年.

8. 国务院残疾人工作协调委员会秘书处.中国残疾人事业"十五"计划纲要与配套实施方案，2001年.

9. 卓大宏.中国残疾预防学.北京：华夏出版社，1998年.

10. 全国0～6岁残疾儿童抽样调查工作手册。北京：全国0～6岁残疾儿童抽样调查领导小组编，2001，31—41

11. 1987年全国残疾人抽样调查资料（天津分册）。天津市残疾人抽样调查办公室编，1987年

12. 天津市第五次人口普查资料

13. 天津市和平区第五次人口普查资料

14. 天津市大港区第五次人口普查资料

吉林省报告

前　言

为了解我国残疾儿童的现状，掌握残疾儿童的现患率、发生率、致残原因、康复现状及需求，为国家制定残疾儿童的相关政策以及为残疾儿童进行康复服务提供科学依据，在联合国儿童基金会资助下，卫生部、公安部、中国残联和国家统计局于2001年组织了中国0～6岁残疾儿童抽样调查。吉林省0～6岁残疾儿童抽样调查工作于2001年6月20日至7月20日在四平市、东辽县进行。这次抽样调查，依据国家统一规定的调查对象、调查内容、调查方法、诊断标准以及质量控制要求，采取分层整群随机抽样调查的方法，对0～6岁儿童进行了视力、听力、肢体、智力及精神五类残疾的筛查与诊断。现将研究结果报告如下：

调查对象与方法

一、调查对象

本次调查的对象为吉林省2001年6月1日以前出生的0～6岁儿童。

二、抽样方法

本次调查采用多阶段分层、不等比例、整群随机抽样方法进行抽样。抽样步骤如下：

（一）市（县）的抽取

吉林省随机抽取一个地级市——四平市和一个县——东辽县。

（二）街道（乡、镇）的抽取

根据四平市和东辽县统计局颁布的1999年各街道（乡、镇）国民经济生产总值排序，分成三层，四平市和东辽县分别按经济发展水平随机抽取经济发达、中等发达和欠发达的街道（乡、镇）各一个。

（三）调查对象的抽取

经济发达和欠发达的街道各抽取12个整群，中等的街道抽取16个整群（125名儿童为一整群）；经济发达和欠发达的乡（镇）各抽取6个整群，中等的抽取8个整群（250名儿童为一整群）。据此，四平市抽取40个整群，东辽县抽取20个整群，吉林省抽取60个整群，总样本量应为10000人。

三、残疾标准和残疾筛查、诊断方法

参见总报告。

四、调查人员

调查人员由吉林省0～6岁残疾儿童抽样调查专家组、现场调查人员、资料分析人员以及各级卫生、公安、残联等有关部门行政管理人员、被调查地区现场服务人员组成。

吉林省0～6岁专家组由吉林省相关领域中具有丰富临床及流行病学调查经验的专家组成，现场调查人员由调查市县耳鼻喉科、眼科、儿科、骨科、精神科等相关专业人员组成。

五 现场调查及工作流程

参见总报告。

六 质量控制

（一）组织措施

吉林省卫生厅、公安厅、残联联合下发了《关于在四平市、东辽县进行0～6岁残疾儿童抽样调查工作的通知》等文件，成立了吉林省0～6岁残疾儿童抽样调查领导小组，制定工作计划和方案，召开了全省0～6岁残疾儿童抽样调查动员会，部署调查工作。四平市、东辽县也相应成立了由卫生、公安、残联及有关部门参加的抽样调查领导小组，负责本地区抽样调查组织领导工作，按照中国0～6岁残疾儿童抽样调查领导小组下达的任务和要求，抽取调查地区，并组织落实，成立了由技术人员和管理人员组成的调查队，实施现场调查。被调查的街道（乡、镇）、居（村）委会指定专人负责，积极主动做好各项工作，从人力、物力上支持抽样调查工作，并做好组织协调工作，确保调查按计划进行。

（二）现场调查人员及培训

本次调查筛查人员由经过培训的具有医师以上职称的专业人员组成；诊断人员均为经过中央级培训的具有主治医师以上职称的专业人员。

对调查人员采取中央、地方两级培训。

1．中央培训

吉林省选派了妇幼保健、眼科、骨科、耳鼻喉科、儿童心理等专业医生参加了中央培训班，接受了中国0～6岁残疾儿童抽样调查筛查和诊断方法的培训，经一致性测验均符合要求。

2．地方培训

吉林省进行了二级培训，对参加现场调查的筛查人员进行筛查表格填写和筛查方法的培训，培训结束时进行了一致性测验，测验结果均达到95%的设计要求。

（三）督导与抽查

吉林省0～6岁残疾儿童抽样调查专家组深入调查现场，对四平市、东辽县抽样调查工作进行了检查指导，对填写的各类抽样调查表逐一审核，并按照设计要求，省专家组在四平市、东辽县的样本中随机抽取5%进行重新调查，各项指标均达到设计标准。

吉林省上报的筛查表和诊断表经全国0～6岁残疾儿童抽样调查专家组逐一审核，符合要求。

（四）资料的分析处理

参见总报告。

结　果

一、基本情况

（一）调查地区人口数和调查儿童家庭人口情况

本次调查了吉林省四平市和东辽县，调查地区总人口369.4万，共调查9962户家庭，调查家庭总人口为33485人，调查家庭的子女数为11133人，平均每户子女数1.12人。调查0～6岁儿童10006人，调查儿童占调查家庭子女数的89.88%。调查残疾户175户，残疾户占调查户的1.76%。吉林省调查地区总人口和调查儿童家庭情况见表1。

表1　吉林省调查地区总人口和调查家庭情况

地　区	调查地区总人口（万）	调查家庭户数	调查家庭人口数	家庭子女数	平均家庭子女数	调查儿童数	调查儿童占家庭子女数比例 %	残疾户数	残疾户占比例 %
四平市	329.0	4985	15899	5090	1.02	5000	98.23	73	1.46
东辽县	40.4	4977	17586	6043	1.21	5006	82.84	102	2.05
合　计	369.4	9962	33485	11133	1.12	10006	89.88	175	1.76

（二）0～6岁儿童性别构成

本次共调查0～6岁儿童10006人，男性5295人，女性4711人，男女性别比为112.40：100。吉林省0～6岁儿童性别构成情况见表2。图1显示了0～6岁儿童的性别构成情况。

表2　吉林省0～6岁儿童性别构成

地　区	男		女		合　计		性别比
	调查儿童数	构成 %	调查儿童数	构成 %	调查儿童数	构成 %	男：女
四平市	2716	54.32	2284	45.68	5000	100.00	118.91：100
东辽县	2579	51.52	2427	48.48	5006	100.00	106.26：100
合　计	5295	52.92	4711	47.08	10006	100.00	112.40：100

图1　吉林省0～6岁儿童性别构成

（三）0～6岁儿童年龄构成

本次调查0～6岁儿童10006人，其中0岁组1097人，占10.96%；1岁组1281人，占12.80%；2岁组1282人，占12.81%；3岁组1379人，占13.78%；4岁组1511人，占15.10%；5岁组1701人，占17.00%；6岁组1755人，占17.54%。吉林省0～6岁儿童年龄构成情况见表3。图2显示了0～6岁儿童的年龄构成情况。

表3 吉林省0～6岁儿童年龄构成

年龄（岁）	四平市		东辽县		合计	
	调查儿童数	构成%	调查儿童数	构成%	调查儿童数	构成%
0	471	9.42	626	12.50	1097	10.96
1	583	11.66	698	13.94	1281	12.80
2	658	13.16	624	12.47	1282	12.81
3	703	14.06	676	13.50	1379	13.78
4	854	17.08	657	13.12	1511	15.10
5	873	17.46	828	16.54	1701	17.00
6	858	17.16	897	17.92	1755	17.54
合计	5000	100.00	5006	100.00	10006	100.00

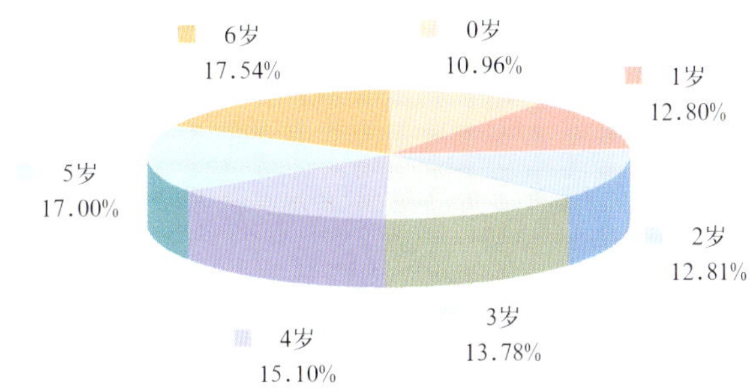

图2 吉林省0～6岁儿童年龄构成

（四）3～6岁儿童学前教育情况

本次调查3～6岁儿童6346人，其中有4382人接受了学前教育，3～6岁儿童接受学前教育率为69.05%。其中，3岁、4岁、5岁和6岁儿童接受学前教育率分别为39.96%、60.16%、76.72%和92.14%。河南省3～6岁儿童接受学前教育状况见表4。

图3显示了3～6岁儿童学前教育入学率，从中可以看出，3～6岁儿童接受学前教育率随着年龄的增高而逐年提高。

表4 吉林省3～6岁儿童接受学前教育状况

地区	3岁			4岁			5岁			6岁			合计		
	调查儿童数	接受教育儿童数	接受教育率%	调查儿童数	接受教育儿童数	接受教育率%	调查儿童数	接受教育儿童数	接受教育率%	调查儿童数	接受教育儿童数	接受教育率%	调查儿童数	接受教育儿童数	接受教育率%
四平市	703	493	70.13	854	744	87.12	873	831	95.19	858	823	95.92	3288	2891	87.93
东辽县	676	58	8.58	657	165	25.11	828	474	57.25	897	794	88.52	3058	1491	48.76
合计	1379	551	39.96	1511	909	60.16	1701	1305	76.72	1755	1617	92.14	6346	4382	69.05

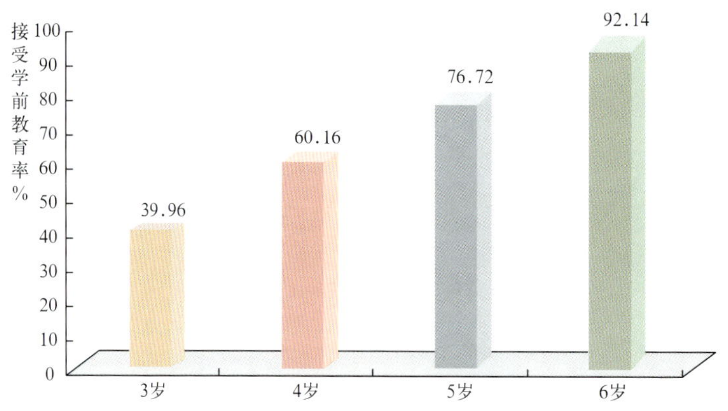

图3 吉林省3~6岁儿童接受学前教育率

（五）0~6岁儿童父母职业状况

本次调查中，回答父亲职业的有效问卷9977份，0~6岁儿童父亲职业构成情况见表5。

表5 吉林省0~6岁儿童父亲职业构成

职业	四平市		东辽县		合计	
	调查儿童数	构成%	调查儿童数	构成%	调查儿童数	构成%
专业技术人员	144	2.89	66	1.32	210	2.10
机关干部	413	8.28	9	0.18	422	4.23
办事人员	5	0.10	27	0.54	32	0.32
商业人员	374	7.50	11	0.22	385	3.86
服务人员	17	0.34	17	0.34	34	0.34
农林牧渔	0	0.00	4568	91.51	4568	45.79
工人	3908	78.40	270	5.41	4178	41.88
军人	47	0.94	1	0.02	48	0.48
其他	0	0.00	7	0.14	7	0.07
不在业	77	1.54	16	0.32	93	0.93
合计	4985	100.00	4992	100.00	9977	100.00

本次调查中，回答母亲职业的有效问卷9981份，0~6岁儿童母亲职业构成情况见表6。

图4显示了吉林省0~6岁儿童父亲和母亲职业的构成情况。

表6　吉林省0～6岁儿童母亲职业构成

职　业	四平市		东辽县		合　计	
	调查儿童数	构成 %	调查儿童数	构成 %	调查儿童数	构成 %
专业技术人员	248	4.98	85	1.70	333	3.34
机关干部	364	7.31	5	0.10	369	3.70
办事人员	2	0.04	19	0.38	21	0.21
商业人员	442	8.87	15	0.30	457	4.58
服务人员	40	0.80	21	0.42	61	0.61
农林牧渔	0	0.00	4589	91.78	4589	45.98
工　人	3580	71.87	176	3.52	3756	37.63
军　人	1	0.02	0	0.00	1	0.01
其　他	0	0.00	4	0.08	4	0.04
不在业	304	6.10	86	1.72	390	3.91
合　计	4981	100.00	5000	100.00	9981	100.00

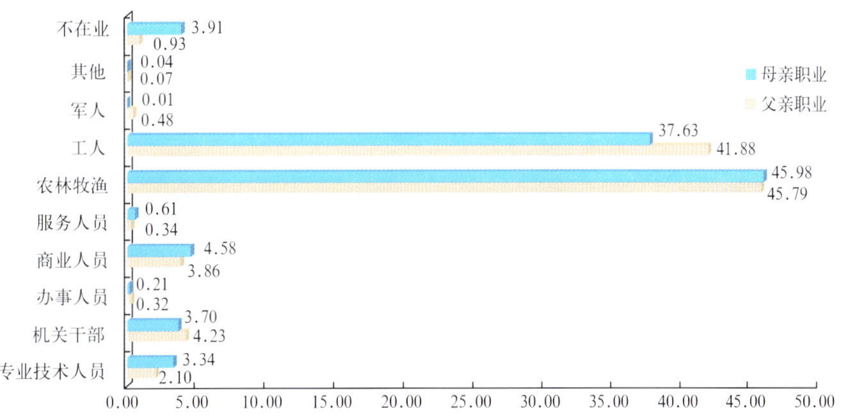

图4　吉林省0～6岁儿童父母职业构成

（六）0～6岁儿童父母文化程度状况

本次调查中，回答父亲文化程度的有效问卷9995份，回答母亲文化程度的有效问卷9993份，0～6岁儿童父母文化程度构成情况见表7。

表7　吉林省0～6岁儿童父母文化程度构成

文化程度	四平市				东辽县				合　计			
	父亲		母亲		父亲		母亲		父亲		母亲	
	调查儿童数	构成 %	调查儿童数	构成 %	调查儿童数	构成 %	调查儿童数	构成 %	调查儿童数	构成 %	调查儿童数	构成 %
大学大专	755	15.11	628	12.58	76	1.52	80	1.60	831	8.31	708	7.08
高中中专	3427	68.59	3160	63.31	274	5.48	184	3.68	3701	37.03	3344	33.46
初中	801	16.03	1188	23.80	3556	71.13	3445	68.87	4357	43.59	4633	46.36
小学	12	0.24	15	0.30	1040	20.80	1155	23.09	1052	10.53	1170	11.71
文盲/半文盲	1	0.02	0	0.00	53	1.06	138	2.76	54	0.54	138	1.38
合　计	4996	100.00	4991	100.00	4999	100.00	5002	100.00	9995	100.00	9993	100.00

图5显示了0～6岁儿童父母文化程度的构成情况。图中可见，0～6岁儿童的父母均以初中和高中中专文化程度所占比例为高，小学文化程度和大专以上文化程度次之，文盲／半文盲最低。

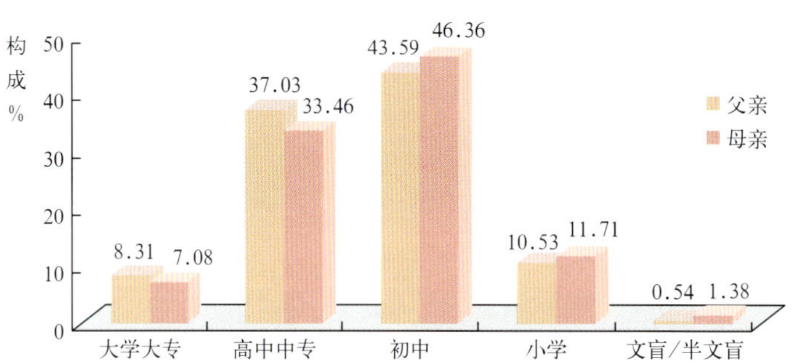

图5 吉林省0～6岁儿童父母文化程度构成

（七）0～6岁儿童家庭年人均收入状况

本次调查的10006名0～6岁儿童中，其家庭年人均收入状况构成情况见表8。图6显示了吉林省0～6岁儿童家庭年人均收入状况。

表8 吉林省0～6岁儿童家庭年人均收入状况

年人均收入(元)	四平市		东辽县		合计	
	调查儿童数	构成%	调查儿童数	构成%	调查儿童数	构成%
<500	8	0.16	276	5.51	284	2.84
500～	22	0.44	731	14.60	753	7.53
1000～	887	17.74	3453	68.98	4340	43.37
2000～	1410	28.20	354	7.07	1764	17.63
3000～	1201	24.02	120	2.40	1321	13.20
4000～	670	13.40	26	0.52	696	6.96
5000～	333	6.66	35	0.70	368	3.68
6000～	210	4.20	2	0.04	212	2.12
7000～	84	1.68	5	0.10	89	0.89
8000～	59	1.18	1	0.02	60	0.60
9000～	19	0.38	0	0.00	19	0.19
10000～	97	1.94	3	0.06	100	1.00
合计	5000	100.00	5006	100.00	10006	100.00

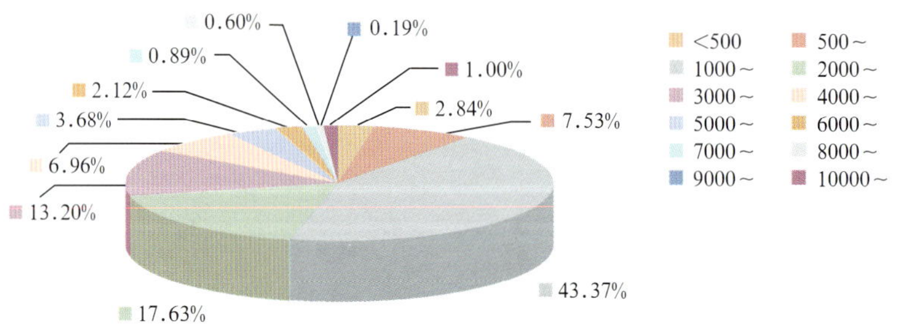

图6 吉林省0～6岁儿童家庭年人均收入构成

二、0～6岁残疾儿童流行特征

（一）筛查及现患情况

1．筛查阳性率及现患率

本次共调查0～6岁儿童10006人，筛查出可疑残疾432人，筛查阳性率4.32%；确诊残疾儿童175人，残疾现患率为1.749%。表9显示了吉林省0～6岁残疾儿童筛查阳性及现患情况。

表9　吉林省0～6岁残疾儿童筛查阳性及现患情况

地　区	调　查儿童数	筛查情况		确诊情况	
		阳性儿童数	阳性率%	确诊儿童数	现患率%
四平市	5000	195	3.90	73	1.460
东辽县	5006	237	4.73	102	2.038
合　计	10006	432	4.32	175	1.749

2．五类残疾现患率

0～6岁儿童五类残疾筛查阳性率、现患率见表10。

表10　吉林省0～6岁儿童五类残疾筛查阳性及现患情况

残疾种类	四平市				东辽县				合计			
	筛查情况		确诊情况		筛查情况		确诊情况		筛查情况		确诊情况	
	阳性数	阳性率%	确诊人次	现患率%	阳性数	阳性率%	确诊人次	现患率%	阳性数	阳性率%	确诊人次	现患率%
听力残疾	48	0.96	22	0.44	11	0.22	6	0.12	59	0.59	28	0.28
视力残疾	67	1.34	11	0.22	18	0.36	3	0.06	85	0.85	14	0.14
智力残疾	62	1.24	35	0.70	187	3.74	96	1.92	249	2.49	131	1.31
肢体残疾	24	0.48	17	0.34	32	0.64	21	0.42	56	0.56	38	0.38
精神残疾	9	0.18	3	0.06	18	0.36	5	0.10	27	0.27	8	0.08
合　计	210*	4.20	88*	1.76	266*	5.31	131*	2.62	476*	4.76	219*	2.19

注：*含综合残疾，调查总儿童数10006人（四平市5000人，东辽县5006人）

3．综合残疾现患情况

本次调查确诊综合残疾儿童42人，综合残疾现患率为0.42%。表11显示了吉林省综合残疾的现患率及构成情况。

表11　吉林省0～6岁残疾儿童综合残疾现患率及构成

地　区	调查儿童数	双重残疾		三重残疾		四重残疾		合　计		现患率%
		儿童数	构成%	儿童数	构成%	儿童数	构成%	儿童数	构成%	
四平市	5000	14	93.33	1	6.67	0	0.00	15	100.00	0.30
东辽县	5006	25	92.59	2	7.41	0	0.00	27	100.00	0.54
总　计	10006	39	92.86	3	7.14	0	0.00	42	100.00	0.42

（二）五类残疾构成及残疾严重程度

1．五类残疾构成

本次调查共确诊残疾儿童175人，儿童残疾219人次（含综合残疾）。其中，听力残疾28人，占残疾儿童的12.79%；视力残疾14人，占6.39%；智力残疾131人，占59.82%；肢体残疾38人，占17.35%；精神残疾8人，占3.65%。0～6岁残疾儿童五类残疾构成见表12。

图7显示了吉林省0～6岁残疾儿童五类残疾构成情况。由图可见，智力残疾所占比例最高，肢体残疾次之，听力残疾占第三位，视力残疾和精神残疾所占比例最低。

表12 吉林省0～6岁残疾儿童五类残疾构成

残疾种类	四平市		东辽县		合　计	
	残疾儿童数	构成 %	残疾儿童数	构成 %	残疾儿童数	构成 %
听力残疾	22	25.00	6	4.58	28	12.79
视力残疾	11	12.50	3	2.29	14	6.39
智力残疾	35	39.77	96	73.28	131	59.82
肢体残疾	17	19.32	21	16.03	38	17.35
精神残疾	3	3.41	5	3.82	8	3.65
合　计	88*	100.00	131*	100.00	219*	100.00

* 含综合残疾

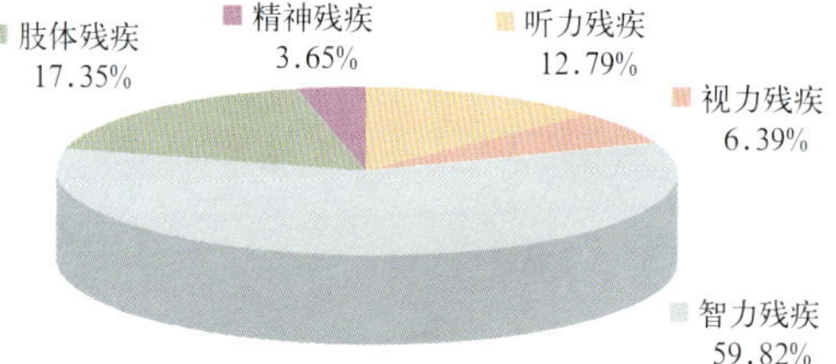

图7 吉林省0～6岁残疾儿童五类残疾构成

2．单一残疾和综合残疾构成

本次调查共确诊残疾儿童175人，其中单一残疾133人，占残疾儿童的76.00%，综合残疾42人，占24.00%。吉林省0～6岁残疾儿童单一残疾和综合残疾构成见表13。图8显示了吉林省0～6岁残疾儿童单一残疾和综合残疾的构成情况。从中可见，在所有的残疾中，综合残疾占有一定比例。

表13 吉林省0～6岁残疾儿童单一残疾和综合残疾构成

地　区	单一残疾		综合残疾		合　计	
	儿童数	构成 %	儿童数	构成 %	儿童数	构成 %
四平市	58	79.45	15	20.55	73	100.00
东辽县	75	73.53	27	26.47	102	100.00
合　计	133	76.00	42	24.00	175	100.00

图8 吉林省0～6岁残疾儿童单一残疾与综合残疾构成

3．残疾严重程度构成

（1）五类残疾儿童残疾严重程度构成

本次调查确诊的儿童残疾219人次中，极重度（包括一级聋、一级盲、一级智力残疾、一级肢体残疾）33人次，占15.07%；重度（包括二级聋、二级盲、二级智力残疾、二级肢体残疾、重度精神残疾）29人次，占13.24%；中度（包括一级重听、一级低视力、三级智力残疾、三级肢体残疾、中度精神残疾）58人次，占26.48%；轻度（包括二级重听、二级低视力、四级智力残疾、四级肢体残疾、轻度精神残疾）99人次，占45.21%。表14显示了吉林省0～6岁五类残疾儿童残疾严重程度构成情况。

表14 吉林省0～6岁五类残疾儿童残疾严重程度构成

残疾种类	极重度		重 度		中 度		轻 度		合 计	
	儿童数	构成 %	儿童数	构成 %	儿童数	构成 %	儿童数	构成 %	儿童数	构成 %
听力残疾	3	10.71	5	17.86	6	21.43	14	50.00	28	100.00
视力残疾	2	14.29	0	0.00	2	14.29	10	71.43	14	100.00
智力残疾	17	12.98	15	11.45	38	29.01	61	46.56	131	100.00
肢体残疾	11	28.95	7	18.42	9	23.68	11	28.95	38	100.00
精神残疾	–	–	2	25.00	3	37.50	3	37.50	8	100.00
合 计	33*	15.07	29*	13.24	58*	26.48	99*	45.21	219*	100.00

＊含综合残疾

图9显示了吉林省0～6岁五类残疾儿童残疾严重程度构成情况。从中可见，轻度残疾所占比例最大，中度残疾次之，重度残疾和极重度残疾所占比例最小。

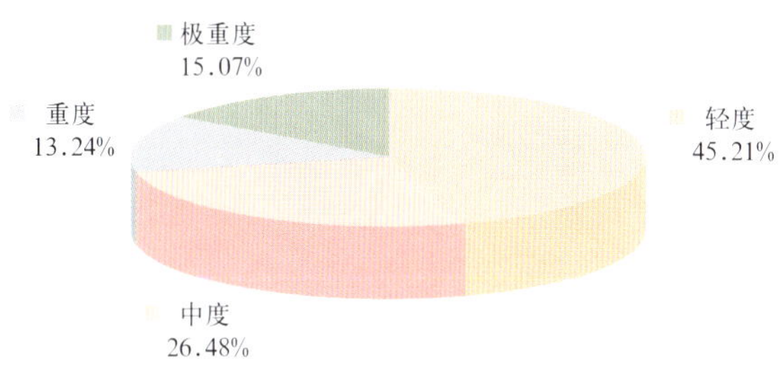

图9 吉林省0～6岁五类残疾儿童残疾严重程度构成

（2）听力残疾儿童残疾严重程度构成

本次调查确诊的28名听力残疾儿童中，二级重听（轻度）14人，占50.00%；一级重听（中度）6人，占21.43%；二级聋（重度）5人，占17.86%；一级聋（极重度）3人，占10.71%。吉林省0～6岁听力残疾儿童残疾严重程度构成见表15。

表15 吉林省0～6岁听力残疾儿童残疾严重程度构成

地 区	二级重听（轻度）		一级重听（中度）		二级聋（轻度）		一级聋（极重度）		合 计	
	儿童数	构成 %	儿童数	构成 %	儿童数	构成 %	儿童数	构成 %	儿童数	构成 %
四平市	14	63.64	6	27.27	2	9.09	0	0.00	22	100.00
东辽县	0	0.00	0	0.00	3	50.00	3	50.00	6	100.00
合 计	14	50.00	6	21.43	5	17.86	3	10.71	28	100.00

图10显示了吉林省0～6岁听力残疾儿童残疾严重程度构成情况。

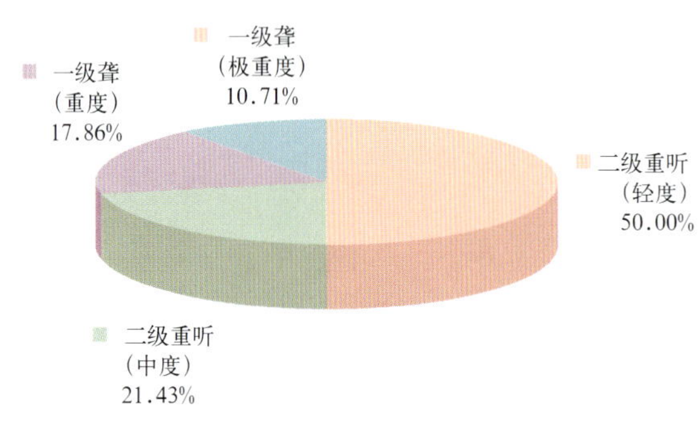

图10 吉林省0～6岁听力残疾儿童残疾严重程度构成

(3) 视力残疾儿童残疾严重程度构成

本次调查确诊的14名视力残疾儿童中，二级低视力（轻度）10人，占71.43%；一级低视力（中度）2人，占14.29%；一级盲（极重度）2人，占14.29%。吉林省0～6岁视力残疾儿童残疾严重程度构成见表16。

表16 吉林省0～6岁视力残疾儿童残疾严重程度构成

地区	二级低视力(轻度)		一级低视力(中度)		二级盲(重度)		一级盲(极重度)		合计	
	儿童数	构成%	儿童数	构成%	儿童数	构成%	儿童数	构成%	儿童数	构成%
四平市	9	81.82	1	9.09	0	0.00	1	9.09	11	100.00
东辽县	1	33.33	1	33.33	0	0.00	1	33.33	3	100.00
合计	10	71.43	2	14.29	0	0.00	2	14.29	14	100.00

图11显示了吉林省0～6岁视力残疾儿童残疾严重程度构成情况。从中可见，二级低视力所占比例最大。

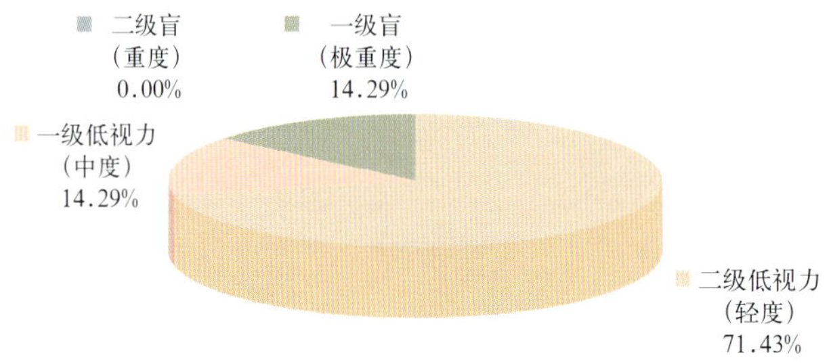

图11 吉林省0～6岁视力残疾儿童残疾严重程度构成

(4) 智力残疾儿童残疾严重程度构成

本次调查确诊的131名智力残疾儿童中，四级智力残疾（轻度）61人，占46.56%；三级智力残疾（中度）38人，占29.01%；二级智力残疾（重度）15人，占11.45%；一级智力残疾（极重度）17人，占12.98%。吉林省0～6岁智力残疾儿童残疾严重程度构成见表17。

表 17 吉林省 0～6 岁智力残疾儿童残疾严重程度构成

地区	四级(轻度)		三级（中度）		二级（重度）		一级（极重度）		合计	
	儿童数	构成 %	儿童数	构成 %	儿童数	构成 %	儿童数	构成 %	儿童数	构成 %
四平市	9	25.71	9	25.71	9	25.71	8	22.86	35	100.00
东辽县	52	54.17	29	30.21	6	6.25	9	9.38	96	100.00
合计	61	46.56	38	29.01	15	11.45	17	12.98	131	100.00

图 12 显示了吉林省 0～6 岁智力残疾儿童残疾严重程度构成情况。从中可见，四级智力残疾所占比例最大，三级智力残疾次之，二级和一级智力残疾所占比例最小。

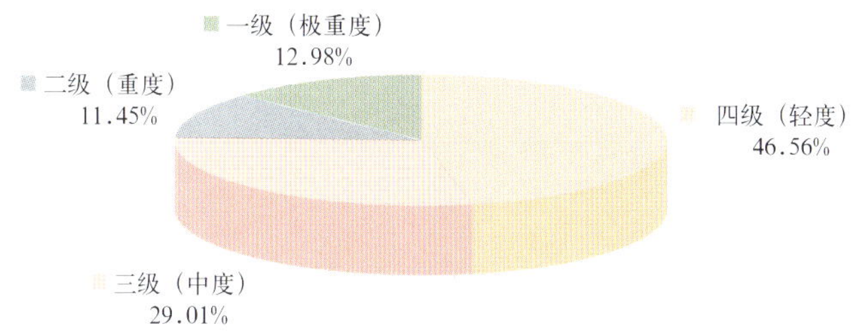

图12 吉林省0～6岁智力残疾儿童残疾严重程度构成

（5）肢体残疾儿童残疾严重程度构成

本次调查确诊的 38 名肢体残疾儿童中，四级肢体残疾（轻度）11 人，占 28.95%；三级肢体残疾（中度）9 人，占 23.68%；二级肢体残疾（重度）7 人，占 18.42%；一级肢体残疾（极重度）11 人，占 28.95%。吉林省 0～6 岁肢体残疾儿童残疾严重程度构成见表 18。

表 18 吉林省 0～6 岁肢体残疾儿童残疾严重程度构成

地区	四级（轻度）		三级（中度）		二级（重度）		一级（极重度）		合计	
	儿童数	构成 %	儿童数	构成 %	儿童数	构成 %	儿童数	构成 %	儿童数	构成 %
四平市	6	35.29	6	35.29	3	17.65	2	11.76	17	100.00
东辽县	5	23.81	3	14.29	4	19.05	9	42.86	21	100.00
合计	11	28.95	9	23.68	7	18.42	11	28.95	38	100.00

图 13 显示了吉林省 0～6 岁肢体残疾儿童残疾严重程度构成情况。

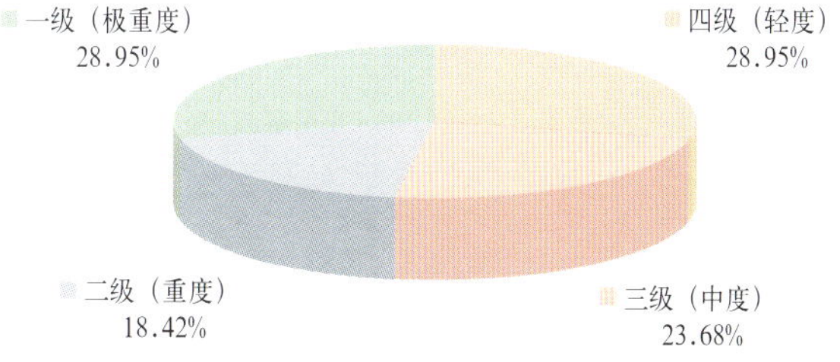

图13 吉林省0～6岁肢体残疾儿童残疾严重程度构成

（6）精神残疾儿童残疾严重程度构成

本次调查确诊的8名精神残疾儿童中，轻度精神残疾3人，占37.50%；中度精神残疾3人，占37.50%；重度精神残疾2人，占25.00%。吉林省0～6岁精神残疾儿童残疾严重程度构成见表19。

表19 吉林省0～6岁儿童精神残疾的严重程度构成

地区	轻度		中度		重度		合计	
	儿童数	构成%	儿童数	构成%	儿童数	构成%	儿童数	构成%
四平市	1	33.33	1	33.33	1	33.33	3	100.00
东辽县	2	40.00	2	40.00	1	20.00	5	100.00
合计	3	37.50	3	37.50	2	25.00	8	100.00

图14显示了吉林省0～6岁精神残疾儿童残疾严重程度构成情况。

图14 吉林省0～6岁精神残疾儿童残疾严重程度构成

（三）残疾儿童的分布特征

1. 地区分布

本次共调查0～6岁儿童10006人，确诊残疾儿童175人，其中四平市73人，占残疾儿童的41.71%，现患率为1.46%；东辽县102人，占残疾儿童的58.29%，现患率为2.04%。吉林省0～6岁残疾儿童分布情况见表20。

表20 吉林省0～6岁残疾儿童分布情况

地区	调查儿童数	残疾儿童数	现患率%	构成%
四平市	5000	73	1.46	41.71
东辽县	5006	102	2.04	58.29
合计	10006	175	1.75	100.00

2. 性别分布

本次调查确诊的175名残疾儿童中，男性101人，占57.71%，现患率为1.91%；女性74人，占42.29%，现患率为1.57%。吉林省0～6岁残疾儿童性别分布情况见表21。

表21 吉林省0～6岁残疾儿童性别分布

地区	男				女				合计			
	调查儿童数	残疾儿童数	现患率%	构成%	调查儿童数	残疾儿童数	现患率%	构成%	调查儿童数	残疾儿童数	现患率%	构成%
四平市	2716	46	1.69	63.01	2284	27	1.18	36.99	5000	73	1.46	100.00
东辽县	2579	55	2.13	53.92	2427	47	1.94	46.08	5006	102	2.04	100.00
合计	5295	101	1.91	57.71	4711	74	1.57	42.29	10006	175	1.75	100.00

3. 年龄分布

在本次调查确诊的175名残疾儿童中，0岁7人，现患率为0.64%，占残疾儿童的4.00%；1岁18人，现患率为1.41%，占10.29%；2岁20人，现患率为1.56%，占11.43%；3岁29人，现患率为2.10%，占16.57%；4岁、5岁、6岁分别为26人、33人和42人，现患率为1.72%、1.94%、2.39%，占14.86%、18.86%和24.00%。吉林省0～6岁残疾儿童年龄分布情况见表22。

表22 吉林省0～6岁残疾儿童年龄分布情况

年龄(岁)	四平市				东辽县				合计			
	调查儿童数	残疾儿童数	现患率%	构成%	调查儿童数	残疾儿童数	现患率%	构成%	调查儿童数	残疾儿童数	现患率%	构成%
0	471	1	0.21	1.37	626	6	0.96	5.88	1097	7	0.64	4.00
1	583	6	1.03	8.22	698	12	1.72	11.76	1281	18	1.41	10.29
2	658	12	1.82	16.44	624	8	1.28	7.84	1282	20	1.56	11.43
3	703	10	1.42	13.70	676	19	2.81	18.63	1379	29	2.10	16.57
4	854	9	1.05	12.33	657	17	2.59	16.67	1511	26	1.72	14.86
5	873	12	1.37	16.44	828	21	2.54	20.59	1701	33	1.94	18.86
6	858	23	2.68	31.50	897	19	2.12	18.63	1755	42	2.39	24.00
合 计	5000	73	1.46	100.00	5006	102	2.04	100.00	10006	175	1.75	100.00

4. 3～6岁残疾儿童学前教育分布

本次调查3～6岁残疾儿童130人，其中41人接受了学前教育，3～6岁残疾儿童接受学前教育率为31.54%。其中3岁、4岁、5岁和6岁分别为4人、6人、10人和21人，接受学前教育率分别为13.79%、23.08%、30.30%和50.00%。吉林省3～6岁残疾儿童接受学前教育状况见表23。

表23 吉林省3～6岁残疾儿童接受学前教育状况

地 区	3 岁			4 岁			5 岁			6 岁			合 计		
	调查儿童数	接受教育儿童数	接受教育率%	调查儿童数	接受教育儿童数	接受教育率%	调查儿童数	接受教育儿童数	接受教育率%	调查儿童数	接受教育儿童数	接受教育率%	调查儿童数	接受教育儿童数	接受教育率%
四平市	10	4	40.00	9	6	66.67	12	6	50.00	23	10	43.48	54	26	48.15
东辽县	19	0	0.00	17	0	0.00	21	4	19.05	19	11	57.89	76	15	19.74
合 计	29	4	13.79	26	6	23.08	33	10	30.30	42	21	50.00	130	41	31.54

5. 残疾儿童父母职业分布

本次调查确诊的175名残疾儿童中，回答父亲职业和母亲职业的有效问卷均为175份。表24、25分别显示了吉林省0～6岁残疾儿童父母职业分布及残疾儿童现患率。

表24 吉林省0～6岁残疾儿童父亲职业分布及残疾儿童现患率

职业	四平市				东辽县				合计			
	调查儿童数	残疾儿童数	现患率%	构成%	调查儿童数	残疾儿童数	现患率%	构成%	调查儿童数	残疾儿童数	现患率%	构成%
专业技术人员	144	1	0.69	1.37	66	0	0.00	0.00	210	1	0.48	0.57
机关干部	413	5	1.21	6.85	9	0	0.00	0.00	422	5	1.18	2.86
办事人员	5	0	0.00	0.00	27	0	0.00	0.00	32	0	0.00	0.00
商业人员	374	8	2.14	10.96	11	1	9.09	0.98	385	9	2.34	5.14
服务人员	17	0	0.00	0.00	17	0	0.00	0.00	34	0	0.00	0.00
农林牧渔	0	0	0.00	0.00	4568	98	2.15	96.08	4568	98	2.15	56.00
工人	3908	57	1.46	78.08	270	3	1.11	2.94	4178	60	1.44	34.29
军人	47	0	0.00	0.00	1	0	0.00	0.00	48	0	0.00	0.00
其他	0	0	0.00	0.00	7	0	0.00	0.00	7	0	0.00	0.00
不在业	77	2	2.60	2.74	16	0	0.00	0.00	93	2	2.15	1.14
合计	4985	73	1.46	100.00	4992	102	2.04	100.00	9977	175	1.75	100.00

表25 吉林省0～6岁残疾儿童母亲职业分布及残疾儿童现患率

职业	四平市				东辽县				合计			
	调查儿童数	残疾儿童数	现患率%	构成%	调查儿童数	残疾儿童数	现患率%	构成%	调查儿童数	残疾儿童数	现患率%	构成%
专业技术人员	248	1	0.40	1.37	85	0	0.00	0.00	333	1	0.30	0.57
机关干部	364	6	1.65	8.22	5	0	0.00	0.00	369	6	1.63	3.43
办事人员	2	0	0.00	0.00	19	0	0.00	0.00	21	0	0.00	0.00
商业人员	442	8	1.81	10.96	15	1	6.67	0.98	457	9	1.97	5.14
服务人员	40	0	0.00	0.00	21	0	0.00	0.00	61	0	0.00	0.00
农林牧渔	0	0	0.00	0.00	4589	98	2.14	96.08	4589	98	2.14	56.00
工人	3580	50	1.40	68.49	176	2	1.14	1.96	3756	52	1.38	29.71
军人	1	0	0.00	0.00	0	0	0.00	0.00	1	0	0.00	0.00
其他	0	0	0.00	0.00	4	0	0.00	0.00	4	0	0.00	0.00
不在业	304	8	2.63	10.96	86	1	1.16	0.98	390	9	2.31	5.14
合计	4981	73	1.47	100.00	5000	102	2.04	100.00	9981	175	1.75	100.00

图15显示了吉林省父母不同职业0～6岁残疾儿童现患率。从中可以看出，父母职业不同，残疾儿童现患率也不同，其中父母职业为商业人员、农林牧渔和不在业的残疾儿童现患率高。

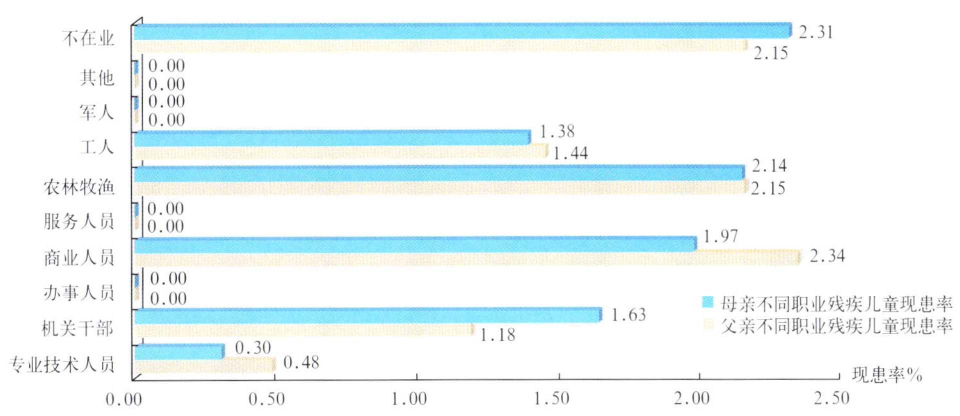

图15　吉林省父母不同职业0～6岁残疾儿童现患率

6．残疾儿童父母文化程度分布

本次调查的175名残疾儿童中，回答父亲文化程度和母亲文化程度的有效问卷均为175份。表26、27分别显示了吉林省0～6岁残疾儿童父母文化程度分布及残疾儿童现患率。

表26　吉林省0～6岁残疾儿童父亲文化程度分布及残疾儿童现患率

文化程度	四平市				东辽县				合计			
	调查儿童数	残疾儿童数	现患率%	构成%	调查儿童数	残疾儿童数	现患率%	构成%	调查儿童数	残疾儿童数	现患率%	构成%
大学大专	755	7	0.93	9.59	76	1	1.32	0.98	831	8	0.96	4.57
高中中专	3427	41	1.20	56.16	274	5	1.82	4.90	3701	46	1.24	26.29
初　中	801	24	3.00	32.88	3556	54	1.52	52.94	4357	78	1.79	44.57
小　学	12	1	8.33	1.37	1040	38	3.65	37.25	1052	39	3.71	22.29
文盲/半文盲	1	0	0.00	0.00	53	4	7.55	3.92	54	4	7.41	2.29
合　计	4996	73	1.46	100.00	4999	102	2.04	100.00	9995	175	1.75	100.00

表27　吉林省0～6岁残疾儿童母亲文化程度分布及残疾儿童现患率

文化程度	四平市				东辽县				合计			
	调查儿童数	残疾儿童数	现患率%	构成%	调查儿童数	残疾儿童数	现患率%	构成%	调查儿童数	残疾儿童数	现患率%	构成%
大学大专	628	8	1.27	10.96	80	0	0.00	0.00	708	8	1.13	4.57
高中中专	3160	35	1.11	47.95	184	3	1.63	2.94	3344	38	1.14	21.71
初　中	1188	27	2.27	36.99	3445	53	1.54	51.96	4633	80	1.73	45.71
小　学	15	3	20.00	4.11	1155	37	3.20	36.27	1170	40	3.42	22.86
文盲/半文盲	0	0	0.00	0.00	138	9	6.52	8.82	138	9	6.52	5.14
合　计	4991	73	1.46	100.00	5002	102	2.04	100.00	9993	175	1.75	100.00

图16显示了吉林省父母不同文化程度0～6岁残疾儿童现患率。从中可以看出，父母文化程度越高，残疾儿童现患率越低。

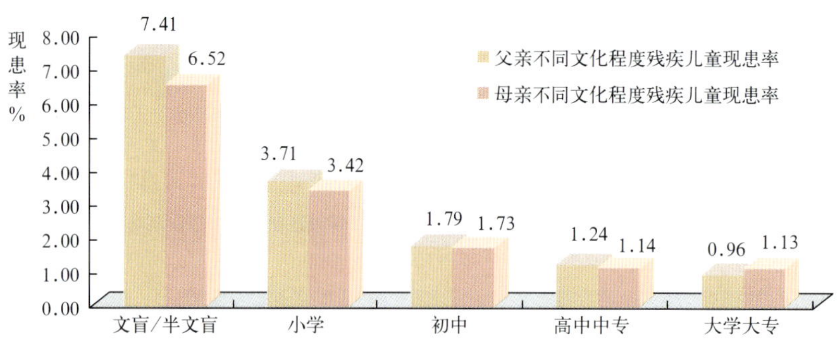

图16 吉林省父母不同文化程度0～6岁残疾儿童现患率

7．残疾儿童家庭年人均收入情况

本次调查确诊的175名残疾儿童中，回答家庭年人均收入的有效问卷175份。表28显示了吉林省0～6岁残疾儿童家庭年人均收入状况及不同家庭年人均收入残疾儿童现患率情况。

表28 吉林省0～6岁残疾儿童家庭年人均收入状况及残疾儿童现患率

年人均收入（元）	四平市				东辽县				合计			
	调查儿童数	残疾儿童数	现患率%	构成%	调查儿童数	残疾儿童数	现患率%	构成%	调查儿童数	残疾儿童数	现患率%	构成%
<500	8	0	0.00	0.00	276	19	6.88	18.63	284	19	6.69	10.86
500～	22	9	40.91	12.33	731	69	9.44	67.65	753	78	10.36	44.57
1000～	887	25	2.82	34.25	3453	11	0.32	10.78	4340	36	0.83	20.57
2000～	1410	16	1.13	21.92	354	2	0.56	1.96	1764	18	1.02	10.29
3000～	1201	20	1.67	27.40	120	1	0.83	0.98	1321	21	1.59	12.00
4000～	670	0	0.00	0.00	26	0	0.00	0.00	696	0	0.00	0.00
5000～	333	1	0.30	1.37	35	0	0.00	0.00	368	1	0.27	0.57
6000～	210	1	0.48	1.37	2	0	0.00	0.00	212	1	0.47	0.57
7000～	84	0	0.00	0.00	5	0	0.00	0.00	89	0	0.00	0.00
8000～	59	0	0.00	0.00	1	0	0.00	0.00	60	0	0.00	0.00
9000～	19	0	0.00	0.00	0	0	0.00	0.00	19	0	0.00	0.00
10000～	97	1	1.03	1.37	3	0	0.00	0.00	100	1	1.00	0.57
合计	5000	73	1.46	100.00	5006	102	2.04	100.00	10006	175	1.75	100.00

图17显示了吉林省不同家庭年人均收入0～6岁残疾儿童现患率情况。从中可以看出，家庭年人均收入低的残疾儿童现患率高。

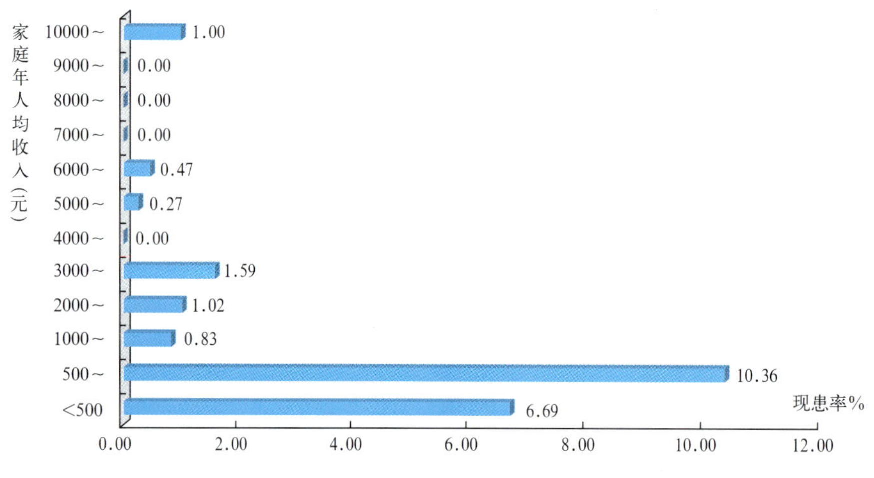

图17 吉林省不同家庭年人均收入0～6岁残疾儿童现患率

（四）五类残疾致残原因

1．听力残疾致残原因

本次调查确诊听力残疾儿童28人，其致残原因见表29。

表29 吉林省0～6岁听力残疾儿童致残原因

顺位	致残原因	四平市		东辽县		合计	
		儿童数	构成%	儿童数	构成%	儿童数	构成%
第一位	不详	12	54.55	2	33.33	14	50.00
第二位	后天耳毒药物	3	13.64	1	16.67	4	14.29
第三位	其他	2	9.09	1	16.67	3	10.71
第四位	家族遗传	1	4.55	1	16.67	2	7.14
第四位	孕期感染／药物	2	9.09	0	0.00	2	7.14
第四位	高烧疾病	1	4.55	1	16.67	2	7.14
第七位	严重畸形	1	4.55	0	0.00	1	3.57
	合计	22	100.00	6	100.00	28	100.00

2．视力残疾致残原因

本次调查确诊视力残疾儿童14人，其致残原因见表30。

表30 吉林省0～6岁视力残疾儿童致残原因

顺位	致残原因	四平市		东辽县		合计	
		儿童数	构成%	儿童数	构成%	儿童数	构成%
第一位	弱视	4	36.36	1	33.33	5	35.71
第二位	先天性白内障	4	36.36	0	0.00	4	28.57
第三位	其他	2	18.18	1	33.33	3	21.43
第四位	视网膜视神经病变	0	0.00	1	33.33	1	7.14
第四位	不详	1	9.09	0	0.00	1	7.14
	合计	11	100.00	3	100.00	14	100.00

3．智力残疾致残原因

本次调查确诊智力残疾儿童131人，其主要致残原因见表31。

表31 吉林省0～6岁智力残疾儿童致残原因

顺位	致残原因	四平市		东辽县		合计	
		儿童数	构成%	儿童数	构成%	儿童数	构成%
第一位	社会文化落后	0	0.00	20	20.83	20	15.27
第二位	不详	7	20.00	10	10.42	17	12.98
第三位	其他遗传病	2	5.71	13	13.54	15	11.45
第四位	产时窒息	5	14.29	6	6.25	11	8.40
第五位	宫内窒息	7	20.00	1	1.04	8	6.11
	合计	21	60.00	50	52.08	71	54.20

4．肢体残疾致残原因

本次调查确诊肢体残疾儿童38人，其致残原因见表32。

表32 吉林省0～6岁肢体残疾儿童致残原因

顺位	致残原因	四平市		东辽县		合计	
		儿童数	构成%	儿童数	构成%	儿童数	构成%
第一位	脑瘫	14	82.35	13	61.90	27	71.06
第二位	其他	1	5.88	3	14.29	4	10.53
第三位	先天性骨关节病	1	5.88	2	9.52	3	7.89
第四位	脊柱裂脊髓损伤	0	0.00	2	9.52	2	5.26
第五位	小儿截肢	0	0.00	1	4.76	1	2.63
第五位	不详	1	5.88	0	0.00	1	2.63
	合计	17	100.00	21	100.00	38	100.00

5．精神残疾致残原因

本次调查确诊精神残疾儿童8人，其致残原因表33。

表33 吉林省0～6岁精神残疾儿童致残原因

顺位	致残原因	四平市		东辽县		合计	
		儿童数	构成%	儿童数	构成%	儿童数	构成%
第一位	孤独症	3	100.00	5	100.00	8	100.00
	合计	3	100.00	5	100.00	8	100.00

（五）残疾儿童康复现状与需求

1．五类残疾儿童康复现状与需求

本次调查确诊残疾儿童175人，儿童残疾219人次（含综合残疾）。其中得到康复的172人次，占78.54%，其康复形式现状见图18；没有得到康复的47人次，占21.46%。在康复需求调查中，发现所有残疾儿童都有康复需求，其康复形式现状与需求之间存在较大差异，其中对特殊机构和普通机构的需求与现状之间差异最大，见图18。

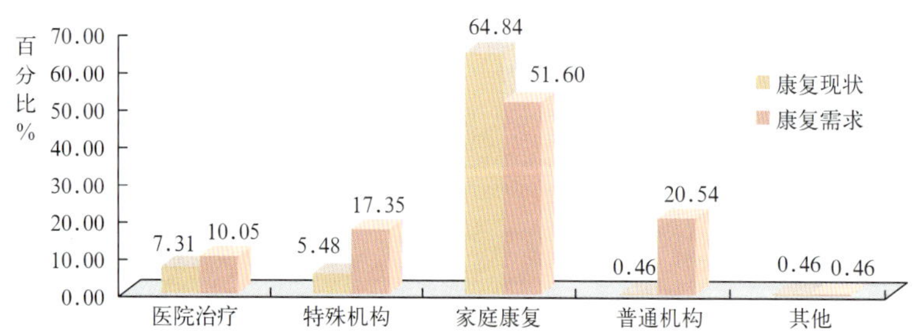

图18 吉林省0～6岁残疾儿童康复形式现状与需求比较

本次调查还对听力、视力、肢体残疾儿童康复器具现状与需求进行了调查，其中有康复器具的55人，占68.75%；没有康复器具的25人，占31.25%。所有听力、视力、肢体残疾儿童都有康复器具需求，其中视力残疾儿童康复器具现状与需求之间差异最大，见图19。

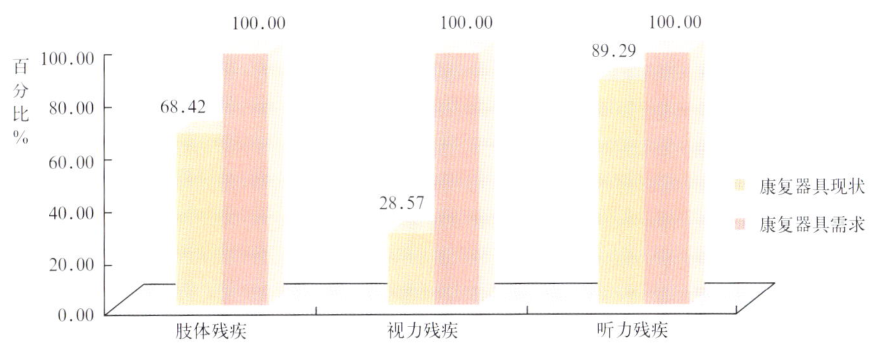

图19 吉林省0～6岁残疾儿童康复器具现状与需求比较

2．听力残疾

（1）康复现状

本次调查确诊28名听力残疾儿童，其康复现状见表34。

表34 吉林省0～6岁听力残疾儿童康复现状

项目		四平市		东辽县		合计	
		儿童数	构成%	儿童数	构成%	儿童数	构成%
康复形式	医院治疗	1	4.55	0	0.00	1	3.57
	特殊机构	10	45.45	0	0.00	10	35.71
	家庭康复	9	40.91	6	100.00	15	53.57
	普通机构	1	4.55	0	0.00	1	3.57
	其他	1	4.55	0	0.00	1	3.57
康复器具	助听器	19	86.36	0	0.00	19	67.86
	其他	0	0.00	6	100.00	6	21.43
	无器具	3	13.64	0	0.00	3	10.71
	合计	22	100.00	6	100.00	28	100.00

（2）康复需求

本次调查确诊28名听力残疾儿童，其康复需求见表35。

表35 吉林省0～6岁听力残疾儿童康复需求

项目		四平市		东辽县		合计	
		儿童数	构成%	儿童数	构成%	儿童数	构成%
康复形式	医院治疗	1	4.55	0	0.00	1	3.57
	特殊机构	14	63.64	5	83.33	19	67.86
	家庭康复	5	22.73	1	16.67	6	21.43
	普通机构	2	9.09	0	0.00	2	7.14
康复器具	助听器	3	13.64	5	83.33	8	28.57
	其他	19	86.36	1	16.67	20	71.43
	合计	22	100.00	6	100.00	28	100.00

（3）康复现状与需求比较

将康复现状与需求进行比较发现，听力残疾儿童康复现状与需求之间存在着较大差异，康复形式中特殊机构的需求与现状之间差异最大，康复器具中对其他器具的需求与现状之间差异最大。

3．视力残疾

（1）康复现状

本次调查确诊14名视力残疾儿童，其康复现状见表36。

表36 吉林省0～6岁视力残疾儿童康复现状

项目		四平市		东辽县		合计	
		儿童数	构成%	儿童数	构成%	儿童数	构成%
康复形式	医院治疗	3	27.27	0	0.00	3	21.43
	家庭康复	1	9.09	3	100.00	4	28.57
	无康复	7	63.64	0	0.00	7	50.00
康复器具	助视器	1	9.09	3	100.00	4	28.57
	无器具	10	90.91	0	0.00	10	71.43
	合计	11	100.00	3	100.00	14	100.00

（2）康复需求

本次调查确诊14名视力残疾儿童，其康复需求见表37。

表37 吉林省0～6岁视力残疾儿童康复需求

项目		四平市		东辽县		合计	
		儿童数	构成%	儿童数	构成%	儿童数	构成%
康复形式	医院治疗	11	100.00	0	0.00	11	78.57
	家庭康复	0	0.00	3	100.00	3	21.43
康复器具	助视器	11	100.00	0	0.00	11	78.57
	其他	0	0.00	3	100.00	3	21.43
	合计	11	100.00	3	100.00	14	100.00

（3）康复现状与需求比较

将康复现状与需求进行比较发现，视力残疾儿童康复现状与需求之间存在着较大差异，康复形式中医院治疗的需求与现状之间差异最大。康复器具中助视器的需求与现状之间差异最大。

4．智力残疾

（1）康复现状

本次调查确诊131名智力残疾儿童，其康复现状见表38。

表38 吉林省0～6岁智力残疾儿童康复现状

康复形式	四平市		东辽县		合计	
	儿童数	构成%	儿童数	构成%	儿童数	构成%
特殊机构	0	0.00	2	2.08	2	1.53
家庭康复	3	8.57	94	97.92	97	74.05
无康复	32	91.43	0	0.00	32	24.43
合计	35	100.00	96	100.00	131	100.00

（2）康复需求

本次调查确诊131名智力残疾儿童，其康复需求见表39。

表39 吉林省0～6岁智力残疾儿童康复需求

康复形式	四平市		东辽县		合计	
	儿童数	构成%	儿童数	构成%	儿童数	构成%
医院治疗	0	0.00	2	2.08	2	1.53
特殊机构	5	14.29	14	14.58	19	14.50
家庭康复	30	85.71	37	38.54	67	51.15
普通机构	0	0.00	43	44.79	43	32.82
合计	35	100.00	96	100.00	131	100.00

（3）康复现状与需求比较

将康复现状与需求进行比较发现，智力残疾儿童康复现状与需求之间存在着很大的差异，从中可以看出，智力残疾儿童对特殊机构康复和普通机构康复存在有巨大的需求。

5．肢体残疾

（1）康复现状

本次调查确诊38名肢体残疾儿童，其康复现状见表40。

表40 吉林省0～6岁肢体残疾儿童康复现状

项目		四平市		东辽县		合计	
		儿童数	构成%	儿童数	构成%	儿童数	构成%
康复形式	医院治疗	9	52.94	3	14.29	12	31.58
	家庭康复	4	23.53	17	80.95	21	55.26
	无康复	4	23.53	1	4.76	5	13.16
康复器具	矫形器	1	5.88	0	0.00	1	2.63
	轮椅	1	5.88	0	0.00	1	2.63
	其他	10	58.82	14	66.67	24	63.16
	无器具	5	29.41	7	33.33	12	31.58
	合计	17	100.00	21	100.00	38	100.00

（2）康复需求

本次调查确诊38名肢体残疾儿童，其康复需求见表41。

表41 吉林省0~6岁肢体残疾儿童康复需求

项目		四平市		东辽县		合计	
		儿童数	构成%	儿童数	构成%	儿童数	构成%
康复形式	医院治疗	5	29.41	3	14.29	8	21.05
	家庭康复	12	70.59	17	80.95	29	76.32
	其他	0	0.00	1	4.76	1	2.63
康复器具	矫形器	1	5.88	0	0.00	1	2.63
	轮椅	3	17.65	0	0.00	3	7.89
	拐杖	3	17.65	1	4.76	4	10.53
	其他	10	58.82	20	95.24	30	78.95
	合计	17	100.00	21	100.00	38	100.00

（3）康复现状与需求之间的比较

将康复现状与需求进行比较发现，肢体残疾儿童康复现状与需求之间存在一定的差距，康复形式中家庭康复的需求与现状之间差异最大，康复器具中其他器具的需求与现状之间差异最大。

6．精神残疾

（1）康复现状

本次调查确诊8名精神残疾儿童，其康复现状见表42。

42 吉林省0~6岁精神残疾儿童康复形式

康复形式	四平市		东辽县		合计	
	儿童数	构成%	儿童数	构成%	儿童数	构成%
家庭康复	0	0.00	5	100.00	5	62.50
无康复	3	100.00	0	0.00	3	37.50
合计	3	100.00	5	100.00	8	100.00

（2）康复需求

本次调查确诊8名精神残疾儿童，其康复需求见表43。

表43 吉林省0~6岁精神残疾儿童康复需求

康复形式	四平市		东辽县		合计	
	儿童数	构成%	儿童数	构成%	儿童数	构成%
家庭康复	3	100.00	5	100.00	8	100.00
合计	3	100.00	5	100.00	8	100.00

（3）康复现状与需求比较

将康复现状与需求进行比较发现，精神残疾儿童康复现状与需求之间存在着很大的差异，康复形式中对家庭康复的需求与现状之间差异最大。

三、吉林省0～6岁残疾儿童一般危险因素分析

（一）残疾儿童一般危险因素

将0～6岁儿童按是否残疾与居住地、性别、民族、是否接受学前教育、父母是否近亲婚配、是否是独生子女、年龄、父母职业、父母文化程度、父母婚姻状况、家庭年人均收入以及儿童抚养状况等变量进行单因素分析，结果见表44。

表44可见，是否接受学前教育、父母文化程度、婚姻状况和家庭年人均收入等对儿童残疾有影响。

表44　0～6岁残疾儿童一般危险因素的单因素分析

因　素	分 组	x^2	P	OR	95% 可信区间	
					下限	上限
居住地	城市1，农村0	2.908	0.088	0.766	0.563	1.042
性　别	男1，女2	1.596	0.206	0.820	0.602	1.116
民　族	汉1，其他2	3.015	0.082	1.763	0.922	3.370
学前教育	有1，无2	76.782	0.000**	4.615	3.174	6.710
近亲婚配状况	非近亲1，近亲2	0.034	0.853	1.000	1.000	1.000
是否独生子女	是1，否0	7.480	0.006	0.572	0.382	0.858
年　龄	0～6岁	15.825	0.015	—	—	—
父亲职业	10组[1]	9.891	0.359	—	—	—
母亲职业	10组[1]	11.864	0.221	—	—	—
父亲文化程度	5组[2]	36.425	0.000**	—	—	—
母亲文化程度	5组[2]	39.533	0.000**	—	—	—
父母婚姻状况	5组[3]	109.260	0.000**	—	—	—
家庭年人均收入	6组[4]	12.864	0.025*	—	—	—
抚养状况	6组[5]	4.206	0.240	—	—	—

$*P < 0.05$　$**P < 0.01$

注：[1]职业：0=不在业，1=专业技术人员，2=机关干部，3=办事人员，4=商业人员，5=服务人员，6=农林牧渔，7=工人，8=军人，9=其他

[2]文化程度：1=大学大专，2=高中中专，3=初中，4=小学，5=文盲/半文盲

[3]婚姻状况：1=初婚，2=再婚，3=丧偶，4=离婚，5=其他

[4]家庭年人均收入：1=<1000元，2=1000元～，3=3000元～，4=5000元～，5=7000元～，6=9000元～

[5]抚养状况：1=父和母，2=父或母，3=祖父母，4=其他亲属，5=国家集体，6=其他

（二）听力残疾一般危险因素

0～6岁儿童按是否听力残疾与居住地、性别、民族、是否接受学前教育、父母是否近亲婚配、是否是独生子女、年龄、父母职业、父母文化程度、父母婚姻状况、家庭年人均收入以及儿童抚养状况等变量进行单因素分析，结果见表45。

表45可见，是否接受学前教育、母亲职业和家庭年人均收入等对儿童听力残疾有影响。

表 45　0～6 岁听力残疾儿童一般危险因素单因素分析

因　素	分 组	x^2	P	OR	95% 可信区间	
					下限	上限
居住地	城市 1，农村 0	11.758	0.003	—	—	—
性　别	男 1，女 2	0.966	0.617	—	—	—
民　族	汉 1，其他 2	0.039	0.981	—	—	—
学前教育	有 1,无 2	14.305	0.000**	4.807	1.957	11.807
近亲婚配状况	非近亲 1，近亲 2	0.006	0.997	—	—	—
是否独生子女	是 1，否 2	0.441	0.802	—	—	—
年　龄	0～6 岁	20.919	0.052	—	—	—
父亲职业	10 组[1]	15.611	0.620	—	—	—
母亲职业	10 组[1]	42.199	0.001**	—	—	—
父亲文化程度	5 组[2]	13.637	0.092	—	—	—
母亲文化程度	5 组[2]	12.527	0.251	—	—	—
父母婚姻状况	5 组[3]	0.378	1.000	—	—	—
家庭年人均收入	6 组[4]	39.439	0.000**	—	—	—
抚养状况	6 组[5]	0.370	0.999	—	—	—

*P ＜ 0.05 **P ＜ 0.01

注：[1]职业： 0= 不在业，1= 专业技术人员，2= 机关干部，3= 办事人员，4= 商业人员，5= 服务人员，6= 农林牧渔，7= 工人，8= 军人，9= 其他

[2]文化程度： 1= 大学大专， 2= 高中中专，3= 初中，4= 小学，5= 文盲 / 半文盲

[3]婚姻状况：1= 初婚， 2= 再婚，3= 丧偶，4= 离婚，5= 其他

[4]家庭年人均收入：1=<1000 元，2=1000 元～，3=3000 元～，4=5000 元～，5=7000 元～，6=9000 元～

[5]抚养状况： 1= 父和母， 2= 父或母，3= 祖父母，4= 其他亲属，5= 国家集体，6= 其他

（三）视力残疾一般危险因素

0～6 岁儿童按是否视力残疾与居住地、性别、民族、是否接受学前教育、父母是否近亲婚配、是否是独生子女、年龄、父母职业、父母文化程度、父母婚姻状况、家庭年人均收入以及儿童抚养状况等变量进行单因素分析，结果见表 46。

表 46 可见，母亲的职业和家庭年人均收入对儿童视力残疾有影响。

表 46　0～6 岁视力残疾儿童一般危险因素的单因素分析

因　素	分　组	x^2	P	OR	95% 可信区间	
					下限	上限
居住地	城市 1，农村 0	4.787	0.091	—	—	—
性　别	男 1，女 2	1.278	0.538	—	—	—
民　族	汉 1，其他 2	0.510	0.775	—	—	—
学前教育	有 1，无 2	0.004	0.948	0.958	0.247	3.701
近亲婚配状况	非近亲 1，近亲 2	0.003	0.999	—	—	—
是否独生子女	是 1，否 0	0.250	0.883	—	—	—
年　龄	0～6 岁	11.969	0.448	—	—	—
父亲职业	10 组[1]	17.058	0.519	—	—	—
母亲职业	10 组[1]	46.064	0.000**	—	—	—
父亲文化程度	5 组[2]	3.520	0.898	—	—	—
母亲文化程度	5 组[2]	4.803	0.904	—	—	—
父母婚姻状况	5 组[3]	0.188	1.000	—	—	—
家庭年人均收入	6 组[4]	23.394	0.009**	—	—	—
抚养情况	6 组[5]	7.191	0.304	—	—	—

* P ＜ 0.05 ** P ＜ 0.01

注：[1]职业： 0= 不在业，1= 专业技术人员，2= 机关干部，3= 办事人员，4= 商业人员，5= 服务人员，6= 农林牧渔，7= 工人，8= 军人，9= 其他

[2]文化程度： 1= 大学大专，2= 高中中专，3= 初中，4= 小学，5= 文盲 / 半文盲

[3]婚姻状况：1= 初婚，2= 再婚，3= 丧偶，4= 离婚，5= 其他

[4]家庭年人均收入：1=<1000 元，2=1000 元～，3=3000 元～，4=5000 元～，5=7000 元～，6=9000 元～

[5]抚养状况： 1= 父和母，2= 父或母，3= 祖父母，4= 其他亲属，5= 国家集体，6= 其他

（四）智力残疾一般危险因素

0～6 岁儿童按是否智力残疾与居住地、性别、民族、是否接受学前教育、父母是否近亲婚配、是否是独生子女、年龄、父母职业、父母文化程度、父母婚姻状况、家庭年人均收入以及儿童抚养状况等变量进行单因素分析，结果见表 47。

表 47 可见，是否接受学前教育、家庭居住地、是否是独生子女、父母职业、父母文化程度、父母婚姻状况和家庭年人均收入对儿童智力残疾有影响。

表47　0～6岁智力残疾儿童一般危险因素的单因素分析

因　素	分　组	x^2	P	OR	95% 可信区间	
					下限	上限
居住地	城市 1，农村 0	24.324	0.000**	—	—	—
性　别	男 1，女 2	2.187	0.335	—	—	—
民　族	汉 1，其他 2	1.414	0.307	—	—	—
学前教育	有 1，无 2	80.394	0.000**	6.341	4.000	10.052
近亲婚配状况	非近亲 1，近亲 2	0.026	0.987	—	—	—
是否独生子女	是 1，否 0	11.019	0.004**	—	—	—
年　龄	0～6 岁	16.850	0.155	—	—	—
父亲职业	10 组[1]	32.498	0.019*	—	—	—
母亲职业	10 组[1]	61.171	0.000**	—	—	—
父亲文化程度	5 组[2]	66.220	0.000**	—	—	—
母亲文化程度	5 组[2]	64.918	0.000**	—	—	—
父母婚姻状况	5 组[3]	63.764	0.000**	—	—	—
家庭年人均收入	6 组[4]	39.089	0.000**	—	—	—
抚养情况	6 组[5]	0.471	0.998	—	—	—

* P < 0.05 ** P < 0.01

注：[1]职业：0= 不在业，1= 专业技术人员，2= 机关干部，3= 办事人员，4= 商业人员，5= 服务人员，6= 农林牧渔，7= 工人，8= 军人，9= 其他

[2]文化程度：1= 大学大专，2= 高中中专，3= 初中，4= 小学，5= 文盲 / 半文盲

[3]婚姻状况：1= 初婚，2= 再婚，3= 丧偶，4= 离婚，5= 其他

[4]家庭年人均收入：1=<1000 元，2=1000 元～，3=3000 元～，4=5000 元～，5=7000 元～，6=9000 元～

[5]抚养状况：1= 父和母，2= 父或母，3= 祖父母，4= 其他亲属，5= 国家集体，6= 其他

（五）肢体残疾一般危险因素

0～6岁儿童按是否肢体残疾与居住地、性别、民族、是否接受学前教育、父母是否近亲婚配、是否是独生子女、年龄、父母职业、父母文化程度、父母婚姻状况、家庭年人均收入以及儿童抚养状况等变量进行单因素分析，结果见表48。

表48可见，是否接受学前教育、母亲职业、父母婚姻状况和家庭年人均收入对儿童肢体残疾有影响。

表 48　0～6 岁肢体残疾儿童一般危险因素的单因素分析

因　素	分　组	x^2	P	OR	95% 可信区间	
					下限	上限
居住地	城市 1，农村 0	1.104	0.576	—	—	—
性　别	男 1，女 2	1.912	0.385	—	—	—
民　族	汉 1，其他,2	5.580	0.061	—	—	—
学前教育	有 1，无 2	7.364	0.007**	2.852	1.292	6.293
近亲婚配状况	非近亲 1，近亲 2	0.008	0.996	—	—	—
是否独生子女	是 1，否 0	4.317	0.116	—	—	—
年　龄	0～6 岁	13.854	0.310	—	—	—
父亲职业	10 组[1]	4.978	0.999	—	—	—
母亲职业	10 组[1]	31.967	0.022*	—	—	—
父亲文化程度	5 组[2]	11.590	0.170	—	—	—
母亲文化程度	5 组[2]	16.763	0.080	—	—	—
父母婚姻状况	5 组[3]	270.437	0.000**	—	—	—
家庭年人均收入	6 组[4]	20.182	0.028*	—	—	—
抚养状况	6 组[5]	5.915	0.430	—	—	—

* P < 0.05 ** P < 0.01

注：[1]职业：　0= 不在业，1= 专业技术人员，2= 机关干部，3= 办事人员，4= 商业人员，5= 服务人员，6= 农林牧渔，7= 工人，8= 军人，9= 其他

[2]文化程度：　1= 大学大专，2= 高中中专，3= 初中，4= 小学，5= 文盲 / 半文盲

[3]婚姻状况：1= 初婚，2= 再婚，3= 丧偶，4= 离婚，5= 其他

[4]家庭年人均收入：1=<1000 元，2=1000 元～，3=3000 元～，4=5000 元～，5=7000 元～，6=9000 元～

[5]抚养状况：　1= 父和母，2= 父或母，3= 祖父母，4= 其他亲属，5= 国家集体，6= 其他

（六）精神残疾一般危险因素

0～6 岁儿童按是否精神残疾与居住地、性别、民族、是否接受学前教育、父母是否近亲婚配、是否是独生子女、年龄、父母职业、父母文化程度、父母婚姻状况、家庭年人均收入以及儿童抚养状况等变量进行单因素分析，结果见表 49。

表 49 可见，儿童性别、是否接受学前教育和家庭年人均收入对儿童精神残疾有影响。

表 49 0～6 岁精神残疾儿童一般危险因素的单因素分析

因　素	分　组	x^2	P	OR	95% 可信区间	
					下限	上限
居住地	城市 1，农村 0	0.183	0.668	—	—	—
性　别	男 1，女 2	7.155	0.007**	0.528	0.517	0.538
民　族	汉 1，其他 2	0.307	0.580	—	—	—
学前教育	有 1，无 2	13.413	0.000**	0.309	0.297	0.320
近亲婚配状况	非近亲 1，近亲 2	0.001	0.976	1.000	1.000	1.000
是否独生子女	是 1，否 0	1.334	0.248	0.402	0.081	1.993
年　龄	0～6 岁	4.663	0.588	—	—	—
父亲职业	10 组[1]	1.111	0.999	—	—	—
母亲职业	10 组[1]	2.700	0.952	—	—	—
父亲文化程度	5 组[2]	3.512	0.476	—	—	—
母亲文化程度	5 组[2]	0.115	0.998	—	—	—
父母婚姻状况	5 组[3]	0.115	0.998	—	—	—
家庭年人均收入	6 组[4]	13.282	0.021*	—	—	—
抚养状况	6 组[5]	0.110	0.991	—	—	—

* P < 0.05 ** P < 0.01

注：[1]职业： 0= 不在业，1= 专业技术人员，2= 机关干部，3= 办事人员，4= 商业人员，5= 服务人员，6= 农林牧渔，7= 工人，8= 军人，9= 其他

[2]文化程度： 1= 大学大专，2= 高中中专，3= 初中，4= 小学，5= 文盲 / 半文盲

[3]婚姻状况：1= 初婚，2= 再婚，3= 丧偶，4= 离婚，5= 其他

[4]家庭年人均收入：1=<1000 元，2=1000 元～，3=3000 元～，4=5000 元～，5=7000 元～，6=9000 元～

[5]抚养状况： 1= 父和母，2= 父或母，3= 祖父母，4= 其他亲属，5= 国家集体，6= 其他

（七）综合残疾一般危险因素

0～6 岁儿童按是否有综合残疾与居住地、性别、民族、是否接受学前教育、父母是否近亲婚配、是否是独生子女、年龄、父母职业、父母文化程度、父母婚姻状况、家庭年人均收入以及儿童抚养状况等变量进行单因素分析，结果见表 50。

表 50 可见，居住地、民族、是否是独生子女、年龄、父母职业、父母文化程度、父母婚姻状况和儿童抚养状况等都对儿童综合残疾有影响。

表 50　0～6 岁综合残疾儿童一般危险因素的单因素分析

因　素	分　组	x^2	P	OR	95% 可信区间	
					下限	上限
居住地	城市 1，农村 0	681.767	0.000*	0.151	0.129	0.177
性　别	男 1，女 2	0.227	0.634	1.029	0.914	1.159
民　族	汉 1，其他 2	6.966	0.008**	1.683	1.139	2.487
学前教育	有 1，无 2	0.136	0.713	0.896	0.499	1.608
近亲婚配状况	非近亲 1，近亲 2	2.552	0.110	—	—	—
是否独生子女	是 1，否 0	79.127	0.000**	0.271	0.199	0.368
年　龄	0～6 岁	3983.44	0.000**	—	—	—
父亲职业	10 组[1]	605.403	0.000**	—	—	—
母亲职业	10 组[1]	592.052	0.000**	—	—	—
父亲文化程度	5 组[2]	412.625	0.000**	—	—	—
母亲文化程度	5 组[2]	422.074	0.000**	—	—	—
父母婚姻状况	5 组[3]	6.282	0.020*	—	—	—
家庭年人均收入	6 组[4]	36.533	0.179	—	—	—
抚养状况	6 组[5]	4.346	0.226*	—	—	—

* P ＜ 0.05　** P ＜ 0.01

注：[1]职业： 0= 不在业，1= 专业技术人员，2= 机关干部，3= 办事人员，4= 商业人员，5= 服务人员，6= 农林牧渔，7= 工人，8= 军人，9= 其他

[2]文化程度： 1= 大学大专， 2= 高中中专，3= 初中，4= 小学，5= 文盲 / 半文盲

[3]婚姻状况：1= 初婚，2= 再婚，3= 丧偶，4= 离婚，5= 其它

[4]家庭年人均收入：1=<1000 元，2=1000 元～，3=3000 元～，4=5000 元～，5=7000 元～，6=9000 元～

[5]抚养状况： 1= 父和母，2= 父或母，3= 祖父母，4= 其他亲属，5= 国家集体，6= 其他

讨　论

一、本次调查样本的代表性

参见总报告。

二、吉林省 0～6 岁残疾儿童状况

（一）0～6 岁残疾儿童现患率

本次共调查了 10006 名 0～6 岁儿童，经专业诊断方法的确诊，确诊残疾儿童 175 人，0～6 岁儿童的残疾现患率为 1.749%。

（二）0～6 岁五类残疾儿童现患率

本次调查发现，听力残疾现患率为 0.28%、视力残疾现患率为 0.14%、智力残疾现患率为 1.31%、肢体残疾现患率为 0.38%、精神残疾现患率为 0.08%，综合残疾现患率为 0.42%。在五类残疾中，智力残疾所占比例最高，其他依次为肢体残疾、听力残疾、视力残疾和精神残疾。

（三）0～6岁残疾儿童的分布特征

从地区分布来看，城市0～6岁残疾儿童现患率为1.46%，农村0～6岁残疾儿童的现患率为2.04%，农村高于城市。

从性别分布来看，0～6岁男性残疾儿童现患率为1.91%，女性残疾儿童现患率为1.57%，男性高于女性。

从年龄分布来看，儿童残疾现患率有随年龄增长而增高的趋势，0岁组最低，6岁组最高。这可能与某些残疾随着儿童年龄增大后才逐渐被发现有关，也可能与年龄增大暴露于损伤的风险增多或目前使用的筛查、诊断量表对年龄较小的儿童不够敏感有关。

（四）0～6岁残疾儿童的致残原因

本次调查中，听力残疾前五位致残原因依次是不祥、后天耳毒药物、其他、家族遗传、孕期感染／药物和高烧疾病。视力残疾前五位致残原因依次弱视、先天性白内障、其他、视网膜视神经病变和不祥。智力残疾前五位致残原因依次是社会文化落后、不祥、其他遗传病、产时窒息和宫内窒息。肢体残疾前五位致残原因依次是脑瘫、其他、先天性骨关节病、脊柱裂脊髓损伤、小儿截肢和不祥。精神残疾致残原因是孤独症。

（五）0～6岁残疾儿童学前教育状况

随着年龄增大，残疾儿童接受学前教育的比例逐渐增高，但接受学前教育率明显低于正常儿童，且随年龄增大，差距更加明显。本次调查还发现，农村残疾儿童接受学前教育状况与城市残疾儿童相比存在较大差距，不容乐观。

（六）0～6岁残疾儿童康复现状与需求

吉林省0～6岁残疾儿童康复现状不容乐观，21.46%的残疾儿童没有得到任何形式的康复；31.25%的残疾儿童没有任何康复器具。

本次调查显示，不同种类的残疾儿童康复现状也有较大差异。听力和肢体残疾儿童得到康复的比例较高，这主要得益于近15年来我国实施了三个残疾人事业五年计划纲要，广泛开展了聋儿语训和残疾人康复训练与服务工作。但视力残疾儿童和精神残疾儿童的康复现状不容乐观，50.00%的视力残疾儿童和37.50%的精神残疾儿童没有得到任何形式的康复。

政 策 建 议

一、高度重视残疾预防工作

残疾的发生同妇幼保健整体水平和临床技术水平的高低有着密切的关系。因此，应加强妇幼保健工作，特别是农村，提高各级妇幼保健人员的专业技术水平；增加妇幼保健经费的投入；加强农村产科建设，配备妇产科医生，提高产科服务质量。同时，政府有关部门应制定相关法律法规，采取措施，提高妇幼保健水平，建立残疾预防工作机制，预防和减少残疾发生。

二、大力加强社区残疾儿童康复和学前教育工作

实施早期干预，重点就是要抓好残疾儿童的康复训练和学前教育。绝大多数0～6岁残疾儿童生活在家庭、社区，就近就便在家庭或社区得到康复训练和康复服务以及学前教育是他们的迫切需要。应通过康复机构或家庭，广泛开展残疾儿童康复训练与教育，探索孤独症儿童和脑瘫儿童的康复训练与教育的途径与方法。开展社区康复人员和家长培训，使他们掌握康复方法以及特殊教育的基本知识，同时帮助残疾儿童家长增强康复意识，使残疾儿童补偿功能，普遍得到康复服务。

三、建立健全残疾儿童早期干预有效机制

建立早发现、早干预、早康复监控系统，完善新生儿筛查和早发现制度，根据残疾儿童的具体情况，由专门机构进行转介服务，制定治疗和康复方案，及早对残疾儿童实施早期干预。

四、加大康复工作宣传力度

利用各种媒体宣传残疾预防及残疾儿童早期干预的重要意义和基本常识，特别是要加强对农村围产期保健工作的宣传，增强农村孕、产妇的自我保健意识和残疾儿童家长的康复教育意识。同时，加大对残疾儿童康复教育工作的投入，为残疾儿童创造良好的康复教育环境，提高残疾儿童的身心素质和生存质量，为残疾儿童早日回归社会主流创造条件。

参考文献

1. 国务院人口普查办公室、国家统计局人口和社会科技统计司. 中国2000年人口普查资料. 北京：中国统计出版社，2002年.

2. 国家统计局. 中国统计年鉴. 北京：中国统计出版社，2002年.

3. 国家统计局. 1992年中国儿童情况抽样调查——国家级最终报告. 北京：中国统计出版社，1993年.

4. 中国残疾人抽样调查办公室. 中国1987年残疾人抽样调查资料，1989年.

5. 郭建模主编. 残疾人工作基本知识读本. 北京：华夏出版社，2002年.

6. 国务院残疾人工作协调委员会秘书处. 中国残疾人事业“八五”计划纲要与配套实施方案. 北京：华夏出版社，1992年.

7. 国务院残疾人工作协调委员会秘书处. 中国残疾人事业“九五”计划纲要与配套实施方案. 北京：华夏出版社，1996年.

8. 国务院残疾人工作协调委员会秘书处. 中国残疾人事业“十五”计划纲要与配套实施方案，2001年.

9. 卓大宏. 中国残疾预防学. 北京：华夏出版社，1998年.

21

河南省报告

前　言

儿童是祖国的未来和希望，他们的身心健康直接关系到民族的素质和国家的前途。提高人口素质是我国政府一贯高度关注的问题。为了提高人口素质，减少残疾发生和改善残疾人群的生存质量等问题，政府先后出台了一系列法律、法规及相关文件，并将其列入优先解决的重要工作内容。通过三个五年《实施方案》和残疾预防措施的实施，残疾发生率、致残原因和康复需求尤其是残疾儿童的状况发生了很大的变化。为了了解中国残疾儿童的现状，掌握儿童残疾的发生率、致残原因、康复现状及需求，为制定残疾儿童的相关政策以及为残疾儿童进行康复服务提供科学依据，在联合国儿童基金会资助下，卫生部、公安部、中国残联和国家统计局于2001年组织了中国0～6岁残疾儿童抽样调查。河南省漯河市、西华县进行了听力、视力、智力、肢体、精神等五类残疾的抽样调查，经过各级政府及相关部门的通力合作，在全体工作人员的辛勤工作及各级基层组织和广大人民群众的密切配合下，完成了各项工作。现将研究结果报告如下：

调查对象与方法

一、调查对象

本次调查的对象为河南省2001年6月1日以前出生的0～6岁儿童。

二、抽样方法

本次调查采用多阶段分层、不等比例、整群随机抽样方法进行抽样。抽样步骤如下：

（一）市（县）的抽取

河南省随机抽取一个地级市——漯河市和一个县——西华县。

（二）街道（乡、镇）的抽取

根据漯河市和西华县统计局颁布的1999年各街道（乡、镇）国民经济生产总值排序，分成三层，漯河市和西华县分别按经济发展水平随机抽取经济发达、中等发达和欠发达的街道（乡、镇）各一个。

（三）调查对象的抽取

经济发达和欠发达的街道各抽取12个整群，中等的街道抽取16个整群（125名儿童为一整群）；经济发达和欠发达的乡（镇）各抽取6个整群，中等的抽取8个整群（250名儿童为一整群）。据此，漯河市抽取40个整群，西华县抽取20个整群。河南省共抽取60个整群，总样本量应为10000人。

三、残疾标准和残疾筛查、诊断方法

参见总报告。

四、调查人员

调查人员由河南省0～6岁残疾儿童抽样调查专家组、现场调查人员、资料分析人员以及各级卫生、公安、残联等有关部门行政管理人员、被调查地区现场服务人员组成。

河南省0～6岁残疾儿童抽样调查专家组由河南省相关领域中具有丰富临床及流行病学调查经验的专家组成，现场调查人员由调查市县耳鼻喉科、眼科、儿科、骨科、精神科等相关专业人员组成。

五、现场调查及工作流程

参见总报告。

六、质量控制

（一）组织措施

河南省卫生厅、公安厅、残联联合下发了《关于在漯河市、西华县进行0～6岁残疾儿童抽样调查工作的通知》等文件，成立了河南省0～6岁残疾儿童抽样调查领导小组，制定工作计划和方案，召开了全省0～6岁残疾儿童抽样调查动员会，部署调查工作。漯河市、西华县也相应成立了由卫生、公安、残联及有关部门参加的抽样调查领导小组，负责本地区抽样调查组织领导工作，按照中国0～6岁残疾儿童抽样调查领导小组下达的任务和要求，抽取调查地区，并组织落实，成立了由技术人员和管理人员组成的调查队，实施现场调查。被调查的街道（乡、镇）、居（村）委会指定专人负责，积极主动做好各项工作，从人力、物力上支持抽样调查工作，并在现场做好组织协调工作，确保调查按计划进行。

（二）现场调查人员及培训

本次调查筛查人员由经过培训的具有医师以上职称的专业人员组成；诊断人员均为经过中央级培训的具有主治医师以上职称的专业人员。

对调查人员采取中央、地方两级培训。

1．中央培训

河南省选派了妇幼保健、眼科、骨科、耳鼻喉科、儿童心理等专业医生参加了中央培训班，接受了中国0～6岁残疾儿童抽样调查筛查和诊断方法的培训，经一致性测验均符合要求。

2．地方培训

河南省进行了二级培训，对参加现场调查的筛查人员进行筛查表格填写和筛查方法的培训，培训结束时进行了一致性测验，测验结果均达到95%的设计要求。

（三）督导与抽查

河南省0～6岁残疾儿童抽样调查专家组深入调查现场，对漯河市、西华县抽样调查工作进行了检查指导，对填写的各类抽样调查表逐一审核，并按照设计要求，省专家组在漯河市、西华县的样本中随机抽取5%进行重新调查，各项指标均达到设计标准。

河南省上报的筛查表和诊断表经全国0～6岁残疾儿童抽样调查专家组逐一审核，符合要求。

（四）资料的分析处理

参见总报告。

结　果

一、基本情况

（一）调查地区人口数和调查儿童家庭人口情况

本次调查了河南省漯河市和西华县，调查地区总人口333.0万，共调查9622户家庭，调查家庭总人口为34500人，调查家庭子女数为13539人，平均每户子女数1.41人。调查0～6岁儿童10044人，调查儿童占调查家庭子女数的74.19%。调查残疾户182户，残疾户占调查户的1.89%。河南省调查地区总人口和调查儿童家庭情况见表1。

表1　河南省调查地区总人口和调查家庭情况

地　区	调查地区总人口（万）	调查家庭户数	调查家庭人口数	家庭子女数	平均家庭子女数	调查儿童数	调查儿童占家庭子女数比例%	残疾户数	残疾户所占比例%
漯河市	247.0	4952	16173	5224	1.05	4999	95.69	93	1.87
西华县	86.0	4670	18327	8315	1.78	5045	60.67	89	1.91
合　计	333.0	9622	34500	13539	1.41	10044	74.19	182	1.89

（二）0～6岁儿童性别构成

本次调查0～6岁儿童10044人，男性5757人，女性4287人，男女性别比为134.29：100。河南省0～6岁儿童性别构成情况见表2。图1显示了0～6岁儿童的性别构成情况。

表2 河南省0～6岁儿童性别构成

地　区	男		女		合计		性别比
	调查儿童数	构成%	调查儿童数	构成%	调查儿童数	构成%	男：女
漯河市	2701	54.03	2298	45.97	4999	100.00	117.54：100
西华县	3056	60.57	1989	39.43	5045	100.00	153.65：100
合　计	5757	57.32	4287	42.68	10044	100.00	134.29：100

图1 河南省0～6岁儿童性别构成

（三）0～6岁儿童年龄构成

本次调查的0～6岁儿童10044人中，0岁组1187人，占11.82%；1岁组1670人，占16.63%；2岁组1495人，占14.88%；3岁组1379人，占13.73%；4岁组1360人，占13.54%；5岁组1590人，占15.83%；6岁组1363人，占13.57%。河南省0～6岁儿童年龄构成情况见表3。图2显示了0～6岁儿童的年龄构成情况。

表3 河南省0～6岁儿童年龄构成

年龄（岁）	漯河市		西华县		合计	
	调查儿童数	构成%	调查儿童数	构成%	调查儿童数	构成%
0	669	13.38	518	10.27	1187	11.82
1	872	17.44	798	15.82	1670	16.63
2	796	15.92	699	13.86	1495	14.88
3	705	14.10	674	13.36	1379	13.73
4	695	13.90	665	13.18	1360	13.54
5	752	15.04	838	16.61	1590	15.83
6	510	10.20	853	16.91	1363	13.57
合计	4999	100.00	5045	100.00	10044	100.00

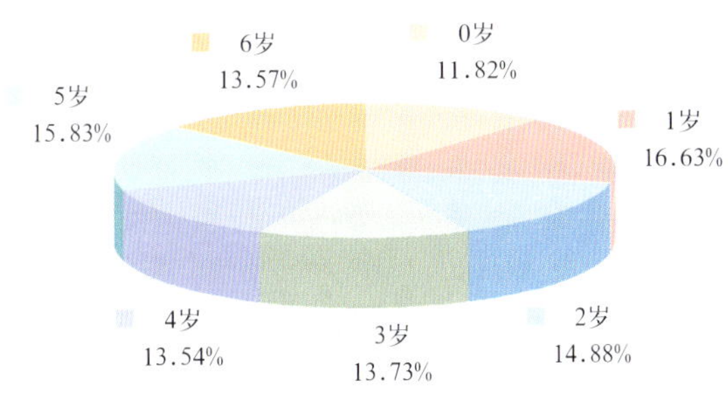

图2 河南省0～6岁儿童年龄构成

（四）3～6岁儿童学前教育情况

本次调查了3～6岁儿童5692人，其中3910人接受了学前教育，3～6岁儿童接受学前教育率为68.69%。其中，3岁、4岁、5岁和6岁儿童接受学前教育率分别为55.04%、59.04%、74.15%和85.77%。河南省3～6岁儿童接受学前教育状况见表4。

表4 河南省3～6岁儿童接受学前教育状况

地区	3岁			4岁			5岁			6岁			合计		
	调查儿童数	接受教育儿童数	接受教育率%	调查儿童数	接受教育儿童数	接受教育率%	调查儿童数	接受教育儿童数	接受教育率%	调查儿童数	接受教育儿童数	接受教育率%	调查儿童数	接受教育儿童数	接受教育率%
漯河市	705	694	98.44	695	687	98.85	752	746	99.20	510	506	99.22	2662	2633	98.91
西华县	674	65	9.64	665	116	17.44	838	433	51.67	853	663	77.73	3030	1277	42.15
合计	1379	759	55.04	1360	803	59.04	1590	1179	74.15	1363	1169	85.77	5692	3910	68.69

图 3 显示了 3～6 岁儿童学前教育入学率，从中可以看出，3～6 岁儿童接受学前教育率随着年龄的增高而逐年提高。

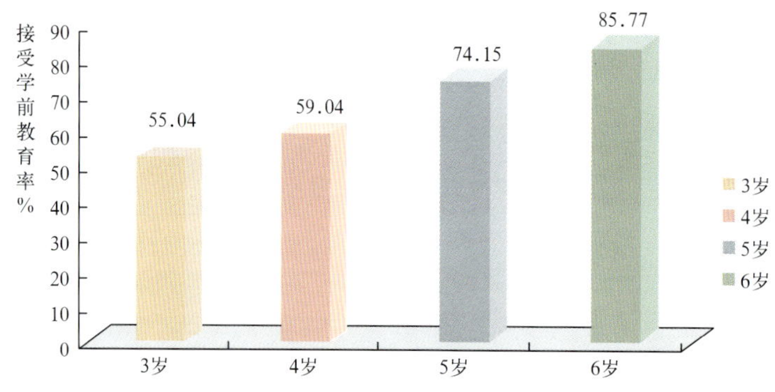

图3 河南省3～6岁儿童接受学前教育率

（五）0～6 岁儿童父母职业状况

本次调查中，回答父亲职业的有效问卷 10036 份，0～6 岁儿童父亲职业构成情况见表 5。

表 5 河南省 0～6 岁儿童父亲职业构成

职　业	漯河市		西华县		合　计	
	调查儿童数	构成 %	调查儿童数	构成 %	调查儿童数	构成 %
专业技术人员	217	4.35	37	0.73	254	2.53
机关干部	435	8.72	1	0.02	436	4.34
办事人员	145	2.91	36	0.71	181	1.80
商业人员	265	5.31	35	0.69	300	2.99
服务人员	17	0.34	0	0.00	17	0.17
农林牧渔	1	0.02	4912	97.36	4913	48.95
工　人	2839	56.88	21	0.42	2860	28.50
军　人	56	1.12	0	0.00	56	0.56
其　他	1016	20.36	3	0.06	1019	10.15
不在业	0	0.00	0	0.00	0	0.00
合　计	4991	100.00	5045	100.00	10036	100.00

本次调查中，回答母亲职业的有效问卷 10037 份，0～6 岁儿童母亲职业构成情况见表 6。

图 4 显示了河南省 0～6 岁儿童父亲和母亲职业的构成情况。

表6 河南省0～6岁儿童母亲职业构成

职业	漯河市		西华县		合计	
	调查儿童数	构成%	调查儿童数	构成%	调查儿童数	构成%
专业技术人员	229	4.59	36	0.71	265	2.64
机关干部	284	5.69	0	0.00	284	2.83
办事人员	97	1.94	33	0.65	130	1.30
商业人员	257	5.15	29	0.57	286	2.85
服务人员	42	0.84	0	0.00	42	0.42
农林牧渔	0	0.00	4926	97.64	4926	49.08
工人	2640	52.88	19	0.38	2659	26.49
军人	3	0.06	0	0.00	3	0.03
其他	1440	28.85	2	0.04	1442	14.37
不在业	0	0.00	0	0.00	0	0.00
合计	4992	100.00	5045	100.00	10037	100.00

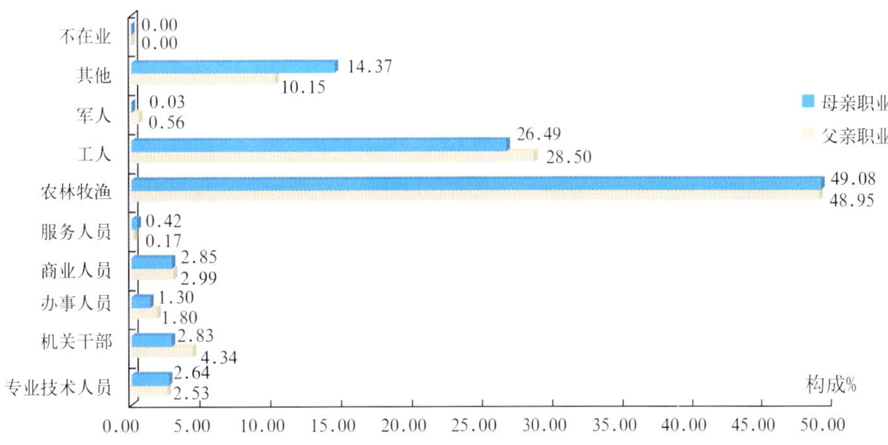

图4 河南省0～6岁儿童父母职业构成情况

（六）0～6岁儿童父母文化程度状况

本次调查中，回答父亲文化程度的有效问卷10042份，回答母亲文化程度的有效问卷10041份，0～6岁儿童父母文化程度构成情况见表7。

表7 河南省0～6岁儿童父母文化程度构成

文化程度	漯河市				西华县				合计			
	父亲		母亲		父亲		母亲		父亲		母亲	
	调查儿童数	构成%	调查儿童数	构成%	调查儿童数	构成%	调查儿童数	构成%	调查儿童数	构成%	调查儿童数	构成%
大学大专	976	19.52	707	14.15	58	1.15	47	0.93	1034	10.30	754	7.51
高中中专	2467	49.35	2415	48.34	265	5.25	202	4.00	2732	27.21	2617	26.06
初中	1521	30.43	1820	36.43	3243	64.31	2881	57.11	4764	47.44	4701	46.82
小学	32	0.64	49	0.98	1357	26.91	1698	33.66	1389	13.83	1747	17.40
文盲/半文盲	3	0.06	5	0.10	120	2.38	217	4.30	123	1.22	222	2.21
合计	4999	100.00	4996	100.00	5043	100.00	5045	100.00	10042	100.00	10041	100.00

图5显示了0～6岁儿童父母文化程度的构成情况。图中看见，0～6岁儿童的父母均以初中和高中文化程度所占比例最高，文盲／半文盲比例最低。

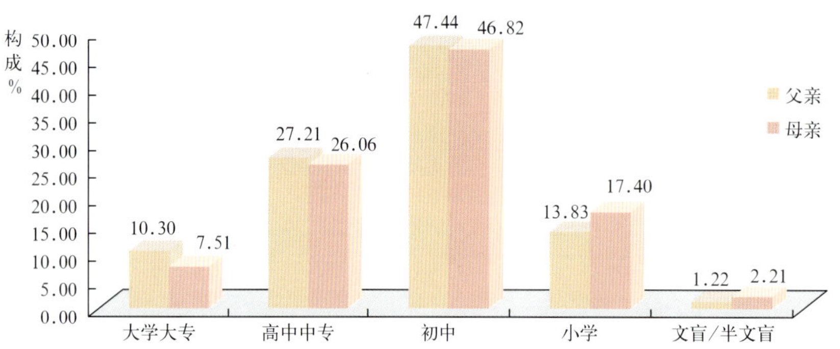

图5 河南省0～6岁儿童父母文化程度构成

（七）0～6岁儿童家庭年人均收入状况

本次调查的10044名0～6岁儿童中，其家庭年人均收入状况构成情况见表8。图6显示了河南省0～6岁儿童家庭年人均收入状况。

表8 河南省0～6岁儿童家庭年人均收入状况

年人均收入(元)	漯河市		西华县		合 计	
	调查儿童数	构成 %	调查儿童数	构成 %	调查儿童数	构成 %
<500	2	0.04	2	0.04	4	0.04
500～	0	0.00	52	1.03	52	0.52
1000～	36	0.72	3381	67.02	3417	34.02
2000～	312	6.24	1594	31.60	1906	18.98
3000～	909	18.18	10	0.20	919	9.15
4000～	1079	21.58	4	0.08	1083	10.78
5000～	1306	26.13	1	0.02	1307	13.01
6000～	1082	21.64	0	0.00	1082	10.77
7000～	110	2.20	0	0.00	110	1.10
8000～	119	2.38	1	0.02	120	1.19
9000～	7	0.14	0	0.00	7	0.07
10000～	37	0.74	0	0.00	37	0.37
合 计	4999	100.00	5045	100.00	10044	100.00

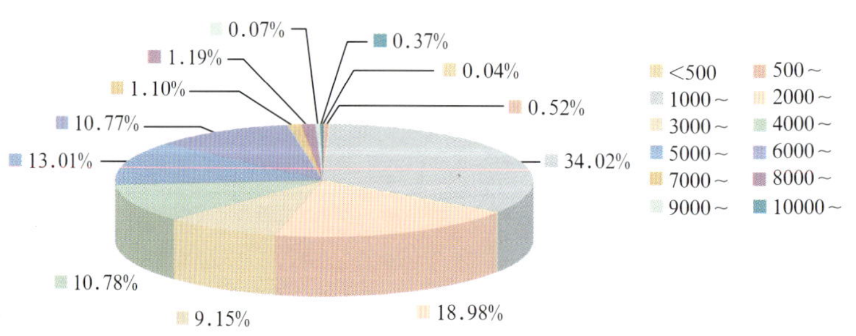

图6 河南省0～6岁儿童家庭年人均收入构成

二、0～6岁残疾儿童流行特征

（一）筛查及现患情况

1．筛查阳性率及现患率

本次共调查0～6岁儿童10044人，筛查出可疑残疾301人，筛查阳性率为3.00%；确诊残疾儿童183人，残疾现患率为1.822%。表9显示了河南省0～6岁残疾儿童筛查阳性及现患情况。

表9　河南省0～6岁儿童残疾筛查阳性及现患情况

地　区	调查儿童数	筛查情况		确诊情况	
		阳性儿童数	阳性率 %	确诊儿童数	现患率 %
漯河市	4999	181	3.62	94	1.880
西华县	5045	120	2.38	89	1.764
合　计	10044	301	3.00	183	1.822

2．五类残疾现患率

0～6岁儿童五类残疾筛查阳性率、现患率见表10。

表10　河南省0～6岁儿童五类残疾筛查阳性及现患情况

残疾种类	漯河市				西华县				合　计			
	筛查情况		确诊情况		筛查情况		确诊情况		筛查情况		确诊情况	
	阳性数	阳性率 %	确诊人次	现患率 %	阳性数	阳性率 %	确诊人次	现患率 %	阳性数	阳性率 %	确诊人次	现患率 %
听力残疾	34	0.68	20	0.40	11	0.22	6	0.12	45	0.45	26	0.26
视力残疾	26	0.52	8	0.16	11	0.22	2	0.04	37	0.37	10	0.10
智力残疾	76	1.52	49	0.98	72	1.43	61	1.21	148	1.47	110	1.10
肢体残疾	32	0.64	22	0.44	40	0.79	35	0.69	72	0.72	57	0.57
精神残疾	27	0.54	9	0.18	6	0.12	5	0.10	33	0.33	14	0.08
合　计	195*	3.90*	108*	2.16*	140*	2.78*	109*	2.16*	335*	3.34*	217*	2.16*

注：* 含综合残疾，调查总儿童数10044人（漯河市4999人　西华县5045人）。

3．综合残疾现患情况

本次调查共确诊综合残疾儿童34人，综合残疾现患率为0.34%。表11显示了河南省综合残疾儿童的现患率及构成情况。

表11　河南省0～6岁残疾儿童综合残疾现患率及构成

地　区	调查儿童数	双重残疾		三重残疾		四重残疾		合计		现患率 %
		儿童数	构成 %	儿童数	构成 %	儿童数	构成 %	儿童数	构成 %	
漯河市	4999	14	100.00	0	0.00	0	0.00	14	100.00	0.28
西华县	5045	19	95.00	1	5.00	0	0.00	20	100.00	0.40
总　计	10044	33	97.06	1	2.94	0	0.00	34	100.00	0.34

（二）五类残疾构成及残疾严重程度

1．五类残疾构成

本次调查共确诊残疾儿童183人，儿童残疾217人次（含综合残疾），听力残疾26人，占儿童残疾的11.98%，视力残疾10人，占儿童残疾的4.61%，智力残疾110人，占儿童残疾的50.69%，肢体残疾57人，占儿童残疾的26.27%，精神残疾14人，占儿童残疾的6.45%。0～6岁残疾儿童五类残疾构成见表12。

表12 河南省0～6岁残疾儿童五类残疾构成

残疾种类	漯河市		西华县		合　计	
	残疾儿童数	构成 %	残疾儿童数	构成 %	残疾儿童数	构成 %
听力残疾	20	18.52	6	5.50	26	11.98
视力残疾	8	7.41	2	1.83	10	4.61
智力残疾	49	45.37	61	55.96	110	50.69
肢体残疾	22	20.37	35	32.11	57	26.27
精神残疾	9	8.33	5	4.59	14	6.45
合　计	108*	100.00	109*	100.00	217*	100.00

＊含综合残疾

图7显示了河南省0～6岁残疾儿童五类残疾构成情况。由图可见，以智力残疾所占比例最高，肢体残疾次之，听力残疾占第三位，精神残疾和视力残疾所占比例最低。

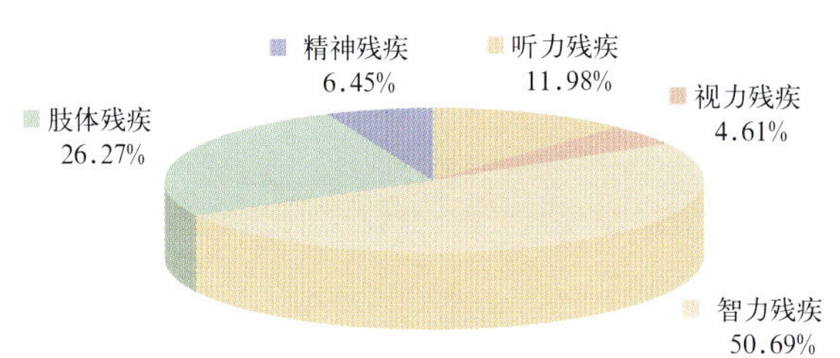

图7 河南省0～6岁残疾儿童五类残疾构成

2．单一残疾和综合残疾构成

本次调查共确诊残疾儿童183人，其中单一残疾儿童149人，占81.42%，综合残疾儿童34人，占18.58%。河南省0～6岁残疾儿童单一残疾和综合残疾构成见表13。

表13 河南省0～6岁残疾儿童单一残疾和综合残疾构成

地　区	单一残疾		综合残疾		合　计	
	儿童数	构成 %	儿童数	构成 %	儿童数	构成 %
漯河市	80	85.11	14	14.89	94	100.00
西华县	69	77.53	20	22.47	89	100.00
合　计	149	81.42	34	18.58	183	100.00

图8显示了河南省0～6岁残疾儿童单一残疾和综合残疾的构成情况。从中可见，在所有的残疾中，综合残疾占有一定比例。

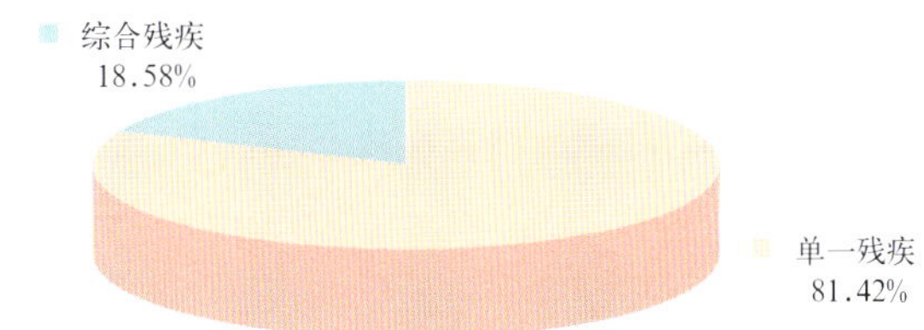

图8 河南省0～6岁残疾儿童单一残疾与综合残疾构成

3．残疾严重程度构成

（1）五类残疾儿童残疾严重程度构成

本次调查确诊的儿童残疾217人次中，极重度（包括一级聋、一级盲、一级智力残疾、一级肢体残疾）3人次，占1.38%；重度（包括二级聋、二级盲、二级智力残疾、二级肢体残疾、重度精神残疾）37人次，占17.05%；中度（包括一级重听、一级低视力、三级智力残疾、三级肢体残疾、中度精神残疾）52人次，占23.96%；轻度（包括二级重听、二级低视力、四级智力残疾、四级肢体残疾、轻度精神残疾）125人次，占57.60%。表14显示了河南省0～6岁五类残疾儿童残疾严重程度构成情况。

表14 河南省0～6岁五类残疾儿童残疾严重程度构成

残疾种类	极重度		重　度		中　度		轻　度		合　计	
	儿童数	构成 %	儿童数	构成 %	儿童数	构成 %	儿童数	构成 %	儿童数	构成 %
听力残疾	0	0.00	20	76.92	3	11.54	3	11.54	26	100.00
视力残疾	0	0.00	0	0.00	2	20.00	8	80.00	10	100.00
智力残疾	3	2.73	11	10.00	23	20.91	73	66.36	110	100.00
肢体残疾	0	0.00	5	8.77	23	40.35	29	50.88	57	100.00
精神残疾	–	–	1	7.14	1	7.14	12	85.71	14	100.00
合　计	3*	1.38	37*	17.05	52*	23.96	125*	57.60	217*	100.00

* 含综合残疾

图9显示了河南省0～6岁五类残疾儿童残疾严重程度构成情况。从中可见，轻度残疾所占比例最大，中度残疾次之，重度残疾和极重度残疾所占比例最小。

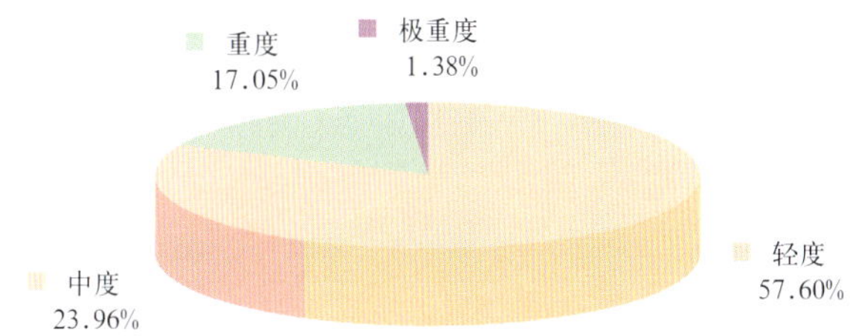

图9 河南省0～6岁五类残疾儿童残疾严重程度构成

（2）听力残疾儿童残疾严重程度构成

本次调查共确诊听力残疾儿童26名，其中二级重听（轻度）3人，占11.54%；一级重听（中度）3人，占11.54%；二级聋（重度）20人，占76.92%；一级聋（极重度）0人。河南省0～6岁听力残疾儿童残疾严重程度构成情况见表15。

表15 河南省0～6岁听力残疾儿童残疾严重程度构成

地区	二级重听（轻度）		一级重听（中度）		二级聋（轻度）		一级聋（极重度）		合计	
	儿童数	构成%	儿童数	构成%	儿童数	构成%	儿童数	构成%	儿童数	构成%
漯河市	0	0.00	1	5.00	19	95.00	0	0.00	20	100.00
西华县	3	50.00	2	33.33	1	16.67	0	0.00	6	100.00
合计	3	11.54	3	11.54	20	76.92	0	0.00	26	100.00

图10显示了河南省0～6岁听力残疾儿童残疾严重程度构成情况。

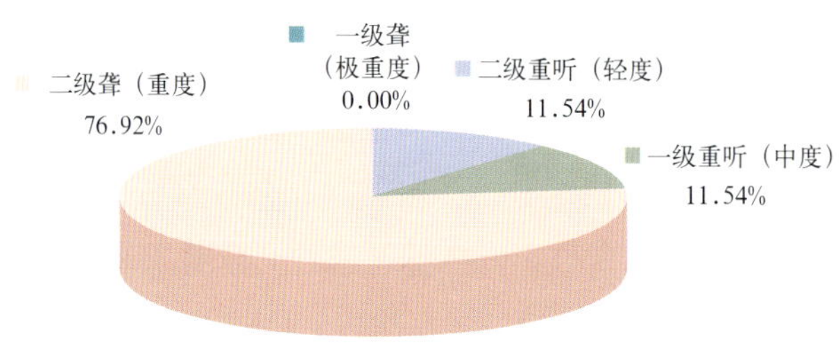

图10 河南省0～6岁听力残疾儿童残疾严重程度构成

（3）视力残疾儿童残疾严重程度构成

本次调查的10名视力残疾儿童中，二级低视力（轻度）8人，占80.00%，一级低视力（中度）2人，占20.00%。河南省0～6岁视力残疾儿童残疾严重程度构成情况见表16。

表16 河南省0～6岁视力残疾儿童残疾严重程度构成

地区	二级低视力(轻度)		一级低视力(中度)		二级盲(重度)		一级盲(极重度)		合计	
	儿童数	构成%	儿童数	构成%	儿童数	构成%	儿童数	构成%	儿童数	构成%
漯河市	7	87.50	1	12.50	0	0.00	0	0.00	8	100.00
西华县	1	50.00	1	50.00	0	0.00	0	0.00	2	100.00
合计	8	80.00	2	20.00	0	0.00	0	0.00	10	100.00

图11显示了河南省0～6岁视力残疾儿童残疾严重程度构成情况。

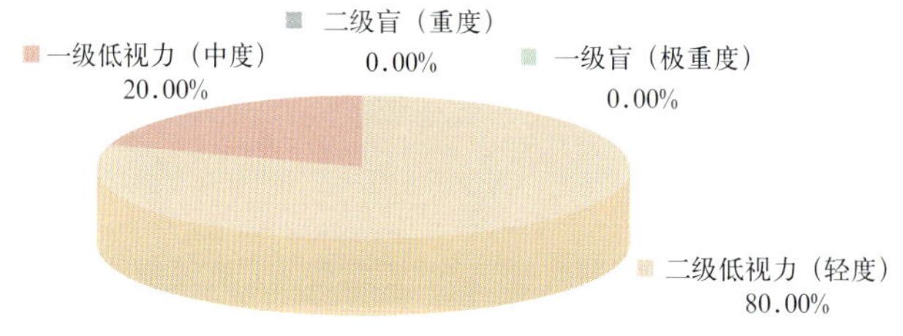

图11 河南省0～6岁视力残疾儿童残疾严重程度构成

（4）智力残疾儿童残疾严重程度构成

本次调查的110名智力残疾儿童中，四级智力残疾（轻度）73人，占66.36%，三级智力残疾（中度）23人，占20.91%，二级智力残疾（重度）11人，占10.00%，一级智力残疾（极重度）3人，占2.73%。河南省0～6岁智力残疾儿童残疾严重程度构成情况见表17。

表17 河南省0～6岁智力残疾儿童残疾严重程度构成

地　区	四级(轻度)		三级（中度）		二级（重度）		一级（极重度）		合　计	
	儿童数	构成 %	儿童数	构成 %	儿童数	构成 %	儿童数	构成 %	儿童数	构成 %
漯河市	45	91.84	2	4.08	2	4.08	0	0.00	49	100.00
西华县	28	45.90	21	34.43	9	14.75	3	4.92	61	100.00
合　计	73	66.36	23	20.91	11	10.00	3	2.73	110	100.00

图12显示了河南省0～6岁智力残疾儿童残疾严重程度构成情况。从中可见，四级智力残疾所占比例最大，三级和二级智力残疾次之，一级智力残疾所占比例最小。

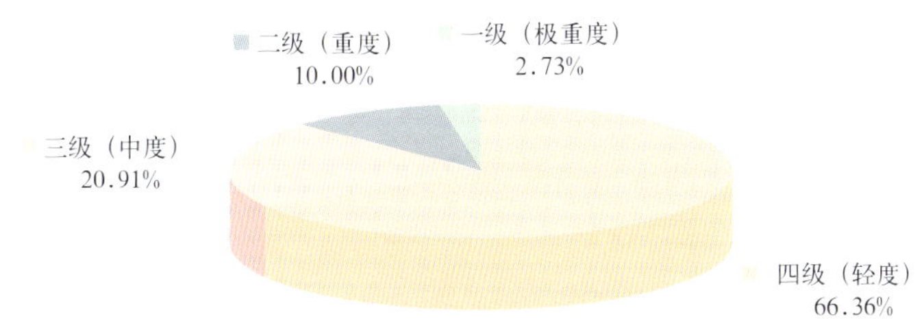

图12 河南省0～6岁智力残疾儿童残疾严重程度构成

（5）肢体残疾儿童残疾严重程度构成

本次调查的57名肢体残疾儿童中，四级肢体残疾（轻度）29人，占50.88%，三级肢体残疾（中度）23人，占40.35%，二级肢体残疾（重度）5人，占8.77%，一级肢体残疾（极重度）0人。河南省0～6岁肢体残疾儿童残疾严重程度构成情况见表18。

表18 河南省0～6岁肢体残疾儿童残疾严重程度构成

地　区	四级（轻度）		三级（中度）		二级（重度）		一级（极重度）		合　计	
	儿童数	构成 %	儿童数	构成 %	儿童数	构成 %	儿童数	构成 %	儿童数	构成 %
漯河市	16	72.73	4	18.18	2	9.09	0	0.00	22	100.00
西华县	13	37.14	19	54.29	3	8.57	0	0.00	35	100.00
合　计	29	50.88	23	40.35	5	8.77	0	0.00	57	100.00

图13显示了0～6岁肢体残疾儿童残疾严重程度构成情况。从中可见，四级和三级肢体残疾所占比例最大，二级肢体残疾所占比例较小，本次调查没有发现一级肢体残疾儿童。

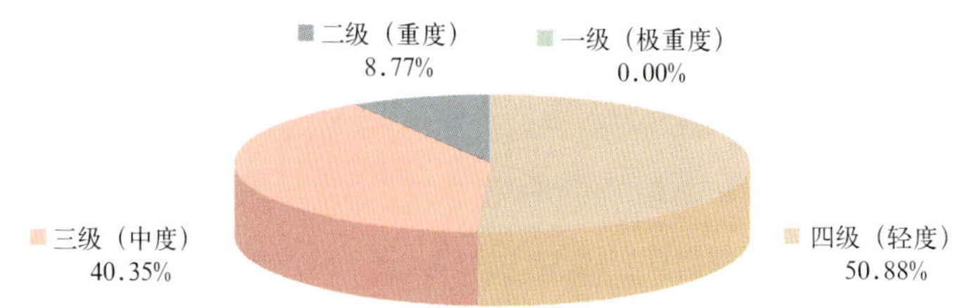

图13 河南省0～6岁肢体残疾儿童残疾严重程度构成

（6）精神残疾儿童残疾严重程度构成

本次调查的14名精神残疾儿童中，轻度精神残疾12人，占85.71%，中度精神残疾1人，占7.14%，重度精神残疾1人，占7.14%。河南省0～6岁精神残疾儿童残疾严重程度构成情况见表19。

表19 河南省0～6岁精神残疾儿童残疾严重程度构成

地区	轻度		中度		重度		合计	
	儿童数	构成 %	儿童数	构成 %	儿童数	构成 %	儿童数	构成 %
漯河市	8	88.89	0	0.00	1	11.11	9	100.00
西华县	4	80.00	1	20.00	0	0.00	5	100.00
合计	12	85.71	1	7.14	1	7.14	14	100.00

图14显示了河南省0～6岁精神残疾儿童残疾严重程度构成。

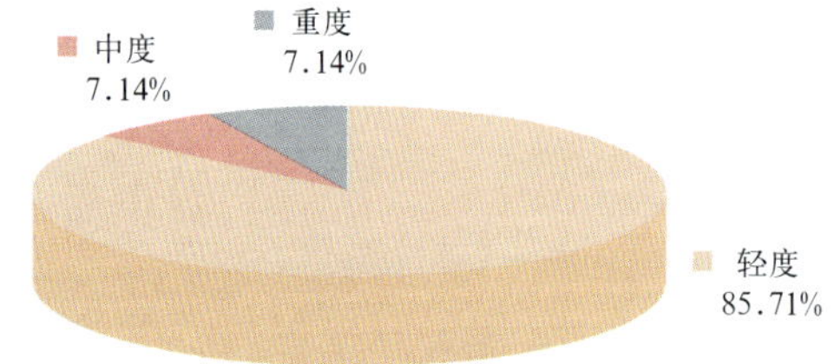

图14 河南省0～6岁精神残疾儿童残疾严重程度构成

（三）残疾儿童的分布特征

1. 地区分布

本次共调查10044名0～6岁儿童，确诊残疾儿童183名，其中漯河市94人，占残疾儿童的51.37%，现患率为1.88%；西华县89人，占残疾儿童的48.63%，现患率为1.76%。河南省0～6岁残疾儿童分布情况见表20。

表20 河南省0～6岁残疾儿童分布情况

地区	调查儿童数	残疾儿童数	现患率 %	构成 %
漯河市	4999	94	1.88	51.37
西华县	5045	89	1.76	48.63
合计	10044	183	1.82	100.00

2. 性别分布

本次调查确诊的183名残疾儿童中，男性109人，占59.56%，现患率为1.89%；女性74人，占40.44%，现患率为1.73%。河南省0～6岁残疾儿童性别分布情况见表21。

表21 河南省0～6岁残疾儿童性别分布

地区	男				女				合计			
	调查儿童数	残疾儿童数	现患率%	构成%	调查儿童数	残疾儿童数	现患率%	构成%	调查儿童数	残疾儿童数	现患率%	构成%
漯河市	2701	56	2.07	59.57	2298	38	1.65	40.43	4999	94	1.88	100.00
西华县	3056	53	1.73	59.55	1989	36	1.81	40.45	5045	89	1.76	100.00
合计	5757	109	1.89	59.56	4287	74	1.73	40.44	10044	183	1.82	100.00

3. 年龄分布

在本次调查的183名残疾儿童中，0岁11人，现患率为0.93%，占6.01%，1岁19人，现患率为1.14%，占10.38%，2岁20人，现患率为1.34%，占10.93%；3岁19人，现患率为1.38%，占10.38%；4岁、5岁、6岁分别为39人、41人和34人，现患率为2.87%、2.58%、2.49%，占21.31%、22.40%和18.58%。河南省0～6岁残疾儿童年龄分布情况见表22。

表22 河南省0～6岁残疾儿童年龄分布情况

年龄（岁）	漯河市				西华县				合计			
	调查儿童数	残疾儿童数	现患率%	构成%	调查儿童数	残疾儿童数	现患率%	构成%	调查儿童数	残疾儿童数	现患率%	构成%
0	669	1	0.15	1.06	518	10	1.93	11.24	1187	11	0.93	6.01
1	872	8	0.92	8.51	798	11	1.38	12.36	1670	19	1.14	10.38
2	796	11	1.38	11.70	699	9	1.29	10.11	1495	20	1.34	10.93
3	705	13	1.84	13.83	674	6	0.89	6.74	1379	19	1.38	10.38
4	695	20	2.88	21.28	665	19	2.86	21.35	1360	39	2.87	21.31
5	752	25	3.32	26.60	838	16	1.91	17.98	1590	41	2.58	22.40
6	510	16	3.14	17.02	853	18	2.11	20.22	1363	34	2.49	18.58
合计	4999	94	1.88	100.00	5045	89	1.76	100.00	10044	183	1.82	100.00

4. 3～6岁残疾儿童学前教育分布

本次调查3～6岁残疾儿童133名，其中76名接受了学前教育，3～6岁残疾儿童接受学前教育率为57.14%。其中3岁、4岁、5岁和6岁分别为13人、19人、24人、20人，接受学前教育率分别为68.42%、48.72%、58.54%和58.82%。河南省3～6岁残疾儿童接受学前教育状况见表23。

表23 河南省3～6岁残疾儿童学前教育状况

地区	3岁			4岁			5岁			6岁			合计		
	调查儿童数	接受教育儿童数	接受教育率%	调查儿童数	接受教育儿童数	接受教育率%	调查儿童数	接受教育儿童数	接受教育率%	调查儿童数	接受教育儿童数	接受教育率%	调查儿童数	接受教育儿童数	接受教育率%
漯河市	13	13	100.00	20	18	90.00	25	21	84.00	16	14	87.50	74	66	89.19
西华县	6	0	0.00	19	1	5.26	16	3	18.75	18	6	33.33	59	10	16.95
合计	19	13	68.42	39	19	48.72	41	24	58.54	34	20	58.82	133	76	57.14

5．残疾儿童父母职业分布

本次调查的183名残疾儿童中，回答父亲职业和母亲职业的有效问卷均为182份。表24、25分别显示了河南省0～6岁残疾儿童父母职业分布及残疾儿童现患率。

表24 河南省0～6岁残疾儿童父亲职业分布及残疾儿童现患率

职业	漯河市				西华县				合计			
	调查儿童数	残疾儿童数	现患率%	构成%	调查儿童数	残疾儿童数	现患率%	构成%	调查儿童数	残疾儿童数	现患率%	构成%
专业技术人员	217	1	0.46	1.08	37	0	0.00	0.00	254	1	0.39	0.55
机关干部	435	2	0.46	2.15	1	0	0.00	0.00	436	2	0.46	1.10
办事人员	145	1	0.69	1.08	36	0	0.00	0.00	181	1	0.55	0.55
商业人员	265	4	1.51	4.30	35	1	2.86	1.12	300	5	1.67	2.75
服务人员	17	0	0.00	0.00	0	0	0.00	0.00	17	0	0.00	0.00
农林牧渔	1	1	100.00	1.08	4912	88	1.79	98.88	4913	89	1.81	48.90
工人	2839	64	2.25	68.82	21	0	0.00	0.00	2860	64	2.24	35.16
军人	56	1	1.79	1.08	0	0	0.00	0.00	56	1	1.79	0.55
其他	1016	19	1.87	20.43	3	0	0.00	0.00	1019	19	1.86	10.44
不在业	0	0	0.00	0.00	0	0	0.00	0.00	0	0	0.00	0.00
合计	4991	93	1.86	100.00	5045	89	1.76	100.00	10036	182	1.81	100.00

表25 河南省0～6岁残疾儿童母亲职业分布及残疾儿童现患率

职业	漯河市				西华县				合计			
	调查儿童数	残疾儿童数	现患率%	构成%	调查儿童数	残疾儿童数	现患率%	构成%	调查儿童数	残疾儿童数	现患率%	构成%
专业技术人员	229	1	0.44	1.08	36	0	0.00	0.00	265	1	0.38	0.55
机关干部	284	2	0.70	2.15	0	0	0.00	0.00	284	2	0.70	1.10
办事人员	97	2	2.06	2.15	33	0	0.00	0.00	130	2	1.54	1.10
商业人员	257	3	1.17	3.23	29	0	0.00	0.00	286	3	1.05	1.65
服务人员	42	0	0.00	0.00	0	0	0.00	0.00	42	0	0.00	0.00
农林牧渔	0	0	0.00	0.00	4926	89	1.81	100.00	4926	89	1.81	48.90
工人	2640	60	2.27	64.52	19	0	0.00	0.00	2659	60	2.26	32.97
军人	3	0	0.00	0.00	0	0	0.00	0.00	3	0	0.00	0.00
其他	1440	25	1.74	26.88	2	0	0.00	0.00	1442	25	1.73	13.74
不在业	0	0	0.00	0.00	0	0	0.00	0.00	0	0	0.00	0.00
合计	4992	93	1.86	100.00	5045	89	1.76	100.00	10037	182	1.81	100.00

图15显示了河南省父母不同职业0～6岁残疾儿童现患率。从中可以看出，父母职业不同，残疾儿童现患率也不同。

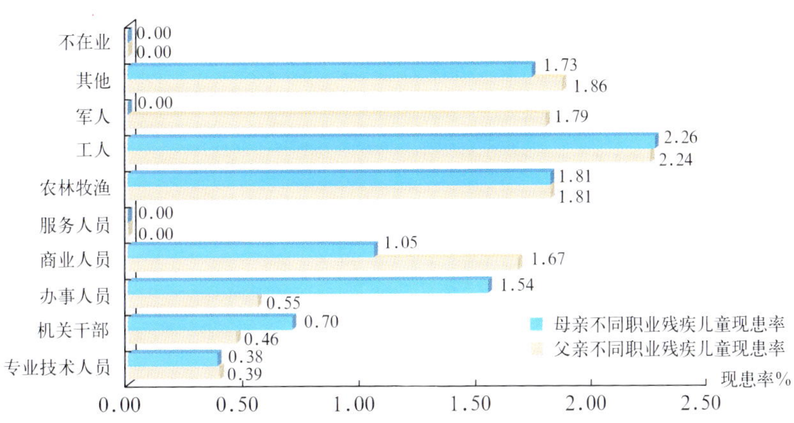

图15　河南省父母不同职业0～6岁残疾儿童现患率

6. 残疾儿童父母文化程度分布

本次调查的183名残疾儿童中，回答父亲文化程度和母亲文化程度的有效问卷均为182份。表26、27分别显示了河南省0～6岁残疾儿童父母文化程度分布及残疾儿童现患率。

表26　河南省0～6岁残疾儿童父亲文化程度分布及残疾儿童现患率

文化程度	漯河市				西华县				合计			
	调查儿童数	残疾儿童数	现患率%	构成%	调查儿童数	残疾儿童数	现患率%	构成%	调查儿童数	残疾儿童数	现患率%	构成%
大学大专	976	8	0.82	8.60	58	0	0.00	0.00	1034	8	0.77	4.40
高中中专	2467	42	1.70	45.16	265	3	1.13	3.37	2732	45	1.65	24.73
初　中	1521	42	2.76	45.16	3243	59	1.82	66.29	4764	101	2.12	55.49
小　学	32	1	3.13	1.08	1357	23	1.69	25.84	1389	24	1.73	13.19
文盲/半文盲	3	0	0.00	0.00	120	4	3.33	4.49	123	4	3.25	2.20
合　计	4999	93	1.86	100.00	5043	89	1.76	100.00	10042	182	1.81	100.00

表27　河南省0～6岁残疾儿童母亲文化程度分布及残疾儿童现患率

文化程度	漯河市				西华县				合计			
	调查儿童数	残疾儿童数	现患率%	构成%	调查儿童数	残疾儿童数	现患率%	构成%	调查儿童数	残疾儿童数	现患率%	构成%
大学大专	707	4	0.57	4.30	47	0	0.00	0.00	754	4	0.53	2.20
高中中专	2415	42	1.74	45.16	202	0	0.00	0.00	2617	42	1.60	23.08
初　中	1820	46	2.53	49.46	2881	44	1.53	49.44	4701	90	1.91	49.45
小　学	49	1	2.04	1.08	1698	36	2.12	40.45	1747	37	2.12	20.33
文盲/半文盲	5	0	0.00	0.00	217	9	4.15	10.11	222	9	4.05	4.95
合　计	4996	93	1.86	100.00	5045	89	1.76	100.00	10041	182	1.81	100.00

图16显示了河南省父母不同文化程度0～6岁残疾儿童现患率。从中可以看出，父母文化程度越高，残疾儿童现患率越低。

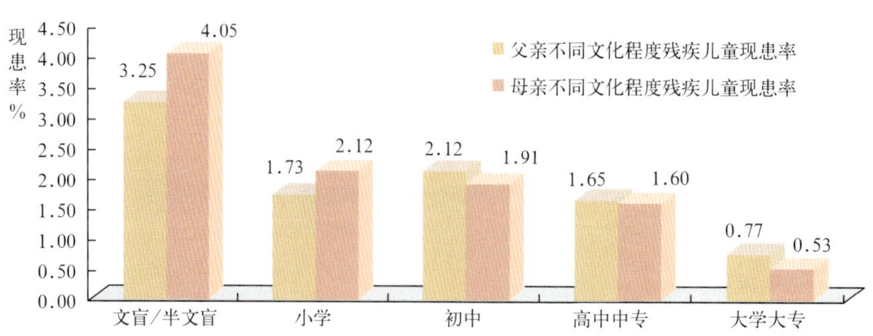

图16 河南省父母不同文化程度0～6岁残疾儿童现患率

7．残疾儿童家庭年人均收入情况

本次调查确诊的183名残疾儿童中，回答家庭年人均收入情况的有效问卷183份。表28显示了河南省0～6岁残疾儿童家庭年人均收入状况及不同家庭年人均收入残疾儿童现患率情况。

表28 河南省0～6岁残疾儿童家庭年人均收入状况及残疾儿童现患率

年人均收入（元）	漯河市				西华县				合计			
	调查儿童数	残疾儿童数	现患率%	构成%	调查儿童数	残疾儿童数	现患率%	构成%	调查儿童数	残疾儿童数	现患率%	构成%
<500	2	0	0.00	0.00	2	1	50.00	1.12	4	1	25.00	0.55
500～	0	0	0.00	0.00	52	18	34.62	20.22	52	18	34.62	9.84
1000～	36	4	11.11	4.26	3381	56	1.66	62.92	3417	60	1.76	32.79
2000～	312	15	4.81	15.96	1594	12	0.75	13.48	1906	27	1.42	14.75
3000～	909	35	3.85	37.23	10	1	10.00	1.12	919	36	3.92	19.67
4000～	1079	24	2.22	25.53	4	1	25.00	1.12	1083	25	2.31	13.66
5000～	1306	7	0.54	7.45	1	0	0.00	0.00	1307	7	0.54	3.83
6000～	1082	6	0.55	6.38	0	0	0.00	0.00	1082	6	0.55	3.28
7000～	110	1	0.91	1.06	0	0	0.00	0.00	110	1	0.91	0.55
8000～	119	1	0.84	1.06	1	0	0.00	0.00	120	1	0.83	0.55
9000～	7	1	14.29	1.06	0	0	0.00	0.00	7	1	14.29	0.55
10000～	37	0	0.00	0.00	0	0	0.00	0.00	37	0	0.00	0.00
合计	4999	94	1.88	100.00	5045	89	1.76	100.00	10044	183	1.82	100.00

图17显示了河南省不同家庭年人均收入0～6岁残疾儿童现患率情况。从中可以看出，家庭年人均收入低的残疾儿童现患率高。

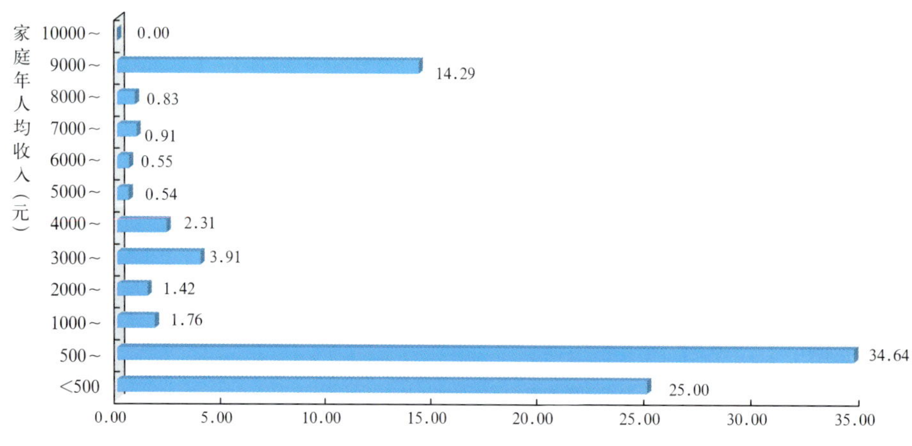

图17 河南省不同家庭年人均收入0～6岁残疾儿童现患率

（四）五类残疾致残原因

1．听力残疾致残原因

本次调查确诊听力残疾儿童 26 人。其致残原因见表 29。

表 29 河南省 0～6 岁听力残疾儿童致残原因

顺位	致残原因	漯河市		西华县		合计	
		儿童数	构成 %	儿童数	构成 %	儿童数	构成 %
第一位	孕期感染 / 药物	10	50.00	0	0.00	10	38.46
第二位	后天耳毒药物	5	25.00	0	0.00	5	19.23
第三位	产伤窒息	2	10.00	2	33.33	4	15.38
第三位	高烧疾病	2	10.00	2	33.33	4	15.38
第五位	不 详	0	0.00	2	33.33	2	7.69
第六位	其 他	1	5.00	0	0.00	1	3.85
	合 计	20	100.00	6	100.00	26	100.00

2．视力残疾致残原因

本次调查确诊视力残疾儿童 10 人，其致残原因见表 30。

表 30 河南省 0～6 岁视力残疾儿童致残原因

顺位	致残原因	漯河市		西华县		合计	
		儿童数	构成 %	儿童数	构成 %	儿童数	构成 %
第一位	不 详	3	37.50	0	0.00	3	30.00
第二位	弱 视	2	25.00	0	0.00	2	20.00
第二位	虹膜 / 脉络膜缺损	1	12.50	1	50.00	2	20.00
第四位	其 他	1	12.50	0	0.00	1	10.00
第四位	先天性青光眼	0	0.00	1	50.00	1	10.00
第四位	先天性白内障	1	12.50	0	0.00	1	10.00
	合 计	8	100.00	2	100.00	10	100.00

3．智力残疾致残原因

本次调查确诊智力残疾儿童 110 人，其主要致残原因见表 31。

表 31 河南省 0～6 岁智力残疾儿童主要致残原因

顺位	致残原因	漯河市		西华县		合计	
		儿童数	构成 %	儿童数	构成 %	儿童数	构成 %
第一位	产时窒息	1	2.04	28	45.90	29	26.36
第二位	不 详	18	36.73	4	6.56	22	20.00
第三位	早 产	12	24.49	2	3.28	14	12.73
第四位	伴发精神病	9	18.37	0	0.00	9	8.18
第五位	宫内窒息	0	0.00	7	11.48	7	6.36
	合 计	40	81.63	41	67.21	81	73.64

4．肢体残疾致残原因

本次调查确诊肢体残疾 57 人，其致残原因见表 32。

表32 河南省0～6岁肢体残疾儿童致残原因

顺 位	致残原因	漯河市		西华县		合计	
		儿童数	构成%	儿童数	构成%	儿童数	构成%
第一位	先天性骨关节病	10	45.45	6	17.14	16	28.07
第二位	不 详	4	18.18	7	20.00	11	19.30
第三位	脑 瘫	3	13.64	6	17.14	9	15.79
第三位	其 他	3	13.64	6	17.14	9	15.79
第五位	小儿截肢	0	0.00	4	11.44	4	7.02
第六位	周围神经损伤疾病	1	4.55	2	5.71	3	5.26
第七位	地 方 病	0	0.00	2	5.71	2	3.51
第七位	脊柱裂脊髓损伤	1	4.55	1	2.86	2	3.51
第九位	小儿麻痹症	0	0.00	1	2.86	1	1.75
	合 计	22	100.00	35	100.00	57	100.00

5．精神残疾致残原因

本次调查确诊精神残疾14人，其致残原因见表33。

表33 河南省0～6岁精神残疾儿童致残原因

顺 位	致残原因	漯河市		西华县		合计	
		儿童数	构成%	儿童数	构成%	儿童数	构成%
第一位	孤独症	6	66.67	1	20.00	7	50.00
第一位	不典型孤独症	3	33.33	4	80.00	7	50.00
	合 计	9	100.00	5	100.00	14	100.00

（五）康复现状与需求

1．五类残疾儿童康复现状与需求

本次调查确诊残疾儿童183人，儿童残疾217人次（含综合残疾）。其中得到康复的146人次，占67.28%，其康复形式现状见图18；没有得到康复的71人次，占32.72%。在康复需求调查中，发现所有残疾儿童都有康复需求，其康复形式现状与需求之间存在较大差异，其中对医院治疗、特殊机构和普通机构的需求与现状之间差异最大，见图18。

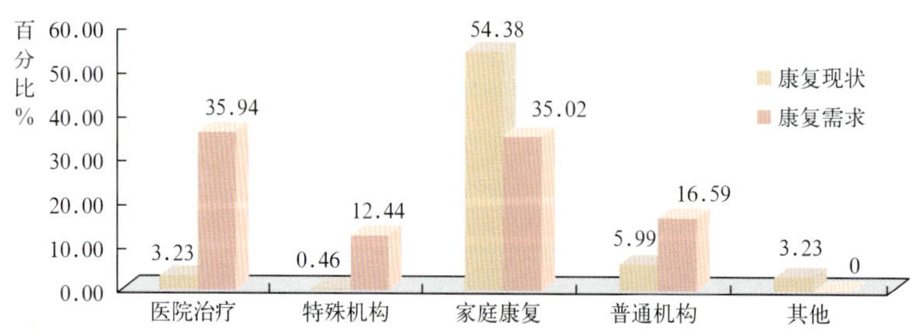

图18 河南省0～6岁残疾儿童康复形式现状与需求比较

本次调查还对听力、视力、肢体残疾儿童康复器具现状与需求进行了调查，其中有康复器具的15人，占16.13%；没有康复器具的78人，占83.87%。所有听力、视力、肢体残疾儿童都有康复器具需求，其现状与需求之间存在较大差异，见图19。

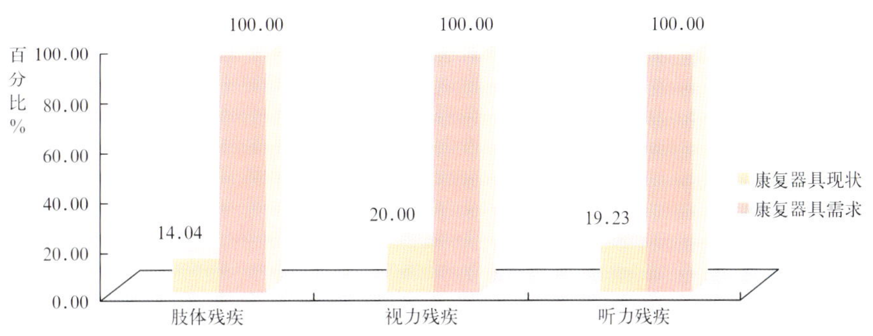

图19 河南省0～6岁残疾儿童康复器具现状与需求比较

2．听力残疾

（1）康复现状

本次调查确诊26名听力残疾儿童，其康复现状见表34。

表34 河南省0～6岁听力残疾儿童康复现状

项目		漯河市		西华县		合计	
		儿童数	构成%	儿童数	构成%	儿童数	构成%
康复形式	医院治疗	0	0.00	1	16.67	1	3.85
	家庭康复	16	80.00	1	16.67	17	65.38
	普通机构	4	20.00	0	0.00	4	15.38
	无康复	0	0.00	4	66.67	4	15.38
康复器具	助听器	5	25.00	0	0.00	5	19.23
	无器具	15	75.00	6	100.00	21	80.77
	合计	20	100.00	6	100.00	26	100.00

（2）康复需求

本次调查确诊26名听力残疾儿童，其康复需求见表35。

表35 河南省0～6岁听力残疾儿童康复需求

项目		漯河市		西华县		合计	
		儿童数	构成%	儿童数	构成%	儿童数	构成%
康复形式	医院治疗	5	25.00	0	0.00	5	19.23
	特殊机构	15	75.00	0	0.00	15	57.69
	家庭康复	0	0.00	6	100.00	6	23.08
康复器具	助听器	18	90.00	6	100.00	24	92.31
	其他	2	10.00	0	0.00	2	7.69
	合计	20	100.00	6	100.00	26	100.00

（3）康复现状与需求比较

将康复现状与需求进行比较发现，听力残疾儿童康复现状与需求之间存在着较大差异，康复形式中特殊机构的需求与现状之间差异最大，康复器具中助听器的需求与现状之间差异最大。

3．视力残疾

（1）康复现状

本次调查确诊10名视力残疾儿童，其康复现状见36。

表36 河南省0～6岁视力残疾儿童康复现状

项目		漯河市		西华县		合计	
		儿童数	构成%	儿童数	构成%	儿童数	构成%
康复形式	家庭康复	1	12.50	0	0.00	1	10.00
	无康复	7	87.50	2	100.00	9	90.00
康复器具	助视器	0	0.00	2	100.00	2	20.00
	无器具	8	100.00	0	0.00	8	80.00
	合计	8	100.00	2	100.00	10	100.00

（2）康复需求

本次调查确诊10名视力残疾儿童，其康复需求见表37。

表37 河南省0～6岁视力残疾儿童康复需求

项目		漯河市		西华县		合计	
		儿童数	构成%	儿童数	构成%	儿童数	构成%
康复形式	医院治疗	5	62.50	1	50.00	6	60.00
	家庭康复	3	37.50	1	50.00	4	40.00
康复器具	助视器	3	37.50	1	50.00	4	40.00
	其他	5	62.50	1	50.00	6	60.00
	合计	8	100.00	2	100.00	10	100.00

（3）康复现状与需求比较

将康复现状与需求进行比较发现，视力残疾儿童康复现状与需求之间存在着较大差异，康复形式中医院治疗的需求与现状之间差异最大。康复器具中其他器具的需求与现状之间差异最大。

4．智力残疾

（1）康复现状

本次调查确诊110名智力残疾儿童，其康复现状见表38。

表38 河南省0～6岁智力残疾儿童康复现状

康复形式	漯河市		西华县		合计	
	儿童数	构成%	儿童数	构成%	儿童数	构成%
家庭康复	43	87.76	8	13.11	51	46.36
普通机构	4	8.16	0	0.00	4	3.64
其他	2	4.08	0	0.00	2	1.82
无康复	0	0.00	53	86.89	53	48.18
合计	49	100.00	61	100.00	110	100.00

(2) 康复需求

本次调查确诊 110 名智力残疾儿童，其康复需求见表 39。

表 39 河南省 0～6 岁智力残疾儿童康复需求

康复形式	漯河市		西华县		合 计	
	儿童数	构成%	儿童数	构成%	儿童数	构成%
医院治疗	2	4.08	21	34.43	23	20.91
特殊机构	2	4.08	0	0.00	2	1.82
家庭康复	40	81.63	9	14.75	49	44.55
普通机构	5	10.20	31	50.82	36	32.73
合 计	49	100.00	61	100.00	110	100.00

(3) 康复现状与需求比较

将康复现状与需求进行比较发现，智力残疾儿童康复现状与需求之间存在着很大的差异，康复形式中普通机构康复和医院治疗的需求与现状之间差异最大。

5. 肢体残疾

(1) 康复现状

本次调查确诊 57 名肢体残疾儿童，其康复现状见表 40。

表 40 河南省 0～6 岁肢体残疾儿童康复现状

项 目		漯河市		西华县		合 计	
		儿童数	构成%	儿童数	构成%	儿童数	构成%
康复形式	医院治疗	2	9.09	4	11.43	6	10.53
	特殊机构	0	0.00	1	2.86	1	1.75
	家庭康复	20	90.91	29	82.86	49	85.96
	普通机构	0	0.00	1	2.86	1	1.75
康复器具	假 肢	0	0.00	1	2.86	1	1.75
	自助器	0	0.00	1	2.86	1	1.75
	矫形器	1	4.55	0	0.00	1	1.75
	其 他	0	0.00	5	14.29	5	8.77
	无器具	21	95.45	28	80.00	49	85.96
	合 计	22	100.00	35	100.00	57	100.00

(2) 康复需求

本次调查确诊 57 名肢体残疾儿童，其康复需求见表 41。

表41 河南省0～6岁肢体残疾儿童康复需求

项目		漯河市		西华县		合计	
		儿童数	构成%	儿童数	构成%	儿童数	构成%
康复形式	医院治疗	19	86.36	25	71.43	44	77.19
	特殊机构	0	0.00	9	25.71	9	15.79
	家庭康复	3	13.64	1	2.86	4	7.02
康复器具	假　肢	0	0.00	2	5.71	2	3.51
	自助器	0	0.00	8	22.86	8	14.04
	矫形器	1	4.55	1	2.86	2	3.51
	拐　杖	0	0.00	2	5.71	2	3.51
	其　他	21	95.45	22	62.86	43	75.44
	合　计	22	100.00	35	100.00	57	100.00

（3）康复现状与需求比较

将康复现状与需求进行比较发现，肢体残疾儿童康复现状与需求之间存在着很大的差异，康复形式中医院治疗和特殊机构的需求与现状之间差异最大，康复器具中其他器具的需求与现状之间差异最大。

6．精神残疾

（1）康复现状

本次调查确诊14名精神残疾儿童，其康复现状见表42。

表42 河南省0～6岁精神残疾儿童康复现状

康复形式	漯河市		西华县		合计	
	儿童数	构成%	儿童数	构成%	儿童数	构成%
普通机构	4	44.44	0	0.00	4	28.57
其　他	5	55.56	0	0.00	5	35.71
无康复	0	0.00	5	100.00	5	35.71
合　计	9	100.00	5	100.00	14	100.00

（2）康复需求

本次调查确诊14名精神残疾儿童，其康复需求见表43。

表43 河南省0～6岁精神残疾儿童康复需求

康复形式	漯河市		西华县		合计	
	儿童数	构成%	儿童数	构成%	儿童数	构成%
特殊机构	1	11.11	0	0.00	1	7.14
家庭康复	8	88.89	5	100.00	13	92.86
合　计	9	100.00	5	100.00	14	100.00

（3）康复现状与需求比较

将康复现状与需求进行比较发现，精神残疾儿童康复现状与需求之间存在着很大的差异，康复形式中对家庭康复的需求与现状之间差异最大。

三、0～6岁残疾儿童一般危险因素分析

（一）残疾儿童一般危险因素

将0～6岁儿童按是否残疾与居住地、性别、民族、是否接受学前教育、父母是否近亲婚配、是否是独生子女、年龄、父母职业、父母文化程度、父母婚姻状况、家庭年人均收入以及儿童抚养状况等变量进行单因素分析，结果见表44。

表44可见，儿童年龄、是否接受学前教育、父母文化程度、家庭年人均收入、父母婚姻状况以及儿童抚养状况都对儿童残疾有影响。

表44　0～6岁残疾儿童残疾一般危险因素的单因素分析

因　素	分　组	x^2	P	OR	95% 可信区间	
					下限	上限
居住地	城市1，农村0	0.276	0.599	0.925	0.693	1.235
性　别	男1，女2	2.324	0.127	0.793	0.589	1.069
民　族	汉1，其他2	0.216	0.612	0.790	0.291	2.143
学前教育	有1，无2	14.636	0.000**	1.927	1.369	2.713
近亲婚配状况	非近亲1，近亲2	0.057	0.811	—	—	—
是否独生子女	是1，否0	0.942	0.692	1.283	—	—
年　龄	0～6岁	29.637	0.000**	—	—	—
父亲职业	10组[1]	11.328	0.184	—	—	—
母亲职业	10组[1]	10.865	0.209	—	—	—
父亲文化程度	5组[2]	14.906	0.005**	—	—	—
母亲文化程度	5组[2]	18.521	0.002**	—	—	—
父母婚姻状况	5组[3]	76.844	0.000**	—	—	—
家庭年人均收入	6组[4]	2391.540	0.000**	—	—	—
抚养状况	6组[5]	59.878	0.000**	—	—	—

* P < 0.05　** P < 0.01

注：[1]职业：0= 不在业，1= 专业技术人员，2= 机关干部，3= 办事人员，4= 商业人员，5= 服务人员，6= 农林牧渔，7= 工人，8= 军人，9= 其他

[2]文化程度：1= 大学大专，2= 高中中专，3= 初中，4= 小学，5= 文盲 / 半文盲

[3]婚姻状况：1= 初婚，2= 再婚，3= 丧偶，4= 离婚，5= 其他

[4]家庭年人均收入：1=<1000元，2=1000元～，3=3000元～，4=5000元～，5=7000元～，6=9000元～

[5]抚养状况：1= 父和母，2= 父或母，3= 祖父母，4= 其他亲属，5= 国家集体，6= 其他

（二）听力残疾一般危险因素

0～6岁儿童按是否听力残疾与居住地、性别、民族、是否接受学前教育、父母是否近亲婚配、是否是独生子女、年龄、父母职业、父母文化程度、父母婚姻状况、家庭年人均收入以及儿童抚养状况等变量进行单因素分析，结果见表45。

表45可见，居住地、儿童的年龄、父母的职业、父母文化程度、父母婚姻状况以及儿童抚养状况对儿童听力残疾有影响。

表45　0～6岁听力残疾儿童残疾一般危险因素单因素分析

因　素	分　组	x^2	P	OR	95% 可信区间	
					下限	上限
居住地	城市1，农村0	8.491	0.004**	3.542	1.428	8.784
性　别	男1，女2	0.330	0.566	1.247	0.586	2.656
民　族	汉1，其他2	0.740	0.390	0.973	0.970	0.976
学前教育	有1,无2	0.008	0.930	0.961	0.395	2.340
近亲婚配状况	非近亲1，近亲2	0.008	0.928	—	—	—
是否独生子女	是1，否0	1.015	0.314	1.588	0.640	3.939
年　龄	0～6岁	37.591	0.000**	—	—	—
父亲职业	10组[1]	24.188	0.002**	—	—	—
母亲职业	10组[1]	21.252	0.007**	—	—	—
父亲文化程度	5组[2]	15.963	0.003**	—	—	—
母亲文化程度	5组[2]	15.111	0.010**	—	—	—
父母婚姻状况	5组[3]	33.281	0.000**	—	—	—
家庭年人均收入	6组[4]	123.233	0.000**	—	—	—
抚养状况	6组[5]	82.759	0.000**	—	—	—

* P ＜ 0.05　** P ＜ 0.01

注：[1]职业：0= 不在业，1= 专业技术人员，2= 机关干部，3= 办事人员，4= 商业人员，5= 服务人员，6= 农林牧渔，7= 工人，8= 军人，9= 其他

[2]文化程度：1= 大学大专，2= 高中中专，3= 初中，4= 小学，5= 文盲 / 半文盲

[3]婚姻状况：1= 初婚，2= 再婚，3= 丧偶，4= 离婚，5= 其他

[4]家庭年人均收入：1=<1000元，2=1000元～，3=3000元～，4=5000元～，5=7000元～，6=9000元～

[5]抚养状况：1= 父和母，2= 父或母，3= 祖父母，4= 其他亲属，5= 国家集体，6= 其他

（三）视力残疾一般危险因素

0～6岁儿童按是否视力残疾与居住地、性别、民族、是否接受学前教育、父母是否近亲婚配、是否是独生子女、年龄、父母职业、父母文化程度、父母婚姻状况、家庭年人均收入以及儿童抚养状况等变量进行单因素分析，结果见表46。

表46可见，居住地、性别、民族、学前教育、父母是否近亲婚配、是否是独生子女、年龄、父母职业、父母文化程度、父母婚姻状况、家庭年人均收入以及儿童抚养状况等对儿童视力残疾没有影响。

表 46　0～6 岁视力残疾儿童残疾一般危险因素的单因素分析

因　素	分组	x^2	P	OR	95% 可信区间	
					下限	上限
居住地	城市 1，农村 0	3.566	0.056	4.040	0.858	19.034
性 别	男 1，女 2	0.219	0.640	1.343	0.389	4.643
民 族	汉 1，其他 2	0.274	0.600	0.973	0.970	0.976
学前教育	有 1，无 2	0.018	0.894	1.098	0.274	4.397
近亲婚配状况	非近亲 1，近亲 2	0.003	0.956	1.000	0.999	1.000
是否独生子女	是 1，否 0	2.092	0.148	4.081	0.517	32.229
年 龄	0～6 岁	9.553	0.145	—	—	—
父亲职业	10 组[1]	13.284	0.102	—	—	—
母亲职业	10 组[1]	14.984	0.059	—	—	—
父亲文化程度	5 组[2]	4.968	0.291	—	—	—
母亲文化程度	5 组[2]	6.533	0.258	—	—	—
父母婚姻状况	5 组[3]	0.049	1.000	—	—	—
家庭年人均收入	6 组[4]	10.187	0.070	—	—	—
抚养状况	6 组[5]	0.053	0.997	—	—	—

$*P < 0.05$　$** P < 0.01$

注：[1]职业：0= 不在业，1= 专业技术人员，2= 机关干部，3= 办事人员，4= 商业人员，5= 服务人员，6= 农林牧渔，7= 工人，8= 军人，9= 其他

[2]文化程度：1= 大学大专，2= 高中中专，3= 初中，4= 小学，5= 文盲 / 半文盲

[3]婚姻状况：1= 初婚，2= 再婚，3= 丧偶，4= 离婚，5= 其他

[4]家庭年人均收入：1=<1000 元，2=1000 元～，3=3000 元～，4=5000 元～，5=7000 元～，6=9000 元～

[5]抚养状况：1= 父和母，2= 父或母，3= 祖父母，4= 其他亲属，5= 国家集体，6= 其他

（四）智力残疾一般危险因素

0～6 岁儿童按是否智力残疾与居住地、性别、民族、是否接受学前教育、父母是否近亲婚配、是否是独生子女、年龄、父母职业、父母文化程度、父母婚姻状况、家庭年人均收入以及儿童抚养状况等变量进行单因素分析，结果见表 47。

表 47 可见，居住地、是否接受学前教育、父母文化程度、父母婚姻状况、家庭年人均收入和儿童抚养状况对儿童智力残疾有影响。

表 47 0~6 岁智力残疾儿童残疾一般危险因素的单因素分析

因 素	分 组	x^2	P	OR	95% 可信区间	
					下限	上限
居住地	城市 1，农村 0	5.278	0.022*	0.645	0.443	0.940
性 别	男 1，女 2	0.341	0.559	0.894	0.614	1.301
民 族	汉 1，其他 2	0.002	0.968	0.977	0.308	3.094
学前教育	有 1，无 2	27.948	0.000**	3.245	2.047	5.146
近亲婚配状况	非近亲 1，近亲 2	0.035	0.852	1.000	0.999	1.000
是否独生子女	是 1，否 0	1.085	0.298	0.816	0.556	1.198
年 龄	0~6 岁	9.817	0.133	—	—	—
父亲职业	10 组[1]	14.287	0.063	—	—	—
母亲职业	10 组[1]	10.298	0.245	—	—	—
父亲文化程度	5 组[2]	13.287	0.010**	—	—	—
母亲文化程度	5 组[2]	21.690	0.001**	—	—	—
父母婚姻状况	5 组[3]	88.572	0.000**	—	—	—
家庭年人均收入	6 组[4]	2470.730	0.000**	—	—	—
抚养情况	6 组[5]	37.775	0.000**	—	—	—

* P < 0.05 ** P < 0.01

注：[1]职业：0= 不在业，1= 专业技术人员，2= 机关干部，3= 办事人员，4= 商业人员，5= 服务人员，6= 农林牧渔，7= 工人，8= 军人，9= 其他

[2]文化程度：1= 大学大专，2= 高中中专，3= 初中，4= 小学，5= 文盲 / 半文盲

[3]婚姻状况：1= 初婚，2= 再婚，3= 丧偶，4= 离婚，5= 其他

[4]家庭年人均收入：1=<1000 元，2=1000 元～，3=3000 元～，4=5000 元～，5=7000 元～，6=9000 元～

[5]抚养状况：1= 父和母，2= 父或母，3= 祖父母，4= 其他亲属，5= 国家集体，6= 其他

（五）肢体残疾一般危险因素

0~6 岁儿童按是否肢体残疾与居住地、性别、民族、是否接受学前教育、父母是否近亲婚配、是否是独生子女、年龄、父母职业、父母文化程度、父母婚姻状况、家庭年人均收入以及儿童抚养状况等变量进行单因素分析，结果见表 48。

表 48 可见，儿童性别、是否是独生子女、儿童的年龄、父亲文化程度、父母婚姻状况、家庭年人均收入和儿童的抚养状况对儿童肢体残疾有影响。

表 48　0～6 岁肢体残疾儿童残疾一般危险因素的单因素分析

因　素	分　组	x^2	P	OR	95% 可信区间	
					下限	上限
居住地	城市 1，农村 0	2.966	0.085	0.662	0.361	1.073
性　别	男 1，女 2	6.710	0.010**	0.457	0.249	0.839
民　族	汉 1，其他 2	0.152	0.697	0.676	0.093	4.905
学前教育	有 1，无 2	2.652	0.103	1.656	0.897	3.060
近亲婚配状况	非近亲 1，近亲 2	0.017	0.898	1.000	0.999	1.000
是否独生子女	是 1，否 0	3.977	0.046*	0.584	0.342	0.997
年　龄	0～6 岁	20.642	0.002**	—	—	—
父亲职业	10 组[1]	8.481	0.388	—	—	—
母亲职业	10 组[1]	10.242	0.248	—	—	—
父亲文化程度	5 组[2]	10.243	0.037*	—	—	—
母亲文化程度	5 组[2]	10.245	0.069	—	—	—
父母婚姻状况	5 组[3]	18.555	0.001**	—	—	—
家庭年人均收入	6 组[4]	384.760	0.000**	—	—	—
抚养状况	6 组[5]	23.492	0.000**	—	—	—

* P ＜ 0.05 ** P ＜ 0.01

注：[1]职业：0= 不在业，1= 专业技术人员，2= 机关干部，3= 办事人员，4= 商业人员，5= 服务人员，6= 农林牧渔，7= 工人，8= 军人，9= 其他

[2]文化程度：1= 大学大专，2= 高中中专，3= 初中，4= 小学，5= 文盲 / 半文盲

[3]婚姻状况：1= 初婚，2= 再婚，3= 丧偶，4= 离婚，5= 其他

[4]家庭年人均收入：1=<1000 元，2=1000 元～，3=3000 元～，4=5000 元～，5=7000 元～，6=9000 元～

[5]抚养状况：1= 父和母，2= 父或母，3= 祖父母，4= 其他亲属，5= 国家集体，6= 其他

（六）精神残疾一般危险因素

0～6 岁儿童按是否精神残疾与居住地、性别、民族、是否接受学前教育、父母是否近亲婚配、是否是独生子女、年龄、父母职业、父母文化程度、父母婚姻状况、家庭年人均收入以及儿童抚养状况等变量进行单因素分析，结果见表 49。

表 49 可见，居住地、儿童性别、是否接受学前教育、是否是独生子女、父亲职业、父母婚姻状况、家庭年人均收入和儿童抚养情况对儿童精神残疾有影响。

表 49　0～6 岁精神残疾儿童残疾一般危险因素的单因素分析

因　素	分　组	x^2	P	OR	95% 可信区间	
					下限	上限
居住地	城市 1，农村 0	4.091	0.043*	2.883	0.985	8.443
性　别	男 1，女 2	5.095	0.024*	0.211	0.040	0.937
民　族	汉 1，其他 2	0.333	0.564	0.978	0.975	0.981
学前教育	有 1，无 2	2.792	0.003**	2.649	0.807	8.692
近亲婚配状况	非近亲 1，近亲 2	0.005	0.942	1.000	0.999	1.000
是否独生子女	是 1，否 0	0.103	0.748*	0.844	0.300	2.375
年　龄	0～6 岁	9.248	0.160	—	—	—
父亲职业	10 组[1]	23.208	0.003**	—	—	—
母亲职业	10 组[1]	7.767	0.457	—	—	—
父亲文化程度	5 组[2]	2.462	0.651	—	—	—
母亲文化程度	5 组[2]	2.253	0.689	—	—	—
父母婚姻状况	5 组[3]	110.806	0.000**	—	—	—
家庭年人均收入	6 组[4]	135.649	0.000**	—	—	—
抚养状况	6 组[5]	19.806	0.000*	—	—	—

* P ＜ 0.05　** P ＜ 0.01

注：[1]职业：0= 不在业，1= 专业技术人员，2= 机关干部，3= 办事人员，4= 商业人员，5= 服务人员，6= 农林牧渔，7= 工人，8= 军人，9= 其他

[2]文化程度：1= 大学大专，2= 高中中专，3= 初中，4= 小学，5= 文盲 / 半文盲

[3]婚姻状况：1= 初婚，2= 再婚，3= 丧偶，4= 离婚，5= 其他

[4]家庭年人均收入：1=<1000 元，2=1000 元～，3=3000 元～，4=5000 元～，5=7000 元～，6=9000 元～

[5]抚养状况：1= 父和母，2= 父或母，3= 祖父母，4= 其他亲属，5= 国家集体，6= 其他

（七）综合残疾一般危险因素

0～6 岁儿童按是否综合残疾与居住地、性别、民族、是否接受学前教育、父母是否近亲婚配、是否是独生子女、年龄、父母职业、父母文化程度、父母婚姻状况、家庭年人均收入以及儿童抚养状况等变量进行单因素分析，结果见表 50。

表 50 可见，居住地、民族、是否是独生子女、年龄、父母职业、父母文化程度、家庭年人均收入和儿童抚养状况等都对儿童综合残疾有影响。

表 50　0～6 岁综合残疾儿童残疾危险因素的单因素分析

因　素	分　组	x^2	P	OR	95% 可信区间	
					下限	上限
居住地	城市 1，农村 0	1614.070	0.000**	0.032	0.025	0.041
性　别	男 1，女 2	7.313	0.007	0.863	0.775	0.960
民　族	汉 1，其他 2	52.214	0.000**	0.393	0.302	0.510
学前教育	有 1，无 2	4.250	0.039	0.454	0.210	0.981
近亲婚配状况	非近亲 1，近亲 2	0.575	0.448	1.000	1.000	1.000
是否独生子女	是 1，否 0	577.450	0.000**	0.110	0.089	0.132
年　龄	0～6 岁	4558.350	0.000**	—	—	—
父亲职业	10 组[1]	1575.380	0.00**	—	—	—
母亲职业	10 组[1]	1572.840	0.000**	—	—	—
父亲文化程度	5 组[2]	910.925	0.009**	—	—	—
母亲文化程度	5 组[2]	938.614	0.000**	—	—	—
父母婚姻状况	5 组[3]	5.392	0.249	—	—	—
家庭年人均收入	6 组[4]	1488.860	0.000**	—	—	—
抚养状况	6 组[5]	11.274	0.010**	—	—	—

* P ＜ 0.05　** P ＜ 0.01

注：[1]职业：0= 不在业，1= 专业技术人员，2= 机关干部，3= 办事人员，4= 商业人员，5= 服务人员，6= 农林牧渔，7= 工人，8= 军人，9= 其他

[2]文化程度：1= 大学大专，2= 高中中专，3= 初中，4= 小学，5= 文盲 / 半文盲

[3]婚姻状况：1= 初婚，2= 再婚，3= 丧偶，4= 离婚，5= 其他

[4]家庭年人均收入：1=<1000 元，2=1000 元～，3=3000 元～，4=5000 元～，5=7000 元～，6=9000 元～

[5]抚养状况：1= 父和母，2= 父或母，3= 祖父母，4= 其他亲属，5= 国家集体，6= 其他

讨　论

一、本次调查样本的代表性

参见总报告。

二、河南省 0～6 岁残疾儿童状况

（一）0～6 岁残疾儿童现患率

本次共调查了 10044 名 0～6 岁儿童，经专业诊断方法的确诊，确诊残疾儿童 183 人，0～6 岁儿童的残疾现患率为 1.822%。

（二）0～6 岁五类残疾儿童现患率

本次调查发现，听力残疾现患率为 0.26%、视力残疾现患率为 0.10%、智力残疾现患率为 1.10%、肢体残疾现患率为 0.57%、精神残疾现患率为 0.08%，综合残疾现患率为 0.34%。在五类残疾中，智力残疾所占比例最高，其他依次为肢体残疾、听力残疾、视力残疾和精神残疾。

（三）0～6岁残疾儿童的分布特征

从地区分布来看，城市0～6岁残疾儿童现患率为1.88%，农村0～6岁残疾儿童的现患率为1.76%，城市高于农村。

从性别分布来看，0～6岁男性残疾儿童现患率为1.89%，女性残疾儿童现患率为1.73%，男性高于女性。

从年龄分布来看，儿童残疾现患率有随年龄增长而增高的趋势， 0岁组最低，4岁组最高。这可能与某些残疾随着儿童年龄增大后才逐渐被发现有关，也可能与年龄增大暴露于损伤的风险增多或目前使用的筛查、诊断量表对年龄较小的儿童不够敏感有关。

（四）0～6岁残疾儿童的致残原因

本次调查中，听力残疾前五位致残原因依次是孕期感染／药物、后天耳毒药物、产伤窒息、高烧疾病和不详。视力残疾前五位致残原因依次为不祥、弱视、虹膜／脉络膜缺损、其他、先天性青光眼和先天性白内障。智力残疾前五位致残原因依次是产时窒息、不祥、早产、伴发精神病和宫内窒息。肢体残疾前五位致残原因依次是先天性骨关节病、不祥、脑瘫、其他和小儿截肢。精神残疾致残原因是孤独症和不典型孤独症。从中可以看出，围产期危重症和先天性遗传性疾病是主要致残原因。

（五）3～6岁残疾儿童学前教育状况

随着年龄增大，残疾儿童接受学前教育的比例逐渐增高，但接受学前教育率明显低于正常儿童，且随年龄增大，差距更加明显。本次调查还发现，农村残疾儿童接受学前教育状况与城市残疾儿童相比存在较大差距，不容乐观。

（六）0～6岁残疾儿童康复现状与需求

河南省0～6岁残疾儿童康复现状不容乐观，32.72%的残疾儿童没有得到任何形式的康复，各种康复器具的使用率也很低，83.87%的残疾儿童没有任何康复器具。

本次调查显示，不同种类的残疾儿童康复现状也有较大差异。听力和肢体残疾儿童得到康复的比例较高，这主要得益于近15年来我国实施了三个残疾人事业五年计划纲要，广泛开展了聋儿语训和残疾人康复训练与服务工作。但视力残疾儿童的康复现状不容乐观，90.00%的视力残疾儿童没有得到任何形式的康复。

政 策 建 议

一、制定相关政策

政府有关部门应高度重视残疾预防和残疾儿童康复工作，加强合作，根据本次调查结果，制定相关政策，采取有效措施，减少残疾发生，保障残疾儿童享有医疗、康复、教育服务的权利，为残疾儿童回归社会生活创造良好的社会环境。

二、开展残疾预防

近半个世纪以来，世界各国都在为降低残疾现患率而努力，降低残疾患病率最根本措施就是预防残疾发生，目前普遍提倡三级预防的概念，即将预防、治疗和服务紧密结合起来。三级预防的主要内容是：①初级预防是消除残疾的病因，预防疾病的发生；②二级预防是早期发现致残的疾病，尽可能在症状尚未明显之前就作出诊断，以早期干预，使不发生损伤；③三级预防是已经有了损伤以后应采取综合治疗措施，正确诊治致残疾病，降低残疾程度。因此，要加强围产期保健，定期孕期检查，严格掌握妊娠期用药原则，加强对产科危重症和儿科高危儿的抢救和监护，开展新生儿先天遗传病筛查和新生儿行为测定等，建立残疾监测体系，建立残疾康复服务体系和保障体制，降低残疾儿童发生率。同时，开展健康教育，提高群众自我保健能力。

三、加强残疾儿童康复工作

应根据目前残疾儿童康复现状和康复需求，对残疾儿童提供多种形式的康复服务，适当建立一些针对不同种类残疾儿童特殊需要的机构，鼓励普通学前教育机构接纳残疾儿童；同时加强医疗和康复训练，尽最大可能挖掘其潜在能力，补偿身心缺陷，为使他们更好地适应社会生活，接受教育创造条件。

四、发展农村地区的残疾儿童康复工作

由于河南省残疾儿童康复工作起步比较晚，且发展很不平衡，尤其是广大农村，缺乏康复的特殊机构，许多残疾儿童得不到及时的治疗和康复。从本次调查结果来看，农村残疾儿童的现状不能令人满意，康复工作任重道远。应加大对农村残疾儿童康复工作的投入，应普及适合农村地区的残疾儿童家庭康复，培训残疾儿童家长，使其掌握简便易行、经济有效的康复训练方法，使农村残疾儿童得到普遍康复服务。

参考文献

1. 国务院人口普查办公室、国家统计局人口和社会科技统计司.中国2000年人口普查资料.北京：中国统计出版社，2002年.

2. 国家统计局.中国统计年鉴.北京：中国统计出版社，2002年.

3. 国家统计局.1992年中国儿童情况抽样调查——国家级最终报告.北京：中国统计出版社，1993年.

4. 中国残疾人抽样调查办公室.中国1987年残疾人抽样调查资料，1989年.

5. 郭建模主编.残疾人工作基本知识读本.北京：华夏出版社，2002年.

6. 国务院残疾人工作协调委员会秘书处.中国残疾人事业"八五"计划纲要与配套实施方案.北京：华夏出版社，1992年.

7. 国务院残疾人工作协调委员会秘书处.中国残疾人事业"九五"计划纲要与配套实施方案.北京：华夏出版社，1996年.

8. 国务院残疾人工作协调委员会秘书处.中国残疾人事业"十五"计划纲要与配套实施方案，2001年.

9. 卓大宏.中国残疾预防学.北京：华夏出版社，1998年.

江苏省报告

前　言

根据卫生部、公安部、中国残联《关于进行中国0～6岁残疾儿童抽样调查的通知》要求，江苏省0～6岁残疾儿童抽样调查工作于2001年6月5日至7月20日在常州市、仪征市（县级市）进行。采取分层整群随机抽样调查的方法，通过对9998名0～6岁儿童进行视力、听力、肢体、智力及精神五类残疾的筛查与诊断，确诊残疾儿童86名，残疾现患率为0.860%。本次调查经过各级政府及相关部门的通力合作，在全体工作人员的辛勤工作及各级基层组织和广大人民群众的密切配合下，圆满地完成了技术培训、现场调查、资料整理和录入、分析和总结工作。所得结果不仅获得了江苏省0～6岁残疾儿童的基础资料，而且还对全省开展残疾预防、残疾儿童的早期康复和教育等方面工作提供了非常有意义的信息。现将研究结果报告如下：

调查对象与方法

一、调查对象

本次调查的对象为江苏省2001年6月1日以前出生的0～6岁儿童。

二、抽样方法

本次调查采用多阶段分层、不等比例、整群随机抽样方法进行抽样。抽样步骤如下：

（一）市（县）的抽取

江苏省随机抽取一个地级市——常州市和一个县——仪征市（县级市）。

（二）街道（乡、镇）的抽取

根据常州市和仪征市统计局颁布的1999年各街道（乡、镇）国民经济生产总值排序，分成三层，常州市和仪征市分别按经济发展水平随机抽取经济发达、中等发达和欠发达的街道（乡、镇）各一个。

（三）调查对象的抽取

经济发达和欠发达的街道各抽取12个整群，中等的街道抽取16个整群（125名儿童为一整群）；经济发达和欠发达的乡（镇）各抽取6个整群，中等的抽取8个整群（250名儿童为一整群）。据此，常州市抽取40个整群，仪征市抽取20个整群。江苏省共抽取60个整群，总样本量应为10000人。

三、残疾标准和残疾筛查、诊断方法

参见总报告。

四、调查人员

调查人员由江苏省0～6岁残疾儿童抽样调查专家组、现场调查人员、资料分析人员以及各级卫生、公安、残联等有关部门行政管理人员、被调查地区现场服务人员组成。

江苏省0～6岁专家组由江苏省相关领域中具有丰富临床及流行病学调查经验的专家组成，现场调查人员由调查市县耳鼻喉科、眼科、儿科、骨科、精神科等相关专业人员组成。

五、现场调查及工作流程

参见总报告。

六、质量控制

（一）组织措施

江苏省卫生厅、公安厅、残联联合下发了《关于在常州市、仪征市进行0～6岁残疾儿童抽样调查工作的通知》等文件，成立了江苏省0～6岁残疾儿童抽样调查领导小组，制定工作计划和方案，召开了全省0～6岁残疾儿童抽样调查动员会，部署调查工作。常州市、仪征市也相应成立了由卫生、公安、残联及有关部门参加的抽样调查领导小组，负责本地区抽样调查组织领导工作，按照中国0～6岁残疾儿童抽样调查领导小组下达的任务和要求，抽取调查地区，并组织落实，成立了由技术人员和管理人员组成的调查队，实施现场调查。被调查的街道（乡、镇）、居（村）委会指定专人负责，积极主动做好各项工作，从人力、物力上支持抽样调查工作，安排专人在现场做好组织协调工作，确保调查按计划进行。

（二）现场调查人员及培训

本次调查筛查人员由经过培训的具有医师以上职称的专业人员组成；诊断人员均为经过中央级培训的具有主治医师以上职称的专业人员。

对调查人员采取中央、地方两级培训。

1．中央培训

江苏省选派了妇幼保健、眼科、骨科、耳鼻喉科、儿童心理等专业医生参加了中央培训班，接受了中国0～6岁残疾儿童抽样调查筛查和诊断方法的培训，经一致性测验均符合要求。

2．地方培训

江苏省进行了二级培训，对参加现场调查的筛查人员进行筛查表格填写和筛查方法的培训，培训结束时进行了一致性测验，测验结果均达到95%的设计要求。

（三）督导与抽查

江苏省0～6岁残疾儿童抽样调查专家组深入调查现场，对常州市、仪征市抽样调查工作进行了检查指导，对填写的各类抽样调查表逐一审核，并按照设计要求，省专家组在常州市、仪征市的样本中随机抽取5%进行重新调查，各项指标均达到设计标准。

江苏省上报的筛查表和诊断表经全国0～6岁残疾儿童抽样调查专家组逐一审核，符合要求。

（四）资料的分析处理

参见总报告。

结　果

一、基本情况

（一）调查地区人口数和调查儿童家庭人口情况

本次调查了江苏省常州市和仪征市，调查地区总人口401.2万，共调查9953户家庭，调查家庭总人口为37962人，调查家庭子女数为10375人，平均每户子女数1.04人。调查0～6岁儿童9998人，调查儿童占调查家庭子女数的96.37%。调查残疾户85户，残疾户占调查户的0.85%。江苏省调查地区总人口和调查家庭情况见表1。

表1　江苏省调查地区总人口和调查家庭情况

地　区	调查地区总人口（万）	调查家庭户数	调查家庭人口数	家庭子女数	平均家庭子女数	调查儿童数	调查儿童占家庭子女数比例 %	残疾户数	残疾户所占比例 %
常州市	341.6	5074	20222	5306	1.05	5102	96.16	43	0.85
仪征市	59.6	4879	17740	5069	1.04	4896	96.59	42	0.86
合　计	401.2	9953	37962	10375	1.04	9998	96.37	85	0.85

（二）0～6岁儿童性别构成

本次调查的0～6岁儿童9998人中，男性5144人，女性4854人，男女性别比为105.97∶100。江苏省0～6岁儿童性别构成情况见表2。图1显示了0～6岁儿童的性别构成情况。

表2 江苏省0～6岁儿童性别构成

地　区	男		女		合计		性别比
	调查儿童数	构成 %	调查儿童数	构成 %	调查儿童数	构成 %	男 ∶ 女
常州市	2612	51.20	2490	48.80	5102	100.00	104.90∶100
仪征市	2532	51.72	2364	48.28	4896	100.00	107.11∶100
合　计	5144	51.45	4854	48.55	9998	100.00	105.97∶100

图1　江苏省0～6岁儿童性别构成

（三）0～6岁儿童年龄构成

本次调查的0～6岁儿童9998人中，0岁组1206人，占12.06%，1岁组1455人，占14.55%，2岁组1488人，占14.88%，3岁组1489人，占14.89%，4岁组1528人，占15.28%，5岁组1550人，占15.50%，6岁组1282人，占12.82%。江苏省0～6岁儿童年龄构成情况见表3。图2显示了0～6岁儿童的年龄构成情况。

表3 江苏省0～6岁儿童年龄构成

年龄（岁）	常州市		仪征市		合计	
	调查儿童数	构成%	调查儿童数	构成%	调查儿童数	构成%
0	512	10.04	694	14.17	1206	12.06
1	685	13.43	770	15.73	1455	14.55
2	721	14.13	767	15.67	1488	14.88
3	746	14.62	743	15.18	1489	14.89
4	838	16.42	690	14.09	1528	15.28
5	801	15.70	749	15.30	1550	15.50
6	799	15.66	483	9.87	1282	12.82
合计	5102	100.00	4896	100.00	9998	100.00

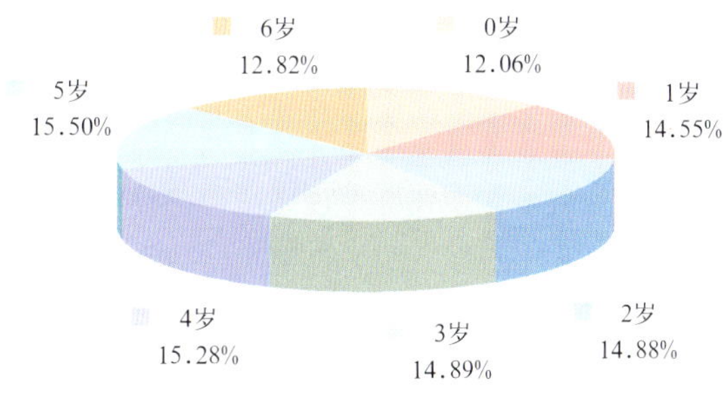

图2 江苏省0～6岁儿童年龄构成

（四）3～6岁儿童学前教育情况

本次调查了3～6岁儿童5849人，其中4983人接受了学前教育，3～6岁儿童接受学前教育率为85.19%。其中，3岁、4岁、5岁和6岁儿童接受学前教育率分别为58.56%、88.74%、96.39%和98.36%。江苏省3～6岁儿童接受学前教育情况见表4。

表4 江苏省3～6岁儿童学前教育状况

地区	3岁			4岁			5岁			6岁			合计		
	调查儿童数	接受教育儿童数	接受教育率%	调查儿童数	接受教育儿童数	接受教育率%	调查儿童数	接受教育儿童数	接受教育率%	调查儿童数	接受教育儿童数	接受教育率%	调查儿童数	接受教育儿童数	接受教育率%
常州市	746	496	66.49	838	814	97.14	801	784	97.88	799	790	98.87	3184	2884	90.58
仪征市	743	376	50.61	690	542	78.55	749	710	94.79	483	471	97.52	2665	2099	78.76
合计	1489	872	58.56	1528	1356	88.74	1550	1494	96.39	1282	1261	98.36	5849	4983	85.19

图3显示了江苏省3～6岁儿童学前教育入学率，从中可以看出，在3～6岁的儿童中，随着年龄的增高，接受学前教育率逐年提高。

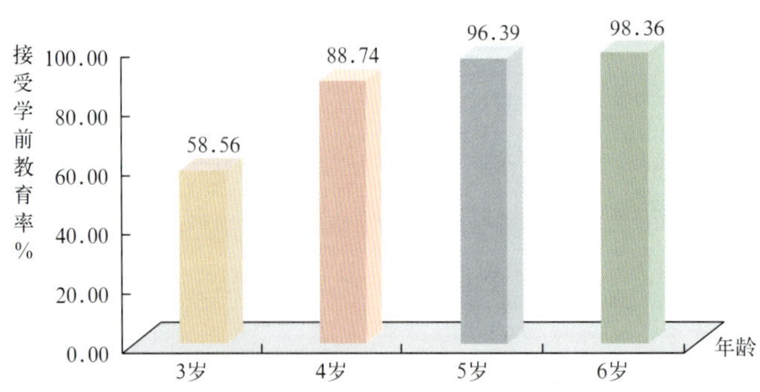

图3 江苏省3~6岁儿童接受学前教育率

（五）0~6岁儿童父母职业状况

本次调查中，回答父亲职业有效问卷9965份，0~6岁儿童父亲职业构成情况见表5。

表5 江苏省0~6岁儿童父亲职业构成

职　业	常州市		仪征市		合计	
	调查儿童数	构成%	调查儿童数	构成%	调查儿童数	构成%
专业技术人员	759	14.95	153	3.13	912	9.15
机关干部	139	2.74	123	2.52	262	2.63
办事人员	576	11.35	381	7.79	957	9.60
商业人员	269	5.30	109	2.23	378	3.79
服务人员	98	1.93	95	1.94	193	1.94
农林牧渔	5	0.10	766	15.67	771	7.74
工　人	2287	45.06	3048	62.34	5335	53.54
军　人	79	1.56	32	0.65	111	1.11
其　他	861	16.96	144	2.95	1005	10.09
不在业	3	0.06	38	0.78	41	0.41
合　计	5076	100.00	4889	100.00	9965	100.00

本次调查中，回答母亲职业有效问卷9967份，0~6岁儿童母亲职业构成情况见表6。

表6 江苏省0~6岁儿童母亲职业构成

职　业	常州市		仪征市		合计	
	调查儿童数	构成%	调查儿童数	构成%	调查儿童数	构成%
专业技术人员	984	19.39	187	3.82	1171	11.75
机关干部	44	0.87	52	1.06	96	0.96
办事人员	449	8.85	254	5.19	703	7.05
商业人员	402	7.92	76	1.55	478	4.80
服务人员	183	3.61	81	1.66	264	2.65
农林牧渔	3	0.06	1053	21.53	1056	10.59
工　人	2044	40.27	2766	56.55	4810	48.26
军　人	6	0.12	2	0.04	8	0.08
其　他	946	18.64	94	1.92	1040	10.43
不在业	15	0.30	326	6.67	341	3.42
合　计	5076	100.00	4891	100.00	9967	100.00

图4显示了江苏省0~6岁儿童父亲职业和母亲职业的构成情况。

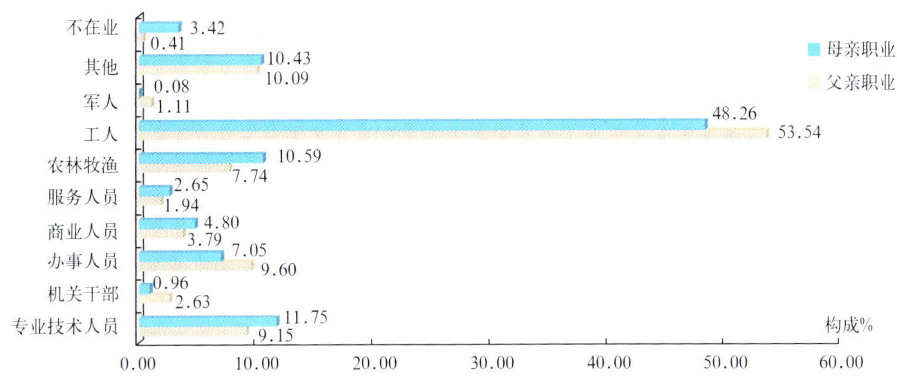

图4 江苏省0～6岁儿童父母职业构成情况

（六）0～6岁儿童父母文化程度状况

本次调查中，回答父亲文化程度的有效问卷9977份，回答母亲文化程度的有效问卷9979份，0～6岁儿童父母文化程度构成情况见表7。

表7 江苏省0～6岁儿童父母文化程度构成情况

文化程度	常州市				仪征市				合计			
	父亲		母亲		父亲		母亲		父亲		母亲	
	调查儿童数	构成%	调查儿童数	构成%	调查儿童数	构成%	调查儿童数	构成%	调查儿童数	构成%	调查儿童数	构成%
大学大专	1786	35.11	1225	24.07	771	15.77	409	8.36	2557	25.63	1634	16.37
高中中专	2209	43.42	2366	46.49	1922	39.30	1483	30.33	4131	41.41	3849	38.57
初中	1053	20.70	1446	28.41	2143	43.82	2886	59.02	3196	32.03	4332	43.41
小学	37	0.73	51	1.00	50	1.02	102	2.09	87	0.87	153	1.53
文盲/半文盲	2	0.04	1	0.02	4	0.08	10	0.20	6	0.06	11	0.11
合计	5087	100.00	5089	100.00	4890	100.00	4890	100.00	9977	100.00	9979	100.00

图5显示了0～6岁儿童父母文化程度的构成情况。图中看见，0～6岁儿童的父母均以初中和高中文化程度所占比例为高，大专以上次之，小学文化程度和文盲/半文盲比例最低。

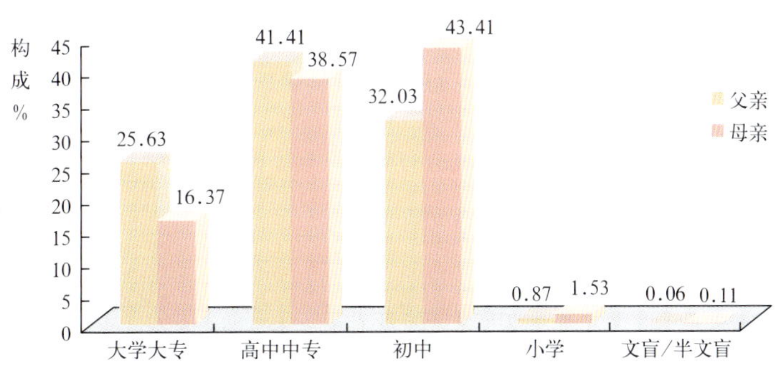

图5 江苏省0～6岁儿童父母文化程度构成

（七）0～6岁儿童家庭年人均收入状况

本次调查的9998名0～6岁儿童中，其家庭年人均收入状况构成情况见表8。图6显示了江苏省0～6岁儿童家庭年人均收入状况。

表8 江苏省0～6岁儿童家庭年人均收入状况

年人均收入(元)	常州市		仪征市		合 计	
	调查儿童数	构成 %	调查儿童数	构成 %	调查儿童	构成 %
<500	1	0.02	2	0.04	3	0.03
500～	9	0.18	19	0.39	28	0.28
1000～	54	1.06	319	6.52	373	3.73
2000～	153	3.00	921	18.81	1074	10.74
3000～	354	6.94	957	19.55	1311	13.11
4000～	670	13.13	892	18.22	1562	15.62
5000～	655	12.84	542	11.07	1197	11.97
6000～	897	17.58	436	8.91	1333	13.33
7000～	574	11.25	253	5.17	827	8.27
8000～	616	12.07	369	7.54	985	9.85
9000～	204	4.00	35	0.71	239	2.39
10000～	915	17.93	151	3.08	1066	10.66
合 计	5102	100.00	4896	100.00	9998	100.00

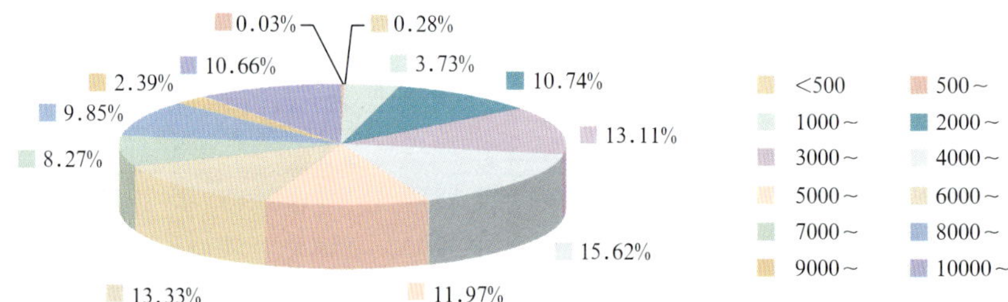

图6 江苏省0～6岁儿童家庭年人均收入构成

二、0～6岁残疾儿童流行特征

(一) 筛查及现患情况

1．残疾筛查阳性率及现患率

本次共调查0～6岁儿童9998人，筛查出可疑残疾儿童234人，筛查阳性率为2.34%；确诊残疾儿童86人，0～6岁儿童残疾现患率为0.860%。表9显示了江苏省0～6岁残疾儿童筛查阳性及现患情况。

表9 江苏省0～6岁残疾儿童残疾筛查阳性及现患情况

地 区	调查儿童数	筛查情况		确诊情况	
		阳性儿童数	阳性率 %	确诊儿童数	现患率 %
常州市	5102	130	2.55	44	0.862
仪征市	4896	104	2.12	42	0.858
合 计	9998	234	2.34	86	0.860

2．五类残疾现患率

0～6岁残疾儿童五类残疾筛查阳性率及现患率见表10。

表10 江苏省0～6岁残疾儿童五类残疾筛查及现患情况

残疾种类	常州市				仪征市				合　计			
	筛查情况		确诊情况		筛查情况		确诊情况		筛查情况		确诊情况	
	阳性数	阳性率%	确诊人次	现患率%	阳性数	阳性率%	确诊人次	现患率%	阳性数	阳性率%	确诊人次	现患率%
听力残疾	5	0.10	2	0.04	15	0.31	2	0.04	20	0.20	4	0.04
视力残疾	27	0.53	3	0.06	7	0.14	1	0.02	34	0.34	4	0.04
智力残疾	63	1.23	27	0.53	62	1.27	34	0.69	125	1.25	61	0.61
肢体残疾	39	0.76	18	0.35	20	0.41	9	0.18	59	0.59	27	0.27
精神残疾	9	0.18	7	0.14	6	0.12	2	0.04	15	0.15	9	0.09
合　计	143*	2.80	57*	1.12	110*	2.25	48*	0.98	253*	2.53	105*	1.05

注：* 含综合残疾，调查儿童数9998人（常州市5102人，仪征市4896人）

3．0～6岁残疾儿童综合残疾现患情况

本次调查共确诊综合残疾儿童17人，综合残疾现患率为0.17%。表11显示了江苏省综合残疾的现患率及构成情况。

表11　江苏省0～6岁残疾儿童综合残疾的现患率及构成

地　区	调查儿童数	双重残疾		三重残疾		四重残疾		合　计		现患率%
		儿童数	构成%	儿童数	构成%	儿童数	构成%	儿童数	构成%	
常州市	5102	11	91.67	1	8.33	0	0.00	12	100.00	0.12
仪征市	4896	4	80.00	1	20.00	0	0.00	5	100.00	0.05
总　计	9998	15	88.24	2	11.76	0	0.00	17	100.00	0.17

（二）五类残疾构成及残疾严重程度

1．五类残疾构成

本次调查共确诊残疾儿童86人，儿童残疾105人次（含综合残疾）。听力残疾4人，占残疾儿童的3.81%；视力残疾4人，占3.81%；智力残疾61人，占58.10%；肢体残疾27人，占25.71%；精神残疾9人，占8.57%。江苏省0～6岁残疾儿童五类残疾构成情况见表12。

表12 江苏省0～6岁残疾儿童五类残疾构成

残疾种类	常州市		仪征市		合　计	
	残疾儿童数	构成%	残疾儿童数	构成%	残疾儿童数	构成%
听力残疾	2	3.51	2	4.17	4	3.81
视力残疾	3	5.26	1	2.08	4	3.81
智力残疾	27	47.37	34	70.83	61	58.10
肢体残疾	18	31.58	9	18.75	27	25.71
精神残疾	7	12.28	2	4.17	9	8.57
合　计	57*	100.00	48*	100.00	105*	100.00

* 含综合残疾

图7显示了江苏省0～6岁儿童五类残疾构成情况。由图可见，在各类残疾中，以智力残疾所占比例最高，肢体残疾次之，精神残疾占第三位，视力残疾和听力残疾并列最后一位。

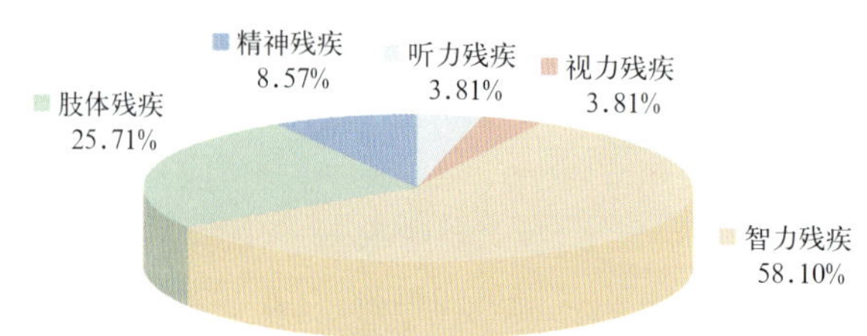

图7 江苏省0～6岁残疾儿童五类残疾构成

2．0～6 岁残疾儿童综合残疾构成

本次调查共确诊残疾儿童 86 人，其中单一残疾 69 人，占 80.23%，综合残疾 17 人，占 19.77%。江苏省残疾儿童单一残疾和综合残疾情况见表 13。

表 13 江苏省 0～6 岁残疾儿童单一残疾和综合残疾构成

地 区	单一残疾		综合残疾		合 计	
	儿童数	构成 %	儿童数	构成 %	儿童数	构成 %
常州市	32	72.73	12	27.27	44	100.00
仪征市	37	88.10	5	11.90	42	100.00
合 计	69	80.23	17	19.77	86	100.00

图 8 显示了江苏省 0～6 岁儿童综合残疾的构成情况。

图8 江苏省0～6岁残疾儿童单一残疾与综合残疾构成

3．残疾严重程度构成

（1）五类残疾儿童残疾严重程度构成

本次调查确诊的儿童残疾 105 人次中，极重度（包括一级聋、一级盲、一级智力残疾、一级肢体残疾）4 人次，占 3.81%；重度（包括二级聋、二级盲、二级智力残疾、二级肢体残疾、重度精神残疾）13 人次，占 12.38%；中度（包括一级重听、一级低视力、三级智力残疾、三级肢体残疾、中度精神残疾）23 人次，占 21.90%；轻度（包括二级重听、二级低视力、四级智力残疾、四级肢体残疾、轻度精神残疾）65 人次，占 61.90%。表 14 显示了江苏省 0～6 岁五类残疾儿童残疾严重程度构成情况。

表 14 江苏省 0～6 岁五类残疾儿童残疾严重程度构成

残疾种类	极重度		重度		中度		轻度		合计	
	儿童数	构成 %	儿童数	构成 %	儿童数	构成 %	儿童数	构成 %	儿童数	构成 %
听力残疾	3	75.00	1	25.00	0	0.00	0	0.00	4	100.00
视力残疾	0	0.00	1	25.00	1	25.00	2	50.00	4	100.00
智力残疾	1	1.64	9	14.75	12	19.67	39	63.93	61	100.00
肢体残疾	0	0.00	1	3.70	8	29.63	18	66.67	27	100.00
精神残疾	–	–	1	11.11	2	22.22	6	66.67	9	100.00
合计	4*	3.81	13*	12.38	23*	21.90	65*	61.90	105*	100.00

* 含综合残疾

图 9 显示了江苏省 0～6 岁五类残疾儿童残疾严重程度构成情况。从中可见，轻度残疾所占比例最大，中度残疾次之，重度残疾和极重度残疾所占比例最小。

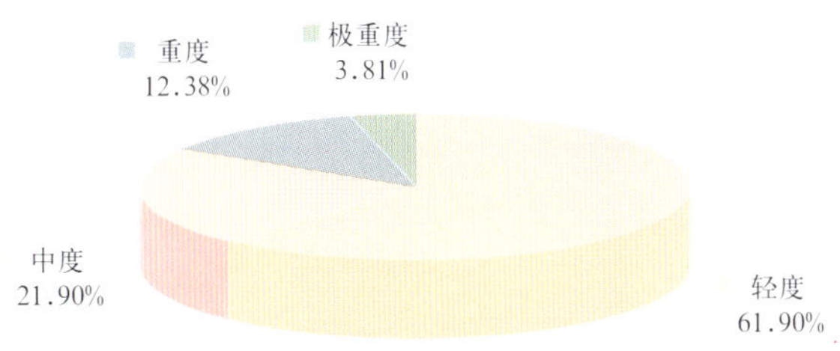

图9　江苏省0～6岁五类残疾儿童残疾严重程度构成

（2）听力残疾儿童残疾严重程度构成

本次调查确诊听力残疾儿童 4 名，其中一级聋（极重度）的儿童 3 人，占听力残疾儿童的 75.00%，二级聋（重度）1 人，占听力残疾儿童的 25.00%，未发现一级重听（中度）和二级重听（轻度）的儿童。江苏省 0～6 岁听力残疾儿童残疾严重程度构成情况见表 15。

表 15 江苏省 0～6 岁听力残疾儿童残疾严重程度构成

地区	一级聋（极重度）		二级聋（重度）		一级重听（中度）		二级重听（轻度）		合计	
	儿童数	构成 %	儿童数	构成 %	儿童数	构成 %	儿童数	构成 %	儿童数	构成 %
常州市	2	100.00	0	0.00	0	0.00	0	0.00	2	100.00
仪征市	1	50.00	1	50.00	0	0.00	0	0.00	2	100.00
合计	3	75.00	1	25.00	0	0.00	0	0.00	4	100.00

图 10 显示了江苏省 0～6 岁听力残疾儿童残疾严重程度构成情况。

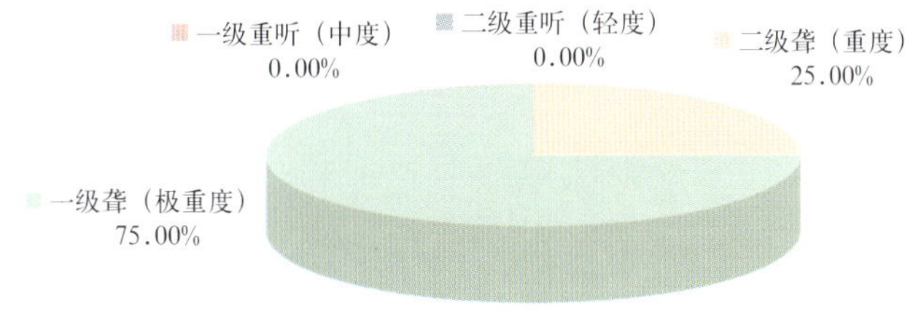

图10　江苏省0～6岁听力残疾儿童残疾严重程度构成

（3）视力残疾儿童残疾严重程度构成

本次调查确诊 4 名视力残疾儿童中，二级低视力（轻度）2 人，占视力残疾儿童的 50.00%；一级低视力（中度）和二级盲（重度）各 1 人，各占 25.00%；没有一级盲（极重度）视力残疾儿童。江苏省 0~6 岁视力残疾儿童残疾严重程度构成情况见表 16。

表 16 江苏省 0～6 岁视力残疾儿童残疾严重程度构成

地　区	二级低视力(轻度)		一级低视力(中度)		二级盲(重度)		一级盲(极重度)		合　计	
	儿童数	构成 %	儿童数	构成 %	儿童数	构成 %	儿童数	构成 %	儿童数	构成 %
常州市	2	66.67	0	0.00	1	33.33	0	0.00	3	100.00
仪征市	0	0.00	1	100.00	0	0.00	0	0.00	1	100.00
合　计	2	50.00	1	25.00	1	25.00	0	0.00	4	100.00

图 11 显示了江苏省 0～6 岁视力残疾儿童残疾严重程度构成情况。

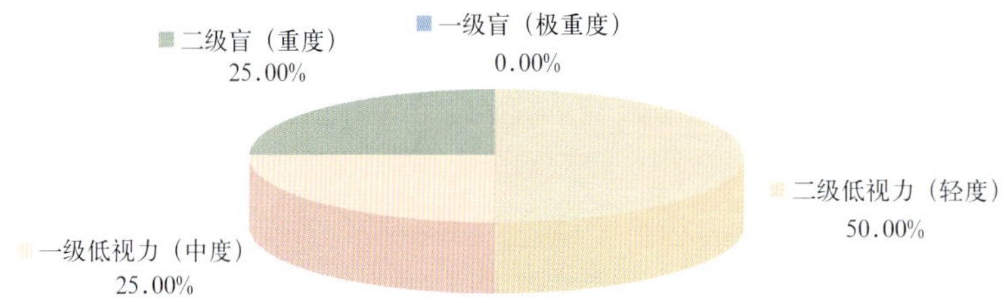

图11　江苏省0～6岁视力残疾儿童残疾严重程度构成

（4）智力残疾儿童残疾严重程度构成

本次调查确诊的 61 名智力残疾儿童中，一级智力残疾（极重度）1 人，占智力残疾儿童的 1.64%，二级智力残疾（重度）9 人，占智力残疾儿童的 14.75%，三级智力残疾（中度）12 人，占智力残疾的 19.67%，四级智力残疾（轻度）39 人，占智力残疾儿童的 63.93%。江苏省 0～6 岁智力残疾儿童残疾严重程度构成情况见表 17。

表 17 江苏省 0～6 岁智力残疾儿童残疾严重程度构成

地　区	一级（极重度）		二级（重度）		三级（中度）		四级（轻度）		合　计	
	儿童数	构成 %	儿童数	构成 %	儿童数	构成 %	儿童数	构成 %	儿童数	构成 %
常州市	0	0.00	6	22.22	7	25.93	14	51.85	27	100.00
仪征市	1	2.94	3	8.82	5	14.71	25	73.53	34	100.00
合　计	1	1.64	9	14.75	12	19.67	39	63.93	61	100.00

图 12 显示了江苏省 0～6 岁智力残疾儿童残疾严重程度构成情况。

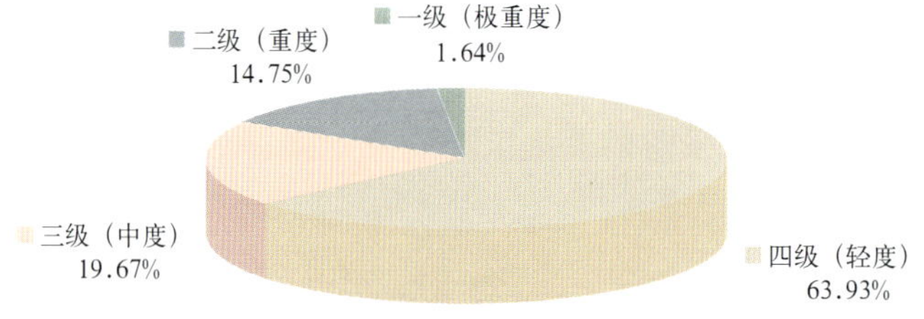

图12 江苏省0～6岁智力残疾儿童残疾严重程度构成

(5) 肢体残疾儿童残疾严重程度构成

本次调查确诊的27名肢体残疾儿童中，四级肢体残疾（轻度）18人，占肢体残疾儿童的66.67%；三级肢体残疾（中度）8人，占29.63%；二级肢体残疾（重度）1人，占3.70%；没有一级肢体残疾儿童（极重度）。江苏省0～6岁肢体残疾儿童残疾严重程度构成情况见表18。

表18 江苏省0～6岁肢体残疾儿童残疾严重程度构成

地　区	一级（极重度）		二级（重度）		三级（中度）		四级（轻度）		合　计	
	儿童数	构成 %	儿童数	构成 %	儿童数	构成 %	儿童数	构成 %	儿童数	构成 %
常州市	0	0.00	1	5.56	4	22.22	13	72.22	18	100.00
仪征市	0	0.00	0	0.00	4	44.44	5	55.56	9	100.00
合　计	0	0.00	1	3.70	8	29.63	18	66.67	27	100.00

图13显示了0～6岁肢体残疾儿童残疾严重程度构成情况。

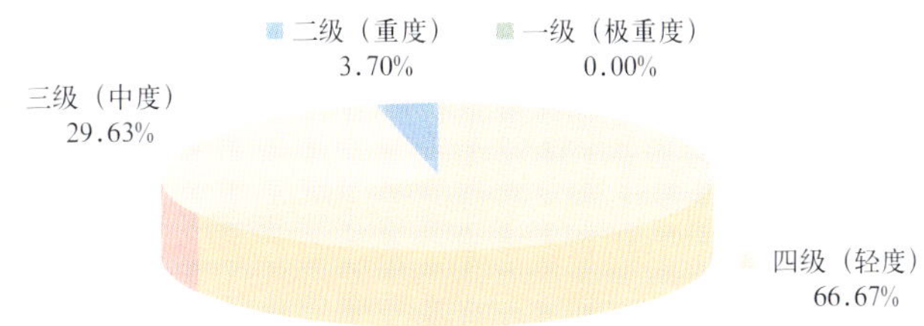

图13　江苏省0～6岁肢体残疾儿童残疾严重程度构成

(6) 精神残疾儿童残疾严重程度构成

本次调查确诊的9名精神残疾儿童中，轻度精神残疾6人，占精神残疾儿童的66.67%，中度精神残疾2人，占精神残疾儿童的22.22%，重度精神残疾1人，占精神残疾儿童的11.11%。江苏省0～6岁精神残疾儿童残疾严重程度构成情况见表19。

表19 江苏省0～6岁精神残疾儿童残疾严重程度构成

地　区	重　度		中　度		轻　度		合　计	
	儿童数	构成 %	儿童数	构成 %	儿童数	构成 %	儿童数	构成 %
常州市	0	0.00	1	14.29	6	85.71	7	100.00
仪征市	1	50.00	1	50.00	0	0.00	2	100.00
合　计	1	11.11	2	22.22	6	66.67	9	100.00

图14显示了江苏省0～6岁精神残疾儿童残疾严重程度构成。

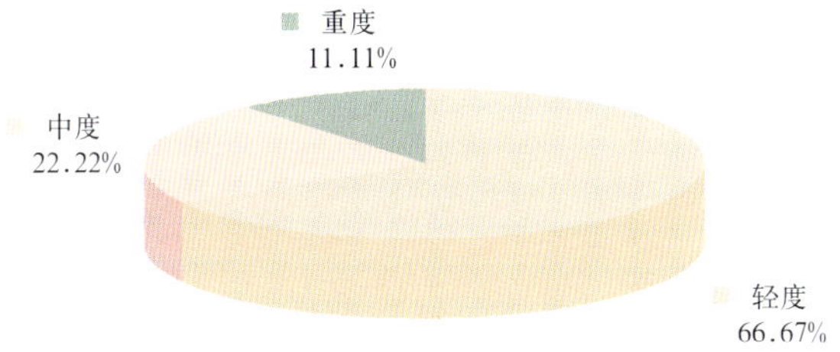

图14 江苏省0～6岁精神残疾儿童残疾严重程度构成

（三）残疾儿童的分布特征

1．地区分布

本次共调查9998名0～6岁儿童，确诊残疾儿童86人，其中常州市44人，占残疾儿童构成的51.16%，现患率为0.86%；仪征市42人，占残疾儿童构成的48.84%，现患率为0.86%。江苏省0～6岁残疾儿童的分布情况见表20。

表20 江苏省0～6岁残疾儿童分布情况

地　区	调查儿童数	残疾儿童数	现患率%	构成%
常州市	5102	44	0.86	51.16
仪征市	4896	42	0.86	48.84
合　计	9998	86	0.86	100.00

2．性别分布

本次确诊的86名残疾儿童中，男性46人，占53.49%，现患率为0.89%；女性40人，占46.51%，现患率为0.82%。江苏省0～6岁残疾儿童性别分布情况见表21。

表21 江苏省0～6岁残疾儿童性别分布

地　区	男				女				合　计			
	调查儿童数	残疾儿童数	现患率%	构成%	调查儿童数	残疾儿童数	现患率%	构成%	调查儿童数	残疾儿童数	现患率%	构成%
常州市	2612	22	0.84	50.00	2490	22	0.88	50.00	5102	44	0.86	100.00
仪征市	2532	24	0.95	57.14	2364	18	0.76	42.86	4896	42	0.86	100.00
合　计	5144	46	0.89	53.49	4854	40	0.82	46.51	9998	86	0.86	100.00

3．年龄分布

在本次调查的86名残疾儿童中，0岁8人，现患率为0.66%，占9.30%，1岁10人，现患率为0.69%，占11.63%，2岁12人，现患率为0.81%，占13.95%；3岁13人，现患率为0.87%，占15.12%；4岁、5岁、6岁分别为15人、13人和15人，现患率为0.98%、0.84%和1.17%，占17.44%、15.12%和17.44%。江苏省0～6岁残疾儿童年龄分布情况见表22。

表22 江苏省0～6岁残疾儿童年龄分布情况

年龄（岁）	常州市				仪征市				合　计			
	调查儿童数	残疾儿童数	现患率%	构成%	调查儿童数	残疾儿童数	现患率%	构成%	调查儿童数	残疾儿童数	现患率%	构成%
0	512	4	0.78	9.09	694	4	0.58	9.52	1206	8	0.66	9.30
1	685	4	0.58	9.09	770	6	0.78	14.29	1455	10	0.69	11.63
2	721	7	0.97	15.91	767	5	0.65	11.90	1488	12	0.81	13.95
3	746	9	1.21	20.45	743	4	0.54	9.52	1489	13	0.87	15.12
4	838	5	0.60	11.36	690	10	1.45	23.81	1528	15	0.98	17.44
5	801	7	0.87	15.91	749	6	0.80	14.29	1550	13	0.84	15.12
6	799	8	1.00	18.18	483	7	1.45	16.67	1282	15	1.17	17.44
合　计	5102	44	0.86	100.00	4896	42	0.86	100.00	9998	86	0.86	100.00

4. 3～6岁残疾儿童学前教育分布

本次调查3～6岁残疾儿童56名，其中36名接受了学前教育，3～6岁残疾儿童接受学前教育率为64.29%。其中，3岁、4岁、5岁和6岁分别为7人、8人、7人和14人，接受学前教育率分别为53.85%、53.33%、53.85%和93.33%。江苏省3～6岁残疾儿童接受学前教育情况见表23。

表23 江苏省3～6岁残疾儿童接受学前教育状况

地区	3岁			4岁			5岁			6岁			合计		
	调查儿童数	接受教育儿童数	接受教育率%	调查儿童数	接受教育儿童数	接受教育率%	调查儿童数	接受教育儿童数	接受教育率%	调查儿童数	接受教育儿童数	接受教育率%	调查儿童数	接受教育儿童数	接受教育率%
常州市	9	6	66.67	5	5	100.00	7	4	57.14	8	7	87.50	29	22	75.86
仪征市	4	1	25.00	10	3	30.00	6	3	50.00	7	7	100.00	27	14	51.85
合计	13	7	53.85	15	8	53.33	13	7	53.85	15	14	93.33	56	36	64.29

5. 残疾儿童父母职业分布

本次调查的86名残疾儿童中，回答父亲职业、母亲职业的有效问卷均为85份。表24、25分别显示了江苏省0～6岁残疾儿童父母职业分布及残疾儿童现患率。

表24 江苏省0～6岁残疾儿童父亲职业分布及残疾儿童现患率

职业	常州市				仪征市				合计			
	调查儿童数	残疾儿童数	现患率%	构成%	调查儿童数	残疾儿童数	现患率%	构成%	调查儿童数	残疾儿童数	现患率%	构成%
专业技术人员	759	5	0.66	11.63	153	0	0.00	0.00	912	5	0.55	5.88
机关干部	139	0	0.00	0.00	123	0	0.00	0.00	262	0	0.00	0.00
办事人员	576	5	0.87	11.63	381	2	0.52	4.76	957	7	0.73	8.24
商业人员	269	2	0.74	4.65	109	1	0.92	2.38	378	3	0.79	3.53
服务人员	98	0	0.00	0.00	95	3	3.16	7.14	193	3	1.55	3.53
农林牧渔	5	0	0.00	0.00	766	10	1.31	23.81	771	10	1.30	11.76
工人	2287	24	1.05	55.81	3048	24	0.79	57.14	5335	48	0.90	56.47
军人	79	1	1.27	2.33	32	0	0.00	0.00	111	1	0.90	1.18
其他	861	5	0.58	11.63	144	2	1.39	4.76	1005	7	0.70	8.24
不在业	3	1	33.33	2.33	38	0	0.00	0.00	41	1	2.44	1.18
合计	5076	43	0.85	100.00	4889	42	0.86	100.00	9965	85	0.85	100.00

表25 江苏省0～6岁残疾儿童母亲职业分布及残疾儿童现患率

职业	常州市				仪征市				合计			
	调查儿童数	残疾儿童数	现患率%	构成%	调查儿童数	残疾儿童数	现患率%	构成%	调查儿童数	残疾儿童数	现患率%	构成%
专业技术人员	984	7	0.71	16.28	187	3	1.60	7.14	1171	10	0.85	11.76
机关干部	44	0	0.00	0.00	52	0	0.00	0.00	96	0	0.00	0.00
办事人员	449	2	0.45	4.65	254	0	0.00	0.00	703	2	0.28	2.35
商业人员	402	0	0.00	0.00	76	1	1.32	2.38	478	1	0.21	1.18
服务人员	183	1	0.55	2.33	81	0	0.00	0.00	264	1	0.38	1.18
农林牧渔	3	0	0.00	0.00	1053	21	1.99	50.00	1056	21	1.99	24.71
工人	2044	26	1.27	60.47	2766	14	0.51	33.33	4810	40	0.83	47.06
军人	6	0	0.00	0.00	2	0	0.00	0.00	8	0	0.00	0.00
其他	946	6	0.63	13.95	94	2	2.13	4.76	1040	8	0.77	9.41
不在业	15	1	6.67	2.33	326	1	0.31	2.38	341	2	0.59	2.35
合计	5076	43	0.85	100.00	4891	42	0.86	100.00	9967	85	0.85	100.00

图15显示了江苏省父母不同职业0～6岁残疾儿童现患率。从中可以看出，父母职业不同，残疾儿童现患率也不同，其中父亲不在业的残疾儿童现患率高，母亲职业为农林牧渔的残疾儿童现患率高。

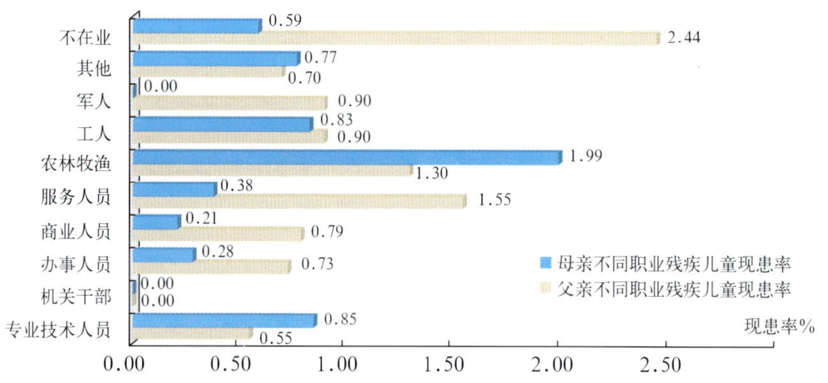

图15 江苏省父母不同职业0～6岁残疾儿童现患率

6．残疾儿童父母文化程度分布

本次调查的86名残疾儿童中，回答父亲文化程度和母亲文化程度的有效问卷均为85份。表26、27分别显示了江苏省0～6岁残疾儿童父母文化程度分布及残疾儿童现患率。

表 26 江苏省 0～6 岁残疾儿童父亲文化程度分布及残疾儿童现患率

文化程度	常州市				仪征市				合计			
	调查儿童数	残疾儿童数	现患率 %	构成 %	调查儿童数	残疾儿童数	现患率 %	构成 %	调查儿童数	残疾儿童数	现患率 %	构成 %
大学大专	1786	17	0.95	39.53	771	2	0.26	4.76	2557	19	0.74	22.35
高中中专	2209	12	0.54	27.91	1922	12	0.62	28.57	4131	24	0.58	28.24
初　中	1053	13	1.23	30.23	2143	26	1.21	61.90	3196	39	1.22	45.88
小　学	37	1	2.70	2.33	50	2	4.00	4.76	87	3	3.45	3.53
文盲/半文盲	2	0	0.00	0.00	4	0	0.00	0.00	6	0	0.00	0.00
合　计	5087	43	0.85	100.00	4890	42	0.86	100.00	9977	85	0.85	100.00

表 27　江苏省 0～6 岁残疾儿童母亲文化程度分布及残疾儿童现患率

文化程度	常州市				仪征市				合计			
	调查儿童数	残疾儿童数	现患率 %	构成 %	调查儿童数	残疾儿童数	现患率 %	构成 %	调查儿童数	残疾儿童数	现患率 %	构成 %
大学大专	1225	7	0.57	16.28	409	2	0.49	4.76	1634	9	0.55	10.59
高中中专	2366	20	0.85	46.51	1483	8	0.54	19.05	3849	28	0.73	32.94
初　中	1446	14	0.97	32.56	2886	30	1.04	71.43	4332	44	1.02	51.76
小　学	51	2	3.92	4.65	102	2	1.96	4.76	153	4	2.61	4.71
文盲/半文盲	1	0	0.00	0.00	10	0	0.00	0.00	11	0	0.00	0.00
合　计	5089	43	0.84	100.00	4890	42	0.86	100.00	9979	85	0.85	100.00

图 16 显示了江苏省父母不同文化程度 0～6 岁残疾儿童现患率。从中可以看出，父母文化程度越高，残疾儿童现患率越低。

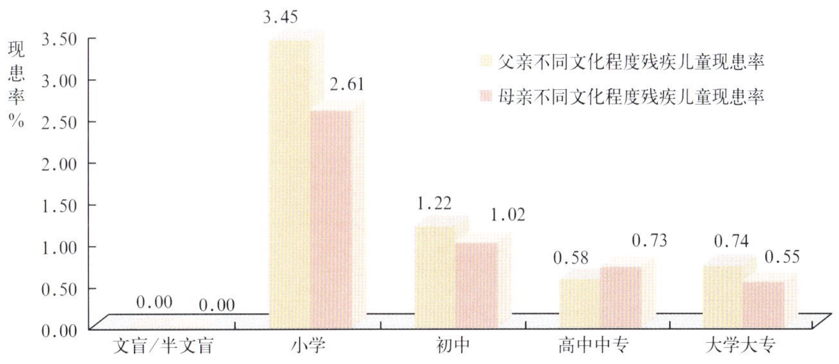

图16 江苏省父母不同文化程度0～6岁残疾儿童现患率

7．残疾儿童家庭年人均收入情况

本次调查的 86 名残疾儿童中，回答家庭年人均收入情况的有效问卷 85 份。表 28 显示了江苏省 0～6 岁残疾儿童家庭年人均收入状况及不同家庭年人均收入残疾儿童现患率情况。

表28 江苏省0～6岁残疾儿童家庭年人均收入状况及残疾儿童现患率

年人均收入（元）	常州市				仪征市				合计			
	调查儿童数	残疾儿童数	现患率%	构成%	调查儿童数	残疾儿童数	现患率%	构成%	调查儿童数	残疾儿童数	现患率%	构成%
<500	1	0	0.00	0.00	2	0	0.00	0.00	3	0	0.00	0.00
500～	9	0	0.00	0.00	19	1	5.26	2.38	28	1	3.57	1.16
1000～	54	4	7.41	9.09	319	15	4.70	35.71	373	19	5.09	22.09
2000～	153	5	3.27	11.36	921	13	1.41	30.95	1074	18	1.68	20.93
3000～	354	5	1.41	11.36	957	4	0.42	9.52	1311	9	0.69	10.47
4000～	670	7	1.04	15.91	892	5	0.56	11.90	1562	12	0.77	13.95
5000～	655	8	1.22	18.18	542	4	0.74	9.52	1197	12	1.00	13.95
6000～	897	5	0.56	11.36	436	0	0.00	0.00	1333	5	0.38	5.81
7000～	574	3	0.52	6.82	253	0	0.00	0.00	827	3	0.36	3.49
8000～	616	1	0.16	2.27	369	0	0.00	0.00	985	1	0.10	1.16
9000～	204	3	1.47	6.82	35	0	0.00	0.00	239	3	1.26	3.49
10000～	915	3	0.33	6.82	151	0	0.00	0.00	1066	3	0.28	3.49
合计	5102	44	0.86	100.00	4896	42	0.86	100.00	9998	86	0.86	100.00

图17显示了江苏省不同家庭年人均收入0～6岁残疾儿童现患率情况。从中可以看出，残疾儿童现患率有随家庭年人均收入增高而降低的趋势。

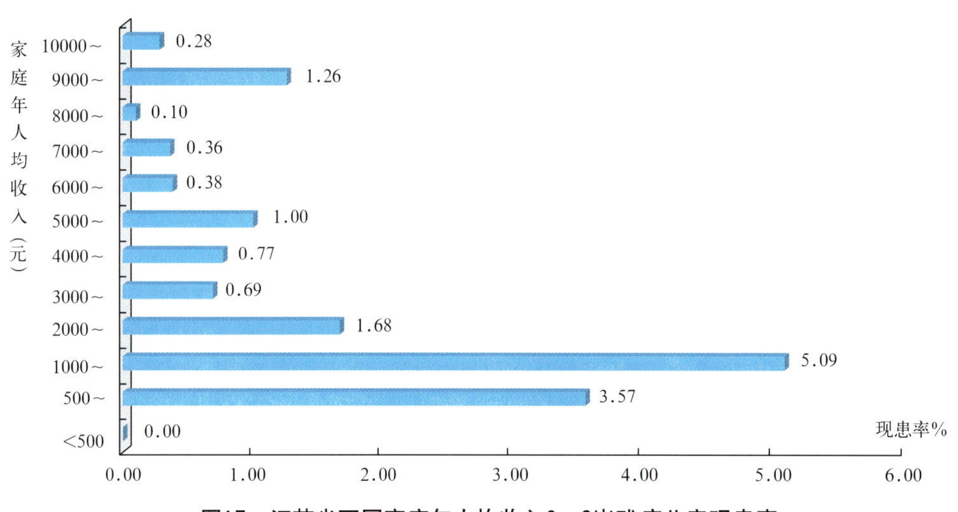

图17 江苏省不同家庭年人均收入0～6岁残疾儿童现患率

（四）五类残疾致残原因

1．听力残疾致残原因

本次调查确诊听力残疾儿童4名，其致残原因见表29。

表 29 江苏省 0～6 岁听力残疾儿童残疾原因

顺 位	致残原因	常 州 市		仪 征 市		合 计	
		儿童数	构成 %	儿童数	构成 %	儿童数	构成 %
第一位	孕期感染 / 药物	1	50.00	0	0.00	1	25.00
第一位	产伤窒息	0	0.00	1	50.00	1	25.00
第一位	后天耳毒药物	0	0.00	1	50.00	1	25.00
第一位	不 详	1	50.00	0	0.00	1	25.00
	合 计	2	100.00	2	100.00	4	100.00

2．视力残疾致残原因

本次调查确诊视力残疾儿童 4 名，其致残原因见表 30。

表 30 江苏省 0～6 岁视力残疾儿童致残原因

顺 位	致残原因	常 州 市		仪 征 市		合 计	
		儿童数	构成 %	儿童数	构成 %	儿童数	构成 %
第一位	视网膜视神经病变	2	66.67	0	0.00	2	50.00
第二位	弱 视	1	33.33	0	0.00	1	25.00
第二位	先天性白内障	0	0.00	1	100.00	1	25.00
	合 计	3	100.00	1	100.00	4	100.00

3．智力残疾致残原因

本次调查确诊智力残疾儿童 61 名，其主要致残原因见表 31。

表 31 江苏省 0～6 岁智力残疾儿童主要致残原因

顺 位	致残原因	常 州 市		仪 征 市		合 计	
		儿童数	构成 %	儿童数	构成 %	儿童数	构成 %
第一位	不 详	14	51.85	10	29.41	24	39.34
第二位	社会文化落后	0	0.00	11	32.35	11	18.03
第三位	伴发精神病	6	22.22	1	2.94	7	11.48
第四位	早 产	2	7.41	2	5.88	4	6.56
第五位	产时窒息	2	7.41	1	2.94	3	4.92
第五位	宫内窒息	1	3.70	2	5.88	3	4.92
	合 计	25	92.59	27	79.41	52	85.25

4．肢体残疾致残原因

本次调查确诊肢体残疾儿童 27 人，其致残原因见表 32。

表 32 江苏省 0～6 岁肢体残疾儿童致残原因

顺 位	致残原因	常 州 市		仪 征 市		合 计	
		儿童数	构成 %	儿童数	构成 %	儿童数	构成 %
第一位	其 他	14	77.78	1	11.11	15	55.56
第二位	脑 瘫	3	16.67	3	33.33	6	22.22
第三位	先天性骨关节病	1	5.56	4	44.44	5	18.52
第四位	周围神经损伤	0	0.00	1	11.11	1	3.70
	合 计	18	100.00	9	100.00	27	100.00

5．精神残疾致残原因

本次调查确诊精神残疾儿童9人，其致残原因全部为孤独症，见表33。

表33 江苏省0～6岁精神残疾儿童致残原因

顺位	致残原因	常州市		仪征市		合计	
		儿童数	构成%	儿童数	构成%	儿童数	构成%
第一位	孤独症	7	100.00	2	100.00	9	100.00
	合 计	7	100.00	2	100.00	9	100.00

（五）康复现状与需求

1．五类残疾儿童康复现状与需求

本次调查确诊残疾儿童86名，儿童残疾105人次（含综合残疾）。其中得到康复的49人次，占46.67%，其康复形式现状见图18；没有得到康复的56人次，占53.33%。在康复需求调查中，发现所有残疾儿童都有康复需求，其康复形式现状与需求之间存在较大差异，其中对特殊机构的需求与现状之间差异最大，见图18。

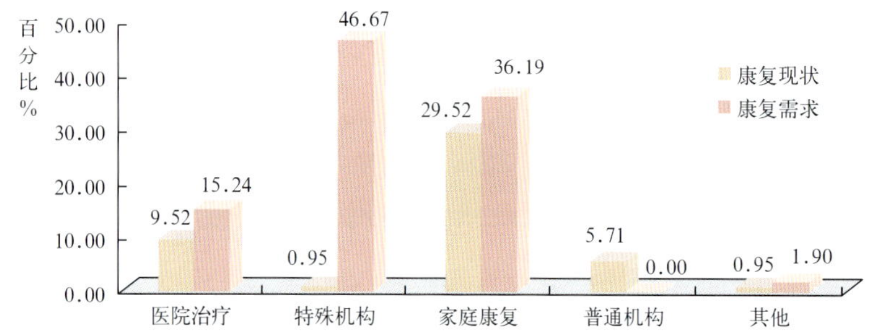

图18 江苏省0～6岁残疾儿童康复形式现状与需求比较

本次调查还对听力、视力、肢体残疾儿童康复器具现状与需求进行了调查，其中有康复器具的12人，占34.29%；没有康复器具的23人，占65.71%。所有听力、视力、肢体残疾儿童都有康复器具需求，其现状与需求之间存在较大差异，见图19。

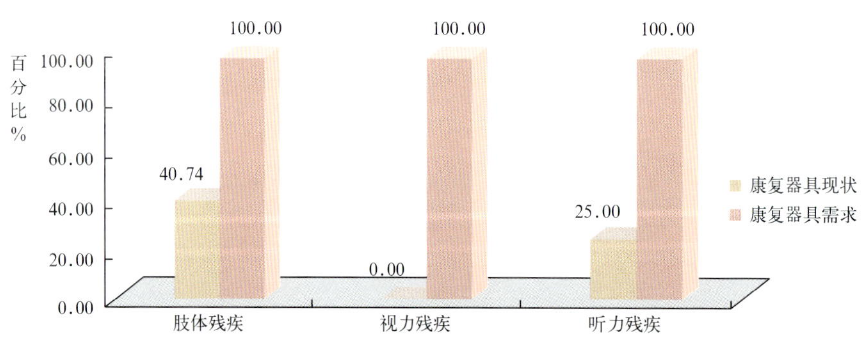

图19 江苏省0～6岁残疾儿童康复器具现状与需求比较

2．听力残疾

（1）康复现状

本次调查确诊4名听力残疾儿童，其康复现状见表34。

表34 江苏省0～6岁听力残疾儿童康复现状

项目		常州市		仪征市		合计	
		儿童数	构成%	儿童数	构成%	儿童数	构成%
康复形式	特殊机构	1	50.00	0	0.00	1	25.00
	家庭康复	1	50.00	0	0.00	1	25.00
	普通机构	0	0.00	1	50.00	1	25.00
	无康复	0	0.00	1	50.00	1	25.00
康复器具	助听器	1	50.00	0	0.00	1	25.00
	无器具	1	50.00	2	100.00	3	75.00
	合计	2	100.00	2	100.00	4	100.00

（2）康复需求

本次调查确诊4名听力残疾儿童，其康复需求见表35。

表35 江苏省0～6岁听力残疾儿童康复需求

项目		常州市		仪征市		合计	
		儿童数	构成%	儿童数	构成%	儿童数	构成%
康复形式	特殊机构	2	100.00	1	50.00	3	75.00
	家庭康复	0	0.00	1	50.00	1	25.00
康复器具	助听器	1	50.00	2	100.00	3	75.00
	其他	1	50.00	0	0.00	1	25.00
	合计	2	100.00	2	100.00	4	100.00

（3）康复现状与需求比较

将康复现状与需求进行比较发现，听力残疾儿童康复现状与需求之间存在着一定差异，康复器具中助听器的需求与现状之间差异最大。

3．视力残疾

（1）康复现状

本次调查确诊4名视力残疾儿童，其康复现状见表36。

表36 江苏省0～6岁视力残疾儿童康复现状

项目		常州市		仪征市		合计	
		儿童数	构成%	儿童数	构成%	儿童数	构成%
康复形式	医院治疗	1	33.33	1	100.00	2	50.00
	无康复	2	66.67	0	0.00	2	50.00
康复器具	无器具	3	100.00	1	100.00	4	100.00
	合计	3	100.00	1	100.00	4	100.00

(2) 康复需求

本次调查确诊4名视力残疾儿童，其康复需求见表37。

表37 江苏省0～6岁视力残疾儿童康复需求

项目		常州市		仪征市		合计	
		儿童数	构成%	儿童数	构成%	儿童数	构成%
康复形式	医院治疗	2	66.67	0	0.00	2	50.00
	家庭康复	0	0.00	1	100.00	1	25.00
	其他	1	33.33	0	0.00	1	25.00
康复器具	助视器	1	33.33	0	0.00	1	25.00
	导盲器	1	33.33	0	0.00	1	25.00
	其他	1	33.33	1	100.00	2	50.00
	合计	3	100.00	1	100.00	4	100.00

(3) 康复现状与需求比较

将康复现状与需求进行比较发现，视力残疾儿童康复现状与需求之间存在着较大差异，目前所有视力残疾儿童都没有康复器具，康复器具现状与需求之间存在巨大差异。

4．智力残疾

(1) 康复现状

本次调查确诊61名智力残疾儿童，其康复现状见表38。

表38 江苏省0～6岁智力残疾儿童康复现状

康复形式	常州市		仪征市		合计	
	儿童数	构成%	儿童数	构成%	儿童数	构成%
特殊机构	0	0.00	0	0.00	0	0.00
家庭康复	8	29.63	12	35.29	20	32.79
普通机构	4	14.81	0	0.00	4	6.56
无康复	15	55.56	22	64.71	37	60.66
合计	27	100.00	34	100.00	61	100.00

(2) 康复需求

本次调查确诊61名智力残疾儿童，其康复需求见表39。

表 39 江苏省 0～6 岁智力残疾儿童康复需求

康复形式	常州市		仪征市		合 计	
	儿童数	构成％	儿童数	构成％	儿童数	构成％
医院治疗	1	3.70	0	0.00	1	1.64
特殊机构	26	96.30	8	23.53	34	55.74
家庭康复	0	0.00	26	76.47	26	42.62
合 计	27	100.00	34	100.00	61	100.00

（3）康复现状与需求比较

将康复现状与需求进行比较发现，智力残疾儿童康复现状与需求之间存在着很大的差异。康复形式中特殊机构现状与需求之间差异最大。

5．肢体残疾

（1）康复现状

本次调查确诊 27 名肢体残疾儿童，其康复现状见表 40。

表 40 江苏省 0～6 岁肢体残疾儿童康复现状

项 目		常州市		仪征市		合 计	
		儿童数	构成％	儿童数	构成％	儿童数	构成％
康复形式	医院治疗	2	11.11	6	66.67	8	29.63
	家庭康复	6	33.33	1	11.11	7	25.93
	普通机构	1	5.56	0	0.00	1	3.70
	其 他	0	0.00	1	11.11	1	3.70
	无康复	9	50.00	1	11.11	10	37.04
康复器具	自助器	1	5.56	1	11.11	2	7.41
	矫形器	3	16.67	2	22.22	5	18.52
	其 他	0	0.00	4	44.44	4	14.81
	无器具	14	77.78	2	22.22	16	59.26
	合 计	18	100.00	9	100.00	27	100.00

（2）康复需求

本次调查确诊 27 名肢体残疾儿童，其康复需求见表 41。

表 41 江苏省 0～6 岁肢体残疾儿童康复需求

项 目		常州市		仪征市		合 计	
		儿童数	构成％	儿童数	构成％	儿童数	构成％
康复形式	医院治疗	9	50.00	4	44.44	13	48.15
	特殊机构	6	33.33	1	11.11	7	25.93
	家庭康复	2	11.11	4	44.44	6	22.22
	其 他	1	5.56	0	0.00	1	3.70
康复器具	自助器	3	16.67	1	11.11	4	14.81
	矫形器	9	50.00	2	22.22	11	40.74
	其 他	6	33.33	6	66.67	12	44.44
	合 计	18	100.00	9	100.00	27	100.00

（3）康复现状与需求比较

将康复现状与需求进行比较发现，肢体残疾儿童康复现状与需求之间存在着很大的差异。康复形式中特殊机构、医院治疗现状与需求之间差异最大，康复器具中矫形器和其他器具的现状与需求之间存在较大差异。

6．精神残疾

（1）康复现状

本次调查确诊9名精神残疾儿童，其康复现状见表42。

表42 江苏省0～6岁精神残疾儿童康复现状

康复形式	常州市		仪征市		合　计	
	儿童数	构成%	儿童数	构成%	儿童数	构成%
家庭康复	2	28.57	1	50.00	3	33.33
无 康 复	5	71.43	1	50.00	6	66.67
合　　计	7	100.00	2	100.00	9	100.00

（2）康复需求

本次调查确诊9名精神残疾儿童，其康复需求见表43。

表43 江苏省0～6岁精神残疾儿童康复需求

康复形式	常州市		仪征市		合　计	
	儿童数	构成%	儿童数	构成%	儿童数	构成%
特殊机构	2	28.57	2	100.00	4	44.44
家庭康复	5	71.43	0	0.00	5	55.56
合　　计	7	100.00	2	100.00	9	100.00

（3）康复现状与需求比较

将康复现状与需求进行比较发现，精神残疾儿童康复现状与需求之间存在着很大的差异，康复形式中特殊机构现状与需求之间差异最大。

三、0～6岁残疾儿童残疾一般危险因素分析

（一）残疾儿童一般危险因素

将0～6岁儿童按是否残疾与居住地、性别、民族、学前教育、父母是否近亲婚配、是否是独生子女、年龄、父母职业、父母文化程度、父母婚姻状况、家庭年人均收入以及儿童抚养状况等变量进行单因素分析，结果见表44。

表44可见，母亲职业、父母文化程度和家庭年人均收入、儿童是否接受学前教育等都对儿童残疾有影响。

表44　0～6岁残疾儿童残疾一般危险因素的单因素分析

因　素	分　组	x^2	P	OR	95% 可信区间	
					下限	上限
居住地	城市1，农村0	0.090	0.764	0.937	0.611	1.436
性 别	男1，女2	0.076	0.782	0.942	0.614	1.444
民 族	汉1，其他2	4.249	0.643	—	—	—
学前教育	有1，无2	29.778	0.000**	3.971	2.328	6.775
近亲婚配状况	非近亲1，近亲2	0.026	0.873	1.000	0.999	1.000
是否独生子女	是1，否0	1.214	0.271	0.603	0.243	1.497
年 龄	0～6岁	4.294	0.643	—	—	—
父亲职业	10组[1]	10.789	0.290	—	—	—
母亲职业	10组[1]	31.902	0.000**	—	—	—
父亲文化程度	5组[2]	19.557	0.001**	—	—	—
母亲文化程度	5组[2]	16.889	0.002**	—	—	—
父母婚姻状况	5组[3]	6.617	0.085	—	—	—
家庭年人均收入	6组[4]	36.941	0.000**	—	—	—
抚养状况	6组[5]	1.076	0.956	—	—	—

* P < 0.05　** P < 0.01

注：[1]职业：0= 不在业，1= 专业技术人员，2= 机关干部，3= 办事人员，4= 商业人员，5= 服务人员，6= 农林牧渔，7= 工人，8= 军人，9= 其他

[2]文化程度：1= 大学大专，2= 高中中专，3= 初中，4= 小学，5= 文盲／半文盲

[3]婚姻状况：1= 初婚，2= 再婚，3= 丧偶，4= 离婚，5= 其他

[4]家庭年人均收入：1=<1000元，2=1000元～，3=3000元～，4=5000元～，5=7000元～，6=9000元～

[5]抚养状况：1= 父和母，2= 父或母，3= 祖父母，4= 其他亲属，5= 国家集体，6= 其他

（二）听力残疾一般危险因素

0～6岁儿童按是否听力残疾与居住地、性别、民族、学前教育、父母是否近亲婚配、是否是独生子女、年龄、父母职业、父母文化程度、父母婚姻状况、家庭年人均收入以及儿童抚养状况等变量进行单因素分析，结果见表45。

表45可见，父母文化程度和儿童是否接受学前教育等对儿童听力残疾有影响。

表45 0~6岁听力残疾儿童危险一般因素单因素分析

因 素	分 组	x^2	P	OR	95% 可信区间	
					下限	上限
居住地	城市 1，农村 0	0.002	0.967	0.960	0.135	6.816
性 别	男 1，女 2	0.004	0.953	1.061	0.149	7.537
民 族	汉 1，其他 2	0.016	0.900	0.996	0.995	0.997
学前教育	有 1,无 2	6.394	0.011*	11.523	1.044	127.128
近亲婚配状况	非近亲 1，近亲 2	0.001	0.972	1.000	0.999	1.000
是否独生子女	是 1，否 0	0.152	0.697	0.960	0.963	0.967
年 龄	0~6 岁	6.403	0.380	—	—	—
父亲职业	10 组[1]	3.574	0.937	—	—	—
母亲职业	10 组[1]	8.354	0.499	—	—	—
父亲文化程度	5 组[2]	27.010	0.000**	—	—	—
母亲文化程度	5 组[2]	63.780	0.000**	—	—	—
父母婚姻状况	5 组[3]	0.064	0.972	—	—	—
家庭年人均收入	6 组[4]	2.587	0.763	—	—	—
抚养状况	6 组[5]	3.823	0.763	—	—	—

* P < 0.05 ** P < 0.01

注：[1]职业：0= 不在业，1= 专业技术人员，2= 机关干部，3= 办事人员，4= 商业人员，5= 服务人员，6= 农林牧渔，7= 工人，8= 军人，9= 其他

[2]文化程度：1= 大学大专，2= 高中中专，3= 初中，4= 小学，5= 文盲 / 半文盲

[3]婚姻状况：1= 初婚，2= 再婚，3= 丧偶，4= 离婚，5= 其他

[4]家庭年人均收入：1=<1000 元，2=1000 元~，3=3000 元~，4=5000 元~，5=7000 元~，6=9000 元~

[5]抚养状况：1= 父和母，2= 父或母，3= 祖父母，4= 其他亲属，5= 国家集体，6= 其他

（三）视力残疾一般危险因素

0~6岁儿童按是否视力残疾与居住地、性别、民族、学前教育、父母是否近亲婚配、是否是独生子女、年龄、父母职业、父母文化程度、父母婚姻状况、家庭年人均收入以及儿童抚养状况等变量进行单因素分析，结果见表46。

表46可见，仅有父亲的职业对儿童视力残疾有影响。

表46　0～6岁视力残疾儿童残疾一般危险因素的单因素分析

因　素	分　组	x^2	P	OR	95% 可信区间	
					下限	上限
居住地	城市 1，农村 0	0.920	0.338	2.879	0.299	27.690
性 别	男 1，女 2	1.123	0.289	3.184	0.331	30.619
民 族	汉 1，其他 2	0.016	0.900	0.996	0.995	0.997
学前教育	有 1，无 2	0.816	0.366	2.877	0.261	31.768
近亲婚配状况	非近亲 1，近亲 2	0.001	0.972	1.000	0.999	1.000
是否独生子女	是 1，否 0	0.152	0.692	0.963	0.960	0.967
年 龄	0～6 岁	2.608	0.856	—	—	—
父亲职业	10 组[1]	67.633	0.000**	—	—	—
母亲职业	10 组[1]	3.058	0.962	—	—	—
父亲文化程度	5 组[2]	3.630	0.458	—	—	—
母亲文化程度	5 组[2]	5.218	0.266	—	—	—
父母婚姻状况	5 组[3]	0.064	0.996	—	—	—
家庭年人均收入	6 组[4]	6.856	0.231	—	—	—
抚养状况	6 组[5]	0.232	0.999	—	—	—

* P ＜ 0.05　** P ＜ 0.01

注：[1]职业：0= 不在业，1= 专业技术人员，2= 机关干部，3= 办事人员，4= 商业人员，5= 服务人员，6= 农林牧渔，7= 工人，8= 军人，9= 其他

[2]文化程度：1= 大学大专，2= 高中中专，3= 初中，4= 小学，5= 文盲 / 半文盲

[3]婚姻状况：1= 初婚，2= 再婚，3= 丧偶，4= 离婚，5= 其他

[4]家庭年人均收入：1=<1000 元，2=1000 元～，3=3000 元～，4=5000 元～，5=7000 元～，6=9000 元～

[5]抚养状况：1= 父和母，2= 父或母，3= 祖父母，4= 其他亲属，5= 国家集体，6= 其他

（四）智力残疾一般危险因素

0～6岁儿童按是否智力残疾与居住地、性别、民族、学前教育、父母是否近亲婚配、是否是独生子女、年龄、父母职业、父母文化程度、父母婚姻状况、家庭年人均收入以及儿童抚养状况等变量进行单因素分析，结果见表47。

表47可见，儿童的年龄、是否接受学前教育、父母职业、父母文化程度和家庭年人均收入等对儿童智力残疾有影响。

表47　0~6岁智力残疾儿童残疾一般危险因素的单因素分析

因　素	分　组	x^2	P	OR	95% 可信区间	
					下限	上限
居住地	城市1，农村0	2.132	0.144	0.683	0.408	1.143
性 别	男1，女2	0.083	0.774	0.928	0.558	1.543
民 族	汉1，其他2	0.237	0.627	0.996	0.995	0.997
学前教育	有1，无2	36.630	0.000**	5.148	2.853	9.289
近亲婚配状况	非近亲1，近亲2	0.018	0.893	1.000	0.999	1.000
是否独生子女	是1，否0	0.310	0.578	0.719	0.224	2.308
年 龄	0~6岁	11.280	0.008**	—	—	—
父亲职业	10组[1]	17.183	0.046*	—	—	—
母亲职业	10组[1]	44.472	0.000**	—	—	—
父亲文化程度	5组[2]	22.464	0.000**	—	—	—
母亲文化程度	5组[2]	14.562	0.006**	—	—	—
父母婚姻状况	5组[3]	6.327	0.097	—	—	—
家庭年人均收入	6组[4]	35.445	0.000**	—	—	—
抚养状况	6组[5]	1.116	0.953	—	—	—

* P < 0.05　** P < 0.01

注：[1]职业：0= 不在业，1= 专业技术人员，2= 机关干部，3= 办事人员，4= 商业人员，5= 服务人员，6= 农林牧渔，7= 工人，8= 军人，9= 其他

[2]文化程度：1= 大学大专，2= 高中中专，3= 初中，4= 小学，5= 文盲 / 半文盲

[3]婚姻状况：1= 初婚，2= 再婚，3= 丧偶，4= 离婚，5= 其他

[4]家庭年人均收入：1=<1000 元，2=1000 元~，3=3000 元~，4=5000 元~，5=7000 元~，6=9000 元~

[4]抚养状况：1= 父和母，2= 父或母，3= 祖父母，4= 其他亲属，5= 国家集体，6= 其他

（五）肢体残疾一般危险因素

0~6岁儿童按是否肢体残疾与居住地、性别、民族、学前教育、父母是否近亲婚配、是否是独生子女、年龄、父母职业、父母文化程度、父母婚姻状况、家庭年人均收入以及儿童抚养状况等变量进行单因素分析，结果见表48。

表48可见，是否是独生子女对儿童肢体残疾有影响。

表 48　0～6 岁肢体残疾儿童残疾一般危险因素的单因素分析

因　素	分　组	x^2	P	OR	95% 可信区间	
					下限	上限
居住地	城市 1，农村 0	2.144	0.143	1.814	0.808	4.074
性 别	男 1，女 2	0.058	0.810	0.910	0.420	1.969
民 族	汉 1，其他 2	0.102	0.749	0.996	0.995	0.997
学前教育	有 1，无 2	0.703	0.402	1.727	0.474	6.287
近亲婚配状况	非近亲 1，近亲 2	0.008	0.929	1.000	0.999	1.000
是否独生子女	是 1，否 0	10.176	0.001**	0.207	0.071	0.604
年 龄	0～6 岁	1.110	0.981	—	—	—
父亲职业	10 组[1]	3.578	0.937	—	—	—
母亲职业	10 组[1]	4.074	0.906	—	—	—
父亲文化程度	5 组[2]	4.207	0.379	—	—	—
母亲文化程度	5 组[2]	2.066	0.724	—	—	—
父母婚姻状况	5 组[3]	4.166	0.244	—	—	—
家庭年人均收入	6 组[4]	6.886	0.229	—	—	—
抚养状况	6 组[5]	3.071	0.381	—	—	—

* P ＜ 0.05　** P ＜ 0.01

注：[1]职业：0= 不在业，1= 专业技术人员，2= 机关干部，3= 办事人员，4= 商业人员，5= 服务人员，6= 农林牧渔，7= 工人，8= 军人，9= 其他

[2]文化程度：1= 大学大专，2= 高中中专，3= 初中，4= 小学，5= 文盲 / 半文盲

[3]婚姻状况：1= 初婚，2= 再婚，3= 丧偶，4= 离婚，5= 其他

[4]家庭年人均收入：1=<1000 元，2=1000 元～，3=3000 元～，4=5000 元～，5=7000 元～，6=9000 元～

[5]抚养状况：1= 父和母，2= 父或母，3= 祖父母，4= 其他亲属，5= 国家集体，6= 其他

（六）精神残疾一般危险因素

0～6 岁儿童按是否精神残疾与居住地、性别、民族、学前教育、父母是否近亲婚配、是否是独生子女、年龄、父母职业、父母文化程度、父母婚姻状况、家庭年人均收入以及儿童抚养状况等变量进行单因素分析，结果见表 49。

表 49 可见，儿童接受学前教育的情况、父母的婚姻状况对儿童精神残疾有影响。

表49　0~6岁精神残疾儿童残疾一般危险因素的单因素分析

因　素	分　组	x^2	P	OR	95% 可信区间	
					下限	上限
地 区	城市 1，农村 0	2.135	0.144	3.046	0.632	14.671
性 别	男 1，女 2	2.474	0.116	0.304	0.063	1.465
民 族	汉 1，其他 2	0.033	0.855	0.996	0.995	0.997
学前教育	有 1，无 2	14.462	0.000**	9.649	2.302	40.448
近亲婚配状况	非近亲 1，近亲 2	0.002	0.964	1.000	1.000	1.000
是否独生子女	是 1，否 0	0.359	0.549	0.962	0.957	0.966
年 龄	0~6 岁	7.726	0.267	—	—	—
父亲职业	10 组[1]	6.307	0.709	—	—	—
母亲职业	10 组[1]	6.185	0.721	—	—	—
父亲文化程度	5 组[2]	4.841	0.304	—	—	—
母亲文化程度	5 组[2]	3.192	0.526	—	—	—
父母婚姻状况	5 组[3]	11.390	0.001**	—	—	—
家庭年人均收入	12 组[4]	2.096	0.836	—	—	—
抚养状况	6 组[5]	0.531	0.970	—	—	—

* P < 0.05　** P < 0.01

注：[1]职业：0= 不在业，1= 专业技术人员，2= 机关干部，3= 办事人员，4= 商业人员，5= 服务人员，6= 农林牧渔，7= 工人，8= 军人，9= 其他

[2]文化程度：1= 大学大专，2= 高中中专，3= 初中，4= 小学，5= 文盲 / 半文盲

[3]婚姻状况：1= 初婚，2= 再婚，3= 丧偶，4= 离婚，5= 其他

[4]家庭年人均收入：1=<1000 元，2=1000 元~，3=3000 元~，4=5000 元~，5=7000 元~，6=9000 元~

[5]抚养状况：1= 父和母，2= 父或母，3= 祖父母，4= 其他亲属，5= 国家集体，6= 其他

（七）综合残疾危险因素

0~6岁儿童按是否综合残疾与居住地、性别、民族、学前教育、父母是否近亲婚配、是否是独生子女、年龄、父母职业、父母文化程度、父母婚姻状况、家庭年人均收入以及儿童抚养状况等变量进行单因素分析，结果见表50。

表50可见，居住地、儿童的年龄、母亲职业、父亲文化程度、父母婚姻状况、家庭年人均收入和儿童抚养状况等都对儿童综合残疾有影响。

表50 0～6岁儿童综合残疾危险因素的单因素分析

因　素	分　组	x^2	P	OR	95% 可信区间	
					下限	上限
居住地	城市1，农村0	66.152	0.000**	1.445	1.322	1.580
性 别	男1，女2	0.314	0.575	0.975	0.892	1.065
民 族	汉1，其他2	0.309	0.579	0.825	0.417	1.630
学前教育	有1，无2	0.814	0.367	0.728	0.364	1.456
近亲婚配状况	非近亲1，近亲2	0.065	0.799	0.733	0.066	8.092
是否独生子女	是1，否0	2.818	0.093	0.809	0.631	1.037
年 龄	0～6岁	9347.70	0.000**	—	—	—
父亲职业	10组[1]	16.643	0.050	—	—	—
母亲职业	10组[1]	46.588	0.000**	—	—	—
父亲文化程度	5组[2]	19.053	0.001**	—	—	—
母亲文化程度	5组[2]	7.186	0.126	—	—	—
父母婚姻状况	5组[3]	16.689	0.001**	—	—	—
家庭年人均收入	6组[4]	11.931	0.036*	—	—	—
抚养状况	6组[5]	12.646	0.027**	—	—	—

* P < 0.05　** P < 0.01

注：[1]职业：0= 不在业，1= 专业技术人员，2= 机关干部，3= 办事人员，4= 商业人员，5= 服务人员，6= 农林牧渔，7= 工人，8= 军人，9= 其他

[2]文化程度：1= 大学大专，2= 高中中专，3= 初中，4= 小学，5= 文盲 / 半文盲

[3]婚姻状况：1= 初婚，2= 再婚，3= 丧偶，4= 离婚，5= 其他

[4]家庭年人均收入：1=<1000元，2=1000元～，3=3000元～，4=5000元～，5=7000元～，6=9000元～

[5]抚养状况：1= 父和母，2= 父或母，3= 祖父母，4= 其他亲属，5= 国家集体，6= 其他

讨　论

一、本次调查样本的代表性

参见总报告。

二、江苏省0～6岁残疾儿童状况

（一）0～6岁残疾儿童残疾现患率

本次共调查了9998名0～6岁儿童，经专业诊断方法的确诊，确诊残疾儿童86人，0～6岁儿童的残疾现患率为0.860%。

（二）0～6岁各类残疾儿童残疾现患率

本次调查发现，听力残疾现患率为0.04%、视力残疾现患率为0.04%、智力残疾现患率为0.61%、肢体残疾现患率为0.27%、精神残疾现患率为0.09%，综合残疾现患率为0.17%。在五类残疾中，以智力残疾所占比例最高，肢体残疾次之，精神残疾占第三位，视力残疾和听力残疾相同，并列最后一位。在所有的残疾中，综合残疾约占1/5。

（三）与1987年全国残疾人抽样调查结果比较

本次调查得出江苏省0～6岁残疾儿童残疾现患率为0.860%，低于本次调查全国0～6岁残疾儿童残疾现患率1.362%，与1987年全国残疾人抽样调查江苏省0～6岁残疾儿童现患率2.05%相比较，残疾儿童现患率也有了显著下降，这得益于近十五年来江苏省经济、科学、文化和教育的迅速发展，城乡人民物质和文化生活水平普遍提高，医药卫生条件改善，尤其是预防医学的进步，使城乡儿童健康水平都有了极大的提高。

在各类残疾中，听力残疾现患率、智力残疾现患率下降明显，而肢体残疾现患率上升显著，精神残疾尤其是孤独症的现患率呈明显上升趋势。这说明，江苏省在加强妇幼保健、控制环境污染、治理地方疾病、防止滥用药物、实施计划免疫等方面预防残疾工作已取得成效，但残疾预防工作任重道远，必须加大力度。

（四）0～6岁残疾儿童的分布特征

从地区分布来看，城市中0～6岁残疾儿童现患率为0.86%，而农村0～6岁残疾儿童现患率为0.86%，城市略高于农村，但城乡之间的差异无显著意义。

从性别分布来看，0～6岁残疾儿童男性现患率为0.89%，女性现患率为0.82%，男性略高于女性。

从年龄分布来看，儿童残疾现患率随年龄增长而增高，0岁组最低（0.66%），6岁组最高（1.17%），这可能与儿童残疾逐渐被发现，随着年龄增长损伤逐渐增多有关。

从残疾严重程度来看，0～6岁残疾儿童中，轻、中度残疾占80%。

（五）0～6岁残疾儿童的致残原因

本次调查中，听力残疾原因中孕期感染/药物、产伤窒息、后天耳毒药物和不详者均为1人。视力残疾前三位致残原因依次是视网膜视神经病变、弱视和先天性白内障。智力残疾前五位致残原因依次是不祥、社会文化落后、伴发精神病、早产、产时窒息和宫内窒息。肢体残疾前四位致残原因依次是其他、脑瘫、先天性骨关节病和周围神经损伤。精神残疾致残原因全部是孤独症。

（六）江苏省0～6岁残疾儿童生存状况

1.残疾儿童的家庭境况

由残疾儿童残疾一般危险因素的分析可知，父母的文化程度、职业、家庭年人均收入等对儿童残疾有不同程度的影响。近90%的残疾儿童父母文化程度为高中以下，2/3的残疾儿童父母职业为工人和农林牧渔，2/3的城市残疾儿童家庭年人均收入在5000元以下，2/3的农村残疾儿童年人均收入在2000元以下。由此可见，残疾儿童的家庭生活境况明显差于同龄调查儿童，这些可能成为制约残疾儿童进行康复、接受教育的因素。

2.残疾儿童接受学前教育情况

调查中发现，接受学前教育的3～6岁的残疾儿童不足2/3，无论是城市残疾儿童还是农村残疾儿童均低于同龄调查儿童。造成这种状况的主要原因是由于缺少针对残疾儿童开设的特殊教育幼儿机构，而普通幼儿园又难以接纳残疾儿童，即使是进入了普通幼儿园，绝大多数残疾儿童没有接受有针对性的学前教育。

3.残疾儿童康复状况

本次调查发现0～6岁残疾儿童康复现状不容乐观，康复现状与康复需求之间存在有很大差异，通过医院治疗、特殊机构、普通机构、家庭康复及其他等形式接受康复的残疾儿童不到1/2，残疾儿童的辅助用具使用率也很低，普遍缺乏对辅助用具的了解。造成这种状况的主要原因可能是残疾儿童家长康复意识不强、康复宣传力度不够、适合各类残疾儿童康复的机构数量和规模都不能满足残疾儿童的需求、残疾儿童家庭经济困难等。特殊机构和医院治疗成为各类残疾儿童康复的首要选择。各类残疾的康复，无论从形式还是手段都需要正确的指导。

政策建议

一、加强残疾预防

政府应协调有关部门制定预防残疾的法律法规，采取有效的措施和手段，加大残疾预防工作的力度。加强婚前健康教育；完善围生期保健管理网络，普及孕产妇保健知识和科学育儿知识，减少疾病的危害和意外伤害；加强残疾儿童保健，改善残疾儿童的预防、医疗、康复和教育服务；大力宣传合理、安全、科学用药知识，有效控制药物致残；减少环境污染，净化生活环境。

二、建立监测体系

建立与完善残疾监测网络，推广开展新生儿疾病筛查工作；实行残疾儿童报告登记制度，努力实现残疾儿童 “早发现、早干预、早康复”的目标。

三、完善康复体系

建立、完善多层次、多元化的康复服务体系，以专业机构为骨干、社区为基础，有效整合康复服务资源，努力满足各类残疾儿童多方面的康复需求。大力开展社区康复、家庭康复，培训、充实康复专业队伍和康复服务队伍，提高服务水平。重视培训残疾儿童家长，使其获得更多的治疗、康复知识。

四、加强特殊教育

残疾儿童的各种生理缺陷造成教育的特殊性，其教育完全不能等同于普通教育，首先以补偿其功能教育为主，为其成为有一技之长、自食其力、残而不废的劳动者奠定基础。应加大对特殊教育的投入，重视残疾儿童的学前教育。

五、加强健康教育

利用各种媒体（报刊、电视、网络、橱窗、宣传材料等），广泛宣传，预防残疾发生及“早发现、早干预、早康复”的常识，宣传康复的成果，以降低残疾的程度，提高残疾儿童生存质量。

参考文献

1. 国务院人口普查办公室、国家统计局人口和社会科技统计司.中国2000年人口普查资料.北京：中国统计出版社，2002年.

2. 国家统计局.中国统计年鉴.北京：中国统计出版社，2002年.

3. 国家统计局.1992年中国儿童情况抽样调查——国家级最终报告.北京:中国统计出版社，1993年.

4. 中国残疾人抽样调查办公室.中国1987年残疾人抽样调查资料，1989年.

5. 郭建模主编.残疾人工作基本知识读本.北京：华夏出版社，2002年.

6. 国务院残疾人工作协调委员会秘书处.中国残疾人事业“八五”计划纲要与配套实施方案.北京：华夏出版社，1992年.

7. 国务院残疾人工作协调委员会秘书处.中国残疾人事业“九五”计划纲要与配套实施方案.北京：华夏出版社，1996年.

8. 国务院残疾人工作协调委员会秘书处.中国残疾人事业“十五”计划纲要与配套实施方案，2001年.

9. 卓大宏.中国残疾预防学.北京：华夏出版社，1998年.

10.全国0～6岁残疾儿童抽样调查工作手册。北京:全国0～6岁残疾儿童抽样调查领导小组编,2001,31—41

11.1987年全国残疾人抽样调查资料（江苏分册)。江苏：江苏省残疾人抽样调查办公室编，1987,195—215

12.江苏省第五次人口普查资料

13.常州市第五次人口普查资料

14.仪征市第五次人口普查资料

贵州省报告

前　言

为了了解我国残疾儿童的现状，掌握残疾儿童的发生率、致残原因、康复、教育现状及需求等，为制定残疾儿童的相关政策以及为残疾儿童进行康复服务提供科学依据，在联合国儿童基金会资助下，卫生部、公安部、中国残联和国家统计局于2001年组织了中国0～6岁残疾儿童抽样调查。此次调查随机抽取了贵州省作为调查地区，对10073名儿童进行视力、听力、智力、精神、肢体等5个方面的筛查与诊断。在被调查地区各级政府及相关部门的通力合作下，在全体工作人员的辛勤工作及各级基层组织和广大群众的密切配合下，完成了各项工作。现将研究结果报告如下：

调查对象与方法

一、调查对象

本次调查的对象为贵州省2001年6月1日以前出生的0～6岁儿童。

二、抽样方法

本次调查采用多阶段分层、不等比例、整群随机抽样方法进行抽样。抽样步骤如下：

（一）市（县）的抽取

贵州省随机抽取一个地级市——贵阳市和一个县——桐梓县。

（二）街道（乡、镇）的抽取

根据贵阳市和桐梓县统计局颁布的1999年各街道（乡、镇）国民经济生产总值排序，分成三层，贵阳市和桐梓县分别按经济发展水平随机抽取经济发达、中等发达和欠发达的街道（乡、镇）各一个。

（三）调查对象的抽取

经济发达和欠发达的街道各抽取12个整群，中等的街道抽取16个整群（125名儿童为一整群）；经济发达和欠发达的乡（镇）各抽取6个整群，中等的抽取8个整群（250名儿童为一整群）。据此，贵阳市抽取40个整群，桐梓县抽取20个整群，贵州省抽取60个整群，总样本量应为10000人。

三、残疾标准和残疾筛查、诊断方法

参见总报告。

四、调查人员

调查人员由贵州省0～6岁残疾儿童抽样调查专家组、现场调查人员、资料分析人员以及各级卫生、公安、残联等有关部门行政管理人员、被调查地区现场服务人员组成。

贵州省0～6岁专家组由贵州省相关领域中具有丰富临床及流行病学调查经验的专家组成，现场调查人员由调查市县耳鼻喉科、眼科、儿科、骨科、精神科等相关专业人员组成。

五、现场调查及工作流程

参见总报告。

六、质量控制

（一）组织措施

贵州省卫生厅、公安厅、残联联合下发了《关于在贵阳市、桐梓县进行0～6岁残疾儿童抽样调查工作的通知》等文件，成立了贵州省0～6岁残疾儿童抽样调查领导小组，制定工作计划和方案，召开了全省0～6岁残疾儿童抽样调查动员会，部署调查工作。贵阳市、桐梓县也相应成立了由卫生、公安、残联及有关部门参加的抽样调查领导小组，负责本地区抽样调查组织领导工作，按照中国0～6岁残疾儿童抽样调查领导小组下达的任务和要求，抽取调查地区，并组织落实，成立了由技术人员和管理人员组成的调查队，实施现场调查。被调查的街道、居（村）委会指定专人负责，积极主动做好各项工作，从人力、物力上支持抽样调查工作，并在现场做好组织协调工作，确保调查按计划进行。

（二）现场调查人员及培训

本次调查筛查人员由经过培训的具有医师以上职称的专业人员组成；诊断人员均为经过中央级培训的具有主治医师以上职称的专业人员。

对调查人员采取中央、地方两级培训。

1．中央培训

贵州省选派了妇幼保健、眼科、骨科、耳鼻喉科、儿童心理等专业医生参加中央培训班，接受了中国0～6岁残疾儿童抽样调查筛查和诊断方法的培训，经一致性测验均符合要求。

2．地方培训

贵州省进行了二级培训，对参加现场调查的筛查人员进行筛查表格填写和筛查方法的培训，培训结束时进行了一致性测验，测验结果均达到95%的设计要求。

（三）督导与抽查

贵州省0～6岁残疾儿童抽样调查专家组深入调查现场，对贵阳市、桐梓县抽样调查工作进行了检查指导，对填写的各类抽样调查表逐一审核，并按照设计要求，省专家组在贵阳市、桐梓县的样本中随机抽取5%进行重新调查，各项指标均达到设计标准。

贵州省上报的筛查表和诊断表经全国0～6岁残疾儿童抽样调查专家组逐一审核，符合要求。

（四）资料的分析处理

参见总报告。

结　　果

一、基本情况

（一）调查地区人口数和调查儿童家庭人口情况

本次调查了贵州省贵阳市和桐梓县，调查地区总人口为398.6万，共调查9524户家庭，其中残疾家庭146户，占调查户总数的1.53%。调查家庭总人口为34846人，子女数为13932人，平均每户子女数1.46人。调查0～6岁儿童10073人，占调查家庭子女数的72.30%。贵州省调查地区总人口和调查家庭情况见表1。

表1 贵州省调查地区总人口和调查家庭情况

地　区	调查地区总人口（万）	调查家庭户数	调查家庭人口数	家庭子女数	平均家庭子女数	调查儿童数	调查儿童占家庭子女数比例 %	残疾户数	残疾户所占比例 %
贵阳市	335.8	4941	16236	5640	1.14	4999	88.63	79	1.60
桐梓县	62.8	4583	18610	8292	1.81	5074	61.19	67	1.46
合　计	398.6	9524	34846	13932	1.46	10073	72.30	146	1.53

（二）0～6岁儿童性别构成

本次调查的0～6岁儿童10073人，男性5431人，女性4642人，男女性别比为117.00：100。贵州省0～6岁儿童性别构成情况见表2。图1显示了0～6岁儿童的性别构成情况。

表2 贵州省0～6岁儿童性别构成

地　区	男		女		合计		性别比
	调查儿童数	构成 %	调查儿童数	构成 %	调查儿童数	构成 %	男：女
贵阳市	2663	53.27	2336	46.73	4999	100.00	114.00：100
桐梓县	2768	54.55	2306	45.45	5074	100.00	120.03：100
合　计	5431	53.92	4642	46.08	10073	100.00	117.00：100

图1 贵州省0～6岁儿童性别构成

（三）0～6岁儿童年龄构成

本次调查的0～6岁儿童10073人中，0岁组1338人，占13.28%；1岁组1571人，占15.60%；2岁组1574人，占15.63%；3岁组1569人，占15.58%；4岁组1539人，占15.28%；5岁组1661人，占16.49%；6岁组821人，占8.15%。贵州省0～6岁儿童年龄构成情况见表3。图2显示了0～6岁儿童的年龄构成情况。

表3 贵州省0～6岁儿童年龄构成

年龄（岁）	贵阳市		桐梓县		合计	
	调查儿童数	构成%	调查儿童数	构成%	调查儿童数	构成%
0	808	16.16	530	10.45	1338	13.28
1	940	18.80	631	12.44	1571	15.60
2	826	16.52	748	14.74	1574	15.63
3	746	14.92	823	16.22	1569	15.58
4	698	13.96	841	16.57	1539	15.28
5	665	13.30	996	19.63	1661	16.49
6	316	6.32	505	9.95	821	8.15
合计	4999	100.00	5074	100.00	10073	100.00

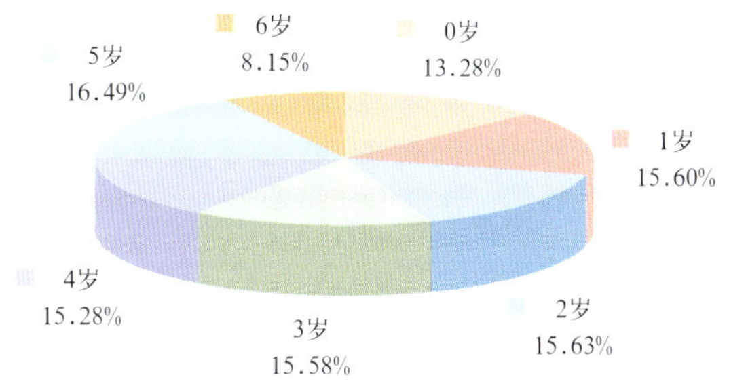

图2 贵州省0～6岁儿童年龄构成

（四）3～6岁儿童学前教育情况

本次调查了3～6岁儿童5590人，其中3522人接受了学前教育，3～6岁儿童接受学前教育率为63.01%。其中，3岁、4岁、5岁和6岁儿童接受学前教育率分别为37.03%、61.14%、75.50%和90.86%。贵州省3～6岁儿童接受学前教育情况见表4。

表4 贵州省3～6岁儿童接受学前教育状况

地区	3岁			4岁			5岁			6岁			合计		
	调查儿童数	接受教育儿童数	接受教育率%	调查儿童数	接受教育儿童数	接受教育率%	调查儿童数	接受教育儿童数	接受教育率%	调查儿童数	接受教育儿童数	接受教育率%	调查儿童数	接受教育儿童数	接受教育率%
贵阳市	746	415	55.63	698	560	80.23	665	554	83.31	316	284	89.87	2425	1813	74.76
桐梓县	823	166	20.17	841	381	45.30	996	700	70.28	505	462	91.49	3165	1709	54.00
合计	1569	581	37.03	1539	941	61.14	1661	1254	75.50	821	746	90.86	5590	3522	63.01

图3显示了贵州省3～6岁儿童学前教育入学率，从中可以看出，在3～6岁的儿童中，随着年龄的增高，接受学前教育率逐年提高。

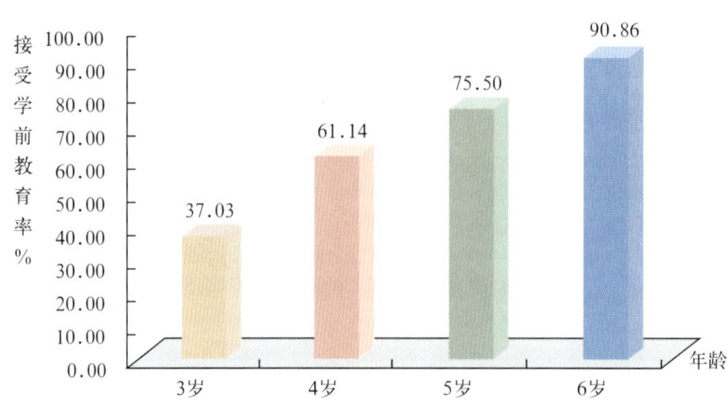

图3 贵州省3～6岁儿童接受学前教育率

（五）0～6岁儿童父母职业状况

本次调查中，回答父亲职业的有效问卷10040份，贵州省0～6岁儿童父亲职业构成情况见表5。

表5 贵州省0～6岁儿童父亲职业构成

职　业	贵阳市		桐梓县		合　计	
	调查儿童数	构成 %	调查儿童数	构成 %	调查儿童数	构成 %
专业技术人员	161	3.24	71	1.40	232	2.31
机关干部	284	5.71	26	0.51	310	3.09
办事人员	309	6.22	49	0.97	358	3.57
商业人员	272	5.47	88	1.74	360	3.59
服务人员	44	0.89	75	1.48	119	1.19
农林牧渔	7	0.14	3806	75.07	3813	37.98
工　人	1450	29.18	421	8.30	1871	18.64
军　人	22	0.44	6	0.12	28	0.28
其　他	2212	44.51	489	9.64	2701	26.90
不在业	209	4.21	39	0.77	248	2.47
合　计	4970	100.00	5070	100.00	10040	100.00

本次调查中，回答母亲职业的有效问卷10055份，0～6岁儿童母亲职业构成情况见表6。

表6 贵州省0～6岁儿童母亲职业构成

职　业	贵阳市		桐梓县		合　计	
	调查儿童数	构成 %	调查儿童数	构成 %	调查儿童数	构成 %
专业技术人员	221	4.43	55	1.08	276	2.74
机关干部	229	4.59	10	0.20	239	2.38
办事人员	262	5.26	22	0.43	284	2.82
商业人员	335	6.72	85	1.68	420	4.18
服务人员	53	1.06	31	0.61	84	0.84
农林牧渔	10	0.20	4310	85.01	4320	42.96
工　人	1007	20.20	125	2.47	1132	11.26
军　人	4	0.08	0	0.00	4	0.04
其　他	2083	41.79	286	5.64	2369	23.56
不在业	781	15.67	146	2.88	927	9.22
合　计	4985	100.00	5070	100.00	10055	100.00

图 4 显示了贵州省被调查地区 0～6 岁儿童父亲职业和母亲职业的构成情况。

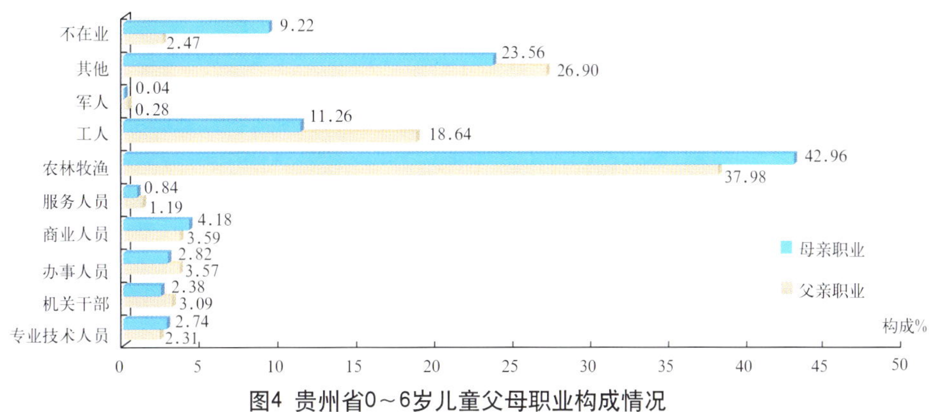

图4 贵州省0～6岁儿童父母职业构成情况

（六）0～6 岁儿童父母文化程度状况

本次调查中，回答父亲文化程度的有效问卷 10045 份，回答母亲文化程度的有效问卷 10053 份，0～6 岁儿童父母文化程度情况见表 7。

表 7 贵州省 0～6 岁儿童父母文化程度构成

文化程度	贵阳市				桐梓县				合计			
	父亲		母亲		父亲		母亲		父亲		母亲	
	调查儿童数	构成%	调查儿童数	构成%	调查儿童数	构成%	调查儿童数	构成%	调查儿童数	构成%	调查儿童数	构成%
大学大专	1171	23.55	1053	21.14	80	1.58	35	0.69	1251	12.45	1088	10.82
高中中专	1478	29.73	1334	26.79	303	5.97	153	3.02	1781	17.73	1487	14.79
初　　中	1922	38.66	2007	40.30	2880	56.77	1995	39.33	4802	47.80	4002	39.81
小　　学	366	7.36	515	10.34	1714	33.79	2348	46.28	2080	20.71	2863	28.48
文盲／半文盲	35	0.70	71	1.43	96	1.89	542	10.68	131	1.30	613	6.10
合　　计	4972	100.00	4980	100.00	5073	100.00	5073	100.00	10045	100.00	10053	100.00

图 5 显示了贵州省 0～6 岁儿童父母文化程度的构成情况，由图可见，0～6 岁儿童的父母均以初中和小学文化程度所占比例为高，高中中专次之，文盲／半文盲比例最低。

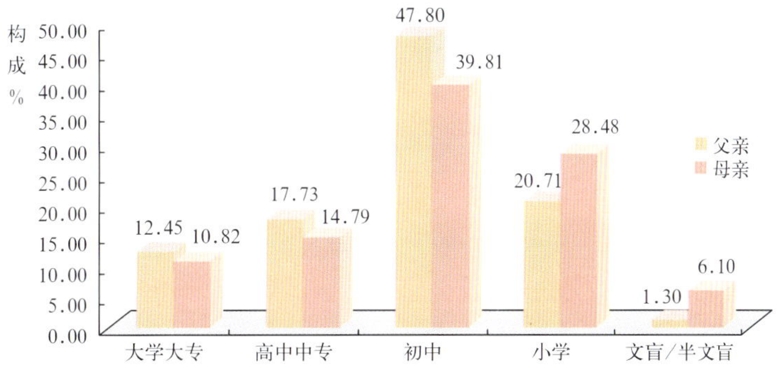

图5 贵州省0～6岁儿童父母文化程度构成状况

（七）0～6 岁儿童家庭年人均收入状况

本次调查的 10073 名 0～6 岁儿童中，其家庭年人均收入状况构成情况见表 8。图 6 显示了贵州省 0～

6岁儿童家庭年人均收入状况。

表8 贵州省0~6岁儿童家庭年人均收入状况

年人均收入(元)	贵阳市		桐梓县		合计	
	调查儿童数	构成 %	调查儿童数	构成 %	调查儿童数	构成 %
<500	0	0.00	48	0.95	48	0.48
500~	6	0.12	760	14.98	766	7.60
1000~	322	6.44	2277	44.88	2599	25.80
2000~	1050	21.00	1529	30.13	2579	25.60
3000~	1255	25.11	330	6.50	1585	15.74
4000~	450	9.00	59	1.16	509	5.05
5000~	677	13.54	35	0.69	712	7.07
6000~	367	7.34	21	0.41	388	3.85
7000~	176	3.52	6	0.12	182	1.81
8000~	369	7.38	2	0.04	371	3.68
9000~	39	0.78	2	0.04	41	0.41
10000~	288	5.76	5	0.10	293	2.91
合计	4999	100.00	5074	100.00	10073	100.00

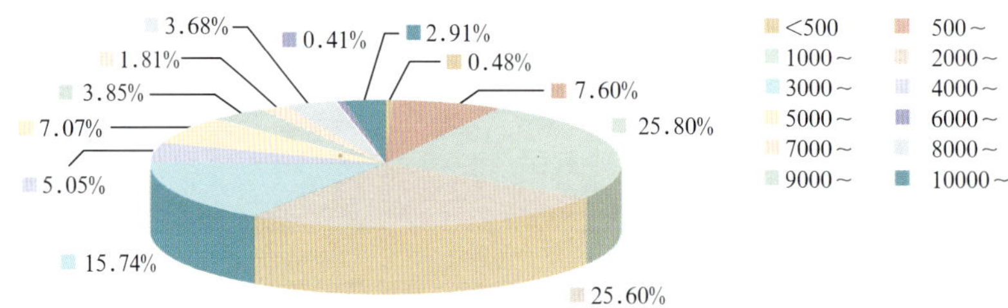

图6 贵州省0~6岁儿童家庭年人均收入状况构成

二、0~6岁残疾儿童流行特征

(一)筛查及现患情况

1. 筛查阳性率及现患率

本次共调查0~6岁儿童10073人，筛查出可疑残疾285人，筛查阳性率为2.83%；确诊残疾儿童146人，残疾现患率为1.449%。表9显示了贵州省0~6岁残疾儿童筛查阳性及现患情况。

表9 贵州省0~6岁残疾儿童筛查阳性及现患情况

地区	调查儿童数	筛查情况		确诊情况	
		阳性儿童数	阳性率 %	确诊儿童数	现患率 %
贵阳市	4999	149	2.98	79	1.580%
桐梓县	5074	136	2.68	67	1.320%
合计	10073	285	2.83	146	1.449%

2. 五类残疾现患率

贵州省0~6岁五类残疾儿童筛查阳性及现患情况见表10。

表10 贵州省0～6岁五类残疾儿童筛查及现患情况

残疾种类	贵阳市				桐梓县				合计			
	筛查情况		确诊情况		筛查情况		确诊情况		筛查情况		确诊情况	
	阳性数	阳性率%	确诊人次	现患率%	阳性数	阳性率%	确诊人次	现患率%	阳性数	阳性率%	确诊人次	现患率%
听力残疾	5	0.10	2	0.04	31	0.61	12	0.24	36	0.36	14	0.14
视力残疾	29	0.58	7	0.14	17	0.34	3	0.06	46	0.46	10	0.10
智力残疾	80	1.60	60	1.20	47	0.93	36	0.71	127	1.26	96	0.95
肢体残疾	40	0.80	20	0.40	53	1.04	33	0.65	93	0.92	53	0.53
精神残疾	11	0.22	6	0.12	7	0.14	2	0.04	18	0.18	8	0.08
合　计	165*	3.30	95*	1.90	155*	3.05	86*	1.69	320*	3.18	181*	1.80

注：* 含综合残疾，调查儿童数为10073人（贵阳市4999人，桐梓县5074人）

3．综合残疾现患情况

本次调查共确诊综合残疾儿童31名，综合残疾现患率为0.31%。表11显示了贵州省综合残疾的现患率及构成情况。

表11 贵州省0～6岁儿童综合残疾的现患率及构成

地区	调查儿童数	双重残疾		三重残疾		四重残疾		合计		现患率%
		儿童数	构成%	儿童数	构成%	儿童数	构成%	儿童数	构成%	
贵阳市	4999	12	85.71	2	14.29	0	0.00	14	100.00	0.28
桐梓县	5074	15	88.24	2	11.76	0	0.00	17	100.00	0.34
总　计	10073	27	87.10	4	12.90	0	0.00	31	100.00	0.31

（二）五类残疾构成及残疾严重程度

1．五类残疾构成

本次调查共确诊残疾儿童146人，儿童残疾181人次（含综合残疾）。听力残疾14人，占儿童残疾的7.73%；视力残疾10人，占5.52%；智力残疾96人，占53.04%；肢体残疾53人，占29.28%；精神残疾8人，占4.42%。0～6岁残疾儿童五类残疾构成见表12。

表12 贵州省0～6岁残疾儿童五类残疾构成

残疾种类	贵阳市		桐梓县		合计	
	残疾儿童数	构成%	残疾儿童数	构成%	残疾儿童数	构成%
听力残疾	2	2.11	12	13.95	14	7.73
视力残疾	7	7.37	3	3.49	10	5.52
智力残疾	60	63.16	36	41.86	96	53.04
肢体残疾	20	21.05	33	38.37	53	29.28
精神残疾	6	6.32	2	2.33	8	4.42
合　计	95*	100.00	86*	100.00	181*	100.00

* 含综合残疾

图7显示了贵州省0～6岁残疾儿童五类残疾构成情况。由图可见，智力残疾所占比例最高，肢体残疾次之，听力残疾占第三位，视力残疾占第四位，精神残疾最少。

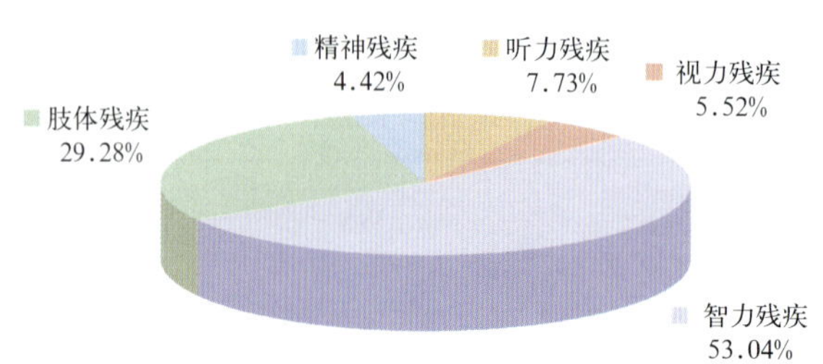

图7 贵州省0～6岁残疾儿童五类残疾构成

2．单一残疾和综合残疾构成

本次调查共确诊残疾儿童146人，其中单一残疾115名，占78.77%；综合残疾31名，占21.23%。贵州省单一残疾儿童和综合残疾儿童情况见表13。

表13 贵州省0～6岁儿童单一残疾和综合残疾构成

地　区	单一残疾		综合残疾		合　计	
	儿童数	构成 %	儿童数	构成 %	儿童数	构成 %
贵阳市	65	82.28	14	17.72	79	100.00
桐梓县	50	74.63	17	25.37	67	100.00
合　计	115	78.77	31	21.23	146	100.00

图8显示了贵州省0～6岁儿童单一残疾与综合残疾的构成情况。

图8 贵州省0～6岁残疾儿童单一残疾与综合残疾构成

3．残疾严重程度构成

（1）五类残疾儿童残疾严重程度构成

本次调查确诊的儿童残疾181人次中，极重度（包括一级聋、一级盲、一级智力残疾、一级肢体残疾）17人次，占9.39%；重度（包括二级聋、二级盲、二级智力残疾、二级肢体残疾、重度精神残疾）32人次，占17.68%；中度（包括一级重听、一级低视力、三级智力残疾、三级肢体残疾、中度精神残疾）38人次，占20.99%；轻度（包括二级重听、二级低视力、四级智力残疾、四级肢体残疾、轻度精神残疾）94人次，占51.93%。表14显示了贵州省0～6岁五类残疾儿童残疾严重程度构成情况。

表 14 贵州省 0～6 岁五类残疾儿童残疾严重程度构成

残疾种类	极重度		重度		中度		轻度		合计	
	儿童数	构成 %	儿童数	构成 %	儿童数	构成 %	儿童数	构成 %	儿童数	构成 %
听力残疾	4	28.57	5	35.71	3	21.43	2	14.29	14	100.00
视力残疾	2	20.00	2	20.00	2	20.00	4	40.00	10	100.00
智力残疾	7	7.29	13	13.54	23	23.96	53	55.21	96	100.00
肢体残疾	4	7.55	9	16.98	8	15.09	32	60.38	53	100.00
精神残疾	–	–	3	37.50	2	25.00	3	37.50	8	100.00
合 计	17*	9.39	32*	17.68	38*	20.99	94*	51.93	181*	100.00

* 含综合残疾

图 9 显示了贵州省 0～6 岁五类残疾儿童残疾严重程度构成情况。从中可见，轻度残疾所占比例最大，中度残疾次之，重度残疾和极重度残疾所占比例最小。

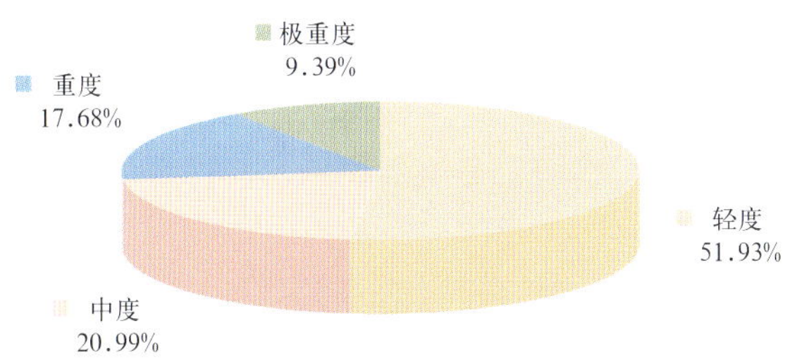

图9 贵州省0～6岁五类残疾儿童残疾严重程度构成

（2）听力残疾儿童残疾严重程度构成

本次调查确诊的 14 名听力残疾儿童中，二级重听（轻度）2 人，占 14.29%；一级重听（中度）3 人，占 21.43%；二级聋（重度）5 人，占 35.71%；一级聋（极重度）4 人，占 28.57%。贵州省 0～6 岁听力残疾儿童残疾严重程度构成情况见表 15。

表 15 贵州省 0～6 岁听力残疾儿童残疾严重程度构成

地 区	二级重听（轻度）		一级重听（中度）		二级聋（轻度）		一级聋（极重度）		合 计	
	儿童数	构成 %	儿童数	构成 %	儿童数	构成 %	儿童数	构成 %	儿童数	构成 %
贵阳市	0	0.00	0	0.00	1	50.00	1	50.00	2	100.00
桐梓县	2	16.67	3	25.00	4	33.33	3	25.00	12	100.00
合 计	2	14.29	3	21.43	5	35.71	4	28.57	14	100.00

图 10 显示了贵州省 0～6 岁听力残疾儿童残疾严重程度构成情况。

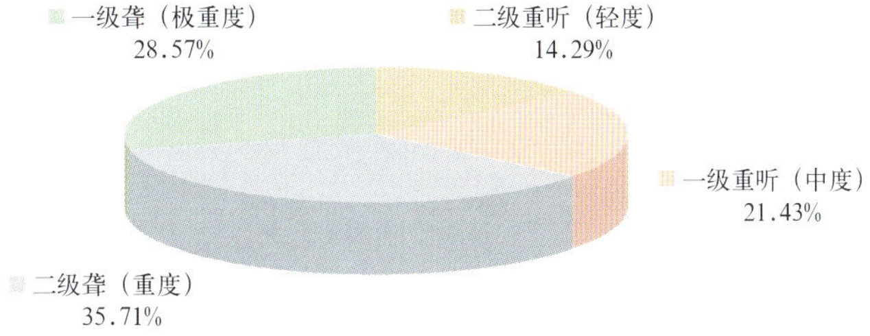

图10 贵州省0～6岁听力残疾儿童残疾严重程度构成

（3）视力残疾儿童残疾严重程度构成

本次调查确诊的10名视力残疾儿童中，二级低视力（轻度）4人，占40.00%；一级低视力（中度）2人，占20.00%；二级盲（重度）2人，占20.00%；一级盲（极重度）2人，占20.00%。贵州省0～6岁视力残疾儿童残疾严重程度构成情况见表16。

图11显示了贵州省0～6岁视力残疾儿童残疾严重程度构成情况。

表16 贵州省0～6岁视力残疾儿童残疾严重程度构成

地　区	二级低视力(轻度)		一级低视力(中度)		二级盲(重度)		一级盲(极重度)		合　计	
	儿童数	构成 %	儿童数	构成 %	儿童数	构成 %	儿童数	构成 %	儿童数	构成 %
贵阳市	3	42.86	2	28.57	2	28.57	0	0.00	7	100.00
桐梓县	1	33.33	0	0.00	0	0.00	2	66.67	3	100.00
合　计	4	40.00	2	20.00	2	20.00	2	20.00	10	100.00

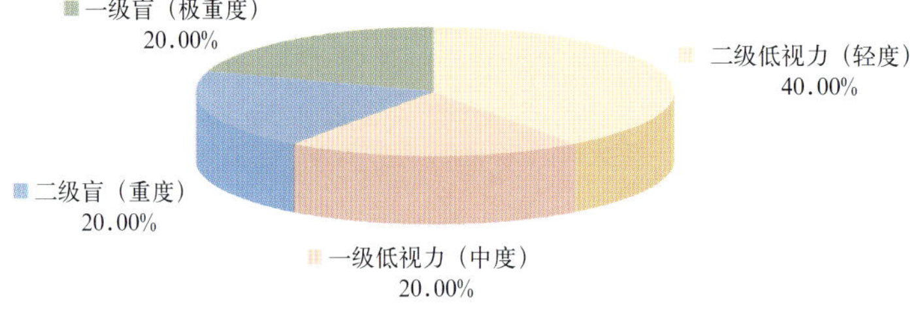

图11　贵州省0～6岁视力残疾儿童残疾严重程度构成

（4）智力残疾儿童残疾严重程度构成

本次调查确诊的96名智力残疾儿童中，四级智力残疾（轻度）53人，占55.21%；三级智力残疾（中度）23人，占23.96%；二级智力残疾（重度）13人，占13.54%；一级智力残疾（极重度）7人，占7.29%。贵州省0～6岁智力残疾儿童残疾严重程度构成情况见表17。

表17 贵州省0～6岁智力残疾儿童残疾严重程度构成

地　区	四级(轻度)		三级(中度)		二级(重度)		一级(极重度)		合　计	
	儿童数	构成 %	儿童数	构成 %	儿童数	构成 %	儿童数	构成 %	儿童数	构成 %
贵阳市	39	65.00	14	23.33	4	6.67	3	5.00	60	100.00
桐梓县	14	38.89	9	25.00	9	25.00	4	11.11	36	100.00
合　计	53	55.21	23	23.96	13	13.54	7	7.29	96	100.00

图12显示了贵州省0～6岁智力残疾儿童残疾严重程度构成情况。从中可见，轻度智力残疾所占比例最大，中度和重度所占比例次之，极重度所占比例最少。

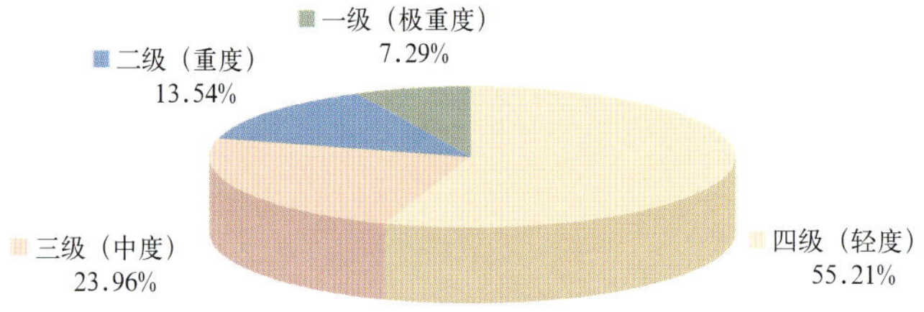

图12　贵州省0～6岁智力残疾儿童残疾严重程度构成

(5) 肢体残疾儿童残疾严重程度构成

本次调查确诊的53名肢体残疾儿童中，四级肢体残疾（轻度）32人，占肢体残疾儿童的60.38%；三级肢体残疾（中度）8人，占15.09%；二级肢体残疾（重度）9人，占16.98%；一级肢体残疾（极重度）4人，占7.55%。贵州省0～6岁肢体残疾儿童残疾严重程度构成情况见表18。

表18 贵州省0～6岁肢体残疾儿童残疾严重程度构成

地　区	四级（轻度）		三级（中度）		二级（重度）		一级（极重度）		合　计	
	儿童数	构成%	儿童数	构成%	儿童数	构成%	儿童数	构成%	儿童数	构成%
贵阳市	13	65.00	3	15.00	2	10.00	2	10.00	20	100.00
桐梓县	19	57.58	5	15.15	7	21.21	2	6.06	33	100.00
合　计	32	60.38	8	15.09	9	16.98	4	7.55	53	100.00

图13显示了贵州省0～6岁肢体残疾儿童残疾严重程度构成情况。

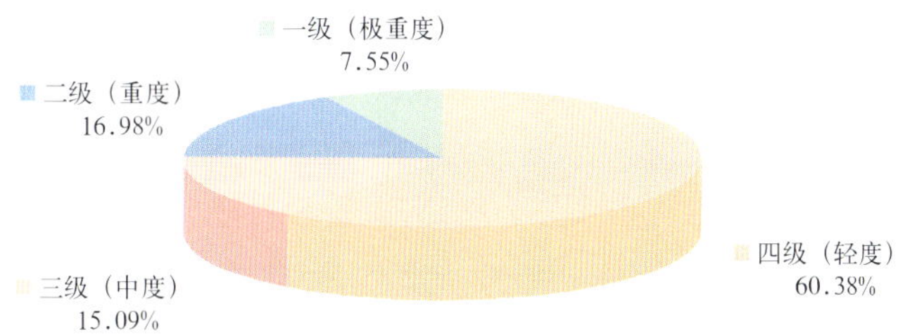

图13 贵州省0～6岁肢体残疾儿童残疾严重程度构成

(6) 精神残疾儿童残疾严重程度构成

本次调查确诊的8名精神残疾儿童中，轻度精神残疾3人，占精神残疾儿童的37.50%；中度精神残疾2人，占25.00%；重度精神残疾3人，占37.50%。贵州省0～6岁精神残疾儿童残疾严重程度构成情况见表19。

表19 贵州省0～6岁精神残疾儿童残疾严重程度构成

地　区	轻　度		中　度		重　度		合　计	
	儿童数	构成%	儿童数	构成%	儿童数	构成%	儿童数	构成%
贵阳市	3	50.00	1	16.67	2	33.33	6	100.00
桐梓县	0	0.00	1	50.00	1	50.00	2	100.00
合　计	3	37.50	2	25.00	3	37.50	8	100.00

图14显示了贵州省0～6岁精神残疾儿童残疾严重程度构成情况。

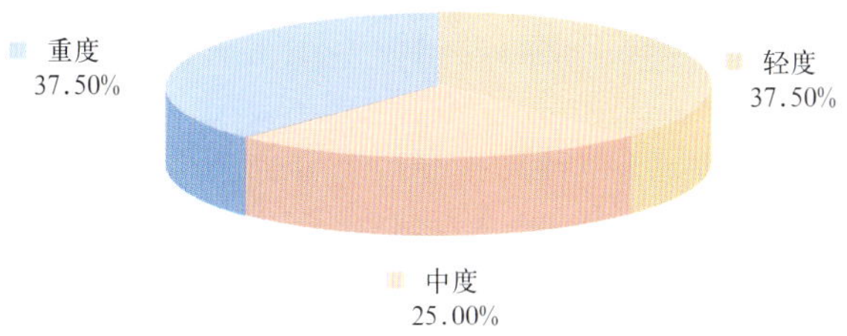

图14 贵州省0～6岁精神残疾儿童残疾严重程度构成

（三）残疾儿童的分布特征

1．地区分布

本次共调查0～6岁儿童10073人，确诊残疾儿童146人，其中贵阳市79人，现患率为1.58%；桐梓县67人，现患率为1.32%。贵州省0～6岁残疾儿童的分布情况见表20。

表20 贵州省0～6岁残疾儿童分布情况

地　区	调查儿童数	残疾儿童数	现患率 %	构成 %
贵阳市	4999	79	1.58	54.11
桐梓县	5074	67	1.32	45.89
合　计	10073	146	1.45	100.00

2．性别分布

本次调查确诊残疾儿童146人，男性65人，占残疾儿童的44.52%，现患率为1.20%；女性81人，占残疾儿童的55.48%，现患率为1.74%。贵州省0～6岁残疾儿童性别分布情况见表21。

表21 贵州省0～6岁残疾儿童性别分布

地　区	男				女				合　计			
	调查数儿童数	残疾儿童数	现患率 %	构成 %	调查儿童数	残疾儿童数	现患率 %	构成 %	调查儿童数	残疾儿童数	现患率 %	构成 %
贵阳市	2663	37	1.39	46.84	2336	42	1.80	53.16	4999	79	1.58	100.00
桐梓县	2768	28	1.01	41.79	2306	39	1.69	58.21	5074	67	1.32	100.00
合　计	5431	65	1.20	44.52	4642	81	1.74	55.48	10073	146	1.45	100.00

3．年龄分布

在本次调查的146名残疾儿童中，0岁12人，现患率为0.90%，占8.22%；1岁14人，现患率为0.89%，占9.59%；2岁24人，现患率为1.52%，占16.44%；3岁23人，现患率为1.47%，占15.75%；4岁、5岁、6岁分别为24人、34人和15人，现患率为1.56%、2.05%和1.83%，占16.44%、23.29%和10.27%。贵州省0～6岁残疾儿童年龄分布情况见表22。

表22 贵州省0～6岁残疾儿童年龄分布情况

年龄（岁）	贵阳市				桐梓县				合　计			
	调查儿童数	残疾儿童数	现患率 %	构成 %	调查儿童数	残疾儿童数	现患率 %	构成 %	调查儿童数	残疾儿童数	现患率 %	构成 %
0	808	9	1.11	11.39	530	3	0.57	4.48	1338	12	0.90	8.22
1	940	8	0.85	10.13	631	6	0.95	8.96	1571	14	0.89	9.59
2	826	9	1.09	11.39	748	15	2.01	22.39	1574	24	1.52	16.44
3	746	15	2.01	18.99	823	8	0.97	11.94	1569	23	1.47	15.75
4	698	16	2.29	20.25	841	8	0.95	11.94	1539	24	1.56	16.44
5	665	15	2.26	18.99	996	19	1.91	28.36	1661	34	2.05	23.29
6	316	7	2.22	8.86	505	8	1.58	11.94	821	15	1.83	10.27
合计	4999	79	1.58	100.00	5074	67	1.32	100.00	10073	146	1.45	100.00

4．3～6岁残疾儿童学前教育分布

本次调查3～6岁残疾儿童96名，其中38名接受了学前教育，3～6岁残疾儿童接受学前教育率为39.58%。其中，3岁、4岁、5岁和6岁分别为6人、9人、14人和9人，接受学前教育率分别为26.09%、37.50%、41.18%和60.00%。贵州省3～6岁残疾儿童接受学前教育情况见表23。

表23 贵州省3～6岁残疾儿童接受学前教育状况

地区	3岁			4岁			5岁			6岁			合计		
	残疾儿童数	接受教育残疾儿童数	接受教育率%	残疾儿童数	接受教育残疾儿童数	接受教育率%	残疾儿童数	接受教育残话儿童数	接受教育率%	残疾儿童数	接受教育残疾儿童数	接受教育率%	残疾儿童数	接受教育残疾儿童数	接受教育率%
贵阳市	15	4	26.67	16	8	50.00	15	7	46.67	7	3	42.86	53	22	41.51
桐梓县	8	2	25.00	8	1	12.50	19	7	36.84	8	6	75.00	43	16	37.21
合计	23	6	26.09	24	9	37.50	34	14	41.18	15	9	60.00	96	38	39.58

5．残疾儿童父母职业分布

本次调查的146名残疾儿童中，回答父亲职业的有效问卷146份，回答母亲职业的有效问卷145份。表24、25分别显示了贵州省0～6岁残疾儿童父母职业分布及残疾儿童现患率。

图15显示了贵州省父母不同职业0～6岁残疾儿童现患率。从中可以看出，父母职业不同，残疾儿童现患率也不同，其中父亲职业为军人的残疾儿童现患率高。

表24 贵州省0～6岁残疾儿童父亲职业分布及残疾儿童现患率

职业	贵阳市				桐梓县				合计			
	调查儿童数	残疾儿童数	现患率%	构成%	调查儿童数	残疾儿童数	现患率%	构成%	调查儿童数	残疾儿童数	现患率%	构成%
专业技术人员	161	3	1.86	3.80	71	1	1.41	1.49	232	4	1.72	2.74
机关干部	284	4	1.41	5.06	26	0	0.00	0.00	310	4	1.29	2.74
办事人员	309	2	0.65	2.53	49	0	0.00	0.00	358	2	0.56	1.37
商业人员	272	2	0.74	2.53	88	0	0.00	0.00	360	2	0.56	1.37
服务人员	44	1	2.27	1.27	75	1	1.33	1.49	119	2	1.68	1.37
农林牧渔	7	0	0.00	0.00	3806	50	1.31	74.63	3813	50	1.31	34.25
工人	1450	19	1.31	24.05	421	6	1.43	8.96	1871	25	1.34	17.12
军人	22	1	4.55	1.27	6	0	0.00	0.00	28	1	3.57	0.68
其他	2212	43	1.94	54.43	489	9	1.84	13.43	2701	52	1.93	35.62
不在业	209	4	1.91	5.06	39	0	0.00	0.00	248	4	1.61	2.74
合计	4970	79	1.59	100.00	5070	67	1.32	100.00	10040	146	1.45	100.00

表25 贵州省0～6岁残疾儿童母亲职业分布及残疾儿童现患率

职业	贵阳市				桐梓县				合计			
	调查儿童数	残疾儿童数	现患率%	构成%	调查儿童数	残疾儿童数	现患率%	构成%	调查儿童数	残疾儿童数	现患率%	构成%
专业技术人员	221	2	0.90	2.56	55	1	1.82	1.49	276	3	1.09	2.07
机关干部	229	4	1.75	5.13	10	0	0.00	0.00	239	4	1.67	2.76
办事人员	262	2	0.76	2.56	22	1	4.55	1.49	284	3	1.06	2.07
商业人员	335	4	1.19	5.13	85	0	0.00	0.00	420	4	0.95	2.76
服务人员	53	1	1.89	1.28	31	0	0.00	0.00	84	1	1.19	0.69
农林牧渔	10	0	0.00	0.00	4310	57	1.32	85.07	4320	57	1.32	39.31
工人	1007	15	1.49	19.23	125	2	1.60	2.99	1132	17	1.50	11.72
军人	4	0	0.00	0.00	0	0	0.00	0.00	4	0	0.00	0.00
其他	2083	41	1.97	52.56	286	4	1.40	5.97	2369	45	1.90	31.03
不在业	781	9	1.15	11.54	146	2	1.37	2.99	927	11	1.19	7.59
合计	4985	78	1.56	100.00	5070	67	1.32	100.00	10055	145	1.44	100.00

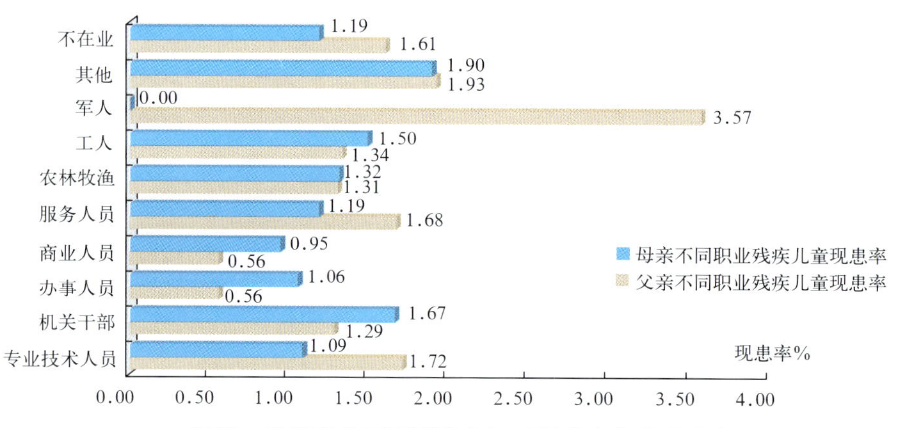

图15 贵州省父母不同职业0～6岁残疾儿童现患率

6．残疾儿童父母文化程度分布

本次调查的146名残疾儿童中，回答父亲文化程度的有效问卷146份，回答母亲文化程度的有效问卷145份。表26、27分别显示了贵州省0～6岁残疾儿童父母文化程度分布及残疾儿童现患率。

图16显示了贵州省父母不同文化程度0～6岁残疾儿童现患率。从中可以看出，随着父母文化程度增高，残疾儿童现患率有降低的趋势。

表 26　贵州省 0～6 岁残疾儿童父亲文化程度分布及残疾儿童现患率

文化程度	贵阳市				桐梓县				合计			
	调查儿童数	残疾儿童数	现患率 %	构成 %	调查儿童数	残疾儿童数	现患率 %	构成 %	调查儿童数	残疾儿童数	现患率 %	构成 %
大学大专	1171	11	0.94	13.92	80	0	0.00	0.00	1251	11	0.88	7.53
高中中专	1478	17	1.15	21.52	303	4	1.32	5.97	1781	21	1.18	14.38
初　中	1922	34	1.77	43.04	2880	33	1.15	49.25	4802	67	1.40	45.89
小　学	366	17	4.64	21.52	1714	28	1.63	41.79	2080	45	2.16	30.82
文盲/半文盲	35	0	0.00	0.00	96	2	2.08	2.99	131	2	1.53	1.37
合　计	4972	79	1.59	100.00	5073	67	1.32	100.00	10045	146	1.45	100.00

表 27　贵州省 0～6 岁残疾儿童母亲文化程度分布及残疾儿童现患率

文化程度	贵阳市				桐梓县				合计			
	调查儿童数	残疾儿童数	现患率 %	构成 %	调查儿童数	残疾儿童数	现患率 %	构成 %	调查儿童数	残疾儿童数	现患率 %	构成 %
大学大专	1053	10	0.95	12.82	35	1	2.86	1.49	1088	11	1.01	7.59
高中中专	1334	13	0.97	16.67	153	2	1.31	2.99	1487	15	1.01	10.34
初　中	2007	29	1.44	37.18	1995	19	0.95	28.36	4002	48	1.20	33.10
小　学	515	20	3.88	25.64	2348	34	1.45	50.75	2863	54	1.89	37.24
文盲/半文盲	71	6	8.45	7.69	542	11	2.03	16.42	613	17	2.77	11.72
合　计	4980	78	1.57	100.00	5073	67	1.32	100.00	10053	145	1.44	100.00

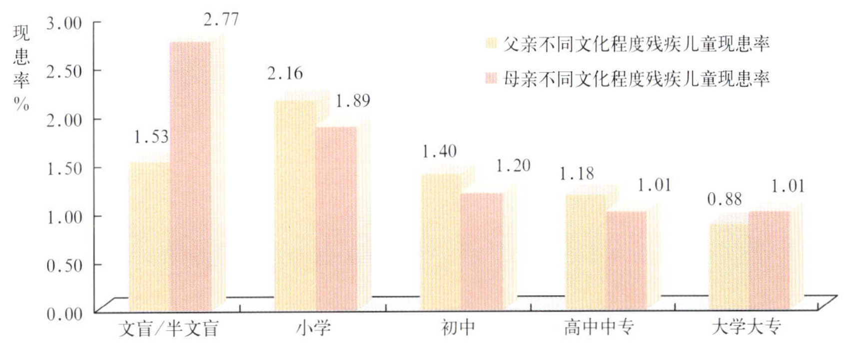

图16 贵州省父母不同文化程度0～6岁残疾儿童现患率

7．残疾儿童家庭年人均收入状况

本次调查的 146 名残疾儿童中，回答家庭年人均收入状况的有效问卷 146 份。表 28 显示了贵州省 0～6 岁残疾儿童家庭年人均收入状况及不同家庭年人均收入残疾儿童现患率情况。

表 28 贵州省 0～6 岁残疾儿童家庭年人均收入状况及残疾儿童现患率

年人均收入(元)	贵阳市				桐梓县				合计			
	调查儿童数	残疾儿童数	现患率 %	构成 %	调查儿童数	残疾儿童数	现患率 %	构成 %	调查儿童数	残疾儿童数	现患率 %	构成 %
<500	0	0	0.00	0.00	48	1	2.08	1.49	48	1	2.08	0.68
500～	6	2	33.33	2.53	760	23	3.03	34.33	766	25	3.26	17.12
1000～	322	22	6.83	27.85	2277	30	1.32	44.78	2599	52	2.00	35.62
2000～	1050	25	2.38	31.65	1529	10	0.65	14.93	2579	35	1.36	23.97
3000～	1255	13	1.04	16.46	330	2	0.61	2.99	1585	15	0.95	10.27
4000～	450	9	2.00	11.39	59	0	0.00	0.00	509	9	1.77	6.16
5000～	677	2	0.30	2.53	35	1	2.86	1.49	712	3	0.42	2.05
6000～	367	0	0.00	0.00	21	0	0.00	0.00	388	0	0.00	0.00
7000～	176	2	1.14	2.53	6	0	0.00	0.00	182	2	1.10	1.37
8000～	369	4	1.08	5.06	2	0	0.00	0.00	371	4	1.08	2.74
9000～	39	0	0.00	0.00	2	0	0.00	0.00	41	0	0.00	0.00
10000～	288	0	0.00	0.00	5	0	0.00	0.00	293	0	0.00	0.00
合 计	4999	79	1.58	100.00	5074	67	1.32	100.00	10073	146	1.45	100.00

图 17 显示了贵州省不同家庭年人均收入 0～6 岁残疾儿童现患率情况。从中可以看出，家庭年人均收入低的残疾儿童现患率高。

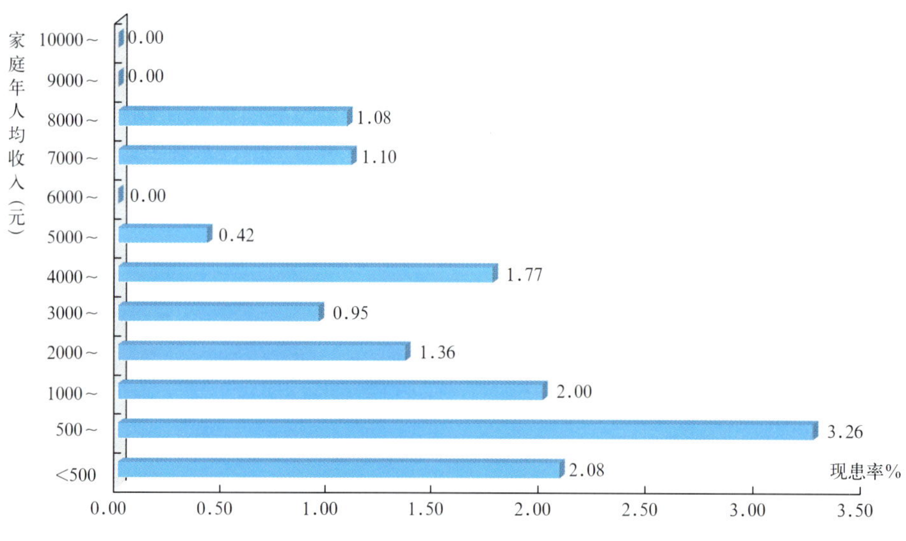

图17 贵州省不同家庭年人均收入0～6岁残疾儿童现患率

（四）五类残疾致残原因

1．听力残疾致残原因

本次调查确诊听力残疾 14 人，其致残原因见表 29。

表29 贵州省0～6岁听力残疾儿童致残原因

顺　位	致残原因	贵阳市		桐梓县		合计	
		儿童数	构成%	儿童数	构成%	儿童数	构成%
第一位	不　详	0	0.00	6	50.00	6	42.86
第二位	高烧疾病	0	0.00	3	25.00	3	21.43
第三位	后天耳毒药物	0	0.00	2	16.67	2	14.29
第四位	产伤窒息	0	0.00	1	8.33	1	7.14
第四位	家族遗传	1	50.00	0	0.00	1	7.14
第四位	孕期感染／药物	1	50.00	0	0.00	1	7.14
	合　计	2	100.00	12	100.00	14	100.00

2、视力残疾致残原因

本次调查确诊视力残疾10人，其致残原因见表30。

表30 贵州省0～6岁视力残疾儿童致残原因

顺　位	致残原因	贵阳市		桐梓县		合计	
		儿童数	构成%	儿童数	构成%	儿童数	构成%
第一位	弱　视	3	42.86	0	0.00	3	30.00
第二位	眼内肿瘤	0	0.00	2	66.67	2	20.00
第二位	先天性白内障	1	14.29	1	33.33	2	20.00
第四位	视网膜视神经病变	1	14.29	0	0.00	1	10.00
第四位	其　他	1	14.29	0	0.00	1	10.00
第四位	不　详	1	14.29	0	0.00	1	10.00
	合　计	7	100.00	3	100.00	10	100.00

3．智力残疾致残原因

本次确诊智力残疾96人，其主要致残原因见表31。

表31 贵州省0～6岁智力残疾儿童前五位致残原因

顺　位	致残原因	贵阳市		桐梓县		合计	
		儿童数	构成%	儿童数	构成%	儿童数	构成%
第一位	不　详	32	53.33	14	38.89	46	47.92
第二位	宫内窒息	3	5.00	4	11.11	7	7.29
第三位	产时窒息	4	6.67	2	5.56	6	6.25
第四位	早　产	4	6.67	1	2.78	5	5.21
第五位	感觉器官剥夺	1	1.67	3	8.33	4	4.17
	合　计	44	73.33	24	66.67	68	70.83

4．肢体残疾原因构成

本次调查确诊肢体残疾53人，其致残原因见表32。

表32 贵州省0～6岁肢体残疾儿童致残原因

顺位	致残原因	贵阳市		桐梓县		合计	
		儿童数	构成%	儿童数	构成%	儿童数	构成%
第一位	其他	8	40.00	20	60.61	28	52.83
第二位	脑瘫	5	25.00	3	9.09	8	15.09
第三位	不详	0	0.00	7	21.21	7	13.21
第四位	先天性骨关节病	4	20.00	1	3.03	5	9.43
第五位	小儿截肢	1	5.00	1	3.03	2	3.77
第五位	周围神经损伤	1	5.00	1	3.03	2	3.77
第七位	地方病	1	5.00	0	0.00	1	1.89
	合计	20	100.00	33	100.00	53	100.00

5．精神残疾致残原因

本次调查确诊精神残疾8人，其致残原因见表33。

表33 贵州省0～6岁精神残疾儿童致残原因

顺位	致残原因	贵阳市		桐梓县		合计	
		儿童数	构成%	儿童数	构成%	儿童数	构成%
第一位	孤独症	3	50.00	1	50.00	4	50.00
第二位	不典型孤独症	2	33.33	1	50.00	3	37.50
第三位	脑器质性疾病	1	16.67	0	0.00	1	12.50
	合计	6	100.00	2	100.00	8	100.00

（五）康复现状与需求

1．五类残疾儿童康复现状与需求

本次调查确诊残疾儿童146名，儿童残疾181人次（含综合残疾）。其中得到康复的165人次，占91.16%，其康复形式现状见图18；没有得到康复的16人次，占8.84%。在康复需求调查中，发现所有残疾儿童都有康复需求，其康复形式现状与需求之间存在较大差异，其中特殊机构、医院治疗、家庭康复需求与现状之间差异最大，见图18。

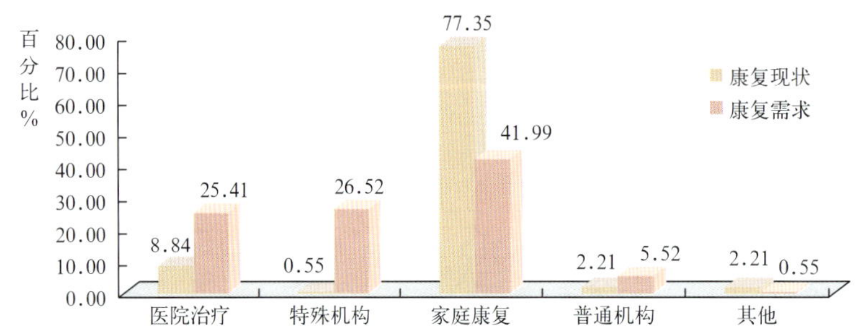

图18 贵州省0～6岁残疾儿童康复形式现状与需求比较

本次调查还对听力、视力、肢体残疾儿童康复器具现状与需求进行了调查，其中有康复器具的28人，占36.36%；没有康复器具的49人，占63.64%。所有听力、视力、肢体残疾儿童都有康复器具需求，其现状与需求之间存在较大差异，见图19。

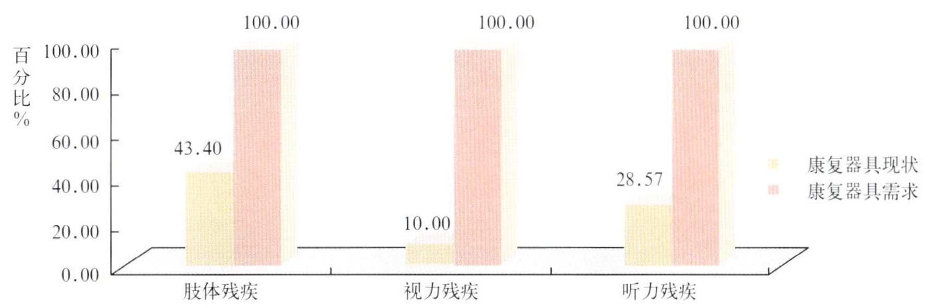

图19 贵州0～6岁残疾儿童康复器具现状与需求

2．听力残疾

（1）康复现状

本次调查确诊14名听力残疾儿童，其康复现状见表34。

表34 贵州省0～6岁听力残疾儿童康复现状

项目		贵阳市		桐梓县		合计	
		儿童数	构成%	儿童数	构成%	儿童数	构成%
康复形式	特殊机构	1	50.00	0	0.00	1	7.14
	家庭康复	1	50.00	9	75.00	10	71.43
	其他	0	0.00	1	8.33	1	7.14
	无康复	0	0.00	2	16.67	2	14.29
康复器具	其他	0	0.00	4	33.33	4	28.57
	无器具	2	100.00	8	66.67	10	71.43
	合计	2	100.00	12	100.00	14	100.00

（2）康复需求

本次调查确诊14名听力残疾儿童，其康复需求见表35。

表35 贵州省0～6岁听力残疾儿童康复需求

项目		贵阳市		桐梓县		合计	
		儿童数	构成%	儿童数	构成%	儿童数	构成%
康复形式	医院治疗	0	0.00	1	8.33	1	7.14
	特殊机构	2	100.00	7	58.33	9	64.29
	家庭康复	0	0.00	2	16.67	2	14.29
	普通机构	0	0.00	2	16.67	2	14.29
康复器具	助听器	1	50.00	9	75.00	10	71.43
	其他	1	50.00	3	25.00	4	28.57
	合计	2	100.00	12	100.00	14	100.00

（3）康复现状与需求比较

将康复现状与需求进行比较发现，听力残疾儿童康复现状与需求之间存在着一定差异，康复形式中特殊机构和家庭康复现状与需求之间存在较大差异，康复器具中助听器的需求与现状之间差异最大。

3．视力残疾

（1）康复现状

本次调查确诊10名视力残疾儿童，其康复现状见表36。

表36 贵州省0～6岁视力残疾儿童康复现状

项目		贵阳市		桐梓县		合计	
		儿童数	构成%	儿童数	构成%	儿童数	构成%
康复形式	医院治疗	3	42.86	0	0.00	3	30.00
	家庭康复	0	0.00	2	66.67	2	20.00
	无康复	4	57.14	1	33.33	5	50.00
康复器具	其他	1	14.29	0	0.00	1	10.00
	无器具	6	85.71	3	100.00	9	90.00
	合计	7	100.00	3	100.00	10	100.00

(2)康复需求

本次调查确诊10名视力残疾儿童，其康复需求见表37。

表37 贵州省0～6岁视力残疾儿童康复需求

项目		贵阳市		桐梓县		合计	
		儿童数	构成%	儿童数	构成%	儿童数	构成%
康复形式	医院治疗	5	71.43	2	66.67	7	70.00
	特殊机构	0	0.00	1	33.33	1	10.00
	家庭康复	2	28.57	0	0.00	2	20.00
康复器具	助视器	0	0.00	2	66.67	2	20.00
	导盲器	0	0.00	1	33.33	1	10.00
	其他	7	100.00	0	0.00	7	70.00
	合计	7	100.00	3	100.00	10	100.00

（3）康复现状与需求比较

将康复现状与需求进行比较发现，视力残疾儿童康复现状与需求之间存在着较大差异，康复形式中医院治疗现状与需求之间存在较大差异，康复器具中其他器具的需求与现状之间差异最大。

4．智力残疾

（1）康复现状

本次调查确诊96名智力残疾儿童，其康复现状见表38。

表 38 贵州省 0～6 岁智力残疾儿童康复现状

康复形式	贵阳市		桐梓县		合计	
	儿童数	构成%	儿童数	构成%	儿童数	构成%
医院治疗	1	1.67	0	0.00	1	1.04
家庭康复	55	91.67	35	97.22	90	93.75
普通机构	3	5.00	0	0.00	3	3.13
无康复	1	1.67	1	2.78	2	2.08
合　计	60	100.00	36	100.00	96	100.00

（2）康复需求

本次调查确诊 96 名智力残疾儿童，其康复需求见表 39。

表 39 贵州省 0～6 岁智力残疾儿童康复需求

康复形式	贵阳市		桐梓县		合计	
	儿童数	构成%	儿童数	构成%	儿童数	构成%
医院治疗	1	1.67	2	5.56	3	3.13
特殊机构	28	46.67	3	8.33	31	32.29
家庭康复	23	38.33	31	86.11	54	56.25
普通机构	8	13.33	0	0.00	8	8.33
合　计	60	100.00	36	100.00	96	100.00

（3）康复现状与需求比较

将康复现状与需求进行比较发现，智力残疾儿童康复现状与需求之间存在着很大的差异。康复形式中特殊机构、家庭康复现状与需求之间存在较大差异。

5．肢体残疾

（1）康复现状

本次调查确诊 53 名肢体残疾儿童，其康复现状见表 40。

表 40 贵州省 0～6 岁肢体残疾儿童康复现状

项目		贵阳市		桐梓县		合计	
		儿童数	构成%	儿童数	构成%	儿童数	构成%
康复形式	医院治疗	10	50.00	2	6.06	12	22.64
	家庭康复	4	20.00	31	93.94	35	66.04
	无康复	6	30.00	0	0.00	6	11.32
康复器具	矫形器	1	5.00	0	0.00	1	1.89
	其　他	10	50.00	12	36.36	22	41.51
	无器具	9	45.00	21	63.64	30	56.60
	合　计	20	100.00	33	100.00	53	100.00

（2）康复需求

本次调查确诊 53 名肢体残疾儿童，其康复需求见表 41。

表41 贵州省0～6岁肢体残疾儿童康复需求

项目		贵阳市		桐梓县		合计	
		儿童数	构成%	儿童数	构成%	儿童数	构成%
康复形式	医院治疗	12	60.00	23	69.70	35	66.04
	特殊机构	1	5.00	0	0.00	1	1.89
	家庭康复	6	30.00	10	30.30	16	30.19
	其他	1	5.00	0	0.00	1	1.89
康复器具	自助器	0	0.00	1	3.03	1	1.89
	矫形器	3	15.00	0	0.00	3	5.66
	轮椅	1	5.00	0	0.00	1	1.89
	其他	16	80.00	32	96.97	48	90.57
	合计	20	100.00	33	100.00	53	100.00

（3）康复现状与需求比较

将康复现状与需求进行比较发现，肢体残疾儿童康复现状与需求之间存在着很大差异。康复形式中医院治疗、家庭康复现状与需求之间差异最大，康复器具中其他器具的现状与需求之间差异最大。

6．精神残疾

（1）康复现状

本次调查确诊8名精神残疾儿童，其康复现状见表42。

表42 贵州省0～6岁精神残疾儿童康复现状

康复形式	贵阳市		桐梓县		合计	
	儿童数	构成%	儿童数	构成%	儿童数	构成%
家庭康复	2	33.33	1	50.00	3	37.50
普通机构	1	16.67	0	0.00	1	12.50
其他	3	50.00	0	0.00	3	37.50
无康复	0	0.00	1	50.00	1	12.50
合计	6	100.00	2	100.00	8	100.00

（2）康复需求

本次调查确诊8名精神残疾儿童，其康复需求见表43。

表43 贵州省0～6岁精神残疾儿童康复需求

康复形式	贵阳市		桐梓县		合计	
	儿童数	构成%	儿童数	构成%	儿童数	构成%
特殊机构	5	83.33	1	50.00	6	75.00
家庭康复	1	16.67	1	50.00	2	25.00
合计	6	100.00	2	100.00	8	100.00

（3）康复现状与需求比较

将康复现状与需求进行比较发现，精神残疾儿童康复现状与需求之间存在着很大的差异，康复形式中特殊机构现状与需求之间存在的差异最大。

三、贵州省0～6岁残疾儿童一般危险因素分析

（一）残疾儿童一般危险因素

将0～6岁儿童按是否残疾与居住地、性别、民族、学前教育、父母是否近亲婚配、是否是独生子女、年龄、父母职业、父母文化程度、父母婚姻状况、家庭年人均收入以及儿童抚养状况等变量进行单因素分析，结果见表44。

表44可见，居住地、是否接受学前教育、是否是独生子女、父母职业、父母文化程度和家庭年人均收入等对残疾儿童现患率有影响。

表44　0～6岁残疾儿童一般危险因素的单因素分析

因　素	分　组	x^2	P	OR	95% 可信区间	
					下限	上限
地　区	城市1，农村0	7.291	0.007**	1.670	1.146	2.432
性　别	男1，女2	2.267	0.132	0.753	0.158	1.091
民　族	汉1，其他2	0.005	0.946	1.070	0.148	7.757
学前教育	有1，无2	19.183	0.000**	2.703	1.702	4.295
近亲婚配状况	非近亲1，近亲2	3.578	0.059	5.673	0.743	43.303
是否独生子女	是1，否0	15.877	0.000*	0.413	0.314	2.432
年　龄	0～6岁	5.333	0.506	—	—	—
父亲职业	10组[1]	32.727	0.000**	—	—	—
母亲职业	10组[1]	26.252	0.002**	—	—	—
父亲文化程度	5组[2]	19.957	0.001**	—	—	—
母亲文化程度	5组[2]	26.991	0.000**	—	—	—
父母婚姻状况	5组[3]	2.445	0.654	—	—	—
家庭年人均收入	6组[4]	23.776	0.000**	—	—	—
抚养状况	6组[5]	2.684	0.443	—	—	—

* P ＜ 0.05　** P ＜ 0.01

注：[1]职业：　0= 不在业，1= 专业技术人员，2= 机关干部，3= 办事人员，4= 商业人员，5= 服务人员，6= 农林牧渔，7= 工人，8= 军人，9= 其他

[2]文化程度：　1= 大学大专，2= 高中中专，3= 初中，4= 小学，5= 文盲 / 半文盲

[3]婚姻状况：1= 初婚，2= 再婚，3= 丧偶，4= 离婚，5= 其他

[4]家庭年人均收入：1=<1000 元，2=1000 元～，3=3000 元～，4=5000 元～，5=7000 元～，6=9000 元～

[5]抚养状况：　1= 父和母，2= 父或母，3= 祖父母，4= 其他亲属，5= 国家集体，6= 其他

（二）听力残疾一般危险因素

0～6岁儿童按是否听力残疾与居住地、性别、民族、学前教育、父母是否近亲婚配、是否是独生子女、年龄、父母职业、父母文化程度、父母婚姻状况、家庭年人均收入以及儿童抚养状况等变量进行单因素分析，结果见表45。

表45可见，父母婚姻状况对儿童听力残疾有影响。

表45　0～6岁儿童听力残疾一般危险因素单因素分析

因　素	分　组	x^2	P	OR	95% 可信区间	
					下限	上限
居住地	城市1，农村0	1.075	0.764	—	—	—
性 别	男1，女2	1.478	0.478	—	—	—
民 族	汉1，其他2	0.113	0.945	—	—	—
学前教育	有1,无2	0.493	0.782	—	—	—
近亲婚配状况	非近亲1，近亲2	0.020	0.989	—	—	—
是否独生子女	是1，否2	5.344	0.069	—	—	—
年 龄	0～6岁	10.110	0.606	—	—	—
父亲职业	10组[1]	9.591	0.945	—	—	—
母亲职业	10组[1]	4.423	1.000	—	—	—
父亲文化程度	5组[2]	4.345	0.825	—	—	—
母亲文化程度	5组[2]	4.482	0.811	—	—	—
父母婚姻状况	5组[3]	33.281	0.000**	—	—	—
家庭年人均收入	6组[4]	6.582	0.764	—	—	—
抚养状况	6组[5]	10.632	0.100	—	—	—

* $P < 0.05$　** $P < 0.01$

注：[1]职业：0= 不在业，1= 专业技术人员，2= 机关干部，3= 办事人员，4= 商业人员，5= 服务人员，6= 农林牧渔，7= 工人，8= 军人，9= 其他

[2]文化程度：1= 大学大专，2= 高中中专，3= 初中，4= 小学，5= 文盲 / 半文盲

[3]婚姻状况：1= 初婚，2= 再婚，3= 丧偶，4= 离婚，5= 其他

[4]家庭年人均收入：1= ＜ 1000元，2=1000元～，3=3000元～，4=5000元～，5=7000元～，6=9000元～

[5]抚养状况：1= 父和母，2= 父或母，3= 祖父母，4= 其他亲属，5= 国家集体，6= 其他

（三）视力残疾一般危险因素

0～6岁儿童按是否视力残疾与居住地、性别、民族、学前教育、父母是否近亲婚配、是否是独生子女、年龄、父母职业、父母文化程度、父母婚姻状况、家庭年人均收入以及儿童抚养状况等变量进行单因素分析，结果见表46。

表46可见，儿童性别、父母是否近亲婚配、是否是独生子女、父母职业、父母文化程度和家庭年人均收入等对儿童视力残疾有影响。

表46　0~6岁儿童视力残疾一般危险因素的单因素分析

因　素	分　组	x^2	P	OR	95% 可信区间	
					下限	上限
居住地	城市 1，农村 0	0.668	0.414	2.002	0.367	10.935
性 别	男 1，女 2	5.779	0.016*	3.266	1.175	9.073
民 族	汉 1，其他 2	0.154	0.695	0.992	0.990	0.994
学前教育	有 1，无 2	3.119	0.077	5.997	0.623	57.689
近亲婚配状况	非近亲 1，近亲 2	31.030	0.000**	36.907	4.628	294.357
是否独生子女	是 1，否 0	37.068	0.000**	0.083	0.030	0.231
年 龄	0~6 岁	5.594	0.470	—	—	—
父亲职业	10 组[1]	38.259	0.000**	—	—	—
母亲职业	10 组[1]	24.309	0.004**	—	—	—
父亲文化程度	5 组[2]	17.636	0.001**	—	—	—
母亲文化程度	5 组[2]	15.954	0.000**	—	—	—
父母婚姻状况	5 组[3]	0.347	0.987	—	—	—
家庭年人均收入	6 组[4]	16.734	0.005**	—	—	—
抚养状况	6 组[5]	0.225	0.973	—	—	—

* P < 0.05　** P < 0.01

注：[1]职业：0= 不在业，1= 专业技术人员，2= 机关干部，3= 办事人员，4= 商业人员，5= 服务人员，6= 农林牧渔，7= 工人，8= 军人，9= 其他

[2]文化程度：1= 大学大专，2= 高中中专，3= 初中，4= 小学，5= 文盲 / 半文盲

[3]婚姻状况：1= 初婚，2= 再婚，3= 丧偶，4= 离婚，5= 其他

[4]家庭年人均收入：1=<1000 元，2=1000 元~，3=3000 元~，4=5000 元~，5=7000 元~，6=9000 元~

[5]抚养状况：1= 父和母，2= 父或母，3= 祖父母，4= 其他亲属，5= 国家集体，6= 其他

（四）智力残疾一般危险因素

0~6岁儿童按是否智力残疾与居住地、性别、民族、学前教育、父母是否近亲婚配、是否是独生子女、年龄、父母职业、父母文化程度、父母婚姻状况、家庭年人均收入以及儿童抚养状况等变量进行单因素分析，结果见表47。

表47可见，居住地、是否接受学前教育、父母是否近亲婚配、父母文化程度和家庭年人均收入等对儿童智力残疾有影响。

表 47　0~6 岁儿童智力残疾一般危险因素的单因素分析

因　素	分　组	x^2	P	OR	95% 可信区间	
					下限	上限
居住地	城市 1，农村 0	4.211	0.040*	1.659	1.018	2.704
性 别	男 1，女 2	2.008	0.919	—	—	—
民 族	汉 1，其他 2	0.369	0.544	1.833	0.251	13.367
学前教育	有 1，无 2	12.407	0.000**	2.845	1.549	5.227
近亲婚配状况	非近亲 1，近亲 2	7.226	0.007**	9.718	1.266	74.603
是否独生子女	是 1，否 0	3.310	0.069	0.614	0.361	1.044
年 龄	0~6 岁	2.008	0.919	—	—	—
父亲职业	10 组[1]	13.012	0.162	—	—	—
母亲职业	10 组[1]	10.618	0.303	—	—	—
父亲文化程度	5 组[2]	13.191	0.010**	—	—	—
母亲文化程度	5 组[2]	16.512	0.002**	—	—	—
父母婚姻状况	5 组[3]	5.300	0.258	—	—	—
家庭年人均收入	6 组[4]	18.898	0.002**	—	—	—
抚养状况	6 组[5]	6.218	0.101	—	—	—

* P < 0.05　** P < 0.01

注：[1]职业： 0= 不在业，1= 专业技术人员，2= 机关干部，3= 办事人员，4= 商业人员，5= 服务人员，6= 农林牧渔，7= 工人，8= 军人，9= 其他

[2]文化程度： 1= 大学大专，2= 高中中专，3= 初中，4= 小学，5= 文盲 / 半文盲

[3]婚姻状况：1= 初婚，2= 再婚，3= 丧偶，4= 离婚，5= 其他

[4]家庭年人均收入：1=<1000 元，2=1000 元～，3=3000 元～，4=5000 元～，5=7000 元～，6=9000 元～

[5]抚养状况： 1= 父和母，2= 父或母，3= 祖父母，4= 其他亲属，5= 国家集体，6= 其他

（五）肢体残疾一般危险因素

0~6 岁儿童按否肢体残疾与居住地、性别、民族、学前教育、父母是否近亲婚配、是否是独生子女、年龄、父母职业、父母文化程度、父母婚姻状况、家庭年人均收入以及儿童抚养状况等变量进行单因素分析，结果见表 48。

表 48 可见，儿童性别、是否接受学前教育、父母职业和文化程度等对儿童肢体残疾有影响。

表48　0~6岁儿童肢体残疾一般危险因素的单因素分析

因　素	分　组	x^2	P	OR	95% 可信区间	
					下限	上限
居住地	城市1，农村0	0.553	0.423	1.250	0.693	2.253
性　别	男1，女2	4.141	0.042*	0.524	0.279	0.987
民　族	汉1，其他2	0.365	0.546	0.992	0.990	0.994
学前教育	有1，无2	8.474	0.004**	2.971	1.376	6.414
近亲婚配状况	非近亲1，近亲2	2.930	0.570	—	—	—
是否独生子女	是1，否0	2.876	0.090	0.576	0.301	1.099
年　龄	0~6岁	6.321	0.388	—	—	—
父亲职业	10组[1]	28.048	0.001**	—	—	—
母亲职业	10组[1]	32.743	0.000**	—	—	—
父亲文化程度	5组[2]	9.570	0.048*	—	—	—
母亲文化程度	5组[2]	21.926	0.000**	—	—	—
父母婚姻状况	5组[3]	2.930	0.570	—	—	—
家庭年人均收入	6组[4]	4.941	0.423	—	—	—
抚养状况	6组[5]	3.071	0.381	—	—	—

* $P < 0.05$　** $P < 0.01$

注：[1]职业：0= 不在业，1= 专业技术人员，2= 机关干部，3= 办事人员，4= 商业人员，5= 服务人员，6= 农林牧渔，7= 工人，8= 军人，9= 其他

[2]文化程度：1= 大学大专，2= 高中中专，3= 初中，4= 小学，5= 文盲 / 半文盲

[3]婚姻状况：1= 初婚，2= 再婚，3= 丧偶，4= 离婚，5= 其他

[4]家庭年人均收入：1=<1000元，2=1000元~，3=3000元~，4=5000元~，5=7000元~，6=9000元~

[5]抚养状况：1= 父和母，2= 父或母，3= 祖父母，4= 其他亲属，5= 国家集体，6= 其他

（六）精神残疾一般危险因素

0~6岁儿童按是否精神残疾与居住地、性别、民族、学前教育、父母是否近亲婚配、是否是独生子女、年龄、父母职业、父母文化程度、父母婚姻状况、家庭年人均收入以及儿童抚养状况等变量进行单因素分析，结果见表49。

表49可见，居住地、是否接受学前教育、是否是独生子女、儿童年龄、家庭年人均收入、儿童抚养状况等对儿童精神残疾有影响。

表 49　0～6 岁儿童精神残疾一般危险因素的单因素分析

因　素	分　组	x^2	P	OR	95% 可信区间	
					下限	上限
居住地	城市 1，农村 0	6.620	0.018*	0.322	0.120	0.866
性 别	男 1，女 2	2.881	0.090	0.389	0.125	1.206
民 族	汉 1，其他 2	0.132	0.717	0.992	0.990	0.994
学前教育	有 1，无 2	15.849	0.000**	11.312	2.505	51.081
近亲婚配状况	非近亲 1，近亲 2	0.025	0.874	1.998	0.998	0.999
是否独生子女	是 1，否 0	5.595	0.018*	0.322	0.120	0.866
年 龄	0～6 岁	27.728	0.000**	—	—	—
父亲职业	10 组[1]	6.312	0.708	—	—	—
母亲职业	10 组[1]	12.310	0.196	—	—	—
父亲文化程度	5 组[2]	2.671	0.614	—	—	—
母亲文化程度	5 组[2]	8.607	0.072	—	—	—
父母婚姻状况	5 组[3]	7.695	0.103	—	—	—
家庭年人均收入	6 组[4]	20.920	0.001**	—	—	—
抚养状况	6 组[5]	8.848	0.031*	—	—	—

* P ＜ 0.05　** P ＜ 0.01

注：[1]职业： 0= 不在业，1= 专业技术人员，2= 机关干部，3= 办事人员，4= 商业人员，5= 服务人员，6= 农林牧渔，7= 工人，8= 军人，9= 其他

[2]文化程度： 1= 大学大专，2= 高中中专，3= 初中，4= 小学，5= 文盲 / 半文盲

[3]婚姻状况：1= 初婚，2= 再婚，3= 丧偶，4= 离婚，5= 其他

[4]家庭年人均收入：1=<1000 元，2=1000 元～，3=3000 元～，4=5000 元～，5=7000 元～，6=9000 元～

[5]抚养状况： 1= 父和母，2= 父或母，3= 祖父母，4= 其他亲属，5= 国家集体，6= 其他

（七）综合残疾一般危险因素

0～6 岁儿童按是否综合残疾与居住地、性别、民族、学前教育、父母是否近亲婚配、是否是独生子女、年龄、父母职业、父母文化程度、父母婚姻状况、家庭年人均收入以及儿童抚养状况等变量进行单因素分析，结果见表 50。

表 50 可见，居住地、是否接受学前教育、儿童年龄、父母职业、父母文化程度、父母婚姻状况和儿童抚养状况等都对儿童综合残疾有影响。

表50 0～6岁儿童综合残疾一般危险因素的单因素分析

因素	分组	x^2	P	OR	95% 可信区间	
					下限	上限
居住地	城市1，农村0	8.672	0.030*	0.871	0.795	0.955
性别	男1，女2	0.230	0.632	0.978	0.892	1.072
民族	汉1，其他2	0.095	0.758	1.086	0.641	1.839
学前教育	有1，无2	4.036	0.045*	0.607	0.371	0.993
近亲婚配状况	非近亲1，近亲2	0.009	0.923	0.945	0.305	2.934
是否独生子女	是1，否0	0.726	0.641	0.822	—	—
年龄	0～6岁	9122.73	0.000**	—	—	—
父亲职业	10组[1]	34.055	0.000**	—	—	—
母亲职业	10组[1]	88.087	0.000**	—	—	—
父亲文化程度	5组[2]	13.648	0.009**	—	—	—
母亲文化程度	5组[2]	22.072	0.000**	—	—	—
父母婚姻状况	5组[3]	12.658	0.013*	—	—	—
家庭年人均收入	6组[4]	4.406	0.269	—	—	—
抚养状况	6组[5]	11.270	0.010**	—	—	—

* P < 0.05 ** P < 0.01

注：[1]职业： 0= 不在业，1= 专业技术人员，2= 机关干部，3= 办事人员，4= 商业人员，5= 服务人员，6= 农林牧渔，7= 工人，8= 军人，9= 其他

[2]文化程度： 1= 大学大专，2= 高中中专，3= 初中，4= 小学，5= 文盲 / 半文盲

[3]婚姻状况：1= 初婚，2= 再婚，3= 丧偶，4= 离婚，5= 其他

[4]家庭年人均收入：1=<1000 元，2=1000 元～，3=3000 元～，4=5000 元～，5=7000 元～，6=9000 元～

[5]抚养状况： 1= 父和母，2= 父或母，3= 祖父母，4= 其他亲属，5= 国家集体，6= 其他

讨 论

一、本次调查样本的代表性

参见总报告。

二、贵州省0～6岁儿童的残疾状况

（一）0～6岁残疾儿童现患率

本次共调查了10073名0～6岁儿童，经专业诊断方法的确诊，确诊残疾儿童146人，0～6岁儿童的残疾现患率为1.449%。

（二）0～6岁五类残疾儿童现患率

本次调查发现，听力残疾现患率为0.14%、视力残疾现患率为0.10%、智力残疾现患率为0.95%、肢体残疾现患率为0.53%、精神残疾现患率为0.08%，综合残疾现患率为0.31%。五类残疾中，智力残疾所占比例最高，其他依次为肢体残疾、听力残疾、视力残疾和精神残疾。

（三）0～6岁残疾儿童的分布特征

从地区分布来看，城市0～6岁残疾儿童现患率为1.58%，农村0～6岁残疾儿童的现患率为1.32%，城市高于农村。

从性别分布来看，0～6岁男性残疾儿童现患率为1.20%，女性残疾儿童现患率为1.74%，女性高于男性。

从年龄分布来看，儿童残疾现患率随年龄增长而增高，0岁组最低，5岁组最高。这可能与某些残疾随着儿童年龄增大后才逐渐被发现有关，也可能与年龄增大暴露于损伤的风险增多或目前使用的筛查、诊断量表对年龄较小的儿童不够敏感有关。

（四）0～6岁残疾儿童致残原因

本次调查中，听力残疾前五位致残原因依次是不详、高烧疾病、耳毒药物、产伤窒息、家族遗传和孕期感染／药物。视力残疾致残原因依次为弱视、眼内肿瘤、先天性白内障、视网膜视神经病变、其他和不祥。智力残疾前五位致残原因依次是不祥、宫内窒息、产时窒息、早产和感觉器官剥夺。肢体残疾前五位致残原因依次是其他、脑瘫、不祥、先天性骨关节病、小儿截肢和周围神经损伤。精神残疾致残原因依次孤独症、不典型孤独症、脑器质性疾病。

（五）0～6岁残疾儿童学前教育状况

随着年龄增大，残疾儿童接受学前教育的比例逐渐增高，但接受学前教育儿童数仅为39.58%，接受学前教育率明显低于正常儿童。农村残疾儿童接受学前教育率低于城市。

（六）0～6岁残疾儿童康复现状与需求

贵州省0～6岁残疾儿童康复现状不容乐观，各种康复器具的使用率很低，63.64%的残疾儿童没有任何康复器具。

本次调查显示，不同种类的残疾儿童康复现状也有较大差异。在听力残疾方面，家庭康复是听力残疾儿童的主要康复形式，而对特殊机构康复的需求较大。在视力残疾方面，大多数的残疾儿童没有得到任何形式的康复，对医院治疗有很大的需求。在智力残疾方面，目前大多数的残疾儿童都在家庭和其他机构中康复，对特殊机构康复的需求较大。在肢体残疾方面，目前残疾儿童多在家庭进行康复，对医院治疗有很大的需求。

从本次调查结果来看，残疾儿童的现状不能令人满意，康复工作尤其是在农村任重道远。残疾儿童康复工作，虽然与1987年相比有了很大的发展，但是目前贵州省在康复机构设置、技术力量、设备和器具方面，与日益增长的残疾儿童的实际需求相比，仍然存在较大差异。

政 策 建 议

一、重视和加强残疾儿童早期康复工作

残疾儿童通过早期康复训练，生活技能培养，能够恢复或部分恢复他们的功能，帮助他们参与社会

生活。

二、建立有效监测体系

对新生儿实行有效的监测，特别是农村地区，应在乡镇卫生院、村卫生室，把残疾筛查作为新生儿日常保健项目，以便早发现、早干预。对初诊为阳性儿童应转入县以上医院和妇幼保健院确诊；对确诊的残疾儿童应制定有效的早期干预方案和残疾发生报告制度，把出生缺陷干预和发生残疾后的早期干预工作纳入各级医疗机构日常工作。

三、各级政府要重视残疾儿童康复工作

将残疾儿童康复工作纳入各级政府的目标管理系统，增强各级领导和各有关部门对残疾儿童康复工作责任意识，为残疾儿童康复工作营造一个良好的工作环境。

四、广泛开展残疾预防知识教育

针对贵州省智力残疾、肢体残疾与综合残疾现患率较高的情况，重点开展智力残疾、肢体残疾和综合残疾预防，控制过高的残疾发生率。提高农村人口文化素质；采取切实有效措施，减轻农民负担，增加农民收入，减少残疾发生。

五、加强人员培训

充分利用现有社会资源，加强基层康复专业技术人员培养与培训，普及残疾儿童康复知识，提高康复工作水平，为残疾儿童提供康复服务，以满足他们的需求。

参考文献

1. 国务院人口普查办公室、国家统计局人口和社会科技统计司. 中国2000年人口普查资料. 北京：中国统计出版社，2002年.

2. 国家统计局. 中国统计年鉴. 北京：中国统计出版社，2002年.

3. 国家统计局. 1992年中国儿童情况抽样调查——国家级最终报告. 北京：中国统计出版社，1993年.

4. 中国残疾人抽样调查办公室. 中国1987年残疾人抽样调查资料，1989年.

5. 郭建模主编. 残疾人工作基本知识读本. 北京：华夏出版社，2002年.

6. 国务院残疾人工作协调委员会秘书处. 中国残疾人事业“八五”计划纲要与配套实施方案. 北京：华夏出版社，1992年.

7. 国务院残疾人工作协调委员会秘书处. 中国残疾人事业“九五”计划纲要与配套实施方案. 北京：华夏出版社，1996年.

8. 国务院残疾人工作协调委员会秘书处. 中国残疾人事业“十五”计划纲要与配套实施方案，2001年.

9. 卓大宏. 中国残疾预防学. 北京：华夏出版社，1998年.

甘肃省报告

前　言

按照卫生部、公安部、中国残联《关于进行中国0～6岁残疾儿童抽样调查的通知》要求，甘肃省0～6岁残疾儿童抽样调查工作于2001年6月16日至7月18日在白银市、定西县进行。本次调查经过各级政府及相关部门的通力合作、全体工作人员的辛勤工作、各级基层组织和广大群众的密切配合，对10002名0～6岁儿童进行了视力、听力、肢体、智力及精神五类残疾的筛查与诊断，初步掌握了残疾现患率、致残原因、康复需求等方面的情况，为制定残疾儿童发展规划提供了科学依据。现将研究结果报告如下：

调查对象与方法

一、调查对象

本次调查的对象为甘肃省2001年6月1日以前出生的0～6岁儿童。

二、抽样方法

本次调查采用多阶段分层、不等比例、整群随机抽样方法进行抽样。抽样步骤如下：

（一）市（县）的抽取

甘肃省随机抽取一个地级市——白银市和一个县——定西县。

（二）街道（乡、镇）的抽取

根据白银市和定西县统计局颁布的1999年各街道（乡、镇）国民经济生产总值排序，分成三层，白银市和定西县分别按经济发展水平随机抽取经济发达、中等发达和欠发达的街道（乡、镇）各一个。

（三）调查对象的抽取

经济发达和欠发达的街道各抽取12个整群，中等的街道抽取16个整群（125名儿童为一整群）；经济发达和欠发达的乡（镇）各抽取6个整群，中等的抽取8个整群（250名儿童为一整群）。据此，白银市抽取40个整群，定西县抽取20个整群。甘肃省共抽取60个整群，总样本量应为10000人。

三、残疾标准和残疾筛查、诊断方法

参见总报告。

四、调查人员

调查人员由甘肃省0～6岁残疾儿童抽样调查专家组、现场调查人员、资料分析人员以及各级卫生、公安、残联等有关部门行政管理人员、被调查地区现场服务人员组成。

甘肃省0～6岁专家组由甘肃省相关领域中具有丰富临床及流行病学调查经验的专家组成，现场调查人员由调查市县耳鼻喉科、眼科、儿科、骨科、精神科等相关专业人员组成。

五、现场调查及工作流程

参见总报告。

六、质量控制

（一）组织措施

甘肃省卫生厅、公安厅、残联联合下发了《关于在白银市、定西县进行0～6岁残疾儿童抽样调查工作的通知》等文件，成立了甘肃省0～6岁残疾儿童抽样调查领导小组，制定工作计划和方案，召开了全省0～6岁残疾儿童抽样调查动员会，部署调查工作。白银市、定西县也相应成立了由卫生、公安、残联及有关部门参加的抽样调查领导小组，负责本地区抽样调查组织领导工作，按照中国0～6岁残疾儿童抽样调查领导小组下达的任务和要求，抽取调查地区，并组织落实，成立了由技术人员和管理人员组成的调查队，实施现场调查。被调查的街道、居（村）委会指定专人负责，积极主动做好各项工作，从人力、物力上支持抽样调查工作，并在现场做好组织协调工作，确保调查按计划进行。

（二）现场调查人员及培训

本次调查筛查人员由经过培训的具有医师以上职称的专业人员组成；诊断人员均为经过中央级培训的具有主治医师以上职称的专业人员。

对调查人员采取中央、地方两级培训。

1．中央培训

甘肃省选派了妇幼保健、眼科、骨科、耳鼻喉科、儿童心理等专业医生参加了中央培训班，接受了中国0～6岁残疾儿童抽样调查筛查和诊断方法的培训，经一致性测验均符合要求。

2．地方培训

甘肃省进行了二级培训，对参加现场调查的筛查人员进行筛查表格填写和筛查方法的培训，培训结束时进行了一致性测验，测验结果均达到95%的设计要求。

（三）督导与抽查

甘肃省0～6岁残疾儿童抽样调查专家组深入调查现场，对白银市、定西县抽样调查工作进行了检查指导，对填写的各类抽样调查表逐一审核，并按照设计要求，省专家组在白银市、定西县的样本中随机抽取5%进行重新调查，各项指标均达到设计标准。

甘肃省上报的筛查表和诊断表经全国0～6岁残疾儿童抽样调查专家组逐一审核，符合要求。

（四）资料的分析处理

参见总报告。

结　　果

一、基本情况

（一）调查地区人口数和调查儿童家庭人口情况

本次调查了甘肃省白银市和定西县，调查地区总人口184.2万，共调查9724户家庭，调查家庭总人口为35867人，调查家庭的子女数为12260人，平均每户子女数1.26人。调查0～6岁儿童10002人，调查儿童占调查家庭子女数的81.58%。调查残疾户120户，残疾户占调查户的1.23%。甘肃省调查地区总人口和调查儿童家庭情况见表1。

表1 甘肃省调查地区总人口和调查家庭情况

地　区	调查地区总人口（万）	调查家庭户数	调查家庭人口数	家庭子女数	平均家庭子女数	调查儿童数	调查儿童占家庭子女数比例 %	残疾户数	残疾户所占比例 %
白银市	137.6	4978	15260	5143	1.03	5002	97.26	49	0.98
定西县	46.6	4746	20607	7117	1.50	5000	70.25	71	1.50
合　计	184.2	9724	35867	12260	1.26	10002	81.58	120	1.23

（二）0～6岁儿童性别构成

本次调查0～6岁儿童10002人，男性5380人，女性4622人，男女性别比为116.40∶100。甘肃省0～6岁儿童性别构成情况见表2。图1显示了0～6岁儿童的性别构成情况。

表2　甘肃省0～6岁儿童性别构成

地　区	男		女		合　计		性别比
	调查儿童数	构成 %	调查儿童数	构成 %	调查儿童数	构成 %	男∶女
白银市	2656	53.10	2346	46.90	5002	100.00	113.21∶100
定西县	2724	54.48	2276	45.52	5000	100.00	119.68∶100
合　计	5380	53.79	4622	46.21	10002	100.00	116.40∶100

图1 甘肃省0～6岁儿童性别构成

（三）0～6岁儿童年龄构成

本次调查的0～6岁儿童10002人中，0岁组1020人，占10.20%；1岁组1332人，占13.32%；2岁组1270人，占12.70%；3岁组1488人，占14.88%；4岁组1834人，占18.34%；5岁组1838人，占18.38%；6岁组1220人，占12.20%。甘肃省0～6岁儿童年龄构成情况见表3。图2显示了0～6岁儿童的年龄构成情况。

表3 甘肃省0～6岁儿童年龄构成

年龄（岁）	白银市		定西县		合计	
	调查儿童数	构成%	调查儿童数	构成%	调查儿童数	构成%
0	439	8.78	581	11.62	1020	10.20
1	687	13.73	645	12.90	1332	13.32
2	644	12.87	626	12.52	1270	12.70
3	856	17.11	632	12.64	1488	14.88
4	1080	21.59	754	15.08	1834	18.34
5	947	18.93	891	17.82	1838	18.38
6	349	6.98	871	17.42	1220	12.20
合计	5002	100.00	5000	100.00	10002	100.00

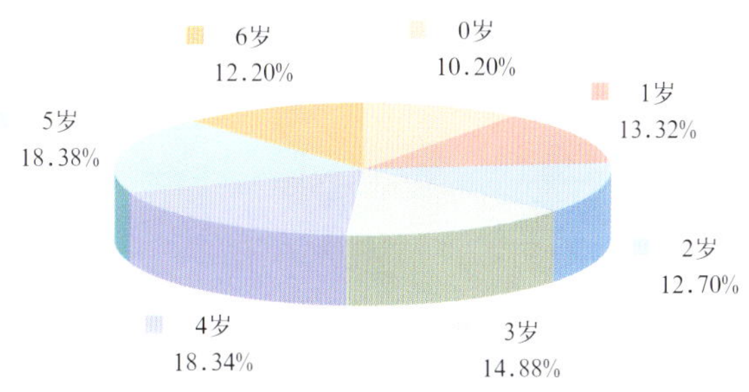

图2 甘肃省0～6岁儿童年龄构成

（四）3～6岁儿童学前教育情况

本次调查了3～6岁儿童6380人，其中4277人接受了学前教育，3～6岁儿童接受学前教育率为67.04%。其中，3岁、4岁、5岁和6岁儿童接受学前教育率分别为55.85%、67.28%、70.57%和75.00%。甘肃省3～6岁儿童接受学前教育状况见表4。

表4 甘肃省3～6岁儿童接受学前教育状况

地区	3岁			4岁			5岁			6岁			合计		
	调查儿童数	接受教育儿童数	接受教育率%	调查儿童数	接受教育儿童数	接受教育率%	调查儿童数	接受教育儿童数	接受教育率%	调查儿童数	接受教育儿童数	接受教育率%	调查儿童数	接受教育儿童数	接受教育率%
白银市	856	636	74.30	1080	974	90.19	947	904	95.46	349	343	98.28	3232	2857	88.40
定西县	632	195	30.85	754	260	34.48	891	393	44.11	871	572	65.67	3148	1420	45.11
合计	1488	831	55.85	1834	1234	67.28	1838	1297	70.57	1220	915	75.00	6380	4277	67.04

图3显示了甘肃省3~6岁儿童学前教育入学率，从中可以看出，在3~6岁的儿童中，随着年龄的增高，接受学前教育率逐年提高。

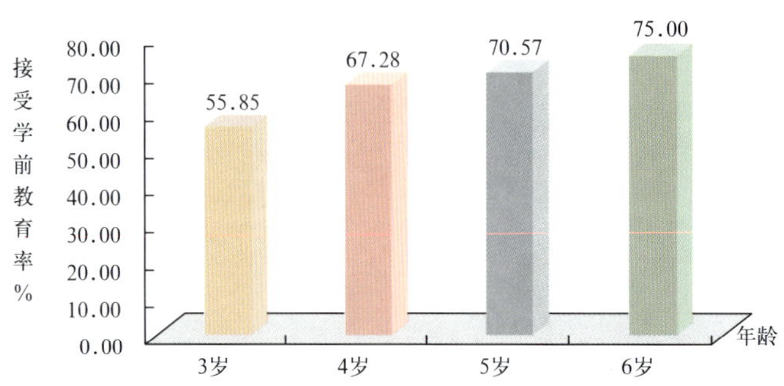

图3 甘肃省3~6岁儿童接受学前教育率

（五）0~6岁儿童父母职业状况

本次调查中，回答父亲职业有效问卷9986份，0~6岁儿童父亲职业构成情况见表5。

表5 甘肃省0~6岁儿童父亲职业构成

职业	白银市		定西县		合计	
	调查儿童数	构成%	调查儿童数	构成%	调查儿童数	构成%
专业技术人员	322	6.46	170	3.40	492	4.93
机关干部	44	0.88	51	1.02	95	0.95
办事人员	1002	20.09	391	7.82	1393	13.95
商业人员	44	0.88	28	0.56	72	0.72
服务人员	51	1.02	25	0.50	76	0.76
农林牧渔	1	0.02	3423	68.47	3424	34.29
工人	3312	66.41	719	14.38	4031	40.37
军人	46	0.92	8	0.16	54	0.54
其他	70	1.40	184	3.68	254	2.54
不在业	95	1.90	0	0.00	95	0.95
合计	4987	100.00	4999	100.00	9986	100.00

本次调查中，回答母亲职业有效问卷9992份，0～6岁儿童母亲职业构成情况见表6。

表6 甘肃省0～6岁儿童母亲职业构成

职业	白银市		定西县		合计	
	调查儿童数	构成%	调查儿童数	构成%	调查儿童数	构成%
专业技术人员	358	7.17	149	2.98	507	5.07
机关干部	15	0.30	24	0.48	39	0.39
办事人员	741	14.83	205	4.10	946	9.47
商业人员	81	1.62	31	0.62	112	1.12
服务人员	53	1.06	50	1.00	103	1.03
农林牧渔	0	0.00	3484	69.72	3484	34.87
工人	3143	62.92	529	10.59	3672	36.75
军人	3	0.06	0	0.00	3	0.03
其他	84	1.68	525	10.51	609	6.09
不在业	517	10.35	0	0.00	517	5.17
合计	4995	100.00	4997	100.00	9992	100.00

图4显示了甘肃省0～6岁儿童父母职业的构成情况。

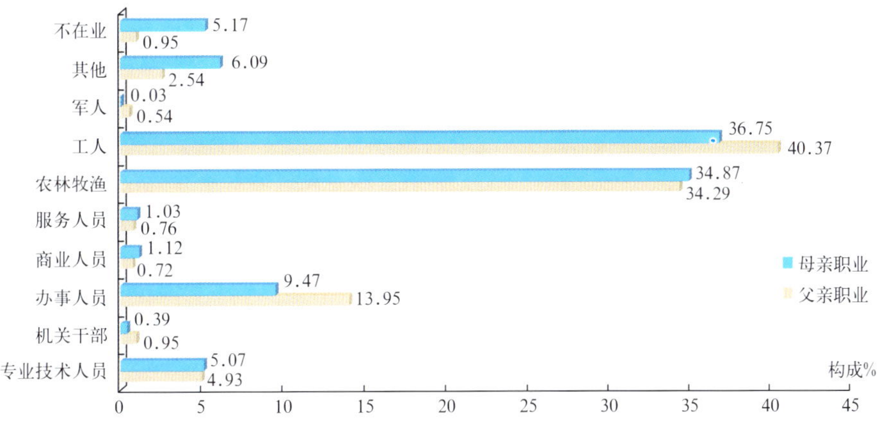

图4 甘肃省0～6岁儿童父母职业构成情况

（六）0～6岁儿童父母文化程度状况

本次调查中，回答父亲文化程度的有效问卷9981份，回答母亲文化程度的有效问卷9992份，0～6岁儿童父母文化程度情况见表7。

表7 甘肃省0～6岁儿童父母文化程度构成

文化程度	白银市				定西县				合计			
	父亲		母亲		父亲		母亲		父亲		母亲	
	调查儿童数	构成%	调查儿童数	构成%	调查儿童数	构成%	调查儿童数	构成%	调查儿童数	构成%	调查儿童数	构成%
大学大专	1551	31.09	1125	22.52	410	8.21	220	4.40	1961	19.65	1345	13.46
高中中专	2181	43.72	2086	41.76	1061	21.25	629	12.59	3242	32.48	2715	27.17
初　中	1233	24.72	1686	33.75	2759	55.26	2428	48.59	3992	40.00	4114	41.17
小　学	20	0.40	83	1.66	744	14.90	1462	29.26	764	7.65	1545	15.46
文盲/半文盲	3	0.06	15	0.30	19	0.38	258	5.16	22	0.22	273	2.73
合　计	4988	100.00	4995	100.00	4993	100.00	4997	100.00	9981	100.00	9992	100.00

图5显示了0～6岁儿童父母文化程度的构成情况。图中可见，0～6岁儿童的父母均以初中和高中文化程度所占比例为高，大专以上次之，小学文化程度和文盲／半文盲比例最低。

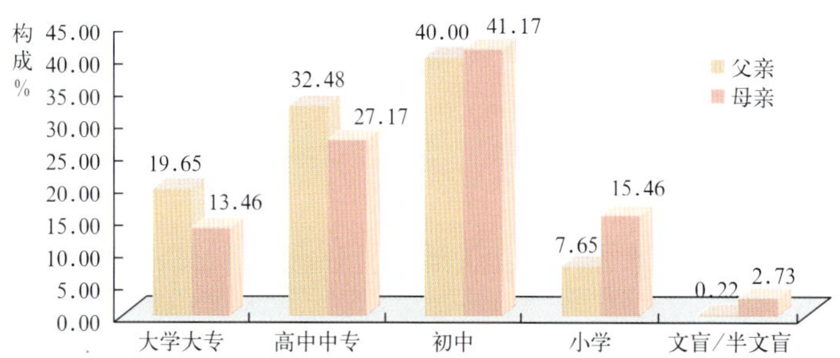

图5 甘肃省0～6岁儿童父母文化程度构成

（七）0～6岁儿童家庭年人均收入状况

本次调查的10002名0～6岁儿童中，其家庭年人均收入状况构成情况见表8。图6显示了甘肃省0～6岁儿童家庭年人均收入状况。

表8 甘肃省0～6岁儿童家庭年人均收入状况

年人均收入(元)	白银市		定西县		合计	
	调查儿童数	构成 %	调查儿童数	构成 %	调查儿童数	构成 %
<500	2	0.04	276	5.52	278	2.78
500～	8	0.16	1621	32.42	1629	16.29
1000～	132	2.64	1932	38.64	2064	20.64
2000～	501	10.02	392	7.84	893	8.93
3000～	765	15.29	234	4.68	999	9.99
4000～	1136	22.71	141	2.82	1277	12.77
5000～	786	15.71	119	2.38	905	9.05
6000～	674	13.47	225	4.50	899	8.99
7000～	465	9.30	29	0.58	494	4.94
8000～	256	5.12	9	0.18	265	2.65
9000～	95	1.90	8	0.16	103	1.03
10000～	182	3.64	14	0.28	196	1.96
合计	5002	100.00	5000	100.00	10002	100.00

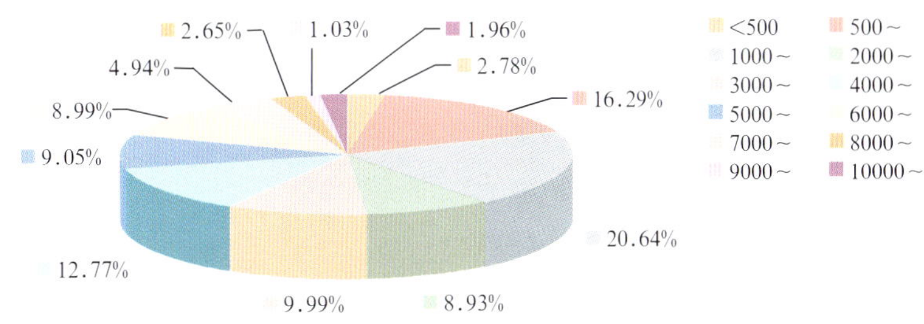

图6 甘肃省0～6岁儿童家庭年人均收入构成

二 0～6岁残疾儿童流行特征

(一) 筛查及现患情况

1. 筛查阳性率及现患率

本次共调查0～6岁儿童10002人，筛查出可疑残疾儿童338人，筛查阳性率3.38%；确诊残疾儿童122人，残疾现患率为1.220%。表9显示了甘肃省0～6岁残疾儿童筛查阳性及现患情况。

表9 甘肃省0～6岁残疾儿童筛查阳性及现患情况

地区	调查儿童数	筛查情况		确诊情况	
		阳性儿童数	阳性率 %	确诊儿童数	现患率 %
白银市	5002	139	2.78	51	1.020
定西县	5000	199	3.98	71	1.420
合计	10002	338	3.38	122	1.220

2．五类残疾现患率

0～6岁五类残疾儿童筛查阳性率、现患率见表10。

表10 甘肃省0～6岁五类残疾儿童筛查阳性率及现患率

残疾种类	白银市				定西县				合计			
	筛查情况		确诊情况		筛查情况		确诊情况		筛查情况		确诊情况	
	阳性数	阳性率%	确诊人次	现患率%	阳性数	阳性率%	确诊人次	现患率%	阳性数	阳性率%	确诊人次	现患率%
听力残疾	13	0.26	7	0.14	19	0.38	7	0.14	32	0.32	14	0.14
视力残疾	22	0.44	3	0.06	49	0.98	16	0.32	71	0.71	19	0.19
智力残疾	79	1.58	31	0.62	97	1.94	42	0.84	176	1.76	73	0.73
肢体残疾	35	0.70	24	0.48	41	0.82	26	0.52	76	0.76	50	0.50
精神残疾	5	0.10	1	0.02	26	0.52	13	0.26	31	0.31	14	0.14
合计	154*	3.08	66*	1.32	232*	4.64	104*	2.08	386*	3.86	170*	1.70

注：* 含综合残疾，调查儿童数10002人（白银市5002人，定西县5000人）

3．残疾现患情况

本次调查共确诊综合残疾儿童36人，综合残疾现患率为0.36%。表11显示了甘肃省综合残疾儿童的现患率及构成情况。

表11 甘肃省0～6岁残疾儿童综合残疾现患率及构成

地区	调查儿童数	双重残疾		三重残疾		四重残疾		合计		现患率%
		儿童数	构成%	儿童数	构成%	儿童数	构成%	儿童数	构成%	
白银市	5002	11	84.62	2	15.38	0	0.00	13	100.00	0.26
定西县	5000	15	65.22	6	26.09	2	8.70	23	100.00	0.46
总计	10002	26	72.22	8	22.22	2	5.56	36	100.00	0.36

（二）五类残疾构成及残疾严重程度

1．五类残疾构成

本次调查共确诊残疾儿童122人，儿童残疾170人次（含综合残疾）。听力残疾14人，占儿童残疾的8.24%；视力残疾19人，占11.18%；智力残疾73人，占42.94%；肢体残疾50人，占29.41%；精神残疾14人，占8.24%。0～6岁残疾儿童五类残疾构成见表12。

表12 甘肃省0～6岁残疾儿童五类残疾构成

残疾种类	白银市		定西县		合计	
	残疾儿童数	构成%	残疾儿童数	构成%	残疾儿童数	构成%
听力残疾	7	10.61	7	6.73	14	8.24
视力残疾	3	4.55	16	15.38	19	11.18
智力残疾	31	46.97	42	40.38	73	42.94
肢体残疾	24	36.36	26	25.00	50	29.41
精神残疾	1	1.52	13	12.50	14	8.24
合计	66*	100.00	104*	100.00	170*	100.00

* 含综合残疾

图7显示了甘肃省0～6岁残疾儿童五类残疾构成情况。由图可见，智力残疾所占比例最高，肢体残疾次之，视力残疾占第三位，听力残疾和精神残疾并列最后一位。

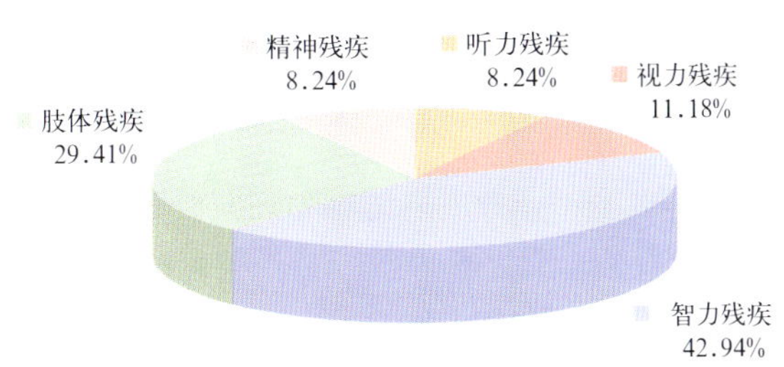

图7 甘肃省0～6岁残疾儿童五类残疾构成

2．单一残疾和综合残疾构成

本次调查共确诊残疾儿童122人，其中单一残疾儿童86人，占70.49%；综合残疾儿童36人，占29.51%。甘肃省0～6岁残疾儿童单一残疾和综合残疾构成见表13。图8显示了甘肃省0～6岁残疾儿童单一残疾和综合残疾的构成情况。从中可见，在所有的残疾中，综合残疾占有一定比例。

表13 甘肃省甘肃省0～6岁残疾儿童单一残疾和综合残疾构成

地　区	单一残疾		综合残疾		合　计	
	儿童数	构成%	儿童数	构成%	儿童数	构成%
白银市	38	74.51	13	25.49	51	100.00
定西县	48	67.61	23	32.39	71	100.00
合　计	86	70.49	36	29.51	122	100.00

图8 甘肃省0～6岁残疾儿童单一残疾与综合残疾构成

3．残疾严重程度构成

（1）五类残疾儿童残疾严重程度构成

本次调查确诊的儿童残疾170人次中，极重度（包括一级聋、一级盲、一级智力残疾、一级肢体残疾）16人次，占9.41%；重度（包括二级聋、二级盲、二级智力残疾、二级肢体残疾、重度精神残疾）38人次，占22.35%；中度（包括一级重听、一级低视力、三级智力残疾、三级肢体残疾、中度精神残疾）45人次，占26.47%；轻度（包括二级重听、二级低视力、四级智力残疾、四级肢体残疾、轻度精神残疾）71人次，占41.77%。表14显示了甘肃省0～6岁五类残疾儿童残疾严重程度构成情况。

表14　甘肃省0~6岁五类残疾儿童残疾严重程度构成

残疾种类	极重度		重　度		中　度		轻　度		合　计	
	儿童数	构成%	儿童数	构成%	儿童数	构成%	儿童数	构成%	儿童数	构成%
听力残疾	4	28.57	4	28.57	5	35.72	1	7.14	14	100.00
视力残疾	6	31.58	2	10.52	3	15.79	8	42.11	19	100.00
智力残疾	4	5.48	10	13.70	21	28.77	38	52.05	73	100.00
肢体残疾	2	4.00	19	38.00	12	24.00	17	34.00	50	100.00
精神残疾	–	–	3	21.43	4	28.57	7	50.00	14	100.00
合　计	16*	9.41	38*	22.35	45*	26.47	71*	41.77	170*	100.00

* 含综合残疾

图9显示了甘肃省0~6岁五类残疾儿童残疾严重程度构成情况。从中可见，轻度残疾所占比例最大，中度残疾次之，重度残疾和极重度残疾所占比例最小。

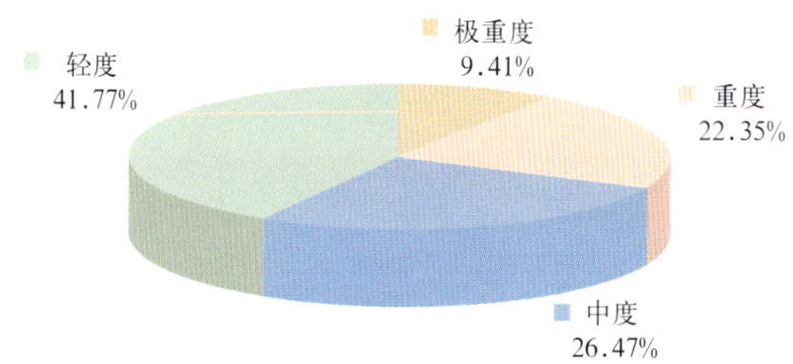

图9　甘肃省0~6岁五类残疾儿童残疾严重程度构成

（2）听力残疾儿童残疾严重程度构成

本次调查确诊的14名听力残疾儿童中，一级聋（极重度）4人，占28.57%；二级聋（重度）4人，占28.57%；一级重听（中度）5人，占35.71%；二级重听（轻度）1人，占7.14%。甘肃省0~6岁听力残疾儿童残疾严重程度构成见表15。

表15　甘肃省0~6岁听力残疾儿童残疾严重程度构成

地　区	一级聋（极重度）		二级聋（重度）		一级重听（中度）		二级重听（轻度）		合　计	
	儿童数	构成%	儿童数	构成%	儿童数	构成%	儿童数	构成%	儿童数	构成%
白银市	4	57.14	1	14.29	2	28.57	0	0.00	7	100.00
定西县	0	0.00	3	42.86	3	42.86	1	14.29	7	100.00
合　计	4	28.57	4	28.57	5	35.71	1	7.14	14	100.00

图10显示了甘肃省0~6岁听力残疾儿童残疾严重程度构成情况。

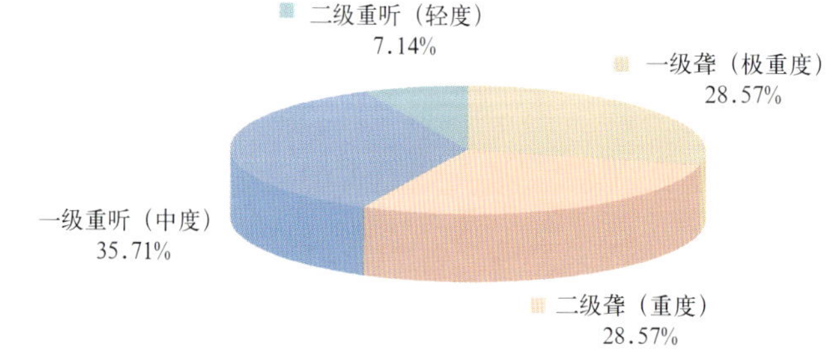

图10　甘肃省0~6岁听力残疾儿童残疾严重程度构成

（3）视力残疾儿童残疾严重程度构成

本次调查确诊的19名视力残疾儿童中，二级低视力（轻度）8人，占42.11%；一级低视力（中度）3人，占15.79%；二级盲（重度）2人，占10.53%；一级盲（极重度）6人，占31.58%。甘肃省0～6岁视力残疾儿童残疾严重程度构成见表16。

表16 甘肃省0～6岁视力残疾儿童残疾严重程度构成

地区	二级低视力（轻度）		一级低视力（中度）		二级盲（重度）		一级盲（极重度）		合计	
	儿童数	构成%	儿童数	构成%	儿童数	构成%	儿童数	构成%	儿童数	构成%
白银市	0	0.00	0	0.00	1	33.33	2	66.67	3	100.00
定西县	8	50.00	3	18.75	1	6.25	4	25.00	16	100.00
合计	8	42.11	3	15.79	2	10.53	6	31.58	19	100.00

图11显示了甘肃省0～6岁视力残疾儿童残疾严重程度构成情况。

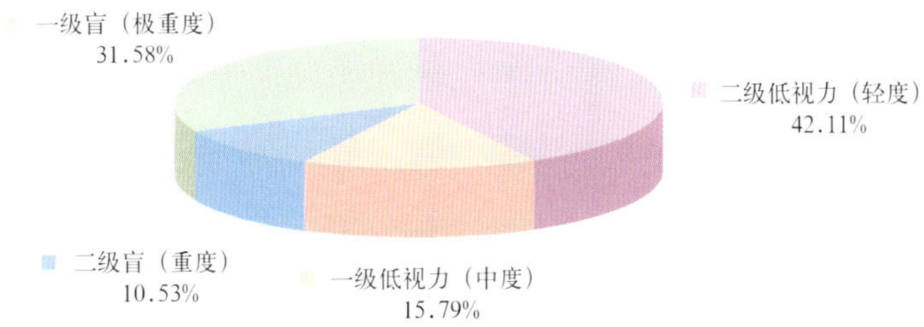

图11 甘肃省0～6岁视力残疾儿童残疾严重程度构成

（4）智力残疾儿童残疾严重程度构成

本次调查确诊的73名智力残疾儿童中，一级智力残疾（极重度）4人，占5.48%；二级智力残疾（重度）10人，占13.70%；三级智力残疾（中度）21人，占28.77%；四级智力残疾（轻度）38人，占52.05%。甘肃省0～6岁智力残疾儿童残疾严重程度构成见表17。

表17 甘肃省0～6岁智力残疾儿童残疾严重程度构成

地区	一级（极重度）		二级（重度）		三级（中度）		四级（轻度）		合计	
	儿童数	构成%	儿童数	构成%	儿童数	构成%	儿童数	构成%	儿童数	构成%
白银市	4	12.90	6	19.35	8	25.81	13	41.94	31	100.00
定西县	0	0.00	4	9.52	13	30.95	25	59.52	42	100.00
合计	4	5.48	10	13.70	21	28.77	38	52.05	73	100.00

图12显示了0～6岁智力残疾儿童残疾严重程度构成情况。从中可见，四级智力残疾所占比例最大，三级和二级残疾所占比例次之，一级所占比例最少。

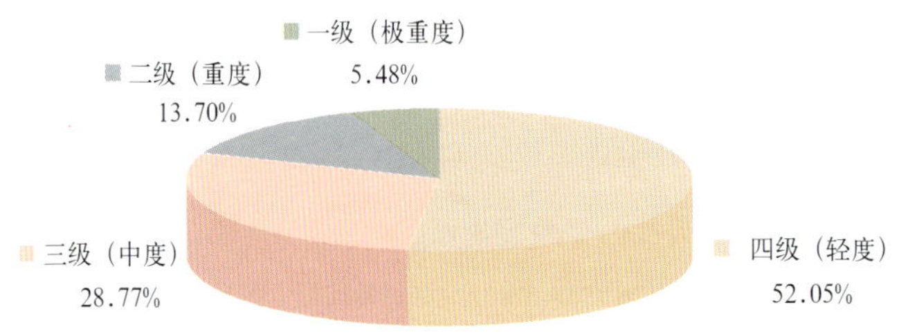

图12　甘肃省0～6岁智力残疾儿童残疾严重程度构成

（5）肢体残疾儿童残疾严重程度构成

本次调查确诊的50名肢体残疾儿童中，一级肢体残疾（极重度）2人，占4.00%；二级肢体残疾（重度）19人，占38.00%；三级肢体残疾（中度）12人，占24.00%；四级肢体残疾（轻度）17人，占34.00%。甘肃省0～6岁肢体残疾儿童残疾严重程度构成见表18。

表18　甘肃省0～6岁肢体残疾儿童残疾严重程度构成

地　区	一级（极重度）		二级（重度）		三级（中度）		四级（轻度）		合　计	
	儿童数	构成%	儿童数	构成%	儿童数	构成%	儿童数	构成%	儿童数	构成%
白银市	1	4.17	4	16.67	6	25.00	13	54.17	24	100.00
定西县	1	3.85	15	57.69	6	23.08	4	15.38	26	100.00
合　计	2	4.00	19	38.00	12	24.00	17	34.00	50	100.00

图13显示了0～6岁肢体残疾儿童残疾严重程度构成情况。从中可见，二级肢体残疾所占比例最大，四级肢体残疾次之，一级肢体残疾最少。

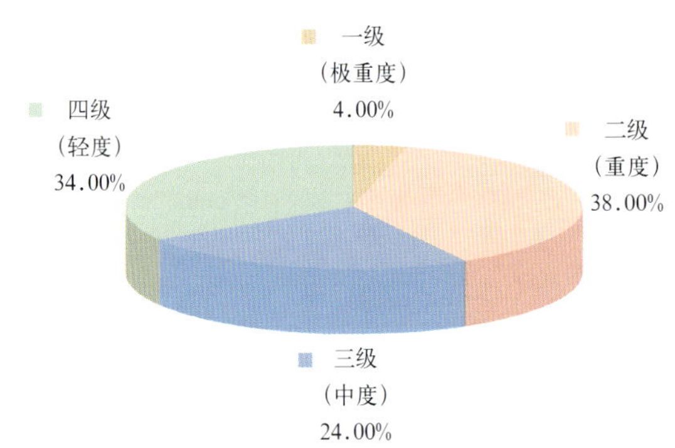

图13　甘肃省0～6岁肢体残疾儿童残疾严重程度构成

（6）精神残疾儿童残疾严重程度构成

本次调查确诊的14名精神残疾儿童中，重度精神残疾3人，占21.43%；中度精神残疾4人，占28.57%；轻度精神残疾7人，占50.00%。甘肃省0～6岁精神残疾儿童残疾严重程度构成见表19。

表19 甘肃省0～6岁精神残疾儿童残疾严重程度构成

地　区	重　度		中　度		轻　度		合　计	
	儿童数	构成 %	儿童数	构成 %	儿童数	构成 %	儿童数	构成 %
白银市	0	0.00	0	0.00	1	100.00	1	100.00
定西县	3	23.08	4	30.77	6	46.15	13	100.00
合　计	3	21.43	4	28.57	7	50.00	14	100.00

图14显示了0～6岁精神残疾儿童残疾严重程度构成情况。

图14　甘肃省0～6岁精神残疾儿童残疾严重程度构成

（三）残疾儿童的分布特征

1．地区分布

本次共调查10002名0～6岁儿童，确诊残疾儿童122人，其中白银市51人，现患率为1.02%；定西县71人，现患率为1.42%。甘肃省0～6岁残疾儿童分布情况见表20。

表20 甘肃省0～6岁残疾儿童分布情况

地　区	调查儿童数	残疾儿童数	现患率 %	构成 %
白银市	5002	51	1.02	41.80
定西县	5000	71	1.42	58.20
合　计	10002	122	1.22	100.00

2．性别分布

本次调查确诊的122名残疾儿童中，男性76人，占62.30%，现患率为1.41%；女性46人，占37.70%，现患率为1.00%。甘肃省0～6岁残疾儿童性别分布情况见表21。

表21　甘肃省0～6岁残疾儿童性别分布

地　区	男				女				合　计			
	调查数儿童数	残疾儿童数	现患率 %	构成 %	调查儿童数	残疾儿童数	现患率 %	构成 %	调查儿童数	残疾儿童数	现患率 %	构成 %
白银市	2656	29	1.09	56.86	2346	22	0.94	43.14	5002	51	1.02	100.00
定西县	2724	47	1.73	66.20	2276	24	1.05	33.80	5000	71	1.42	100.00
合　计	5380	76	1.41	62.30	4622	46	1.00	37.70	10002	122	1.22	100.00

3．年龄分布

在本次调查的122名残疾儿童中，0岁10人，现患率为0.98%，占8.20%；1岁18人，现患率为1.35%，占14.75%；2岁14人，现患率为1.10%，占11.48%；3岁10人，现患率为0.67%，占8.20%；4岁、5岁、6岁分别为23人、28人和19人，现患率为1.25%、1.52%、1.56%，占18.85%、22.95%和15.57%。甘肃省0~6岁残疾儿童年龄分布情况见表22。

表22 甘肃省0~6岁残疾儿童年龄分布情况

年龄(岁)	白银市				定西县				合计			
	调查儿童数	残疾儿童数	现患率%	构成%	调查儿童数	残疾儿童数	现患率%	构成%	调查儿童数	残疾儿童数	现患率%	构成%
0	439	4	0.91	7.84	581	6	1.03	8.45	1020	10	0.98	8.20
1	687	6	0.87	11.76	645	12	1.86	16.90	1332	18	1.35	14.75
2	644	9	1.40	17.65	626	5	0.80	7.04	1270	14	1.10	11.48
3	856	3	0.35	5.88	632	7	1.11	9.86	1488	10	0.67	8.20
4	1080	11	1.02	21.57	754	12	1.59	16.90	1834	23	1.25	18.85
5	947	12	1.27	23.53	891	16	1.80	22.54	1838	28	1.52	22.95
6	349	6	1.72	11.76	871	13	1.49	18.31	1220	19	1.56	15.57
合计	5002	51	1.02	100.00	5000	71	1.42	100.00	10002	122	1.22	100.00

4．3~6岁残疾儿童学前教育分布

本次调查3~6岁残疾儿童80名，其中37名接受了学前教育，3~6岁残疾儿童接受学前教育率为46.25%。其中，3岁、4岁、5岁和6岁分别为0人、12人、15人和10人，接受学前教育率分别为0.00%、52.17%、53.57%和52.63%。甘肃省3~6岁残疾儿童接受学前教育状况见表23。

表23 甘肃省3~6岁残疾儿童接受学前教育状况

地区	3岁			4岁			5岁			6岁			合计		
	调查儿童数	接受教育儿童数	接受教育率%	调查儿童数	接受教育儿童数	接受教育率%	调查儿童数	接受教育儿童数	接受教育率%	调查儿童数	接受教育儿童数	接受教育率%	调查儿童数	接受教育儿童数	接受教育率%
白银市	3	0	0.00	11	9	81.82	12	9	75.00	6	5	83.33	32	23	71.88
定西县	7	0	0.00	12	3	25.00	16	6	37.50	13	5	38.46	48	14	29.17
合计	10	0	0.00	23	12	52.17	28	15	53.57	19	10	52.63	80	37	46.25

5．残疾儿童父母职业分布

本次调查的122名残疾儿童中，回答父亲职业和母亲职业的有效问卷均为120份。表24、25分别显示了甘肃省0~6岁残疾儿童父母职业分布及残疾儿童现患率。

表 24 甘肃省 0～6 岁残疾儿童父亲职业分布及残疾儿童现患率

职业	白银市				定西县				合计			
	调查儿童数	残疾儿童数	现患率 %	构成 %	调查儿童数	残疾儿童数	现患率 %	构成 %	调查儿童数	残疾儿童数	现患率 %	构成 %
专业技术人员	322	4	1.24	8.16	170	0	0.00	0.00	492	4	0.81	3.33
机关干部	44	1	2.27	2.04	51	1	1.96	1.41	95	2	2.11	1.67
办事人员	1002	9	0.90	18.37	391	5	1.28	7.04	1393	14	1.01	11.67
商业人员	44	0	0.00	0.00	28	0	0.00	0.00	72	0	0.00	0.00
服务人员	51	3	5.88	6.12	25	1	4.00	1.41	76	4	5.26	3.33
农林牧渔	1	0	0.00	0.00	3423	55	1.61	77.46	3424	55	1.61	45.83
工人	3312	28	0.85	57.14	719	7	0.97	9.86	4031	35	0.87	29.17
军人	46	0	0.00	0.00	8	0	0.00	0.00	54	0	0.00	0.00
其他	70	0	0.00	0.00	184	2	1.09	2.82	254	2	0.79	1.67
不在业	95	4	4.21	8.16	0	0	0.00	0.00	95	4	4.21	3.33
合计	4987	49	0.98	100.00	4999	71	1.42	100.00	9986	120	1.20	100.00

表 25 甘肃省 0～6 岁残疾儿童母亲职业分布及残疾儿童现患率

职业	白银市				定西县				合计			
	调查儿童数	残疾儿童数	现患率 %	构成 %	调查儿童数	残疾儿童数	现患率 %	构成 %	调查儿童数	残疾儿童数	现患率 %	构成 %
专业技术人员	358	4	1.12	8.16	149	0	0.00	0.00	507	4	0.79	3.33
机关干部	15	1	6.67	2.04	24	0	0.00	0.00	39	1	2.56	0.83
办事人员	741	4	0.54	8.16	205	1	0.49	1.41	946	5	0.53	4.17
商业人员	81	0	0.00	0.00	31	0	0.00	0.00	112	0	0.00	0.00
服务人员	53	0	0.00	0.00	50	0	0.00	0.00	103	0	0.00	0.00
农林牧渔	0	0	0.00	0.00	3484	58	1.66	81.69	3484	58	1.66	48.33
工人	3143	29	0.92	59.18	529	5	0.95	7.04	3672	34	0.93	28.33
军人	3	0	0.00	0.00	0	0	0.00	0.00	3	0	0.00	0.00
其他	84	0	0.00	0.00	525	7	1.33	9.86	609	7	1.15	5.83
不在业	517	11	2.13	22.45	0	0	0.00	0.00	517	11	2.13	9.17
合计	4995	49	0.98	100.00	4997	71	1.42	100.00	9992	120	1.20	100.00

图 15 显示了甘肃省父母不同职业 0～6 岁残疾儿童现患率。从中可以看出，父母职业不同，残疾儿童现患率也不同，其中父亲不在业和职业为服务人员的残疾儿童现患率高，母亲不在业和职业为机关干部的残疾儿童现患率高。

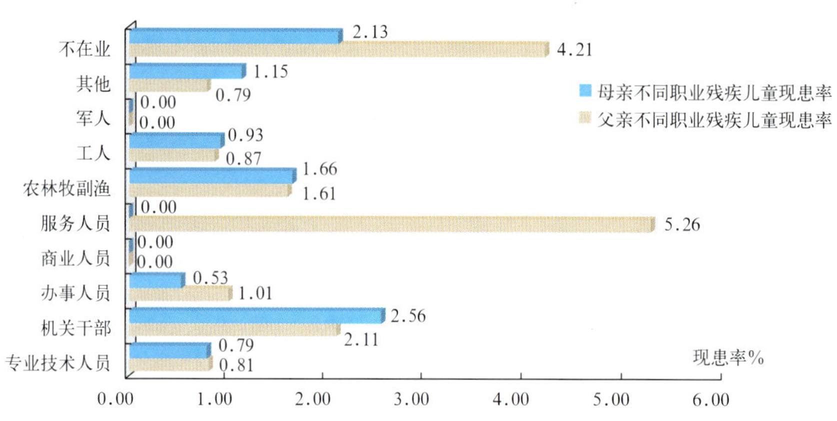

图15　甘肃省父母不同职业0～6岁残疾儿童现患率

6．残疾儿童父母文化程度分布

本次调查的122名残疾儿童中，回答父亲文化程度和母亲文化程度的有效问卷均为120份。表26、27分别显示了甘肃省0～6岁残疾儿童父母文化程度分布及残疾儿童现患率。

表26　甘肃省0～6岁残疾儿童父亲文化程度分布及残疾儿童现患率

文化程度	白银市				定西县				合计			
	调查儿童数	残疾儿童数	现患率%	构成%	调查儿童数	残疾儿童数	现患率%	构成%	调查儿童数	残疾儿童数	现患率%	构成%
大学大专	1551	9	0.58	18.37	410	2	0.49	2.82	1961	11	0.56	9.17
高中中专	2181	19	0.87	38.78	1061	13	1.23	18.31	3242	32	0.99	26.67
初　中	1233	20	1.62	40.82	2759	43	1.56	60.56	3992	63	1.58	52.50
小　学	20	1	5.00	2.04	744	12	1.61	16.90	764	13	1.70	10.83
文盲/半文盲	3	0	0.00	0.00	19	1	5.26	1.41	22	1	4.55	0.83
合　计	4988	49	0.98	100.00	4993	71	1.42	100.00	9981	120	1.20	100.00

表27　甘肃省0～6岁残疾儿童母亲文化程度分布及残疾儿童现患率

文化程度	白银市				定西县				合计			
	调查儿童数	残疾儿童数	现患率%	构成%	调查儿童数	残疾儿童数	现患率%	构成%	调查儿童数	残疾儿童数	现患率%	构成%
大学大专	1125	6	0.53	12.24	220	1	0.45	1.41	1345	7	0.52	5.83
高中中专	2086	15	0.72	30.61	629	5	0.79	7.04	2715	20	0.74	16.67
初　中	1686	24	1.42	48.98	2428	31	1.28	43.66	4114	55	1.34	45.83
小　学	83	3	3.61	6.12	1462	26	1.78	36.62	1545	29	1.88	24.17
文盲/半文盲	15	1	6.67	2.04	258	8	3.10	11.27	273	9	3.30	7.50
合　计	4995	49	0.98	100.00	4997	71	1.42	100.00	9992	120	1.20	100.00

图16显示了甘肃省父母不同文化程度0～6岁残疾儿童现患率。从中可以看出，父母文化程度越高，残疾儿童现患率越低。

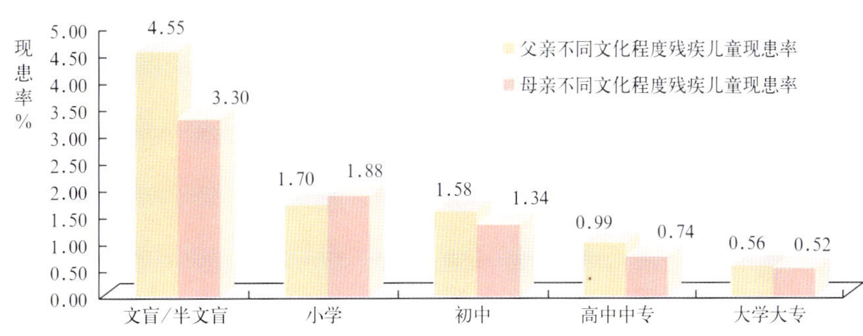

图16 甘肃省父母不同文化程度0～6岁残疾儿童现患率

7. 残疾儿童家庭年人均收入状况

本次调查的122名残疾儿童中，回答家庭年人均收入状况的有效问卷122份。表28显示了甘肃省0～6岁残疾儿童家庭年人均收入状况及不同家庭年人均收入残疾儿童现患率情况。

表28 甘肃省0～6岁残疾儿童家庭年人均收入状况及残疾儿童现患率

年人均收入(元)	白银市				定西县				合计			
	调查儿童数	残疾儿童数	现患率%	构成%	调查儿童数	残疾儿童数	现患率%	构成%	调查儿童数	残疾儿童数	现患率%	构成%
<500	2	0	0.00	0.00	276	11	3.99	15.49	278	11	3.96	9.02
500～	8	3	37.50	5.88	1621	38	2.34	53.52	1629	41	2.52	33.61
1000～	132	6	4.55	11.76	1932	14	0.72	19.72	2064	20	0.97	16.39
2000～	501	4	0.80	7.84	392	1	0.26	1.41	893	5	0.56	4.10
3000～	765	17	2.22	33.33	234	2	0.85	2.82	999	19	1.90	15.57
4000～	1136	5	0.44	9.80	141	2	1.42	2.82	1277	7	0.55	5.74
5000～	786	4	0.51	7.84	119	0	0.00	0.00	905	4	0.44	3.28
6000～	674	7	1.04	13.73	225	2	0.89	2.82	899	9	1.00	7.38
7000～	465	2	0.43	3.92	29	0	0.00	0.00	494	2	0.40	1.64
8000～	256	1	0.39	1.96	9	1	11.11	1.41	265	2	0.75	1.64
9000～	95	1	1.05	1.96	8	0	0.00	0.00	103	1	0.97	0.82
10000～	182	1	0.55	1.96	14	0	0.00	0.00	196	1	0.51	0.82
合计	5002	51	1.02	100.00	5000	71	1.42	100.00	10002	122	1.22	100.00

图17显示了甘肃省不同家庭年人均收入0～6岁残疾儿童现患率。从中可以看出，家庭年人均收入低的残疾儿童现患率高。

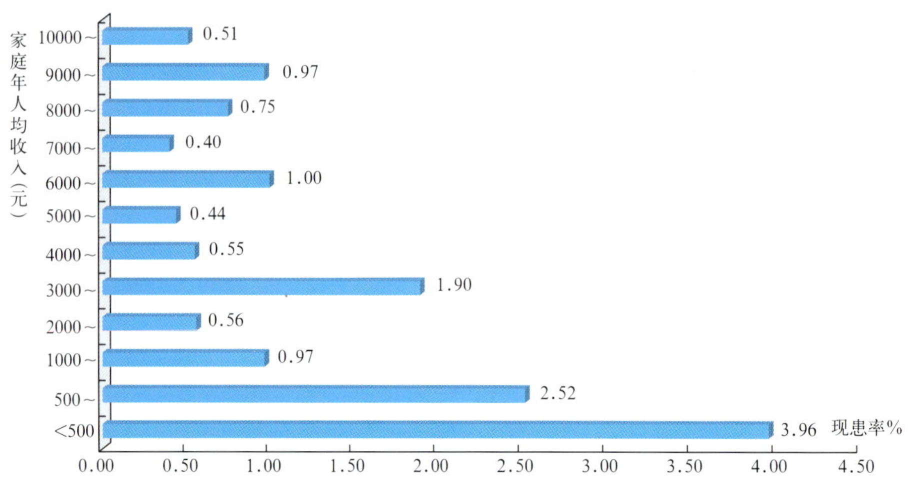

图17 甘肃省不同家庭年人均收入0～6岁残疾儿童现患率

（四）五类残疾致残原因

1．听力残疾致残原因

本次调查确诊听力残疾儿童14人，其致残原因见表29。

表29 甘肃省0～6岁听力残疾儿童致残原因

顺位	致残原因	白银市		定西县		合计	
		儿童数	构成%	儿童数	构成%	儿童数	构成%
第一位	不详	1	14.29	3	42.86	4	28.57
第二位	后天耳毒药物	3	42.86	0	0.00	3	21.43
第二位	高烧疾病	0	0.00	3	42.86	3	21.43
第四位	产伤窒息	2	28.57	0	0.00	2	14.29
第五位	家族遗传	1	14.29	0	0.00	1	7.14
第五位	其他	0	0.00	1	14.29	1	7.14
	合计	7	100.00	7	100.00	14	100.00

2．视力残疾致残原因

本次调查确诊视力残疾儿童19人，其致残原因见表30。

表30 甘肃省0～6岁视力残疾儿童致残原因

顺位	致残原因	白银市		定西县		合计	
		儿童数	构成%	儿童数	构成%	儿童数	构成%
第一位	弱视	0	0.00	6	37.50	6	31.58
第二位	不详	0	0.00	5	31.25	5	26.32
第三位	视网膜视神经病变	3	100.00	0	0.00	3	15.79
第四位	先天性青光眼	0	0.00	2	12.50	2	10.53
第四位	其他	0	0.00	2	12.50	2	10.53
第六位	眼内肿瘤	0	0.00	1	6.25	1	5.26
	合计	3	100.00	16	100.00	19	100.00

3．智力残疾致残原因

本次调查确诊智力残疾儿童 73 人，其主要致残原因见表 31。

表 31 甘肃省 0～6 岁智力残疾儿童主要致残原因

顺 位	致残原因	白银市		定西县		合计	
		儿童数	构成 %	儿童数	构成 %	儿童数	构成 %
第一位	不 详	1	3.23	22	52.38	23	31.51
第二位	产时窒息	5	16.13	5	11.90	10	13.70
第三位	染色体异常	6	19.35	0	0.00	6	8.22
第四位	早 产	1	3.23	3	7.14	4	5.48
第四位	产 伤	3	9.68	1	2.38	4	5.48
第四位	营养不良	0	0.00	4	9.52	4	5.48
	合 计	16	51.61	35	83.33	51	69.86

4．肢体残疾致残原因

本次调查确诊肢体残疾儿童 50 人，其致残原因见表 32。

表 32 甘肃省 0～6 岁肢体残疾儿童致残原因

顺 位	致残原因	白银市		定西县		合计	
		儿童数	构成 %	儿童数	构成 %	儿童数	构成 %
第一位	脑 瘫	9	37.50	17	65.38	26	52.00
第二位	不 详	6	25.00	2	7.69	8	16.00
第三位	先天性骨关节病	5	20.83	2	7.69	7	14.00
第四位	其 他	3	12.50	3	11.54	6	12.00
第五位	小儿截肢	0	0.00	2	7.69	2	4.00
第六位	地方病	1	4.17	0	0.00	1	2.00
	合 计	24	100.00	26	100.00	50	100.00

5．精神残疾致残原因

本次调查确诊精神残疾儿童 14 人，其致残原因见表 33。

表 33 甘肃省 0～6 岁精神残疾儿童致残原因

顺 位	致残原因	白银市		定西县		合计	
		儿童数	构成 %	儿童数	构成 %	儿童数	构成 %
第一位	脑器质性疾病	0	0.00	8	61.54	8	57.14
第二位	孤独症	0	0.00	3	23.08	3	21.43
第三位	癫 痫	0	0.00	2	15.38	2	14.29
第四位	不典型孤独症	1	100.00	0	0.00	1	7.14
	合 计	1	100.00	13	100.00	14	100.00

（五）康复现状与需求

1．五类残疾儿童康复现状与需求

本次调查确诊残疾儿童 122 名，儿童残疾 170 人次（含综合残疾）。其中得到康复的 121 人次，占

71.18%，其康复形式现状见图18；没有得到康复的49人次，占28.82%。在康复需求调查中，发现所有残疾儿童都有康复需求，其康复形式现状与需求之间存在较大差异，其中对医院治疗和特殊机构的需求与现状之间差异最大，见图18。

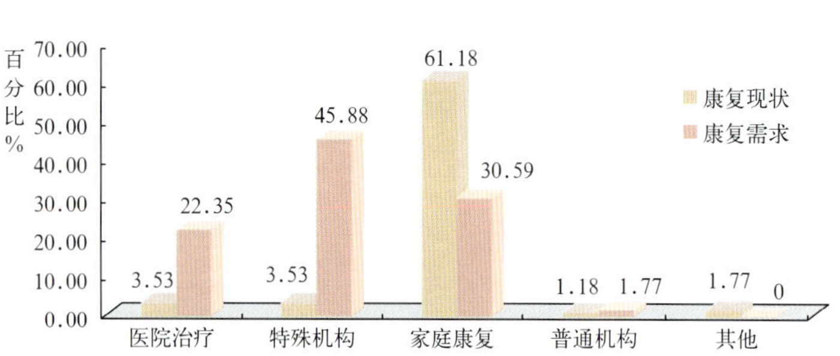

图18 甘肃省0～6岁残疾儿童康复形式现状与需求比较

本次调查还对听力、视力、肢体残疾儿童康复器具现状与需求进行了调查，其中有康复器具的27人，占32.53%；没有康复器具的56人，占67.47%。所有听力、视力、肢体残疾儿童都有康复器具需求，其现状与需求之间存在较大差异，见图19。

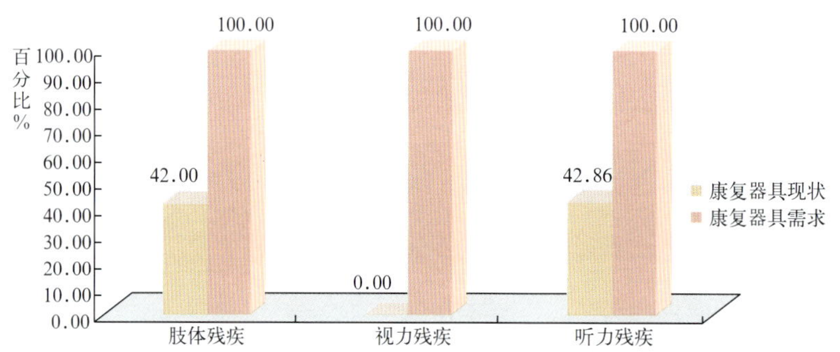

图19 甘肃省0～6岁残疾儿童康复器具现状与需求比较

2．听力残疾

（1）康复现状

本次调查确诊14名听力残疾儿童，其康复现状见表34。

表34 甘肃省0～6岁听力残疾儿童康复现状

项目		白银市		定西县		合计	
		儿童数	构成%	儿童数	构成%	儿童数	构成%
康复形式	医院治疗	1	14.29	0	0.00	1	7.14
	特殊机构	1	14.29	0	0.00	1	7.14
	家庭康复	5	71.43	1	14.29	6	42.86
	无康复	0	0.00	6	85.71	6	42.86
康复器具	助听器	5	71.43	1	14.29	6	42.86
	无器具	2	28.57	6	85.71	8	57.14
	合计	7	100.00	7	100.00	14	100.00

（2）康复需求

本次调查确诊14名听力残疾的儿童，其康复需求见表35。

表35 甘肃省0～6岁听力残疾儿童康复需求

项目		白银市		定西县		合计	
		儿童数	构成%	儿童数	构成%	儿童数	构成%
康复形式	医院治疗	0	0.00	1	14.29	1	7.14
	特殊机构	3	42.86	5	71.43	8	57.14
	家庭康复	4	57.14	1	14.29	5	35.72
康复器具	助听器	7	100.00	6	85.71	13	92.86
	其他	0	0.00	1	14.29	1	7.14
	合计	7	100.00	7	100.00	14	100.00

（3）康复现状与需求比较

将康复现状与需求进行比较发现，听力残疾儿童康复现状与需求之间存在着较大差异，康复形式中特殊机构的需求与现状之间差异最大，康复器具中助听器的需求与现状之间差异最大。

3．视力残疾

（1）康复现状

本次调查确诊19名视力残疾儿童，其康复现状见表36。

表36 甘肃省0～6岁视力残疾儿童康复现状

项目		白银市		定西县		合计	
		儿童数	构成%	儿童数	构成%	儿童数	构成%
康复形式	家庭康复	0	0.00	1	6.25	1	5.26
	无康复	3	100.00	15	93.75	18	94.74
康复器具	无器具	3	100.00	16	100.00	19	100.00
	合计	3	100.00	16	100.00	19	100.00

（2）康复需求

本次调查确诊19名视力残疾儿童，其康复需求见表37。

表37 甘肃省0～6岁视力残疾儿童康复需求

项目		白银市		定西县		合计	
		儿童数	构成%	儿童数	构成%	儿童数	构成%
康复形式	医院治疗	0	0.00	13	81.25	13	68.42
	特殊机构	1	33.33	0	0.00	1	5.26
	家庭康复	2	66.67	3	18.75	5	26.32
康复器具	助视器	0	0.00	3	18.75	3	15.79
	导盲器	3	100.00	2	12.50	5	26.32
	其他	0	0.00	11	68.75	11	57.89
	合计	3	100.00	16	100.00	19	100.00

(3) 康复现状与需求比较

将康复现状与需求进行比较发现，视力残疾儿童康复现状与需求之间存在着较大差异，康复形式中医院治疗的需求与现状之间差异最大。目前，所有视力残疾儿童都没有康复器具，康复器具现状与需求之间存在巨大差异。

4. 智力残疾

(1) 康复现状

本次调查确诊73名智力残疾儿童，其康复现状见表38。

表38 甘肃省0～6岁智力残疾儿童康复现状

康复形式	白银市		定西县		合计	
	儿童数	构成%	儿童数	构成%	儿童数	构成%
医院治疗	2	6.45	0	0.00	2	2.74
特殊机构	5	16.13	0	0.00	5	6.85
家庭康复	22	70.97	42	100.00	64	87.67
普通机构	2	6.45	0	0.00	2	2.74
合计	31	100.00	42	100.00	73	100.00

(2) 康复需求

本次调查确诊73名智力残疾儿童，其康复需求见表39。

表39 甘肃省0～6岁智力残疾儿童康复需求

康复形式	白银市		定西县		合计	
	儿童数	构成%	儿童数	构成%	儿童数	构成%
医院治疗	2	6.45	2	4.76	4	5.48
特殊机构	5	16.13	36	85.71	41	56.16
家庭康复	22	70.97	4	9.52	26	35.62
普通机构	2	6.45	0	0.00	2	2.74
合计	31	100.00	42	100.00	73	100.00

(3) 康复现状与需求比较

将康复现状与需求进行比较发现，智力残疾儿童康复现状与需求之间存在着较大差异。康复形式中特殊机构的需求与现状之间差异最大。

5. 肢体残疾

(1) 康复现状

本次调查确诊50名肢体残疾儿童，其康复现状见表40。

表40 甘肃省0～6岁肢体残疾儿童康复现状

项目		白银市		定西县		合计	
		儿童数	构成%	儿童数	构成%	儿童数	构成%
康复形式	医院治疗	2	8.33	1	3.85	3	6.00
	家庭康复	17	70.83	15	57.69	32	64.00
	其　他	3	12.50	0	0.00	3	6.00
	无康复	2	8.33	10	38.46	12	24.00
康复器具	矫形器	4	16.67	0	0.00	4	8.00
	轮　椅	0	0.00	1	3.85	1	2.00
	其　他	16	66.67	0	0.00	16	32.00
	无器具	4	16.67	25	96.15	29	58.00
	合　计	24	100.00	26	100.00	50	100.00

(2) 康复需求

本次调查确诊50名肢体残疾儿童，其康复需求见表41。

表41 甘肃省0～6岁肢体残疾儿童康复需求

项目		白银市		定西县		合计	
		儿童数	构成%	儿童数	构成%	儿童数	构成%
康复形式	医院治疗	12	50.00	6	23.08	18	36.00
	特殊机构	4	16.67	19	73.08	23	46.00
	家庭康复	8	33.33	1	3.85	9	18.00
康复器具	假　肢	0	0.00	2	7.69	2	4.00
	自助器	0	0.00	4	15.38	4	8.00
	矫形器	12	50.00	0	0.00	12	24.00
	轮　椅	0	0.00	1	3.85	1	2.00
	其　他	12	50.00	19	73.08	31	62.00
	合　计	24	100.00	26	100.00	50	100.00

(3) 康复现状与需求比较

将康复现状与需求进行比较发现，肢体残疾儿童康复现状与需求之间存在着较大差异，康复形式中医院治疗和特殊机构的需求与现状之间差异最大，康复器具中其他器具的需求与现状之间差异最大。

6．精神残疾

(1) 康复现状

本次调查确诊14名精神残疾儿童，其康复现状见表42。

表42 甘肃省0～6岁精神残疾儿童康复现状

康复形式	白银市		定西县		合计	
	儿童数	构成%	儿童数	构成%	儿童数	构成%
家庭康复	1	100.00	0	0.00	1	7.14
无康复	0	0.00	13	100.00	13	92.86
合　计	1	100.00	13	100.00	14	100.00

（2）康复需求

本次调查确诊14名精神残疾儿童，其康复需求见表43。

表43 甘肃省0～6岁精神残疾儿童康复需求

康复形式	白银市		定西县		合计	
	儿童数	构成%	儿童数	构成%	儿童数	构成%
医院治疗	0	0.00	2	15.38	2	14.29
特殊机构	0	0.00	5	38.46	5	35.71
家庭康复	1	100.00	6	46.15	7	50.00
合计	1	100.00	13	100.00	14	100.00

（3）康复现状与需求比较

将康复现状与需求进行比较发现，精神残疾儿童康复现状与需求之间存在着很大的差异。康复形式中对特殊机构和家庭康复的需求与现状之间差距最大。

三、0～6岁残疾儿童残疾一般危险因素分析

（一）残疾儿童一般危险因素

将0～6岁儿童按是否残疾与居住地、性别、民族、学前教育、父母是否近亲婚配、是否是独生子女、年龄、父母职业、父母文化程度、父母婚姻状况、家庭年人均收入以及儿童抚养状况等变量进行单因素分析，结果见表44。

表44可见，父母职业、父母文化程度、家庭年人均收入、儿童是否独生子女和是否接受学前教育等都对儿童残疾现患率有影响。

表 44　0~6 岁残疾儿童残疾一般危险因素的单因素分析

因　素	分　组	x^2	P	OR	95% 可信区间	
					下限	上限
居住地	城市 1，农村 0	7.291	0.007	1.670	1.146	2.432
性　别	男 1，女 2	2.267	0.132	0.752	0.518	1.091
民　族	汉 1，其他 2	0.005	0.946	1.070	0.148	7.757
学前教育	有 1，无 2	19.183	0.000**	2.703	1.702	4.295
近亲婚配状况	非近亲 1，近亲 2	3.578	0.059	—	—	—
是否独生子女	是 1，否 0	15.877	0.000**	0.463	0.314	0.683
年　龄	0~6 岁	5.303	0.506	—	—	—
父亲职业	10 组[1]	32.727	0.000**	—	—	—
母亲职业	10 组[1]	26.256	0.002*	—	—	—
父亲文化程度	5 组[2]	19.957	0.001**	—	—	—
母亲文化程度	5 组[2]	26.991	0.000**	—	—	—
父母婚姻状况	5 组[3]	2.445	0.654	—	—	—
家庭年人均收入	6 组[4]	23.776	0.000**	—	—	—
抚养状况	6 组[5]	2.684	0.443	—	—	—

* P < 0.05　** P < 0.01

注：[1]职业：0= 不在业，1= 专业技术人员，2= 机关干部，3= 办事人员，4= 商业人员，5= 服务人员，6= 农林牧渔，7= 工人，8= 军人，9= 其他

[2]文化程度：1= 大学大专，2= 高中中专，3= 初中，4= 小学，5= 文盲 / 半文盲

[3]婚姻状况：1= 初婚，2= 再婚，3= 丧偶，4= 离婚，5= 其他

[4]家庭年人均收入：1=<1000 元，2=1000 元～，3=3000 元～，4=5000 元～，5=7000 元～，6=9000 元～

[5]抚养状况：1= 父和母，2= 父或母，3= 祖父母，4= 其他亲属，5= 国家集体，6= 其他

（二）听力残疾一般危险因素

0~6 岁儿童按是否听力残疾与居住地、性别、民族、学前教育、父母是否近亲婚配、是否是独生子女、年龄、父母职业、父母文化程度、父母婚姻状况、家庭年人均收入以及儿童抚养状况等变量进行单因素分析，结果见表 45。

表 45 可见，父母婚姻状况对儿童听力残疾有影响。

表45　0~6岁听力残疾儿童残疾一般危险因素单因素分析

因　素	分 组	x^2	P	OR	95% 可信区间	
					下限	上限
居住地	城市1，农村0	1.075	0.584	—	—	—
性　别	男1，女2	1.478	0.478	—	—	—
民　族	汉1，其他2	0.113	0.945	—	—	—
学前教育	有1,无2	0.493	0.782	—	—	—
近亲婚配状况	非近亲1，近亲2	0.022	0.989	—	—	—
是否独生子女	是1，否0	5.344	0.069	—	—	—
年　龄	0~6岁	10.111	0.606	—	—	—
父亲职业	10组[1]	9.581	0.945	—	—	—
母亲职业	10组[1]	4.423	1.000	—	—	—
父亲文化程度	5组[2]	4.345	0.825	—	—	—
母亲文化程度	5组[2]	4.482	0.811	—	—	—
父母婚姻状况	5组[3]	33.281	0.000**	—	—	—
家庭年人均收入	6组[4]	6.582	0.764	—	—	—
抚养状况	6组[5]	10.632	0.100	—	—	—

* P < 0.05　** P < 0.01

注：[1]职业：0= 不在业，1= 专业技术人员，2= 机关干部，3= 办事人员，4= 商业人员，5= 服务人员，6= 农林牧渔，7= 工人，8= 军人，9= 其他

[2]文化程度：1= 大学大专，2= 高中中专，3= 初中，4= 小学，5= 文盲 / 半文盲

[3]婚姻状况：1= 初婚，2= 再婚，3= 丧偶，4= 离婚，5= 其他

[4]家庭年人均收入：1=<1000 元，2=1000 元~，3=3000 元~，4=5000 元~，5=7000 元~，6=9000 元~

[5]抚养状况：1= 父和母，2= 父或母，3= 祖父母，4= 其他亲属，5= 国家集体，6= 其他

（三）视力残疾一般危险因素

0~6岁儿童按是否视力残疾与居住地、性别、民族、学前教育、父母是否近亲婚配、是否是独生子女、年龄、父母职业、父母文化程度、父母婚姻状况、家庭年人均收入以及儿童抚养状况等变量进行单因素分析，结果见表46。

表46可见，居住地、儿童性别、是否独生子女、父母职业、父母文化程度、父母是否近亲婚配和家庭年人均收入对儿童视力残疾有影响。

表46　0～6岁视力残疾儿童残疾一般危险因素的单因素分析

因　素	分　组	x^2	P	OR	95% 可信区间	
					下限	上限
居住地	城市1，农村0	8.919	0.003**	5.350	1.558	18.374
性　别	男1，女2	5.779	0.016*	3.266	1.175	9.073
民　族	汉1，其他2	0.154	0.695	0.992	0.990	0.994
学前教育	有1，无2	11.393	0.001	6.807	1.871	24.759
近亲婚配状况	非近亲1，近亲2	31.030	0.000**	6.807	1.871	24.759
是否独生子女	是1，否0	37.068	0.000**	0.083	0.030	0.231
年　龄	0～6岁	5.594	0.470	—	—	—
父亲职业	10组[1]	38.259	0.000**	—	—	—
母亲职业	10组[1]	24.309	0.000**	—	—	—
父亲文化程度	5组[2]	17.636	0.001**	—	—	—
母亲文化程度	5组[2]	15.954	0.003**	—	—	—
父母婚姻状况	5组[3]	0.347	0.987	—	—	—
家庭年人均收入	6组[4]	16.734	0.005**	—	—	—
抚养状况	6组[5]	0.225	0.973	—	—	—

* P < 0.05 ** P < 0.01

注：[1]职业：0= 不在业，1= 专业技术人员，2= 机关干部，3= 办事人员，4= 商业人员，5= 服务人员，6= 农林牧渔，7= 工人，8= 军人，9= 其他

[2]文化程度：1= 大学大专，2= 高中中专，3= 初中，4= 小学，5= 文盲 / 半文盲

[3]婚姻状况：1= 初婚，2= 再婚，3= 丧偶，4= 离婚，5= 其他

[4]家庭年人均收入：1=<1000元，2=1000元～，3=3000元～，4=5000元～，5=7000元～，6=9000元～

[5]抚养状况：1= 父和母，2= 父或母，3= 祖父母，4= 其他亲属，5= 国家集体，6= 其他

（四）智力残疾一般危险因素

0～6岁儿童按是否智力残疾与居住地、性别、民族、学前教育、父母是否近亲婚配、是否是独生子女、年龄、父母职业、父母文化程度、父母婚姻状况、家庭年人均收入以及儿童抚养状况等变量进行单因素分析，结果见表47。

表47可见，居住地、儿童性别、是否接受学前教育、父母是否近亲婚配、父母文化程度和家庭年人均收入等因素对儿童智力残疾有影响。

表47 0~6岁智力残疾儿童残疾一般危险因素的单因素分析

因素	分组	x^2	P	OR	95% 可信区间	
					下限	上限
居住地	城市1，农村0	4.211	0.040*	1.659	1.018	2.704
性别	男1，女2	4.641	0.031*	0.580	0.351	0.958
民族	汉1，其他2	0.369	0.544	1.833	0.251	13.367
学前教育	有1，无2	12.407	0.000**	2.845	1.549	5.227
近亲婚配状况	非近亲1，近亲2	7.226	0.007**	9.718	1.266	74.603
是否独生子女	是1，否0	3.310	0.069	0.614	0.361	1.044
年龄	0~6岁	2.008	0.919	—	—	—
父亲职业	10组[1]	13.012	0.162	—	—	—
母亲职业	10组[1]	10.618	0.303	—	—	—
父亲文化程度	5组[2]	13.191	0.010**	—	—	—
母亲文化程度	5组[2]	16.512	0.002**	—	—	—
父母婚姻状况	5组[3]	5.300	0.258	—	—	—
家庭年人均收入	6组[4]	18.898	0.002**	—	—	—
抚养状况	6组[5]	6.218	0.101	—	—	—

* P < 0.05 ** P < 0.01

注：[1]职业：0= 不在业，1= 专业技术人员，2= 机关干部，3= 办事人员，4= 商业人员，5= 服务人员，6= 农林牧渔，7= 工人，8= 军人，9= 其他

[2]文化程度：1= 大学大专，2= 高中中专，3= 初中，4= 小学，5= 文盲 / 半文盲

[3]婚姻状况：1= 初婚，2= 再婚，3= 丧偶，4= 离婚，5= 其他

[4]家庭年人均收入：1=<1000元，2=1000元~，3=3000元~，4=5000元~，5=7000元~，6=9000元~

[5]抚养状况：1= 父和母，2= 父或母，3= 祖父母，4= 其他亲属，5= 国家集体，6= 其他

（五）肢体残疾一般危险因素

0~6岁儿童按是否肢体残疾与居住地、性别、民族、学前教育、父母是否近亲婚配、是否是独生子女、年龄、父母职业、父母文化程度、父母婚姻状况、家庭年人均收入以及儿童抚养状况等变量进行单因素分析，结果见表48。

表48可见，儿童性别、是否接受学前教育、父母职业和父母文化程度等因素对儿童肢体残疾有影响。

表 48　0～6 岁肢体残疾儿童残疾一般危险因素的单因素分析

因　素	分　组	x^2	P	OR	95% 可信区间	
					下限	上限
居住地	城市 1，农村 0	0.553	0.457	1.250	0.693	2.253
性　别	男 1，女 2	4.141	0.042*	0.524	0.279	0.987
民　族	汉 1，其他 2	0.365	0.546	0.992	0.990	0.994
学前教育	有 1，无 2	8.474	0.004**	2.971	1.376	6.414
近亲婚配状况	非近亲 1，近亲 2	0.073	0.998	0.998	0.997	1.000
是否独生子女	是 1，否 0	2.876	0.090	0.576	0.301	1.099
年　龄	0～6 岁	6.321	0.388	—	—	—
父亲职业	10 组[1]	28.048	0.001**	—	—	—
母亲职业	10 组[1]	32.743	0.000**	—	—	—
父亲文化程度	5 组[2]	9.570	0.048*	—	—	—
母亲文化程度	5 组[2]	21.926	0.000**	—	—	—
父母婚姻状况	5 组[3]	2.930	0.570	—	—	—
家庭年人均收入	6 组[4]	4.941	0.423	—	—	—
抚养状况	6 组[5]	3.071	0.381	—	—	—

* P < 0.05　** P < 0.01

注：[1]职业：0= 不在业，1= 专业技术人员，2= 机关干部，3= 办事人员，4= 商业人员，5= 服务人员，6= 农林牧渔，7= 工人，8= 军人，9= 其他

[2]文化程度：1= 大学大专，2= 高中中专，3= 初中，4= 小学，5= 文盲 / 半文盲

[3]婚姻状况：1= 初婚，2= 再婚，3= 丧偶，4= 离婚，5= 其他

[4]家庭年人均收入：1=<1000 元，2=1000 元～，3=3000 元～，4=5000 元～，5=7000 元～，6=9000 元～

[5]抚养状况：1= 父和母，2= 父或母，3= 祖父母，4= 其他亲属，5= 国家集体，6= 其他

（六）精神残疾一般危险因素

0～6 岁儿童按是否精神残疾与居住地、性别、民族、学前教育、父母是否近亲婚配、是否是独生子女、年龄、父母职业、父母文化程度、父母婚姻状况、家庭年人均收入以及儿童抚养状况等变量进行单因素分析，结果见表 49。

表 49 可见，居住地、儿童是否接受学前教育、是否是独生子女、儿童年龄、家庭年人均收入和儿童抚养状况对儿童精神残疾有影响。

表49　0~6岁精神残疾儿童残疾一般危险因素的单因素分析

因　素	分 组	x^2	P	OR	95% 可信区间	
					下限	上限
居住地	城市1，农村0	6.620	0.010**	4.500	1.281	15.813
性　别	男1，女2	2.881	0.090	0.389	0.125	1.201
民　族	汉1，其他2	0.132	0.717	0.992	0.990	0.994
学前教育	有1，无2	15.849	0.000**	11.312	2.505	51.081
近亲婚配状况	非近亲1，近亲2	0.025	0.874	0.998	0.996	0.999
是否独生子女	是1，否0	5.595	0.018*	0.322	0.120	0.866
年　龄	0~6岁	27.728	0.000**	—	—	—
父亲职业	10组[1]	6.312	0.708	—	—	—
母亲职业	10组[1]	12.310	0.196	—	—	—
父亲文化程度	5组[2]	2.671	0.614	—	—	—
母亲文化程度	5组[2]	8.607	0.072	—	—	—
父母婚姻状况	5组[3]	7.695	0.103	—	—	—
家庭年人均收入	6组[4]	20.920	0.001**	—	—	—
抚养状况	6组[5]	8.848	0.031*	—	—	—

* P ＜ 0.05　** P ＜ 0.01

注：[1]职业：0= 不在业，1= 专业技术人员，2= 机关干部，3= 办事人员，4= 商业人员，5= 服务人员，6= 农林牧渔，7= 工人，8= 军人，9= 其他

[2]文化程度：1= 大学大专，2= 高中中专，3= 初中，4= 小学，5= 文盲 / 半文盲

[3]婚姻状况：1= 初婚，2= 再婚，3= 丧偶，4= 离婚，5= 其他

[4]家庭年人均收入：1=<1000元，2=1000元~，3=3000元~，4=5000元~，5=7000元~，6=9000元~

[5]抚养状况：1= 父和母，2= 父或母，3= 祖父母，4= 其他亲属，5= 国家集体，6= 其他

（七）综合残疾一般危险因素

0~6岁儿童按是否综合残疾与居住地、性别、民族、学前教育、父母是否近亲婚配、是否是独生子女、年龄、父母职业、父母文化程度、父母婚姻状况、家庭年人均收入以及儿童抚养状况等变量进行单因素分析，结果见表50。

表50可见，居住地、儿童的年龄、父母职业、父母文化程度、父母婚姻状况和儿童抚养状况等都对儿童综合残疾有影响。

表50　0～6岁综合残疾儿童残疾一般危险因素的单因素分析

因　素	分　组	x^2	P	OR	95% 可信区间	
					下限	上限
居住地	城市 1，农村 0	8.672	0.003**	0.871	0.795	0.955
性　别	男 1，女 2	0.230	0.632	0.978	0.892	1.072
民　族	汉 1，其他 2	0.095	0.758	1.086	0.641	1.039
学前教育	有 1，无 2	4.036	0.045	0.607	0.371	0.993
近亲婚配状况	非近亲 1，近亲 2	0.009	0.923	0.945	0.305	2.934
是否独生子女	是 1，否 0	25.672	0.000	0.726	0.641	0.822
年　龄	0～6 岁	9122.7	0.000**	—	—	—
父亲职业	10 组[1]	34.655	0.00**	—	—	—
母亲职业	10 组[1]	88.087	0.000**	—	—	—
父亲文化程度	5 组[2]	13.648	0.009**	—	—	—
母亲文化程度	5 组[2]	22.072	0.000**	—	—	—
父母婚姻状况	5 组[3]	12.658	0.013*	—	—	—
家庭年人均收入	6 组[4]	6.406	0.269	—	—	—
抚养状况	6 组[5]	11.274	0.010**	—	—	—

* P < 0.05　** P < 0.01

注：[1]职业：0= 不在业，1= 专业技术人员，2= 机关干部，3= 办事人员，4= 商业人员，5= 服务人员，6= 农林牧渔，7= 工人，8= 军人，9= 其他

[2]文化程度：1= 大学大专，2= 高中中专，3= 初中，4= 小学，5= 文盲 / 半文盲

[3]婚姻状况：1= 初婚，2= 再婚，3= 丧偶，4= 离婚，5= 其他

[4]家庭年人均收入：1=<1000 元，2=1000 元～，3=3000 元～，4=5000 元～，5=7000 元～，6=9000 元～

[5]抚养状况：1= 父和母，2= 父或母，3= 祖父母，4= 其他亲属，5= 国家集体，6= 其他

讨　论

一、本次调查样本的代表性

参见总报告。

二、甘肃省0～6岁残疾儿童状况

（一）0～6岁残疾儿童现患率

本次共调查了10002名0～6岁儿童，经专业诊断方法的确诊，确诊残疾儿童122人，0～6岁儿童的残疾现患率为1.220%。

（二）0～6岁五类残疾儿童现患率

本次调查发现，听力残疾现患率为0.14%、视力残疾现患率为0.19%、智力残疾现患率为0.73%、肢体残疾现患率为0.50%、精神残疾现患率为0.14%，综合残疾现患率为0.36%。在五类残疾中，智力残疾所占比例最高，其他依次为肢体残疾、视力残疾、精神残疾和听力残疾。综合残疾现患率高于全国及其他地区。

（三）0～6岁残疾儿童的分布特征

从地区分布来看，城市0～6岁残疾儿童现患率为1.02%，农村0～6岁残疾儿童的现患率为1.42%，农村高于城市。

从性别分布来看，0～6岁男性残疾儿童现患率为1.41%；女性残疾儿童现患率为1.00%，男性高于女性。

从年龄分布来看，儿童残疾现患率随年龄增长而增高，0岁组最低，5岁组最高。这可能与某些残疾随着儿童年龄增大后才逐渐被发现有关，也可能与年龄增大暴露于损伤的风险增多或目前使用的筛查、诊断量表对年龄较小的儿童不够敏感有关。

（四）0～6岁残疾儿童的致残原因

本次调查中，听力残疾前五位致残原因依次是不详、后天耳毒药物、高烧疾病、产伤窒息、家族遗传和其他。视力残疾前五位致残原因依次是弱视、不详、视网膜视神经病变、先天性青光眼和其他。智力残疾前五位致残原因依次是不祥、产时窒息、染色体异常、早产、产伤和营养不良。肢体残疾前五位致残原因依次是脑瘫、不祥、先天性骨关节病、其他和小儿截肢。精神残疾致残原因依次是脑器质性疾病、孤独症、癫痫和不典型孤独症。

（五）0～6岁残疾儿童学前教育状况

随着年龄增大，残疾儿童接受学前教育率逐渐增高，但接受学前教育晚于正常儿童（3岁组无1人接受学前教育），而且接受学前教育的儿童数不足1/2，接受学前教育率明显低于正常儿童。相对于城市，农村残疾儿童接受学前教育状况差距明显。

（六）0～6岁残疾儿童康复现状与需求

甘肃省0～6岁残疾儿童康复现状不容乐观，28.82%的残疾儿童没有得到任何形式的康复，各种康复器具的使用率也很低，67.47%的残疾儿童没有任何康复器具。

本次调查显示，不同种类的残疾儿童康复现状也有较大差异。智力和肢体残疾儿童得到康复的比例较高，这主要得益于近15年来我国实施了三个残疾人事业五年计划纲要，广泛开展了残疾人康复训练与服务工作。但视力与精神残疾儿童的康复现状不容乐观，94.74%的视力残疾儿童与92.86%的精神残疾儿童没有得到任何形式的康复。

政策建议

一、加强残疾预防

加强围生期保健，提高产科质量，完善保健管理网络，普及孕产妇保健知识和科学育儿知识，减少疾病的危害和意外伤害；推广开展新生儿疾病筛查工作，早发现、早干预、早康复；减少环境污染，净化生活环境。

二、强化康复意识

大力开展社区康复，培训社区相关专业人员，普及康复训练知识，培训残疾儿童家长；利用报刊、电视、网络、橱窗等各种媒体，宣传残疾预防、康复训练知识，推动残疾儿童康复工作的开展。

三、增加资源投入

增加对残疾儿童康复事业的投入，适当建立特殊康复机构和学前特殊教育机构，提高残疾儿童生存质量。

四、完善康复网络

充分利用社会资源，建立以康复机构为骨干、社区康复站点为基础、家庭为依托的残疾儿童康复训练服务网络，满足各类残疾儿童多方面的康复需求。

参考文献

1. 国务院人口普查办公室、国家统计局人口和社会科技统计司.中国2000年人口普查资料.北京：中国统计出版社，2002年.

2. 国家统计局.中国统计年鉴.北京：中国统计出版社，2002年.

3. 国家统计局.1992年中国儿童情况抽样调查——国家级最终报告.北京：中国统计出版社，1993年.

4. 中国残疾人抽样调查办公室.中国1987年残疾人抽样调查资料，1989年.

5. 郭建模主编.残疾人工作基本知识读本.北京：华夏出版社，2002年.

6. 国务院残疾人工作协调委员会秘书处.中国残疾人事业“八五”计划纲要与配套实施方案.北京：华夏出版社，1992年.

7. 国务院残疾人工作协调委员会秘书处.中国残疾人事业“九五”计划纲要与配套实施方案.北京：华夏出版社，1996年.

8. 国务院残疾人工作协调委员会秘书处.中国残疾人事业“十五”计划纲要与配套实施方案，2001年.

9. 卓大宏.中国残疾预防学.北京：华夏出版社，1998年.

附 表

附表1　各市县总人口和调查儿童家庭情况

地　区	调查地区总人口(万)	调查家庭户数	调查家庭人口数	家庭子女数	平均家庭子女数	调查儿童数	调查儿童占家庭子女数比例%	残疾户数	残疾户所占比例%
天津和平区	41.0	4910	16669	5262	1.07	5000	95.02	58	1.18
天津大港区	33.5	4933	17386	7089	1.44	5001	70.55	48	0.97
吉林四平市	329.0	4985	15899	5090	1.02	5000	98.23	73	1.46
吉林东辽县	40.4	4977	17586	6043	1.21	5006	82.84	102	2.05
河南漯河市	247.0	4952	16173	5224	1.05	4999	95.69	93	1.87
河南西华县	86.0	4670	18327	8315	1.78	5045	60.67	89	1.91
江苏常州市	341.6	5074	20222	5306	1.05	5102	96.16	43	0.85
江苏仪征市	59.6	4879	17740	5069	1.04	4896	96.59	42	0.86
贵州贵阳市	335.8	4941	16236	5640	1.14	4999	88.63	79	1.60
贵州桐梓县	62.8	4583	18610	8292	1.81	5074	61.19	67	1.46
甘肃白银市	137.6	4978	15260	5143	1.03	5002	97.26	49	0.98
甘肃定西县	46.6	4746	20607	7117	1.50	5000	70.25	71	1.50
合　计	1760.9	58628	210715	73590	1.26	60124	81.70	814	1.39

附表2　城乡总人口和调查儿童家庭情况

地　区	调查地区总人口(万)	调查家庭户数	调查家庭人口数	家庭子女数	平均家庭子女数	调查儿童数	调查儿童占家庭子女数比例%	残疾户数	残疾户所占比例%
城　市	1432.0	29840	100459	31665	1.06	30102	95.06	395	1.32
农　村	328.9	28788	110256	41925	1.46	30022	71.60	419	1.46
合　计	1760.9	58628	210715	73590	1.26	60124	81.70	814	1.39

附表3　不同经济状况地区总人口和调查儿童家庭情况

地　区	调查地区总人口(万)	调查家庭户数	调查家庭人口数	家庭子女数	平均家庭子女数	调查儿童数	调查儿童占家庭子女数比例%	残疾户数	残疾户所占比例%
发达地区	475.7	19796	72017	22726	1.14	19999	88.00	191	0.96
中等发达地区	702.4	19584	67985	24672	1.26	20050	81.27	357	1.82
欠发达地区	582.8	19248	70713	26192	1.36	20075	76.65	266	1.38
合　计	1760.9	58628	210715	73590	1.26	60124	81.70	814	1.39

附表4 各省0～6岁儿童性别构成

地 区	男		女		合 计		男女性别比
	调查儿童数	构成%	调查儿童数	构成%	调查儿童数	构成%	男：女
天 津	5437	54.36	4564	45.64	10001	100.00	119.13：100
吉 林	5295	52.92	4711	47.08	10006	100.00	112.40：100
河 南	5757	57.32	4287	42.68	10044	100.00	134.29：100
江 苏	5144	51.45	4854	48.55	9998	100.00	105.97：100
贵 州	5431	53.92	4642	46.08	10073	100.00	117.00：100
甘 肃	5380	53.79	4622	46.21	10002	100.00	116.40：100
合 计	32444	53.96	27680	46.04	60124	100.00	117.21：100

附表5 各市县0～6岁儿童性别构成

地 区	男		女		合 计		男女性别比
	调查儿童数	构成%	调查儿童数	构成%	调查儿童数	构成%	男：女
天津和平区	2534	50.68	2466	49.32	5000	100.00	102.76：100
天津大港区	2903	58.05	2098	41.95	5001	100.00	138.37：100
吉林四平市	2716	54.32	2284	45.68	5000	100.00	118.91：100
吉林东辽县	2579	51.52	2427	48.48	5006	100.00	106.26：100
河南漯河市	2701	54.03	2298	45.97	4999	100.00	117.54：100
河南西华县	3056	60.57	1989	39.43	5045	100.00	153.65：100
江苏常州市	2612	51.20	2490	48.80	5102	100.00	104.90：100
江苏仪征市	2532	51.72	2364	48.28	4896	100.00	107.11：100
贵州贵阳市	2663	53.27	2336	46.73	4999	100.00	114.00：100
贵州桐梓县	2768	54.55	2306	45.45	5074	100.00	120.03：100
甘肃白银市	2656	53.10	2346	46.90	5002	100.00	113.21：100
甘肃定西县	2724	54.48	2276	45.52	5000	100.00	119.68：100
合 计	32444	53.96	27680	46.04	60124	100.00	117.21：100

附表6　城乡0～6岁儿童性别构成

地　区	男		女		合　计		男女性别比
	调查儿童数	构成%	调查儿童数	构成%	调查儿童数	构成%	男：女
城　市	15882	52.76	14220	47.24	30102	100.00	111.69：100
农　村	16562	55.17	13460	44.83	30022	100.00	123.05：100
合　计	32444	53.96	27680	46.04	60124	100.00	117.21：100

附表7　不同经济状况地区0～6岁儿童性别构成

地　区	男		女		合　计		男女性别比
	调查儿童数	构成%	调查儿童数	构成%	调查儿童数	构成%	男：女
发达地区	10581	52.91	9418	47.09	19999	100.00	112.35：100
中等发达地区	11052	55.12	8998	44.88	20050	100.00	122.83：100
欠发达地区	10811	53.85	9264	46.15	20075	100.00	116.70：100
合　计	32444	53.96	27680	46.04	60124	100.00	117.21：100

附表8　各省0～6岁儿童年龄构成

地　区	0岁		1岁		2岁		3岁		4岁		5岁		6岁		合　计	
	调查儿童数	构成%	调查儿童数	构成%	调查儿童数	构成%	调查儿童数	构成%	调查儿童数	构成%	调查儿童数	构成%	调查儿童数	构成%	调查儿童数	构成%
天　津	1096	10.96	1560	15.60	1428	14.28	1455	14.55	1489	14.89	1679	16.79	1294	12.94	10001	100.00
吉　林	1097	10.96	1281	12.80	1282	12.81	1379	13.78	1511	15.10	1701	17.00	1755	17.54	10006	100.00
河　南	1187	11.82	1670	16.63	1495	14.88	1379	13.73	1360	13.54	1590	15.83	1363	13.57	10044	100.00
江　苏	1206	12.06	1455	14.55	1488	14.88	1489	14.89	1528	15.28	1550	15.50	1282	12.82	9998	100.00
贵　州	1338	13.28	1571	15.60	1574	15.63	1569	15.58	1539	15.28	1661	16.49	821	8.15	10073	100.00
甘　肃	1020	10.20	1332	13.32	1270	12.70	1488	14.88	1834	18.34	1838	18.38	1220	12.20	10002	100.00
合　计	6944	11.55	8869	14.75	8537	14.20	8759	14.57	9261	15.40	10019	16.66	7735	12.87	60124	100.00

附表 9 各市县 0～6 岁儿童年龄构成

地 区	0岁		1岁		2岁		3岁		4岁		5岁		6岁		合 计	
	调查儿童数	构成%	调查儿童数	构成%	调查儿童数	构成%	调查儿童数	构成%	调查儿童数	构成%	调查儿童数	构成%	调查儿童数	构成%	调查儿童数	构成%
天津和平区	569	11.38	825	16.50	704	14.08	695	13.90	724	14.48	872	17.44	611	12.22	5000	100.00
天津大港区	527	10.54	735	14.70	724	14.48	760	15.20	765	15.30	807	16.14	683	13.66	5001	100.00
吉林四平市	471	9.42	583	11.66	658	13.16	703	14.06	854	17.08	873	17.46	858	17.16	5000	100.00
吉林东辽县	626	12.50	698	13.94	624	12.47	676	13.50	657	13.12	828	16.54	897	17.92	5006	100.00
河南漯河市	669	13.38	872	17.44	796	15.92	705	14.10	695	13.90	752	15.04	510	10.20	4999	100.00
河南西华县	518	10.27	798	15.82	699	13.86	674	13.36	665	13.18	838	16.61	853	16.91	5045	100.00
江苏常州市	512	10.04	685	13.43	721	14.13	746	14.62	838	16.42	801	15.70	799	15.66	5102	100.00
江苏仪征市	694	14.17	770	15.73	767	15.67	743	15.18	690	14.09	749	15.30	483	9.87	4896	100.00
贵州贵阳市	808	16.16	940	18.80	826	16.52	746	14.92	698	13.96	665	13.30	316	6.32	4999	100.00
贵州桐梓县	530	10.45	631	12.44	748	14.74	823	16.22	841	16.57	996	19.63	505	9.95	5074	100.00
甘肃白银市	439	8.78	687	13.73	644	12.87	856	17.11	1080	21.59	947	18.93	349	6.98	5002	100.00
甘肃定西县	581	11.62	645	12.90	626	12.52	632	12.64	754	15.08	891	17.82	871	17.42	5000	100.00
合 计	6944	11.55	8869	14.75	8537	14.20	8759	14.57	9261	15.40	10019	16.66	7735	12.87	60124	100.00

附表 10 城乡 0～6 岁儿童年龄构成

地 区	0岁		1岁		2岁		3岁		4岁		5岁		6岁		合 计	
	调查儿童数	构成%	调查儿童数	构成%	调查儿童数	构成%	调查儿童数	构成%	调查儿童数	构成%	调查儿童数	构成%	调查儿童数	构成%	调查儿童数	构成%
城 市	3468	11.52	4592	15.25	4349	14.45	4451	14.79	4889	16.24	4910	16.31	3443	11.44	30102	100.00
农 村	3476	11.58	4277	14.25	4188	13.95	4308	14.35	4372	14.56	5109	17.02	4292	14.30	30022	100.00
合 计	6944	11.55	8869	14.75	8537	14.20	8759	14.57	9261	15.40	10019	16.66	7735	12.87	60124	100.00

附表 11　不同经济状况地区 0～6 岁儿童年龄构成

地　区	0岁		1岁		2岁		3岁		4岁		5岁		6岁		合　计	
	调查儿童数	构成%	调查儿童数	构成%	调查儿童数	构成%	调查儿童数	构成%	调查儿童数	构成%	调查儿童数	构成%	调查儿童数	构成%	调查儿童数	构成%
发达地区	2302	11.51	3015	15.08	2916	14.58	2944	14.72	3017	15.09	3229	16.15	2576	12.88	19999	100.00
中等发达地区	2284	11.39	2951	14.72	2777	13.85	2758	13.76	2871	14.32	3291	16.41	3118	15.55	20050	100.00
欠发达地区	2358	11.75	2903	14.46	2844	14.17	3057	15.23	3373	16.80	3499	17.43	2041	10.17	20075	100.00
合　计	6944	11.55	8869	14.75	8537	14.20	8759	14.57	9261	15.40	10019	16.66	7735	12.87	60124	100.00

附表 12　各省 0～6 岁儿童民族构成

地　区	汉　族		少数民族		合　计	
	调查儿童数	构成%	调查儿童数	构成%	调查儿童数	构成%
天　津	9718	97.17	283	2.83	10001	100.00
吉　林	9655	96.49	351	3.51	10006	100.00
河　南	9776	97.33	268	2.67	10044	100.00
江　苏	9959	99.61	39	0.39	9998	100.00
贵　州	9520	94.51	553	5.49	10073	100.00
甘　肃	9922	99.20	80	0.80	10002	100.00
合　计	58550	97.38	1574	2.62	60124	100.00

附表13　各市县0～6岁儿童民族构成

地　区	汉　族		少数民族		合　计	
	调查儿童数	构成%	调查儿童数	构成%	调查儿童数	构成%
天津和平区	4775	95.50	225	4.50	5000	100.00
天津大港区	4943	98.84	58	1.16	5001	100.00
吉林四平市	4913	98.26	87	1.74	5000	100.00
吉林东辽县	4742	94.73	264	5.27	5006	100.00
河南漯河市	4739	94.80	260	5.20	4999	100.00
河南西华县	5037	99.84	8	0.16	5045	100.00
江苏常州市	5088	99.73	14	0.27	5102	100.00
江苏仪征市	4871	99.49	25	0.51	4896	100.00
贵州贵阳市	4467	89.36	532	10.64	4999	100.00
贵州桐梓县	5053	99.59	21	0.41	5074	100.00
甘肃白银市	4942	98.80	60	1.20	5002	100.00
甘肃定西县	4980	99.60	20	0.40	5000	100.00
合　计	58550	97.38	1574	2.62	60124	100.00

附表14　城乡0～6岁儿童民族构成

地　区	汉　族		少数民族		合　计	
	调查儿童数	构成%	调查儿童数	构成%	调查儿童数	构成%
城　市	28924	96.09	1178	3.91	30102	100.00
农　村	29626	98.68	396	1.32	30022	100.00
合　计	58550	97.38	1574	2.62	60124	100.00

附表15　不同经济状况地区0～6岁儿童民族构成

地　区	汉　族		少数民族		合　计	
	调查儿童数	构成%	调查儿童数	构成%	调查儿童数	构成%
发达地区	19677	98.39	322	1.61	19999	100.00
中等发达地区	19431	96.91	619	3.09	20050	100.00
欠发达地区	19442	96.85	633	3.15	20075	100.00
合　计	58550	97.38	1574	2.62	60124	100.00

附表16　各省3～6岁儿童学前教育状况

地　区	3岁			4岁			5岁			6岁			合　计		
	调查儿童数	接受学前教育人数	接受学前教育率%	调查儿童数	接受学前教育人数	接受学前教育率%	调查儿童数	接受学前教育人数	接受学前教育率%	调查儿童数	接受学前教育人数	接受学前教育率%	调查儿童数	接受学前教育人数	接受学前教育率%
天　津	1455	554	38.08	1489	812	54.53	1679	1356	80.76	1294	1220	94.28	5917	3942	66.62
吉　林	1379	551	39.96	1511	909	60.16	1701	1305	76.72	1755	1617	92.14	6346	4382	69.05
河　南	1379	759	55.04	1360	803	59.04	1590	1179	74.15	1363	1169	85.77	5692	3910	68.69
江　苏	1489	872	58.56	1528	1356	88.74	1550	1494	96.39	1282	1261	98.36	5849	4983	85.19
贵　州	1569	581	37.03	1539	941	61.14	1661	1254	75.50	821	746	90.86	5590	3522	63.01
甘　肃	1488	831	55.85	1834	1234	67.28	1838	1297	70.57	1220	915	75.00	6380	4277	67.04
合　计	8759	4148	47.36	9261	6055	65.38	10019	7885	78.70	7735	6928	89.57	35774	25016	69.93

附表17　各市县3～6岁儿童学前教育状况

地　区	3岁			4岁			5岁			6岁			合　计		
	调查儿童数	接受学前教育人数	接受学前教育率%	调查儿童数	接受学前教育人数	接受学前教育率%	调查儿童数	接受学前教育人数	接受学前教育率%	调查儿童数	接受学前教育人数	接受学前教育率%	调查儿童数	接受学前教育人数	接受学前教育率%
天津和平区	695	438	63.02	724	568	78.45	872	748	85.78	611	580	94.93	2902	2334	80.43
天津大港区	760	116	15.26	765	244	31.90	807	608	75.34	683	640	93.70	3015	1608	53.33
吉林四平市	703	493	70.13	854	744	87.12	873	831	95.19	858	823	95.92	3288	2891	87.93
吉林东辽县	676	58	8.58	657	165	25.11	828	474	57.25	897	794	88.52	3058	1491	48.76
河南漯河市	705	694	98.44	695	687	98.85	752	746	99.20	510	506	99.22	2662	2633	98.91
河南西华县	674	65	9.64	665	116	17.44	838	433	51.67	853	663	77.73	3030	1277	42.15
江苏常州市	746	496	66.49	838	814	97.14	801	784	97.88	799	790	98.87	3184	2884	90.58
江苏仪征市	743	376	50.61	690	542	78.55	749	710	94.79	483	471	97.52	2665	2099	78.76
贵州贵阳市	746	415	55.63	698	560	80.23	665	554	83.31	316	284	89.87	2425	1813	74.76
贵州桐梓县	823	166	20.17	841	381	45.30	996	700	70.28	505	462	91.49	3165	1709	54.00
甘肃白银市	856	636	74.30	1080	974	90.19	947	904	95.46	349	343	98.28	3232	2857	88.40
甘肃定西县	632	195	30.85	754	260	34.48	891	393	44.11	871	572	65.67	3148	1420	45.11
合　计	8759	4148	47.36	9261	6055	65.38	10019	7885	78.70	7735	6928	89.57	35774	25016	69.93

附表 18　城乡 3～6 岁儿童学前教育状况

地区	3岁			4岁			5岁			6岁			合计		
	调查儿童数	接受学前教育人数	接受学前教育率%	调查儿童数	接受学前教育人数	接受学前教育率%	调查儿童数	接受学前教育人数	接受学前教育率%	调查儿童数	接受学前教育人数	接受学前教育率%	调查儿童数	接受学前教育人数	接受学前教育率%
城市	4451	3172	71.26	4889	4347	88.91	4910	4567	93.01	3443	3326	96.60	17693	15412	87.11
农村	4308	976	22.66	4372	1708	39.07	5109	3318	64.94	4292	3602	83.92	18081	9604	53.12
合计	8759	4148	47.36	9261	6055	65.38	10019	7885	78.70	7735	6928	89.57	35774	25016	69.93

表 19　不同经济状况地区 3～6 岁儿童学前教育状况

地区	3岁			4岁			5岁			6岁			合计		
	调查儿童数	接受学前教育人数	接受学前教育率%	调查儿童数	接受学前教育人数	接受学前教育率%	调查儿童数	接受学前教育人数	接受学前教育率%	调查儿童数	接受学前教育人数	接受学前教育率%	调查儿童数	接受学前教育人数	接受学前教育率%
发达地区	2944	1426	48.44	3017	2168	71.86	3229	2850	88.26	2576	2481	96.31	11766	8925	75.85
中等发达地区	2758	1310	47.50	2871	1712	59.63	3291	2484	75.48	3118	2786	89.35	12038	8292	68.88
欠发达地区	3057	1412	46.19	3373	2175	64.48	3499	2551	72.91	2041	1661	81.38	11970	7799	65.15
合计	8759	4148	47.36	9261	6055	65.38	10019	7885	78.70	7735	6928	89.57	35774	25016	69.93

附表 20　各省 0～6 岁儿童父亲职业状况

地区	专业技术人员		机关干部		办事人员		商业人员		服务人员		农林牧渔		工人		军人		其他		不在业		合计	
	调查儿童数	构成%	调查儿童数	构成%	调查儿童数	构成%	调查儿童数	构成%	调查儿童数	构成%	调查儿童数	构成%	调查儿童数	构成%	调查儿童数	构成%	调查儿童数	构成%	调查儿童数	构成%	调查儿童数	构成%
天津	635	6.36	131	1.31	1501	15.03	202	2.02	134	1.34	4570	45.77	1949	19.52	167	1.67	429	4.30	266	2.66	9984	100.00
吉林	210	2.10	422	4.23	32	0.32	385	3.86	34	0.34	4568	45.79	4178	41.88	48	0.48	7	0.07	93	0.93	9977	100.00
河南	254	2.53	436	4.34	181	1.80	300	2.99	17	0.17	4913	48.95	2860	28.50	56	0.56	1019	10.15	0	0.00	10036	100.00
江苏	912	9.15	262	2.63	957	9.60	378	3.79	193	1.94	771	7.74	5335	53.54	111	1.11	1005	10.09	41	0.41	9965	100.00
贵州	232	2.31	310	3.09	358	3.57	360	3.59	119	1.19	3813	37.98	1871	18.64	28	0.28	2701	26.90	248	2.47	10040	100.00
甘肃	492	4.93	95	0.95	1393	13.95	72	0.72	76	0.76	3424	34.29	4031	40.37	54	0.54	254	2.54	95	0.95	9986	100.00
合计	2735	4.56	1656	2.76	4422	7.37	1697	2.83	573	0.96	22059	36.77	20224	33.71	464	0.77	5415	9.03	743	1.24	59988	100.00

附表 21　各市县 0～6 岁儿童父亲职业状况

地　区	专业技术人员		机关干部		办事人员		商业人员		服务人员		农林牧渔		工　人		军　人		其　他		不在业		合　计	
	调查儿童数	构成%	调查儿童数	构成%	调查儿童数	构成%	调查儿童数	构成%	调查儿童数	构成%	调查儿童数	构成%	调查儿童数	构成%	调查儿童数	构成%	调查儿童数	构成%	调查儿童数	构成%	调查儿童数	构成%
天津和平区	582	11.64	131	2.62	1486	29.73	201	4.02	134	2.68	2	0.04	1843	36.87	158	3.16	371	7.42	90	1.80	4998	100.00
天津大港区	53	1.06	0	0.00	15	0.30	1	0.02	0	0.00	4568	91.62	106	2.13	9	0.18	58	1.16	176	3.53	4986	100.00
吉林四平市	144	2.89	413	8.28	5	0.10	374	7.50	17	0.34	0	0.00	3908	78.40	47	0.94	0	0.00	77	1.54	4985	100.00
吉林东辽县	66	1.32	9	0.18	27	0.54	11	0.22	17	0.34	4568	91.51	270	5.41	1	0.02	7	0.14	16	0.32	4992	100.00
河南漯河市	217	4.35	435	8.72	145	2.91	265	5.31	17	0.34	1	0.02	2839	56.88	56	1.12	1016	20.36	0	0.00	4991	100.00
河南西华县	37	0.73	1	0.02	36	0.71	35	0.69	0	0.00	4912	97.36	21	0.42	0	0.00	3	0.06	0	0.00	5045	100.00
江苏常州市	759	14.95	139	2.74	576	11.35	269	5.30	98	1.93	5	0.10	2287	45.06	79	1.56	861	16.96	3	0.06	5076	100.00
江苏仪征市	153	3.13	123	2.52	381	7.79	109	2.23	95	1.94	766	15.67	3048	62.34	32	0.65	144	2.95	38	0.78	4889	100.00
贵州贵阳市	161	3.24	284	5.71	309	6.22	272	5.47	44	0.89	7	0.14	1450	29.18	22	0.44	2212	44.51	209	4.21	4970	100.00
贵州桐梓县	71	1.40	26	0.51	49	0.97	88	1.74	75	1.48	3806	75.07	421	8.30	6	0.12	489	9.64	39	0.77	5070	100.00
甘肃白银市	322	6.46	44	0.88	1002	20.09	44	0.88	51	1.02	1	0.02	3312	66.41	46	0.92	70	1.40	95	1.90	4987	100.00
甘肃定西县	170	3.40	51	1.02	391	7.82	28	0.56	25	0.50	3423	68.47	719	14.38	8	0.16	184	3.68	0	0.00	4999	100.00
合　计	2735	4.56	1656	2.76	4422	7.37	1697	2.83	573	0.96	22059	36.77	20224	33.71	464	0.77	5415	9.03	743	1.24	59988	100.00

附表 22　城乡 0～6 岁儿童父亲职业状况

地　区	专业技术人员		机关干部		办事人员		商业人员		服务人员		农林牧渔		工　人		军　人		其　他		不在业		合　计	
	调查儿童数	构成%	调查儿童数	构成%	调查儿童数	构成%	调查儿童数	构成%	调查儿童数	构成%	调查儿童数	构成%	调查儿童数	构成%	调查儿童数	构成%	调查儿童数	构成%	调查儿童数	构成%	调查儿童数	构成%
城　市	2185	7.28	1446	4.82	3523	11.74	1425	4.75	361	1.20	16	0.05	15639	52.12	408	1.36	4530	15.10	474	1.58	30007	100.00
农　村	550	1.83	210	0.70	899	3.00	272	0.91	212	0.71	22043	73.52	4585	15.29	56	0.19	885	2.95	269	0.90	29981	100.00
合　计	2735	4.56	1656	2.76	4422	7.37	1697	2.83	573	0.96	22059	36.77	20224	33.71	464	0.77	5415	9.03	743	1.24	59988	100.00

附表 23　不同经济状况地区 0～6 岁儿童父亲职业状况

地区	专业技术人员		机关干部		办事人员		商业人员		服务人员		农林牧渔		工人		军人		其他		不在业		合计	
	调查儿童数	构成%	调查儿童数	构成%	调查儿童数	构成%	调查儿童数	构成%	调查儿童数	构成%	调查儿童数	构成%	调查儿童数	构成%	调查儿童数	构成%	调查儿童数	构成%	调查儿童数	构成%	调查儿童数	构成%
经济发达地区	1547	7.75	393	1.97	2458	12.32	580	2.91	327	1.64	5341	26.77	7284	36.51	278	1.39	1434	7.19	307	1.54	19949	100.00
中等发达地区	464	2.32	858	4.29	213	1.06	685	3.42	51	0.25	9481	47.37	7038	35.17	104	0.52	1026	5.13	93	0.46	20013	100.00
欠发达地区	724	3.62	405	2.02	1751	8.74	432	2.16	195	0.97	7237	36.14	5902	29.47	82	0.41	2955	14.76	343	1.71	20026	100.00
合计	2735	4.56	1656	2.76	4422	7.37	1697	2.83	573	0.96	22059	36.77	20224	33.71	464	0.77	5415	9.03	743	1.24	59988	100.00

附表 24　各省 0～6 岁儿童母亲职业状况

地区	专业技术人员		机关干部		办事人员		商业人员		服务人员		农林牧渔		工人		军人		其他		不在业		合计	
	调查儿童数	构成%	调查儿童数	构成%	调查儿童数	构成%	调查儿童数	构成%	调查儿童数	构成%	调查儿童数	构成%	调查儿童数	构成%	调查儿童数	构成%	调查儿童数	构成%	调查儿童数	构成%	调查儿童数	构成%
天津	1121	11.23	52	0.52	1365	13.67	261	2.61	187	1.87	4679	46.86	1474	14.76	28	0.28	265	2.65	553	5.54	9985	100.00
吉林	333	3.34	369	3.70	21	0.21	457	4.58	61	0.61	4589	45.98	3756	37.63	1	0.01	4	0.04	390	3.91	9981	100.00
河南	265	2.64	284	2.83	130	1.30	286	2.85	42	0.42	4926	49.08	2659	26.49	3	0.03	1442	14.37	0	0.00	10037	100.00
江苏	1171	11.75	96	0.96	703	7.05	478	4.80	264	2.65	1056	10.59	4810	48.26	8	0.08	1040	10.43	341	3.42	9967	100.00
贵州	276	2.74	239	2.38	284	2.82	420	4.18	84	0.84	4320	42.96	1132	11.26	4	0.04	2369	23.56	927	9.22	10055	100.00
甘肃	507	5.07	39	0.39	946	9.47	112	1.12	103	1.03	3484	34.87	3672	36.75	3	0.03	609	6.09	517	5.17	9992	100.00
合计	3673	6.12	1079	1.80	3449	5.75	2014	3.36	741	1.23	23054	38.41	17503	29.16	47	0.08	5729	9.55	2728	4.55	60017	100.00

附表 25　各市县 0～6 岁儿童母亲职业状况

地区	专业技术人员		机关干部		办事人员		商业人员		服务人员		农林牧渔		工人		军人		其他		不在业		合计	
	调查儿童数	构成%	调查儿童数	构成%	调查儿童数	构成%	调查儿童数	构成%	调查儿童数	构成%	调查儿童数	构成%	调查儿童数	构成%	调查儿童数	构成%	调查儿童数	构成%	调查儿童数	构成%	调查儿童数	构成%
天津和平区	1075	21.51	52	1.04	1355	27.12	260	5.20	187	3.74	2	0.04	1430	28.62	28	0.56	242	4.84	366	7.32	4997	100.00
天津大港区	46	0.92	0	0.00	10	0.20	1	0.02	0	0.00	4677	93.77	44	0.88	0	0.00	23	0.46	187	3.75	4988	100.00
吉林四平市	248	4.98	364	7.31	2	0.04	442	8.87	40	0.80	0	0.00	3580	71.87	1	0.02	0	0.00	304	6.10	4981	100.00
吉林东辽县	85	1.70	5	0.10	19	0.38	15	0.30	21	0.42	4589	91.78	176	3.52	0	0.00	4	0.08	86	1.72	5000	100.00
河南漯河市	229	4.59	284	5.69	97	1.94	257	5.15	42	0.84	0	0.00	2640	52.88	3	0.06	1440	28.85	0	0.00	4992	100.00
河南西华县	36	0.71	0	0.00	33	0.65	29	0.57	0	0.00	4926	97.64	19	0.38	0	0.00	2	0.04	0	0.00	5045	100.00
江苏常州市	984	19.39	44	0.87	449	8.85	402	7.92	183	3.61	3	0.06	2044	40.27	6	0.12	946	18.64	15	0.30	5076	100.00
江苏仪征市	187	3.82	52	1.06	254	5.19	76	1.55	81	1.66	1053	21.53	2766	56.55	2	0.04	94	1.92	326	6.67	4891	100.00
贵州贵阳市	221	4.43	229	4.59	262	5.26	335	6.72	53	1.06	10	0.20	1007	20.20	4	0.08	2083	41.79	781	15.67	4985	100.00
贵州桐梓县	55	1.08	10	0.20	22	0.43	85	1.68	31	0.61	4310	85.01	125	2.47	0	0.00	286	5.64	146	2.88	5070	100.00
甘肃白银市	358	7.17	15	0.30	741	14.83	81	1.62	53	1.06	0	0.00	3143	62.92	3	0.06	84	1.68	517	10.35	4995	100.00
甘肃定西县	149	2.98	24	0.48	205	4.10	31	0.62	50	1.00	3484	69.72	529	10.59	0	0.00	525	10.51	0	0.00	4997	100.00
合计	3673	6.12	1079	1.80	3449	5.75	2014	3.36	741	1.23	23054	38.41	17503	29.16	47	0.08	5729	9.55	2728	4.55	60017	100.00

附表 26　城乡 0～6 岁儿童母亲职业状况

地区	专业技术人员		机关干部		办事人员		商业人员		服务人员		农林牧渔		工人		军人		其他		不在业		合计	
	调查儿童数	构成%	调查儿童数	构成%	调查儿童数	构成%	调查儿童数	构成%	调查儿童数	构成%	调查儿童数	构成%	调查儿童数	构成%	调查儿童数	构成%	调查儿童数	构成%	调查儿童数	构成%	调查儿童数	构成%
城市	3115	10.37	988	3.29	2906	9.68	1777	5.92	558	1.86	15	0.05	13844	46.11	45	0.15	4795	15.97	1983	6.60	30026	100.00
农村	558	1.86	91	0.30	543	1.81	237	0.79	183	0.61	23039	76.82	3659	12.20	2	0.01	934	3.11	745	2.48	29991	100.00
合计	3673	6.12	1079	1.80	3449	5.75	2014	3.36	741	1.23	23054	38.41	17503	29.16	47	0.08	5729	9.55	2728	4.55	60017	100.00

附表 27　不同经济状况地区 0～6 岁儿童母亲职业状况

地　区	专业技术人员		机关干部		办事人员		商业人员		服务人员		农林牧渔		工　人		军　人		其　他		不在业		合　计	
	调查儿童数	构成%	调查儿童数	构成%	调查儿童数	构成%	调查儿童数	构成%	调查儿童数	构成%	调查儿童数	构成%	调查儿童数	构成%	调查儿童数	构成%	调查儿童数	构成%	调查儿童数	构成%	调查儿童数	构成%
经济发达地区	2292	11.49	148	0.74	2068	10.36	739	3.70	451	2.26	5735	28.74	6284	31.50	36	0.18	1305	6.54	894	4.48	19952	100.00
中等发达地区	598	2.99	653	3.26	151	0.75	743	3.71	103	0.51	9515	47.53	6415	32.05	4	0.02	1446	7.22	390	1.95	20018	100.00
欠发达地区	783	3.91	278	1.39	1230	6.14	532	2.65	187	0.93	7804	38.93	4804	23.96	7	0.03	2978	14.86	1444	7.20	20047	100.00
合　计	3673	6.12	1079	1.80	3449	5.75	2014	3.36	741	1.23	23054	38.41	17503	29.16	47	0.08	5729	9.55	2728	4.55	60017	100.00

附表 28　各省 0～6 岁儿童父亲文化程度状况

地　区	大学大专		高中中专		初　中		小　学		文盲／半文盲		合　计	
	调查儿童数	构成%	调查儿童数	构成%	调查儿童数	构成%	调查儿童数	构成%	调查儿童数	构成%	调查儿童数	构成%
天　津	2076	20.83	2748	27.58	4646	46.62	465	4.67	30	0.30	9965	100.00
吉　林	831	8.31	3701	37.03	4357	43.59	1052	10.53	54	0.54	9995	100.00
河　南	1034	10.30	2732	27.21	4764	47.44	1389	13.83	123	1.22	10042	100.00
江　苏	2557	25.63	4131	41.41	3196	32.03	87	0.87	6	0.06	9977	100.00
贵　州	1251	12.45	1781	17.73	4802	47.80	2080	20.71	131	1.30	10045	100.00
甘　肃	1961	19.65	3242	32.48	3992	40.00	764	7.65	22	0.22	9981	100.00
合　计	9710	16.18	18335	30.56	25757	42.92	5837	9.73	366	0.61	60005	100.00

附表 29　各市县 0～6 岁儿童父亲文化程度状况

地　区	大学大专		高中中专		初　中		小　学		文盲／半文盲		合　计	
	调查儿童数	构成 %	调查儿童数	构成 %	调查儿童数	构成 %	调查儿童数	构成 %	调查儿童数	构成 %	调查儿童数	构成 %
天津和平区	2004	40.27	2199	44.18	720	14.47	54	1.08	0	0.00	4977	100.00
天津大港区	72	1.44	549	11.01	3926	78.71	411	8.24	30	0.60	4988	100.00
吉林四平市	755	15.11	3427	68.59	801	16.03	12	0.24	1	0.02	4996	100.00
吉林东辽县	76	1.52	274	5.48	3556	71.13	1040	20.80	53	1.06	4999	100.00
河南漯河市	976	19.52	2467	49.35	1521	30.43	32	0.64	3	0.06	4999	100.00
河南西华县	58	1.15	265	5.25	3243	64.31	1357	26.91	120	2.38	5043	100.00
江苏常州市	1786	35.11	2209	43.42	1053	20.70	37	0.73	2	0.04	5087	100.00
江苏仪征市	771	15.77	1922	39.30	2143	43.82	50	1.02	4	0.08	4890	100.00
贵州贵阳市	1171	23.55	1478	29.73	1922	38.66	366	7.36	35	0.70	4972	100.00
贵州桐梓县	80	1.58	303	5.97	2880	56.77	1714	33.79	96	1.89	5073	100.00
甘肃白银市	1551	31.09	2181	43.72	1233	24.72	20	0.40	3	0.06	4988	100.00
甘肃定西县	410	8.21	1061	21.25	2759	55.26	744	14.90	19	0.38	4993	100.00
合　计	9710	16.18	18335	30.56	25757	42.92	5837	9.73	366	0.61	60005	100.00

附表 30　城乡 0～6 岁儿童父亲文化程度状况

地　区	大学大专		高中中专		初　中		小　学		文盲／半文盲		合　计	
	调查儿童数	构成 %	调查儿童数	构成 %	调查儿童数	构成 %	调查儿童数	构成 %	调查儿童数	构成 %	调查儿童数	构成 %
城　市	8243	27.46	13961	46.51	7250	24.15	521	1.74	44	0.15	30019	100.00
农　村	1467	4.89	4374	14.59	18507	61.72	5316	17.73	322	1.07	29986	100.00
合　计	9710	16.18	18335	30.56	25757	42.92	5837	9.73	366	0.61	60005	100.00

附表 31　不同经济状况地区 0～6 岁儿童父亲文化程度状况

地　区	大学大专		高中中专		初　中		小　学		文盲／半文盲		合　计	
	调查儿童数	构成 %	调查儿童数	构成 %	调查儿童数	构成 %	调查儿童数	构成 %	调查儿童数	构成 %	调查儿童数	构成 %
发达地区	4633	23.23	6879	34.50	7842	39.32	552	2.77	36	0.18	19942	100.00
中等发达地区	1865	9.31	6433	32.11	9121	45.52	2441	12.18	177	0.88	20037	100.00
欠发达地区	3212	16.04	5023	25.08	8794	43.91	2844	14.20	153	0.76	20026	100.00
合　计	9710	16.18	18335	30.56	25757	42.92	5837	9.73	366	0.61	60005	100.00

附表 32　各省 0～6 岁儿童母亲文化程度状况

地　区	大学大专		高中中专		初　中		小　学		文盲／半文盲		合　计	
	调查儿童数	构成 %	调查儿童数	构成 %	调查儿童数	构成 %	调查儿童数	构成 %	调查儿童数	构成 %	调查儿童数	构成 %
天　津	1937	19.41	2718	27.24	4512	45.22	722	7.24	88	0.88	9977	100.00
吉　林	708	7.08	3344	33.46	4633	46.36	1170	11.71	138	1.38	9993	100.00
河　南	754	7.51	2617	26.06	4701	46.82	1747	17.40	222	2.21	10041	100.00
江　苏	1634	16.37	3849	38.57	4332	43.41	153	1.53	11	0.11	9979	100.00
贵　州	1088	10.82	1487	14.79	4002	39.81	2863	28.48	613	6.10	10053	100.00
甘　肃	1345	13.46	2715	27.17	4114	41.17	1545	15.46	273	2.73	9992	100.00
合　计	7466	12.44	16730	27.87	26294	43.80	8200	13.66	1345	2.24	60035	100.00

附表 33　各市县 0～6 岁儿童母亲文化程度状况

地　区	大学大专		高中中专		初　中		小　学		文盲／半文盲		合　计	
	调查儿童数	构成%	调查儿童数	构成%	调查儿童数	构成%	调查儿童数	构成%	调查儿童数	构成%	调查儿童数	构成%
天津和平区	1898	38.03	2336	46.80	680	13.62	67	1.34	10	0.20	4991	100.00
天津大港区	39	0.78	382	7.66	3832	76.86	655	13.14	78	1.56	4986	100.00
吉林四平市	628	12.58	3160	63.31	1188	23.80	15	0.30	0	0.00	4991	100.00
吉林东辽县	80	1.60	184	3.68	3445	68.87	1155	23.09	138	2.76	5002	100.00
河南漯河市	707	14.15	2415	48.34	1820	36.43	49	0.98	5	0.10	4996	100.00
河南西华县	47	0.93	202	4.00	2881	57.11	1698	33.66	217	4.30	5045	100.00
江苏常州市	1225	24.07	2366	46.49	1446	28.41	51	1.00	1	0.02	5089	100.00
江苏仪征市	409	8.36	1483	30.33	2886	59.02	102	2.09	10	0.20	4890	100.00
贵州贵阳市	1053	21.14	1334	26.79	2007	40.30	515	10.34	71	1.43	4980	100.00
贵州桐梓县	35	0.69	153	3.02	1995	39.33	2348	46.28	542	10.68	5073	100.00
甘肃白银市	1125	22.52	2086	41.76	1686	33.75	83	1.66	15	0.30	4995	100.00
甘肃定西县	220	4.40	629	12.59	2428	48.59	1462	29.26	258	5.16	4997	100.00
合　计	7466	12.44	16730	27.87	26294	43.80	8200	13.66	1345	2.24	60035	100.00

附表 34　城乡 0～6 岁儿童母亲文化程度状况

地　区	大学大专		高中中专		初　中		小　学		文盲／半文盲		合　计	
	调查儿童数	构成%	调查儿童数	构成%	调查儿童数	构成%	调查儿童数	构成%	调查儿童数	构成%	调查儿童数	构成%
城　市	6636	22.09	13697	45.59	8827	29.38	780	2.60	102	0.34	30042	100.00
农　村	830	2.77	3033	10.11	17467	58.24	7420	24.74	1243	4.14	29993	100.00
合　计	7466	12.44	16730	27.87	26294	43.80	8200	13.66	1345	2.24	60035	100.00

附表 35　不同经济状况地区 0～6 岁儿童母亲文化程度状况

地　区	大学大专		高中中专		初　中		小　学		文盲／半文盲		合　计	
	调查儿童数	构成 %	调查儿童数	构成 %	调查儿童数	构成 %	调查儿童数	构成 %	调查儿童数	构成 %	调查儿童数	构成 %
发达地区	3571	17.89	6567	32.91	8844	44.32	875	4.38	99	0.50	19956	100.00
中等发达地区	1462	7.30	5961	29.75	9334	46.59	2917	14.56	360	1.80	20034	100.00
欠发达地区	2433	12.14	4202	20.96	8116	40.49	4408	21.99	886	4.42	20045	100.00
合　计	7466	12.44	16730	27.87	26294	43.80	8200	13.66	1345	2.24	60035	100.00

附表 36　各省 0～6 岁儿童父母婚姻状况

地　区	初　婚		再　婚		丧　偶		离　婚		其　他		合　计	
	调查儿童数	构成 %	调查儿童数	构成 %	调查儿童数	构成 %	调查儿童数	构成 %	调查儿童数	构成 %	调查儿童数	构成 %
天　津	9743	97.42	166	1.66	28	0.28	61	0.61	3	0.03	10001	100.00
吉　林	9873	98.66	91	0.91	8	0.08	33	0.33	1	0.01	10006	100.00
河　南	9995	99.51	11	0.11	16	0.16	17	0.17	5	0.05	10044	100.00
江　苏	9840	98.42	77	0.77	14	0.14	67	0.67	0	0.00	9998	100.00
贵　州	9601	95.31	255	2.53	73	0.72	98	0.97	46	0.46	10073	100.00
甘　肃	9823	98.21	101	1.01	22	0.22	54	0.54	2	0.02	10002	100.00
合　计	58875	97.92	701	1.17	161	0.27	330	0.55	57	0.09	60124	100.00

附表 37　各市县 0～6 岁儿童父母婚姻状况

地　区	初　婚		再　婚		丧　偶		离　婚		其　他		合　计	
	调查儿童数	构成%	调查儿童数	构成%	调查儿童数	构成%	调查儿童数	构成%	调查儿童数	构成%	调查儿童数	构成%
天津和平区	4877	97.54	80	1.60	8	0.16	35	0.70	0	0.00	5000	100.00
天津大港区	4866	97.30	86	1.72	20	0.40	26	0.52	3	0.06	5001	100.00
吉林四平市	4944	98.88	32	0.64	3	0.06	21	0.42	0	0.00	5000	100.00
吉林东辽县	4929	98.46	59	1.18	5	0.10	12	0.24	1	0.02	5006	100.00
河南漯河市	4971	99.44	11	0.22	6	0.12	10	0.20	1	0.02	4999	100.00
河南西华县	5024	99.58	0	0.00	10	0.20	7	0.14	4	0.08	5045	100.00
江苏常州市	5003	98.06	40	0.78	7	0.14	52	1.02	0	0.00	5102	100.00
江苏仪征市	4837	98.79	37	0.76	7	0.14	15	0.31	0	0.00	4896	100.00
贵州贵阳市	4709	94.20	191	3.82	22	0.44	52	1.04	25	0.50	4999	100.00
贵州桐梓县	4892	96.41	64	1.26	51	1.01	46	0.91	21	0.41	5074	100.00
甘肃白银市	4938	98.72	35	0.70	14	0.28	14	0.28	1	0.02	5002	100.00
甘肃定西县	4885	97.70	66	1.32	8	0.16	40	0.80	1	0.02	5000	100.00
合　计	58875	97.92	701	1.17	161	0.27	330	0.55	57	0.09	60124	100.00

附表 38　城乡 0～6 岁儿童父母婚姻状况

地　区	初　婚		再　婚		丧　偶		离　婚		其　他		合　计	
	调查儿童数	构成%	调查儿童数	构成%	调查儿童数	构成%	调查儿童数	构成%	调查儿童数	构成%	调查儿童数	构成%
城　市	29442	97.81	389	1.29	60	0.20	184	0.61	27	0.09	30102	100.00
农　村	29433	98.04	312	1.04	101	0.34	146	0.49	30	0.10	30022	100.00
合　计	58875	97.92	701	1.17	161	0.27	330	0.55	57	0.09	60124	100.00

附表 39　不同经济状况地区 0～6 岁儿童父母婚姻状况

地　区	初　婚		再　婚		丧　偶		离　婚		其　他		合　计	
	调查儿童数	构成 %	调查儿童数	构成 %	调查儿童数	构成 %	调查儿童数	构成 %	调查儿童数	构成 %	调查儿童数	构成 %
发达地区	19583	97.92	243	1.22	42	0.21	128	0.64	3	0.02	19999	100.00
中等发达地区	19868	99.09	102	0.51	24	0.12	50	0.25	6	0.03	20050	100.00
欠发达地区	19424	96.76	356	1.77	95	0.47	152	0.76	48	0.24	20075	100.00
合　计	58875	97.92	701	1.17	161	0.27	330	0.55	57	0.09	60124	100.00

附表 40　各省 0～6 岁儿童父母近亲婚配状况

地　区	非近亲		近　亲		合　计	
	调查儿童数	构成 %	调查儿童数	构成 %	调查儿童数	构成 %
天　津	10000	99.99	1	0.01	10001	100.00
吉　林	10004	99.98	2	0.02	10006	100.00
河　南	10041	99.97	3	0.03	10044	100.00
江　苏	9995	99.97	3	0.03	9998	100.00
贵　州	10049	99.76	24	0.24	10073	100.00
甘　肃	9986	99.84	16	0.16	10002	100.00
合　计	60075	99.92	49	0.08	60124	100.00

附表 41　各市县 0～6 岁儿童父母近亲婚配状况

地　区	非近亲		近　亲		合　计	
	调查儿童数	构成 %	调查儿童数	构成 %	调查儿童数	构成 %
天津和平区	5000	100.00	0	0.00	5000	100.00
天津大港区	5000	99.98	1	0.02	5001	100.00
吉林四平市	4998	99.96	2	0.04	5000	100.00
吉林东辽县	5006	100.00	0	0.00	5006	100.00
河南漯河市	4997	99.96	2	0.04	4999	100.00
河南西华县	5044	99.98	1	0.02	5045	100.00
江苏常州市	5102	100.00	0	0.00	5102	100.00
江苏仪征市	4893	99.94	3	0.06	4896	100.00
贵州贵阳市	4999	100.00	0	0.00	4999	100.00
贵州桐梓县	5050	99.53	24	0.47	5074	100.00
甘肃白银市	4999	99.94	3	0.06	5002	100.00
甘肃定西县	4987	99.74	13	0.26	5000	100.00
合　计	60075	99.92	49	0.08	60124	100.00

附表 42　城乡 0～6 岁儿童父母近亲婚配状况

地　区	非近亲		近　亲		合　计	
	调查儿童数	构成 %	调查儿童数	构成 %	调查儿童数	构成 %
城　市	30095	99.98	7	0.02	30102	100.00
农　村	29980	99.86	42	0.14	30022	100.00
合　计	60075	99.92	49	0.08	60124	100.00

附表 43　不同经济状况地区 0～6 岁儿童父母近亲婚配状况

地　区	非近亲		近　亲		合　计	
	调查儿童数	构成 %	调查儿童数	构成 %	调查儿童数	构成 %
发达地区	19995	99.98	4	0.02	19999	100.00
中等发达地区	20045	99.98	5	0.02	20050	100.00
欠发达地区	20035	99.80	40	0.20	20075	100.00
合　计	60075	99.92	49	0.08	60124	100.00

附表 44　各省 0～6 岁儿童抚养状况

地　区	父和母		父或母		祖（外）父母		其他亲属		国家集体		其他人员		合　计	
	调查儿童数	构成 %	调查儿童数	构成 %	调查儿童数	构成 %	调查儿童数	构成 %	调查儿童数	构成 %	调查儿童数	构成 %	调查儿童数	构成 %
天　津	9853	98.52	61	0.61	79	0.79	7	0.07	0	0.00	1	0.01	10001	100.00
吉　林	9876	98.70	42	0.42	86	0.86	2	0.02	0	0.00	0	0.00	10006	100.00
河　南	9991	99.47	27	0.27	20	0.20	6	0.06	0	0.00	0	0.00	10044	100.00
江　苏	9450	94.52	79	0.79	459	4.59	2	0.02	1	0.01	7	0.07	9998	100.00
贵　州	9601	95.31	179	1.78	251	2.49	12	0.12	3	0.03	27	0.27	10073	100.00
甘　肃	9885	98.83	62	0.62	49	0.49	6	0.06	0	0.00	0	0.00	10002	100.00
合　计	58656	97.56	450	0.75	944	1.57	35	0.06	4	0.01	35	0.06	60124	100.00

附表 45　各市县 0～6 岁儿童抚养状况

地　区	父和母		父或母		祖（外）父母		其他亲属		国家集体		其他人员		合　计	
	调查儿童数	构成 %	调查儿童数	构成 %	调查儿童数	构成 %	调查儿童数	构成 %	调查儿童数	构成 %	调查儿童数	构成 %	调查儿童数	构成 %
天津和平区	4929	98.58	24	0.48	44	0.88	3	0.06	0	0.00	0	0.00	5000	100.00
天津大港区	4924	98.46	37	0.74	35	0.70	4	0.08	0	0.00	1	0.02	5001	100.00
吉林四平市	4906	98.12	18	0.36	75	1.50	1	0.02	0	0.00	0	0.00	5000	100.00
吉林东辽县	4970	99.28	24	0.48	11	0.22	1	0.02	0	0.00	0	0.00	5006	100.00
河南漯河市	4971	99.44	20	0.40	5	0.10	3	0.06	0	0.00	0	0.00	4999	100.00
河南西华县	5020	99.50	7	0.14	15	0.30	3	0.06	0	0.00	0	0.00	5045	100.00
江苏常州市	4660	91.34	52	1.02	380	7.45	2	0.04	1	0.02	7	0.14	5102	100.00
江苏仪征市	4790	97.83	27	0.55	79	1.61	0	0.00	0	0.00	0	0.00	4896	100.00
贵州贵阳市	4849	97.00	63	1.26	56	1.12	4	0.08	3	0.06	24	0.48	4999	100.00
贵州桐梓县	4752	93.65	116	2.29	195	3.84	8	0.16	0	0.00	3	0.06	5074	100.00
甘肃白银市	4950	98.96	25	0.50	25	0.50	2	0.04	0	0.00	0	0.00	5002	100.00
甘肃定西县	4935	98.70	37	0.74	24	0.48	4	0.08	0	0.00	0	0.00	5000	100.00
合　计	58656	97.56	450	0.75	944	1.57	35	0.06	4	0.01	35	0.06	60124	100.00

附表 46　城乡 0～6 岁儿童抚养状况

地　区	父和母		父或母		祖（外）父母		其他亲属		国家集体		其他人员		合　计	
	调查儿童数	构成 %	调查儿童数	构成 %	调查儿童数	构成 %	调查儿童数	构成 %	调查儿童数	构成 %	调查儿童数	构成 %	调查儿童数	构成 %
城　市	29265	97.22	202	0.67	585	1.94	15	0.05	4	0.01	31	0.10	30102	100.00
农　村	29391	97.90	248	0.83	359	1.20	20	0.07	0	0.00	4	0.01	30022	100.00
合　计	58656	97.56	450	0.75	944	1.57	35	0.06	4	0.01	35	0.06	60124	100.00

附表 47 不同经济状况地区 0～6 岁儿童抚养状况

地 区	父和母		父或母		祖（外）父母		其他亲属		国家集体		其他人员		合 计	
	调查儿童数	构成 %	调查儿童数	构成 %	调查儿童数	构成 %	调查儿童数	构成 %	调查儿童数	构成 %	调查儿童数	构成 %	调查儿童数	构成 %
发达地区	19303	96.52	140	0.70	538	2.69	9	0.05	1	0.01	8	0.04	19999	100.00
中等发达地区	19867	99.09	69	0.34	106	0.53	8	0.04	0	0.00	0	0.00	20050	100.00
欠发达地区	19486	97.07	241	1.20	300	1.49	18	0.09	3	0.01	27	0.13	20075	100.00
合 计	58656	97.56	450	0.75	944	1.57	35	0.06	4	0.01	35	0.06	60124	100.00

附表 48 各省 0～6 岁儿童家庭人口状况

地 区	2 人		3 人		4 人		5 人		6 人		7 人及以上		合 计	
	调查儿童数	构成 %	调查儿童数	构成 %	调查儿童数	构成 %	调查儿童数	构成 %	调查儿童数	构成 %	调查儿童数	构成 %	调查儿童数	构成 %
天 津	39	0.39	6613	66.12	2281	22.81	838	8.38	175	1.75	55	0.55	10001	100.00
吉 林	42	0.42	7553	75.48	1397	13.96	810	8.10	168	1.68	36	0.36	10006	100.00
河 南	22	0.22	5788	57.63	2836	28.24	965	9.61	318	3.17	115	1.14	10044	100.00
江 苏	40	0.40	5906	59.07	977	9.77	2365	23.65	450	4.50	260	2.60	9998	100.00
贵 州	99	0.98	5586	55.46	2542	25.24	1133	11.25	465	4.62	248	2.46	10073	100.00
甘 肃	53	0.53	6492	64.91	1254	12.54	1087	10.87	740	7.40	376	3.76	10002	100.00
合 计	295	0.49	37938	63.10	11287	18.77	7198	11.97	2316	3.85	1090	1.81	60124	100.00

附表 49　各市县 0～6 岁儿童家庭人口状况

地　区	2人		3人		4人		5人		6人		7人及以上		合　计	
	调查儿童数	构成%	调查儿童数	构成%	调查儿童数	构成%	调查儿童数	构成%	调查儿童数	构成%	调查儿童数	构成%	调查儿童数	构成%
天津和平区	15	0.30	3846	76.92	446	8.92	546	10.92	112	2.24	35	0.70	5000	100.00
天津大港区	24	0.48	2767	55.33	1835	36.69	292	5.84	63	1.26	20	0.40	5001	100.00
吉林四平市	25	0.50	4393	87.86	285	5.70	236	4.72	45	0.90	16	0.32	5000	100.00
吉林东辽县	17	0.34	3160	63.12	1112	22.22	574	11.47	123	2.46	20	0.40	5006	100.00
河南漯河市	18	0.36	4128	82.58	433	8.66	334	6.68	64	1.28	22	0.44	4999	100.00
河南西华县	4	0.08	1660	32.90	2403	47.63	631	12.51	254	5.03	93	1.84	5045	100.00
江苏常州市	25	0.49	2577	50.51	582	11.41	1513	29.66	228	4.47	177	3.47	5102	100.00
江苏仪征市	15	0.31	3329	67.99	395	8.07	852	17.40	222	4.53	83	1.70	4896	100.00
贵州贵阳市	38	0.76	3969	79.40	634	12.68	233	4.66	86	1.72	39	0.78	4999	100.00
贵州桐梓县	61	1.20	1617	31.87	1908	37.60	900	17.74	379	7.47	209	4.12	5074	100.00
甘肃白银市	19	0.38	4729	94.54	167	3.34	63	1.26	19	0.38	5	0.10	5002	100.00
甘肃定西县	34	0.68	1763	35.26	1087	21.74	1024	20.48	721	14.42	371	7.42	5000	100.00
合　计	295	0.49	37938	63.10	11287	18.77	7198	11.97	2316	3.85	1090	1.81	60124	100.00

附表 50　城乡 0～6 岁儿童家庭人口状况

地 区	2人		3人		4人		5人		6人		7人及以上		合　计	
	调查儿童数	构成%	调查儿童数	构成%	调查儿童数	构成%	调查儿童数	构成%	调查儿童数	构成%	调查儿童数	构成%	调查儿童数	构成%
城 市	140	0.47	23642	78.54	2547	8.46	2925	9.72	554	1.84	294	0.98	30102	100.00
农 村	155	0.52	14296	47.62	8740	29.11	4273	14.23	1762	5.87	796	2.65	30022	100.00
合 计	295	0.49	37938	63.10	11287	18.77	7198	11.97	2316	3.85	1090	1.81	60124	100.00

附表51　不同经济状况地区0～6岁儿童家庭人口状况

地　区	2人		3人		4人		5人		6人		7人及以上		合　计	
	调查儿童数	构成%	调查儿童数	构成%	调查儿童数	构成%	调查儿童数	构成%	调查儿童数	构成%	调查儿童数	构成%	调查儿童数	构成%
经济发达地区	79	0.40	12519	62.60	3258	16.29	3203	16.02	625	3.13	315	1.58	19999	100.00
中等发达地区	64	0.32	13341	66.54	4233	21.11	1775	8.85	486	2.42	151	0.75	20050	100.00
欠发达地区	152	0.76	12078	60.17	3796	18.91	2220	11.06	1205	6.00	624	3.11	20075	100.00
合　计	295	0.49	37938	63.10	11287	18.77	7198	11.97	2316	3.85	1090	1.81	60124	100.00

附表52　各省0～6岁儿童家庭子女状况

地　区	1人		2人		3人		4人		5人		6人及以上		合　计	
	调查儿童数	构成%	调查儿童数	构成%	调查儿童数	构成%	调查儿童数	构成%	调查儿童数	构成%	调查儿童数	构成%	调查儿童数	构成%
天　津	7824	78.23	2018	20.18	145	1.45	14	0.14	0	0.00	0	0.00	10001	100.00
吉　林	8928	89.23	1031	10.30	46	0.46	1	0.01	0	0.00	0	0.00	10006	100.00
河　南	6912	68.82	2820	28.08	266	2.65	41	0.41	5	0.05	0	0.00	10044	100.00
江　苏	9633	96.35	353	3.53	12	0.12	0	0.00	0	0.00	0	0.00	9998	100.00
贵　州	6839	67.89	2692	26.72	472	4.69	59	0.59	9	0.09	2	0.02	10073	100.00
甘　肃	8104	81.03	1613	16.13	216	2.16	65	0.65	3	0.03	1	0.01	10002	100.00
合　计	48240	80.23	10527	17.51	1157	1.92	180	0.30	17	0.03	3	0.005	60124	100.00

附表 53 各市县 0～6 岁儿童家庭子女状况

地 区	1人		2人		3人		4人		5人		6人及以上		合 计	
	调查儿童数	构成%	调查儿童数	构成%	调查儿童数	构成%	调查儿童数	构成%	调查儿童数	构成%	调查儿童数	构成%	调查儿童数	构成%
天津和平区	4763	95.26	215	4.30	19	0.38	3	0.06	0	0.00	0	0.00	5000	100.00
天津大港区	3061	61.21	1803	36.05	126	2.52	11	0.22	0	0.00	0	0.00	5001	100.00
吉林四平市	4916	98.32	79	1.58	4	0.08	1	0.02	0	0.00	0	0.00	5000	100.00
吉林东辽县	4012	80.14	952	19.02	42	0.84	0	0.00	0	0.00	0	0.00	5006	100.00
河南漯河市	4784	95.70	206	4.12	8	0.16	1	0.02	0	0.00	0	0.00	4999	100.00
河南西华县	2128	42.18	2614	51.81	258	5.11	40	0.79	5	0.10	0	0.00	5045	100.00
江苏常州市	4906	96.16	188	3.68	8	0.16	0	0.00	0	0.00	0	0.00	5102	100.00
江苏仪征市	4727	96.55	165	3.37	4	0.08	0	0.00	0	0.00	0	0.00	4896	100.00
贵州贵阳市	4404	88.10	557	11.14	31	0.62	6	0.12	1	0.02	0	0.00	4999	100.00
贵州桐梓县	2435	47.99	2135	42.08	441	8.69	53	1.04	8	0.16	2	0.04	5074	100.00
甘肃白银市	4869	97.34	129	2.58	1	0.02	3	0.06	0	0.00	0	0.00	5002	100.00
甘肃定西县	3235	64.70	1484	29.68	215	4.30	62	1.24	3	0.06	1	0.02	5000	100.00
合 计	48240	80.23	10527	17.51	1157	1.92	180	0.30	17	0.03	3	0.005	60124	100.00

附表 54 城乡 0～6 岁儿童家庭子女状况

地 区	1人		2人		3人		4人		5人		6人及以上		合 计	
	调查儿童数	构成%	调查儿童数	构成%	调查儿童数	构成%	调查儿童数	构成%	调查儿童数	构成%	调查儿童数	构成%	调查儿童数	构成%
城 市	28642	95.15	1374	4.56	71	0.24	14	0.05	1	0.00	0	0.00	30102	100.00
农 村	19598	65.28	9153	30.49	1086	3.62	166	0.55	16	0.05	3	0.01	30022	100.00
合 计	48240	80.23	10527	17.51	1157	1.92	180	0.30	17	0.03	3	0.005	60124	100.00

附表55　不同经济状况地区0～6岁儿童家庭子女状况

地　区	1人		2人		3人		4人		5人		6人及以上		合　计	
	调查儿童数	构成%	调查儿童数	构成%	调查儿童数	构成%	调查儿童数	构成%	调查儿童数	构成%	调查儿童数	构成%	调查儿童数	构成%
发达地区	17457	87.29	2371	11.86	157	0.79	14	0.07	0	0.00	0	0.00	19999	100.00
中等发达地区	15840	79.00	3851	19.21	312	1.56	42	0.21	5	0.02	0	0.00	20050	100.00
欠发达地区	14943	74.44	4305	21.44	688	3.43	124	0.62	12	0.06	3	0.01	20075	100.00
合　计	48240	80.23	10527	17.51	1157	1.92	180	0.30	17	0.03	3	0.005	60124	100.00

附表56　各省0～6岁儿童家庭年人均收入状况

地　区	<500元		500元～		1000元～		2000元～		3000元～		4000元～		5000元～		6000元～		7000元～		8000元～		9000元～		10000元～		合计
	调查儿童数	构成%	调查儿童数	构成%	调查儿童数	构成%	调查儿童数	构成%	调查儿童数	构成%	调查儿童数	构成%	调查儿童数	构成%	调查儿童数	构成%	调查儿童数	构成%	调查儿童数	构成%	调查儿童数	构成%	调查儿童数	构成%	
天　津	2	0.02	5	0.05	133	1.33	1459	14.59	2491	24.91	2231	22.31	433	4.33	922	9.22	320	3.20	831	8.31	234	2.34	940	9.40	10001
吉　林	284	2.84	753	7.53	4340	43.37	1764	17.63	1321	13.20	696	6.96	368	3.68	212	2.12	89	0.89	60	0.60	19	0.19	100	1.00	10006
河　南	4	0.04	52	0.52	3417	34.02	1906	18.98	919	9.15	1083	10.78	1307	13.01	1082	10.77	110	1.10	120	1.19	7	0.07	37	0.37	10044
江　苏	3	0.03	28	0.28	373	3.73	1074	10.74	1311	13.11	1562	15.62	1197	11.97	1333	13.33	827	8.27	985	9.85	239	2.39	1066	10.66	9998
贵　州	48	0.48	766	7.60	2599	25.80	2579	25.60	1585	15.74	509	5.05	712	7.07	388	3.85	182	1.81	371	3.68	41	0.41	293	2.91	10073
甘　肃	278	2.78	1629	16.29	2064	20.63	893	8.93	999	9.99	1277	12.77	905	9.05	899	8.99	494	4.94	265	2.65	103	1.03	196	1.96	10002
总　计	619	1.03	3233	5.38	12926	21.50	9675	16.09	8626	14.35	7358	12.24	4922	8.19	4836	8.04	2022	3.36	2632	4.38	643	1.07	2632	4.38	60124

附表 57　各市县 0～6 岁儿童家庭年人均收入状况

地　区	<500 元		500 元～		1000 元～		2000 元～		3000 元～		4000 元～		5000 元～		6000 元～		7000 元～		8000 元～		9000 元～		10000 元～		合计
	调查儿童数	构成%	调查儿童数	构成%	调查儿童数	构成%	调查儿童数	构成%	调查儿童数	构成%	调查儿童数	构成%	调查儿童数	构成%	调查儿童数	构成%	调查儿童数	构成%	调查儿童数	构成%	调查儿童数	构成%	调查儿童数	构成%	
天津和平区	1	0.02	2	0.04	17	0.34	427	8.54	673	13.46	686	13.72	58	1.16	875	17.50	301	6.02	807	16.14	233	4.66	920	18.40	5000
天津大港区	1	0.02	3	0.06	116	2.32	1032	20.64	1818	36.35	1545	30.89	375	7.50	47	0.94	19	0.38	24	0.48	1	0.02	20	0.40	5001
吉林四平市	8	0.16	22	0.44	887	17.74	1410	28.20	1201	24.02	670	13.40	333	6.66	210	4.20	84	1.68	59	1.18	19	0.38	97	1.94	5000
吉林东辽县	276	5.51	731	14.60	3453	68.98	354	7.07	120	2.40	26	0.52	35	0.70	2	0.04	5	0.10	1	0.02	0	0.00	3	0.06	5006
河南漯河市	2	0.04	0	0.00	36	0.72	312	6.24	909	18.18	1079	21.58	1306	26.13	1082	21.64	110	2.20	119	2.38	7	0.14	37	0.74	4999
河南西华县	2	0.04	52	1.03	3381	67.02	1594	31.60	10	0.20	4	0.08	1	0.02	0	0.00	0	0.00	1	0.02	0	0.00	0	0.00	5045
江苏常州市	1	0.02	9	0.18	54	1.06	153	3.00	354	6.94	670	13.13	655	12.84	897	17.58	574	11.25	616	12.07	204	4.00	915	17.93	5102
江苏仪征市	2	0.04	19	0.39	319	6.52	921	18.81	957	19.55	892	18.22	542	11.07	436	8.91	253	5.17	369	7.54	35	0.71	151	3.08	4896
贵州贵阳市	0	0.00	6	0.12	322	6.44	1050	21.00	1255	25.11	450	9.00	677	13.54	367	7.34	176	3.52	369	7.38	39	0.78	288	5.76	4999
贵州桐梓县	48	0.95	760	14.98	2277	44.88	1529	30.13	330	6.50	59	1.16	35	0.69	21	0.41	6	0.12	2	0.04	2	0.04	5	0.10	5074
甘肃白银市	2	0.04	8	0.16	132	2.64	501	10.02	765	15.29	1136	22.71	786	15.71	674	13.47	465	9.30	256	5.12	95	1.90	182	3.64	5002
甘肃定西县	276	5.52	1621	32.42	1932	38.64	392	7.84	234	4.68	141	2.82	119	2.38	225	4.50	29	0.58	9	0.18	8	0.16	14	0.28	5000
总　计	619	1.03	3233	5.38	12926	21.50	9675	16.09	8626	14.35	7358	12.24	4922	8.19	4836	8.04	2022	3.36	2632	4.38	643	1.07	2632	4.38	60124

附表 58　城乡 0～6 岁儿童家庭年人均收入状况

地　区	<500 元		500 元～		1000 元～		2000 元～		3000 元～		4000 元～		5000 元～		6000 元～		7000 元～		8000 元～		9000 元～		10000 元～		合计
	调查儿童数	构成%	调查儿童数	构成%	调查儿童数	构成%	调查儿童数	构成%	调查儿童数	构成%	调查儿童数	构成%	调查儿童数	构成%	调查儿童数	构成%	调查儿童数	构成%	调查儿童数	构成%	调查儿童数	构成%	调查儿童数	构成%	
城　市	14	0.05	47	0.16	1448	4.81	3853	12.80	5157	17.13	4691	15.58	3815	12.67	4105	13.64	1710	5.68	2226	7.39	597	1.98	2439	8.10	30102
农　村	605	2.02	3186	10.61	11478	38.23	5822	19.39	3469	11.55	2667	8.88	1107	3.69	731	2.43	312	1.04	406	1.35	46	0.15	193	0.64	30022
总　计	619	1.03	3233	5.38	12926	21.50	9675	16.09	8626	14.35	7358	12.24	4922	8.19	4836	8.04	2022	3.36	2632	4.38	643	1.07	2632	4.38	60124

附表59　不同经济状况地区0～6岁儿童家庭年人均收入状况

地 区	<500元		500元～		1000元～		2000元～		3000元～		4000元～		5000元～		6000元～		7000元～		8000元～		9000元～		10000元～		合计
	调查儿童数	构成%	调查儿童数	构成%	调查儿童数	构成%	调查儿童数	构成%	调查儿童数	构成%	调查儿童数	构成%	调查儿童数	构成%	调查儿童数	构成%	调查儿童数	构成%	调查儿童数	构成%	调查儿童数	构成%	调查儿童数	构成%	
发达地区	5	0.03	33	0.17	506	2.53	2533	12.67	3802	19.01	3793	18.97	1630	8.15	2255	11.28	1147	5.74	1816	9.08	473	2.37	2006	10.03	19999
中等发达地区	288	1.44	805	4.02	7757	38.69	3670	18.31	2240	11.17	1779	8.87	1675	8.35	1294	6.45	199	0.99	180	0.90	26	0.13	137	0.68	20050
欠发达地区	326	1.62	2395	11.93	4663	23.23	3472	17.29	2584	12.87	1786	8.90	1617	8.05	1287	6.41	676	3.37	636	3.17	144	0.72	489	2.44	20075
总 计	619	1.03	3233	5.38	12926	21.50	9675	16.09	8626	14.35	7358	12.24	4922	8.19	4836	8.04	2022	3.36	2632	4.38	643	1.07	2632	4.38	60124

附表60　各省0～6岁五类残疾儿童筛查及现患情况

地 区	调查儿童数	听力残疾				视力残疾				智力残疾				肢体残疾				精神残疾				合 计			
		筛查情况		确诊情况		筛查情况		确诊情况		筛查情况		确诊情况		筛查情况		确诊情况		筛查情况		确诊情况		筛查情况		确诊情况	
		阳性人数	阳性率%	确诊人数	现患率%	阳性人数	阳性率%	确诊人数	现患率%	阳性人数	阳性率%	确诊人数	现患率%	阳性人数	阳性率%	确诊人数	现患率%	阳性人数	阳性率%	确诊人数	现患率%	阳性人数	阳性率%	确诊人数	现患率%
天 津	10001	17	0.17	7	0.07	34	0.34	7	0.07	183	1.83	89	0.89	41	0.41	30	0.30	16	0.16	8	0.08	291	2.91	141	1.41
吉 林	10006	59	0.59	28	0.28	85	0.85	14	0.14	249	2.49	131	1.31	56	0.56	38	0.38	27	0.27	8	0.08	476	4.76	219	2.19
河 南	10044	45	0.45	26	0.26	37	0.37	10	0.10	148	1.47	110	1.10	72	0.72	57	0.57	33	0.33	14	0.14	335	3.34	217	2.16
江 苏	9998	20	0.20	4	0.04	34	0.34	4	0.04	125	1.25	61	0.61	59	0.59	27	0.27	15	0.15	9	0.09	253	2.53	105	1.05
贵 州	10073	36	0.36	14	0.14	46	0.46	10	0.10	127	1.26	96	0.95	93	0.92	53	0.53	18	0.18	8	0.08	320	3.18	181	1.80
甘 肃	10002	32	0.32	14	0.14	71	0.71	19	0.19	176	1.76	73	0.73	76	0.76	50	0.50	31	0.31	14	0.14	386	3.86	170	1.70
合 计	60124	209	0.35	93	0.15	307	0.51	64	0.11	1008	1.68	560	0.93	397	0.66	255	0.42	140	0.23	61	0.10	2061*	3.43	1033*	1.72

＊含综合残疾

附表61　各市县0～6岁五类残疾儿童筛查及现患情况

地区	调查儿童数	听力残疾				视力残疾				智力残疾				肢体残疾				精神残疾				合计			
		筛查情况		确诊情况		筛查情况		确诊情况		筛查情况		确诊情况		筛查情况		确诊情况		筛查情况		确诊情况		筛查情况		确诊情况	
		阳性人数	阳性率%	确诊人数	现患率%	阳性人数	阳性率%	确诊人数	现患率%	阳性人数	阳性率%	确诊人数	现患率%	阳性人数	阳性率%	确诊人数	现患率%	阳性人数	阳性率%	确诊人数	现患率%	阳性人数	阳性率%	确诊人数	现患率%
天津和平区	5000	14	0.28	6	0.12	21	0.42	4	0.08	85	1.70	48	0.96	17	0.34	14	0.28	6	0.12	5	0.10	143	2.86	77	1.54
天津大港区	5001	3	0.06	1	0.02	13	0.26	3	0.06	98	1.96	41	0.82	24	0.48	16	0.32	10	0.20	3	0.06	148	2.96	64	1.28
吉林四平市	5000	48	0.96	22	0.44	67	1.34	11	0.22	62	1.24	35	0.70	24	0.48	17	0.34	9	0.18	3	0.06	210	4.20	88	1.76
吉林东辽县	5006	11	0.22	6	0.12	18	0.36	3	0.06	187	3.74	96	1.92	32	0.64	21	0.42	18	0.36	5	0.10	266	5.31	131	2.62
河南漯河市	4999	34	0.68	20	0.40	26	0.52	8	0.16	76	1.52	49	0.98	32	0.64	22	0.44	27	0.54	9	0.18	195	3.90	108	2.16
河南西华县	5045	11	0.22	6	0.12	11	0.22	2	0.04	72	1.43	61	1.21	40	0.79	35	0.69	6	0.12	5	0.10	140	2.78	109	2.16
江苏常州市	5102	5	0.10	2	0.04	27	0.53	3	0.06	63	1.23	27	0.53	39	0.76	18	0.35	9	0.18	7	0.14	143	2.80	57	1.12
江苏仪征市	4896	15	0.31	2	0.04	7	0.14	1	0.02	62	1.27	34	0.69	20	0.41	9	0.18	6	0.12	2	0.04	110	2.25	48	0.98
贵州贵阳市	4999	5	0.10	2	0.04	29	0.58	7	0.14	80	1.60	60	1.20	40	0.80	20	0.40	11	0.22	6	0.12	165	3.30	95	1.90
贵州桐梓县	5074	31	0.61	12	0.24	17	0.34	3	0.06	47	0.93	36	0.71	53	1.04	33	0.65	7	0.14	2	0.04	155	3.05	86	1.69
甘肃白银市	5002	13	0.26	7	0.14	22	0.44	3	0.06	79	1.58	31	0.62	35	0.70	24	0.48	5	0.10	1	0.02	154	3.08	66	1.32
甘肃定西县	5000	19	0.38	7	0.14	49	0.98	16	0.32	97	1.94	42	0.84	41	0.82	26	0.52	26	0.52	13	0.26	232	4.64	104	2.08
合计	60124	209	0.35	93	0.15	307	0.51	64	0.11	1008	1.68	560	0.93	397	0.66	255	0.42	140	0.23	61	0.10	2061*	3.43	1033*	1.72

* 含综合残疾

附表62　城乡0～6岁五类残疾儿童筛查及现患情况

地区	调查儿童数	听力残疾				视力残疾				智力残疾				肢体残疾				精神残疾				合计			
		筛查情况		确诊情况		筛查情况		确诊情况		筛查情况		确诊情况		筛查情况		确诊情况		筛查情况		确诊情况		筛查情况		确诊情况	
		阳性人数	阳性率%	确诊人数	现患率%	阳性人数	阳性率%	确诊人数	现患率%	阳性人数	阳性率%	确诊人数	现患率%	阳性人数	阳性率%	确诊人数	现患率%	阳性人数	阳性率%	确诊人数	现患率%	阳性人数	阳性率%	确诊人数	现患率%
城市	30102	119	0.40	59	0.20	192	0.64	36	0.12	445	1.48	250	0.83	195	0.65	115	0.38	67	0.22	31	0.10	1018	3.38	491	1.63
农村	30022	90	0.30	34	0.11	115	0.38	28	0.09	563	1.88	310	1.03	202	0.67	140	0.47	73	0.24	30	0.10	1043	3.47	542	1.81
合计	60124	209	0.35	93	0.15	307	0.51	64	0.11	1008	1.68	560	0.93	397	0.66	255	0.42	140	0.23	61	0.10	2061*	3.43	1033*	1.72

* 含综合残疾

附表63 不同经济状况地区0～6岁五类残疾儿童筛查及现患情况

地区	调查儿童数	听力残疾				视力残疾				智力残疾				肢体残疾				精神残疾				合计			
		筛查情况		确诊情况		筛查情况		确诊情况		筛查情况		确诊情况		筛查情况		确诊情况		筛查情况		确诊情况		筛查情况		确诊情况	
		阳性人数	阳性率%	确诊人数	现患率%	阳性人数	阳性率%	确诊人数	现患率%	阳性人数	阳性率%	确诊人数	现患率%	阳性人数	阳性率%	确诊人数	现患率%	阳性人数	阳性率%	确诊人数	现患率%	阳性人数	阳性率%	确诊人数	现患率%
发达地区	19999	37	0.19	11	0.06	68	0.34	11	0.06	308	1.54	150	0.75	100	0.50	57	0.29	31	0.16	17	0.09	544	2.72	246	1.23
中等发达地区	20050	104	0.52	54	0.27	122	0.61	24	0.12	397	1.98	241	1.20	128	0.64	95	0.47	60	0.30	22	0.11	811	4.04	436	2.17
欠发达地区	20075	68	0.34	28	0.14	117	0.58	29	0.14	303	1.51	169	0.84	169	0.84	103	0.51	49	0.24	22	0.11	706	3.52	351	1.75
合计	60124	209	0.35	93	0.15	307	0.51	64	0.11	1008	1.68	560	0.93	397	0.66	255	0.42	140	0.23	61	0.10	2061*	3.43	1033*	1.72

* 含综合残疾

附表64 各市县0～6岁五类残疾儿童构成

地区	听力残疾		视力残疾		智力残疾		肢体残疾		精神残疾		合计	
	儿童数	构成%	儿童数	构成%	儿童数	构成%	儿童数	构成%	儿童数	构成%	儿童数	构成%
天津和平区	6	7.79	4	5.19	48	62.34	14	18.18	5	6.49	77	100.00
天津大港区	1	1.56	3	4.69	41	64.06	16	25.00	3	4.69	64	100.00
吉林四平市	22	25.00	11	12.50	35	39.77	17	19.32	3	3.41	88	100.00
吉林东辽县	6	4.58	3	2.29	96	73.28	21	16.03	5	3.82	131	100.00
河南漯河市	20	18.52	8	7.41	49	45.37	22	20.37	9	8.33	108	100.00
河南西华县	6	5.50	2	1.83	61	55.96	35	32.11	5	4.59	109	100.00
江苏常州市	2	3.51	3	5.26	27	47.37	18	31.58	7	12.28	57	100.00
江苏仪征市	2	4.17	1	2.08	34	70.83	9	18.75	2	4.17	48	100.00
贵州贵阳市	2	2.11	7	7.37	60	63.16	20	21.05	6	6.32	95	100.00
贵州桐梓县	12	13.95	3	3.49	36	41.86	33	38.37	2	2.33	86	100.00
甘肃白银市	7	10.61	3	4.55	31	46.97	24	36.36	1	1.52	66	100.00
甘肃定西县	7	6.73	16	15.38	42	40.38	26	25.00	13	12.50	104	100.00
合计	93	9.00	64	6.20	560	54.21	255	24.69	61	5.91	1033*	100.00

* 含综合残疾

附表 65　城乡 0～6 岁五类残疾儿童构成

地　区	听力残疾		视力残疾		智力残疾		肢体残疾		精神残疾		合　计	
	儿童数	构成 %	儿童数	构成 %	儿童数	构成 %	儿童数	构成 %	儿童数	构成 %	儿童数	构成 %
城　市	59	12.02	36	7.33	250	50.92	115	23.42	31	6.31	491	100.00
农　村	34	6.27	28	5.17	310	57.20	140	25.83	30	5.54	542	100.00
合　计	93	9.00	64	6.20	560	54.21	255	24.69	61	5.91	1033*	100.00

＊含综合残疾

附表 66　不同经济状况地区 0～6 岁五类残疾儿童构成

地　区	听力残疾		视力残疾		智力残疾		肢体残疾		精神残疾		合　计	
	儿童数	构成 %	儿童数	构成 %	儿童数	构成 %	儿童数	构成 %	儿童数	构成 %	儿童数	构成 %
发达地区	11	4.47	11	4.47	150	60.98	57	23.17	17	6.91	246	100.00
中等发达地区	54	12.39	24	5.50	241	55.28	95	21.79	22	5.05	436	100.00
欠发达地区	28	7.98	29	8.26	169	48.15	103	29.34	22	6.27	351	100.00
合　计	93	9.00	64	6.20	560	54.21	255	24.69	61	5.91	1033*	100.00

＊含综合残疾

附表 67　各市县 0～6 岁残疾儿童单一残疾和综合残疾构成

地　区	单 一 残 疾		综 合 残 疾		合　计	
	儿童数	构成 %	儿童数	构成 %	儿童数	构成 %
天津和平区	43	72.88	16	27.12	59	100.00
天津大港区	34	70.83	14	29.17	48	100.00
吉林四平市	58	79.45	15	20.55	73	100.00
吉林东辽县	75	73.53	27	26.47	102	100.00
河南漯河市	80	85.11	14	14.89	94	100.00
河南西华县	69	77.53	20	22.47	89	100.00
江苏常州市	32	72.73	12	27.27	44	100.00
江苏仪征市	37	88.10	5	11.90	42	100.00
贵州贵阳市	65	82.28	14	17.72	79	100.00
贵州桐梓县	50	74.63	17	25.37	67	100.00
甘肃白银市	38	74.51	13	25.49	51	100.00
甘肃定西县	48	67.61	23	32.39	71	100.00
合　计	629	76.80	190	23.20	819	100.00

附表68　城乡0～6岁残疾儿童单一残疾和综合残疾构成

地　区	单一残疾		综合残疾		合计	
	儿童数	构成%	儿童数	构成%	儿童数	构成%
城　市	316	79.00	84	21.00	400	100.00
农　村	313	74.70	106	25.30	419	100.00
总　计	629	76.80	190	23.20	819	100.00

附表69　不同经济状况地区0～6岁残疾儿童单一残疾和综合残疾构成

地　区	单一残疾		综合残疾		合计	
	儿童数	构成%	儿童数	构成%	儿童数	构成%
发达地区	146	75.65	47	24.35	193	100.00
中等发达地区	282	78.77	76	21.23	358	100.00
欠发达地区	201	75.00	67	25.00	268	100.00
合　计	629	76.80	190	23.20	819	100.00

表70　各市县0～6岁残疾儿童分布情况

地　区	调查儿童数	残疾儿童数	现患率%	构成比%
天津和平区	5000	59	1.18	7.20
天津大港区	5001	48	0.96	5.86
吉林四平市	5000	73	1.46	8.91
吉林东辽县	5006	102	2.04	12.45
河南漯河市	4999	94	1.88	11.48
河南西华县	5045	89	1.76	10.87
江苏常州市	5102	44	0.86	5.37
江苏仪征市	4896	42	0.86	5.13
贵州贵阳市	4999	79	1.58	9.65
贵州桐梓县	5074	67	1.32	8.18
甘肃白银市	5002	51	1.02	6.23
甘肃定西县	5000	71	1.42	8.67
合　计	60124	819	1.36	100.00

表 71 各省 0～6 岁残疾儿童性别分布

地区	男性				女性				合计			
	调查儿童数	残疾儿童数	现患率%	构成%	调查儿童数	残疾儿童数	现患率%	构成%	调查儿童数	残疾儿童数	现患率%	构成%
天津	5437	75	1.38	70.09	4564	32	0.70	29.91	10001	107	1.07	100.00
吉林	5295	101	1.91	57.71	4711	74	1.57	42.29	10006	175	1.75	100.00
河南	5757	109	1.89	59.56	4287	74	1.73	40.44	10044	183	1.82	100.00
江苏	5144	46	0.89	53.49	4854	40	0.82	46.51	9998	86	0.86	100.00
贵州	5431	65	1.20	44.52	4642	81	1.74	55.48	10073	146	1.45	100.00
甘肃	5380	76	1.41	62.30	4622	46	1.00	37.70	10002	122	1.22	100.00
合计	32444	472	1.45	57.63	27680	347	1.25	42.37	60124	819	1.36	100.00

附表 72 各市县 0～6 岁残疾儿童性别分布

地区	男				女				合计			
	调查儿童数	残疾儿童数	现患率%	构成%	调查儿童数	残疾儿童数	现患率%	构成%	调查儿童数	残疾儿童数	现患率%	构成%
天津和平区	2534	41	1.62	69.49	2466	18	0.73	30.51	5000	59	1.18	100.00
天津大港区	2903	34	1.17	70.83	2098	14	0.67	29.17	5001	48	0.96	100.00
吉林四平市	2716	46	1.69	63.01	2284	27	1.18	36.99	5000	73	1.46	100.00
吉林东辽县	2579	55	2.13	53.92	2427	47	1.94	46.08	5006	102	2.04	100.00
河南漯河市	2701	56	2.07	59.57	2298	38	1.65	40.43	4999	94	1.88	100.00
河南西华县	3056	53	1.73	59.55	1989	36	1.81	40.45	5045	89	1.76	100.00
江苏常州市	2612	22	0.84	50.00	2490	22	0.88	50.00	5102	44	0.86	100.00
江苏仪征市	2532	24	0.95	57.14	2364	18	0.76	42.86	4896	42	0.86	100.00
贵州贵阳市	2663	37	1.39	46.84	2336	42	1.80	53.16	4999	79	1.58	100.00
贵州桐梓县	2768	28	1.01	41.79	2306	39	1.69	58.21	5074	67	1.32	100.00
甘肃白银市	2656	29	1.09	56.86	2346	22	0.94	43.14	5002	51	1.02	100.00
甘肃定西县	2724	47	1.73	66.20	2276	24	1.05	33.80	5000	71	1.42	100.00
合计	32444	472	1.45	57.63	27680	347	1.25	42.37	60124	819	1.36	100.00

附表 73　城乡 0～6 岁残疾儿童性别分布

地区	男				女				合计			
	调查儿童数	残疾儿童数	现患率%	构成%	调查儿童数	残疾儿童数	现患率%	构成%	调查儿童数	残疾儿童数	现患率%	构成%
城市	15882	231	1.45	57.75	14220	169	1.19	42.25	30102	400	1.33	100.00
农村	16562	241	1.46	57.52	13460	178	1.32	42.48	30022	419	1.40	100.00
总计	32444	472	1.45	57.63	27680	347	1.25	42.37	60124	819	1.36	100.00

附表 74　不同经济状况地区 0～6 岁残疾儿童性别分布

地区	男				女				合计			
	调查儿童数	残疾儿童数	现患率%	构成%	调查儿童数	残疾儿童数	现患率%	构成%	调查儿童数	残疾儿童数	现患率%	构成%
发达地区	10581	121	1.14	62.69	9418	72	0.76	37.31	19999	193	0.97	100.00
中等发达地区	11052	210	1.90	58.66	8998	148	1.64	41.34	20050	358	1.79	100.00
欠发达地区	10811	141	1.30	52.61	9264	127	1.37	47.39	20075	268	1.33	100.00
合计	32444	472	1.45	57.63	27680	347	1.25	42.37	60124	819	1.36	100.00

附表 75　各省 0～6 岁残疾儿童年龄分布

地区	0岁			1岁			2岁			3岁			4岁			5岁			6岁			合计		
	调查儿童数	残疾儿童数	现患率%	调查儿童数	残疾儿童数	现患率%	调查儿童数	残疾儿童数	现患率%	调查儿童数	残疾儿童数	现患率%	调查儿童数	残疾儿童数	现患率%	调查儿童数	残疾儿童数	现患率%	调查儿童数	残疾儿童数	现患率%	调查儿童数	残疾儿童数	现患率%
天津	1096	4	0.36	1560	13	0.83	1428	18	1.26	1455	14	0.96	1489	19	1.28	1679	23	1.37	1294	16	1.24	10001	107	1.07
吉林	1097	7	0.64	1281	18	1.41	1282	20	1.56	1379	29	2.10	1511	26	1.72	1701	33	1.94	1755	42	2.39	10006	175	1.75
河南	1187	11	0.93	1670	19	1.14	1495	20	1.34	1379	19	1.38	1360	39	2.87	1590	41	2.58	1363	34	2.49	10044	183	1.82
江苏	1206	8	0.66	1455	10	0.69	1488	12	0.81	1489	13	0.87	1528	15	0.98	1550	13	0.84	1282	15	1.17	9998	86	0.86
贵州	1338	12	0.90	1571	14	0.89	1574	24	1.52	1569	23	1.47	1539	24	1.56	1661	34	2.05	821	15	1.83	10073	146	1.45
甘肃	1020	10	0.98	1332	18	1.35	1270	14	1.10	1488	10	0.67	1834	23	1.25	1838	28	1.52	1220	19	1.56	10002	122	1.22
合计	6944	52	0.75	8869	92	1.04	8537	108	1.27	8759	108	1.23	9261	146	1.58	10019	172	1.72	7735	141	1.82	60124	819	1.36

附表 76 各市县 0～6 岁残疾儿童年龄分布

地区	0岁			1岁			2岁			3岁			4岁			5岁			6岁			合计		
	调查儿童数	残疾儿童数	现患率%	调查儿童数	残疾儿童数	现患率%	调查儿童数	残疾儿童数	现患率%	调查儿童数	残疾儿童数	现患率%	调查儿童数	残疾儿童数	现患率%	调查儿童数	残疾儿童数	现患率%	调查儿童数	残疾儿童数	现患率%	调查儿童数	残疾儿童数	现患率%
天津和平区	569	2	0.35	825	7	0.85	704	9	1.28	695	8	1.15	724	13	1.80	872	9	1.03	611	11	1.80	5000	59	1.18
天津大港区	527	2	0.38	735	6	0.82	724	9	1.24	760	6	0.79	765	6	0.78	807	14	1.73	683	5	0.73	5001	48	0.96
吉林四平市	471	1	0.21	583	6	1.03	658	12	1.82	703	10	1.42	854	9	1.05	873	12	1.37	858	23	2.68	5000	73	1.46
吉林东辽县	626	6	0.96	698	12	1.72	624	8	1.28	676	19	2.81	657	17	2.59	828	21	2.54	897	19	2.12	5006	102	2.04
河南漯河市	669	1	0.15	872	8	0.92	796	11	1.38	705	13	1.84	695	20	2.88	752	25	3.32	510	16	3.14	4999	94	1.88
河南西华县	518	10	1.93	798	11	1.38	699	9	1.29	674	6	0.89	665	19	2.86	838	16	1.91	853	18	2.11	5045	89	1.76
江苏常州市	512	4	0.78	685	4	0.58	721	7	0.97	746	9	1.21	838	5	0.60	801	7	0.87	799	8	1.00	5102	44	0.86
江苏仪征市	694	4	0.58	770	6	0.78	767	5	0.65	743	4	0.54	690	10	1.45	749	6	0.80	483	7	1.45	4896	42	0.86
贵州贵阳市	808	9	1.11	940	8	0.85	826	9	1.09	746	15	2.01	698	16	2.29	665	15	2.26	316	7	2.22	4999	79	1.58
贵州桐梓县	530	3	0.57	631	6	0.95	748	15	2.01	823	8	0.97	841	8	0.95	996	19	1.91	505	8	1.58	5074	67	1.32
甘肃白银市	439	4	0.91	687	6	0.87	644	9	1.40	856	3	0.35	1080	11	1.02	947	12	1.27	349	6	1.72	5002	51	1.02
甘肃定西县	581	6	1.03	645	12	1.86	626	5	0.80	632	7	1.11	754	12	1.59	891	16	1.80	871	13	1.49	5000	71	1.42
合计	6944	52	0.75	8869	92	1.04	8537	108	1.27	8759	108	1.23	9261	146	1.58	10019	172	1.72	7735	141	1.82	60124	819	1.36

附表 77 城乡 0～6 岁残疾儿童年龄分布

地区	0岁			1岁			2岁			3岁			4岁			5岁			6岁			合计		
	调查儿童数	残疾儿童数	现患率%	调查儿童数	残疾儿童数	现患率%	调查儿童数	残疾儿童数	现患率%	调查儿童数	残疾儿童数	现患率%	调查儿童数	残疾儿童数	现患率%	调查儿童数	残疾儿童数	现患率%	调查儿童数	残疾儿童数	现患率%	调查儿童数	残疾儿童数	现患率%
城市	3468	21	0.61	4592	39	0.85	4349	57	1.31	4451	58	1.30	4889	74	1.51	4910	80	1.63	3443	71	2.06	30102	400	1.33
农村	3476	31	0.89	4277	53	1.24	4188	51	1.22	4308	50	1.16	4372	72	1.65	5109	92	1.80	4292	70	1.63	30022	419	1.40
合计	6944	52	0.75	8869	92	1.04	8537	108	1.27	8759	108	1.23	9261	146	1.58	10019	172	1.72	7735	141	1.82	60124	819	1.36

附表 78 不同经济状况地区 0～6 岁残疾儿童年龄分布

地区	0岁			1岁			2岁			3岁			4岁			5岁			6岁			合计		
	调查儿童数	残疾儿童数	现患率%	调查儿童数	残疾儿童数	现患率%	调查儿童数	残疾儿童数	现患率%	调查儿童数	残疾儿童数	现患率%	调查儿童数	残疾儿童数	现患率%	调查儿童数	残疾儿童数	现患率%	调查儿童数	残疾儿童数	现患率%	调查儿童数	残疾儿童数	现患率%
发达地区	2302	12	0.52	3015	23	0.76	2916	30	1.03	2944	27	0.92	3017	34	1.13	3229	36	1.11	2576	31	1.20	19999	193	0.97
中等发达地区	2284	18	0.79	2951	37	1.25	2777	40	1.44	2758	48	1.74	2871	65	2.26	3291	74	2.25	3118	76	2.44	20050	358	1.79
欠发达地区	2358	22	0.93	2903	32	1.10	2844	38	1.34	3057	33	1.08	3373	47	1.39	3499	62	1.77	2041	34	1.67	20075	268	1.33
合计	6944	52	0.75	8869	92	1.04	8537	108	1.27	8759	108	1.23	9261	146	1.58	10019	172	1.72	7735	141	1.82	60124	819	1.36

附表 79 各省 0～6 岁残疾儿童汉族与少数民族现患率

地区	汉族			少数民族			合计		
	调查儿童数	残疾儿童数	现患率%	调查儿童数	残疾儿童数	现患率%	调查儿童数	残疾儿童数	现患率%
天津	9718	103	1.06	283	4	1.41	10001	107	1.07
吉林	9655	168	1.74	351	7	1.99	10006	175	1.75
河南	9776	179	1.83	268	4	1.49	10044	183	1.82
江苏	9959	86	0.86	39	0	0.00	9998	86	0.86
贵州	9520	134	1.41	553	12	2.17	10073	146	1.45
甘肃	9922	120	1.21	80	2	2.50	10002	122	1.22
合计	58550	790	1.35	1574	29	1.84	60124	819	1.36

附表80　各市县0～6岁残疾儿童汉族与少数民族现患率

地区	汉族			少数民族			合计		
	调查儿童数	残疾儿童数	现患率%	调查儿童数	残疾儿童数	现患率%	调查儿童数	残疾儿童数	现患率%
天津和平区	4775	56	1.17	225	3	1.33	5000	59	1.18
天津大港区	4943	47	0.95	58	1	1.72	5001	48	0.96
吉林四平市	4913	73	1.49	87	0	0.00	5000	73	1.46
吉林东辽县	4742	95	2.00	264	7	2.65	5006	102	2.04
河南漯河市	4739	90	1.90	260	4	1.54	4999	94	1.88
河南西华县	5037	89	1.77	8	0	0.00	5045	89	1.76
江苏常州市	5088	44	0.86	14	0	0.00	5102	44	0.86
江苏仪征市	4871	42	0.86	25	0	0.00	4896	42	0.86
贵州贵阳市	4467	68	1.52	532	11	2.07	4999	79	1.58
贵州桐梓县	5053	66	1.31	21	1	4.76	5074	67	1.32
甘肃白银市	4942	50	1.01	60	1	1.67	5002	51	1.02
甘肃定西县	4980	70	1.41	20	1	5.00	5000	71	1.42
合计	58550	790	1.35	1574	29	1.84	60124	819	1.36

附表81　城乡0～6岁残疾儿童汉族与少数民族现患率

地区	汉族			少数民族			合计		
	调查儿童数	残疾儿童数	现患率%	调查儿童数	残疾儿童数	现患率%	调查儿童数	残疾儿童数	现患率%
城市	28924	381	1.32	1178	19	1.61	30102	400	1.33
农村	29626	409	1.38	396	10	2.53	30022	419	1.40
合计	58550	790	1.35	1574	29	1.84	60124	819	1.36

附表 82 不同经济状况地区 0～6 岁残疾儿童汉族与少数民族现患率

地区	汉族			少数民族			合计		
	调查儿童数	残疾儿童数	现患率%	调查儿童数	残疾儿童数	现患率%	调查儿童数	残疾儿童数	现患率%
发达地区	19677	189	0.96	322	4	1.24	19999	193	0.97
中等发达地区	19431	347	1.79	619	11	1.78	20050	358	1.79
欠发达地区	19442	254	1.31	633	14	2.21	20075	268	1.33
合计	58550	790	1.35	1574	29	1.84	60124	819	1.36

附表 83 各省 3～6 岁残疾儿童学前教育状况

地区	3岁			4岁			5岁			6岁			合计		
	残疾儿童数	接受学前教育残疾儿童数	接受学前教育率%	残疾儿童数	接受学前教育残疾儿童数	接受学前教育率%	残疾儿童数	接受学前教育残疾儿童数	接受学前教育率%	残疾儿童数	接受学前教育残疾儿童数	接受学前教育率%	残疾儿童数	接受学前教育残疾儿童数	接受学前教育率%
天津	14	2	14.29	19	2	10.53	23	10	43.48	16	7	43.75	72	21	29.17
吉林	29	4	13.79	26	6	23.08	33	10	30.30	42	21	50.00	130	41	31.54
河南	19	13	68.42	39	19	48.72	41	24	58.54	34	20	58.82	133	76	57.14
江苏	13	7	53.85	15	8	53.33	13	7	53.85	15	14	93.33	56	36	64.29
贵州	23	6	26.09	24	9	37.50	34	14	41.18	15	9	60.00	96	38	39.58
甘肃	10	0	0.00	23	12	52.17	28	15	53.57	19	10	52.63	80	37	46.25
合计	108	32	29.63	146	56	38.36	172	80	46.51	141	81	57.45	567	249	43.92

附表84 各市县3～6岁残疾儿童学前教育状况

地区	3岁			4岁			5岁			6岁			合计		
	残疾儿童数	接受学前教育残疾儿童数	接受学前教育率%	残疾儿童数	接受学前教育残疾儿童数	接受学前教育率%	残疾儿童数	接受学前教育残疾儿童数	接受学前教育率%	残疾儿童数	接受学前教育残疾儿童数	接受学前教育率%	残疾儿童数	接受学前教育残疾儿童数	接受学前教育率%
天津和平区	8	2	25.00	13	2	15.38	9	4	44.44	11	7	63.64	41	15	36.59
天津大港区	6	0	0.00	6	0	0.00	14	6	42.86	5	0	0.00	31	6	19.35
吉林四平市	10	4	40.00	9	6	66.67	12	6	50.00	23	10	43.48	54	26	48.15
吉林东辽县	19	0	0.00	17	0	0.00	21	4	19.05	19	11	57.89	76	15	19.74
河南漯河市	13	13	100.00	20	18	90.00	25	21	84.00	16	14	87.50	74	66	89.19
河南西华县	6	0	0.00	19	1	5.26	16	3	18.75	18	6	33.33	59	10	16.95
江苏常州市	9	6	66.67	5	5	100.00	7	4	57.14	8	7	87.50	29	22	75.86
江苏仪征市	4	1	25.00	10	3	30.00	6	3	50.00	7	7	100.00	27	14	51.85
贵州贵阳市	15	4	26.67	16	8	50.00	15	7	46.67	7	3	42.86	53	22	41.51
贵州桐梓县	8	2	25.00	8	1	12.50	19	7	36.84	8	6	75.00	43	16	37.21
甘肃白银市	3	0	0.00	11	9	81.82	12	9	75.00	6	5	83.33	32	23	71.88
甘肃定西县	7	0	0.00	12	3	25.00	16	6	37.50	13	5	38.46	48	14	29.17
合计	108	32	29.63	146	56	38.36	172	80	46.51	141	81	57.45	567	249	43.92

附表85 城乡3～6岁残疾儿童学前教育状况

地区	3岁			4岁			5岁			6岁			合计		
	残疾儿童数	接受学前教育残疾儿童数	接受学前教育率%	残疾儿童数	接受学前教育残疾儿童数	接受学前教育率%	残疾儿童数	接受学前教育残疾儿童数	接受学前教育率%	残疾儿童数	接受学前教育残疾儿童数	接受学前教育率%	残疾儿童数	接受学前教育残疾儿童数	接受学前教育率%
城市	58	29	50.00	74	48	64.86	80	51	63.75	71	46	64.79	283	174	61.48
农村	50	3	6.00	72	8	11.11	92	29	31.52	70	35	50.00	284	75	26.41
合计	108	32	29.63	146	56	38.36	172	80	46.51	141	81	57.45	567	249	43.92

附表 86　不同经济状况地区 3～6 岁残疾儿童学前教育状况

地　区	3岁			4岁			5岁			6岁			合　计		
	残疾儿童数	接受学前教育残疾儿童数	接受学前教育率%	残疾儿童数	接受学前教育残疾儿童数	接受学前教育率%	残疾儿童数	接受学前教育残疾儿童数	接受学前教育率%	残疾儿童数	接受学前教育残疾儿童数	接受学前教育率%	残疾儿童数	接受学前教育残疾儿童数	接受学前教育率%
发达地区	27	9	33.33	34	10	29.41	36	17	47.22	31	21	67.74	128	57	44.53
中等发达地区	48	17	35.42	65	25	38.46	74	34	45.95	76	41	53.95	263	117	44.49
欠发达地区	33	6	18.18	47	21	44.68	62	29	46.77	34	19	55.88	176	75	42.61
合　计	108	32	29.63	146	56	38.36	172	80	46.51	141	81	57.45	567	249	43.92

附表 87　各省 0～6 岁残疾儿童父亲职业状况

地　区	合　计			专业技术人员			机关干部			办事人员			商业人员		
	调查儿童数	残疾儿童数	现患率%	调查儿童数	残疾儿童数	现患率%	调查儿童数	残疾儿童数	现患率%	调查儿童数	残疾儿童数	现患率%	调查儿童数	残疾儿童数	现患率%
天　津	9984	105	1.05	635	3	0.47	131	0	0.00	1501	10	0.67	202	2	0.99
吉　林	9977	175	1.75	210	1	0.48	422	5	1.18	32	0	0.00	385	9	2.34
河　南	10036	182	1.81	254	1	0.39	436	2	0.46	181	1	0.55	300	5	1.67
江　苏	9965	85	0.85	912	5	0.55	262	0	0.00	957	7	0.73	378	3	0.79
贵　州	10040	146	1.45	232	4	1.72	310	4	1.29	358	2	0.56	360	2	0.56
甘　肃	9986	120	1.20	492	4	0.81	95	2	2.11	1393	14	1.01	72	0	0.00
合　计	59988	813	1.36	2735	18	0.66	1656	13	0.79	4422	34	0.77	1697	21	1.24

附表 87　各省 0～6 岁残疾儿童父亲职业状况（续）

地　区	服务人员			农林牧渔			工　人			军　人			其　他			不在业		
	调查儿童数	残疾儿童数	现患率 %	调查儿童数	残疾儿童数	现患率 %	调查儿童数	残疾儿童数	现患率 %	调查儿童数	残疾儿童数	现患率 %	调查儿童数	残疾儿童数	现患率 %	调查儿童数	残疾儿童数	现患率 %
天　津	134	2	1.49	4570	47	1.03	1949	33	1.69	167	0	0.00	429	5	1.17	266	3	1.13
吉　林	34	0	0.00	4568	98	2.15	4178	60	1.44	48	0	0.00	7	0	0.00	93	2	2.15
河　南	17	0	0.00	4913	89	1.81	2860	64	2.24	56	1	1.79	1019	19	1.86	0	0	0.00
江　苏	193	3	1.55	771	10	1.30	5335	48	0.90	111	1	0.90	1005	7	0.70	41	1	2.44
贵　州	119	2	1.68	3813	50	1.31	1871	25	1.34	28	1	3.57	2701	52	1.93	248	4	1.61
甘　肃	76	4	5.26	3424	55	1.61	4031	35	0.87	54	0	0.00	254	2	0.79	95	4	4.21
合　计	573	11	1.92	22059	349	1.58	20224	265	1.31	464	3	0.65	5415	85	1.57	743	14	1.88

附表 88　各市县 0～6 岁残疾儿童父亲职业状况

地　区	合　计			专业技术人员			机关干部			办事人员			商业人员		
	调查儿童数	残疾儿童数	现患率 %	调查儿童数	残疾儿童数	现患率 %	调查儿童数	残疾儿童数	现患率 %	调查儿童数	残疾儿童数	现患率 %	调查儿童数	残疾儿童数	现患率 %
天津和平区	4998	57	1.14	582	3	0.52	131	0	0.00	1486	10	0.67	201	2	1.00
天津大港区	4986	48	0.96	53	0	0.00	0	0	0.00	15	0	0.00	1	0	0.00
吉林四平市	4985	73	1.46	144	1	0.69	413	5	1.21	5	0	0.00	374	8	2.14
吉林东辽县	4992	102	2.04	66	0	0.00	9	0	0.00	27	0	0.00	11	1	9.09
河南漯河市	4991	93	1.86	217	1	0.46	435	2	0.46	145	1	0.69	265	4	1.51
河南西华县	5045	89	1.76	37	0	0.00	1	0	0.00	36	0	0.00	35	1	2.86
江苏常州市	5076	43	0.85	759	5	0.66	139	0	0.00	576	5	0.87	269	2	0.74
江苏仪征市	4889	42	0.86	153	0	0.00	123	0	0.00	381	2	0.52	109	1	0.92
贵州贵阳市	4970	79	1.59	161	3	1.86	284	4	1.41	309	2	0.65	272	2	0.74
贵州桐梓县	5070	67	1.32	71	1	1.41	26	0	0.00	49	0	0.00	88	0	0.00
甘肃白银市	4987	49	0.98	322	4	1.24	44	1	2.27	1002	9	0.90	44	0	0.00
甘肃定西县	4999	71	1.42	170	0	0.00	51	1	1.96	391	5	1.28	28	0	0.00
合　计	59988	813	1.36	2735	18	0.66	1656	13	0.79	4422	34	0.77	1697	21	1.24

附表 88　各市县 0～6 岁残疾儿童父亲职业状况（续）

地　区	服务人员			农林牧渔			工　人			军　人			其　他			不在业		
	调查儿童数	残疾儿童数	现患率 %	调查儿童数	残疾儿童数	现患率 %	调查儿童数	残疾儿童数	现患率 %	调查儿童数	残疾儿童数	现患率 %	调查儿童数	残疾儿童数	现患率 %	调查儿童数	残疾儿童数	现患率 %
天津和平区	134	2	1.49	2	0	0.00	1843	32	1.74	158	0	0.00	371	5	1.35	90	3	3.33
天津大港区	0	0	0.00	4568	47	1.03	106	1	0.94	9	0	0.00	58	0	0.00	176	0	0.00
吉林四平市	17	0	0.00	0	0	0.00	3908	57	1.46	47	0	0.00	0	0	0.00	77	2	2.60
吉林东辽县	17	0	0.00	4568	98	2.15	270	3	1.11	1	0	0.00	7	0	0.00	16	0	0.00
河南漯河市	17	0	0.00	1	1	0.00	2839	64	2.25	56	1	1.79	1016	19	1.87	0	0	0.00
河南西华县	0	0	0.00	4912	88	1.79	21	0	0.00	0	0	0.00	3	0	0.00	0	0	0.00
江苏常州市	98	0	0.00	5	0	0.00	2287	24	1.05	79	1	1.27	861	5	0.58	3	1	33.33
江苏仪征市	95	3	3.16	766	10	1.31	3048	24	0.79	32	0	0.00	144	2	1.39	38	0	0.00
贵州贵阳市	44	1	2.27	7	0	0.00	1450	19	1.31	22	1	4.55	2212	43	1.94	209	4	1.91
贵州桐梓县	75	1	1.33	3806	50	1.31	421	6	1.43	6	0	0.00	489	9	1.84	39	0	0.00
甘肃白银市	51	3	5.88	1	0	0.00	3312	28	0.85	46	0	0.00	70	0	0.00	95	4	4.21
甘肃定西县	25	1	4.00	3423	55	1.61	719	7	0.97	8	0	0.00	184	2	1.09	0	0	0.00
合　计	573	11	1.92	22059	349	1.58	20224	265	1.31	464	3	0.65	5415	85	1.57	743	14	1.88

附表 89　城乡 0～6 岁残疾儿童父亲职业状况

地　区	合　计			专业技术人员			机关干部			办事人员			商业人员		
	调查儿童数	残疾儿童数	现患率 %	调查儿童数	残疾儿童数	现患率 %	调查儿童数	残疾儿童数	现患率 %	调查儿童数	残疾儿童数	现患率 %	调查儿童数	残疾儿童数	现患率 %
城　市	30007	394	1.31	2185	17	0.78	1446	12	0.83	3523	27	0.77	1425	18	1.26
农　村	29981	419	1.40	550	1	0.18	210	1	0.48	899	7	0.78	272	3	1.10
合　计	59988	813	1.36	2735	18	0.66	1656	13	0.79	4422	34	0.77	1697	21	1.24

附表 89　城乡 0～6 岁残疾儿童父亲职业状况（续）

地　区	服务人员			农林牧渔			工　人			军　人			其　他			不在业		
	调查儿童数	残疾儿童数	现患率 %	调查儿童数	残疾儿童数	现患率 %	调查儿童数	残疾儿童数	现患率 %	调查儿童数	残疾儿童数	现患率 %	调查儿童数	残疾儿童数	现患率 %	调查儿童数	残疾儿童数	现患率 %
城　市	361	6	1.66	16	1	6.25	15639	224	1.43	408	3	0.74	4530	72	1.59	474	14	2.95
农　村	212	5	2.36	22043	348	1.58	4585	41	0.89	56	0	0.00	885	13	1.47	269	0	0.00
合　计	573	11	1.92	22059	349	1.58	20224	265	1.31	464	3	0.65	5415	85	1.57	743	14	1.88

附表 90　不同经济状况地区 0～6 岁残疾儿童父亲职业状况

地　区	合　计			专业技术人员			机关干部			办事人员			商业人员		
	调查儿童数	残疾儿童数	现患率 %	调查儿童数	残疾儿童数	现患率 %	调查儿童数	残疾儿童数	现患率 %	调查儿童数	残疾儿童数	现患率 %	调查儿童数	残疾儿童数	现患率 %
发达地区	19949	190	0.95	1547	8	0.52	393	0	0.00	2458	17	0.69	580	5	0.86
中等发达地区	20013	357	1.78	464	2	0.43	858	7	0.82	213	1	0.47	685	14	2.04
欠发达地区	20026	266	1.33	724	8	1.10	405	6	1.48	1751	16	0.91	432	2	0.46
合　计	59988	813	1.36	2735	18	0.66	1656	13	0.79	4422	34	0.77	1697	21	1.24

附表 90　不同经济状况地区 0～6 岁残疾儿童父亲职业状况（续）

地　区	服务人员			农林牧渔			工人			军人			其他			不在业		
	调查儿童数	残疾儿童数	现患率 %	调查儿童数	残疾儿童数	现患率 %	调查儿童数	残疾儿童数	现患率 %	调查儿童数	残疾儿童数	现患率 %	调查儿童数	残疾儿童数	现患率 %	调查儿童数	残疾儿童数	现患率 %
发达地区	327	5	1.53	5341	57	1.07	7284	81	1.11	278	1	0.36	1434	12	0.84	307	4	1.30
中等发达地区	51	0	0.00	9481	187	1.97	7038	124	1.76	104	1	0.96	1026	19	1.85	93	2	2.15
欠发达地区	195	6	3.08	7237	105	1.45	5902	60	1.02	82	1	1.22	2955	54	1.83	343	8	2.33
合　计	573	11	1.92	22059	349	1.58	20224	265	1.31	464	3	0.65	5415	85	1.57	743	14	1.88

附表 91　各省 0～6 岁残疾儿童母亲职业状况

地　区	合　计			专业技术人员			机关干部			办事人员			商业人员		
	调查儿童数	残疾儿童数	现患率 %	调查儿童数	残疾儿童数	现患率 %	调查儿童数	残疾儿童数	现患率 %	调查儿童数	残疾儿童数	现患率 %	调查儿童数	残疾儿童数	现患率 %
天　津	9985	105	1.05	1121	6	0.54	52	0	0.00	1365	10	0.73	261	3	1.15
吉　林	9981	175	1.75	333	1	0.30	369	6	1.63	21	0	0.00	457	9	1.97
河　南	10037	182	1.81	265	1	0.38	284	2	0.70	130	2	1.54	286	3	1.05
江　苏	9967	85	0.85	1171	10	0.85	96	0	0.00	703	2	0.28	478	1	0.21
贵　州	10055	145	1.44	276	3	1.09	239	4	1.67	284	3	1.06	420	4	0.95
甘　肃	9992	120	1.20	507	4	0.79	39	1	2.56	946	5	0.53	112	0	0.00
合　计	60017	812	1.35	3673	25	0.68	1079	13	1.20	3449	22	0.64	2014	20	0.99

附表 91　各省 0～6 岁残疾儿童母亲职业状况（续）

地区	服务人员			农林牧渔			工人			军人			其他			不在业		
	调查儿童数	残疾儿童数	现患率%	调查儿童数	残疾儿童数	现患率%	调查儿童数	残疾儿童数	现患率%	调查儿童数	残疾儿童数	现患率%	调查儿童数	残疾儿童数	现患率%	调查儿童数	残疾儿童数	现患率%
天津	187	0	0.00	4679	47	1.00	1474	22	1.49	28	0	0.00	265	5	1.89	553	12	2.17
吉林	61	0	0.00	4589	98	2.14	3756	52	1.38	1	0	0.00	4	0	0.00	390	9	2.31
河南	42	0	0.00	4926	89	1.81	2659	60	2.26	3	0	0.00	1442	25	1.73	0	0	0.00
江苏	264	1	0.38	1056	21	1.99	4810	40	0.83	8	0	0.00	1040	8	0.77	341	2	0.59
贵州	84	1	1.19	4320	57	1.32	1132	17	1.50	4	0	0.00	2369	45	1.90	927	11	1.19
甘肃	103	0	0.00	3484	58	1.66	3672	34	0.93	3	0	0.00	609	7	1.15	517	11	2.13
合计	741	2	0.27	23054	370	1.60	17503	225	1.29	47	0	0.00	5729	90	1.57	2728	45	1.65

附表 92　各市县 0～6 岁残疾儿童母亲职业状况

地区	合计			专业技术人员			机关干部			办事人员			商业人员		
	调查儿童数	残疾儿童数	现患率%	调查儿童数	残疾儿童数	现患率%	调查儿童数	残疾儿童数	现患率%	调查儿童数	残疾儿童数	现患率%	调查儿童数	残疾儿童数	现患率%
天津和平区	4997	57	1.14	1075	6	0.56	52	0	0.00	1355	10	0.74	260	3	1.15
天津大港区	4988	48	0.96	46	0	0.00	0	0	0.00	10	0	0.00	1	0	0.00
吉林四平市	4981	73	1.47	248	1	0.40	364	6	1.65	2	0	0.00	442	8	1.81
吉林东辽县	5000	102	2.04	85	0	0.00	5	0	0.00	19	0	0.00	15	1	6.67
河南漯河市	4992	93	1.86	229	1	0.44	284	2	0.70	97	2	2.06	257	3	1.17
河南西华县	5045	89	1.76	36	0	0.00	0	0	0.00	33	0	0.00	29	0	0.00
江苏常州市	5076	43	0.85	984	7	0.71	44	0	0.00	449	2	0.45	402	0	0.00
江苏仪征市	4891	42	0.86	187	3	1.60	52	0	0.00	254	0	0.00	76	1	1.32
贵州贵阳市	4985	78	1.56	221	2	0.90	229	4	1.75	262	2	0.76	335	4	1.19
贵州桐梓县	5070	67	1.32	55	1	1.82	10	0	0.00	22	1	4.55	85	0	0.00
甘肃白银市	4995	49	0.98	358	4	1.12	15	1	6.67	741	4	0.54	81	0	0.00
甘肃定西县	4997	71	1.42	149	0	0.00	24	0	0.00	205	1	0.49	31	0	0.00
合计	60017	812	1.35	3673	25	0.68	1079	13	1.20	3449	22	0.64	2014	20	0.99

附表 92　各市县 0～6 岁残疾儿童母亲职业状况（续）

地　区	服务人员			农林牧渔			工　人			军　人			其　他			不在业		
	调查儿童数	残疾儿童数	现患率%	调查儿童数	残疾儿童数	现患率%	调查儿童数	残疾儿童数	现患率%	调查儿童数	残疾儿童数	现患率%	调查儿童数	残疾儿童数	现患率%	调查儿童数	残疾儿童数	现患率%
天津和平区	187	0	0.00	2	0	0.00	1430	21	1.47	28	0	0.00	242	5	2.07	366	12	3.28
天津大港区	0	0	0.00	4677	47	1.00	44	1	2.27	0	0	0.00	23	0	0.00	187	0	0.00
吉林四平市	40	0	0.00	0	0	0.00	3580	50	1.40	1	0	0.00	0	0	0.00	304	8	2.63
吉林东辽县	21	0	0.00	4589	98	2.14	176	2	1.14	0	0	0.00	4	0	0.00	86	1	1.16
河南漯河市	42	0	0.00	0	0	0.00	2640	60	2.27	3	0	0.00	1440	25	1.74	0	0	0.00
河南西华县	0	0	0.00	4926	89	1.81	19	0	0.00	0	0	0.00	2	0	0.00	0	0	0.00
江苏常州市	183	1	0.55	3	0	0.00	2044	26	1.27	6	0	0.00	946	6	0.63	15	1	6.67
江苏仪征市	81	0	0.00	1053	21	1.99	2766	14	0.51	2	0	0.00	94	2	2.13	326	1	0.31
贵州贵阳市	53	1	1.89	10	0	0.00	1007	15	1.49	4	0	0.00	2083	41	1.97	781	9	1.15
贵州桐梓县	31	0	0.00	4310	57	1.32	125	2	1.60	0	0	0.00	286	4	1.40	146	2	1.37
甘肃白银市	53	0	0.00	0	0	0.00	3143	29	0.92	3	0	0.00	84	0	0.00	517	11	2.13
甘肃定西县	50	0	0.00	3484	58	1.66	529	5	0.95	0	0	0.00	525	7	1.33	0	0	0.00
合　计	741	2	0.27	23054	370	1.60	17503	225	1.29	47	0	0.00	5729	90	1.57	2728	45	1.65

附表 93　城乡 0～6 岁残疾儿童母亲职业状况

地　区	合　计			专业技术人员			机关干部			办事人员			商业人员		
	调查儿童数	残疾儿童数	现患率%	调查儿童数	残疾儿童数	现患率%	调查儿童数	残疾儿童数	现患率%	调查儿童数	残疾儿童数	现患率%	调查儿童数	残疾儿童数	现患率%
城　市	30026	393	1.31	3115	21	0.67	988	13	1.32	2906	20	0.69	1777	18	1.01
农　村	29991	419	1.40	558	4	0.72	91	0	0.00	543	2	0.37	237	2	0.84
合　计	60017	812	1.35	3673	25	0.68	1079	13	1.20	3449	22	0.64	2014	20	0.99

附表 93　城乡 0～6 岁残疾儿童母亲职业状况（续）

地区	服务人员			农林牧渔			工人			军人			其他			不在业		
	调查儿童数	残疾儿童数	现患率 %	调查儿童数	残疾儿童数	现患率 %	调查儿童数	残疾儿童数	现患率 %	调查儿童数	残疾儿童数	现患率 %	调查儿童数	残疾儿童数	现患率 %	调查儿童数	残疾儿童数	现患率 %
城　市	558	2	0.36	15	0	0.00	13844	201	1.45	45	0	0.00	4795	77	1.61	1983	41	2.07
农　村	183	0	0.00	23039	370	1.61	3659	24	0.66	2	0	0.00	934	13	1.39	745	4	0.54
合　计	741	2	0.27	23054	370	1.60	17503	225	1.29	47	0	0.00	5729	90	1.57	2728	45	1.65

附表 94　不同经济状况地区 0～6 岁残疾儿童母亲职业状况

地区	合计			专业技术人员			机关干部			办事人员			商业人员		
	调查儿童数	残疾儿童数	现患率 %	调查儿童数	残疾儿童数	现患率 %	调查儿童数	残疾儿童数	现患率 %	调查儿童数	残疾儿童数	现患率 %	调查儿童数	残疾儿童数	现患率 %
发达地区	19952	190	0.95	2292	16	0.70	148	0	0.00	2068	12	0.58	739	4	0.54
中等发达地区	20018	357	1.78	598	2	0.33	653	8	1.23	151	2	1.32	743	12	1.62
欠发达地区	20047	265	1.32	783	7	0.89	278	5	1.80	1230	8	0.65	532	4	0.75
合　计	60017	812	1.35	3673	25	0.68	1079	13	1.20	3449	22	0.64	2014	20	0.99

附表 94　不同经济状况地区 0～6 岁残疾儿童母亲职业状况（续）

地区	服务人员			农林牧渔			工人			军人			其他			不在业		
	调查儿童数	残疾儿童数	现患率 %	调查儿童数	残疾儿童数	现患率 %	调查儿童数	残疾儿童数	现患率 %	调查儿童数	残疾儿童数	现患率 %	调查儿童数	残疾儿童数	现患率 %	调查儿童数	残疾儿童数	现患率 %
发达地区	451	1	0.22	5735	68	1.19	6284	62	0.99	36	0	0.00	1305	13	1.00	894	14	1.57
中等发达地区	103	0	0.00	9515	187	1.97	6415	112	1.75	4	0	0.00	1446	25	1.73	390	9	2.31
欠发达地区	187	1	0.53	7804	115	1.47	4804	51	1.06	7	0	0.00	2978	52	1.75	1444	22	1.52
合　计	741	2	0.27	23054	370	1.60	17503	225	1.29	47	0	0.00	5729	90	1.57	2728	45	1.65

附表 95　各省 0～6 岁残疾儿童父亲文化程度状况

地　区	大学大专			高中中专			初　中			小　学			文盲／半文盲			合　计		
	调查儿童数	残疾儿童数	现患率%	调查儿童数	残疾儿童数	现患率%	调查儿童数	残疾儿童数	现患率%	调查儿童数	残疾儿童数	现患率%	调查儿童数	残疾儿童数	现患率%	调查儿童数	残疾儿童数	现患率%
天　津	2076	13	0.63	2748	33	1.20	4646	46	0.99	465	12	2.58	30	1	3.33	9965	105	1.05
吉　林	831	8	0.96	3701	46	1.24	4357	78	1.79	1052	39	3.71	54	4	7.41	9995	175	1.75
河　南	1034	8	0.77	2732	45	1.65	4764	101	2.12	1389	24	1.73	123	4	3.25	10042	182	1.81
江　苏	2557	19	0.74	4131	24	0.58	3196	39	1.22	87	3	3.45	6	0	0.00	9977	85	0.85
贵　州	1251	11	0.88	1781	21	1.18	4802	67	1.40	2080	45	2.16	131	2	1.53	10045	146	1.45
甘　肃	1961	11	0.56	3242	32	0.99	3992	63	1.58	764	13	1.70	22	1	4.55	9981	120	1.20
合　计	9710	70	0.72	18335	201	1.10	25757	394	1.53	5837	136	2.33	366	12	3.28	60005	813	1.35

附表 96　各市县 0～6 岁残疾儿童父亲文化程度状况

地　区	大学大专			高中中专			初　中			小　学			文盲／半文盲			合　计		
	调查儿童数	残疾儿童数	现患率%	调查儿童数	残疾儿童数	现患率%	调查儿童数	残疾儿童数	现患率%	调查儿童数	残疾儿童数	现患率%	调查儿童数	残疾儿童数	现患率%	调查儿童数	残疾儿童数	现患率%
天津和平区	2004	13	0.65	2199	26	1.18	720	13	1.81	54	5	9.26	0	0	0.00	4977	57	1.15
天津大港区	72	0	0.00	549	7	1.28	3926	33	0.84	411	7	1.70	30	1	3.33	4988	48	0.96
吉林四平市	755	7	0.93	3427	41	1.20	801	24	3.00	12	1	8.33	1	0	0.00	4996	73	1.46
吉林东辽县	76	1	1.32	274	5	1.82	3556	54	1.52	1040	38	3.65	53	4	7.55	4999	102	2.04
河南漯河市	976	8	0.82	2467	42	1.70	1521	42	2.76	32	1	3.13	3	0	0.00	4999	93	1.86
河南西华县	58	0	0.00	265	3	1.13	3243	59	1.82	1357	23	1.69	120	4	3.33	5043	89	1.76
江苏常州市	1786	17	0.95	2209	12	0.54	1053	13	1.23	37	1	2.70	2	0	0.00	5087	43	0.85
江苏仪征市	771	2	0.26	1922	12	0.62	2143	26	1.21	50	2	4.00	4	0	0.00	4890	42	0.86
贵州贵阳市	1171	11	0.94	1478	17	1.15	1922	34	1.77	366	17	4.64	35	0	0.00	4972	79	1.59
贵州桐梓县	80	0	0.00	303	4	1.32	2880	33	1.15	1714	28	1.63	96	2	2.08	5073	67	1.32
甘肃白银市	1551	9	0.58	2181	19	0.87	1233	20	1.62	20	1	5.00	3	0	0.00	4988	49	0.98
甘肃定西县	410	2	0.49	1061	13	1.23	2759	43	1.56	744	12	1.61	19	1	5.26	4993	71	1.42
合　计	9710	70	0.72	18335	201	1.10	25757	394	1.53	5837	136	2.33	366	12	3.28	60005	813	1.35

附表 97　城乡 0～6 岁残疾儿童父亲文化程度状况

地区	大学大专			高中中专			初中			小学			文盲／半文盲			合计		
	调查儿童数	残疾儿童数	现患率%	调查儿童数	残疾儿童数	现患率%	调查儿童数	残疾儿童数	现患率%	调查儿童数	残疾儿童数	现患率%	调查儿童数	残疾儿童数	现患率%	调查儿童数	残疾儿童数	现患率%
城市	8243	65	0.79	13961	157	1.12	7250	146	2.01	521	26	4.99	44	0	0.00	30019	394	1.31
农村	1467	5	0.34	4374	44	1.01	18507	248	1.34	5316	110	2.07	322	12	3.73	29986	419	1.40
合计	9710	70	0.72	18335	201	1.10	25757	394	1.53	5837	136	2.33	366	12	3.28	60005	813	1.35

附表 98　不同经济状况地区 0～6 岁残疾儿童父亲文化程度状况

地区	大学大专			高中中专			初中			小学			文盲／半文盲			合计		
	调查儿童数	残疾儿童数	现患率%	调查儿童数	残疾儿童数	现患率%	调查儿童数	残疾儿童数	现患率%	调查儿童数	残疾儿童数	现患率%	调查儿童数	残疾儿童数	现患率%	调查儿童数	残疾儿童数	现患率%
发达地区	4633	32	0.69	6879	57	0.83	7842	85	1.08	552	15	2.72	36	1	2.78	19942	190	0.95
中等发达地区	1865	16	0.86	6433	91	1.41	9121	179	1.96	2441	63	2.58	177	8	4.52	20037	357	1.78
欠发达地区	3212	22	0.68	5023	53	1.06	8794	130	1.48	2844	58	2.04	153	3	1.96	20026	266	1.33
合计	9710	70	0.72	18335	201	1.10	25757	394	1.53	5837	136	2.33	366	12	3.28	60005	813	1.35

附表 99　各省 0～6 岁残疾儿童母亲文化程度状况

地区	大学大专			高中中专			初中			小学			文盲／半文盲			合计		
	调查儿童数	残疾儿童数	现患率%	调查儿童数	残疾儿童数	现患率%	调查儿童数	残疾儿童数	现患率%	调查儿童数	残疾儿童数	现患率%	调查儿童数	残疾儿童数	现患率%	调查儿童数	残疾儿童数	现患率%
天津	1937	13	0.67	2718	25	0.92	4512	46	1.02	722	17	2.35	88	4	4.55	9977	105	1.05
吉林	708	8	1.13	3344	38	1.14	4633	80	1.73	1170	40	3.42	138	9	6.52	9993	175	1.75
河南	754	4	0.53	2617	42	1.60	4701	90	1.91	1747	37	2.12	222	9	4.05	10041	182	1.81
江苏	1634	9	0.55	3849	28	0.73	4332	44	1.02	153	4	2.61	11	0	0.00	9979	85	0.85
贵州	1088	11	1.01	1487	15	1.01	4002	48	1.20	2863	54	1.89	613	17	2.77	10053	145	1.44
甘肃	1345	7	0.52	2715	20	0.74	4114	55	1.34	1545	29	1.88	273	9	3.30	9992	120	1.20
合计	7466	52	0.70	16730	168	1.00	26294	363	1.38	8200	181	2.21	1345	48	3.57	60035	812	1.35

附表100　各市县0～6岁残疾儿童母亲文化程度状况

地　区	大学大专			高中中专			初　中			小　学			文盲／半文盲			合　计		
	调查儿童数	残疾儿童数	现患率%	调查儿童数	残疾儿童数	现患率%	调查儿童数	残疾儿童数	现患率%	调查儿童数	残疾儿童数	现患率%	调查儿童数	残疾儿童数	现患率%	调查儿童数	残疾儿童数	现患率%
天津和平区	1898	12	0.63	2336	23	0.98	680	17	2.50	67	4	5.97	10	1	10.00	4991	57	1.14
天津大港区	39	1	2.56	382	2	0.52	3832	29	0.76	655	13	1.98	78	3	3.85	4986	48	0.96
吉林四平市	628	8	1.27	3160	35	1.11	1188	27	2.27	15	3	20.00	0	0	0.00	4991	73	1.46
吉林东辽县	80	0	0.00	184	3	1.63	3445	53	1.54	1155	37	3.20	138	9	6.52	5002	102	2.04
河南漯河市	707	4	0.57	2415	42	1.74	1820	46	2.53	49	1	2.04	5	0	0.00	4996	93	1.86
河南西华县	47	0	0.00	202	0	0.00	2881	44	1.53	1698	36	2.12	217	9	4.15	5045	89	1.76
江苏常州市	1225	7	0.57	2366	20	0.85	1446	14	0.97	51	2	3.92	1	0	0.00	5089	43	0.84
江苏仪征市	409	2	0.49	1483	8	0.54	2886	30	1.04	102	2	1.96	10	0	0.00	4890	42	0.86
贵州贵阳市	1053	10	0.95	1334	13	0.97	2007	29	1.44	515	20	3.88	71	6	8.45	4980	78	1.57
贵州桐梓县	35	1	2.86	153	2	1.31	1995	19	0.95	2348	34	1.45	542	11	2.03	5073	67	1.32
甘肃白银市	1125	6	0.53	2086	15	0.72	1686	24	1.42	83	3	3.61	15	1	6.67	4995	49	0.98
甘肃定西县	220	1	0.45	629	5	0.79	2428	31	1.28	1462	26	1.78	258	8	3.10	4997	71	1.42
合　计	7466	52	0.70	16730	168	1.00	26294	363	1.38	8200	181	2.21	1345	48	3.57	60035	812	1.35

附表101　城乡0～6岁残疾儿童母亲文化程度状况

地　区	大学大专			高中中专			初　中			小　学			文盲／半文盲			合　计		
	调查儿童数	残疾儿童数	现患率%	调查儿童数	残疾儿童数	现患率%	调查儿童数	残疾儿童数	现患率%	调查儿童数	残疾儿童数	现患率%	调查儿童数	残疾儿童数	现患率%	调查儿童数	残疾儿童数	现患率%
城　市	6636	47	0.71	13697	148	1.08	8827	157	1.78	780	33	4.23	102	8	7.84	30042	393	1.31
农　村	830	5	0.60	3033	20	0.66	17467	206	1.18	7420	148	1.99	1243	40	3.22	29993	419	1.40
合　计	7466	52	0.70	16730	168	1.00	26294	363	1.38	8200	181	2.21	1345	48	3.57	60035	812	1.35

附表 102　不同经济状况地区 0～6 岁残疾儿童母亲文化程度状况

地 区	大学大专			高中中专			初 中			小 学			文盲／半文盲			合 计		
	调查儿童数	残疾儿童数	现患率%	调查儿童数	残疾儿童数	现患率%	调查儿童数	残疾儿童数	现患率%	调查儿童数	残疾儿童数	现患率%	调查儿童数	残疾儿童数	现患率%	调查儿童数	残疾儿童数	现患率%
发达地区	3571	22	0.62	6567	53	0.81	8844	90	1.02	875	21	2.40	99	4	4.04	19956	190	0.95
中等发达地区	1462	12	0.82	5961	80	1.34	9334	170	1.82	2917	77	2.64	360	18	5.00	20034	357	1.78
欠发达地区	2433	18	0.74	4202	35	0.83	8116	103	1.27	4408	83	1.88	886	26	2.93	20045	265	1.32
合 计	7466	52	0.70	16730	168	1.00	26294	363	1.38	8200	181	2.21	1345	48	3.57	60035	812	1.35

附表 103　各省 0～6 岁残疾儿童父母婚姻状况

地 区	初 婚			再 婚			丧 偶			离 婚			其 他			合 计		
	调查儿童数	残疾儿童数	现患率%	调查儿童数	残疾儿童数	现患率%	调查儿童数	残疾儿童数	现患率%	调查儿童数	残疾儿童数	现患率%	调查儿童数	残疾儿童数	现患率%	调查儿童数	残疾儿童数	现患率%
天 津	9743	103	1.06	166	3	1.81	28	0	0.00	61	1	1.64	3	0	0.00	10001	107	1.07
吉 林	9873	164	1.66	91	7	7.69	8	2	25.00	33	1	3.03	1	1	100.00	10006	175	1.75
河 南	9995	175	1.75	11	1	9.09	16	1	6.25	17	4	23.53	5	2	40.00	10044	183	1.82
江 苏	9840	82	0.83	77	2	2.60	14	1	7.14	67	1	1.49	0	0	0.00	9998	86	0.86
贵 州	9601	132	1.37	255	6	2.35	73	2	2.74	98	4	4.08	46	2	4.35	10073	146	1.45
甘 肃	9823	118	1.20	101	1	0.99	22	1	4.55	54	2	3.70	2	0	0.00	10002	122	1.22
合 计	58875	774	1.31	701	20	2.85	161	7	4.35	330	13	3.94	57	5	8.77	60124	819	1.36

附表104　各市县0～6岁残疾儿童父母婚姻状况

地区	初婚			再婚			丧偶			离婚			其他			合计		
	调查儿童数	残疾儿童数	现患率%	调查儿童数	残疾儿童数	现患率%	调查儿童数	残疾儿童数	现患率%	调查儿童数	残疾儿童数	现患率%	调查儿童数	残疾儿童数	现患率%	调查儿童数	残疾儿童数	现患率%
天津和平区	4877	57	1.17	80	1	1.25	8	0	0.00	35	1	2.86	0	0	0.00	5000	59	1.18
天津大港区	4866	46	0.95	86	2	2.33	20	0	0.00	26	0	0.00	3	0	0.00	5001	48	0.96
吉林四平市	4944	71	1.44	32	1	3.13	3	1	33.33	21	0	0.00	0	0	0.00	5000	73	1.46
吉林东辽县	4929	93	1.89	59	6	10.17	5	1	20.00	12	1	8.33	1	1	100.00	5006	102	2.04
河南漯河市	4971	88	1.77	11	1	9.09	6	1	16.67	10	3	30.00	1	1	100.00	4999	94	1.88
河南西华县	5024	87	1.73	0	0	0.00	10	0	0.00	7	1	14.29	4	1	25.00	5045	89	1.76
江苏常州市	5003	42	0.84	40	0	0.00	7	1	14.29	52	1	1.92	0	0	0.00	5102	44	0.86
江苏仪征市	4837	40	0.83	37	2	5.41	7	0	0.00	15	0	0.00	0	0	0.00	4896	42	0.86
贵州贵阳市	4709	68	1.44	191	4	2.09	22	1	4.55	52	4	7.69	25	2	8.00	4999	79	1.58
贵州桐梓县	4892	64	1.31	64	2	3.13	51	1	1.96	46	0	0.00	21	0	0.00	5074	67	1.32
甘肃白银市	4938	50	1.01	35	0	0.00	14	0	0.00	14	1	7.14	1	0	0.00	5002	51	1.02
甘肃定西县	4885	68	1.39	66	1	1.52	8	1	12.50	40	1	2.50	1	0	0.00	5000	71	1.42
合计	58875	774	1.31	701	20	2.85	161	7	4.35	330	13	3.94	57	5	8.77	60124	819	1.36

附表105　城乡0～6岁残疾儿童父母婚姻状况

地区	初婚			再婚			丧偶			离婚			其他			合计		
	调查儿童数	残疾儿童数	现患率%	调查儿童数	残疾儿童数	现患率%	调查儿童数	残疾儿童数	现患率%	调查儿童数	残疾儿童数	现患率%	调查儿童数	残疾儿童数	现患率%	调查儿童数	残疾儿童数	现患率%
城市	29442	376	1.28	389	7	1.80	60	4	6.67	184	10	5.43	27	3	11.11	30102	400	1.33
农村	29433	398	1.35	312	13	4.17	101	3	2.97	146	3	2.05	30	2	6.67	30022	419	1.40
合计	58875	774	1.31	701	20	2.85	161	7	4.35	330	13	3.94	57	5	8.77	60124	819	1.36

附表 106　不同经济状况地区 0～6 岁残疾儿童父母婚姻状况

地　区	初　婚			再　婚			丧　偶			离　婚			其　他			合　计		
	调查儿童数	残疾儿童数	现患率%	调查儿童数	残疾儿童数	现患率%	调查儿童数	残疾儿童数	现患率%	调查儿童数	残疾儿童数	现患率%	调查儿童数	残疾儿童数	现患率%	调查儿童数	残疾儿童数	现患率%
发达地区	19583	185	0.94	243	5	2.06	42	1	2.38	128	2	1.56	3	0	0.00	19999	193	0.97
中等发达地区	19868	339	1.71	102	8	7.84	24	3	12.50	50	5	10.00	6	3	50.00	20050	358	1.79
欠发达地区	19424	250	1.29	356	7	1.97	95	3	3.16	152	6	3.95	48	2	4.17	20075	268	1.33
合　计	58875	774	1.31	701	20	2.85	161	7	4.35	330	13	3.94	57	5	8.77	60124	819	1.36

附表 107　各省 0～6 岁残疾儿童父母近亲婚配状况

地　区	非　近　亲			近　亲			合　计		
	调查儿童数	残疾儿童数	现患率%	调查儿童数	残疾儿童数	现患率%	调查儿童数	残疾儿童数	现患率%
天　津	10000	107	1.07	1	0	0.00	10001	107	1.07
吉　林	10004	175	1.75	2	0	0.00	10006	175	1.75
河　南	10041	183	1.82	3	0	0.00	10044	183	1.82
江　苏	9995	86	0.86	3	0	0.00	9998	86	0.86
贵　州	10049	145	1.44	24	1	4.17	10073	146	1.45
甘　肃	9986	121	1.21	16	1	6.25	10002	122	1.22
合　计	60075	817	1.36	49	2	4.08	60124	819	1.36

附表 108 各市县 0～6 岁残疾儿童父母近亲婚配状况

地 区	非近亲			近亲			合计		
	调查儿童数	残疾儿童数	现患率%	调查儿童数	残疾儿童数	现患率%	调查儿童数	残疾儿童数	现患率%
天津和平区	5000	59	1.18	0	0	0.00	5000	59	1.18
天津大港区	5000	48	0.96	1	0	0.00	5001	48	0.96
吉林四平市	4998	73	1.46	2	0	0.00	5000	73	1.46
吉林东辽县	5006	102	2.04	0	0	0.00	5006	102	2.04
河南漯河市	4997	94	1.88	2	0	0.00	4999	94	1.88
河南西华县	5044	89	1.76	1	0	0.00	5045	89	1.76
江苏常州市	5102	44	0.86	0	0	0.00	5102	44	0.86
江苏仪征市	4893	42	0.86	3	0	0.00	4896	42	0.86
贵州贵阳市	4999	79	1.58	0	0	0.00	4999	79	1.58
贵州桐梓县	5050	66	1.31	24	1	4.17	5074	67	1.32
甘肃白银市	4999	51	1.02	3	0	0.00	5002	51	1.02
甘肃定西县	4987	70	1.40	13	1	7.69	5000	71	1.42
合 计	60075	817	1.36	49	2	4.08	60124	819	1.36

附表 109 城乡 0～6 岁残疾儿童父母近亲婚配状况

地 区	非近亲			近亲			合计		
	调查儿童数	残疾儿童数	现患率%	调查儿童数	残疾儿童数	现患率%	调查儿童数	残疾儿童数	现患率%
城 市	30095	400	1.33	7	0	0.00	30102	400	1.33
农 村	29980	417	1.39	42	2	4.76	30022	419	1.40
合 计	60075	817	1.36	49	2	4.08	60124	819	1.36

附表 110　不同经济状况地区 0～6 岁残疾儿童父母近亲婚配状况

地　区	非近亲			近　亲			合　计		
	调查儿童数	残疾儿童数	现患率 %	调查儿童数	残疾儿童数	现患率 %	调查儿童数	残疾儿童数	现患率 %
发达地区	19995	193	0.97	4	0	0.00	19999	193	0.97
中等发达地区	20045	358	1.79	5	0	0.00	20050	358	1.79
欠发达地区	20035	266	1.33	40	2	5.00	20075	268	1.33
合　计	60075	817	1.36	49	2	4.08	60124	819	1.36

附表 111　各省 0～6 岁残疾儿童抚养状况

地区	父和母			父或母			祖（外）父母			其他亲属			国家集体			其他人员			合　计		
	调查儿童数	残疾儿童数	现患率 %	调查儿童数	残疾儿童数	现患率 %	调查儿童数	残疾儿童数	现患率 %	调查儿童数	残疾儿童数	现患率 %	调查儿童数	残疾儿童数	现患率 %	调查儿童数	残疾儿童数	现患率 %	调查儿童数	残疾儿童数	现患率 %
天津	9853	105	1.07	61	0	0.00	79	2	2.53	7	0	0.00	0	0	0.00	1	0	0.00	10001	107	1.07
吉林	9876	170	1.72	42	2	4.76	86	3	3.49	2	0	0.00	0	0	0.00	0	0	0.00	10006	175	1.75
河南	9991	178	1.78	27	2	7.41	20	3	15.00	6	0	0.00	0	0	0.00	0	0	0.00	10044	183	1.82
江苏	9450	80	0.85	79	1	1.27	459	5	1.09	2	0	0.00	1	0	0.00	7	0	0.00	9998	86	0.86
贵州	9601	132	1.37	179	9	5.03	251	4	1.59	12	0	0.00	3	0	0.00	27	1	3.70	10073	146	1.45
甘肃	9885	117	1.18	62	4	6.45	49	1	2.04	6	0	0.00	0	0	0.00	0	0	0.00	10002	122	1.22
合计	58656	782	1.33	450	18	4.00	944	18	1.91	35	0	0.00	4	0	0.00	35	1	2.86	60124	819	1.36

附表112 各市县0～6岁残疾儿童抚养状况

地区	父和母			父或母			祖（外）父母			其他亲属			国家集体			其他人员			合计		
	调查儿童数	残疾儿童数	现患率%	调查儿童数	残疾儿童数	现患率%	调查儿童数	残疾儿童数	现患率%	调查儿童数	残疾儿童数	现患率%	调查儿童数	残疾儿童数	现患率%	调查儿童数	残疾儿童数	现患率%	调查儿童数	残疾儿童数	现患率%
天津和平区	4929	58	1.18	24	0	0.00	44	1	2.27	3	0	0.00	0	0	0.00	0	0	0.00	5000	59	1.18
天津大港区	4924	47	0.95	37	0	0.00	35	1	2.86	4	0	0.00	0	0	0.00	1	0	0.00	5001	48	0.96
吉林四平市	4906	71	1.45	18	0	0.00	75	2	2.67	1	0	0.00	0	0	0.00	0	0	0.00	5000	73	1.46
吉林东辽县	4970	99	1.99	24	2	8.33	11	1	9.09	1	0	0.00	0	0	0.00	0	0	0.00	5006	102	2.04
河南漯河市	4971	91	1.83	20	2	10.00	5	1	20.00	3	0	0.00	0	0	0.00	0	0	0.00	4999	94	1.88
河南西华县	5020	87	1.73	7	0	0.00	15	2	13.33	3	0	0.00	0	0	0.00	0	0	0.00	5045	89	1.76
江苏常州市	4660	40	0.86	52	1	1.92	380	3	0.79	2	0	0.00	1	0	0.00	7	0	0.00	5102	44	0.86
江苏仪征市	4790	40	0.84	27	0	0.00	79	2	2.53	0	0	0.00	0	0	0.00	0	0	0.00	4896	42	0.86
贵州贵阳市	4849	72	1.48	63	5	7.94	56	1	1.79	4	0	0.00	3	0	0.00	24	1	4.17	4999	79	1.58
贵州桐梓县	4752	60	1.26	116	4	3.45	195	3	1.54	8	0	0.00	0	0	0.00	3	0	0.00	5074	67	1.32
甘肃白银市	4950	49	0.99	25	2	8.00	25	0	0.00	2	0	0.00	0	0	0.00	0	0	0.00	5002	51	1.02
甘肃定西县	4935	68	1.38	37	2	5.41	24	1	4.17	4	0	0.00	0	0	0.00	0	0	0.00	5000	71	1.42
合计	58656	782	1.33	450	18	4.00	944	18	1.91	35	0	0.00	4	0	0.00	35	1	2.86	60124	819	1.36

附表113 城乡0～6岁残疾儿童抚养状况

地区	父和母			父或母			祖（外）父母			其他亲属			国家集体			其他人员			合计		
	调查儿童数	残疾儿童数	现患率%	调查儿童数	残疾儿童数	现患率%	调查儿童数	残疾儿童数	现患率%	调查儿童数	残疾儿童数	现患率%	调查儿童数	残疾儿童数	现患率%	调查儿童数	残疾儿童数	现患率%	调查儿童数	残疾儿童数	现患率%
城市	29265	381	1.30	202	10	4.95	585	8	1.37	15	0	0.00	4	0	0.00	31	1	3.23	30102	400	1.33
农村	29391	401	1.36	248	8	3.23	359	10	2.79	20	0	0.00	0	0	0.00	4	0	0.00	30022	419	1.40
合计	58656	782	1.33	450	18	4.00	944	18	1.91	35	0	0.00	4	0	0.00	35	1	2.86	60124	819	1.36

附表 114　不同经济状况地区 0～6 岁残疾儿童抚养状况

地区	父和母			父或母			祖（外）父母			其他亲属			国家集体			其他人员			合计		
	调查儿童数	残疾儿童数	现患率 %	调查儿童数	残疾儿童数	现患率 %	调查儿童数	残疾儿童数	现患率 %	调查儿童数	残疾儿童数	现患率 %	调查儿童数	残疾儿童数	现患率 %	调查儿童数	残疾儿童数	现患率 %	调查儿童数	残疾儿童数	现患率 %
发达地区	19303	185	0.96	140	1	0.71	538	7	1.30	9	0	0.00	1	0	0.00	8	0	0.00	19999	193	0.97
中等发达地区	19867	348	1.75	69	4	5.80	106	6	5.66	8	0	0.00	0	0	0.00	0	0	0.00	20050	358	1.79
欠发达地区	19486	249	1.28	241	13	5.39	300	5	1.67	18	0	0.00	3	0	0.00	27	1	3.70	20075	268	1.33
合计	58656	782	1.33	450	18	4.00	944	18	1.91	35	0	0.00	4	0	0.00	35	1	2.86	60124	819	1.36

附表 115　各省 0～6 岁残疾儿童家庭人口状况

地区	2人			3人			4人			5人			6人			7人及以上			合计		
	调查儿童数	残疾儿童数	现患率 %	调查儿童数	残疾儿童数	现患率 %	调查儿童数	残疾儿童数	现患率 %	调查儿童数	残疾儿童数	现患率 %	调查儿童数	残疾儿童数	现患率 %	调查儿童数	残疾儿童数	现患率 %	调查儿童数	残疾儿童数	现患率 %
天津	39	0	0.00	6613	66	1.00	2281	28	1.23	838	10	1.19	175	2	1.14	55	1	1.82	10001	107	1.07
吉林	42	2	4.76	7553	127	1.68	1397	30	2.15	810	16	1.98	168	0	0.00	36	0	0.00	10006	175	1.75
河南	22	4	18.18	5788	105	1.81	2836	56	1.97	965	11	1.14	318	6	1.89	115	1	0.87	10044	183	1.82
江苏	40	1	2.50	5906	55	0.93	977	8	0.82	2365	15	0.63	450	6	1.33	260	1	0.38	9998	86	0.86
贵州	99	5	5.05	5586	85	1.52	2542	38	1.49	1133	11	0.97	465	4	0.86	248	3	1.21	10073	146	1.45
甘肃	53	0	0.00	6492	61	0.94	1254	25	1.99	1087	14	1.29	740	12	1.62	376	10	2.66	10002	122	1.22
合计	295	12	4.07	37938	499	1.32	11287	185	1.64	7198	77	1.07	2316	30	1.30	1090	16	1.47	60124	819	1.36

附表116　各市县0～6岁残疾儿童家庭人口状况

地　区	2人			3人			4人			5人			6人			7人及以上			合　计		
	调查儿童数	残疾儿童数	现患率%	调查儿童数	残疾儿童数	现患率%	调查儿童数	残疾儿童数	现患率%	调查儿童数	残疾儿童数	现患率%	调查儿童数	残疾儿童数	现患率%	调查儿童数	残疾儿童数	现患率%	调查儿童数	残疾儿童数	现患率%
天津和平区	15	0	0.00	3846	40	1.04	446	9	2.02	546	7	1.28	112	2	1.79	35	1	2.86	5000	59	1.18
天津大港区	24	0	0.00	2767	26	0.94	1835	19	1.04	292	3	1.03	63	0	0.00	20	0	0.00	5001	48	0.96
吉林四平市	25	1	4.00	4393	64	1.46	285	5	1.75	236	3	1.27	45	0	0.00	16	0	0.00	5000	73	1.46
吉林东辽县	17	1	5.88	3160	63	1.99	1112	25	2.25	574	13	2.26	123	0	0.00	20	0	0.00	5006	102	2.04
河南漯河市	18	4	22.22	4128	76	1.84	433	10	2.31	334	3	0.90	64	1	1.56	22	0	0.00	4999	94	1.88
河南西华县	4	0	0.00	1660	29	0.00	2403	46	1.91	631	8	1.27	254	5	1.97	93	1	1.08	5045	89	1.76
江苏常州市	25	1	4.00	2577	24	0.93	582	5	0.86	1513	11	0.73	228	2	0.88	177	1	0.56	5102	44	0.86
江苏仪征市	15	0	0.00	3329	31	0.93	395	3	0.76	852	4	0.00	222	4	1.80	83	0	0.00	4896	42	0.86
贵州贵阳市	38	4	10.53	3969	60	1.51	634	10	1.58	233	2	0.86	86	2	2.33	39	1	2.56	4999	79	1.58
贵州桐梓县	61	1	1.64	1617	25	1.55	1908	28	1.47	900	9	1.00	379	2	0.53	209	2	0.96	5074	67	1.32
甘肃白银市	19	0	0.00	4729	47	0.99	167	4	2.40	63	0	0.00	19	0	0.00	5	0	0.00	5002	51	1.02
甘肃定西县	34	0	0.00	1763	14	0.79	1087	21	1.93	1024	14	1.37	721	12	1.66	371	10	2.70	5000	71	1.42
合　计	295	12	4.07	37938	499	1.32	11287	185	1.64	7198	77	1.07	2316	30	1.30	1090	16	1.47	60124	819	1.36

附表117　城乡0～6岁残疾儿童家庭人口状况

地　区	2人			3人			4人			5人			6人			7人及以上			合　计		
	调查儿童数	残疾儿童数	现患率%	调查儿童数	残疾儿童数	现患率%	调查儿童数	残疾儿童数	现患率%	调查儿童数	残疾儿童数	现患率%	调查儿童数	残疾儿童数	现患率%	调查儿童数	残疾儿童数	现患率%	调查儿童数	残疾儿童数	现患率%
城　市	140	10	7.14	23642	311	1.32	2547	43	1.69	2925	26	0.89	554	7	1.26	294	3	1.02	30102	400	1.33
农　村	155	2	1.29	14296	188	1.32	8740	142	1.62	4273	51	1.19	1762	23	1.31	796	13	1.63	30022	419	1.40
合　计	295	12	4.07	37938	499	1.32	11287	185	1.64	7198	77	1.07	2316	30	1.30	1090	16	1.47	60124	819	1.36

附表 118　不同经济状况地区 0～6 岁残疾儿童家庭人口状况

地　区	2人			3人			4人			5人			6人			7人及以上			合　计		
	调查儿童数	残疾儿童数	现患率%	调查儿童数	残疾儿童数	现患率%	调查儿童数	残疾儿童数	现患率%	调查儿童数	残疾儿童数	现患率%	调查儿童数	残疾儿童数	现患率%	调查儿童数	残疾儿童数	现患率%	调查儿童数	残疾儿童数	现患率%
发达地区	79	1	1.27	12519	121	0.97	3258	36	1.10	3203	25	0.78	625	8	1.28	315	2	0.63	19999	193	0.97
中等发达地区	64	6	9.38	13341	232	1.74	4233	86	2.03	1775	27	1.52	486	6	0.00	151	1	0.00	20050	358	1.79
欠发达地区	152	5	3.29	12078	146	1.21	3796	63	1.66	2220	25	1.13	1205	16	1.33	624	13	2.08	20075	268	1.33
合　计	295	12	4.07	37938	499	1.32	11287	185	1.64	7198	77	1.07	2316	30	1.30	1090	16	1.47	60124	819	1.36

附表 119　各省 0～6 岁残疾儿童家庭子女状况

地　区	1人			2人			3人			4人			5人			6人及以上			合　计		
	调查儿童数	残疾儿童数	现患率%	调查儿童数	残疾儿童数	现患率%	调查儿童数	残疾儿童数	现患率%	调查儿童数	残疾儿童数	现患率%	调查儿童数	残疾儿童数	现患率%	调查儿童数	残疾儿童数	现患率%	调查儿童数	残疾儿童数	现患率%
天　津	7824	80	1.02	2018	25	1.24	145	2	1.38	14	0	0.00	0	0	0.00	0	0	0.00	10001	107	1.07
吉　林	8928	149	1.67	1031	25	2.42	46	1	2.17	1	0	0.00	0	0	0.00	0	0	0.00	10006	175	1.75
河　南	6912	123	1.78	2820	56	1.99	266	4	1.50	41	0	0.00	5	0	0.00	0	0	0.00	10044	183	1.82
江　苏	9633	81	0.84	353	5	1.42	12	0	0.00	0	0	0.00	0	0	0.00	0	0	0.00	9998	86	0.86
贵　州	6839	94	1.37	2692	42	1.56	472	7	1.48	59	2	3.39	9	1	11.11	2	0	0.00	10073	146	1.45
甘　肃	8104	82	1.01	1613	34	2.11	216	4	1.85	65	1	1.54	3	1	33.33	1	0	0.00	10002	122	1.22
合　计	48240	609	1.26	10527	187	1.78	1157	18	1.56	180	3	1.67	17	2	11.76	3	0	0.00	60124	819	1.36

附表 120　各市县 0～6 岁残疾儿童家庭子女状况

地　区	1人			2人			3人			4人			5人			6人及以上			合　计		
	调查儿童数	残疾儿童数	现患率%	调查儿童数	残疾儿童数	现患率%	调查儿童数	残疾儿童数	现患率%	调查儿童数	残疾儿童数	现患率%	调查儿童数	残疾儿童数	现患率%	调查儿童数	残疾儿童数	现患率%	调查儿童数	残疾儿童数	现患率%
天津和平区	4763	52	1.09	215	5	2.33	19	2	10.53	3	0	0.00	0	0	0.00	0	0	0.00	5000	59	1.18
天津大港区	3061	28	0.91	1803	20	1.11	126	0	0.00	11	0	0.00	0	0	0.00	0	0	0.00	5001	48	0.96
吉林四平市	4916	72	1.46	79	1	1.27	4	0	0.00	1	0	0.00	0	0	0.00	0	0	0.00	5000	73	1.46
吉林东辽县	4012	77	1.92	952	24	2.52	42	1	2.38	0	0	0.00	0	0	0.00	0	0	0.00	5006	102	2.04
河南漯河市	4784	90	1.88	206	4	1.94	8	0	0.00	1	0	0.00	0	0	0.00	0	0	0.00	4999	94	1.88
河南西华县	2128	33	1.55	2614	52	0.00	258	4	1.55	40	0	0.00	5	0	0.00	0	0	0.00	5045	89	1.76
江苏常州市	4906	40	0.82	188	4	2.13	8	0	0.00	0	0	0.00	0	0	0.00	0	0	0.00	5102	44	0.86
江苏仪征市	4727	41	0.87	165	1	0.61	4	0	0.00	0	0	0.00	0	0	0.00	0	0	0.00	4896	42	0.86
贵州贵阳市	4404	64	1.45	557	11	1.97	31	2	6.45	6	2	33.33	1	0	0.00	0	0	0.00	4999	79	1.58
贵州桐梓县	2435	30	1.23	2135	31	1.45	441	5	1.13	53	0	0.00	8	1	12.50	2	0	0.00	5074	67	1.32
甘肃白银市	4869	48	0.99	129	3	2.33	1	0	0.00	3	0	0.00	0	0	0.00	0	0	0.00	5002	51	1.02
甘肃定西县	3235	34	1.05	1484	31	2.09	215	4	1.86	62	1	1.61	3	1	33.33	1	0	0.00	5000	71	1.42
合　计	48240	609	1.26	10527	187	1.78	1157	18	1.56	180	3	1.67	17	2	11.76	3	0	0.00	60124	819	1.36

附表 121　城乡 0～6 岁残疾儿童家庭子女状况

地　区	1人			2人			3人			4人			5人			6人及以上			合　计		
	调查儿童数	残疾儿童数	现患率%	调查儿童数	残疾儿童数	现患率%	调查儿童数	残疾儿童数	现患率%	调查儿童数	残疾儿童数	现患率%	调查儿童数	残疾儿童数	现患率%	调查儿童数	残疾儿童数	现患率%	调查儿童数	残疾儿童数	现患率%
城　市	28642	366	1.28	1374	28	2.04	71	4	5.63	14	2	14.29	1	0	0.00	0	0	0.00	30102	400	1.33
农　村	19598	243	1.24	9153	159	1.74	1086	14	1.29	166	1	0.60	16	2	12.50	3	0	0.00	30022	419	1.40
合　计	48240	609	1.26	10527	187	1.78	1157	18	1.56	180	3	1.67	17	2	11.76	3	0	0.00	60124	819	1.36

附表 122　不同经济状况地区 0～6 岁残疾儿童家庭子女状况

地　区	1人			2人			3人			4人			5人			6人及以上			合　计		
	调查儿童数	残疾儿童数	现患率%	调查儿童数	残疾儿童数	现患率%	调查儿童数	残疾儿童数	现患率%	调查儿童数	残疾儿童数	现患率%	调查儿童数	残疾儿童数	现患率%	调查儿童数	残疾儿童数	现患率%	调查儿童数	残疾儿童数	现患率%
发达地区	17457	161	0.92	2371	30	1.27	157	2	1.27	14	0	0.00	0	0	0.00	0	0	0.00	19999	193	0.97
中等发达地区	15840	272	1.72	3851	81	2.10	312	5	1.60	42	0	0.00	5	0	0.00	0	0	0.00	20050	358	1.79
欠发达地区	14943	176	1.18	4305	76	1.77	688	11	1.60	124	3	2.42	12	2	16.67	3	0	0.00	20075	268	1.33
合　计	48240	609	1.26	10527	187	1.78	1157	18	1.56	180	3	1.67	17	2	11.76	3	0	0.00	60124	819	1.36

附表 123　各省 0～6 岁残疾儿童家庭年人均收入状况

地　区	合　计			<500元			500元～			1000元～			2000元～			3000元～		
	调查儿童数	残疾儿童数	现患率%	调查儿童数	残疾儿童数	现患率%	调查儿童数	残疾儿童数	现患率%	调查儿童数	残疾儿童数	现患率%	调查儿童数	残疾儿童数	现患率%	调查儿童数	残疾儿童数	现患率%
天　津	10001	107	1.07	2	0	0.00	5	1	20.00	133	7	5.26	1459	36	2.47	2491	28	1.12
吉　林	10006	175	1.75	284	19	6.69	753	78	10.36	4340	36	0.83	1764	18	1.02	1321	21	1.59
河　南	10044	183	1.82	4	1	25.00	52	18	34.62	3417	60	1.76	1906	27	1.42	919	36	3.92
江　苏	9998	86	0.86	3	0	0.00	28	1	3.57	373	19	5.09	1074	18	1.68	1311	9	0.69
贵　州	10073	146	1.45	48	1	2.08	766	25	3.26	2599	52	2.00	2579	35	1.36	1585	15	0.95
甘　肃	10002	122	1.22	278	11	3.96	1629	41	2.52	2064	20	0.97	893	5	0.56	999	19	1.90
合　计	60124	819	1.36	619	32	5.17	3233	164	5.07	12926	194	1.50	9675	139	1.44	8626	128	1.48

附表 123　各省 0～6 岁残疾儿童家庭年人均收入状况（续）

地区	4000元～			5000元～			6000元～			7000元～			8000元～			9000元～			10000元～		
	调查儿童数	残疾儿童数	现患率 %	调查儿童数	残疾儿童数	现患率 %	调查儿童数	残疾儿童数	现患率 %	调查儿童数	残疾儿童数	现患率 %	调查儿童数	残疾儿童数	现患率 %	调查儿童数	残疾儿童数	现患率 %	调查儿童数	残疾儿童数	现患率 %
天　津	2231	13	0.58	433	10	2.31	922	1	0.11	320	9	2.81	831	0	0.00	234	1	0.43	940	1	0.11
吉　林	696	0	0.00	368	1	0.27	212	1	0.47	89	0	0.00	60	0	0.00	19	0	0.00	100	1	1.00
河　南	1083	25	2.31	1307	7	0.54	1082	6	0.55	110	1	0.91	120	1	0.83	7	1	14.29	37	0	0.00
江　苏	1562	12	0.77	1197	12	1.00	1333	5	0.38	827	3	0.36	985	1	0.10	239	3	1.26	1066	3	0.28
贵　州	509	9	1.77	712	3	0.42	388	0	0.00	182	2	1.10	371	4	1.08	41	0	0.00	293	0	0.00
甘　肃	1277	7	0.55	905	4	0.44	899	9	1.00	494	2	0.40	265	2	0.75	103	1	0.97	196	1	0.51
合　计	7358	66	0.90	4922	37	0.75	4836	22	0.45	2022	17	0.84	2632	8	0.30	643	6	0.93	2632	6	0.23

附表 124　各市县 0～6 岁残疾儿童家庭年人均收入状况

地区	合计			<500元			500元～			1000元～			2000元～			3000元～		
	调查儿童数	残疾儿童数	现患率 %	调查儿童数	残疾儿童数	现患率 %	调查儿童数	残疾儿童数	现患率 %	调查儿童数	残疾儿童数	现患率 %	调查儿童数	残疾儿童数	现患率 %	调查儿童数	残疾儿童数	现患率 %
天津和平区	5000	59	1.18	1	0	0.00	2	0	0.00	17	1	5.88	427	20	4.68	673	13	1.93
天津大港区	5001	48	0.96	1	0	0.00	3	1	33.33	116	6	5.17	1032	16	1.55	1818	15	0.83
吉林四平市	5000	73	1.46	8	0	0.00	22	9	40.91	887	25	2.82	1410	16	1.13	1201	20	1.67
吉林东辽县	5006	102	2.04	276	19	6.88	731	69	9.44	3453	11	0.32	354	2	0.56	120	1	0.83
河南漯河市	4999	94	1.88	2	0	0.00	0	0	0.00	36	4	11.11	312	15	4.81	909	35	3.85
河南西华县	5045	89	1.76	2	1	50.00	52	18	34.62	3381	56	1.66	1594	12	0.75	10	1	10.00
江苏常州市	5102	44	0.86	1	0	0.00	9	0	0.00	54	4	7.41	153	5	3.27	354	5	1.41
江苏仪征市	4896	42	0.86	2	0	0.00	19	1	5.26	319	15	4.70	921	13	1.41	957	4	0.42
贵州贵阳市	4999	79	1.58	0	0	0.00	6	2	33.33	322	22	6.83	1050	25	2.38	1255	13	1.04
贵州桐梓县	5074	67	1.32	48	1	2.08	760	23	3.03	2277	30	1.32	1529	10	0.65	330	2	0.61
甘肃白银市	5002	51	1.02	2	0	0.00	8	3	37.50	132	6	4.55	501	4	0.80	765	17	2.22
甘肃定西县	5000	71	1.42	276	11	3.99	1621	38	2.34	1932	14	0.72	392	1	0.26	234	2	0.85
合　计	60124	819	1.36	619	32	5.17	3233	164	5.07	12926	194	1.50	9675	139	1.44	8626	128	1.48

附表 124　各市县 0～6 岁残疾儿童家庭年人均收入状况（续）

地　区	4000 元～			5000 元～			6000 元～			7000 元～			8000 元～			9000 元～			10000 元～		
	调查儿童数	残疾儿童数	现患率 %	调查儿童数	残疾儿童数	现患率 %	调查儿童数	残疾儿童数	现患率 %	调查儿童数	残疾儿童数	现患率 %	调查儿童数	残疾儿童数	现患率 %	调查儿童数	残疾儿童数	现患率 %	调查儿童数	残疾儿童数	现患率 %
天津和平区	686	3	0.44	58	10	17.24	875	1	0.11	301	9	2.99	807	0	0.00	233	1	0.43	920	1	0.11
天津大港区	1545	10	0.65	375	0	0.00	47	0	0.00	19	0	0.00	24	0	0.00	1	0	0.00	20	0	0.00
吉林四平市	670	0	0.00	333	1	0.30	210	1	0.48	84	0	0.00	59	0	0.00	19	0	0.00	97	1	1.03
吉林东辽县	26	0	0.00	35	0	0.00	2	0	0.00	5	0	0.00	1	0	0.00	0	0	0.00	3	0	0.00
河南漯河市	1079	24	2.22	1306	7	0.54	1082	6	0.55	110	1	0.91	119	1	0.84	7	1	14.29	37	0	0.00
河南西华县	4	1	25.00	1	0	0.00	0	0	0.00	0	0	0.00	1	0	0.00	0	0	0.00	0	0	0.00
江苏常州市	670	7	1.04	655	8	1.22	897	5	0.56	574	3	0.52	616	1	0.16	204	3	1.47	915	3	0.33
江苏仪征市	892	5	0.56	542	4	0.74	436	0	0.00	253	0	0.00	369	0	0.00	35	0	0.00	151	0	0.00
贵州贵阳市	450	9	2.00	677	2	0.30	367	0	0.00	176	2	1.14	369	4	1.08	39	0	0.00	288	0	0.00
贵州桐梓县	59	0	0.00	35	1	2.86	21	0	0.00	6	0	0.00	2	0	0.00	2	0	0.00	5	0	0.00
甘肃白银市	1136	5	0.44	786	4	0.51	674	7	1.04	465	2	0.43	256	1	0.39	95	1	1.05	182	1	0.55
甘肃定西县	141	2	1.42	119	0	0.00	225	2	0.89	29	0	0.00	9	1	11.11	8	0	0.00	14	0	0.00
合　计	7358	66	0.90	4922	37	0.75	4836	22	0.45	2022	17	0.84	2632	8	0.30	643	6	0.93	2632	6	0.23

附表 125　城乡 0～6 岁残疾儿童家庭年人均收入状况

地　区	合　计			<500 元			500 元～			1000 元～			2000 元～			3000 元～		
	调查儿童数	残疾儿童数	现患率 %	调查儿童数	残疾儿童数	现患率 %	调查儿童数	残疾儿童数	现患率 %	调查儿童数	残疾儿童数	现患率 %	调查儿童数	残疾儿童数	现患率 %	调查儿童数	残疾儿童数	现患率 %
城　市	30102	400	1.33	14	0	0.00	47	14	29.79	1448	62	4.28	3853	85	2.21	5157	103	2.00
农　村	30022	419	1.40	605	32	5.29	3186	150	4.71	11478	132	1.15	5822	54	0.93	3469	25	0.72
合　计	60124	819	1.36	619	32	5.17	3233	164	5.07	12926	194	1.50	9675	139	1.44	8626	128	1.48

附表 125　城乡 0～6 岁残疾儿童家庭年人均收入状况（续）

地　区	4000 元～			5000 元～			6000 元～			7000 元～			8000 元～			9000 元～			10000 元～		
	调查儿童数	残疾儿童数	现患率%	调查儿童数	残疾儿童数	现患率%	调查儿童数	残疾儿童数	现患率%	调查儿童数	残疾儿童数	现患率%	调查儿童数	残疾儿童数	现患率%	调查儿童数	残疾儿童数	现患率%	调查儿童数	残疾儿童数	现患率%
城　市	4691	48	1.02	3815	32	0.84	4105	20	0.49	1710	17	0.99	2226	7	0.31	597	6	1.01	2439	6	0.25
农　村	2667	18	0.67	1107	5	0.45	731	2	0.27	312	0	0.00	406	1	0.25	46	0	0.00	193	0	0.00
合　计	7358	66	0.90	4922	37	0.75	4836	22	0.45	2022	17	0.84	2632	8	0.30	643	6	0.93	2632	6	0.23

附表 126　不同经济状况地区 0～6 岁残疾儿童家庭年人均收入状况

地　区	合　计			<500 元			500 元～			1000 元～			2000 元～			3000 元～		
	调查儿童数	残疾儿童数	现患率%	调查儿童数	残疾儿童数	现患率%	调查儿童数	残疾儿童数	现患率%	调查儿童数	残疾儿童数	现患率%	调查儿童数	残疾儿童数	现患率%	调查儿童数	残疾儿童数	现患率%
发达地区	19999	193	0.97	5	0	0.00	33	2	6.06	506	26	5.14	2533	54	2.13	3802	37	0.97
中等发达地区	20050	358	1.79	288	20	6.94	805	96	11.93	7757	96	1.24	3670	45	1.23	2240	57	2.54
欠发达地区	20075	268	1.33	326	12	3.68	2395	66	2.76	4663	72	1.54	3472	40	1.15	2584	34	1.32
合　计	60124	819	1.36	619	32	5.17	3233	164	5.07	12926	194	1.50	9675	139	1.44	8626	128	1.48

附表 126　不同经济状况地区 0～6 岁残疾儿童家庭年人均收入状况（续）

地　区	4000 元～			5000 元～			6000 元～			7000 元～			8000 元～			9000 元～			10000 元～		
	调查儿童数	残疾儿童数	现患率%	调查儿童数	残疾儿童数	现患率%	调查儿童数	残疾儿童数	现患率%	调查儿童数	残疾儿童数	现患率%	调查儿童数	残疾儿童数	现患率%	调查儿童数	残疾儿童数	现患率%	调查儿童数	残疾儿童数	现患率%
发达地区	3793	25	0.66	1630	22	1.35	2255	6	0.27	1147	12	1.05	1816	1	0.06	473	4	0.85	2006	4	0.20
中等发达地区	1779	25	1.41	1675	8	0.48	1294	7	0.54	199	1	0.50	180	1	0.56	26	1	3.85	137	1	0.73
欠发达地区	1786	16	0.90	1617	7	0.43	1287	9	0.70	676	4	0.59	636	6	0.94	144	1	0.69	489	1	0.20
合　计	7358	66	0.90	4922	37	0.75	4836	22	0.45	2022	17	0.84	2632	8	0.30	643	6	0.93	2632	6	0.23

附表 127　各省 0～6 岁听力残疾儿童残疾严重程度构成

地　区	二级重听		一级重听		二级聋		一级聋		合　计	
	儿童数	构成 %	儿童数	构成 %	儿童数	构成 %	儿童数	构成 %	儿童数	构成 %
天　津	2	28.57	0	0.00	0	0.00	5	71.43	7	100.00
吉　林	14	50.00	6	21.43	5	17.86	3	10.71	28	100.00
河　南	3	11.54	3	11.54	20	76.92	0	0.00	26	100.00
江　苏	0	0.00	0	0.00	1	25.00	3	75.00	4	100.00
贵　州	2	14.29	3	21.43	5	35.71	4	28.57	14	100.00
甘　肃	1	7.14	5	35.71	4	28.57	4	28.57	14	100.00
总　计	22	23.66	17	18.28	35	37.63	19	20.43	93	100.00

附表 128　各市县 0～6 岁听力残疾儿童残疾严重程度构成

地　区	二级重听		一级重听		二级聋		一级聋		合　计	
	儿童数	构成 %	儿童数	构成 %	儿童数	构成 %	儿童数	构成 %	儿童数	构成 %
天津和平区	2	33.33	0	0.00	0	0.00	4	66.67	6	100.00
天津大港区	0	0.00	0	0.00	0	0.00	1	100.00	1	100.00
吉林四平市	14	63.64	6	27.27	2	9.09	0	0.00	22	100.00
吉林东辽县	0	0.00	0	0.00	3	50.00	3	50.00	6	100.00
河南漯河市	0	0.00	1	5.00	19	95.00	0	0.00	20	100.00
河南西华县	3	50.00	2	33.33	1	16.67	0	0.00	6	100.00
江苏常州市	0	0.00	0	0.00	0	0.00	2	100.00	2	100.00
江苏仪征市	0	0.00	0	0.00	1	50.00	1	50.00	2	100.00
贵州贵阳市	0	0.00	0	0.00	1	50.00	1	50.00	2	100.00
贵州桐梓县	2	16.67	3	25.00	4	33.33	3	25.00	12	100.00
甘肃白银市	0	0.00	2	28.57	1	14.29	4	57.14	7	100.00
甘肃定西县	1	14.29	3	42.86	3	42.86	0	0.00	7	100.00
总　计	22	23.66	17	18.28	35	37.63	19	20.43	93	100.00

附表 129 城乡 0～6 岁听力残疾儿童残疾严重程度构成

地区	二级重听		一级重听		二级聋		一级聋		合计	
	儿童数	构成%	儿童数	构成%	儿童数	构成%	儿童数	构成%	儿童数	构成%
城市	16	27.12	9	15.25	23	38.98	11	18.64	59	100.00
农村	6	17.65	8	23.53	12	35.29	8	23.53	34	100.00
总计	22	23.66	17	18.28	35	37.63	19	20.43	93	100.00

附表 130 不同经济状况地区 0～6 岁听力残疾儿童残疾严重程度构成

地区	二级重听		一级重听		二级聋		一级聋		合计	
	儿童数	构成%	儿童数	构成%	儿童数	构成%	儿童数	构成%	儿童数	构成%
发达地区	2	18.18	0	0.00	1	9.09	8	72.73	11	100.00
中等发达地区	17	31.48	9	16.67	25	46.30	3	5.56	54	100.00
欠发达地区	3	10.71	8	28.57	9	32.14	8	28.57	28	100.00
合计	22	23.66	17	18.28	35	37.63	19	20.43	93	100.00

附表 131 各省 0～6 岁听力残疾儿童致残原因构成

地区	家族遗传		孕期感染／耳毒药物		耳发育畸形		产时产伤窒息		后天耳毒药物		高烧疾病		头部外伤		其他		不详		合计	
	儿童数	构成%	儿童数	构成%	儿童数	构成%	儿童数	构成%	儿童数	构成%	儿童数	构成%	儿童数	构成%	儿童数	构成%	儿童数	构成%	儿童数	构成%
天津	1	14.29	0	0.00	0	0.00	0	0.00	1	14.29	1	14.29	0	0.00	1	14.29	3	42.86	7	100.00
吉林	2	7.14	2	7.14	1	3.57	0	0.00	4	14.29	2	7.14	0	0.00	3	10.71	14	50.00	28	100.00
河南	0	0.00	10	38.46	0	0.00	4	15.38	5	19.23	4	15.38	0	0.00	1	3.85	2	7.69	26	100.00
江苏	0	0.00	1	25.00	0	0.00	1	25.00	1	25.00	0	0.00	0	0.00	0	0.00	1	25.00	4	100.00
贵州	1	7.14	1	7.14	0	0.00	1	7.14	2	14.29	3	21.43	0	0.00	0	0.00	6	42.86	14	100.00
甘肃	1	7.14	0	0.00	0	0.00	2	14.29	3	21.43	3	21.43	0	0.00	1	7.14	4	28.57	14	100.00
合计	5	5.38	14	15.05	1	1.08	8	8.60	16	17.20	13	13.98	0	0.00	6	6.45	30	32.26	93	100.00

附表 132　各市县 0～6 岁听力残疾儿童致残原因构成

地　区	家族遗传		孕期感染／耳毒药物		耳发育畸形		产时产伤窒息		后天耳毒药物		高烧疾病		头部外伤		其　他		不　详		合　计	
	儿童数	构成％	儿童数	构成％	儿童数	构成％	儿童数	构成％	儿童数	构成％	儿童数	构成％	儿童数	构成％	儿童数	构成％	儿童数	构成％	儿童数	构成％
天津和平区	1	16.67	0	0.00	0	0.00	0	0.00	0	0.00	1	16.67	0	0.00	1	16.67	3	50.00	6	100.00
天津大港区	0	0.00	0	0.00	0	0.00	0	0.00	1	100.00	0	0.00	0	0.00	0	0.00	0	0.00	1	100.00
吉林四平市	1	4.55	2	9.09	1	4.55	0	0.00	3	13.64	1	4.55	0	0.00	2	9.09	12	54.55	22	100.00
吉林东辽县	1	16.67	0	0.00	0	0.00	0	0.00	1	16.67	1	16.67	0	0.00	1	16.67	2	33.33	6	100.00
河南漯河市	0	0.00	10	50.00	0	0.00	2	10.00	5	25.00	2	10.00	0	0.00	1	5.00	0	0.00	20	100.00
河南西华县	0	0.00	0	0.00	0	0.00	2	33.33	0	0.00	2	33.33	0	0.00	0	0.00	2	33.33	6	100.00
江苏常州市	0	0.00	1	50.00	0	0.00	0	0.00	0	0.00	0	0.00	0	0.00	0	0.00	1	50.00	2	100.00
江苏仪征市	0	0.00	0	0.00	0	0.00	1	50.00	1	50.00	0	0.00	0	0.00	0	0.00	0	0.00	2	100.00
贵州贵阳市	1	50.00	1	50.00	0	0.00	0	0.00	0	0.00	0	0.00	0	0.00	0	0.00	0	0.00	2	100.00
贵州桐梓县	0	0.00	0	0.00	0	0.00	1	8.33	2	16.67	3	25.00	0	0.00	0	0.00	6	50.00	12	100.00
甘肃白银市	1	14.29	0	0.00	0	0.00	2	28.57	3	42.86	0	0.00	0	0.00	0	0.00	1	14.29	7	100.00
甘肃定西县	0	0.00	0	0.00	0	0.00	0	0.00	0	0.00	3	42.86	0	0.00	1	14.29	3	42.86	7	100.00
合　计	5	5.38	14	15.05	1	1.08	8	8.60	16	17.20	13	13.98	0	0.00	6	6.45	30	32.26	93	100.00

附表 133　城乡 0～6 岁听力残疾儿童致残原因构成

地　区	家族遗传		孕期感染／耳毒药物		耳发育畸形		产时产伤窒息		后天耳毒药物		高烧疾病		头部外伤		其　他		不　详		合　计	
	儿童数	构成％	儿童数	构成％	儿童数	构成％	儿童数	构成％	儿童数	构成％	儿童数	构成％	儿童数	构成％	儿童数	构成％	儿童数	构成％	儿童数	构成％
城　市	4	6.78	14	23.73	1	1.69	4	6.78	11	18.64	4	6.78	0	0.00	4	6.78	17	28.81	59	100.00
农　村	1	2.94	0	0.00	0	0.00	4	11.76	5	14.71	9	26.47	0	0.00	2	5.88	13	38.24	34	100.00
合　计	5	5.38	14	15.05	1	1.08	8	8.60	16	17.20	13	13.98	0	0.00	6	6.45	30	32.26	93	100.00

附表 134　不同经济状况地区 0～6 岁听力残疾儿童致残原因构成

地　区	家族遗传		孕期感染／耳毒药物		耳发育畸形		产时产伤窒息		后天耳毒药物		高烧疾病		头部外伤		其　他		不　详		合　计	
	儿童数	构成%	儿童数	构成%	儿童数	构成%	儿童数	构成%	儿童数	构成%	儿童数	构成%	儿童数	构成%	儿童数	构成%	儿童数	构成%	儿童数	构成%
发达地区	1	9.09	1	9.09	0	0.00	1	9.09	2	18.18	1	9.09	0	0.00	1	9.09	4	36.36	11	100.00
中等发达地区	2	3.70	12	22.22	1	1.85	4	7.41	9	16.67	6	11.11	0	0.00	4	7.41	16	29.63	54	100.00
欠发达地区	2	7.14	1	3.57	0	0.00	3	10.71	5	17.86	6	21.43	0	0.00	1	3.57	10	35.71	28	100.00
合　计	5	5.38	14	15.05	1	1.08	8	8.60	16	17.20	13	13.98	0	0.00	6	6.45	30	32.26	93	100.00

附表 135　各省 0～6 岁听力残疾儿童康复现状

地　区	康复形式												器具						合　计	
	医院治疗		特殊机构		家庭康复		普通机构		其　他		没有进行康复		助听器		其　他		没有器具			
	儿童数	构成%	儿童数	构成%	儿童数	构成%	儿童数	构成%	儿童数	构成%	儿童数	构成%	儿童数	构成%	儿童数	构成%	儿童数	构成%	儿童数	构成%
天　津	0	0.00	2	28.57	4	57.14	0	0.00	0	0.00	1	14.29	3	42.86	0	0.00	4	57.14	7	100.00
吉　林	1	3.57	10	35.71	15	53.57	1	3.57	1	3.57	0	0.00	19	67.86	6	21.43	3	10.71	28	100.00
河　南	1	3.85	0	0.00	17	65.38	4	15.38	0	0.00	4	15.38	5	19.23	0	0.00	21	80.77	26	100.00
江　苏	0	0.00	1	25.00	1	25.00	1	25.00	0	0.00	1	25.00	1	25.00	0	0.00	3	75.00	4	100.00
贵　州	0	0.00	1	7.14	10	71.43	0	0.00	1	7.14	2	14.29	0	0.00	4	28.57	10	71.43	14	100.00
甘　肃	1	7.14	1	7.14	6	42.86	0	0.00	0	0.00	6	42.86	6	42.86	0	0.00	8	57.14	14	100.00
合　计	3	3.23	15	16.13	53	56.99	6	6.45	2	2.15	14	15.05	34	36.56	10	10.75	49	52.69	93	100.00

附表 136　各市县 0～6 岁听力残疾儿童康复现状

地　区	康复形式												器具						合　计	
	医院治疗		特殊机构		家庭康复		普通机构		其　他		没有进行康复		助听器		其　他		没有器具			
	儿童数	构成%	儿童数	构成%	儿童数	构成%	儿童数	构成%	儿童数	构成%	儿童数	构成%	儿童数	构成%	儿童数	构成%	儿童数	构成%	儿童数	构成%
天津和平区	0	0.00	2	33.33	3	50.00	0	0.00	0	0.00	1	16.67	2	33.33	0	0.00	4	66.67	6	100.00
天津大港区	0	0.00	0	0.00	1	100.00	0	0.00	0	0.00	0	0.00	1	100.00	0	0.00	0	0.00	1	100.00
吉林四平市	1	4.55	10	45.45	9	40.91	1	4.55	1	4.55	0	0.00	19	86.36	0	0.00	3	13.64	22	100.00
吉林东辽县	0	0.00	0	0.00	6	100.00	0	0.00	0	0.00	0	0.00	0	0.00	6	100.00	0	0.00	6	100.00
河南漯河市	0	0.00	0	0.00	16	80.00	4	20.00	0	0.00	0	0.00	5	25.00	0	0.00	15	75.00	20	100.00
河南西华县	1	16.67	0	0.00	1	16.67	0	0.00	0	0.00	4	66.67	0	0.00	0	0.00	6	100.00	6	100.00
江苏常州市	0	0.00	1	50.00	1	50.00	0	0.00	0	0.00	0	0.00	1	50.00	0	0.00	1	50.00	2	100.00
江苏仪征市	0	0.00	0	0.00	0	0.00	1	50.00	0	0.00	1	50.00	0	0.00	0	0.00	2	100.00	2	100.00
贵州贵阳市	0	0.00	1	50.00	1	50.00	0	0.00	0	0.00	0	0.00	0	0.00	0	0.00	2	100.00	2	100.00
贵州桐梓县	0	0.00	0	0.00	9	75.00	0	0.00	1	8.33	2	16.67	0	0.00	4	33.33	8	66.67	12	100.00
甘肃白银市	1	14.29	1	14.29	5	71.43	0	0.00	0	0.00	0	0.00	5	71.43	0	0.00	2	28.57	7	100.00
甘肃定西县	0	0.00	0	0.00	1	14.29	0	0.00	0	0.00	6	85.71	1	14.29	0	0.00	6	85.71	7	100.00
合　计	3	3.23	15	16.13	53	56.99	6	6.45	2	2.15	14	15.05	34	36.56	10	10.75	49	52.69	93	100.00

附表 137　城乡 0～6 岁听力残疾儿童康复现状

地　区	康复形式												器具						合　计	
	医院治疗		特殊机构		家庭康复		普通机构		其　他		没有进行康复		助听器		其　他		没有器具			
	儿童数	构成%	儿童数	构成%	儿童数	构成%	儿童数	构成%	儿童数	构成%	儿童数	构成%	儿童数	构成%	儿童数	构成%	儿童数	构成%	儿童数	构成%
城　市	2	3.39	15	25.42	35	59.32	5	8.47	1	1.69	1	1.69	32	54.24	0	0.00	27	45.76	59	100.00
农　村	1	2.94	0	0.00	18	52.94	1	2.94	1	2.94	13	38.24	2	5.88	10	29.41	22	64.71	34	100.00
合　计	3	3.23	15	16.13	53	56.99	6	6.45	2	2.15	14	15.05	34	36.56	10	10.75	49	52.69	93	100.00

附表138　不同经济状况地区0～6岁听力残疾儿童康复现状

地区	康复形式												器具						合计	
	医院治疗		特殊机构		家庭康复		普通机构		其他		没有进行康复		助听器		其他		没有器具			
	儿童数	构成%	儿童数	构成%	儿童数	构成%	儿童数	构成%	儿童数	构成%	儿童数	构成%	儿童数	构成%	儿童数	构成%	儿童数	构成%	儿童数	构成%
发达地区	0	0.00	3	27.27	5	45.45	1	9.09	0	0.00	2	18.18	4	36.36	0	0.00	7	63.64	11	100.00
中等发达地区	2	3.70	10	18.52	32	59.26	5	9.26	1	1.85	4	7.41	24	44.44	6	11.11	24	44.44	54	100.00
欠发达地区	1	3.57	2	7.14	16	57.14	0	0.00	1	3.57	8	28.57	6	21.43	4	14.29	18	64.29	28	100.00
合计	3	3.23	15	16.13	53	56.99	6	6.45	2	2.15	14	15.05	34	36.56	10	10.75	49	52.69	93	100.00

附表139　各省0～6岁听力残疾儿童康复需求

地区	康复形式								器具				合计	
	医院治疗		特殊机构		家庭康复		普通机构		助听器		其他			
	儿童数	构成%	儿童数	构成%	儿童数	构成%	儿童数	构成%	儿童数	构成%	儿童数	构成%	儿童数	构成%
天津	0	0.00	4	57.14	3	42.86	0	0.00	7	100.00	0	0.00	7	100.00
吉林	1	3.57	19	67.86	6	21.43	2	7.14	8	28.57	20	71.43	28	100.00
河南	5	19.23	15	57.69	6	23.08	0	0.00	24	92.31	2	7.69	26	100.00
江苏	0	0.00	3	75.00	1	25.00	0	0.00	3	75.00	1	25.00	4	100.00
贵州	1	7.14	9	64.29	2	14.29	2	14.29	10	71.43	4	28.57	14	100.00
甘肃	1	7.14	8	57.14	5	35.72	0	0.00	13	92.86	1	7.14	14	100.00
合计	8	8.60	58	62.37	23	24.73	4	4.30	65	69.89	28	30.11	93	100.00

附表 140　各市县 0～6 岁听力残疾儿童康复需求

地　区	康复形式								器具				合　计	
	医院治疗		特殊机构		家庭康复		普通机构		助听器		其　他			
	儿童数	构成 %	儿童数	构成 %	儿童数	构成 %	儿童数	构成 %	儿童数	构成 %	儿童数	构成 %	儿童数	构成 %
天津和平区	0	0.00	4	66.67	2	33.33	0	0.00	6	100.00	0	0.00	6	100.00
天津大港区	0	0.00	0	0.00	1	100.00	0	0.00	1	100.00	0	0.00	1	100.00
吉林四平市	1	4.55	14	63.64	5	22.73	2	9.09	3	13.64	19	86.36	22	100.00
吉林东辽县	0	0.00	5	83.33	1	16.67	0	0.00	5	83.33	1	16.67	6	100.00
河南漯河市	5	25.00	15	75.00	0	0.00	0	0.00	18	90.00	2	10.00	20	100.00
河南西华县	0	0.00	0	0.00	6	100.00	0	0.00	6	100.00	0	0.00	6	100.00
江苏常州市	0	0.00	2	100.00	0	0.00	0	0.00	1	50.00	1	50.00	2	100.00
江苏仪征市	0	0.00	1	50.00	1	50.00	0	0.00	2	100.00	0	0.00	2	100.00
贵州贵阳市	0	0.00	2	100.00	0	0.00	0	0.00	1	50.00	1	50.00	2	100.00
贵州桐梓县	1	8.33	7	58.33	2	16.67	2	16.67	9	75.00	3	25.00	12	100.00
甘肃白银市	0	0.00	3	42.86	4	57.14	0	0.00	7	100.00	0	0.00	7	100.00
甘肃定西县	1	14.29	5	71.43	1	14.29	0	0.00	6	85.71	1	14.29	7	100.00
合　计	8	8.60	58	62.37	23	24.73	4	4.30	65	69.89	28	30.11	93	100.00

附表 141　城乡 0～6 岁听力残疾儿童康复需求

地　区	康复形式								器具				合　计	
	医院治疗		特殊机构		家庭康复		普通机构		助听器		其　他			
	儿童数	构成 %	儿童数	构成 %	儿童数	构成 %	儿童数	构成 %	儿童数	构成 %	儿童数	构成 %	儿童数	构成 %
城　市	6	10.17	40	67.80	11	18.64	2	3.39	36	61.02	23	38.98	59	100.00
农　村	2	5.88	18	52.94	12	35.29	2	5.88	29	85.29	5	14.71	34	100.00
合　计	8	8.60	58	62.37	23	24.73	4	4.30	65	69.89	28	30.11	93	100.00

附表 142　不同经济状况地区 0～6 岁听力残疾儿童康复需求

地　区	康　复　形　式								器　具				合　计	
	医院治疗		特殊机构		家庭康复		普通机构		助听器		其　他			
	儿童数	构成 %	儿童数	构成 %	儿童数	构成 %	儿童数	构成 %	儿童数	构成 %	儿童数	构成 %	儿童数	构成 %
发达地区	0	0.00	7	63.64	4	36.36	0	0.00	10	90.91	1	9.09	11	100.00
中等发达地区	6	11.11	34	62.96	12	22.22	2	3.70	32	59.26	22	40.74	54	100.00
欠发达地区	2	7.14	17	60.71	7	25.00	2	7.14	23	82.14	5	17.86	28	100.00
合　计	8	8.60	58	62.37	23	24.73	4	4.30	65	69.89	28	30.11	93	100.00

附表 143　各省 0～6 岁视力残疾儿童残疾严重程度构成

地　区	二级低视力		一级低视力		二　级　盲		一　级　盲		合　计	
	儿童数	构成 %	儿童数	构成 %	儿童数	构成 %	儿童数	构成 %	儿童数	构成 %
天　津	2	28.57	0	0.00	2	28.57	3	42.86	7	100.00
吉　林	10	71.43	2	14.29	0	0.00	2	14.29	14	100.00
河　南	8	80.00	2	20.00	0	0.00	0	0.00	10	100.00
江　苏	2	50.00	1	25.00	1	25.00	0	0.00	4	100.00
贵　州	4	40.00	2	20.00	2	20.00	2	20.00	10	100.00
甘　肃	8	42.11	3	15.79	2	10.53	6	31.58	19	100.00
总　计	34	53.13	10	15.63	7	10.94	13	20.31	64	100.00

附表 144　各市县 0～6 岁视力残疾儿童残疾严重程度构成

地　区	二级低视力		一级低视力		二　级　盲		一　级　盲		合　　计	
	儿童数	构成 %	儿童数	构成 %	儿童数	构成 %	儿童数	构成 %	儿童数	构成 %
天津和平区	1	25.00	0	0.00	2	50.00	1	25.00	4	100.00
天津大港区	1	33.33	0	0.00	0	0.00	2	66.67	3	100.00
吉林四平市	9	81.82	1	9.09	0	0.00	1	9.09	11	100.00
吉林东辽县	1	33.33	1	33.33	0	0.00	1	33.33	3	100.00
河南漯河市	7	87.50	1	12.50	0	0.00	0	0.00	8	100.00
河南西华县	1	50.00	1	50.00	0	0.00	0	0.00	2	100.00
江苏常州市	2	66.67	0	0.00	1	33.33	0	0.00	3	100.00
江苏仪征市	0	0.00	1	100.00	0	0.00	0	0.00	1	100.00
贵州贵阳市	3	42.86	2	28.57	2	28.57	0	0.00	7	100.00
贵州桐梓县	1	33.33	0	0.00	0	0.00	2	66.67	3	100.00
甘肃白银市	0	0.00	0	0.00	1	33.33	2	66.67	3	100.00
甘肃定西县	8	50.00	3	18.75	1	6.25	4	25.00	16	100.00
合　计	34	53.13	10	15.63	7	10.94	13	20.31	64	100.00

附表 145　城乡 0～6 岁视力残疾儿童残疾严重程度构成

地　区	二级低视力		一级低视力		二　级　盲		一　级　盲		合　　计	
	儿童数	构成 %	儿童数	构成 %	儿童数	构成 %	儿童数	构成 %	儿童数	构成 %
城　市	22	61.11	4	11.11	6	16.67	4	11.11	36	100.00
农　村	12	42.86	6	21.43	1	3.57	9	32.14	28	100.00
总　计	34	53.13	10	15.63	7	10.94	13	20.31	64	100.00

附表 146　不同经济状况地区 0～6 岁视力残疾儿童残疾严重程度构成

地　区	二级低视力		一级低视力		二　级　盲		一　级　盲		合　　计	
	儿童数	构成 %	儿童数	构成 %	儿童数	构成 %	儿童数	构成 %	儿童数	构成 %
发达地区	4	36.36	1	9.09	3	27.27	3	27.27	11	100.00
中等发达地区	18	75.00	4	16.67	0	0.00	2	8.33	24	100.00
欠发达地区	12	41.38	5	17.24	4	13.79	8	27.59	29	100.00
合　计	34	53.13	10	15.63	7	10.94	13	20.31	64	100.00

附表147　各省0～6岁视力残疾儿童致残原因构成

地　区	弱　视		先天性白内障		先天性青光眼		虹膜／脉络膜缺损		眼内肿瘤		视网膜视神经病变		其　他		不　详		合　计	
	儿童数	构成%	儿童数	构成%	儿童数	构成%	儿童数	构成%	儿童数	构成%	儿童数	构成%	儿童数	构成%	儿童数	构成%	儿童数	构成%
天　津	2	28.57	1	14.29	1	14.29	0	0.00	0	0.00	3	42.86	0	0.00	0	0.00	7	100.00
吉　林	5	35.71	4	28.57	0	0.00	0	0.00	0	0.00	1	7.14	3	21.43	1	7.14	14	100.00
河　南	2	20.00	1	10.00	1	10.00	2	20.00	0	0.00	0	0.00	1	10.00	3	30.00	10	100.00
江　苏	1	25.00	1	25.00	0	0.00	0	0.00	0	0.00	2	50.00	0	0.00	0	0.00	4	100.00
贵　州	3	30.00	2	20.00	0	0.00	0	0.00	2	20.00	1	10.00	1	10.00	1	10.00	10	100.00
甘　肃	6	31.58	0	0.00	2	10.53	0	0.00	1	5.26	3	15.79	2	10.53	5	26.32	19	100.00
合　计	19	29.69	9	14.06	4	6.25	2	3.13	3	4.69	10	15.63	7	10.94	10	15.63	64	100.00

附表148　各市县0～6岁视力残疾儿童致残原因构成

地　区	弱　视		先天性白内障		先天性青光眼		虹膜／脉络膜缺损		眼内肿瘤		视网膜视神经病变		其　他		不　详		合　计	
	儿童数	构成%	儿童数	构成%	儿童数	构成%	儿童数	构成%	儿童数	构成%	儿童数	构成%	儿童数	构成%	儿童数	构成%	儿童数	构成%
天津和平区	1	25.00	0	0.00	1	25.00	0	0.00	0	0.00	2	50.00	0	0.00	0	0.00	4	100.00
天津大港区	1	33.33	1	33.33	0	0.00	0	0.00	0	0.00	1	33.33	0	0.00	0	0.00	3	100.00
吉林四平市	4	36.36	4	36.36	0	0.00	0	0.00	0	0.00	0	0.00	2	18.18	1	9.09	11	100.00
吉林东辽县	1	33.33	0	0.00	0	0.00	0	0.00	0	0.00	1	33.33	1	33.33	0	0.00	3	100.00
河南漯河市	2	25.00	1	12.50	0	0.00	1	12.50	0	0.00	0	0.00	1	12.50	3	37.50	8	100.00
河南西华县	0	0.00	0	0.00	1	50.00	1	50.00	0	0.00	0	0.00	0	0.00	0	0.00	2	100.00
江苏常州市	1	33.33	0	0.00	0	0.00	0	0.00	0	0.00	2	66.67	0	0.00	0	0.00	3	100.00
江苏仪征市	0	0.00	1	100.00	0	0.00	0	0.00	0	0.00	0	0.00	0	0.00	0	0.00	1	100.00
贵州贵阳市	3	42.86	1	14.29	0	0.00	0	0.00	0	0.00	1	14.29	1	14.29	1	14.29	7	100.00
贵州桐梓县	0	0.00	1	33.33	0	0.00	0	0.00	2	66.67	0	0.00	0	0.00	0	0.00	3	100.00
甘肃白银市	0	0.00	0	0.00	0	0.00	0	0.00	0	0.00	3	100.00	0	0.00	0	0.00	3	100.00
甘肃定西县	6	37.50	0	0.00	2	12.50	0	0.00	1	6.25	0	0.00	2	12.50	5	31.25	16	100.00
合　计	19	29.69	9	14.06	4	6.25	2	3.13	3	4.69	10	15.63	7	10.94	10	15.63	64	100.00

附表 149　城乡 0～6 岁视力残疾儿童致残原因构成

地区	弱视		先天性白内障		先天性青光眼		虹膜／脉络膜缺损		眼内肿瘤		视网膜视神经病变		其他		不详		合计	
	儿童数	构成%	儿童数	构成%	儿童数	构成%	儿童数	构成%	儿童数	构成%	儿童数	构成%	儿童数	构成%	儿童数	构成%	儿童数	构成%
城市	11	30.56	6	16.67	1	2.78	1	2.78	0	0.00	8	22.22	4	11.11	5	13.89	36	100.00
农村	8	28.57	3	10.71	3	10.71	1	3.57	3	10.71	2	7.14	3	10.71	5	17.86	28	100.00
合计	19	29.69	9	14.06	4	6.25	2	3.13	3	4.69	10	15.63	7	10.94	10	15.63	64	100.00

附表 150　不同经济状况地区 0～6 岁视力残疾儿童致残原因构成

地区	弱视		先天性白内障		先天性青光眼		虹膜／脉络膜缺损		眼内肿瘤		视网膜视神经病变		其他		不详		合计	
	儿童数	构成%	儿童数	构成%	儿童数	构成%	儿童数	构成%	儿童数	构成%	儿童数	构成%	儿童数	构成%	儿童数	构成%	儿童数	构成%
发达地区	3	27.27	2	18.18	1	9.09	0	0.00	0	0.00	5	45.45	0	0.00	0	0.00	11	100.00
中等发达地区	7	29.17	5	20.83	1	4.17	2	8.33	0	0.00	1	4.17	4	16.67	4	16.67	24	100.00
欠发达地区	9	31.03	2	6.90	2	6.90	0	0.00	3	10.34	4	13.79	3	10.34	6	20.69	29	100.00
合计	19	29.69	9	14.06	4	6.25	2	3.13	3	4.69	10	15.63	7	10.94	10	15.63	64	100.00

附表 151　各省 0～6 岁视力残疾儿童康复现状

地区	康复形式						器具						合计	
	医院治疗		家庭康复		无康复		助视器		其他		无器具			
	儿童数	构成%	儿童数	构成%	儿童数	构成%	儿童数	构成%	儿童数	构成%	儿童数	构成%	儿童数	构成%
天津	1	14.29	1	14.29	5	71.43	0	0.00	2	28.57	5	71.43	7	100.00
吉林	3	21.43	4	28.57	7	50.00	4	28.57	0	0.00	10	71.43	14	100.00
河南	0	0.00	1	10.00	9	90.00	2	20.00	0	0.00	8	80.00	10	100.00
江苏	2	50.00	0	0.00	2	50.00	0	0.00	0	0.00	4	100.00	4	100.00
贵州	3	30.00	2	20.00	5	50.00	0	0.00	1	10.00	9	90.00	10	100.00
甘肃	0	0.00	1	5.26	18	94.74	0	0.00	0	0.00	19	100.00	19	100.00
合计	9	14.06	9	14.06	46	71.88	6	9.38	3	4.69	55	85.94	64	100.00

附表 152 各市县 0～6 岁视力残疾儿童康复现状

地区	康复形式						器具						合计	
	医院治疗		家庭康复		无康复		助视器		其他		无器具			
	儿童数	构成%	儿童数	构成%	儿童数	构成%	儿童数	构成%	儿童数	构成%	儿童数	构成%	儿童数	构成%
天津和平区	0	0.00	1	25.00	3	75.00	0	0.00	1	25.00	3	75.00	4	100.00
天津大港区	1	33.33	0	0.00	2	66.67	0	0.00	1	33.33	2	66.67	3	100.00
吉林四平市	3	27.27	1	9.09	7	63.64	1	9.09	0	0.00	10	90.91	11	100.00
吉林东辽县	0	0.00	3	100.00	0	0.00	3	100.00	0	0.00	0	0.00	3	100.00
河南漯河市	0	0.00	1	12.50	7	87.50	0	0.00	0	0.00	8	100.00	8	100.00
河南西华县	0	0.00	0	0.00	2	100.00	2	100.00	0	0.00	0	0.00	2	100.00
江苏常州市	1	33.33	0	0.00	2	66.67	0	0.00	0	0.00	3	100.00	3	100.00
江苏仪征市	1	100.00	0	0.00	0	0.00	0	0.00	0	0.00	1	100.00	1	100.00
贵州贵阳市	3	42.86	0	0.00	4	57.14	0	0.00	1	14.29	6	85.71	7	100.00
贵州桐梓县	0	0.00	2	66.67	1	33.33	0	0.00	0	0.00	3	100.00	3	100.00
甘肃白银市	0	0.00	0	0.00	3	100.00	0	0.00	0	0.00	3	100.00	3	100.00
甘肃定西县	0	0.00	1	6.25	15	93.75	0	0.00	0	0.00	16	100.00	16	100.00
合计	9	14.06	9	14.06	46	71.88	6	9.38	3	4.69	55	85.94	64	100.00

附表 153 城乡 0～6 岁视力残疾儿童康复现状

地区	康复形式						器具						合计	
	医院治疗		家庭康复		无康复		助视器		其他		无器具			
	儿童数	构成%	儿童数	构成%	儿童数	构成%	儿童数	构成%	儿童数	构成%	儿童数	构成%	儿童数	构成%
城市	7	19.44	3	8.33	26	72.22	1	2.78	2	5.56	33	91.67	36	100.00
农村	2	7.14	6	21.43	20	71.43	5	17.86	1	3.57	22	78.57	28	100.00
合计	9	14.06	9	14.06	46	71.88	6	9.38	3	4.69	55	85.94	64	100.00

附表 154　不同经济状况地区 0～6 岁视力残疾儿童康复现状

地　区	康复形式						器具						合　计	
	医院治疗		家庭康复		无康复		助视器		其　他		无器具			
	儿童数	构成 %	儿童数	构成 %	儿童数	构成 %	儿童数	构成 %	儿童数	构成 %	儿童数	构成 %	儿童数	构成 %
发达地区	3	27.27	1	9.09	7	63.64	0	0.00	2	18.18	9	81.82	11	100.00
中等发达地区	3	12.50	5	20.83	16	66.67	6	25.00	0	0.00	18	75.00	24	100.00
欠发达地区	3	10.34	3	10.34	23	79.31	0	0.00	1	3.45	28	96.55	29	100.00
合　计	9	14.06	9	14.06	46	71.88	6	9.38	3	4.69	55	85.94	64	100.00

附表 155　各省 0～6 岁视力残疾儿童康复需求

地　区	康复形式								器具						合　计	
	医院治疗		特殊机构		家庭康复		其　他		助视器		导盲器		其　他			
	儿童数	构成 %	儿童数	构成 %	儿童数	构成 %	儿童数	构成 %	儿童数	构成 %	儿童数	构成 %	儿童数	构成 %	儿童数	构成 %
天　津	2	28.57	1	14.29	3	42.86	1	14.29	2	28.57	1	14.29	4	57.14	7	100.00
吉　林	11	78.57	0	0.00	3	21.43	0	0.00	11	78.57	0	0.00	3	21.43	14	100.00
河　南	6	60.00	0	0.00	4	40.00	0	0.00	4	40.00	0	0.00	6	60.00	10	100.00
江　苏	2	50.00	0	0.00	1	25.00	1	25.00	1	25.00	1	25.00	2	50.00	4	100.00
贵　州	7	70.00	1	10.00	2	20.00	0	0.00	2	20.00	1	10.00	7	70.00	10	100.00
甘　肃	13	68.42	1	5.26	5	26.32	0	0.00	3	15.79	5	26.32	11	57.89	19	100.00
合　计	41	64.06	3	4.69	18	28.13	2	3.13	23	35.94	8	12.50	33	51.56	64	100.00

附表 156 各市县 0～6 岁视力残疾儿童康复需求

地 区	康复形式								器具						合 计	
	医院治疗		特殊机构		家庭康复		其 他		助视器		导盲器		其 他			
	儿童数	构成%	儿童数	构成%	儿童数	构成%	儿童数	构成%	儿童数	构成%	儿童数	构成%	儿童数	构成%	儿童数	构成%
天津和平区	1	25.00	1	25.00	2	50.00	0	0.00	2	50.00	1	25.00	1	25.00	4	100.00
天津大港区	1	33.33	0	0.00	1	33.33	1	33.33	0	0.00	0	0.00	3	100.00	3	100.00
吉林四平市	11	100.00	0	0.00	0	0.00	0	0.00	11	100.00	0	0.00	0	0.00	11	100.00
吉林东辽县	0	0.00	0	0.00	3	100.00	0	0.00	0	0.00	0	0.00	3	100.00	3	100.00
河南漯河市	5	62.50	0	0.00	3	37.50	0	0.00	3	37.50	0	0.00	5	62.50	8	100.00
河南西华县	1	50.00	0	0.00	1	50.00	0	0.00	1	50.00	0	0.00	1	50.00	2	100.00
江苏常州市	2	66.67	0	0.00	0	0.00	1	33.33	1	33.33	1	33.33	1	33.33	3	100.00
江苏仪征市	0	0.00	0	0.00	1	100.00	0	0.00	0	0.00	0	0.00	1	100.00	1	100.00
贵州贵阳市	5	71.43	0	0.00	2	28.57	0	0.00	0	0.00	0	0.00	7	100.00	7	100.00
贵州桐梓县	2	66.67	1	33.33	0	0.00	0	0.00	2	66.67	1	33.33	0	0.00	3	100.00
甘肃白银市	0	0.00	1	33.33	2	66.67	0	0.00	0	0.00	3	100.00	0	0.00	3	100.00
甘肃定西县	13	81.25	0	0.00	3	18.75	0	0.00	3	18.75	2	12.50	11	68.75	16	100.00
合 计	41	64.06	3	4.69	18	28.13	2	3.13	23	35.94	8	12.50	33	51.56	64	100.00

附表 157 城乡 0～6 岁视力残疾儿童康复需求

地 区	康复形式								器具						合 计	
	医院治疗		特殊机构		家庭康复		其 他		助视器		导盲器		其 他			
	儿童数	构成%	儿童数	构成%	儿童数	构成%	儿童数	构成%	儿童数	构成%	儿童数	构成%	儿童数	构成%	儿童数	构成%
城 市	24	66.67	2	5.56	9	25.00	1	2.78	17	47.22	5	13.89	14	38.89	36	100.00
农 村	17	60.71	1	3.57	9	32.14	1	3.57	6	21.43	3	10.71	19	67.86	28	100.00
合 计	41	64.06	3	4.69	18	28.13	2	3.13	23	35.94	8	12.50	33	51.56	64	100.00

附表 158　不同经济状况地区 0～6 岁视力残疾儿童康复需求

地　区	康复形式								器具						合　计	
	医院治疗		特殊机构		家庭康复		其　他		助视器		导盲器		其　他			
	儿童数	构成%	儿童数	构成%	儿童数	构成%	儿童数	构成%	儿童数	构成%	儿童数	构成%	儿童数	构成%	儿童数	构成%
发达地区	4	36.36	1	9.09	4	36.36	2	50.00	3	27.27	2	18.18	6	54.55	11	100.00
中等发达地区	17	70.83	0	0.00	7	29.17	0	0.00	15	62.50	0	0.00	9	37.50	24	100.00
欠发达地区	20	68.97	2	6.90	7	24.14	0	0.00	5	17.24	6	20.69	18	62.07	29	100.00
合　计	41	64.06	3	4.69	18	28.13	2	3.13	23	35.94	8	12.50	33	51.56	64	100.00

附表 159　各省 0～6 岁智力残疾儿童残疾严重程度构成

地　区	四级		三级		二级		一级		合　计	
	儿童数	构成%	儿童数	构成%	儿童数	构成%	儿童数	构成%	儿童数	构成%
天　津	43	48.31	26	29.21	9	10.11	11	12.36	89	100.00
吉　林	61	46.56	38	29.01	15	11.45	17	12.98	131	100.00
河　南	73	66.36	23	20.91	11	10.00	3	2.73	110	100.00
江　苏	39	63.93	12	19.67	9	14.75	1	1.64	61	100.00
贵　州	53	55.21	23	23.96	13	13.54	7	7.29	96	100.00
甘　肃	38	52.05	21	28.77	10	13.70	4	5.48	73	100.00
合　计	307	54.82	143	25.54	67	11.96	43	7.68	560	100.00

附表 160　各市县 0～6 岁智力残疾儿童残疾严重程度构成

地　区	四级		三级		二级		一级		合　计	
	儿童数	构成 %	儿童数	构成 %	儿童数	构成 %	儿童数	构成 %	儿童数	构成 %
天津和平区	25	52.08	14	29.17	3	6.25	6	12.50	48	100.00
天津大港区	18	43.90	12	29.27	6	14.63	5	12.20	41	100.00
吉林四平市	9	25.71	9	25.71	9	25.71	8	22.86	35	100.00
吉林东辽县	52	54.17	29	30.21	6	6.25	9	9.38	96	100.00
河南漯河市	45	91.84	2	4.08	2	4.08	0	0.00	49	100.00
河南西华县	28	45.90	21	34.43	9	14.75	3	4.92	61	100.00
江苏常州市	14	51.85	7	25.93	6	22.22	0	0.00	27	100.00
江苏仪征市	25	73.53	5	14.71	3	8.82	1	2.94	34	100.00
贵州贵阳市	39	65.00	14	23.33	4	6.67	3	5.00	60	100.00
贵州桐梓县	14	38.89	9	25.00	9	25.00	4	11.11	36	100.00
甘肃白银市	13	41.94	8	25.81	6	19.35	4	12.90	31	100.00
甘肃定西县	25	59.52	13	30.95	4	9.52	0	0.00	42	100.00
合　计	307	54.82	143	25.54	67	11.96	43	7.68	560	100.00

附表 161　城乡 0～6 岁智力残疾儿童残疾严重程度构成

地　区	四级		三级		二级		一级		合　计	
	儿童数	构成 %	儿童数	构成 %	儿童数	构成 %	儿童数	构成 %	儿童数	构成 %
城　市	145	58.00	54	21.60	30	12.00	21	8.40	250	100.00
农　村	162	52.26	89	28.71	37	11.94	22	7.10	310	100.00
合　计	307	54.82	143	25.54	67	11.96	43	7.68	560	100.00

附表 162　不同经济状况地区 0～6 岁智力残疾儿童残疾严重程度构成

地　区	四级		三级		二级		一级		合　计	
	儿童数	构成 %	儿童数	构成 %	儿童数	构成 %	儿童数	构成 %	儿童数	构成 %
发达地区	82	54.67	38	25.33	18	12.00	12	8.00	150	100.00
中等发达地区	134	55.60	61	25.31	26	10.79	20	8.30	241	100.00
欠发达地区	91	53.85	44	26.04	23	13.61	11	6.51	169	100.00
合　计	307	54.82	143	25.54	67	11.96	43	7.68	560	100.00

附表163　各省0～6岁智力残疾儿童致残原因构成

致残原因	天津		吉林		河南		江苏		贵州		甘肃		合计	
	儿童数	构成%	儿童数	构成%	儿童数	构成%	儿童数	构成%	儿童数	构成%	儿童数	构成%	儿童数	构成%
1.不详	32	35.96	17	12.98	22	20.00	24	39.34	46	47.92	23	31.51	164	29.29
2.产时窒息	11	12.36	11	8.40	29	26.36	3	4.92	6	6.25	10	13.70	70	12.50
3.早产	17	19.10	4	3.05	14	12.73	4	6.56	5	5.21	4	5.48	48	8.57
4.宫内窒息	8	8.99	8	6.11	7	6.36	3	4.92	7	7.29	3	4.11	36	6.43
5.社会文化落后	0	0.00	20	15.27	0	0.00	11	18.03	0	0.00	0	0.00	31	5.54
6.伴发精神病	5	5.62	4	3.05	9	8.18	7	11.48	3	3.13	1	1.37	29	5.18
7.其他遗传病	1	1.12	15	11.45	0	0.00	2	3.28	0	0.00	2	2.74	20	3.57
8.染色体异常	4	4.49	1	0.76	1	0.91	0	0.00	3	3.13	6	8.22	15	2.68
9.感觉器官剥夺	0	0.00	6	4.58	3	2.73	1	1.64	4	4.17	1	1.37	15	2.68
10.其他（出生前）	4	4.49	6	4.58	1	0.91	1	1.64	0	0.00	2	2.74	14	2.50
11.颅内出血	0	0.00	8	6.11	3	2.73	1	1.64	0	0.00	1	1.37	13	2.32
12.营养不良	0	0.00	4	3.05	2	1.82	0	0.00	1	1.04	4	5.48	11	1.96
13.惊厥后脑损伤	0	0.00	5	3.82	1	0.91	1	1.64	3	3.13	1	1.37	11	1.96
14.妊娠中毒症	0	0.00	6	4.58	3	2.73	0	0.00	0	0.00	1	1.37	10	1.79
15.产前各种感染	3	3.37	0	0.00	3	2.73	0	0.00	2	2.08	0	0.00	8	1.43
16.产伤	0	0.00	0	0.00	3	2.73	1	1.64	0	0.00	4	5.48	8	1.43
17.脑病	0	0.00	3	2.29	3	2.73	0	0.00	1	1.04	1	1.37	8	1.43
18.宫内营养不良	0	0.00	3	2.29	1	0.91	1	1.64	1	1.04	0	0.00	6	1.07
19.脑炎	0	0.00	0	0.00	0	0.00	0	0.00	2	2.08	3	4.11	5	0.89
20.脑膜炎	0	0.00	1	0.76	0	0.00	0	0.00	3	3.13	1	1.37	5	0.89
21.颅脑外伤	0	0.00	0	0.00	1	0.91	0	0.00	2	2.08	2	2.74	5	0.89
22.其他（产时）	0	0.00	1	0.76	0	0.00	0	0.00	4	4.17	0	0.00	5	0.89
23.遗传综合征	1	1.12	3	2.29	0	0.00	0	0.00	0	0.00	0	0.00	4	0.71
24.核黄疸	1	1.12	0	0.00	0	0.00	1	1.64	0	0.00	2	2.74	4	0.71
25.脑变性疾病	0	0.00	0	0.00	3	2.73	0	0.00	1	1.04	0	0.00	4	0.71
26.心理损伤	0	0.00	3	2.29	0	0.00	0	0.00	0	0.00	0	0.00	3	0.54
27.多发畸形	0	0.00	1	0.76	1	0.91	0	0.00	0	0.00	0	0.00	2	0.36
28.各种中毒	0	0.00	0	0.00	0	0.00	0	0.00	2	2.08	0	0.00	2	0.36
29.脑血管疾病	2	2.25	0	0.00	0	0.00	0	0.00	0	0.00	0	0.00	2	0.36
30.遗传代谢病	0	0.00	0	0.00	0	0.00	0	0.00	0	0.00	1	1.37	1	0.18
31.其他（出生后）	0	0.00	1	0.76	0	0.00	0	0.00	0	0.00	0	0.00	1	0.18
合　计	89	100.00	131	100.00	110	100.00	61	100.00	96	100.00	73	100.00	560	100.00

附表164 各市县0～6岁智力残疾儿童致残原因构成

致残原因	天津和平区		天津大港区		吉林四平市		吉林东辽县		河南漯河市		河南西华县		江苏常州市		江苏仪征市		贵州贵阳市		贵州桐梓县		甘肃白银市		甘肃定西县		合计	
	儿童数	构成%	儿童数	构成%	儿童数	构成%	儿童数	构成%	儿童数	构成%	儿童数	构成%	儿童数	构成%	儿童数	构成%	儿童数	构成%	儿童数	构成%	儿童数	构成%	儿童数	构成%	儿童数	构成%
1.不详	18	37.50	14	34.15	7	20.00	10	10.42	18	36.73	4	6.56	14	51.85	10	29.41	32	53.33	14	38.89	1	3.23	22	52.38	164	29.29
2.产时窒息	2	4.17	9	21.95	5	14.29	6	6.25	1	2.04	28	45.90	2	7.41	1	2.94	4	6.67	2	5.56	5	16.13	5	11.90	70	12.50
3.早产	13	27.08	4	9.76	2	5.71	2	2.08	12	24.49	2	3.28	2	7.41	2	5.88	4	6.67	1	2.78	1	3.23	3	7.14	48	8.57
4.宫内窒息	2	4.17	6	14.63	7	20.00	1	1.04	0	0.00	7	11.48	1	3.70	2	5.88	3	5.00	4	11.11	2	6.45	1	2.38	36	6.43
5.社会文化落后	0	0.00	0	0.00	0	0.00	20	20.83	0	0.00	0	0.00	0	0.00	11	32.35	0	0.00	0	0.00	0	0.00	0	0.00	31	5.54
6.伴发精神病	5	10.42	0	0.00	1	2.86	3	3.13	9	18.37	0	0.00	6	22.22	1	2.94	3	5.00	0	0.00	0	0.00	1	2.38	29	5.18
7.其他遗传病	1	2.08	0	0.00	2	5.71	13	13.54	0	0.00	0	0.00	0	0.00	2	5.88	0	0.00	0	0.00	1	3.23	1	2.38	20	3.57
8.染色体异常	1	2.08	3	7.32	0	0.00	1	1.04	1	2.04	0	0.00	0	0.00	0	0.00	3	5.00	0	0.00	6	19.35	0	0.00	15	2.68
9.感觉器官剥夺	0	0.00	0	0.00	2	5.71	4	4.17	3	6.12	0	0.00	1	3.70	0	0.00	1	1.67	3	8.33	0	0.00	1	2.38	15	2.68
10.其他(出生前)	3	6.25	1	2.44	0	0.00	6	6.25	0	0.00	1	1.64	1	3.70	0	0.00	0	0.00	0	0.00	2	6.45	0	0.00	14	2.50
11.颅内出血	0	0.00	0	0.00	5	14.29	3	3.13	1	2.04	2	3.28	0	0.00	1	2.94	0	0.00	0	0.00	1	3.23	0	0.00	13	2.32
12.营养不良	0	0.00	0	0.00	0	0.00	4	4.17	0	0.00	2	3.28	0	0.00	0	0.00	0	0.00	1	2.78	0	0.00	4	9.52	11	1.96
13.惊厥后脑损伤	0	0.00	0	0.00	1	2.86	4	4.17	0	0.00	1	1.64	0	0.00	1	2.94	0	0.00	3	8.33	0	0.00	1	2.38	11	1.96
14.妊娠中毒症	0	0.00	0	0.00	0	0.00	6	6.25	0	0.00	3	4.92	0	0.00	0	0.00	0	0.00	0	0.00	1	3.23	0	0.00	10	1.79
15.产前各种感染	3	6.25	0	0.00	0	0.00	0	0.00	0	0.00	3	4.92	0	0.00	0	0.00	1	1.67	1	2.78	0	0.00	0	0.00	8	1.43
16.产伤	0	0.00	0	0.00	0	0.00	0	0.00	3	6.12	0	0.00	0	0.00	1	2.94	0	0.00	0	0.00	3	9.68	1	2.38	8	1.43
17.脑病	0	0.00	0	0.00	0	0.00	3	3.13	0	0.00	3	4.92	0	0.00	0	0.00	1	1.67	0	0.00	1	3.23	0	0.00	8	1.43
18.宫内营养不良	0	0.00	0	0.00	0	0.00	3	3.13	0	0.00	1	1.64	0	0.00	1	2.94	0	0.00	1	2.78	0	0.00	0	0.00	6	1.07
19.脑炎	0	0.00	0	0.00	0	0.00	0	0.00	0	0.00	0	0.00	0	0.00	0	0.00	2	3.33	0	0.00	2	6.45	1	2.38	5	0.89
20.脑膜炎	0	0.00	0	0.00	0	0.00	1	1.04	0	0.00	0	0.00	0	0.00	0	0.00	0	0.00	3	8.33	1	3.23	0	0.00	5	0.89
21.颅脑外伤	0	0.00	0	0.00	0	0.00	0	0.00	1	2.04	0	0.00	0	0.00	0	0.00	2	3.33	0	0.00	1	3.23	1	2.38	5	0.89
22.其他(产时)	0	0.00	0	0.00	1	2.86	0	0.00	0	0.00	0	0.00	0	0.00	0	0.00	4	6.67	0	0.00	0	0.00	0	0.00	5	0.89
23.遗传综合征	0	0.00	1	2.44	0	0.00	3	3.13	0	0.00	0	0.00	0	0.00	0	0.00	0	0.00	0	0.00	0	0.00	0	0.00	4	0.71
24.核黄疸	0	0.00	1	2.44	0	0.00	0	0.00	0	0.00	0	0.00	0	0.00	1	2.94	0	0.00	0	0.00	2	6.45	0	0.00	4	0.71
25.脑变性疾病	0	0.00	0	0.00	0	0.00	0	0.00	0	0.00	3	4.92	0	0.00	0	0.00	0	0.00	1	2.78	0	0.00	0	0.00	4	0.71
26.心理损伤	0	0.00	0	0.00	2	5.71	1	1.04	0	0.00	0	0.00	0	0.00	0	0.00	0	0.00	0	0.00	0	0.00	0	0.00	3	0.54
27.多发畸形	0	0.00	0	0.00	0	0.00	1	1.04	0	0.00	1	1.64	0	0.00	0	0.00	0	0.00	0	0.00	0	0.00	0	0.00	2	0.36
28.各种中毒	0	0.00	0	0.00	0	0.00	0	0.00	0	0.00	0	0.00	0	0.00	0	0.00	0	0.00	2	5.56	0	0.00	0	0.00	2	0.36
29.脑血管疾病	0	0.00	2	4.88	0	0.00	0	0.00	0	0.00	0	0.00	0	0.00	0	0.00	0	0.00	0	0.00	0	0.00	0	0.00	2	0.36
30.遗传代谢病	0	0.00	0	0.00	0	0.00	0	0.00	0	0.00	0	0.00	0	0.00	0	0.00	0	0.00	0	0.00	1	3.23	0	0.00	1	0.18
31.其他(出生后)	0	0.00	0	0.00	0	0.00	1	1.04	0	0.00	0	0.00	0	0.00	0	0.00	0	0.00	0	0.00	0	0.00	0	0.00	1	0.18
合 计	48	100.00	41	100.00	35	100.00	96	100.00	49	100.00	61	100.00	27	100.00	34	100.00	60	100.00	36	100.00	31	100.00	42	100.00	560	100.00

附表 165　城乡 0～6 岁智力残疾儿童致残原因构成

致残原因	城　市		农　村		合　计	
	儿童数	构成%	儿童数	构成%	儿童数	构成%
1.不详	90	36.00	74	23.87	164	29.29
2.产时窒息	19	7.60	51	16.45	70	12.50
3.早产	34	13.60	14	4.52	48	8.57
4.宫内窒息	15	6.00	21	6.77	36	6.43
5.社会文化落后	0	0.00	31	10.00	31	5.54
6.伴发精神病	24	9.60	5	1.61	29	5.18
7.其他遗传病	4	1.60	16	5.16	20	3.57
8.染色体异常	11	4.40	4	1.29	15	2.68
9.感觉器官剥夺	7	2.80	8	2.58	15	2.68
10.其他（出生前）	6	2.40	8	2.58	14	2.50
11.颅内出血	7	2.80	6	1.94	13	2.32
12.营养不良	0	0.00	11	3.55	11	1.96
13.惊厥后脑损伤	1	0.40	10	3.23	11	1.96
14.妊娠中毒症	1	0.40	9	2.90	10	1.79
15.产前各种感染	4	1.60	4	1.29	8	1.43
16.产伤	6	2.40	1	0.65	8	1.43
17.脑病	2	0.80	6	1.94	8	1.43
18.宫内营养不良	0	0.00	6	1.94	6	1.07
19.脑炎	4	1.60	1	0.32	5	0.89
20.脑膜炎	1	0.40	4	1.29	5	0.89
21.颅脑外伤	4	1.60	2	0.65	5	0.89
22.其他（产时）	5	2.00	0	0.00	5	0.89
23.遗传综合征	0	0.00	4	1.29	4	0.71
24.核黄疸	2	0.80	2	0.65	4	0.71
25.脑变性疾病	0	0.00	4	1.29	4	0.71
26.心理损伤	2	0.80	1	0.32	3	0.54
27.多发畸形	0	0.00	2	0.65	2	0.36
28.各种中毒	0	0.00	2	0.65	2	0.36
29.脑血管疾病	0	0.00	2	0.65	2	0.36
30.遗传代谢病	1	0.40	0	0.00	1	0.18
31.其他（出生后）	0	0.00	1	0.32	1	0.18
合　计	250	100.00	310	100.00	560	100.00

附表 166 不同经济状况地区 0～6 岁智力残疾儿童致残原因构成

致残原因	发达地区		中等发达地区		欠发达地区		合　计	
	儿童数	构成%	儿童数	构成%	儿童数	构成%	儿童数	构成%
1.不详	56	36.67	39	16.18	69	41.07	164	29.29
2.产时窒息	14	9.33	40	16.60	16	9.52	70	12.50
3.早产	21	14.00	18	7.47	9	5.36	48	8.57
4.宫内窒息	11	7.33	15	6.22	10	5.95	36	6.43
5.社会文化落后	11	7.33	20	8.30	0	0.00	31	5.54
6.伴发精神病	12	8.00	13	5.39	4	2.38	29	5.18
7.其他遗传病	3	2.00	15	6.22	2	1.19	20	3.57
8.染色体异常	4	2.67	2	0.83	9	5.36	15	2.68
9.感觉器官剥夺	1	0.67	9	3.73	5	2.98	15	2.68
10.其他（出生前）	5	3.33	7	2.90	2	1.19	14	2.50
11.颅内出血	1	0.67	11	4.56	1	0.60	13	2.32
12.营养不良	0	0.00	6	2.49	1	0.60	11	1.96
13.惊厥后脑损伤	1	0.67	6	2.49	4	2.38	11	1.96
14.妊娠中毒症	0	0.00	9	3.73	1	0.60	10	1.79
15.产前各种感染	3	2.00	3	1.24	2	1.19	8	1.43
16.产伤	1	0.67	3	1.24	4	2.38	8	1.43
17.脑病	0	0.00	6	2.49	2	1.19	8	1.43
18.宫内营养不良	1	0.67	4	1.66	1	0.60	6	1.07
19.脑炎	0	0.00	0	0.00	5	2.98	5	0.89
20.脑膜炎	0	0.00	1	0.41	4	2.38	5	0.89
21.颅脑外伤	0	0.00	1	0.41	4	2.38	5	0.89
22.其他（产时）	0	0.00	1	0.41	4	2.38	5	0.89
23.遗传综合征	1	0.67	3	1.24	0	0.00	4	0.71
24.核黄疸	2	1.33	0	0.00	2	1.19	4	0.71
25.脑变性疾病	0	0.00	3	1.24	1	0.60	4	0.71
26.心理损伤	0	0.00	3	1.24	0	0.00	3	0.54
27.多发畸形	0	0.00	2	0.83	0	0.00	2	0.36
28.各种中毒	0	0.00	0	0.00	2	1.19	2	0.36
29.脑血管疾病	2	1.33	0	0.00	4	2.38	2	0.36
30.遗传代谢病	0	0.00	0	0.00	1	0.60	1	0.18
31.其他（出生后）	0	0.00	1	0.41	0	0.00	1	0.18
合　计	150	100.00	241	100.00	169	100.00	560	100.00

附表 167 各省 0～6 岁智力残疾儿童康复现状

地 区	医院治疗		特殊机构		家庭康复		普通机构		其 他		无康复		合 计	
	儿童数	构成 %	儿童数	构成 %	儿童数	构成 %	儿童数	构成 %	儿童数	构成 %	儿童数	构成 %	儿童数	构成 %
天 津	6	6.74	3	3.37	0	0.00	2	2.25	1	1.12	77	86.52	89	100.00
吉 林	0	0.00	2	1.53	97	74.05	0	0.00	0	0.00	32	24.43	131	100.00
河 南	0	0.00	0	0.00	51	46.36	4	3.64	2	1.82	53	48.18	110	100.00
江 苏	0	0.00	0	0.00	20	32.79	4	6.56	0	0.00	37	60.66	61	100.00
贵 州	1	1.04	0	0.00	90	93.75	3	3.13	0	0.00	2	2.08	96	100.00
甘 肃	2	2.74	5	6.85	64	87.67	2	2.74	0	0.00	0	0.00	73	100.00
合 计	9	1.61	10	1.79	322	57.50	15	2.68	3	0.54	201	35.89	560	100.00

附表 168 各市县 0～6 岁智力残疾儿童康复现状

地 区	医院治疗		特殊机构		家庭康复		普通机构		其 他		无康复		合 计	
	儿童数	构成 %	儿童数	构成 %	儿童数	构成 %	儿童数	构成 %	儿童数	构成 %	儿童数	构成 %	儿童数	构成 %
天津和平区	4	8.33	3	6.25	0	0.00	2	4.17	1	2.08	38	79.17	48	100.00
天津大港区	2	4.88	0	0.00	0	0.00	0	0.00	0	0.00	39	95.12	41	100.00
吉林四平市	0	0.00	0	0.00	3	8.57	0	0.00	0	0.00	32	91.43	35	100.00
吉林东辽县	0	0.00	2	2.08	94	97.92	0	0.00	0	0.00	0	0.00	96	100.00
河南漯河市	0	0.00	0	0.00	43	87.76	4	8.16	2	4.08	0	0.00	49	100.00
河南西华县	0	0.00	0	0.00	8	13.11	0	0.00	0	0.00	53	86.89	61	100.00
江苏常州市	0	0.00	0	0.00	8	29.63	4	14.81	0	0.00	15	55.56	27	100.00
江苏仪征市	0	0.00	0	0.00	12	35.29	0	0.00	0	0.00	22	64.71	34	100.00
贵州贵阳市	1	1.67	0	0.00	55	91.67	3	5.00	0	0.00	1	1.67	60	100.00
贵州桐梓县	0	0.00	0	0.00	35	97.22	0	0.00	0	0.00	1	2.78	36	100.00
甘肃白银市	2	6.45	5	16.13	22	70.97	2	6.45	0	0.00	0	0.00	31	100.00
甘肃定西县	0	0.00	0	0.00	42	100.00	0	0.00	0	0.00	0	0.00	42	100.00
合 计	9	1.61	10	1.79	322	57.50	15	2.68	3	0.54	201	35.89	560	100.00

附表 169　城乡 0～6 岁智力残疾儿童康复现状

地　区	医院治疗		特殊机构		家庭康复		普通机构		其　他		无康复		合　计	
	儿童数	构成 %	儿童数	构成 %	儿童数	构成 %	儿童数	构成 %	儿童数	构成 %	儿童数	构成 %	儿童数	构成 %
城　市	7	2.80	8	3.20	131	52.40	15	6.00	3	1.20	86	34.40	250	100.00
农　村	2	0.65	2	0.65	191	61.61	0	0.00	0	0.00	115	37.10	310	100.00
合　计	9	1.61	10	1.79	322	57.50	15	2.68	3	0.54	201	35.89	560	100.00

附表 170　不同经济状况地区 0～6 岁智力残疾儿童康复现状

地　区	医院治疗		特殊机构		家庭康复		普通机构		其　他		无康复		合　计	
	儿童数	构成 %	儿童数	构成 %	儿童数	构成 %	儿童数	构成 %	儿童数	构成 %	儿童数	构成 %	儿童数	构成 %
发达地区	6	4.00	3	2.67	20	13.33	6	4.00	1	0.67	114	76.00	150	100.00
中等发达地区	0	0.00	2	0.83	148	61.41	4	1.66	2	0.83	85	35.27	241	100.00
欠发达地区	3	1.78	5	2.96	154	91.12	5	2.96	0	0.00	2	1.18	169	100.00
合　计	9	1.61	10	1.79	322	57.50	15	2.68	3	0.54	201	35.89	560	100.00

附表 171　各省 0～6 岁智力残疾儿童康复需求

地　区	医院治疗		特殊机构		家庭康复		普通机构		合　计	
	儿童数	构成 %	儿童数	构成 %	儿童数	构成 %	儿童数	构成 %	儿童数	构成 %
天　津	4	4.49	15	16.85	70	78.65	0	0.00	89	100.00
吉　林	2	1.53	19	14.50	67	51.15	43	32.82	131	100.00
河　南	23	20.91	2	1.82	49	44.55	36	32.73	110	100.00
江　苏	1	1.64	34	55.74	26	42.62	0	0.00	61	100.00
贵　州	3	3.13	31	32.29	54	56.25	8	8.33	96	100.00
甘　肃	4	5.48	41	56.16	26	35.62	2	2.74	73	100.00
合　计	37	6.61	142	25.36	292	52.14	89	15.89	560	100.00

附表 172　各市县 0～6 岁智力残疾儿童康复需求

地　区	医院治疗		特殊机构		家庭康复		普通机构		合　计	
	儿童数	构成 %	儿童数	构成 %	儿童数	构成 %	儿童数	构成 %	儿童数	构成 %
天津和平区	2	4.17	15	31.25	31	64.58	0	0.00	48	100.00
天津大港区	2	4.88	0	0.00	39	95.12	0	0.00	41	100.00
吉林四平市	0	0.00	5	14.29	30	85.71	0	0.00	35	100.00
吉林东辽县	2	2.08	14	14.58	37	38.54	43	44.79	96	100.00
河南漯河市	2	4.08	2	4.08	40	81.63	5	10.20	49	100.00
河南西华县	21	34.43	0	0.00	9	14.75	31	50.82	61	100.00
江苏常州市	1	3.70	26	96.30	0	0.00	0	0.00	27	100.00
江苏仪征市	0	0.00	8	23.53	26	76.47	0	0.00	34	100.00
贵州贵阳市	1	1.67	28	46.67	23	38.33	8	13.33	60	100.00
贵州桐梓县	2	5.56	3	8.33	31	86.11	0	0.00	36	100.00
甘肃白银市	2	6.45	5	16.13	22	70.97	2	6.45	31	100.00
甘肃定西县	2	4.76	36	85.71	4	9.52	0	0.00	42	100.00
合　计	37	6.61	142	25.36	292	52.14	89	15.89	560	100.00

附表 173　城乡 0～6 岁智力残疾儿童康复需求

地　区	医院治疗		特殊机构		家庭康复		普通机构		合　计	
	儿童数	构成 %	儿童数	构成 %	儿童数	构成 %	儿童数	构成 %	儿童数	构成 %
城　市	8	3.20	81	32.40	146	58.40	15	6.00	250	100.00
农　村	29	9.35	61	19.68	146	47.10	74	23.87	310	100.00
合　计	37	6.61	142	25.36	292	52.14	89	15.89	560	100.00

附表 174　不同经济状况地区 0～6 岁智力残疾儿童康复需求

地　区	医院治疗		特殊机构		家庭康复		普通机构		合　计	
	儿童数	构成 %	儿童数	构成 %	儿童数	构成 %	儿童数	构成 %	儿童数	构成 %
发达地区	5	3.33	49	32.67	96	64.00	0	0.00	150	100.00
中等发达地区	25	10.37	21	8.71	116	48.13	79	32.78	241	100.00
欠发达地区	7	4.14	72	42.60	80	47.34	10	5.92	169	100.00
合　计	37	6.61	142	25.36	292	52.14	89	15.89	560	100.00

附表 175　各省 0～6 岁肢体残疾儿童残疾严重程度构成

地　区	四　级		三　级		二　级		一　级		合　计	
	儿童数	构成 %	儿童数	构成 %	儿童数	构成 %	儿童数	构成 %	儿童数	构成 %
天　津	3	10.00	5	16.67	15	50.00	7	23.33	30	100.00
吉　林	11	28.95	9	23.68	7	18.42	11	28.95	38	100.00
河　南	29	50.88	23	40.35	5	8.77	0	0.00	57	100.00
江　苏	18	66.67	8	29.63	1	3.70	0	0.00	27	100.00
贵　州	32	60.38	8	15.09	9	16.98	4	7.55	53	100.00
甘　肃	17	34.00	12	24.00	19	38.00	2	4.00	50	100.00
合　计	110	43.14	65	25.49	56	21.96	24	9.41	255	100.00

附表 176　各市县 0～6 岁肢体残疾儿童残疾严重程度构成

地　区	四　级		三　级		二　级		一　级		合　计	
	儿童数	构成 %	儿童数	构成 %	儿童数	构成 %	儿童数	构成 %	儿童数	构成 %
天津和平区	3	21.43	3	21.43	7	50.00	1	7.14	14	100.00
天津大港区	0	0.00	2	12.50	8	50.00	6	37.50	16	100.00
吉林四平市	6	35.29	6	35.29	3	17.65	2	11.76	17	100.00
吉林东辽县	5	23.81	3	14.29	4	19.05	9	42.86	21	100.00
河南漯河市	16	72.73	4	18.18	2	9.09	0	0.00	22	100.00
河南西华县	13	37.14	19	54.29	3	8.57	0	0.00	35	100.00
江苏常州市	13	72.22	4	22.22	1	5.56	0	0.00	18	100.00
江苏仪征市	5	55.56	4	44.44	0	0.00	0	0.00	9	100.00
贵州贵阳市	13	65.00	3	15.00	2	10.00	2	10.00	20	100.00
贵州桐梓县	19	57.58	5	15.15	7	21.21	2	6.06	33	100.00
甘肃白银市	13	54.17	6	25.00	4	16.67	1	4.17	24	100.00
甘肃定西县	4	15.38	6	23.08	15	57.69	1	3.85	26	100.00
合　计	110	43.14	65	25.49	56	21.96	24	9.41	255	100.00

附表 177　城乡 0～6 岁肢体残疾儿童残疾严重程度构成

地区	四级		三级		二级		一级		合计	
	儿童数	构成%	儿童数	构成%	儿童数	构成%	儿童数	构成%	儿童数	构成%
城市	64	55.65	26	22.61	19	16.52	6	5.22	115	100.00
农村	46	32.86	39	27.86	37	26.43	18	12.86	140	100.00
合计	110	43.14	65	25.49	56	21.96	24	9.41	255	100.00

附表 178　不同经济状况地区 0～6 岁肢体残疾儿童残疾严重程度构成

地区	四级		三级		二级		一级		合计	
	儿童数	构成%	儿童数	构成%	儿童数	构成%	儿童数	构成%	儿童数	构成%
发达地区	21	36.84	13	22.81	16	28.07	7	12.28	57	100.00
中等发达地区	40	42.11	32	33.68	12	12.63	11	11.58	95	100.00
欠发达地区	49	47.57	20	19.42	28	27.18	6	5.83	103	100.00
合计	110	43.14	65	25.49	56	21.96	24	9.41	255	100.00

附表 179　各省 0～6 岁肢体残疾儿童致残原因构成

地区	脑瘫		小儿麻痹症		脊柱裂脊髓损伤		周围神经损伤疾病		先天性骨关节病		小儿截肢		地方病		其他		不详		合计	
	儿童数	构成%	儿童数	构成%	儿童数	构成%	儿童数	构成%	儿童数	构成%	儿童数	构成%	儿童数	构成%	儿童数	构成%	儿童数	构成%	儿童数	构成%
天津	18	60.00	0	0.00	1	3.33	0	0.00	6	20.00	0	0.00	0	0.00	5	16.67	0	0.00	30	100.00
吉林	27	71.05	0	0.00	2	5.26	0	0.00	3	7.89	1	2.63	0	0.00	4	10.53	1	2.63	38	100.00
河南	9	15.79	1	1.75	2	3.51	3	5.26	16	28.07	4	7.02	2	3.51	9	15.79	11	19.30	57	100.00
江苏	6	22.22	0	0.00	0	0.00	1	3.70	5	18.52	0	0.00	0	0.00	15	55.56	0	0.00	27	100.00
贵州	8	15.09	0	0.00	0	0.00	2	3.77	5	9.43	2	3.77	1	1.89	28	52.83	7	13.21	53	100.00
甘肃	26	52.00	0	0.00	0	0.00	0	0.00	7	14.00	2	4.00	1	2.00	6	12.00	8	16.00	50	100.00
合计	94	36.86	1	0.39	5	1.96	6	2.35	42	16.47	9	3.53	4	1.57	67	26.27	27	10.59	255	100.00

附表 180　各市县 0～6 岁肢体残疾儿童致残原因构成

地区	脑瘫		小儿麻痹症		脊柱裂脊髓损伤		周围神经损伤疾病		先天性骨关节病		小儿截肢		地方病		其他		不详		合计	
	儿童数	构成%	儿童数	构成%	儿童数	构成%	儿童数	构成%	儿童数	构成%	儿童数	构成%	儿童数	构成%	儿童数	构成%	儿童数	构成%	儿童数	构成%
天津和平区	9	64.29	0	0.00	1	7.14	0	0.00	2	14.29	0	0.00	0	0.00	2	14.29	0	0.00	14	100.00
天津大港区	9	56.25	0	0.00	0	0.00	0	0.00	4	25.00	0	0.00	0	0.00	3	18.75	0	0.00	16	100.00
吉林四平市	14	82.35	0	0.00	0	0.00	0	0.00	1	5.88	0	0.00	0	0.00	1	5.88	1	5.88	17	100.00
吉林东辽县	13	61.90	0	0.00	2	9.52	0	0.00	2	9.52	1	4.76	0	0.00	3	14.29	0	0.00	21	100.00
河南漯河市	3	13.64	0	0.00	1	4.55	1	4.55	10	45.45	0	0.00	0	0.00	3	13.64	4	18.18	22	100.00
河南西华县	6	17.14	1	2.86	1	2.86	2	5.71	6	17.14	4	11.43	2	5.71	6	17.14	7	20.00	35	100.00
江苏常州市	3	16.67	0	0.00	0	0.00	0	0.00	1	5.56	0	0.00	0	0.00	14	77.78	0	0.00	18	100.00
江苏仪征市	3	33.33	0	0.00	0	0.00	1	11.11	4	44.44	0	0.00	0	0.00	1	11.11	0	0.00	9	100.00
贵州贵阳市	5	25.00	0	0.00	0	0.00	1	5.00	4	20.00	1	5.00	1	5.00	8	40.00	0	0.00	20	100.00
贵州桐梓县	3	9.09	0	0.00	0	0.00	1	3.03	1	3.03	1	3.03	0	0.00	20	60.61	7	21.21	33	100.00
甘肃白银市	9	37.50	0	0.00	0	0.00	0	0.00	5	20.83	0	0.00	1	4.17	3	12.50	6	25.00	24	100.00
甘肃定西县	17	65.38	0	0.00	0	0.00	0	0.00	2	7.69	2	7.69	0	0.00	3	11.54	2	7.69	26	100.00
合计	94	36.86	1	0.39	5	1.96	6	2.35	42	16.47	9	3.53	4	1.57	67	26.27	27	10.59	255	100.00

附表 181　城乡 0～6 岁肢体残疾儿童致残原因构成

地区	脑瘫		小儿麻痹症		脊柱裂脊髓损伤		周围神经损伤疾病		先天性骨关节病		小儿截肢		地方病		其他		不详		合计	
	儿童数	构成%	儿童数	构成%	儿童数	构成%	儿童数	构成%	儿童数	构成%	儿童数	构成%	儿童数	构成%	儿童数	构成%	儿童数	构成%	儿童数	构成%
城市	43	37.39	0	0.00	2	1.74	2	1.74	23	20.00	1	0.87	2	1.74	31	26.96	11	9.57	115	100.00
农村	51	36.43	1	0.71	3	2.14	4	2.86	19	13.57	8	5.71	2	1.43	36	25.71	16	11.43	140	100.00
合计	94	36.86	1	0.39	5	1.96	6	2.35	42	16.47	9	3.53	4	1.57	67	26.27	27	10.59	255	100.00

附表 182　不同经济状况地区 0～6 岁肢体残疾儿童致残原因构成

地　区	脑　瘫		小儿麻痹症		脊柱裂脊髓损伤		周围神经损伤疾病		先天性骨关节病		小儿截肢		地方病		其　他		不　详		合　计	
	儿童数	构成%	儿童数	构成%	儿童数	构成%	儿童数	构成%	儿童数	构成%	儿童数	构成%	儿童数	构成%	儿童数	构成%	儿童数	构成%	儿童数	构成%
发达地区	24	42.11	0	0.00	1	1.75	1	1.75	11	19.30	0	0.00	0	0.00	20	35.09	0	0.00	57	100.00
中等发达地区	36	37.89	1	1.05	4	4.21	3	3.16	19	20.00	5	5.26	2	2.11	13	13.68	12	12.63	95	100.00
欠发达地区	34	33.01	0	0.00	0	0.00	2	1.94	12	11.65	4	3.88	2	1.94	34	33.01	15	14.56	103	100.00
合　计	94	36.86	1	0.39	5	1.96	6	2.35	42	16.47	9	3.53	4	1.57	67	26.27	27	10.59	255	100.00

附表 183　各省 0～6 岁肢体残疾儿童康复现状

地　区	康复形式												器具												合　计	
	医院治疗		特殊机构		家庭康复		普通机构		其他		无康复		假肢		自助器		矫形器		轮椅		其他		无器具			
	儿童数	构成%	儿童数	构成%	儿童数	构成%	儿童数	构成%	儿童数	构成%	儿童数	构成%	儿童数	构成%	儿童数	构成%	儿童数	构成%	儿童数	构成%	儿童数	构成%	儿童数	构成%	儿童数	构成%
天　津	5	16.67	2	6.67	8	26.67	0	0.00	0	0.00	15	50.00	0	0.00	0	0.00	3	10.00	5	16.67	2	6.67	20	66.67	30	100.00
吉　林	12	31.58	0	0.00	21	55.26	0	0.00	0	0.00	5	13.16	0	0.00	0	0.00	1	2.63	1	2.63	24	63.16	12	31.58	38	100.00
河　南	6	10.53	1	1.75	49	85.96	1	1.75	0	0.00	0	0.00	1	1.75	1	1.75	1	1.75	0	0.00	5	8.77	49	85.96	57	100.00
江　苏	8	29.63	0	0.00	7	25.93	1	3.70	1	3.70	10	37.04	0	0.00	2	7.41	5	18.52	0	0.00	4	14.81	16	59.26	27	100.00
贵　州	12	22.64	0	0.00	35	66.04	0	0.00	0	0.00	6	11.32	0	0.00	0	0.00	1	1.89	0	0.00	22	41.51	30	56.60	53	100.00
甘　肃	3	6.00	0	0.00	32	64.00	0	0.00	3	6.00	12	24.00	0	0.00	0	0.00	4	8.00	1	2.00	16	32.00	29	58.00	50	100.00
合　计	46	18.04	3	1.18	152	59.61	2	0.78	4	1.57	48	18.82	1	0.39	3	1.18	15	5.88	7	2.75	73	28.63	156	61.18	255	100.00

附表184 各市县0～6岁肢体残疾儿童康复现状

地区	康复形式												器具												合计	
	医院治疗		特殊机构		家庭康复		普通机构		其他		无康复		假肢		自助器		矫形器		轮椅		其他		无器具			
	儿童数	构成%	儿童数	构成%	儿童数	构成%	儿童数	构成%	儿童数	构成%	儿童数	构成%	儿童数	构成%	儿童数	构成%	儿童数	构成%	儿童数	构成%	儿童数	构成%	儿童数	构成%	儿童数	构成%
天津和平区	5	35.71	2	14.29	6	42.86	0	0.00	0	0.00	1	7.14	0	0.00	0	0.00	1	7.14	4	28.57	2	14.29	7	50.00	14	100.00
天津大港区	0	0.00	0	0.00	2	12.50	0	0.00	0	0.00	14	87.50	0	0.00	0	0.00	2	12.50	1	6.25	0	0.00	13	81.25	16	100.00
吉林四平市	9	52.94	0	0.00	4	23.53	0	0.00	0	0.00	4	23.53	0	0.00	0	0.00	1	5.88	1	5.88	10	58.82	5	29.41	17	100.00
吉林东辽县	3	14.29	0	0.00	17	80.95	0	0.00	0	0.00	1	4.76	0	0.00	0	0.00	0	0.00	0	0.00	14	66.67	7	33.33	21	100.00
河南漯河市	2	9.09	0	0.00	20	90.91	0	0.00	0	0.00	0	0.00	0	0.00	0	0.00	1	4.55	0	0.00	0	0.00	21	95.45	22	100.00
河南西华县	4	11.43	1	2.86	29	82.86	1	2.86	0	0.00	0	0.00	1	2.86	1	2.86	0	0.00	0	0.00	5	14.29	28	80.00	35	100.00
江苏常州市	2	11.11	0	0.00	6	33.33	1	5.56	0	0.00	9	50.00	0	0.00	1	5.56	3	16.67	0	0.00	0	0.00	14	77.78	18	100.00
江苏仪征市	6	66.67	0	0.00	1	11.11	0	0.00	1	11.11	1	11.11	0	0.00	1	11.11	2	22.22	0	0.00	4	44.44	2	22.22	9	100.00
贵州贵阳市	10	50.00	0	0.00	4	20.00	0	0.00	0	0.00	6	30.00	0	0.00	0	0.00	1	5.00	0	0.00	10	50.00	9	45.00	20	100.00
贵州桐梓县	2	6.06	0	0.00	31	93.94	0	0.00	0	0.00	0	0.00	0	0.00	0	0.00	0	0.00	0	0.00	12	36.36	21	63.64	33	100.00
甘肃白银市	2	8.33	0	0.00	17	70.83	0	0.00	3	12.50	2	8.33	0	0.00	0	0.00	4	16.67	0	0.00	16	66.67	4	16.67	24	100.00
甘肃定西县	1	3.85	0	0.00	15	57.69	0	0.00	0	0.00	10	38.46	0	0.00	0	0.00	0	0.00	1	3.85	0	0.00	25	96.15	26	100.00
合计	46	18.04	3	1.18	152	59.61	2	0.78	4	1.57	48	18.82	1	0.39	3	1.18	15	5.88	7	2.75	73	28.63	156	61.18	255	100.00

附表185 城乡0～6岁肢体残疾儿童康复现状

地区	康复形式												器具												合计	
	医院治疗		特殊机构		家庭康复		普通机构		其他		无康复		假肢		自助器		矫形器		轮椅		其他		无器具			
	儿童数	构成%	儿童数	构成%	儿童数	构成%	儿童数	构成%	儿童数	构成%	儿童数	构成%	儿童数	构成%	儿童数	构成%	儿童数	构成%	儿童数	构成%	儿童数	构成%	儿童数	构成%	儿童数	构成%
城市	30	26.09	2	1.74	57	49.57	1	0.87	3	2.61	22	19.13	0	0.00	1	0.87	11	9.57	5	4.35	38	33.04	60	52.17	115	100.00
农村	16	11.43	1	0.71	95	67.86	1	0.71	1	0.71	26	18.57	1	0.71	2	1.43	4	2.86	2	1.43	35	25.00	96	68.57	140	100.00
合计	46	18.04	3	1.18	152	59.61	2	0.78	4	1.57	48	18.82	1	0.39	3	1.18	15	5.88	7	2.75	73	28.63	156	61.18	255	100.00

附表 186　不同经济状况地区 0～6 岁肢体残疾儿童康复现状

地区	康复形式												器具										合计	
	医院治疗		特殊机构		家庭康复		普通机构		其他		无康复		假肢		自助器		矫形器		轮椅		其他		无器具			
	儿童数	构成%	儿童数	构成%	儿童数	构成%	儿童数	构成%	儿童数	构成%	儿童数	构成%	儿童数	构成%	儿童数	构成%	儿童数	构成%	儿童数	构成%	儿童数	构成%	儿童数	构成%	儿童数	构成%
发达地区	13	22.81	2	3.51	15	26.32	1	1.75	1	1.75	25	43.86	0	0.00	2	3.51	8	14.04	5	8.77	6	10.53	36	63.16	57	100.00
中等发达地区	18	18.95	1	1.05	70	73.68	1	1.05	0	0.00	5	5.26	1	1.05	1	1.05	2	2.11	1	1.05	29	30.53	61	64.21	95	100.00
欠发达地区	15	14.56	0	0.00	67	65.05	0	0.00	3	2.91	18	17.48	0	0.00	0	0.00	5	4.85	1	0.97	38	36.89	59	57.28	103	100.00
合计	46	18.04	3	1.18	152	59.61	2	0.78	4	1.57	48	18.82	1	0.39	3	1.18	15	5.88	7	2.75	73	28.63	156	61.18	255	100.00

附表 187　各省 0～6 岁肢体残疾儿童康复需求

地区	康复形式								器具												合计	
	医院治疗		特殊机构		家庭康复		其他		假肢		自助器		矫形器		轮椅		拐杖		其他			
	儿童数	构成%	儿童数	构成%	儿童数	构成%	儿童数	构成%	儿童数	构成%	儿童数	构成%	儿童数	构成%	儿童数	构成%	儿童数	构成%	儿童数	构成%	儿童数	构成%
天津	2	6.67	18	60.00	9	30.00	1	3.33	0	0.00	12	40.00	8	26.67	3	10.00	2	6.67	5	16.67	30	100.00
吉林	8	21.05	0	0.00	29	76.32	1	2.63	0	0.00	0	0.00	1	2.63	3	7.89	4	10.53	30	78.95	38	100.00
河南	44	77.19	9	15.79	4	7.02	0	0.00	2	3.51	8	14.04	2	3.51	0	0.00	2	3.51	43	75.44	57	100.00
江苏	13	48.15	7	25.93	6	22.22	1	3.70	0	0.00	4	14.81	11	40.74	0	0.00	0	0.00	12	44.44	27	100.00
贵州	35	66.04	1	1.89	16	30.19	1	1.89	0	0.00	1	1.89	3	5.66	1	1.89	0	0.00	48	90.57	53	100.00
甘肃	18	36.00	23	46.00	9	18.00	0	0.00	2	4.00	4	8.00	12	24.00	1	2.00	0	0.00	31	62.00	50	100.00
合计	120	47.06	58	22.75	73	28.63	4	1.57	4	1.57	29	11.37	37	14.51	8	3.14	8	3.14	169	66.27	255	100.00

附表188　各市县0～6岁肢体残疾儿童康复需求

地区	康复形式								器具												合计	
	医院治疗		特殊机构		家庭康复		其他		假肢		自助器		矫形器		轮椅		拐杖		其他			
	儿童数	构成%	儿童数	构成%	儿童数	构成%	儿童数	构成%	儿童数	构成%	儿童数	构成%	儿童数	构成%	儿童数	构成%	儿童数	构成%	儿童数	构成%	儿童数	构成%
天津和平区	1	7.14	6	42.86	6	42.86	1	7.14	0	0.00	0	0.00	4	28.57	3	21.43	2	14.29	5	35.71	14	100.00
天津大港区	1	6.25	12	75.00	3	18.75	0	0.00	0	0.00	12	75.00	4	25.00	0	0.00	0	0.00	0	0.00	16	100.00
吉林四平市	5	29.41	0	0.00	12	70.59	0	0.00	0	0.00	0	0.00	1	5.88	3	17.65	3	17.65	10	58.82	17	100.00
吉林东辽县	3	14.29	0	0.00	17	80.95	1	4.76	0	0.00	0	0.00	0	0.00	0	0.00	1	4.76	20	95.24	21	100.00
河南漯河市	19	86.36	0	0.00	3	13.64	0	0.00	0	0.00	0	0.00	1	4.55	0	0.00	0	0.00	21	95.45	22	100.00
河南西华县	25	71.43	9	25.71	1	2.86	0	0.00	2	5.71	8	22.86	1	2.86	0	0.00	2	5.71	22	62.86	35	100.00
江苏常州市	9	50.00	6	33.33	2	11.11	1	5.56	0	0.00	3	16.67	9	50.00	0	0.00	0	0.00	6	33.33	18	100.00
江苏仪征市	4	44.44	1	11.11	4	44.44	0	0.00	0	0.00	1	11.11	2	22.22	0	0.00	0	0.00	6	66.67	9	100.00
贵州贵阳市	12	60.00	1	5.00	6	30.00	1	5.00	0	0.00	0	0.00	3	15.00	1	5.00	0	0.00	16	80.00	20	100.00
贵州桐梓县	23	69.70	0	0.00	10	30.30	0	0.00	0	0.00	1	3.03	0	0.00	0	0.00	0	0.00	32	96.97	33	100.00
甘肃白银市	12	50.00	4	16.67	8	33.33	0	0.00	0	0.00	0	0.00	12	50.00	0	0.00	0	0.00	12	50.00	24	100.00
甘肃定西县	6	23.08	19	73.08	1	3.85	0	0.00	2	7.69	4	15.38	0	0.00	1	3.85	0	0.00	19	73.08	26	100.00
合计	120	47.06	58	22.75	73	28.63	4	1.57	4	1.57	29	11.37	37	14.51	8	3.14	8	3.14	169	66.27	255	100.00

附表189　城乡0～6岁肢体残疾儿童康复需求

地区	康复形式								器具												合计	
	医院治疗		特殊机构		家庭康复		其他		假肢		自助器		矫形器		轮椅		拐杖		其他			
	儿童数	构成%	儿童数	构成%	儿童数	构成%	儿童数	构成%	儿童数	构成%	儿童数	构成%	儿童数	构成%	儿童数	构成%	儿童数	构成%	儿童数	构成%	儿童数	构成%
城市	58	50.43	17	14.78	37	32.17	3	2.61	0	0.00	3	2.61	30	26.09	7	6.09	5	4.35	70	60.87	115	100.00
农村	62	44.29	41	29.29	36	25.71	1	0.71	4	2.86	26	18.57	7	5.00	1	0.71	3	2.14	99	70.71	140	100.00
合计	120	47.06	58	22.75	73	28.63	4	1.57	4	1.57	29	11.37	37	14.51	8	3.14	8	3.14	169	66.27	255	100.00

附表 190　不同经济状况地区 0～6 岁肢体残疾儿童康复需求

地区	康复形式								器具												合计	
	医院治疗		特殊机构		家庭康复		其他		假肢		自助器		矫形器		轮椅		拐杖		其他			
	儿童数	构成%	儿童数	构成%	儿童数	构成%	儿童数	构成%	儿童数	构成%	儿童数	构成%	儿童数	构成%	儿童数	构成%	儿童数	构成%	儿童数	构成%	儿童数	构成%
发达地区	15	26.32	25	43.86	15	26.32	2	3.51	0	0.00	16	28.07	19	33.33	3	5.26	2	3.51	17	29.82	57	100.00
中等发达地区	52	54.74	9	9.47	33	34.74	1	1.05	2	2.11	8	8.42	3	3.16	3	3.16	6	6.32	73	76.84	95	100.00
欠发达地区	53	51.46	24	23.30	25	24.27	1	0.97	2	1.94	5	4.85	15	14.56	2	1.94	0	0.00	79	76.70	103	100.00
合计	120	47.06	58	22.75	73	28.63	4	1.57	4	1.57	29	11.37	37	14.51	8	3.14	8	3.14	169	66.27	255	100.00

附表 191　各省 0～6 岁精神残疾儿童残疾严重程度构成

地区	轻度		中度		重度		合计	
	儿童数	构成%	儿童数	构成%	儿童数	构成%	儿童数	构成%
天津	2	25.00	5	62.50	1	12.50	8	100.00
吉林	3	37.50	3	37.50	2	25.00	8	100.00
河南	12	85.71	1	7.14	1	7.14	14	100.00
江苏	6	66.67	2	22.22	1	11.11	9	100.00
贵州	3	37.50	2	25.00	3	37.50	8	100.00
甘肃	7	50.00	4	28.57	3	21.43	14	100.00
合计	33	54.10	17	27.87	11	18.03	61	100.00

附表 192 各市县 0～6 岁精神残疾儿童残疾严重程度构成

地 区	轻 度		中 度		重 度		合 计	
	儿童数	构成 %	儿童数	构成 %	儿童数	构成 %	儿童数	构成 %
天津和平区	0	0.00	5	100.00	0	0.00	5	100.00
天津大港区	2	66.67	0	0.00	1	33.33	3	100.00
吉林四平市	1	33.33	1	33.33	1	33.33	3	100.00
吉林东辽县	2	40.00	2	40.00	1	20.00	5	100.00
河南漯河市	8	88.89	0	0.00	1	11.11	9	100.00
河南西华县	4	80.00	1	20.00	0	0.00	5	100.00
江苏常州市	6	85.71	1	14.29	0	0.00	7	100.00
江苏仪征市	0	0.00	1	50.00	1	50.00	2	100.00
贵州贵阳市	3	50.00	1	16.67	2	33.33	6	100.00
贵州桐梓县	0	0.00	1	50.00	1	50.00	2	100.00
甘肃白银市	1	100.00	0	0.00	0	0.00	1	100.00
甘肃定西县	6	46.15	4	30.77	3	23.08	13	100.00
合 计	33	54.10	17	27.87	11	18.03	61	100.00

附表 193 城乡 0～6 岁精神残疾儿童残疾严重程度构成

地 区	轻 度		中 度		重 度		合 计	
	儿童数	构成 %	儿童数	构成 %	儿童数	构成 %	儿童数	构成 %
城 市	19	61.29	8	25.81	4	12.90	31	100.00
农 村	14	46.67	9	30.00	7	23.33	30	100.00
合 计	33	54.10	17	27.87	11	18.03	61	100.00

附表194　不同经济状况地区0～6岁精神残疾儿童残疾严重程度构成

地　区	轻　度		中　度		重　度		合　计	
	儿童数	构成%	儿童数	构成%	儿童数	构成%	儿童数	构成%
发达地区	8	47.06	7	41.18	2	11.76	17	100.00
中等发达地区	15	68.18	4	18.18	3	13.64	22	100.00
欠发达地区	10	45.45	6	27.27	6	27.27	22	100.00
合　计	33	54.10	17	27.87	11	18.03	61	100.00

附表195　各省0～6岁精神残疾儿童致残原因构成

地　区	孤独症		不典型孤独症		脑器质性疾病		癫　痫		合　计	
	儿童数	构成%	儿童数	构成%	儿童数	构成%	儿童数	构成%	儿童数	构成%
天　津	6	75.00	0	0.00	1	12.50	1	12.50	8	100.00
吉　林	8	100.00	0	0.00	0	0.00	0	0.00	8	100.00
河　南	7	50.00	7	50.00	0	0.00	0	0.00	14	100.00
江　苏	9	100.00	0	0.00	0	0.00	0	0.00	9	100.00
贵　州	4	50.00	3	37.50	1	12.50	0	0.00	8	100.00
甘　肃	3	21.43	1	7.14	8	57.14	2	14.29	14	100.00
合　计	37	60.66	11	18.03	10	16.39	3	4.92	61	100.00

附表 196　各市县 0～6 岁精神残疾儿童致残原因构成

地　区	孤独症		不典型孤独症		脑器质性疾病		癫　痫		合　计	
	儿童数	构成 %	儿童数	构成 %	儿童数	构成 %	儿童数	构成 %	儿童数	构成 %
天津和平区	5	100.00	0	0.00	0	0.00	0	0.00	5	100.00
天津大港区	1	33.33	0	0.00	1	33.33	1	33.33	3	100.00
吉林四平市	3	100.00	0	0.00	0	0.00	0	0.00	3	100.00
吉林东辽县	5	100.00	0	0.00	0	0.00	0	0.00	5	100.00
河南漯河市	6	66.67	3	33.33	0	0.00	0	0.00	9	100.00
河南西华县	1	20.00	4	80.00	0	0.00	0	0.00	5	100.00
江苏常州市	7	100.00	0	0.00	0	0.00	0	0.00	7	100.00
江苏仪征市	2	100.00	0	0.00	0	0.00	0	0.00	2	100.00
贵州贵阳市	3	50.00	2	33.33	1	16.67	0	0.00	6	100.00
贵州桐梓县	1	50.00	1	50.00	0	0.00	0	0.00	2	100.00
甘肃白银市	0	0.00	1	100.00	0	0.00	0	0.00	1	100.00
甘肃定西县	3	23.08	0	0.00	8	61.54	2	15.38	13	100.00
合　计	37	60.66	11	18.03	10	16.39	3	4.92	61	100.00

附表 197　城乡 0～6 岁精神残疾儿童致残原因构成

地　区	孤独症		不典型孤独症		脑器质性疾病		癫　痫		合　计	
	儿童数	构成 %	儿童数	构成 %	儿童数	构成 %	儿童数	构成 %	儿童数	构成 %
城　市	24	77.42	6	19.35	1	3.23	0	0.00	31	100.00
农　村	13	43.33	5	16.67	9	30.00	3	10.00	30	100.00
合　计	37	60.66	11	18.03	10	16.39	3	4.92	61	100.00

附表 198 不同经济状况地区 0～6 岁精神残疾儿童致残原因构成

地 区	孤独症		不典型孤独症		脑器质性疾病		癫 痫		合 计	
	儿童数	构成 %	儿童数	构成 %	儿童数	构成 %	儿童数	构成 %	儿童数	构成 %
发达地区	15	88.24	0	0.00	1	5.88	1	5.88	17	100.00
中等发达地区	15	68.18	7	31.82	0	0.00	0	0.00	22	100.00
欠发达地区	7	31.82	4	18.18	9	40.91	2	9.09	22	100.00
合 计	37	60.66	11	18.03	10	16.39	3	4.92	61	100.00

附表 199 各省 0～6 岁精神残疾儿童康复现状

地 区	医院治疗		家庭康复		普通机构		其 他		无康复		合 计	
	儿童数	构成 %	儿童数	构成 %	儿童数	构成 %	儿童数	构成 %	儿童数	构成 %	儿童数	构成 %
天 津	2	25.00	0	0.00	1	12.50	2	25.00	3	37.50	8	100.00
吉 林	0	0.00	5	62.50	0	0.00	0	0.00	3	37.50	8	100.00
河 南	0	0.00	0	0.00	4	28.57	5	35.71	5	35.71	14	100.00
江 苏	0	0.00	3	33.33	0	0.00	0	0.00	6	66.67	9	100.00
贵 州	0	0.00	3	37.50	1	12.50	3	37.50	1	12.50	8	100.00
甘 肃	0	0.00	1	7.14	0	0.00	0	0.00	13	92.86	14	100.00
合 计	2	3.28	12	19.67	6	9.84	10	16.39	31	50.82	61	100.00

附表 200　各市县 0～6 岁精神残疾儿童康复现状

地　区	医院治疗		家庭康复		普通机构		其　他		无康复		合　计	
	儿童数	构成 %	儿童数	构成 %	儿童数	构成 %	儿童数	构成 %	儿童数	构成 %	儿童数	构成 %
天津和平区	0	0.00	0	0.00	1	20.00	1	20.00	3	60.00	5	100.00
天津大港区	2	66.67	0	0.00	0	0.00	1	33.33	0	0.00	3	100.00
吉林四平市	0	0.00	0	0.00	0	0.00	0	0.00	3	100.00	3	100.00
吉林东辽县	0	0.00	5	100.00	0	0.00	0	0.00	0	0.00	5	100.00
河南漯河市	0	0.00	0	0.00	4	44.44	5	55.56	0	0.00	9	100.00
河南西华县	0	0.00	0	0.00	0	0.00	0	0.00	5	100.00	5	100.00
江苏常州市	0	0.00	2	28.57	0	0.00	0	0.00	5	71.43	7	100.00
江苏仪征市	0	0.00	1	50.00	0	0.00	0	0.00	1	50.00	2	100.00
贵州贵阳市	0	0.00	2	33.33	1	16.67	3	50.00	0	0.00	6	100.00
贵州桐梓县	0	0.00	1	50.00	0	0.00	0	0.00	1	50.00	2	100.00
甘肃白银市	0	0.00	1	100.00	0	0.00	0	0.00	0	0.00	1	100.00
甘肃定西县	0	0.00	0	0.00	0	0.00	0	0.00	13	100.00	13	100.00
合　计	2	3.28	12	19.67	6	9.84	10	16.39	31	50.82	61	100.00

附表 201　城乡 0～6 岁精神残疾儿童康复现状

地　区	医院治疗		家庭康复		普通机构		其　他		无康复		合　计	
	儿童数	构成 %	儿童数	构成 %	儿童数	构成 %	儿童数	构成 %	儿童数	构成 %	儿童数	构成 %
城　市	0	0.00	5	16.13	6	19.35	9	29.03	11	35.48	31	100.00
农　村	2	6.67	7	23.33	0	0.00	1	3.33	20	66.67	30	100.00
合　计	2	3.28	12	19.67	6	9.84	10	16.39	31	50.82	61	100.00

附表 202 不同经济状况地区 0～6 岁精神残疾儿童康复现状

地 区	医院治疗		家庭康复		普通机构		其 他		无康复		合 计	
	儿童数	构成 %	儿童数	构成 %	儿童数	构成 %	儿童数	构成 %	儿童数	构成 %	儿童数	构成 %
发达地区	2	11.76	3	17.65	1	5.88	2	11.76	9	52.94	17	100.00
中等发达地区	0	0.00	5	22.73	4	18.18	5	22.73	8	36.36	22	100.00
欠发达地区	0	0.00	4	18.18	1	4.55	3	13.64	14	63.64	22	100.00
合 计	2	3.28	12	19.67	6	9.84	10	16.39	31	50.82	61	100.00

附表 203 各省 0～6 岁精神残疾儿童康复需求

地 区	医院治疗		特殊机构		家庭康复		合 计	
	儿童数	构成 %	儿童数	构成 %	儿童数	构成 %	儿童数	构成 %
天 津	4	50.00	1	12.50	3	37.50	8	100.00
吉 林	0	0.00	0	0.00	8	100.00	8	100.00
河 南	0	0.00	1	7.14	13	92.86	14	100.00
江 苏	0	0.00	4	44.44	5	55.56	9	100.00
贵 州	0	0.00	6	75.00	2	25.00	8	100.00
甘 肃	2	14.29	5	35.71	7	50.00	14	100.00
合 计	6	9.84	17	27.87	38	62.30	61	100.00

附表 204　各市县 0～6 岁精神残疾儿童康复需求

地　区	医院治疗		特殊机构		家庭康复		合　计	
	儿童数	构成 %	儿童数	构成 %	儿童数	构成 %	儿童数	构成 %
天津和平区	3	60.00	1	20.00	1	20.00	5	100.00
天津大港区	1	33.33	0	0.00	2	66.67	3	100.00
吉林四平市	0	0.00	0	0.00	3	100.00	3	100.00
吉林东辽县	0	0.00	0	0.00	5	100.00	5	100.00
河南漯河市	0	0.00	1	11.11	8	88.89	9	100.00
河南西华县	0	0.00	0	0.00	5	100.00	5	100.00
江苏常州市	0	0.00	2	28.57	5	71.43	7	100.00
江苏仪征市	0	0.00	2	100.00	0	0.00	2	100.00
贵州贵阳市	0	0.00	5	83.33	1	16.67	6	100.00
贵州桐梓县	0	0.00	1	50.00	1	50.00	2	100.00
甘肃白银市	0	0.00	0	0.00	1	100.00	1	100.00
甘肃定西县	2	15.38	5	38.46	6	46.15	13	100.00
合　计	6	9.84	17	27.87	38	62.30	61	100.00

附表 205　城乡 0～6 岁精神残疾儿童康复需求

地　区	医院治疗		特殊机构		家庭康复		合　计	
	儿童数	构成 %	儿童数	构成 %	儿童数	构成 %	儿童数	构成 %
城　市	3	9.68	9	29.03	19	61.29	31	100.00
农　村	3	10.00	8	26.67	19	63.33	30	100.00
合　计	6	9.84	17	27.87	38	62.30	61	100.00

附表 206　不同经济状况地区 0～6 岁精神残疾儿童康复需求

地　区	医院治疗		特殊机构		家庭康复		合　计	
	儿童数	构成 %	儿童数	构成 %	儿童数	构成 %	儿童数	构成 %
发达地区	4	23.53	5	29.41	8	47.06	17	100.00
中等发达地区	0	0.00	1	4.55	21	95.45	22	100.00
欠发达地区	2	9.09	11	50.00	9	40.91	22	100.00
合　计	6	9.84	17	27.87	38	62.30	61	100.00

附　录

附录1

2001年中国0～6岁残疾儿童抽样调查评审意见

2003年7月16日，2001年中国0～6岁残疾儿童抽样调查项目评审委员会在北京召开了评审会，对项目进行了评审，与会的专家一致认为：

一、本项调查由卫生部、公安部、中国残联和国家统计局联合组织实施，是1987年以来我国进行的规模最大的残疾人抽样调查，也是首次针对0～6岁儿童进行的听力、视力、智力、肢体、精神等五类残疾调查。

二、本项调查设计合理，方法科学，样本具有代表性，调查数据全面系统，指标清晰明了。各专业调查采用了当前国际公认的调查工具，其中精神残疾调查针对儿童精神残疾的特点，采用了国际先进的孤独症筛查和诊断量表，提高了筛查的敏感性和诊断可靠性，填补了我国0～6岁精神残疾儿童大样本流行病学抽样调查的空白。

三、本项调查组织领导工作严密，管理科学、严谨，技术、质量保障体系完整、规范，调查人员训练有素，取得的数据真实、准确。

四、本项调查数据处理手段先进，资料的收集、整理、录入规范，数据处理采用国际通用的数据库软件，保证了调查数据的完整、可靠。

五、本项调查基本查清了我国0～6岁残疾儿童的现状，掌握了残疾儿童的现患率、发生率、致残原因、康复现状及需求，为国家制定残疾儿童的相关政策、对残疾儿童进行康复服务提供了科学依据，为有关研究人员研究我国0～6岁残疾儿童问题提供了翔实的参考资料。

建议进一步充分开发利用本次调查数据，做好统计分析研究，为今后有关部门决策服务。

2001年中国0～6岁残疾儿童抽样调查评审委员会专家

专家姓名	单位及职称、职务	签　名
沈渔邨	中国工程院院士、北京大学精神卫生研究所教授	沈渔邨
叶启彬	协和医科大学教授	叶启彬
赵家良	中华医学会眼科分会主任委员、协和医科大学教授	赵家良
王忠植	中日友好医院教授	王忠植
李　竹	北京大学医学部教授	李竹
许家成	北京联合大学特殊教育学院院长、教授	许家成

附录2

2001年中国0～6岁残疾儿童抽样调查方案

一、背景

1987年全国残疾人抽样调查以后，随着中国经济和社会的不断发展，残疾人的发生率、致残原因、康复需求等基本情况已发生了很大变化。特别是残疾儿童的状况，缺少综合、客观的数据。为了进一步掌握残疾儿童发生率及致残原因，了解残疾儿童的康复需求，为制定残疾儿童工作政策，开展残疾儿童康复服务提供科学依据，中国残联、卫生部、公安部和国家统计局于2000年12月至2001年7月，共同在部分地区进行0～6岁残疾儿童抽样调查。此次残疾儿童抽样调查，对中国残疾人事业的发展有着十分重要的意义。

二、组织领导

成立由中国残联、卫生部、公安部和国家统计局有关部门领导、有关专家组成的“全国0～6岁残疾儿童抽样调查领导小组”，负责抽样调查的组织领导和协调工作。

组成由中国残联、卫生部、公安部和国家统计局有关人员及听力、视力、智力、肢体、精神、流行病学和统计学专家参加的工作组和数据组，负责调查的实施和其它日常工作。

三、样本及抽样调查地区

本次抽样调查样本量为6万名0～6岁儿童。抽样调查地区按经济分层和地域，随机抽取6个省（市），每个省再随机抽取一个市（地级市）、一个县。6个省（市）每省1万名儿童样本量。

被调查的0～6岁儿童男女不限，其中：

0岁是指出生——不满1岁的儿童；

1岁是指1岁——不满2岁的儿童；

2岁是指2岁——不满3岁的儿童；

3岁是指3岁——不满4岁的儿童；

4岁是指4岁——不满5岁的儿童；

5岁是指5岁——不满6岁的儿童；

6岁是指6岁——不满7岁的儿童。

（一）抽样方法

采取多阶段分层、不等比例、整群随机抽样的方法。

（二）抽样步骤

1．省（市）的抽取

根据国家统计局颁布的各省国民经济生产总值最新排序，分成三层，结合地域分布随机抽取经济发达、中等发达、欠发达的省（市）各两个，共6个省（市）。

2．市（县）的抽取

每省（市）随机抽取一个地级市和一个县。

3．街道（乡、镇）的抽取

根据各市（县）统计局颁布的1999年各街道（乡、镇）国民经济生产总值排序，分成三层，每个市（县）按经济发展水平随机抽取经济发达、中等发达和欠发达的街道（乡、镇）各一个。

4．调查对象的抽取

经济发达和欠发达的街道各抽取12个整群（125名儿童为一整群），中等的街道抽取16个整群；经济发达和欠发达的乡（镇）各抽取6个整群（250名儿童为一整群），中等的抽取8个整群。据此，每一个市抽取40个整群，每一个县抽取20个整群，每一个省（市）抽取60个整群，全国共抽取360个整群，总样本量为60000人。

抽样流程图：

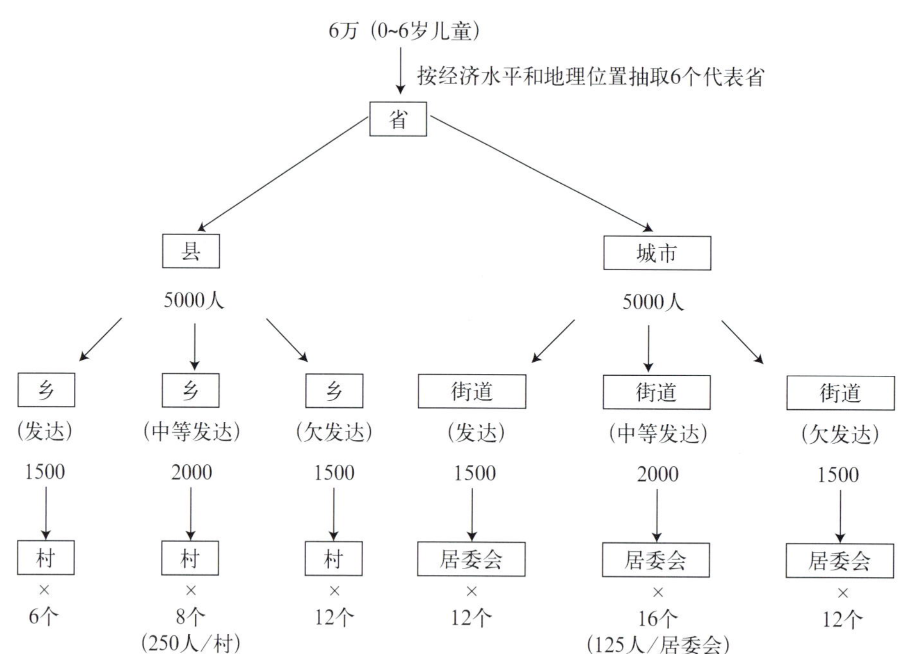

四、工作流程

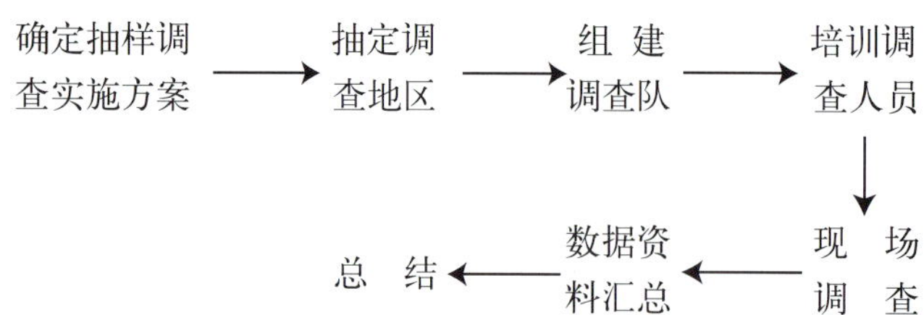

五、参加抽样调查单位

中国残联、卫生部、公安部和国家统计局的有关部门，有关专家，抽样调查地区的省（市）残疾人联合会康复部、卫生厅（局）基妇处、公安厅（局）治安处及随机抽定的12个市、县（区）的残疾人联合会、卫生局、公安局等相关单位。

六、调查内容

(一)掌握被调查地区0～6岁五类残疾儿童的数字、致残原因；

(二)听力、视力、智力、肢体、精神残疾儿童现患率、发生率；

(三)残疾儿童目前康复状况及今后康复服务需求。

七、调查工具和标准

使用国家标定的相应诊断标准。

听力：行为测听及脑干诱发电位检测诊断；

视力：视觉功能的测量评估；

智力：丹佛发展筛选测验、盖塞尔量表；

肢体：整体功能评价；

精神：中国精神疾病分类方案与诊断标准（CCMD-3-R）。

采用1987年国务院批准的《残疾标准》。

八、培训调查人员

（一）组建调查队

每个市、县组织一个调查队，每个调查队20人左右，调查队由妇幼保健、眼科、骨科、耳鼻喉科、儿童心理等专业人员及残联、卫生、公安组织管理人员组成。

（二）培训

通过培训，使所有参加调查工作人员明确抽样调查的目的和意义，掌握调查工作程序、调查内容、调查方法及调查表格填写。

九、调查质量控制

（一）对参加抽样调查的各类人员进行分级培训，并做一致性测验，必须达到设计要求。测验合格者，方可参加抽样调查工作。

（二）必须保证调查表格填写项目齐全准确。要定时对调查表格填写结果进行自查及互查；及时弥补缺项、漏项、纠正填写错误。对疾病诊断需有经验的高年资医师把关，必要时进行会诊。

（三）各调查队应设专人，负责对调查表格进行检查验收。

（四）在现场调查后，随机抽取5%的筛选阴性户进行复查。由非原调查人员重新入户筛查。两次调查的符合率不低于95%。

（五）现场调查期间，专家及有关人员到调查现场进行检查指导。

十、资料统计及分析

调查表格均使用计算机编码格式，扫描录入。对各类残疾的致残因素、发生率的单因素多因素、残疾儿童的康复需求、残疾情况，进行统计分析。

十一、时间安排

（一）2000年12月

1．召开“残疾儿童抽样调查工作会议”，审定残疾儿童抽样调查方案、培训计划、调查表格、设备工具、预试验安排；

2．进行残疾儿童抽样调查预试验。

（二）2000年12月–2001年5月

1．确定抽样调查市、县；

2．编印残疾儿童抽样调查方案、培训教材、调查表格、工作手册、相关工作文件和材料；

3．准备筛查诊断设备工具。

（三）2001年5–6月

1．召开“残疾儿童抽样调查动员会议”，动员部署残疾儿童抽样调查工作；

2．举办残疾儿童抽样调查人员培训班，培训抽样调查管理和技术人员。

（四）2001年6–7月

1．现场调查；

2．收集、汇总调查数据、资料；

3．撰写总结和残疾儿童抽样调查总技术报告及各分项技术报告；

4．召开总结会议。

附录 3

2001年中国0～6岁残疾儿童抽样调查实施计划

一、抽样方法

(一)基本要求

1．每一省（市）为一调查总体；

2．采取多阶段、分层、不等比例整群随机抽样的方法。

（二）抽样步骤

按最近的主要经济指标进行省级排序，从不同的经济分层中随机抽取6个调查省（市），同时要考虑到每一个大区有一个代表省（市）。每一省（市）随机抽取城市及县各一个，每个城市（县）按经济水平随机抽取经济发达、中等发达、欠发达街道（乡镇）各一个。经济发达及欠发达街道（乡镇）的调查人数为1500人，中等发达街道（乡镇）为2000人。在城市以125人为一整群，共40个整群；在农村以250人为一整群，共20个整群。

抽样流程图：

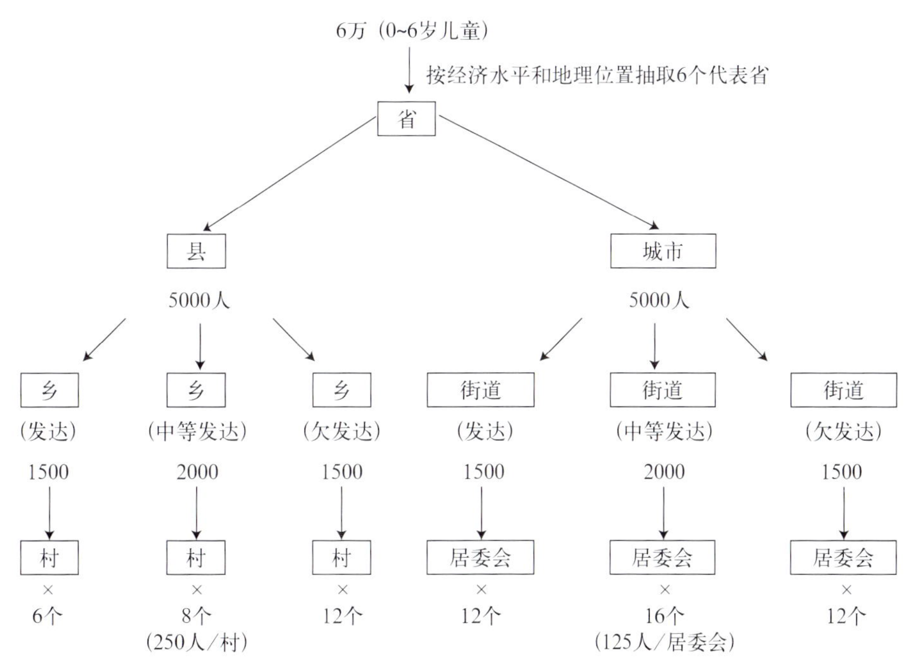

（三）几点说明

1．抽取样本时应采取科学性与可行性相结合的原则。科学的抽样方法是保证抽样调查所得到的资料真实性、可靠性、代表性的基础。科学的抽样方法必须与现场实施的可行性相结合，只有这样才能够得到真正有价值的资料。

2．调查对象一旦确定，如无特殊原因，不可改变。

二、调查内容、调查对象与方法

（一）残疾儿童筛查表

1．调查内容

（1）儿童个人情况：包括姓名、性别、出生年月、民族及学前教育情况。

（2）儿童家庭情况：包括父母的职业、文化程度、婚姻状况、近亲婚配、儿童抚养情况；家庭的人口数、家庭的子女数、家庭年人均收入。

（3）儿童残疾筛查情况：包括听力、视力、智力、肢体及精神残疾筛查。

（4）儿童残疾情况：包括听力、视力、智力、肢体及精神残疾诊断。

2．调查对象：被抽中地区的在调查时点以前出生的0～6岁儿童为本次调查对象，时点以后出生的儿童不属于本次调查的对象；在时点以前已经死亡的儿童不属于本次调查的对象，时点以后死亡的儿童属于调查对象。

3．调查方法：采取集中与入户相结合的方法。以集中调查为主，入户调查作为补充。集中调查采取填表及五类残疾筛查流水作业的方式进行。

（二）残疾儿童诊断表

1．调查内容：包括听力、视力、智力、肢体及精神等五类残疾的严重程度、诊断依据及致残原因，还包括康复现状和需要何种康复。

2．调查对象：凡是筛查可疑又经残疾诊断方法检查确诊的儿童均为调查对象。

3．调查方法：按其残疾的种类进行专科检查，确诊的儿童填写相应的检查结果。

三、调查工作流程及现场组织

（一）筛查及诊断流程

每省城市及农村各调查5000人，调查流程基本一致。首先编制调查底册，以集中调查为主，入户调查为辅进行现场调查。填写《残疾儿童筛查表》，分别进行听力、视力、智力、肢体、精神残疾筛查。对于筛查结果可疑者进一步做专科检查，进行最终的诊断。（详见现场调查流程图）

（二）现场组织

1．现场调查前，应在当地政府领导和基层调查人员配合下，填好调查底册。调查底册对于组织现场调查工作，保证现场调查顺利进行具有相当重要的作用，调查队应切实作好这项工作。调查前的宣传工作很重要，应在当地政府的领导下，利用各种宣传形式，重点宣传本次调查的目的及意义，以便得到基层领导干部和广大群众的支持和密切配合。

2．现场调查以集中调查为主，入户调查为辅。集中调查应选择儿童入检方便的地方，在基层干部的协助下，由家长带领自己的孩子到检查点按一定的顺序接受五类残疾的筛查。对那些不能参加集中调查的儿童，应在调查队统一安排下有计划开展入户调查。

3．调查队对当天的调查工作要进行小结，对调查表格要开展自查、互查和审核工作，同时应布置第二天的工作。除每天小结外，还应进行阶段性小结，开展奖评活动。对调查中的经验和问题要及时总结，上报上级单位，以求妥善解决。

4．现场调查是一项基础调查工作，时间紧，任务重，调查队除需组织好现场调查外，还要安排好调查员的生活、交通安全等工作，并应给予一定的补贴，这对于圆满完成调查任务也是非常重要的。

现场调查流程图

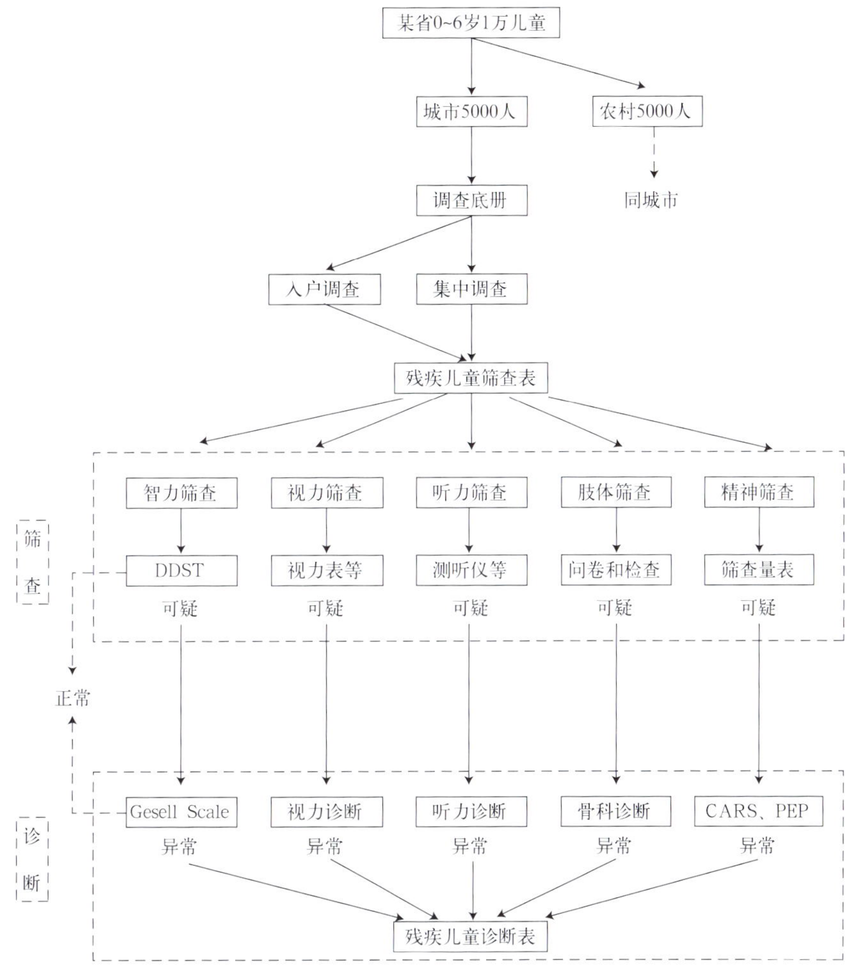

四、质量控制

（一）减少抽样误差

本次按经济发展水平随机抽取6省（市），全国6大区内应各有一个代表省（市）。然后进行城市、县，以及街道、乡镇的二阶段随机抽样，不能替换抽中的单位。入户调查除按户口列出清单外，还应注意无户口长期居住者与有户口长期外出者，以便得出较准确的应调查人数，调查率应达到95%以上。

（二）控制和减少非抽样误差

现场调查的非抽样误差可发生在调查的各个环节，涉及人员甚多。因此，要求工作人员应有认真的态度与严谨的工作作风。各个环节质量控制要求如下：

1．调查按工作手册中的内容与方法进行，不得擅自改动。

2．选择有一定医学知识水平的调查员，经过培训使其明确本次调查的目的和意义，掌握调查方法与技能。培训结束时，各种调查表格填写的一致性要求达到95%。

3．调查队员每天应对当天的调查结果进行自查，及时纠正错误，补齐遗漏项目。亦可组织队内和队间的互查。随时总结经验，发现问题，并向上一级组织报告。

4．中央级与省级质控组应赴调查现场进行质控与指导。了解现场工作情况与进度，并按照5%的比例对调查表进行抽查，按验收标准，对调查质量进行评价。

5．调查队筛查人员由经过培训的具有医师以上职称的专业人员组成，诊断人员由经过中央级培训的具有主治医师以上职称的专业人员组成，调查过程中，有疑难问题要逐级上报。质控组检查时，应填写诊断质量抽查表，计算差错率与漏诊率。

6．调查验收时由各省对本地区资料按5%比例进行抽查，验收标准如下：

（1）《残疾儿童筛查表》填写项目总差错率小于2%；

（2）《残疾儿童诊断表》填写项目总差错率小于2%；

（3）残疾诊断误诊率小于2%；

（4）残疾诊断漏诊率小于2%。

7．调查资料采取扫描录入、检错和计算机分析。

附录 4

2001 年中国 0～6 岁残疾儿童抽样调查现场调查工作计划

为了掌握残疾儿童发生率和致残原因及康复需求，制定残疾儿童工作政策，中国残联、卫生部、公安部和国家统计局于 2000 年 12 月～2001 年 7 月进行中国 0～6 岁残疾儿童抽样调查。为保证现场调查顺利进行，特制定本工作计划，由各调查市县组织落实。

一、做好现场调查前的准备工作

（一）加强组织领导

调查市县成立由残联、卫生、公安、统计及有关部门参加的抽样调查领导小组，负责本地抽样调查组织领导工作。

（二）分解任务，确定调查地区

按照“中国 0～6 岁残疾儿童抽样调查领导小组”下达的任务和要求，分解任务，抽取调查街道、乡镇，并组织落实。

（三）调查范围

此次残疾儿童抽样调查范围为 0～6 岁儿童，其中：

0 岁是指出生——不满 1 岁的儿童；

1 岁是指 1 岁——不满 2 岁的儿童；

2 岁是指 2 岁——不满 3 岁的儿童；

3 岁是指 3 岁——不满 4 岁的儿童；

4 岁是指 4 岁——不满 5 岁的儿童；

5 岁是指 5 岁——不满 6 岁的儿童；

6 岁是指 6 岁——不满 7 岁的儿童。

（四）做好宣传工作

向确定接受调查的儿童家长及亲属，宣传抽样调查的目的意义、方法，消除顾虑，请家长予以支持和配合。

（五）现场调查时间

现场调查时间为 2001 年 6 月～7 月。

（六）成立调查队

调查队由经过培训的听力、视力、智力、肢体、精神残疾调查技术和组织管理人员组成，实施现场调查。被调查的街道（乡镇）、居（村）委会，指定专人服务，在调查人员调查前，按照抽取的调查对象，提前逐户落实儿童，确保调查按计划进行。

二、现场组织

（一）制作调查底册

由当地公安机关事先对符合条件的儿童进行登记造册，街道（乡镇）、居（村）委会落实在册儿童接受调查。根据本次调查的实际情况，每天安排一定数量的儿童接受调查。被调查儿童应由熟悉儿童情况的知情人带领。

（二）现场调查

1．现场环境要求：被调查的街道（乡镇）要准备调查使用的房间若干间，每个房间有足够的桌椅。各检查项目尽量分开，环境相对安静，并在门口注明检查项目。

2．工作流程

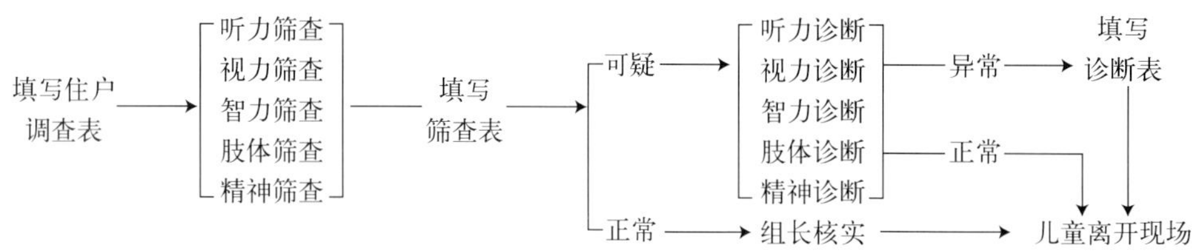

残疾儿童筛查中的“儿童个人情况”由经过培训的调查人员填写，筛查项目及诊断表由经过培训的专业人员填写。

（三）现场引导

调查现场要有工作人员负责引导，协助调查人员做好筛查和诊断工作，并督促家长做完全部检查之后，方可离开。

（四）入户调查

对不能集中调查的儿童（年龄小、身体不好或其他原因），由当地工作人员陪同调查人员入户调查。入户调查前，当地居（村）委会要提前入户落实，通知家长入户调查的时间、内容及有关准备工作。

（五）准备一些小玩具或食品

为鼓励儿童参加调查，对做完调查的儿童赠送小礼物以做纪念。

三、收集、汇总调查表格

调查队队长负责本调查点的调查表格的收集和汇总工作。每份调查表格，按填表要求填写，调查队队长收集汇总前，要对调查表格复核，确保调查表格的真实和有效性。各调查点要按照时间要求，上报市县0~6岁残疾儿童抽样调查领导小组。市县0~6岁残疾儿童抽样调查领导小组，按规定的时间上报全国0~6岁残疾儿童抽样调查专家工作组。上报的调查表格是：1.调查表2《残疾儿童筛查表》，2.调查表3《残疾儿童诊断表》。其他调查表格由市县残联按分类，集中保存，以做备查。

附录 5

2001 年中国 0～6 岁残疾儿童抽样调查表格及填表说明

调查表 1

2001 年全国 0~6 岁残疾儿童抽样调查
调 查 底 册

表　　号：调查表 1
制表机关：卫生部、公安部、中国残联
批准机关：国家统计局
批准文号：国统函〔2001〕82 号
有效期截止时间：2001 年 8 月 31 日

______市______区（县）______街道（乡、镇）______居委会（村）　　本居委会（村）共______页

项目 / 序号	本户详细地址	户主姓名	儿童姓名	性别	出生日期	年龄(周岁)	备注

填表说明：（1）序号为一个整群的顺序号。（2）地址应详细写明门牌号、楼号、单元号、房间号。（3）出生日期应填写年、月、日。（4）年龄应填写调查时的儿童周岁。（5）备注应填写与调查有关的事项，如未被调查的原因。

填表人：______

调查表 2

参考字体 1 2 3 4 5 6 7 8 9 0

2001年中国0~6岁残疾儿童抽样调查———残疾儿童筛查表———

表　　号：调查表2
制表机关：卫生部、公安部、中国残联
批准机关：国家统计局
批准文号：国统函〔2001〕82号
有效期截止时间：2001年8月31日

0 1 0 1　　2 0 0 1 年 0 6 月　　1 1 1 1 1 1 1 1 1 1 1 1 1 1 1　　共 0 2 页　第 0 1 页

户主姓名：________ 住户地址：______省______市________区（县）________街道（乡、镇）________居委会（村）________号

I 儿童个人情况					II 儿童家庭情况								
一 姓名	二 性别	三 出生日期	四 民族	五 学前教育（3~6岁）	六 父母职业	七 文化程度	八 父母婚姻状况	九 近亲婚配	十 儿童抚养情况	十一 家庭人口数	十二 家庭子女数	十三 家庭年人均收入
	1. 男 2. 女	____年 ____月 ____日 ____周岁	1.汉 2.其他 ____	1.有 2.无	父 ____ 母 ____	1.大学大专 2.高中中专 3.初中 4.小学 5.文盲、半文盲	1.初婚 2.再婚 3.丧偶 4.离婚 5.其它	1.非近亲 2.近亲	1.父和母 2.父或母 3.祖（外）父母 4.其他亲属 5.国家集体 6.其他	____人	____人	____元/年、人
	□	□□□□□□	□	□	父□ 母□	父□ 母□	□	□	□	□□	□□	□□□□□□

III 儿童残疾筛查情况

十四、听力筛查

≤3岁	>3岁
在避开视线和气流的情况下用击鼓、消声粗试听力（反复三次）观察其行有无反应	在安静环境下，距被检查者一米处（避开口形）问他（她）叫什么名字？几岁了？观察其能否正确回答。
1.正常　2.可疑 □	1.正常　2.可疑 □

十五、视力筛查

<1岁	1~2岁	≥3岁
1.眼球有无浮动或上翻？ 2.外观有无影响视力的异常？ 3.能否注视玩具？能否追手电光？	1.点状视力表（好眼视力≥0.3） 2.在3米处深色背景上滚动一乒乓球，令其拾起，注意眼球是否注意滚动的乒乓球？	国际标准视力表（好眼视力≥0.3）
1.正常　2.可疑 □	1.正常　2.可疑 □	1.正常　2.可疑 □

十六 智力筛查	十七.肢体筛查 <2岁	十七.肢体筛查 ≥2岁	十八.精神筛查 ≥2岁	十九.是否残疾 听力	视力	智力	肢体	精神
DDST-R 1.正常 2.可疑	1.肢体有无畸形、短缺、瘫痪？ 2.肢体大运动发育是否比同龄儿落后（对照运动发育年龄表） 3.肢体（包括躯干）活动是否有障碍？姿势是否有异常？（如抬头、翻身、坐、爬、站、走等） 1.正常　2.可疑	3.肢体（包括躯干）活动是否有障碍？肢体姿势是否有异常？（如走、跑、跳、举背手等） 1.正常　2.可疑	克氏行为量表 1.正常 2.可疑	1.正常 2.可疑	1.正常 2.可疑	1.正常 2.可疑	1.正常 2.可疑	1.正常 2.可疑
□	□	□	□	□	□	□	□	□

签　　名

基本情况填表人：________

筛查：	诊断：
听力：________	听力：________
视力：________	视力：________
智力：________	智力：________
肢体：________	肢体：________
精神：________	精神：________

编号 □—□—□□□□

填表日期：______年______月______日

底册序号：□□□□

填表须知：1.保持表样清洁、平整
2.采用纯黑色墨水笔按参考字体填写
3.填写时每字一格，不要连笔，不能太小，不要出格

《残疾儿童筛查表》填表说明

本表是本次调查的主要调查表，主要内容包括儿童个人背景、家庭情况和视力、听力、智力、肢体、精神等五类残疾筛查结果。五类残疾筛查必须由经过严格培训的儿科、儿童保健、儿童心理、眼科、耳鼻喉科、外科、骨科和儿童精神病学等专业医生承担。在现场调查时，应首先向被调查儿童的父母或其他抚养人询问儿童个人背景和家庭情况，然后按一定顺序进行五类残疾筛查。五类残疾筛查可根据检查难易程度，先易后难，一般将智力检查放在最后进行。

一、表外栏目的填写

（一）按全国统一编号填写，最好在一个整群调查结束后，由调查员填写。

1．省（市）编号：天津市（1） 江苏省（4）

吉林省（2） 贵州省（5）

河南省（3） 甘肃省（6）

2．省（市）内市、县编号：

抽中的市（1）

抽中的县（2）

3．市或县0～6岁儿童编号：0001～5000。

（二）根据调查底册填写户主姓名和本户地址。

（三）基本情况填表人和五类专业医生在填表和筛查工作结束以后，要填写自己的姓名。

（四）最后填写填表日期。

二、表内栏目的填写

（一）儿童个人情况

1．姓名：要填写儿童正式姓名，不能填写曾用名。如无正式姓名，可填写乳名或小名。如未起名的婴儿可填写其母的姓名，如XXX之子或之女。

2．性别：据情填写，男性填写“1”，女性填写“2”。

3．出生日期：用阿拉伯数字填写。出生日期按公历填写，只知道农历，可换算为公历。这次调查的标准时间是2001年6月1日零时，零时前出生的人则进行调查，零时以后出生的人不调查，零时之前死亡的人不调查，零时之后死亡的人要进行调查。最后，要填写儿童的周岁，周岁是指从出生日期算起，到标准时间止，满几岁就填写几岁，不满一周岁填写“0岁”。

4．民族：本人是什么民族则填写什么民族。如父母不是同一民族应根据有关部门的规定，选填父亲或母亲一方的民族。汉族填写“1”；其他民族填写“2”，并注明是什么民族。

5．学前教育情况：学前教育是指儿童入学前所接受的教育，凡是3～6岁儿童在幼儿园、学前班学习过都算受过学前教育。

（二）儿童家庭情况

1．父母职业：首先在本栏内填写上儿童父母的具体职业，然后根据以下职业分类，选填对应的编码。不在业者是指从未参加过工作者，填写“0”，过去参加过工作，现在待业者填写原来的职业，选填对应的编码。

（1）各类专业技术人员：包括科学研究人员、科技管理和辅助人员、飞机和船舶技术人员、医疗卫生人员、法律工作人员、经济管理专业人员、大中小学和其他学校老师、幼儿园教师、教学辅助人员、文艺、体育工作人员。

（2）机关干部：包括国家机关、党群组织、企业、事业单位行政管理人员。具有工程师以上的专业技术人员，同时担任行政管理人员的，应根据其技术职称归入各类专业技术人员，而不作为机关干部。

（3）办事人员和有关人员：包括行政办事人员、政治、保卫工作人员、邮电工作人员、其他办事人员和有关人员，无专业职称也无大学或中专文化程度的经济管理专业人员。

（4）商业工作人员：包括售货、采购、供销、收购和其他商业工作人员。

（5）服务性工作人员：包括服务员、售票员、幼儿保育员、厨师、导游员、生活日用品维修人员、其他服务性工作人员（如清理员、理发员、洗染织补人员等）。

（6）农、林、牧、渔劳动者：包括从事农业、林业、牧业、渔业的人员。

（7）生产工人、运输工人：工段长及各种生产工人、设备操作工人、司机、船员其他生产运输工人和有关人员。

（8）军人：包括中国人民解放军和中国人民武装警察部队的现役军人。

（9）其他：指不能按以上职业分类的其他人员。

2．父母文化程度：是指调查日前，本人接受国内外教育所取得最高学历或有现有文化水平所相当的学历。

（1）大学大专：是指接受最高一级教育为大学本科（大专），硕士、博士研究生毕业、肄业及在校生。自学或函授并通过考试获得国家承认的大学本科（大专），也属此项。

（2）高中中专：是指最高一级的教育为高中（中专）程度毕业、肄业及在校生。技工学校相当于高中（中专）也属此项。

（3）初中：是指最高一级的教育为初中程度毕业、肄业及在校生。技工学校相当初中也属此项。

（4）小学：是指最高一级的教育为小学毕业、肄业及在校生。也包括未上过学但识字1500个以上，能阅读通俗书报，能写便条，达到扫盲标准《1500个字（乡村）、2000个字（城市和乡镇）》的人。

（5）文盲／半文盲：是指不识字或识字不足1500个（2000个），不能阅读通俗书报、不能写便条的人。

3．父母婚姻状况

（1）初婚：有配偶，且第一次结婚者，包括未办理结婚登记手续而实际上已同居的人。

（2）再婚：有配偶，但因离婚、丧偶等原因又一次（第二次及以上）结婚者。

（3）丧偶：因各种原因，夫妻一方已死亡者。

（4）离婚：因各种原因夫妻双方已解除婚姻关系者。

（5）其他：除上述原因以外的情况均属此类。

4．近亲婚配情况：指已婚被调查者本人是否存在亲缘关系，如：堂兄妹、姑表兄妹、姨表兄妹、舅外甥女、姨外甥、叔侄女、姑侄等。

5．儿童抚养情况：是指目前儿童抚养人。

6．家庭人口数：是指儿童所在家庭的总人口数。由于家庭结构的变化，大家庭解体，小家庭增多其家庭户的要领发生了变化。家庭户是指吃住在一起的所有人，如果吃住不一致时，光吃不住在一起，光住不吃在一起，以吃在一起为一家庭户。

7．家庭子女数：是指儿童同胞总人数，包括同父异母，同母异父或领养的儿童。

8．人均收入：是指被调查户每年每人平均家庭收入。包括各种来源如从集体统一经营中得到的收入、从经济联合体得到的收入、家庭经营收入或其他非生产性的收入。

（三）儿童残疾筛查情况：

1．听力残疾筛查应根据儿童年龄填写听力筛查结果。

2．视力残疾筛查应根据儿童年龄填写视力筛查结果。

3．智力残疾筛查填写DDST筛查结果。

4．肢体残疾筛查应根据儿童年龄填写肢体筛查结果。

5．精神残疾筛查填写克氏孤独症筛查结果。

（四）是否残疾

凡是筛查结果为正常，应填写“1”；凡是筛查结果为可疑应进行诊断方法的检查，如检查结果为正常，填写“1”；如诊断结果为残疾填写“2”。凡是填写“2”者，必须填写残疾儿童诊断表。

调查表 3

参考字体 1 2 3 4 5 6 7 8 9 0

2001年中国0~6岁残疾儿童抽样调查———残疾儿童诊断表———

0202　2001 年 06 月　111111111111111　共 02 页　第 02 页

表　　号：调查表3
制表机关：卫生部、公安部、中国残联
批准机关：国家统计局
批准文号：国统函〔2001〕82号
有效期截止时间：2001年8月31日

户主姓名：________　残疾儿童姓名：________

	一、残疾	二、诊断依据	三、残疾程度	四、残疾原因	五、康复现状：康复形式	五、康复现状：康复器具	六、需要何种康复：康复形式	六、需要何种康复：康复器具
一 听力残疾	1.正常 2.残疾 □	听力检查 分贝 = ______ □□□	1.重2 2.重1 3.聋2 4.聋1 □	1.家族遗传　2.妊娠期感染、耳毒药物 3.耳发育严重畸形　4.产时产伤或严重窒息 5.后天耳毒药物　6.高烧传染病　7.头部严重外伤 8.其他 ______　9.不详 □	1.医院治疗 2.特殊机构 3.家庭康复 4.普通机构 5.其他 ______ □	1.助听器 2.其他 ______ □	1.医院治疗 2.特殊机构 3.家庭康复 4.普通机构 5.其他 ______ □	1.助听器 2.其他 ______ □
二 视力残疾	1.正常 2.残疾 □	矫正视力 = ______ □□□	1.一级 2.二级 3.三级 4.四级 □	1.先天性白内障　2.先天性青光眼 3.先天性小眼球小角膜　4.虹膜、脉络膜缺损 5.眼外伤　6.眼内肿瘤　7.视网膜视神经病变 8.其他　9.不详 □	1.医院治疗 2.特殊机构 3.家庭康复 4.普通机构 5.其他 ______ □	1.助视器 2.导盲器 3.其他 ______ □	1.医院治疗 2.特殊机构 3.家庭康复 4.普通机构 5.其他 ______ □	1.助视器 2.导盲器 3.其他 ______ □
三 智力残疾	1.正常 2.残疾 □	盖塞尔量表 DQ = ______ □□	1.轻度 2.中度 3.重度 4.极重度 □	（分析致残原因并填写编号） □□	1.医院治疗 2.特殊机构 3.家庭康复 4.普通机构 5.其他 ______ □		1.医院治疗 2.特殊机构 3.家庭康复 4.普通机构 5.其他 ______ □	
四 肢体残疾	1.正常 2.残疾 □	（文字描述）	1.轻度 2.中度 3.重度 4.极重度 □	1.脑瘫　2.小儿麻痹症 3.脊柱裂及脊髓损伤　4.周围神经损伤与疾病 5.先天性骨关节病 6.小儿截肢（含先天性肢体缺损） 7.地方病 8.其他 ______　9.不详 □	1.医院治疗 2.特殊机构 3.家庭康复 4.普通机构 5.其他 ______ □	1.假肢 2.自助器 3.矫形器 4.轮椅 5.拐杖 6.其他 ______ □	1.医院治疗 2.特殊机构 3.家庭康复 4.普通机构 5.其他 ______ □	1.假肢 2.自助器 3.矫形器 4.轮椅 5.拐杖 6.其他 ______ □
五 精神残疾	1.正常 2.残疾 □	1.CARS ——分 □□ 2.PEP ——分 □□	1.轻度 2.中度 3.重度 □	1.孤独症　2.不典型孤独症 3.Asperger氏综合症 4.Rett氏综合征 5.瓦解性精神障碍　6.脑器质疾病　7.癫痫 8.其他 ______　9.不详 □	1.医院治疗 2.特殊机构 3.家庭康复 4.普通机构 5.其他 ______ □		1.医院治疗 2.特殊机构 3.家庭康复 4.普通机构 5.其他 ______ □	

签　　名

听力：________

视力：________

智力：________

肢体：________

精神：________

编号　□—□—□□□□

填表日期：______年______月______日

底册序号：□□□□

填表须知：1.保持表样清洁、平整
2.采用纯黑色墨水笔按参考字体填写
3.填写时每字一格，不要连笔，不能太小，不要出格

《残疾儿童诊断表》填表说明

《残疾儿童诊断表》是五类残疾儿童基本情况调查表，全表主要包括五类残疾的诊断依据，残疾的严重程度和致残的可能原因。此外，还包括各类残疾儿童的现状和康复需求。凡是经残疾诊断方法确诊后，由诊断医生填写本表。现就具体填写说明分述如下。

一、外栏目的填写

（一）编号

同《残疾儿童筛查表》。

（二）户主姓名

填写本户户主姓名。

（三）残疾儿童姓名

填写残疾儿童姓名。

（四）专业医生姓名

在相应专业栏内填写诊断医生的姓名。

（五）最后填写填表日期

二、表内栏目填写

（一）听力残疾

1．听力残疾：如果不是听力残疾在方格中填写“1”，以下项目不必进行；如果是听力残疾在方格中填写“2”，并填写以下项目。

2．听力残疾依据：将测得听力分贝数填写在方格中。

3．听力残疾程度：根据听力计检查结果来划分。

4．听力残疾原因：根据收集有关病史、体格检查、专科检查和必要的特殊检查分析可能的致残原因，将相应编号填写在方格中。

（二）视力残疾

1．视力残疾：如果不是视力残疾在方格中填写“1”，以下项目不必进行；如果是视力残疾在方格中填写“2”，并填写以下项目。

2．视力残疾依据：将测得矫正视力结果填写在方格中。

3．视力残疾程度：根据矫正视力的程度来划分。

4．视力残疾原因：根据收集有关病史、体格检查、专科检查和必要的特殊检查分析可能的致残原因，将相应编号填写在方格中。

（三）智力残疾

(1) 智力残疾：如果不是智力残疾在方格中填写“1”，以下项目不必进行；如果是智力残疾在方格中填写“2”，并填写以下项目。

（2）智力残疾依据：将盖塞尔量表测得DQ值写在方格中。

（3）智力残疾的程度：根据盖塞尔量表所测的DQ值和“智力低下程度判定标准”判断智力残疾程度。

（4）智力残疾的原因：根据收集有关病史、体格检查、专科检查和必要的特殊检查分析其可能的致残原因，将相应编号填写在方格中，如为“其他”请注明何种疾病。原因不明的填写“99”。

智力残疾可能的原因

出生前	产　时	出生后
1.染色体异常	13.低血糖	18.核黄疸
2.遗传代谢病	14.产伤	19.脑炎
3.遗传综合症	15.产时窒息	20.脑膜炎
4.其他遗传病	16.颅内出血	21.脑病
5.妊娠中毒症	17.其他	22.颅脑外伤
6.产前各种感染		23.各种中毒
7.宫内营养不良		24.营养不良
8.早产		25.脑血管疾病
9.各种中毒		26.脑变性疾病
10.宫内窒息		27.惊厥后脑损伤
11.多发畸形		28.伴发精神病
12.其他		29.感觉器官剥夺
		30.社会文化落后
		31.心理损伤
		32.其他

（四）肢体残疾

1．肢体残疾：如果不是肢体残疾在方格中填写“1”，以下项目不必进行；如果是肢体残疾在方格中填写“2”，并填写以下项目。

2．肢体残疾的诊断依据：可进行文字描述。

3．肢体残疾的程度：以肢体残疾分级标准和临床功能评价来划分。

4．肢体残疾的原因：根据收集有关病史、体格检查、专科检查和必要的特殊检查，分析其可能的致残原因，将相应编号填写在方格中。

（五）精神残疾

1．精神残疾：如果不是精神残疾在方格中填写“1”，以下项目不必进行；如果是精神残疾在方格中填写“2”，并填写以下项目。

2．精神残疾的诊断依据：将“CARS”、“PEP”得分写在方格中。

3．精神残疾的程度：根据量表所测的数值来划分。

4．精神残疾的致残原因：根据收集有关病史和体格检查、专科检查和必要的特殊检查，分析其可能的致残原因，将相应编号填写在方格中。

（六）康复现状和需要何种康复

按康复形式和康复器具分别填写。未能包括的形式和器具可填写其他，但需注明。

1．医院治疗：是指残疾儿童需要或正在医院进行手术、药物、理疗等治疗。

2．家庭康复：是指残疾儿童在家里进行某些功能训练，或有助于康复的其他辅性治疗等。

3．特殊机构：是指专门从事康复工作的康复中心、综合医院的康复科、社会福利院、肢体伤残康复中心、聋儿康复中心、语言障碍康复中心、弱智学校、盲校等。

4．普通机构：是指在普通幼儿园、托儿所、小学、中学等机构接受康复训练和教育。

附录 6

经国务院批准，由全国残疾人抽样调查领导小组印发全国残疾人抽样调查五类《残疾标准》

视力残疾标准

一、视力残疾的定义

视力残疾，是指由于各种原因导致双眼视力障碍或视野缩小，而难能做到一般人所能从事的工作、学习或其他活动。

视力残疾包括盲和低视力两类。

二、视力残疾的分级

（一）盲

一级盲：好眼的最佳矫正视力低于0.02；或视野半径小于5度。

二级盲：好眼的最佳矫正视力等于或优于0.02，而低于0.05；或视野半径小于10度。

（二）低视力

一级低视力：好眼的最佳矫正视力等于或优于0.05，而低于0.1。

二级低视力：好眼的最佳矫正视力等于或优于0.1，而低于0.3。

列表如下：

类 别	级 别	最佳矫正视力
盲	一 级 盲	<0.02～无光感；或视野半径<5°
	二 级 盲	<0.05～0.02；或视野半径<10°
低视力	一级低视力	<0.1～0.05
	二级低视力	<0.3～0.1

注：

（一）盲或低视力均指双眼而言；若双眼视力不同，则以视力较好的一眼为准。

（二）如仅有一眼为盲或低视力，而另一眼的视力达到或优于0.3，则不属于视力残疾范围。

（三）最佳矫正视力，是指以适当镜片矫正所能达到的最好视力，或以针孔镜所测得的视力。

听力语言残疾标准

一、听力语言残疾的定义

听力残疾是指由于各种原因导致双耳听力丧失或听觉障碍，而听不到或听不真周围环境的声音；语言残疾是指由于各种原因导致不能说话或语言障碍。从而都难能同一般人进行正常的语言交往活动。

听力语言残疾包括：(1) 听力和语言功能完全丧失（既聋又哑）；(二) 听力丧失而能说话或构音不清（聋而不哑）；(三) 单纯语言障碍，包括失语、失音、构音不清或严重口吃。

听力残疾分为聋和重听两类。

二、听力语言残疾的分级

(一) 聋

一级聋：语言频率平均听力损失大于 91 分贝（dB，听力级，下同）。

二级聋：语言频率平均听力损失大于 71 分贝、等于或小于 90 分贝。

(二) 重听

一级重听：语言频率平均听力损失大于 56 分贝、等于或小于 70 分贝。

二级重听：语言频率平均听力损失大于 41 分贝、等于或小于 55 分贝。

列表如下

类 别	级 别	听力损失程度
聋	一 级 聋	>91dB
	二 级 聋	90～71db
重 听	一级重听	70～56db
	二级重听	55～41db

(三) 单纯的语言残疾，不分等级。

注：

(一) 上述“语言频率平均听力损失”是指语言频率为 500、1000、2000 赫兹（Hz）平均数。

(二) 聋和重听均指双耳；若双耳听力损失程度不同，则以听力损失轻的一耳为准。

(三) 若一耳系聋或重听，而另一耳的听力损失等于或小于 40 分贝的，不属于听力残疾范围。

智力残疾标准

一、智力残疾的定义

智力残疾，是指人的智力活动能力明显低于一般人的水平，并显示出适应行为的障碍。

智力残疾包括：在智力发育期间（18岁之前），由于各种有害因素导致的精神发育不全或智力迟缓；智力发育成熟以后，由于各种有害因素导致的智力损害或老年期的智力明显衰退。

二、智力残疾的分级

为便于与国际资料相比较，参照世界卫生组织（WHO）和美国智能迟缓协会（AAMD）的智力残疾分级标准，按其智力商数（IQ）及社会适应行为来划分智力残疾的等级。

（一）一级智力残疾（极重度）

IQ值在20或25以下。适应行为极差，面容明显呆滞；终生生活需全部由他人照料；运动感觉功能极差，如通过训练，只在下肢、手及颌的运动方面有所反应。

（二）二级智力残疾（重度）

IQ值在20～35或25～40之间。适应行为差；生活能力即使经过训练也很难达到自理，仍需要他人照料；运动、语言发育差，与人交往能力也差。

（三）三级智力残疾（中度）

IQ值在35～50或40～55之间。适应行为不完全；实用技能不完全，如生活能部分自理，能做简单的家务劳动，具有初步的卫生和安全常识，但阅读和计算能力很差；对周围环境辨别能力差，能以简单方式与人交往。

（四）四级智力残疾（轻度）

IQ值在50～70或55～75之间。适应行为低于一般人的水平；具有相当的实用技能，如能自理生活，能承担一般的家务劳动或工作，但缺乏技巧和创造性；一般在指导下能适应社会；经过特殊教育，可以获得一定的阅读和计算能力；对周围环境有较好的辨别能力、能比较恰当地与人交往。

列表如下：

级 别	分 度	与平均水平差距（-SD）	IQ值	适应能力
一级智力残疾	极重度	≥5.01	20～25以下	极重适应缺陷
二级智力残疾	重 度	4.01～5	20～35或25～40	重度适应缺陷
三级智力残疾	中 度	3.01～4	35～50或40～55	中度适应缺陷
四级智力残疾	轻 度	2.01～3	50～70或55～75	轻度适应缺陷

注：（一）智力迟缓（MR），是根据美国智能迟缓协会1983年的诊断标准：1、智力明显低于平均水平，IQ值在人群均值的两个标准差以下，即70、75以下；2、适应行为（包括生活和对社会应尽的责任）不足；3、年龄在18岁以下。

（二）智力商数（IQ），是指通过某种智力量表所测得的智龄和实际年龄的比，即IQ=智龄/实际年龄×100。不同的智力测定方法，有不同的IQ值；但诊断的主要依据是社会适应行为。

肢体残疾标准

一、肢体残疾的定义

肢体残疾，是指人的四肢残缺或四肢、躯干麻痹、畸形，导致人体运动系统不同程度的功能丧失或功能障碍。

肢体残疾包括：（一）上肢或下肢因外伤、病变而截除或先天性残缺；（二）上肢或下肢因外伤、病变或发育异常所致的畸形或功能障碍；（三）脊椎因外伤、病变或发育异常所致的畸形或功能障碍；（四）中枢、周围神经因外伤、病变或发育异常造成躯干或四肢的功能障碍。

二、肢体残疾的分级

从人体运动系统有几处残疾、致残部位高低和功能障碍程度综合考虑，并以功能障碍为主来划分肢体残疾的等级。

（一）一级肢体残疾：

1．四肢瘫；下肢截瘫，双髋关节无自主活动能力；偏瘫，单侧肢体功能全部丧失。

2．四肢在不同部位截肢或先天性缺肢；单全臂（或全腿）和双小腿（或前臂）截肢或缺肢；双全臂（或双全腿）截肢或缺肢。

3．双上肢功能极重障碍；三肢功能重度障碍。

（二）二级肢体残疾：

1．偏瘫或双下肢截瘫，残肢仅保留少许功能。

2．双上肢（上臂或前臂）或双大腿截肢或缺肢；单全腿（或全臂）和单上臂（或大腿）截肢或缺肢；三肢在不同部位截肢或缺肢。

3．两肢功能重度障碍；三肢功能中度障碍。

（三）三级肢体残疾：

1．双小腿截肢或缺肢；单肢在前臂、大腿及其上部截肢或缺肢。

2．一肢功能重度障碍；两肢功能中度障碍。

3．双拇指伴有示指（或中指）缺损。

（四）四级肢体残疾：

1．单小腿截肢或缺肢。

2．一肢功能中度障碍；两肢功能轻度障碍。

3．脊椎（包括颈椎）强直；驼背畸形大于七十度；脊椎侧凸大于四十五度。

4．双下肢不等长、差距大于五厘米。

5．单侧拇指伴有示指（或中指）缺损；单侧保留拇指，其余四指截除或缺损。

注：

以下情况不属于肢体残疾范围：

（一）保留拇指和示指（或中指）而失去另三指者。

（二）保留足跟而失去足的前半部者。

（三）双下肢不等长、差距小于五厘米者。

（四）小于七十度的驼背或小于四十五度的脊椎侧凸。

附件 肢体残疾者的整体功能评价

从一个肢体残疾者的整体看，在未加康复措施的情况下，以实现日常生活活动（Activities of Daily Living，简称 ADL）的不同能力来评价。

日常生活活动分为八项，即：端坐、站立、行走、穿衣、洗漱、进餐、大小便、写字。能实现一项算一分；实现有困难的算 0.5 分；不能实现的算 0 分。据此划分为四个等级，列表如下：

级　别	程　度	计 分
一级肢体残疾	完全不能实现日常生活活动	0～2
二级肢体残疾	基本上不能实现日常生活活动	3～4
三级肢体残疾	能够部分实现日常生活活动	5～6
四级肢体残疾	基本上能够实现日常生活活动	7～8

精神病残疾标准

一、精神病残疾定义

精神病残疾，是指精神病人病情持续一年以上未痊愈，从而影响其社交能力和在家庭、社会应尽职能上出现不同程度的紊乱和障碍。

精神病残疾包括：（一）脑器质性、躯体疾病伴发的精神障碍；（二）中毒性精神障碍，包括药物、酒精依赖；（三）精神分裂症；（四）情感性、偏执性、反应性、分裂情感性、周期性精神病等造成的残疾。

二、精神病残疾的分级

为便于与国际资料相比较，按照世界卫生组织（WHO）提供的《社会功能缺陷筛选表》所列十个问题的评分，来划分精神病残疾的等级。

（一）一级精神病残疾（极重度）：《社会功能缺陷筛选表》十个问题中，有三个或三个以上问题评为“2 分”的。

（二）二级精神病残疾（重度）：《社会功能缺陷筛选表》十个问题中，有两个问题被评为“2 分”的。

（三）三级精神病残疾（中度）：《社会功能缺陷筛选表》十个问题中，只有一个问题被评为“2 分”的。

（四）四级精神病残疾（轻度）：《社会功能缺陷筛选表》十个问题中，有两个或两个以上问题被评为“1 分”的。

注：

（一）精神病人持续患病时间不满一年的，不属于精神病残疾的范围。

（二）在《社会功能缺陷筛选表》十个问题中，只有一个问题被评为“1 分”或各题均被评为“0 分”的，不属于精神病残疾的范围。

附录 7

2001 年中国 0～6 岁残疾儿童抽样调查领导小组名单

组　　长：	王新宪	中国残联副主席
副 组 长：	薄绍晔	中国残联康复部副主任
	刘克玲	卫生部基妇司副司长
	吴明山	公安部治安管理局副局长
成　　员：		
流行病学专家	张习坦	军事医学科学院教授
流行病学专家	刘　民	北京大学公共卫生学院教授
听 力 专 家	隋秀丽	天津医科大学附属三院教授
视 力 专 家	颜　华	天津医科大学总医院教授
智 力 专 家	张致祥	北京大学第一医院教授
肢 体 专 家	纪树荣	中国康复研究中心教授
精 神 专 家	杨晓玲	北京大学精神卫生研究所教授

附录8

2001年中国0～6岁残疾儿童抽样调查主要专家及专业人员名单

张习坦　张致祥　刘　民　杨晓玲　隋秀丽　纪树荣
颜　华　杨　柳　贾美香　武英华　张秀玲　傅　培
才　瑜　郭延庆　陈　琦

天津市

吴汉章　石　岩　李义民　田　彦　杨　静　王健萍
翟树新　王桢愈　施凤兰　徐宝良　赵万育　马洪亮
王爱华　杜立芬　崔　静

吉林省

蔡　潜　朱振忠　徐　艳　张立荣　高喜书　郑丽平
王桂英　鲁秀玲　高兰香　金忠玉　王兰芳　胡凤霞
柳　斌　屈乐艳　王立梅

河南省

赵忠国　刘连杰　南玉君　刘殿士　王　娟　刘光辉
李　同　杜军江　袁　波　许　行　翟亚洁　任泓淼
时克昌　冯玉霞　赵金华

江苏省

马　东　沈晓华　孙　伟　冯勤妹　屈小艳　汪卫华
翟灵伟　彭　华　胡秋云　王　斌　刘　定　朱　军

王顺林　张　琴　胡文斌　高志伟　刘爱萍　王明洁

董仲陵

贵州省

万学东　张国云　陈克洲　杨惠萍　鲁永辉　龚广耀

王筑生　罗友泉　丁　乔　向晓丽　王黔新　罗仕兴

陈　瑛　罗润庶　陈明锦

甘肃省

李建兴　杨荣华　王春娟　刘　霞　吴秀梅　张联众

苟　慧　刘晓花　孙　毅　郑宝珊　马惠铃　张艳玲

郭朝霞　杨玉林　赵菊英

附录9

2001年中国0~6岁残疾儿童抽样调查主要工作人员名单

纳　新　郭韶华　杨津惠　王　斌　余朝晖　沈　萱

曹　彬　刘　巍

天津市

刘　洪　甘长捷　穆怀国　尚小平　吴汉章　吕惠民

李金水　刘德发　裴乃嘉　庞乃德　苏桂英　闻宝君

张润华　祖广川　韩　英　郭玉民　杨润苓

吉林省

崔慧兰　陈玉萍　李纯厚　张宝生　葛荫山　钱　平

张文娟　王丹丹　徐　晖　郭景山　杨学群　吴孝峰

孙继红　王艳玲　陈晓彦　刘文英

河南省

刘景梅　张　品　孙运峰　田秋花　王春华　胡淑兰

翟新莲　冯青柱　郑松振　邵小康　胡永玉　李文杰

冯贵忠　梁秀婷　胡秋芳　张　亚　刘海燕

江苏省

张　仁　段立新　李少冬　徐　晔　吴新法　蔡振国

徐　辉　吴亚南　汪晓东　王　俊　朱春平　姚桂顺

季 斌　高翠美　张志平　黄学艺　马 兰　曾爱玲

丁士明　孙玉香　王建华

贵州省

陈晓明　杨哲慧　张国礼　吴小平　卢 登　龙月祥

兰远驰　汤慧勇　陈光勇　李祖铭　蔡桂兰　刘子云

曾昭考　杨道文　吴秀山

甘肃省

朱雪明　张绍业　王庆龙　狄生勇　曾海富　李芸华

陶继增　江新宁　张盛实　史晓蓉　李自成　何尊江

沈成文　赵 爱　王兰香　赵 金　曲维民　呼耀祥

党俊杰